JN450488

C PROGRAMMING

새롭게 배우는

C 프로그래밍

강형주 · 이재협 · 정구철 · 조재수 · 조태훈 · 최영규 지음

HS 도서출판 한산

Preface

서점(온라인이나 오프라인)에 가서 "C 프로그래밍"을 검색하면 정말 많은 책들이 나올 것입니다. 모두 C언어를 이용한 프로그래밍에 관련된 책들입니다. "이렇게 C언어에 관한 책들이 이미 많이 있는데 새로 하나 더 쓰는 것이 과연 어떤 의미가 있을까?" 저자들이 이 책을 쓰면서 가장 많이 생각했던 질문입니다. 그러나 여러 교재들을 사용해 보면서 느낀 것들, "좀 더 쉽고 지루하지 않은 방법으로 접근할 수 없을까?", "좀 더 문법보다 프로그래밍에 집중할 수 없을까?" 같은 생각들을 실현해 보고 싶은 마음에 이 책을 쓰게 되었습니다.

이 책의 특징

이 책은 기존의 C 프로그래밍 책들과 다릅니다. 구성과 순서도 다르고, 내용도 다릅니다. 그래서 어떤 분들에게는 조금 황당한 책일 수도 있습니다. 그러나 C 프로그래밍, 더 나아가 일반적인 프로그래밍 학습에 있어서 새로운 접근법에 대한 시도로 받아들여 주셨으면 합니다.

기존과 다른 구성

이 책이 기존의 책들과 다름을 처음 보실 수 있는 것은 바로 목차에서입니다. 3장을 보시면 반복문이 나옵니다. 아마 다른 책으로 이미 공부한 분이 계신다면 조금 놀라실 수도 있을 것 같습니다.

기존의 C 프로그래밍 책들을 보시면 구성이 거의 동일합니다. 처음에 개론을 다루고, 변수와 자료형, 입출력문, 연산자 등을 차례로 설명한 다음에야 조건문과 반복문이 나옵니다. 이렇게 되면 반복문이 대략 6장이나 7장쯤에 위치하겠지요. 문제는 이렇게 조건문이나 반복문 이전에 배우는 내용들이 정말 지루하고 재미없는 문법들이라는 것입니다. 문법에서 탈피하고 프로그래밍 위주로 썼다는 책들을 봐도 거의 다 비슷합니다. 처음에 지루한 문법들을 한참 설명한 후에야, 프로그래밍의 재미를 느낄 수 있는 반복문이 나옵니다. 대학 수업을 생각해 보면, 1주일에 한 번만 강의한다고 가정했을 때 거의 중간고사 때가 되어서야 조건문과 반복문을 배우고, 그 전에는 지루한 문법들만을 배우고 있는 것입니다. 요즘 학생들이 프로그래밍을 싫어하는 것이, 혹시 이렇게 처음에 한참 동안 지루한 문법만 배워서는 아닐까요?

물론 기존의 책에서 첫 부분에 다루는 내용들이 처음 프로그래밍을 배울 때 꼭 필요한 내용이라면 지루하더라도 설명해야겠지요. 그런데 정말 C 언어의 열두 가지 자료형이 무엇인지 알고, 그 복잡한 십여 가지의 연산자(정말 이 중에는 평생 쓸까 말까한 연산자도 있습니다.)를 모두 알고, printf와 scanf의 복잡한 변환 명세를 공부하는 것이, 프로그래밍 학습의 첫 단계에서 꼭 필요한 것일까요?

이 책은 이런 문제의식을 통해 프로그래밍 학습 구성을 바꾸었습니다. 기존 책에서 열심히 설명하던 자료형이나 연산자, 변환 명세에 대한 설명을 과감히 줄여서, 꼭 필요한 내용만 넣어 한 개의 장으로 끝냅니다. 그리고 그 다음에 조건문과 반복문에 들어갑니다. 이렇게 되면 반복문을 빨리 배우게 되어서 프로그래밍의 재미를 그만큼 일찍 느낄 수 있습니다. 이렇게 우선 프로그래밍에 대해 배우고 익숙하게 된 다음에 문법들을 하나씩 배우도록 구성하였습니다.

프로그래밍의 자세한 설명

꼭 필요하지는 않은 문법들을 뒷부분으로 뺀 반면에, 프로그래밍 자체에 대해서는 자세히 설명했습니다. 목차를 보시면 3장에서 시작한 반복문이 4장, 5장에 걸쳐 설명되어 있습니다. 반복문은 거의 모든 프로그램에 들어가며 프로그램 구성의 핵심을 이루는 것 중 하나입니다. 그러므로 초반에 그 활용을 잘 익히셔야 합니다. 그래서 세 개의 장에 걸쳐, 단순 반복문에서 중첩 반복문을 거쳐, 좀 더 복잡한 구성의 반복문 순서로 자세히 설명했습니다. 기존의 책들이 한 개의 장에서 문법 위주로 설명하는 것과 비교해 보십시오. 반복문뿐만 아니라 다른 중요한 것들, 즉 배열(과 문자열), 함수, 포인터, 동적 할당 등도 기존의 책들보다 더 오랜 시간을 들여서 상세히 설명하고 있습니다.

그리고 단순히 길게 설명하는 것이 아니라 그림을 통해 프로그램의 각 문장이 어떤 순서로 어떻게 실행되는지 자세히 보여드립니다. 이렇게 실행 순서가 단계별로 그려진 그림을 통해 그 동작을 명확히 보여드리는 것은 이 책의 특징 중 하나입니다. 사실 프로그래밍을 학습함에 있어 어려운 점 중의 하나가 컴퓨터에서 어떻게 실행되는지 눈에 보이지 않는다는 것입니다. 이 책에서는 컴퓨터 안에서 프로그램이 동작하는 모습을 그림으로 보여 줌으로써, 독자 여러분이 프로그램을 더 잘 이해하실 수 있도록 하였습니다.

프로그래밍과 문법의 조화로운 순서

프로그래밍을 중심으로 설명하고 있다고 해서 문법에 소홀한 것은 아닙니다. 프로그래밍만 읽다 보면 머리도 복잡해지고 피로할 수도 있어서 중간 중간에 문법에 관한 내용을 넣었습니다. 이 책의 목록을 보시면 조건문과 반복문이라는 프로그래밍에 중점을 둔 장들이 있다가, 그 다음에는 자료형이라는 문법에 치중된 장이 배치되어 있습니다. 다음에는 다시 배열과 함수라는 프로그래밍에 관련이 깊은 주제를 공부하시고 그 다음에는 변수 범위 같은 문법을 다룹니다. 이와 같이 프로그래밍과 문법을 번갈아 기술함으로써 학습의 완급을 조절할 수 있도록 했습니다.

그리고 문법에 대해 다룰 때 다른 책들에 있는 내용들을 충분히 포함함으로써, 여러분이 C 프로그래밍에 익숙해진 다음에도 세세한 문법 사항들을 참고하는 하는 용도로 활용할 수 있도록 하였습니다. 특히, C언어에서 가장 복잡한 문법이라 할 수 있는 포인터에 대해서 충분히 설명함으로써 중급이나 고급 C프로그래밍에도 대비하실 수 있습니다.

간단한 자료 구조 내용의 첨가

이 책의 후반부를 보았을 때 다른 책과는 달리 간단한 자료 구조의 내용이 들어 있습니다. 18장의 동적 할당이나, 19장과 20장의 연결 리스트, 22장의 집합의 표현과 처리입니다. 자료 구조는 보통 프로그래밍 기초의 후속으로 배우는 과목으로써 알고리즘과 더불어 프로그래밍에 필수적인 부분입니다.

일반적인 C 프로그래밍 책에서는 이 부분이 없거나, 있어도 동적 할당과 연결 리스트를 묶어서 한 장 정도로 다루는 것이 보통입니다. 그에 반해 이 책에 자료 구조의 기초적인 부분을 넣은 것은, 이 책의 앞부분에서 배운 것을 적용하여 실제로 쓸 만한 프로그램을 작성해 보기에 적합하기 때문입니다. 사실 이런 자료 구조 관련 내용을 뺀다면 포인터를 배운 이후에 남는 것은 문법에 관한 것들뿐입니다. 왜냐하면 프로그래밍 자체에 대한 학습은 반복문과 배열에서 절반 정도 끝나고, 함수와 포인터 정도까지 배우면 거의 다 배운 것입니다. 이후에는 각자 다양한 프로그래밍 경험을 쌓으면서 익히는 것입니다. 이 다양한 프로그래밍 경험에 대해 조금이라도 다루어 보고자 이 책에서는 자료 구조 기초 부분을 넣은 것입니다. 이 부분을 학습하면서 프로그래밍의 좀 더 깊은 맛을 느끼실 수 있기 바랍니다.

다만 조금 아쉬운 것은 공간과 시간의 문제로 자료 구조를 좀 더 다루지 못하고 기초적인 부분인 집합 정도까지만 넣은 것입니다. 사실 이 정도만으로도 자료 구조에서 배울 내용의 중요 부분 한두 가지는 다룬 것이고, 이산 수학 같은 과목에서는 프로그래밍을 통한 실습에 활용할 수도 있습니다. 이번에 다루지 못한 부분은 조만간 작성해서 아래에서 소개할 사이트에 올릴 예정이니 참조해 보시기 바랍니다. 계획 중인 내용으로는 스택, 큐, 트리, 그래프 등의 자료 구조 관련 내용과 11장에서 다룬 정렬 알고리즘의 심화 주제 정도입니다.

보조 자료

교재들 중에는 다양한 보조 자료가 같이 제공되는 경우가 있습니다. 이 책도 역시 교수자와 학습자를 위한 특색 있는 보조 자료들을 제공할 예정입니다. 교수자를 위해 강의 프리젠테이션 자료를 제공할 예정인데, 이 자료들도 다른 교재의 강의 자료와는 다르게 작성할 예정입니다. 기존 강의 자료들을 보면 책을 그대로 옮겨 놓은 듯한 자료들이 많은 것이 현실입니다. 그러나 이렇게 강의 자료를 만들면 프리젠테이션의 이점을 살리지 못하는 것입니다. 이 책의 강의 자료는 프리젠테이션의 이점을 충분히 살리기 위해, 책의 그림과는 별도로 애니메이션 등을 활용하여 강의 자료를 작성할 예정입니다. 강의에 사용해 보시면 그 차이를 느끼실 수 있으실 것입니다.

더불어 개인적으로 공부하시는 분들을 위해 교재 홈페이지(http://vlsi00.kut.ac.kr/~books/c)를 제공할 예정입니다. 이 홈페이지에서는 실습 문제를 푸신 후에 그 답을 맞춰 볼 수 있는 기능을 넣을 예정입니다. 개인적으로 공부하실 경우 문제를 풀더라도 제대로 푼 것인지 확인할 수 없다는 어려움이 있습니다. 이 책에서는 이러한 어려움을 조금이라도 풀어 드리기 위해 노력하려 합니다. 더불어 홈페이지에는 보조적인 책의 보충 내용이나 문제 풀이, 정오표, (책의 일부 작은 그림들에 대한) 확대 그림 등도 시간 되는대로 하나씩 올릴 예정이니 참조하시기 바랍니다.

대상 독자

이 책은 프로그래밍에 처음 입문하는 독자를 가정하고 썼습니다. 물론 다른 언어의 프로그래밍에 익숙하시다면 이 책을 공부하시기에 더 쉬우실 것입니다. 그러나 그러한 경험이 없더라도 충분히 이해하고 공부하실 수 있도록 자세히 설명했습니다.

이 책의 구성과 사용

이 책은 다음과 같이 구성되어 있습니다.

기본: 1장~11장에서는 C 프로그래밍의 기본적인 부분인 변수, 조건문, 반복문, 배열, 함수 등을 배우고 마지막으로 간단한 알고리즘을 작성함으로써, 프로그래밍의 기본 원리를 익히고 간단히 활용할 수 있는 수준까지를 다룹니다.

포인터와 중급 활용: 12장~17장은 C언어의 중추라 할 수 있는 포인터와 그 응용에 대해 다룬 뒤, 중급 문법이라 할 수 있는 구조체, 연산자 심화, 전처리 등에 대해 다룹니다.

응용과 심화: 18장~24장에서는 자료 구조에 관련된 동적 할당과 연결 리스트를 설명한 뒤, 입출력문과 포인터의 심화된 문법을 다룹니다.

이 책의 한 장은 대략 한 시간 반 정도의 강의로 다룰 수 있도록 작성하였습니다. 그러므로 일주일에 두 번 강의 하는 수업에서는 한 학기에, 한 번의 강의와 한 번의 실습으로 이루어진 수업에서는 두 학기에 걸쳐 진행하면 될 것으로 보입니다. 두 학기 강의로 나눈다면 첫 학기는 11장 정도에서 끝내고 두 번째 학기를 12장 포인터로 시작하는 것이 좋을 것으로 보입니다. 한 학기 내용으로 조금 적을 수도 있으나 남는 시간을 문제 풀이나 팀 프로젝트를 위해 활용할 수 있을 것입니다. 만일 한 학기에 되도록 많이 다루고 싶은데 시간이 조금 모자란다면, 15장까지는 다룬 뒤 그 뒷부분은 선택적으로 강의하시면 될 것으로 보입니다.

감사의 말

많은 어려움에도 불구하고 이 책의 출판을 위해 노력해 주신 한산출판사 사장님 및 관련 직원 분들께 깊은 감사를 표합니다. 이 책을 통해 더 많은 분들이 프로그래밍이라는 매력 있는 세계를 아시게 되기를 바랍니다.

2014년 8월 저자 일동

차 례

CHAPTER 1

간단한 프로그램 – 변수와 입출력

이제 막 프로그래밍의 세계에 입문하신 분들은 이 책의 제목부터 생소할 수 있습니다. "C"는 뭐지? "프로그래밍"은 도대체 무엇일까? 아주 간단한 것들부터 하나씩 시작해 봅시다.

1.1 프로그램이란 무엇인가?

우리의 생활에서 컴퓨터는 더 이상 뗄 수 없는 존재가 되었습니다. 우리는 상당히 많은 일들을 컴퓨터로 처리하고 있지요. 물론 평소에는 컴퓨터를 사용하지 않는다고 말씀하시는 분들도 계시겠으나, 여러분의 스마트폰이나 자동차에도 컴퓨터가 들어 있음을 아신다면 생각이 달라지실 것 같습니다.

그런데 우리가 컴퓨터를 이용하면서 알게 모르게 이용하고 있는 것이 바로 프로그램 (program) 입니다. 예를 들어 우리가 컴퓨터로 인터넷을 한다면 처음 하는 것이 인터넷 익스플로러 같은 웹 브라우저를 클릭해서 실행하는 일일 것입니다. 컴퓨터로 글을 쓰려 하신다면 (지금 제가 하고 있듯이) 우선 아래아 한글 같은 워드프로세서를 실행해야겠지요. 이와 같이 우리가 컴퓨터를 사용하기 위해서 실행하는 것들이 바로 프로그램입니다.

이러한 프로그램들이 필요한 이유는, 컴퓨터라는 것을 직접적으로 이용하는 것은 매우 어려운 일이기 때문입니다. 컴퓨터는 매우 복잡한 기기여서 인터넷에 접속하는 것도, 모니터에 글자 하나 출력하는 것도, 키보드를 눌렀을 때 그 글자를 인식시키는 것도 여러분이 하기에는 복잡하고 힘든 일입니다. 프로그램은 여러분과 컴퓨터 사이에서 여러분이 컴퓨터를 좀 더 쉽게 다룰 수 있도록 도와줍니다. 인터넷 접속을 하려면 어떤 일들을 컴퓨터가 해야 하는 지를 웹 브라우저라는 프로그램이 알아서 지시를 내려 주기 때문에, 여러분은 단순히 화면을 클릭하는 것만으로도 인터넷을 자유로이 여행할 수 있는 것입니다.

방금 프로그램에 대해 설명 드린 것은 사람의 관점이고, 컴퓨터의 관점에서 본다면 프로그램은 컴퓨터가 할 일이 기술되어 있는 명령서 같은 것입니다. 즉, 웹 브라우저 프로그램에는 인터넷에 접속하기 위해 컴퓨터가 할 일들이 기술되어 있는 것이죠. 컴퓨

그림 1.1 프로그램의 대략적인 구조

터는 이 기술된 일들을 하나씩 수행하는 것이고, 그 결과가 인터넷에 접속하고 다양한 웹 페이지들을 보여 주는 것입니다.

이와 같이 프로그램이라는 것은 어떤 목적을 위해 컴퓨터가 할 일을 기술해 놓은 것을 말합니다. 그리고 컴퓨터는 프로그램에 기술되어 있는 명령들을 수행하여 결국 사람이 원하는 일을 하는 것이지요. 그리고 프로그래밍이라는 것은 바로 이런 프로그램을 작성하는 일을 말합니다.

그런데 프로그래밍을 할 때 처음 생각해야 하는 것이 바로 언어일 것입니다. 앞에서 말했듯이 프로그램에 기술된 것을 컴퓨터가 보고 실행해야 합니다. 즉, 컴퓨터가 이해할 수 있는 언어로 기술되어 있어야 하겠지요. 우리가 사용하는 한글 같은 언어를 컴퓨터가 이해할 수 있다면 한글로 프로그램을 작성하면 되겠으나, 안타깝게도 컴퓨터는 사람이 사용하는 언어를 이해하지 못합니다. 컴퓨터가 이해할 수 있는 언어는 따로 있고 이런 언어들을 프로그래밍 언어라고 부릅니다.

대표적인 프로그래밍 언어에는 초기에 많이 사용되었던 FORTRAN이나 COBOL, BASIC 같은 언어도 있고 70년대 전후로 개발된 PASCAL이나 ALGOL, C 같은 언어, C 언어를 확장시킨 C++, 그 이후에 개발된 JAVA를 비롯해서 최근에 많이 각광받고 있는 C#, PHP, PYTHON 등 정말로 많은 언어들이 있습니다. 이 책에서는 이 중에 C언어를 다루는 것이지요. (사실 컴퓨터가 이해할 수 있는 언어에 대해서는 설명을 조금 수정해야 합니다. 이에 대해서는 부록을 참조하시기 바랍니다.)

정리하면 여러분이 지금부터 공부하실 것은 컴퓨터가 여러분이 원하는 일을 하게 하기 위해 C라는 언어로 프로그램을 작성하는 법입니다.

1.2 간단한 계산 프로그램

요즘에야 컴퓨터를 다양한 분야에 사용하고 있어서 글도 쓰고 그림도 그리는 등 다양한 일들을 컴퓨터로 하고 있으나 컴퓨터가 원래 했던 주된 일은 바로 계산입니다. 최초의 컴퓨터 중 하나로 일컬어지는 에니악(ENIAC)의 경우 개발된 목적 중 하나가 포탄의 탄도 계산을 하기 위해서입니다. 컴퓨터(Computer)라는 단어를 보더라도 계산하다를 의미하는 compute에, 어떤 것을 하는 사람이나 기계를 뜻하는 어미인 er을 붙여서 만들어졌지요.

컴퓨터의 가장 기본적인 동작이 계산이므로 프로그램에는 기본적으로 이런 것들이 기술되어 있습니다. 어떤 데이터를 어떻게 입력받아서 어떻게 계산한 뒤 어떻게 출력하는지입니다. 대략적으로 그림을 나타내면 그림 1.1과 같습니다.

프로그램 1.1 간단한 계산 프로그램 1

```
01: #include <stdio.h>
02:
03: int main(void) {
04:     12+34;
05:
06:     return 0;
07: }
```

그림 1.2 프로그램 1.1의 실행 결과

자 그러면 기본적인 동작인 계산을 하는 프로그램의 예로 **12+34** 계산하는 프로그램을 한 번 작성해 봅시다. 바로 프로그램 1.1입니다.

프로그램 1.1을 보시면 **4**번 줄에 **12+34**가 있어서 **12+34**를 계산하는 것 같다는 것은 아실 수 있으실 것입니다. 그러나 그 외에도 다른 문장들이 많이 있는데요, 나머지 것들, 즉 **1, 3, 6, 7**번 줄에 있는 것들은 프로그램의 내용이 아니라 **C**언어의 문법을 위해 필요한 것들입니다. 이것들도 사실은 모두 의미가 있는 것입니다만 아직은 설명할 때가 되지 않아서, 우선은 기본적으로 해야 되는 것으로 생각해 주십시오. 그리고 **4**번 줄의 끝에 있는 세미콜론(**;**)도 빠트려서는 안 되는 것입니다. **C**언어에서는 모든 문장을 세미콜론으로 마치도록 되어 있습니다.

그런데 프로그램 1.1을 실행해 보면 (어떻게 실행하는지는 부록에서 설명해 놓았습니다.) 그림 1.2와 같이 아무 것도 나오지 않습니다.

왜 그럴까요? 여기서 여러분이 프로그램을 작성할 때 생각해야 하는 것이 하나 나옵니다. 그 것은 컴퓨터는 정말 바보라는 사실입니다. 컴퓨터는 오직 사람이 지시한 일만 수행합니다. 그 외의 것을 알아서 할 것이라 생각해서는 안 됩니다. 우리가 만약 다른 사람에게 **12+34**를 계산하라고 요청한다면 그 사람은 그 것을 계산한 뒤 기억했다가 우리에게 결과인 **46**을 말해줄 것입니다. 그런데 컴퓨터는 바보여서 **12+34**를 계산하라고

프로그램 1.2 간단한 계산 프로그램 2

```
01: #include <stdio.h>
02:
03: int main(void) {
04:     int   aaa;
05:     aaa = 12+34;
06:     printf("%d", aaa);
07:
08:     return 0;
09: }
```

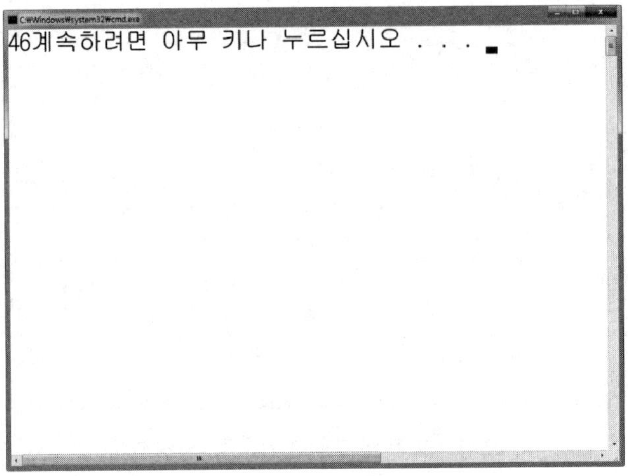

그림 1.3 프로그램 1.2의 실행 결과

하면 정말 계산만 합니다. 심지어는 결과를 기억하지도 않습니다. 컴퓨터가 우리에게 결과를 보여주게 하려면, 우선 계산 결과를 기억하고 출력하라는 것을 하나하나 지시해 주어야 합니다.

계산결과를 기억하게 하려면 기억할 공간이 필요합니다. 우리도 무엇인가를 기억할 때 머리 속의 어딘가에 기억이 되듯이 컴퓨터에서도 기억을 하려면 기억할 수 있는 곳이 필요하겠지요. 프로그램에서는 이렇게 어떤 값 등을 기억할 수 있는 곳을 변수(**variable**) 라고 부릅니다.

C 언어에서 변수를 만드는 방법은 **int aaa;**와 같은 문장을 기술하는 것입니다. 프로그램 1.2의 **4**번 줄에 이 문장이 적혀 있습니다. 여기서 **int**는 변수를 만든다는 의미이고 (실제 의미는 뒤에서 다시 다룰 예정입니다.) **aaa**는 변수의 이름입니다. 변수를 여러 개 만들 수도 있으니 각각에 대해 이름을 붙여야 어느 공간인지 구별할 수 있겠지요. 변수의 이름은 몇 가지 규칙만 지키면 여러분 마음대로 지으시면 됩니다. 변수 이름에 대한 규칙은 이 장의 뒷부분에서 다루기로 하고 우선은 알파벳만을 이용하여 이름을 짓겠습니다. 그리고 끝에 세미콜론 붙이는 것은 잊지 마십시오.

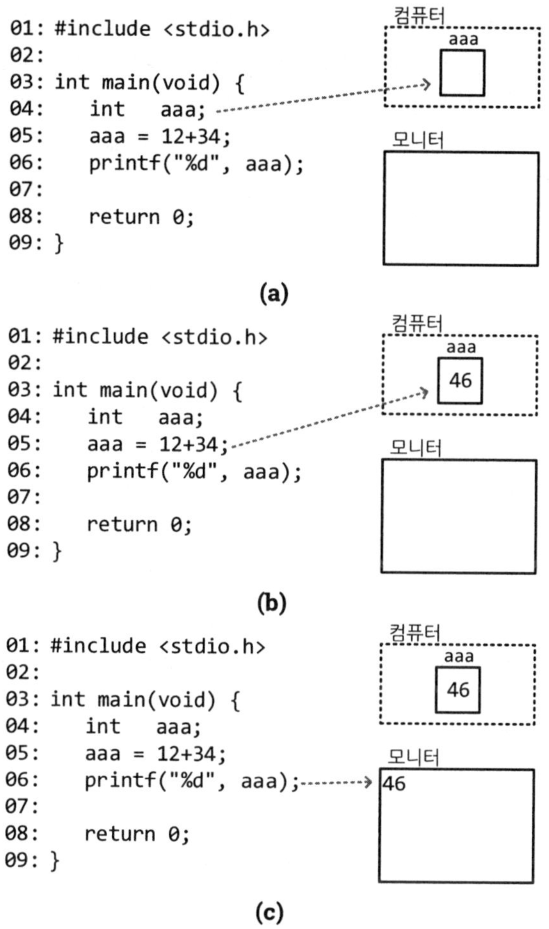

그림 1.4 프로그램 1.2의 진행

값을 저장할 수 있는 공간인 변수 aaa를 만들었으면 이제 우리가 원하는 계산 결과를 이 변수에 저장해야겠지요. 이러한 동작을 하는 문장은 프로그램 1.2의 5번 줄에 있는 aaa = 12 + 34;입니다. 여기에서 하나 주의할 점이 바로 = 기호입니다. 우리가 알고 있는 수학에서는 = 기호의 의미가 양 쪽의 값이 같다는 의미입니다만, 프로그램에서는 보통 오른쪽의 식을 계산해서 왼쪽의 변수에 저장하라는 의미입니다. 그러므로 aaa = 12+34; 라는 문장의 의미는 12+34를 계산해서 그 결과를 변수 aaa에 저장하라는 의미입니다.

변수 aaa에 원하는 값을 저장했으니 이제 aaa에 저장된 값을 출력해 봅시다. C 언어에서 모니터에 어떤 값을 출력할 때는 보통 printf라는 것을 사용합니다. 변수 aaa의 값을 출력하고 싶으면 6번 줄과 같이 printf("%d", aaa);라고 하시면 됩니다. 이렇게 작성한 프로그램 1.2를 실행하면 그림 1.3과 같이 모니터에 출력됩니다.

모니터에 출력되기까지의 과정을 하나씩 짚어 보면 다음과 같습니다. 첫 번째 문장인 int aaa;를 실행하면 그림 1.4a와 같이 aaa라는 변수가 만들어집니다. 다음 문장인 aaa

= 12+34;를 실행하면 그림 1.4b와 같이, =의 오른쪽에 있는 12+34를 계산해서 그 결과인 46을 aaa에 저장합니다. 마지막으로 printf("%d", aaa);를 실행하면 aaa에 저장되어 있는 값인 46이 모니터에 출력됩니다(그림 1.4c).

1.3 사칙 연산

앞 절의 예제에 덧셈이 나오는데, C언어에서는 사칙연산이 모두 가능합니다. 즉 덧셈(+), 뺄셈(-), 곱셈(*), 나눗셈(/)이 가능합니다. 다만 주의하실 점이 곱셈의 기호가 우리가 보통 알고 있는 ×가 아니라 *이라는 점입니다. 이것은 초기의 프로그램 언어부터 거의 공통적인 것인데, 영문자 X나 x와 혼동되지 않게 하기 위해서입니다.

그리고 나눗셈의 경우에는 약간 조심을 하셔야 합니다. 정수의 나눗셈에서 /의 의미는 단순한 나누기가 아니라 몫을 구하는 연산입니다. 예를 들어, 7/2를 하면 결과가 3.5가 아니라 7을 2로 나눈 몫인 3이 결과입니다. 그리고 나머지를 구하는 연산은 % 기호를 사용합니다. 즉 7%3의 결과는 7을 3으로 나눈 나머지인 1입니다. 이 나눗셈에 대해서는 6장에서 자료형과 연산의 관계에 대해 다루면서 더 자세히 설명하겠습니다.

사칙연산에 있어서 연산 순서도 우리가 알고 있는 것과 동일합니다. 만일 ()가 있다면 () 안의 것을 먼저 계산합니다. 그리고 곱셈과 나눗셈을 덧셈이나 뺄셈 보다 먼저하며, 같은 연산이 연속해서 있으면 왼쪽부터 계산합니다. 수학에서는 ()뿐만 아니라 {}와 [] 도 사용합니다만 C언어에서는 ()만 사용합니다.

1.4 실행 순서

프로그램 1.2에서 하나 더 눈 여겨 보셔야 하는 것이 실행 순서입니다. 프로그램은 항상 위에서 아래로 한 문장씩 실행됩니다. 나중에 반복문 같은 것을 배우시면 아래로 내려 간 뒤에 다시 위로 올라가는 등의 동작을 보실 수는 있겠습니다만, 기본적으로 프로그램의 진행은 위에서 아래로입니다. 그리고 한 번 실행한 문장을 기억하는 일도 없습니다. 항상 현재 실행하고 있는 문장에만 집중하는 것이지요.

예를 들어 프로그램 1.2에서 printf 문장 다음에 aaa = 34+56;을 추가했다고 가정하겠습니다. 그러면 printf를 실행한 다음에 이 문장이 실행될 테고 aaa에 저장된 값은 90으로 바뀔 것입니다. 이때 이전에 실행되었던 printf를 기억해서 aaa의 값인 90을 다시 모니터에 출력하는 일은 없다는 것입니다. 프로그램을 처음 하시는 분들 중에는 종종 이 상태에서 왜 90이 출력되지 않을까 하고 고민하시는 분들도 계셔서 강조해 드립니다. 만일 새로운 aaa의 값을 출력하고 싶으면 aaa = 34+56; 다음에 다시 printf("%d", aaa); 같은 문장을 넣어야 합니다.

1.5 단위와 출력문 꾸미기

가로 15cm, 세로 12cm, 높이 20cm인 직육면체의 부피를 계산하여 출력하는 프로그램을 작성해 봅시다. 이것을 사람이 한다면 이렇게 할 것입니다. 우선 15cm×12cm×20cm

프로그램 1.3 부피 계산 예제

```
#include <stdio.h>

int main(void) {
    int   bbb;
    bbb = 15*12*20;
    printf("%d", bbb);

    return 0;
}
```

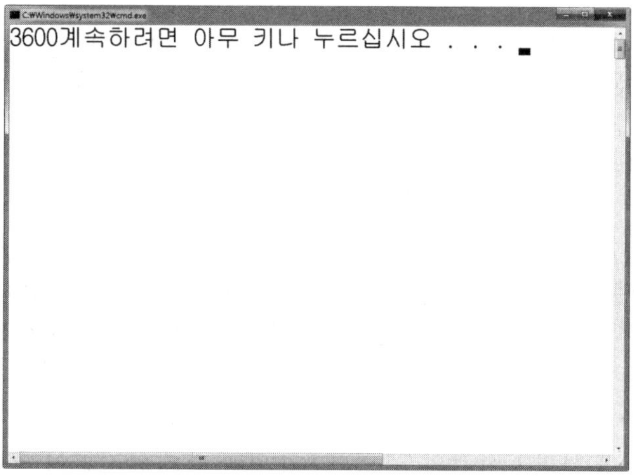

그림 1.5 프로그램 1.3의 실행 결과

라는 식을 세우고 이 식을 계산해서 3600cm^3이라는 결과를 얻을 것입니다. 이것을 프로그램으로 옮기면 프로그램 1.3과 같습니다.

그런데 여기서 하나 주의하실 것이 있습니다. 프로그램 1.3에서 단위는 어디에 있을까요? 사람이 계산할 때는 15cm, 12cm와 같이 cm라는 단위를 넣어서 계산하고 결과에서도 cm^3라는 단위를 기입합니다. 그런데 프로그램에서는 단위가 보이지 않습니다. 어디에 있는 것일까요?

이때 여러분이 생각해 봐야 하는 것이 바로 컴퓨터는 기본적으로 계산기라는 사실입니다. 여러분이 같은 계산을 계산기로 한다고 생각해 보았을 때 계산기에 단위를 입력하나요? 그렇지 않을 것입니다. 그냥 15 누르고 곱하기 누르고 12 누르고 곱하기 누르고 20을 누른 뒤 =을 누를 것입니다. 단위는 여러분이 그냥 생각하고 있겠지요. 15를 누르면서 '이것은 15cm야'라고 생각하고, 12 누르면서 '이것은 12cm야'라고 생각하며 결과인 3600을 보면서 '이것은 3600cm^3야'라고 생각할 것입니다.

프로그램에서도 마찬가지입니다. 컴퓨터는 오직 수만 다룹니다. 그 수의 의미, 즉 단위 같은 것은 고려하지 못합니다. 여러분이 프로그램에서 넣을 수 있는 것은 수와 계산

프로그램 1.4 프로그램 1.3의 출력을 개선

```
#include <stdio.h>

int main(void) {
    int   bbb;
    bbb = 15*12*20;
    printf("Volume is %d.\n", bbb);

    return 0;
}
```

기호들이지 단위를 넣을 수는 없습니다. 단위는 여러분의 생각 속에서만 존재합니다. 여러분이 프로그램에 15라는 수를 넣으면서 cm 단위의 수를 넣고 있다고 생각하고 있어야 하는 것입니다. 그리고 결과로 출력되는 3600이라는 수를 보면서 cm^3 이라고 생각해야 하는 것입니다. 요약하면 컴퓨터는 오직 계산만 합니다. 계산에 사용되는 수들과 결과값에 의미를 부여하는 것은 바로 사람의 생각입니다.

자, 그러면 프로그램 1.3을 실행해 봅시다. 그림 1.5와 같은 결과를 얻으실 것입니다. 그림 1.5의 결과를 보면 3600이라는 결과는 제대로 얻었으나 출력하는 형식이 그리 좋아 보이지 않습니다. 프로그램의 내용을 모르는 사람이 본다면 3600의 의미를 제대로 파악하지 못하겠지요. 그러면 결과만 보는 사람이라 하더라도 3600의 의미를 좀 더 잘 파악할 수 있도록 도와 줘 봅시다.

프로그램 1.4를 보면 printf의 " " 안에 %d 외의 다른 글자들이 들어 있음을 알 수 있습니다. 이와 같이 printf의 " " 안에 %∼ 이외의 다른 글자들이 있으면 기본적으로 모니터에 그대로 출력합니다. 프로그램 1.4에서는 printf의 " " 안에 있는 첫 번째 글자가 'V' 이니 모니터에 V가 출력되고, 두 번째 글자가 'o' 이니 모니터에 o가 출력되고, 세 번째 글자가 'l' 이니 모니터에 l이 출력됩니다. 모니터에 그림 1.6과 같이 글자들을 차례로 출력하다 %d를 만나면 뒤의 변수에 들어 있는 값을 출력합니다. 그럼 3600이 출력되겠지요. 그리고 그 다음 글자인 '.'도 모니터에 그대로 출력합니다.

그런데 " "의 마지막을 보니 '\n' 이 있습니다. 이 '\n' 은 특별한 의미를 가집니다. (참고로 \와 는 같은 글자입니다. 폰트에 따라 다르게 보일 뿐입니다. 글자 \는 역슬래쉬라고 부르며 여러분의 키보드에서는 를 치시면 됩니다.) 화면에 출력하다 '\n' 을 만나면 컴퓨터는 모니터에서 다음 줄의 앞으로 이동합니다. 다시 말하면 줄을 바꿉니다.

종합하면 프로그램 1.4는 모니터에 "Volume is "를 출력하고, 변수 bbb의 값인 3600을 출력한 다음에, 마침표를 출력하고 줄을 바꾼 뒤 끝납니다.

1.6 입력문

지금까지 다룬 두 개의 프로그램은 이미 정해진 수들에 대해 연산을 했습니다. 12와 34를 더하거나 15와 12, 20을 곱했지요. 그러나 일반적인 계산기는 이렇게 동작하지 않습니다.

```
#include <stdio.h>

int main(void) {
    int   bbb;
    bbb = 15*12*20;
    printf("Volume is %d.\n", bbb);

    return 0;
}
```

그림 1.6 프로그램 1.4의 출력결과

어떤 수에 대해 연산을 할 지 사용자가 넣을 수 있지요. 이러한 프로그램을 작성해 봅시다. 즉 프로그램을 실행하면 사람이 수를 입력하고 컴퓨터는 그 수들을 더하는 것입니다.

그런데 짐작하셨겠지만 새로운 것이 필요합니다. 지금까지 배운 것만으로는 수를 입력받을 수 없기 때문입니다. C언어에서 수를 입력받을 때 쓰는 것이 **scanf**입니다. 이것은 **scanf("%d", &aaa);**와 같이 사용합니다. 이 문장이 실행되면 모니터에는 커서가 하나 깜빡입니다. 사람이 무언가 입력해 주기를 기다리고 있는 것이지요. 사람이 어떤 수, 예를 들어 **12**라는 수를 치고 엔터키를 누르면 이 **12**라는 수가 **scanf**에서 **&**뒤에 있는 변수에 저장됩니다. 이 예에서는 **12**가 변수 **aaa**에 저장되겠지요.

그럼 두 개의 수를 입력받아서 그 합을 출력하는 프로그램을 작성해 봅시다. 두 개의 수를 입력받아야 하는데 입력받은 수를 잊어버리면 안 되니 어딘가에 저장을 해야 할 것입니다. 수를 저장할 수 있는 곳이 변수이고 두 개의 수를 저장해야 하니 변수가 두 개 필요합니다. 그리고 그 두 개의 수를 더한 결과도 저장해야 하니 한 개의 변수가 더 필요해서 총 세 개의 변수를 만들어야 합니다. 세 변수의 이름을 각각 **aaa, bbb, ccc**로 하고 프로그램을 작성하면 프로그램 **1.5**와 같습니다.

이 프로그램을 실행하면 처음에 **int aaa;**와 **int bbb;** 그리고 **int ccc;**를 실행합니다. 그러면 그림 **1.7a**와 같이 각각 변수 **aaa, bbb, ccc**가 만들어지겠지요. 다음에 실행될

프로그램 1.5 두 수를 입력받아 합을 구하는 프로그램

```
01: #include <stdio.h>
02:
03: int main(void) {
04:     int   aaa;
05:     int   bbb;
06:     int   ccc;
07:
08:     scanf("%d", &aaa);
09:     scanf("%d", &bbb);
10:     ccc = aaa + bbb;
11:     printf("%d", ccc);
12:
13:     return 0;
14: }
```

문장은 8번 문장인 **scanf("%d", &aaa);** 입니다. 이 문장을 실행하면 앞에서 말했듯이 모니터에 커서가 깜빡이면서 여러분이 뭔가를 입력해 주기를 기다립니다. 이때 그림 1.7b와 같이 21을 넣고 엔터키를 눌렀다고 가정해 보겠습니다. 그러면 이 21이라는 수는 & 다음에 있는 변수인 **aaa**에 저장됩니다.

다음 문장은 **scanf("%d", &bbb);** 입니다. 이 문장을 실행하면 다시 모니터에 커서가 깜빡이면서 기다리게 됩니다. 이번에는 43을 넣고 엔터키를 쳤다고 가정해 보겠습니다. 그러면 그림 1.7c와 같이 43이라는 수가 & 다음에 있는 변수인 **bbb**에 저장될 것입니다.

다음 문장은 10번 문장인 **ccc = aaa + bbb;** 입니다. 우선 =의 의미는 앞에서도 말했듯이 오른쪽의 식을 계산해서 왼쪽의 변수에 저장하라는 의미입니다. 오른쪽의 식은 **aaa + bbb**인데, 이 식은 변수 **aaa**에 있는 값과 **bbb**에 있는 값을 더하는 것입니다. 지금 **aaa**에 21이 저장되어 있고 **bbb**에 43이 저장되어 있으므로 두 값을 더하면 64입니다. 그러면 **aaa + bbb**의 결과가 64가 되는 것이고 이 값이 그림 1.7d와 같이 왼쪽 변수 **ccc**에 저장됩니다. 마지막으로 **printf("%d", ccc);**를 실행하면 **ccc**에 저장되어 있는 값인 64가 그림 1.7e와 같이 모니터에 출력될 것입니다.

여기서 조금 더 나가면 출력을 더 좋아 보이게 할 수 있습니다. 그냥 64만 출력하면 보는 사람이 어떤 계산을 해서 64가 나왔는지 궁금해 할 테니 프로그램 1.6과 같이 더 자세히 출력해 봅시다. 프로그램 1.5와 달라진 점은 **printf**에서 " " 안에 더 많은 내용이 들어가 있고 " " 다음에 변수가 세 개 적혀 있다는 점입니다. 우선 **printf**의 " " 안에서 **%d**를 제외한 다른 글자들은 모니터에 그대로 출력됩니다. 그러므로 빈 칸이나 + 같은 글자들은 그대로 출력될 것입니다. 그런데 **%d**가 세 개나 있습니다. 이와 같이 **%d**가 여러 개 있으면 " " 다음에 적혀 있는 변수들과 하나씩 차례대로 짝이 지어져서 그 변수의 값이 출력됩니다. 즉 첫 번째 **%d**가 있는 자리에는 " " 다음에 첫 번째로 적혀 있는 **aaa**의 값이, 두 번째 **%d**가 있는 자리에는 " " 다음에 두 번째로 적혀 있는 **bbb**의 값이, 세 번째 **%d**가 있는 자리에는 세 번째로 적혀 있는 **ccc**의 값이 출력되는 것입니다. 마지막에 있는 **\n**

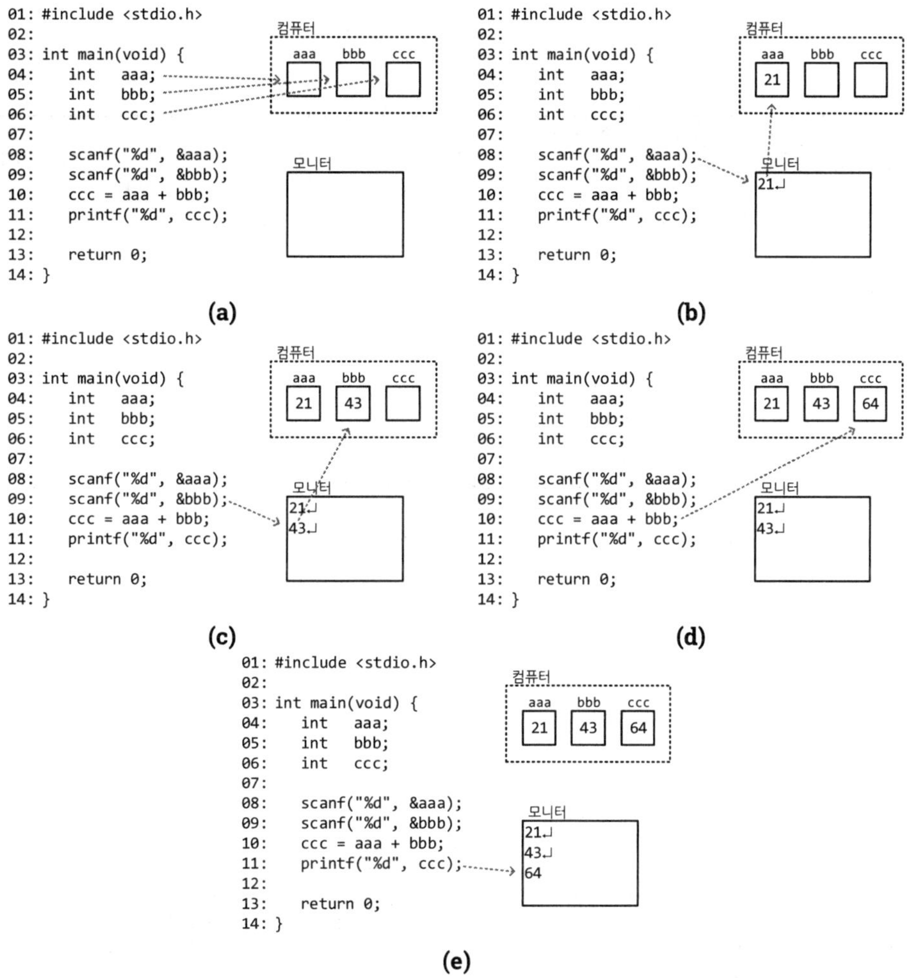

그림 1.7 프로그램 1.5의 진행

은 줄을 바꾼다는 것도 앞에서 설명했었습니다. 결과적으로 모니터에는 그림 1.8과 같이 출력됩니다. 이전의 출력보다는 좀 더 보기 좋아진 것 같습니다.

1.7 변수 선언과 자료형

앞에서 int aaa; 문장은 aaa라는 변수를 만드는 문장이라고 했습니다. 이와 같이 변수를 만드는 문장을 변수의 선언 또는 변수의 정의라고 말합니다. 변수가 선언되면 그 변수가 사용될 수 있음을 알리고 그 변수로 사용될 공간을 할당받습니다.

그런데 변수 선언 int aaa;에서 aaa는 변수의 이름을 가리킨다고 말씀 드렸습니다만, int의 의미에 대해서는 언급을 하지 않았습니다. 여기서 int는 만들어질 aaa라는 변수에 저장될 수 있는 값의 종류가 정수임을 의미합니다. 그러므로 aaa에는 정수인 3은 저장할

프로그램 1.6 프로그램 1.5의 출력 개선

```c
#include <stdio.h>

int main(void) {
    int   aaa;
    int   bbb;
    int   ccc;

    scanf("%d", &aaa);
    scanf("%d", &bbb);
    ccc = aaa + bbb;
    printf("%d + %d = %d\n", aaa, bbb, ccc);

    return 0;
}
```

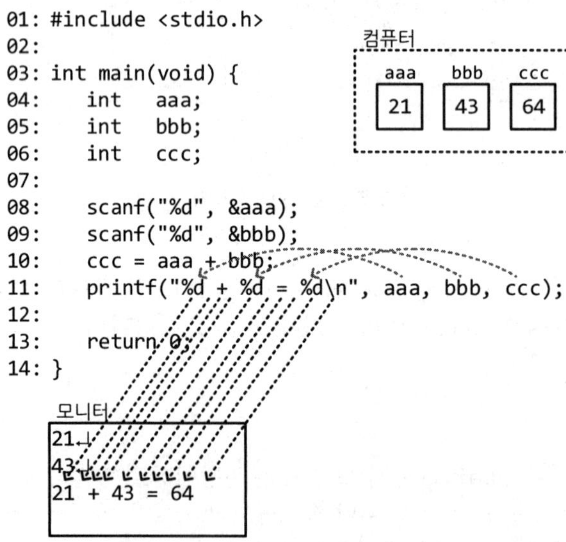

그림 **1.8** 프로그램 1.6의 출력 결과

프로그램 1.7 자료형 예제

```
int   aa;
float bb;
char  cc;

aa = 35;
bb = 2.8;
cc = 'A';
```

수 있으나 실수인 3.5 같은 수는 저장할 수 없습니다. 예를 들어 aaa = 3; 같은 문장은 괜찮으나 aaa = 3.5; 같은 문장은 그리 좋지 않은 문장입니다.

이와 같이 C언어에서는 값의 종류를 구별하며 이러한 값의 종류를 자료형이라고 합니다. C에서 다루는 자료형은 크게 정수형, 실수형, 문자형이 있습니다. 각 자료형에 대한 변수 선언은 서로 다릅니다. 실수형 변수를 선언할 때는 float을 앞에 적어야 하고 문자형 변수를 선언할 때는 char를 앞에 적어야 합니다. 프로그램 1.7은 정수형, 실수형, 문자형 변수를 각각 선언하고 각 변수에 적절한 값을 저장한 예입니다.

정수형 변수인 aa에는 정수값인 35를, 실수형 변수인 bb에는 실수값인 2.8을, 문자형 변수인 cc에는 문자인 ‘A’ 를 저장하였습니다. 정수나 실수는 우리가 보통 알고 있는 것과 같으니 바로 이해가 되실 텐데 문자형에 대해서는 조금 언급을 해야 합니다.

C언어에서는 문자, 즉 문자형의 값을 항상 ‘ ‘로 둘러싸야 합니다. 이것은 변수이름과 혼동하지 않기 위해서입니다. 즉 그냥 a라고 하면 이것은 변수 a를 의미하는 것이고, 문자형 값을 쓰려면 ‘a’ 라고 해야 하는 것입니다. 그리고 C언어에서 문자형 값은 항상 1개의 문자만을 다룹니다. 즉 cc = ‘A’ ; 문장은 올바르지만 cc = ‘AB’ ; 문장은 올바르지 않습니다. 여러 개의 문자로 이루어진 것은 문자열이라 부르며 이에 대해서는 나중에 배열과 포인터 등을 배운 다음에 다루겠습니다.

변수 선언에 대한 설명을 한두 가지 덧붙이면 같은 자료형의 변수를 여러 개 선언할 때는 int aa, b, c;와 같이 한 문장으로 선언할 수 있습니다. 그리고 선언하면서 값을 바로 대입할 수도 있습니다. 예를 들어 int aa=2, b, c;라고 하면 세 개의 변수 aa, b, c를 만드는데 aa에는 처음에 2를 저장하는 것입니다. 이렇게 변수를 선언하면서 바로 값을 대입하는 것을 초기화(initialization)라고 합니다.

1.8 변환 명세

이제 앞 절에서 만들고 값을 저장했던 변수들을 출력해 봅시다. 프로그램 1.8과 같이 하면 잘 출력될 것 같습니다. 출력문인 printf의 " " 사이를 보면 %d가 세 개 있어서 각 자리에는 뒤의 변수들의 값이 출력될 것 같습니다. 그런데 한 번 프로그램 1.8을 작성하셔서 실행해 보십시오. 아마 이상한 값들이 출력될 것입니다.

프로그램 1.8을 실행했을 때 35라는 정수형 값은 제대로 출력되지만 나머지 값들, 즉 실수 2.8과 문자 'A'는 제대로 출력되지 않고 다른 값이 출력되었을 것입니다. 문제의

프로그램 1.8 다양한 자료형의 출력(잘못된 예)

```
#include <stdio.h>

int main(void) {
    int   aa;
    float bb;
    char  cc;

    aa = 35;
    bb = 2.8;
    cc = 'A';
    printf("%d %d %d\n", aa, bb, cc);

    return 0;
}
```

프로그램 1.9 다양한 자료형의 출력(올바른 예)

```
#include <stdio.h>

int main(void) {
    int   aa;
    float bb;
    char  cc;

    aa = 35;
    bb = 2.8;
    cc = 'A';
    printf("%d %f %c\n", aa, bb, cc);

    return 0;
}
```

원인은 **%d**에 있습니다. C언어의 **printf**에서는 정수형을 출력할 때만 **%d**를 사용합니다. 다른 자료형의 값을 출력하고 싶으면 다른 것을 사용해야 합니다. 실수형을 출력하고 싶으면 그 자리에 **%f**를 넣고 문자형을 출력하고 싶으면 그 자리에 **%c**를 넣습니다. 프로그램 1.9는 이렇게 수정한 프로그램입니다. 실행해 보시면 제대로 **35 2.8 A**가 출력됨을 확인하실 수 있습니다.

이렇게 **printf**의 **" "** 안에 들어가는 **%d, %f, %c**와 같은 것들을 변환 명세 (**conversion specifications**)라고 부릅니다. 이 변환 명세는 **" "** 뒤에 있는 변수들의 값이 어디에 출력될지 위치를 지정하는 역할과 더불어 그 값을 어떤 형태로 출력할지도 지정합니다. 즉 **%d**는 정수 형태, **%f**는 실수 형태, **%c**는 문자 형태로 출력하는 것입니다. 그러므로 실수형 값인 **2.8**을 출력할 자리에 **%d**를 놓으면 실수형 값을 정수 형태로 출력하려고 해서 이상한 값이 출력될 수 있는 것입니다.

표 1.1 변수 이름의 예

가능한 변수 이름	
`a`	
`ab34`	
`_b_1`	
`sum_of_MATH_1`	
`_no_reply`	
불가능한 변수 이름	이유
`1man`	숫자로 시작
`sum_of_점수`	한글 사용
`sum math`	빈 칸이 있음
`nothing!`	특수 문자 ! 사용

1.9 변수의 이름

변수의 이름은 여러분 마음대로 지으시면 됩니다. 다만 사용할 수 있는 글자에 한계가 있습니다. 첫 번째로 한글을 사용하시면 안 됩니다. 한글을 사용하는 우리에게는 조금 불편합니다만 C 라는 언어가 미국에서 만들어진 언어이니 어쩔 수 없습니다. 그리고 _를 제외한 @, $, ! 같은 특수 문자들도 사용해서는 안 되고 이름 중간에 빈 칸이 있어서도 안 됩니다. 정리하면 변수의 이름은 영어 알파벳 소문자, 영어 알파벳 대문자, 숫자, _로만 이루어져 있어야 합니다. 그리고 숫자로 이름이 시작해서도 안 됩니다. 이름에서 대소문자는 구별하여 aaa와 AAA는 서로 다른 변수입니다.

표 1.1에 몇 가지 예를 들어 놓았습니다. 변수의 이름으로 합당한 예와 그렇지 않은 예를 구별하여 놓았으니 잘 살펴보시기 바랍니다.

1.10 예약어

앞에서 말한 규칙만 지키면 어떻게 이름을 지어도 괜찮습니다만 몇 가지 써서는 안 되는 단어도 있습니다. 이 단어들은 C 언어의 문법에 관련된 것이어서 변수 이름 등으로 사용하시면 잘못된 문법으로 인식됩니다. 이러한 단어들을 예약어(reserved word, keyword)라고 부르며 표 1.2에 정리해 놓았습니다. 이 단어들이 C 언어에서 어떤 역할을 하는지 앞으로 차례차례 배우실 것입니다.

1.11 이 장을 마치며

여기까지 변수의 개념과 값을 입출력하는 법 등 간단한 프로그램을 작성하는 법에 대해 배워 보았습니다. 여기서 잠깐 진도를 멈추시고 꼭 부록의 실습 환경을 보시기 바랍니다. 실습 환경에 대한 설명을 보시고 자신에 맞는 실습 환경을 설치하셔서 이 장에서 배웠던

표 1.2 예약어

auto	break	case	char
const	continue	default	do
double	else	enum	extern
float	for	goto	if
int	long	register	return
short	signed	sizeof	static
struct	switch	typedef	union
unsigned	void	volatile	while

프로그램들이 잘 동작하는지 확인하십시오. 프로그램은 다른 공부와 마찬가지로 자신이 직접 해 보지 않으면 실력이 늘지 않습니다.

연습 문제

1. 프로그램에서 값을 저장하는 공간을 ____라고 부른다.
2. C언어에서 변수의 값을 화면에 출력하고 싶을 때 ____를 사용한다.
3. C언어에서 키보드로부터 값을 입력받고 싶을 때 ____를 사용한다.
4. C언어에서 각 문장은 문장을 마치는 의미로 가장 뒤에 ____를 붙여야 한다.
5. 모니터에 출력할 때 줄을 바꾸려면 " " 안에 ____를 넣으면 된다.
6. C언어에서 프로그램 문법을 위해 사용하므로 변수 이름 등에 사용하면 안 되는 단어를 ____라고 한다.
7. 모니터에 출력할 때 값이 출력될 장소와 형식을 지정하는 %~를 ____라고 부른다.
8. 변수를 만드는, 혹은 변수의 저장 공간을 할당받는 문장을 ____라고 한다.
9. C언어에서 오른쪽의 식을 계산하여 그 결과를 왼쪽의 변수에 저장하라는 의미의 기호는 ____이다.
10. 다음 프로그램의 문제점을 찾아서 수정하시오.

```
#include <stdio.h>

int mian(void)
{
    prinft("Hello, World!\n");

    return 0;
}
```

11. 다음 프로그램의 문제점을 찾아서 수정하시오.

```
#include <stdio.h>

int main(void)
{
    int a;

    a = 12 + 34
    printf("%d", a);

    return 0;
}
```

12. 다음 프로그램의 출력을 적으시오.

```
printf("%d + %d = %d\n", 3, 2, 3*2);
```

13. 다음 프로그램의 출력을 적으시오.

```
int aa = 19;
printf("%d %d %d", aa/3, aa%3, 5+aa * 2);
```

14. 다음 프로그램의 출력을 적으시오.

```
#include <stdio.h>

int main(void) {
    int a, b, c;

    a = 7;
    b = 5;
    printf("%d %d ", a/b, a%b);
    a = 2;
    printf("%d ", (a+11)%b);
    a = 9;
    c = 3;
    printf("%d ", (a+10)%b/c);
    printf("%d ", (a+3)%(c+2)/b);

    return 0;
}
```

15. 다음 프로그램을 실행해서 결과를 적으시오. 이 프로그램의 결과는 컴파일러 등에 따라 다를 수 있다.

```
#include <stdio.h>

int main(void) {
    printf("%d %d\n", 8/5, 8%5);
```

```
    printf("%d %d\n", -8/5, -8%5);
    printf("%d %d\n", 8/-5, 8%-5);
    printf("%d %d\n", -8/-5, -8%-5);

    return 0;
}
```

참고: C89라 불리는 C언어의 초기 표준에서는 음의 정수의 나눗셈에 대해 구체적으로 정의되어 있지 않으나, 이후에 정의된 C99 표준에서는 다음과 같이 정의되어 있다. 정수형에 대한 나누기 / 연산자의 결과는 소수점 이하까지 구한 나눗셈 결과에서 소수 부분을 없애 버린 것이고, 나머지 % 연산자의 결과는 a%b = a - (a/b)*b 이다.

16. 정수형 변수 a에 대해 9-(a-1)%10과 10-a%10의 결과는 동일한가? 동일하지 않다면 그런 경우의 예를 만들어 보시오.

17. 다음 프로그램의 출력을 적으시오. 줄이 바뀌는 지점을 ↵를 이용하여 표시하시오.

```
#include <stdio.h>

int main(void) {
    printf("Pareto Principle:\n80 percent of the outputs");
    printf("comes\nfrom 20 percent of the inputs.\n");
    return 0;
}
```

18. 아래의 프로그램을 다음에 지시된 대로 수정하시오.

    a) 변수 h와 w에 대입하는 문장을 변수를 초기화하는 것으로 바꾸시오.
    b) 변수 t를 없애고 printf 안에 a * 10 / 3을 직접 넣으시오.

```
#include <stdio.h>

int main(void) {
    int h, w, a, p;

    h = 40;
    w = 30;
    a = h * w;
    p = a * 10 / 3;

    printf("Dimensions: %dm x %dm\n", h, w);
    printf("Area (m^2): %d\n", a);
    printf("Area (pyeong): %d\n", p);

    return 0;
}
```

19. 다음 프로그램을 실행했을 때 20이 출력되기를 기대했으나 그렇지 않았다. 이유는 무엇이며 제대로 출력하려면 어떻게 수정해야 하는가?
```
int aa = 20;
printf("%f", aa);
```

20. 아래에서 잘못된 것은 무엇인가?
```
scanf("%d", a);
```

21. 세 개의 int형 변수를 만든 뒤 값을 대입하지 않고 바로 출력해 보시오. 출력되는 값들에 규칙성이 있는가?

22. 다음 중 변수 이름으로 적절한 것을 고르고, 적절하지 않은 것은 왜 그런지 기술하시오.

    a) pitcher300
    b) Beer can
    c) 500ml
    d) dk@mail
    e) dk_mail

23. 다음 중 C언어에서 예약어인 것을 모두 고르시오.

    a) main
    b) While
    c) if
    d) printf
    e) f0r

실습 문제

1. 아래와 같이 출력하시오.
```
**********
*        *
*        *
*        *
**********
```

2. 위 문제와 똑 같이 출력하는데 printf는 한 번만 사용하시오.

3. 두 개의 실수를 입력받아서 나누기를 한 뒤 결과를 출력하시오.

4. 센티미터 단위의 길이를 실수로 입력받아서 인치로 바꾼 뒤 출력하시오. (1인치 = 2.54센티미터)

5. 위 문제와 비슷하게, 킬로미터와 마일 (1마일 = 1.61킬로미터), 평방미터 (m^2) 와 평 (1평 = 3.3m^2), 킬로그램과 파운드 (1파운드 = 0.454킬로그램) 사이에 변환하는 프로그램도 작성해 보시오.

6. 화씨 단위의 온도를 실수로 입력받아서 섭씨로 바꾼 뒤 출력하시오. (화씨온도 = 1.8*섭씨온도 + 32)

7. 두 개의 정수를 입력받아서 합과 평균을 출력하시오.

8. 삼각형의 밑변과 높이를 정수로 입력받아서 면적을 구하여 출력하시오.

9. 원의 반지름을 실수로 입력받아서 면적과 둘레를 구하여 출력하시오. (π= 3.14를 이용하시오.)

10. 직육면체의 가로, 세로, 높이를 정수로 입력받아서 부피를 구하여 출력하시오.

11. 두 개의 정수를 입력받아서, 두 수를 +, -, *, / 한 결과를 출력하시오. (예: 3과 5를 입력받으면, 8 -2 15 0을 출력한다.)

12. 거리와 시간을 실수로 입력받아서 속력을 계산하여 출력하시오.

13. 두 개의 좌표를 정수로 입력받아서 (즉, 4개의 정수를 입력받아서) 두 좌표 사이의 거리의 제곱을 구한 뒤 출력하시오. (예: 3, 5, 1, 8을 입력받으면 좌표 (3,5)와 (1,8) 사이의 거리의 제곱인 13을 출력한다.)

14. 10원, 50원, 100원, 500원 동전의 개수를 입력받아서 (즉, 4개의 정수를 입력받아서) 총 금액을 구하여 출력하시오. (예: 3, 5, 1, 8을 입력받으면 10원 3개, 50원 5개, 100원 1개, 500원 8개로 인식하여 총액인 4380원을 출력한다.)

15. 하나의 실수 x를 입력받은 뒤 다음 다항식을 계산해서 출력하시오.

$$2x^5 - 3x^4 + 5x^3 - 6x^2 + 8x - 9$$

16. 위 문제에서 다항식의 계산을 아래와 같이 하도록 수정해 보시오.

$$((((2x-3)x+5)x-6)x+8)x-9$$

17. 2자리인 하나의 양수를 입력받은 뒤, 십의 자리 숫자와 일의 자리 숫자의 순서를 바꾸어서 출력하시오. (예: 25를 입력받으면 52를 출력한다.)

18. 만 미만의 정수를 입력받아서 한자리씩 끊어서 출력하시오. (예: 6123을 입력받으면 "6 1 2 3"이라고 출력한다.)

19. 센트 단위의 금액을 정수로 입력받아서 쿼터, 다임, 니켈, 페니로 구별하여 출력하시오. 쿼터, 다임, 니켈, 페니는 미국에서 사용하는 동전들로써 각각 1쿼터 = 25센트, 1다임 = 10센트, 1니켈 = 5센트, 1페니 = 1센트이다. (예: 197을 입력받으면 "7 quarter 2 dime 0 nickel 2 penny"라고 출력한다.)

20. 총 일수를 정수로 입력받아서 개월, 주, 일로 구별하여 출력하시오. 이때, 1개월 = 30일, 1주 = 7일을 사용한다. (예: 137을 입력받으면 "4 month 2 week 3 day" 이라고 출력한다.)

21. 금액을 입력받은 후, 5만원/1만원/5천원/1천원권이 각각 몇 개 필요한지 출력하시오. 1000원 미만의 남은 금액은 무시한다. (예: 127000을 입력받으면, "50000: 2, 10000: 2, 5000: 1, 1000:2" 라고 출력한다.)

22. 분수 두 개의 분자와 분모를 각각 입력받으시오. 이때, 분자와 분모는 모두 양의 정수라고 가정한다. 이 두 개의 분수를 더한 결과를 "분자/분모"의 형태로 출력하시오. 출력되는 분수는 기약분수가 아니어도 된다.

CHAPTER 2

조건문

앞 장에서 배운 프로그램들은 항상 같은 작업을 하는 프로그램들입니다. 그러나 사용자가 입력하는 값에 따라 서로 다른 작업을 하는 프로그램도 필요할 것입니다. 이런 것을 가능하게 하는 것이 조건문입니다. 이 장에서는 대표적인 조건문인 **if**문에 대해 배워 보겠습니다.

2.1 조건문 - if

이런 프로그램을 작성해 봅시다. 점수를 하나 입력받아서 그 점수가 90점을 초과하면 "Your grade is A."라고 출력하는 것입니다. 우선 생각해 보면 하나의 점수를 입력받아야 하니 그 점수를 저장할 정수형 변수가 1개 필요할 것입니다. 그리고 "Your grade is A." 라고 출력해야 하니 **printf**문도 사용해야겠네요. 지금까지의 지식만으로 프로그램을 작성해 보면 프로그램 2.1과 같을 것입니다.

그러나 프로그램 2.1에는 한 가지 잘못된 점이 있습니다. 원래의 문제에서는 점수가 90점을 초과할 때만 "Your grade ~"를 출력해야 합니다. 그러나 프로그램 2.1을 실행하면 그 문장이 항상 출력됩니다. 이 차이를 설명한 것이 그림 2.1입니다. 그림 2.1a는 앞 장에서 여러분이 작성했던 프로그램의 진행방식입니다. 프로그램이 위에서 아래로 한

프로그램 2.1 예제 1 - 아직 불완전한 프로그램

```
#include <stdio.h>

int main(void) {
    int   aa;

    scanf("%d", &aa);

    printf("Your grade is A.\n");

    return 0;
}
```

(a) 앞 장에서의 프로그램 진행　　　　**(b)** 필요한 프로그램 진행

그림 2.1 프로그램 진행 비교

```
if(조건)
{
    ~~~~~~~~~
    ~~~~~~~~~
    ~~~~~~~~~
}
```

조건이 맞을 때만 실행
조건이 틀리면 실행하지 않음

그림 2.2 if문의 형태와 동작

문장씩 차례로 실행되는 것이지요. 그러나 지금 예제에서 필요한 것은 그림 2.1b와 같은 진행입니다. 위에서 아래로 진행하다가 프로그램의 일부분을 경우에 따라 건너뛰어야 합니다. 프로그램의 일부분을 어떤 경우에는 실행하고 다른 경우에는 실행하지 말아야 하는 것이지요.

이러한 동작을 가능하게 하는 것이 if문입니다. 이 if문의 형태와 동작은 그림 2.2와 같습니다. 그림을 보시면 if 옆에 소괄호가 있고 그 다음에 중괄호가 있습니다. 소괄호 안에는 조건을 적게 되어 있고 중괄호 안에는 일반적인 C 문장들을 적습니다. 프로그램이 진행되다가 if문을 만나게 되면 우선 if 다음의 소괄호 안에 있는 조건을 검사합니다. 이때 조건이 맞으면 if 다음의 중괄호 안에 있는 문장들을 실행합니다. 만일 조건이 틀리면 중괄호 안에 있는 문장들을 실행하지 않습니다.

우리는 이 if문을 우리의 목적에 맞게 이용하면 될 것입니다. 우리가 해결하려는 예제에서 조건에 따라 실행되기도 하고 안 되기도 해야 하는 문장은 printf("Your grade is A.\n");라는 문장입니다. 그러므로 이 문장을 if문의 { } 안에 넣으면 될 것입니다. 그리고 언제 이 중괄호 안의 문장이 실행되어야 하는지를 생각해 봅니다. 우리의 경우에는 점수가 90점을 초과할 때, 즉 점수가 저장되어 있는 변수 aa의 값이 90보다 클 때 실행되어야 할 것입니다. 그러므로 if 다음에 와야 하는 조건은 'aa가 90보다 크다'라는 조건이 되어야 합니다. 이와 같은 생각으로 프로그램을 작성하면 프로그램 2.2와 같이 됩니다.

프로그램 2.2를 실행하면 우선 4번 줄에서 aa라는 정수형 변수를 만든 다음에 6번 줄에서 scanf를 실행합니다. 사람이 어떤 점수를 입력하고 엔터키를 누르면 그 점수가 aa에 저장될 것입니다. 예를 들어 95라는 점수를 입력했다고 가정하면 aa에는 95가 저장될 것입니다. 다음에 실행하는 문장이 8번 줄의 if문입니다. 컴퓨터가 if문을 만나면 우선 if 다음의 조건을 검사합니다. 여기서는 조건이 aa>90입니다. 즉 aa에 저장되어 있는 값이 (앞에서 사람이 입력했던 점수가) 90 보다 크면 조건이 맞는 것이고 그렇지

프로그램 2.2 예제 1 - 완성된 프로그램

```
#include <stdio.h>

int main(void) {
    int   aa;

    scanf("%d", &aa);

    if(aa>90)
    {
        printf("Your grade is A.\n");   } aa>90이 맞을 때만 실행
    }

    return 0;
}
```

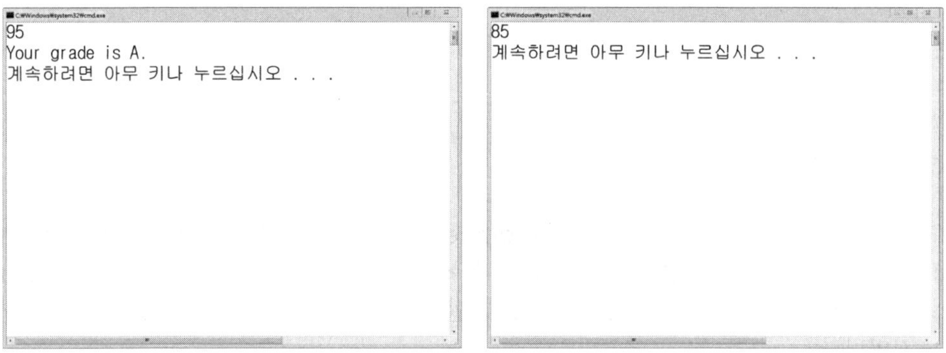

(a) 90보다 큰 값을 입력했을 때　　　**(b)** 90보다 작은 값을 입력했을 때

그림 2.3 프로그램 2.2의 결과

않으면 조건은 틀릴 것입니다. 입력한 점수가 95라고 가정했으니 aa에는 95가 저장되어 있을 테고 따라서 이 조건은 맞는 조건입니다. 그러면 if 다음의 중괄호 안에 있는 printf 문이 실행되어 모니터에는 "Your grade is A."라고 출력될 것입니다. 이 결과를 보여주는 것이 그림 2.3a이며 그림에서 95는 scanf에서 사람이 입력한 수입니다.

이번에는 scanf문에서 사람이 85라고 입력했다고 가정해 보겠습니다. 그러면 aa에는 85가 저장되어 있을 테고, if문을 실행했을 때 if문의 조건인 aa>90이라는 조건은 틀리게 될 것입니다. 그러면 if 다음의 중괄호 안에 있는 printf문은 실행되지 않을 것이며 따라서 그림 2.3b와 같이 모니터에는 아무 것도 출력되지 않을 것입니다.

이와 같이 if문을 이용하면 어떤 변수에 저장되어 있는 값 등에 따라 프로그램의 일부분을 실행할지 말지를 결정하게 할 수 있습니다.

프로그램 2.3 예제 2 - if만 사용한 경우

```c
#include <stdio.h>

int main(void) {
    int   aa;

    scanf("%d", &aa);

    if(aa>90)
    {
       printf("Your grade is A.\n");
    }
    if(aa<=90)
    {
       printf("Your grade is not A.\n");
    }

    return 0;
}
```

2.2 조건문 - else

그럼, 이번에는 90점을 초과하면 "Your grade is A."라는 문장을, 90점 이하이면 "Your grade is not A."라는 문장을 출력하도록 해 봅시다. 90점을 초과했을 때의 문장 "Your grade is A."은 앞에서 했듯이 if문의 중괄호 안에 넣고 그 if문의 조건은 aa>90으로 하면 될 것입니다.

90점 이하일 때의 문장도 비슷하게 하면 될 것입니다. 90점 이하일 때만 출력해야 하니, 마찬가지로 if문을 새로 사용해서 if문의 중괄호 안에 printf("Your grade is not A.\n");을 넣습니다. 그리고 점수는 aa에 저장되어 있으니, 이 if문의 조건은 점수가 90점 이하라는 의미의 aa<=90이라고 하면 될 것입니다. 보통 이하나 이상을 나타내는 기호는 ⩽와 ⩾입니다만 프로그래밍 언어의 경우에는 되도록 키보드에 있는 기호만을 사용하는 경향이 있어서 <=나 >=를 이하와 이상을 나타내기 위해 사용합니다. 이와 같이 해서 작성한 프로그램이 프로그램 2.3입니다.

그런데 프로그램 2.3을 잘 보면 두 개의 if문에 들어 있는 조건이 서로 반대입니다. 즉 한 쪽의 조건이 맞으면 다른 쪽 조건은 반드시 틀린 것입니다. 이런 경우에는 if문을 두 개 사용하는 것 보다 else문을 사용하는 것이 더 좋습니다. 이 else문은 항상 if문과 짝을 지어서만 사용되며, 그 의미는 if문의 조건이 틀린 경우에만 실행하는 것입니다.

프로그램 2.3에 else문을 적용한 것이 프로그램 2.4입니다. 프로그램을 보면 if의 중괄호가 끝난 후 else가 있으며 else 다음에 다시 중괄호가 있습니다. 이렇게 if와 else가 있을 때 if문의 조건이 맞으면, 컴퓨터는 if 다음의 중괄호 안에 있는 문장들을 실행하고 else 다음의 중괄호 부분은 건너뜁니다. 그런데 만약에 if문의 조건이 틀리다면, 이번에는 if 다음의 중괄호 부분을 건너뛰고 else 다음의 중괄호 안에 있는 문장들을 실행하는

프로그램 2.4 예제 2 - else도 사용한 경우

```
01: #include <stdio.h>
02:
03: int main(void) {
04:     int   aa;
05:
06:     scanf("%d", &aa);
07:
08:     if(aa>90)
09:     {
10:         printf("Your grade is A.\n");        aa>90 조건이 맞을 때만 실행
11:     }
12:     else
13:     {
14:         printf("Your grade is not A.\n");    aa>90 조건이 틀릴 때만 실행
15:     }
16:
17:     return 0;
18: }
```

것입니다. 즉 if 다음의 조건에 따라 if문 다음의 중괄호 부분을 실행하느냐, 아니면 else 문 다음의 중괄호 부분을 실행하느냐가 결정되는 것입니다.

프로그램 2.4에서는 if 다음의 조건이 aa>90입니다. 만일 조건이 맞다면 if 다음에 있는 printf는 실행되나 else 다음에 있는 printf는 실행되지 않으므로, "Your grade is A." 라고 출력됩니다. 반대로 조건이 틀리다면 if 다음에 있는 printf는 실행되지 않고 else 다음에 있는 printf가 실행되어서, "Your grade is not A." 라고 출력됩니다.

두 가지의 입력 예에 대해 프로그램 2.4의 진행을 따라가 봅시다. 프로그램이 처음 실행되면 4번 줄의 int aa에 의해, 그림 2.4a의 ①과 같이 aa라는 변수가 만들어 집니다. 그리고 그 다음 문장으로 이동하면 scanf입니다. 컴퓨터가 scanf를 실행하면 모니터에서 커서를 깜빡이며 사용자가 값을 입력하기를 기다립니다③. 그림과 같이 사용자가 95를 입력했다고 가정하면 그 값은 ④와 같이 변수 aa에 저장됩니다. 그리고 그 다음 문장으로 이동하니 조건문 if입니다⑤.

8번 줄의 if문에서 제일 먼저 하는 일은 괄호 속의 조건을 비교하는 것입니다(그림 2.4b의 ①). 현재 aa에는 95가 저장되어 있으므로 aa>90이라는 조건은 맞는 조건입니다. 그러므로 컴퓨터는 ②와 같이 if 다음의 중괄호 속으로 이동해서 printf를 실행합니다. 모니터에는 ③과 같이 "Your grade is A." 라는 문장이 출력될 것입니다. 그리고 그 다음 문장을 실행하려고 보니 중괄호의 끝이므로, ④와 같이 else를 건너뛰고 그 다음으로 이동합니다.

만일 같은 프로그램에 대해 그림 2.5a와 같이 85를 입력했다면 프로그램의 진행이 달라집니다. 그림 2.5a의 ⑤까지는 (사용자가 85를 입력해서 aa에 85가 저장된 것을 제외하면) 동일하게 진행되는데, 8번 줄의 if를 만나 그림 2.5b의 ①과 같이 조건을 비교

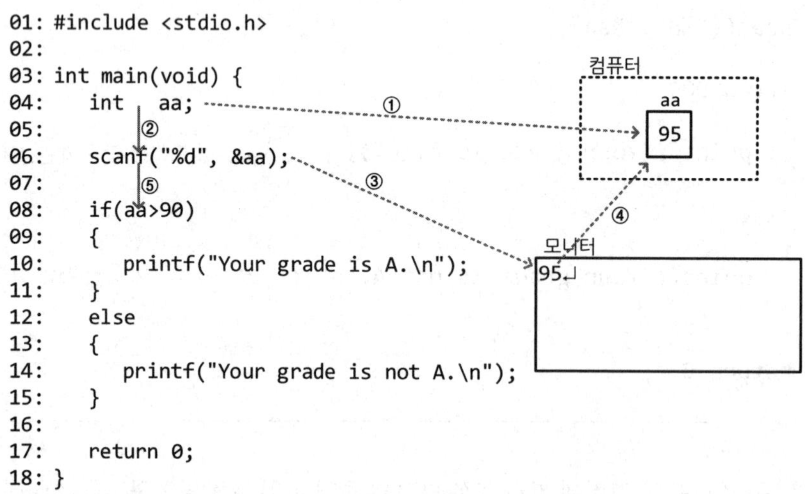

(a)

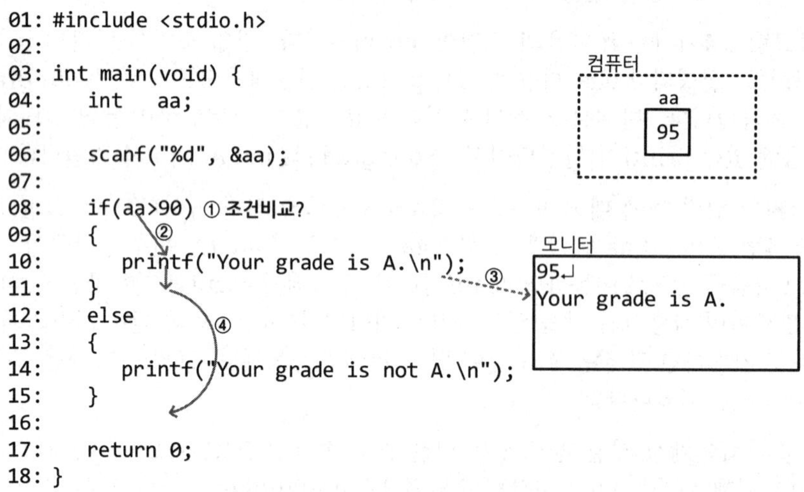

(b)

그림 **2.4** 프로그램 2.4의 결과 : 90보다 큰 값을 입력했을 때

```c
#include <stdio.h>

int main(void) {
    int   aa;

    scanf("%d", &aa);

    if(aa>90)
    {
        printf("Your grade is A.\n");
    }
    else
    {
        printf("Your grade is not A.\n");
    }

    return 0;
}
```

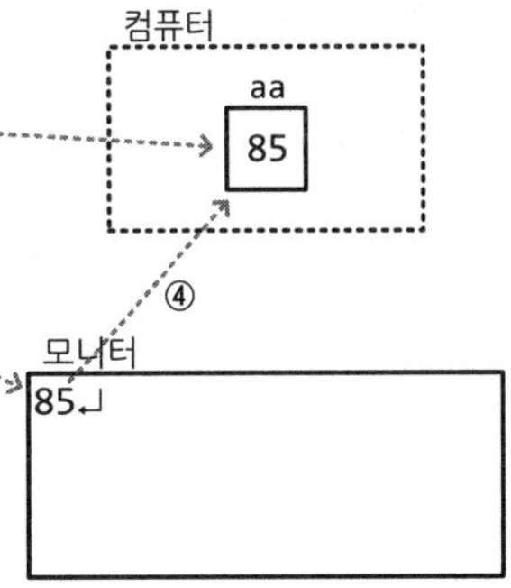

(a)

```c
#include <stdio.h>

int main(void) {
    int   aa;

    scanf("%d", &aa);

    if(aa>90) ① 조건비교?
    {
        printf("Your grade is A.\n");
    }
    else ②
    {
        printf("Your grade is not A.\n");
    }

    return 0;
}
```

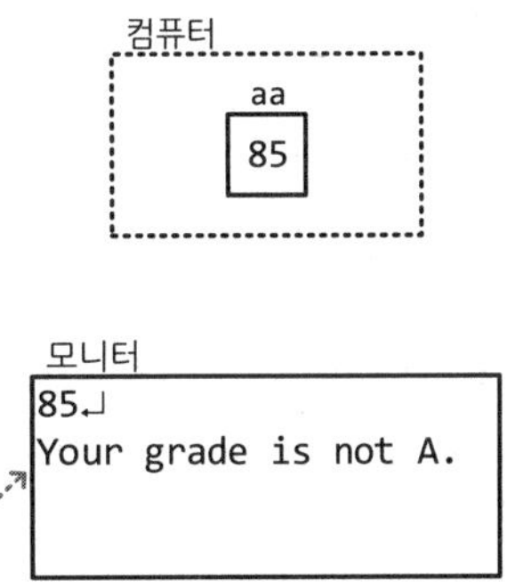

(b)

그림 **2.5** 프로그램 2.4의 결과 : 90 이하의 값을 입력했을 때

프로그램 2.5 예제 3

```
#include <stdio.h>

int main(void) {
    int   a, b, c;

    scanf("%d", &a);
    scanf("%d", &b);

    if(a>b)
    {
        c = a;
    }
    else
    {
        c = b;
    }
    printf("%d\n", c);

    return 0;
}
```

a>b일 때 실행

a>b가 틀릴 때, 즉 a<=b일 때 실행

a와 b 중 더 큰 값이 c에 저장됨

하면서 달라집니다. 이번에는 aa에 저장된 값이 85이므로 조건이 틀렸습니다. 그러므로 ②와 같이 else로 이동해서 else 다음에 중괄호 속으로 들어갑니다. 중괄호 속에는 printf가 있으므로 ③과 같이 "Your grade is not A."라고 출력합니다. 그리고 중괄호의 끝에 도달하므로 밖으로 나옵니다④.

다른 예제도 다루어 봅시다. 두 개의 정수를 입력받은 뒤 더 큰 수를 출력하는 프로그램입니다. 우선 몇 개의 변수가 필요할 지 생각해 보면, 두 개의 정수를 입력받아서 저장해야 하니 변수 두 개가 필요하고, 그 중에서 더 큰 수를 골라서 저장해야 하니 변수 한 개가 더 필요하게 되어서, 총 세 개의 변수가 필요합니다. 입력 값을 저장하는 변수를 a와 b, 이 중 더 큰 수를 저장하는 변수를 c라고 합시다.

변수 c에는 a의 값이 저장될 수도 있고 b의 값이 저장될 수도 있을 것입니다. 이 선택은 a와 b의 크기를 비교해서 결정됩니다. 즉 a의 값이 b 보다 크면 a에 저장되어 있는 값을 c에 저장하고, 그렇지 않으면 b에 저장되어 있은 값을 c에 저장하는 것입니다.

프로그램처럼 기술해 보면 c = a;와 c = b; 중 하나를 실행해야 하는데, 어느 것을 실행할지는 a와 b의 크기를 비교해서 결정됩니다. 만일 a>b라는 조건이 맞다면 a가 더 크므로 c = a;를 실행해야 할 것이고, 그러나 그렇지 않다면 c = b;를 실행하면 될 것입니다. 이것을 프로그램을 옮기면 프로그램 2.5와 같습니다.

2.3 관계 연산자와 논리 연산자

조건문과 함께 많이 이용되는 연산자가 관계 연산자와 논리 연산자입니다.

프로그램 2.6 예제 **4** - 잘못된 예

```
#include <stdio.h>

int main(void) {
   int   x;

   scanf("%d", &x);
   if(2<x<5)
   {
      printf("OK\n");
   }

   return 0;
}
```

2.3.1 관계 연산자

관계 연산자는 두 수의 크기를 비교하는 연산자입니다. 한 쪽이 다른 쪽 보다 크거나 작은지를 비교하는 연산자는 **>**와 **<**이고, 두 수가 서로 같은지를 비교하는 연산자는 **==**입니다. 여기서 주의하실 점이 우리가 보통 '같다'라는 의미로 사용하는 연산자인 **=**와는 다르다는 것입니다. 이전 장에서 말씀드렸듯이 C언어에서 **=**의 의미는 '같다'가 아닙니다. 오른쪽 식을 계산해서 왼쪽 변수에 저장하라는 의미입니다. 그런데 '같다'의 의미를 가진 연산자도 필요하니 **=**를 두 개 붙여서 **==**로 사용하는 것입니다. 아무래도 우리가 보통 사용하는 것과는 다르다 보니, 처음 프로그래밍하시는 분들은 두 수를 같은지 비교할 때 **=**로 실수하시는 경우가 많이 있습니다. 여러분도 주의하시기 바랍니다.

이 외에도 관계 연산자에는 이상과 이하를 나타내는 **>=**와 **<=**도 있으며, '같지 않다'를 나타내는 **!=**도 있습니다.

2.3.2 논리 연산자

논리 연산자를 설명하기에 앞서 예제를 하나 살펴봅시다. 하나의 정수 **x**를 입력받은 뒤 **x**가 **2<x<5**를 만족하면 OK라고 출력하는 프로그램입니다. 이전과 마찬가지로 printf("OK"); 라는 문장이 항상 실행되는 것이 아니라 어떤 조건을 만족할 때만 실행되어야 하므로 조건문을 사용하면 될 것 같습니다. 이 if문에서 조건은 **2<x<5**일 것 같으므로 프로그램을 작성하면 프로그램 2.6과 같습니다.

그러나 이 프로그램을 실행하면 OK가 항상 출력됨을 알 수 있습니다. 왜 그럴까요? 여러분이 if문에서 조건을 기술할 때 주의할 점 중 하나가 C언어에서 하나의 조건은 기본적으로 하나의 비교만으로 이루어진다는 것입니다. 그런데 **2<x<5**와 같은 조건은 두 개의 비교, **2<x**와 **x<5**로 이루어져 있습니다. 그러므로 C언어에서는 이 조건을 잘못 해석하는 것입니다.

그렇다면 **2<x<5**와 같은 조건은 어떻게 표현할까요? 이 **2<x<5**라는 조건을 보면 두 개의 조건이 묶여 있음을 알 수 있습니다. 즉 **2<x** 조건과 **x<5** 조건이 묶여 있는 것이고 이

프로그램 2.7 예제 4 - 올바른 예

```
#include <stdio.h>

int main(void) {
    int   x;

    scanf("%d", &x);
    if((2<x) && (x<5))
    {
       printf("OK\n");
    }

    return 0;
}
```

두 조건이 모두 만족될 때 2<x<5라는 전체 조건이 맞다는 의미입니다. 이와 같이 두 개 이상의 조건을 묶어서 하나의 조건으로 만들 때 사용하는 것이 논리 연산자입니다. 논리 연산자에는 몇 가지가 있는데 이 예제에서 필요한 것은 &&(AND) 연산자입니다. 이 && 연산자로 두 조건을 묶게 되면 그 두 조건이 모두 맞을 때에만 전체가 맞게 됩니다.

그럼 && 연산자를 이용해서 예제를 다시 풀어 봅시다. 이전에 2<x<5라고 했던 조건을 2<x와 x<5로 분리한 뒤 이 둘을 && 연산자로 묶으면 (2<x) && (x<5)가 됩니다. 이 조건을 if 다음에 넣으면 프로그램 2.7과 같이 됩니다. 이 프로그램을 실행해 보면 제대로 실행됨을 알 수 있습니다.

논리 연산자에는 && 연산자 외에 ||(OR) 연산자와 !(NOT) 연산자가 있습니다. 이 중 || 연산자는 && 연산자와 비슷한데 의미가 조금 달라서, 묶인 두 개의 조건 중 하나만 맞아도 전체 조건이 맞다는 의미입니다. 예를 들어 (x<=2)||(5<=x)는 x가 2 이하이거나 5 이상일 때 전체가 맞는 조건입니다. 마지막으로 ! 연산자는 하나의 조건 앞에 붙어서 그 조건의 맞고 틀림을 바꾸는 역할을 합니다. 즉 !(x<5)라는 조건은 x가 5 보다 작으면 틀리고 x가 5 이상이면 맞는 조건이 됩니다.

2.4 중첩 조건문

조건문 if나 else 다음에는 중괄호가 옵니다. 이 중괄호 속에는 printf 같은 출력문이 올 수도 있고 a = 7;과 같이 대입하는 문장이 있을 수도 있습니다. 사실 중괄호 속에는 C에서 허용하는 모든 문장들이 다 올 수 있습니다. 그러므로 그림 2.6과 같이 중괄호 속에 다시 조건문이 있어도 괜찮습니다. 이와 같이 if나 else의 중괄호 속에 다시 if문이 있는 경우를 중첩 조건문이라고 부릅니다.

중첩 조건문을 조금 확장하면 그림 2.7과 같은 형태도 가능합니다. 이 형태에서는 if가 처음 나온 다음에 else if가 계속 나오다가 마지막에 else로 마칩니다. 컴퓨터는 위에서 아래로 실행하므로 컴퓨터가 처음 마주치는 것은 제일 위의 if에 있는 조건1

```
if(조건1)
{
   …
   if(조건2)
   {
      …
   }
   else
   {
      …
   }
   …
}
```

그림 2.6 중첩 조건문

```
if(조건1)
{
   프로그램 부분1     } 조건1이 맞을 때 실행
}
else if(조건2)
{
   프로그램 부분2     } 조건1이 틀리고
}                       조건2가 맞을 때 실행
else if(조건3)
{
   프로그램 부분3     } 조건1과 2가 모두 틀리고
}                       조건3이 맞을 때 실행
else
{
   프로그램 부분4     } 조건1,2,3이 모두 틀릴 때
}                       실행
```

그림 2.7 중첩 조건문의 특이한 예

입니다. 만약 조건1이 맞다면 이 if문 아래에 있는 부분1이 실행될 것입니다. 만일 조건1이 틀리다면 else로 갈 테고 그러면 다시 if를 만날 것입니다. 이번에는 조건2가 맞는지 검사할 테고 맞다면 부분2가 실행될 것입니다. 조건2도 틀렸다면 다시 그 아래의 else를 찾아가겠지요. 이때 찾아간 else에서도 다시 if를 만날 것입니다. 이번에는 조건3을 검사하게 되고 맞다면 부분3이 실행되고 틀리다면 다시 아래의 else로 찾아갈 것입니다. 이번에는 else만 있으니 else 아래에 있는 부분4가 실행될 것입니다.

정리하면 조건1이 맞으면 부분1이 실행됩니다. 조건1이 틀리고 조건2가 맞다면 부분2가 실행됩니다. 조건1과 조건2가 틀리고 조건3이 맞다면 부분3이 실행되며, 만일 조건1, 조건2, 조건3이 모두 틀리다면 부분4가 실행됩니다.

2.5 중첩 조건문 예제

중첩 조건문을 사용하는 예제로 음식을 선택하는 프로그램을 작성해 봅시다. 사용자가 어떤 종류의 음식을 먹을지와 현재 쓸 수 있는 예산을 입력하면 어떤 음식을 먹을 수 있는지 출력하는 프로그램입니다. 물론 현실적인 프로그램이 되려면 아주 복잡해지니, 아주 간단한 기능만 가지도록 작성해 봅시다.

음식의 종류는 한식과 양식 중에 고를 수 있도록 합니다. 음식 종류를 고르는 것은 문자를 하나 입력하는 것으로 해서, 'k'를 입력하면 한식을 고르는 것이고 'w'를 입력하면 양식을 고르는 것으로 합시다. 그리고 한식에는 한정식과 김밥이 있어서 예산이 2000원 이상이면 한정식을 먹을 수 있고 아니면 김밥을 먹어야 한다고 합시다. 양식에는 파스타와 햄버거가 있으며 예산이 3000원 이상이면 파스타를 먹을 수 있고 아니면 햄버거를 먹어야 한다고 가정합니다.

프로그램을 먼저 제시하면 프로그램 2.8과 같습니다. 4번과 5번 줄에서는 변수를 선언합니다. 음식의 종류를 고를 때 입력한 문자를 저장하기 위해 문자형 변수 f와 입력된 예산을 저장할 정수형 변수 m을 선언했습니다.

그 다음 네 줄의 문장들은 사용자에게 안내하고 입력을 받는 문장들입니다. 7번 줄에서 음식을 선택하라고 출력한 뒤 8번 줄에서 사용자의 입력을 기다립니다. 사용자가 'w'나 'k'를 입력하면 그 문자는 변수 f에 저장될 것입니다. 9번 줄에서 예산을 입력하라고 출력한 뒤 10번 줄에서 기다리며, 사용자가 입력한 예산은 변수 m에 저장될 것입니다.

12번에서 22번 줄까지의 내용은 양식을 선택한 경우입니다. 우선 양식을 선택했는지는 변수 f에 저장된 문자가 'w'인지를 비교해 보면 알 수 있습니다. 그러므로 프로그램에서는 if문의 조건에서 변수 f에 저장된 문자가 문자 'w'와 같은지 비교하고 있습니다. 여기서 여러분이 주의해야 하는 것이 문자 'w'와 비교하므로 w는 작은따옴표로 감싸야 한다는 것입니다. 이 if문의 중괄호 안에는 다시 if문이 있습니다. 예산을 비교하는 것이지요. 변수 m에 저장된 값이 3000 보다 작은지를 비교해서 작다면 햄버거를 먹어야 한다고 출력하고, 그렇지 않다면 파스타를 먹을 수 있다고 출력합니다.

만일 12번 줄의 if문 조건이 틀리다면 23번 줄의 else로 갈 것입니다. 23번 줄의 else로 가니 다시 if문이 있고 이 if문의 조건은 f에 저장된 문자가 문자 'k'와 같은지를 비교하는 것입니다. 여기서도 역시 문자 'k'와 비교하므로 k 양 옆에 작은따옴표가 있습니다. 이 if문의 중괄호 안에는 다시 if문이 있어서 예산을 비교합니다. 즉 변수 m에 저장된 값이 2000 보다 작으면 김밥을 먹어야 한다고 출력하고 그렇지 않으면 한정식을 먹을 수 있다고 출력하는 것입니다.

그림 2.8은 이 프로그램을 실행한 결과입니다. 우리가 원하는 대로 출력됨을 알 수 있습니다.

프로그램 2.8 예제 5 - 음식 선택 프로그램

```
#include <stdio.h>

int main(void) {
   char  f;
   int   m;

   printf("Which food do you want? (w: western, k: korean) ");
   scanf("%c", &f);
   printf("How much do you have? ");
   scanf("%d", &m);

   if(f == 'w')
   {
      if(m < 3000)
      {
         printf("You should take hamburger.\n");
      }
      else
      {
         printf("You can take pasta.\n");
      }
   }
   else if(f == 'k')
   {
      if(m < 2000)
      {
         printf("You should take gimbab.\n ");
      }
      else
      {
         printf("You can take hanjeongsik.\n ");
      }
   }

   return 0;
}
```

음식 종류에 대한 입력 문자 저장

입력 예산 저장

음식 종류를 묻고

음식 종류에 대한 문자를 입력 받음

예산을 묻고

예산을 입력 받음

같은지 비교하므로 ==
w라는 문자이므로 작은 따옴표 필요

돈이 3000원 미만일 때

돈이 3000원 이상일 때

입력 문자가 'w',
양식을 선택했을 때

같은지 비교하므로 ==
k라는 문자이므로 작은 따옴표 필요

돈이 2000원 미만일 때

돈이 2000원 이상일 때

입력 문자가 'k',
한식을 선택했을 때

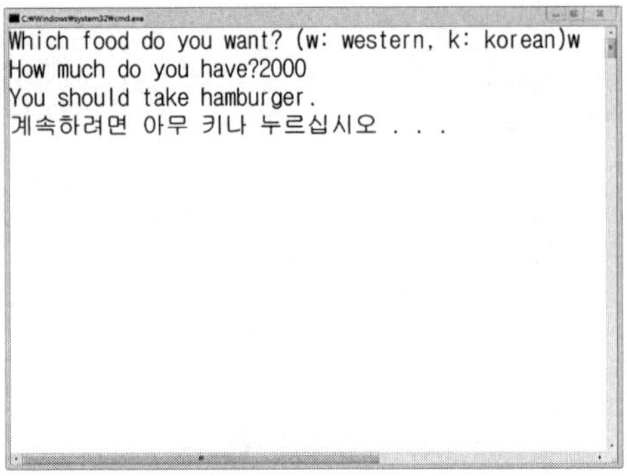

(a) 양식을 선택했을 때

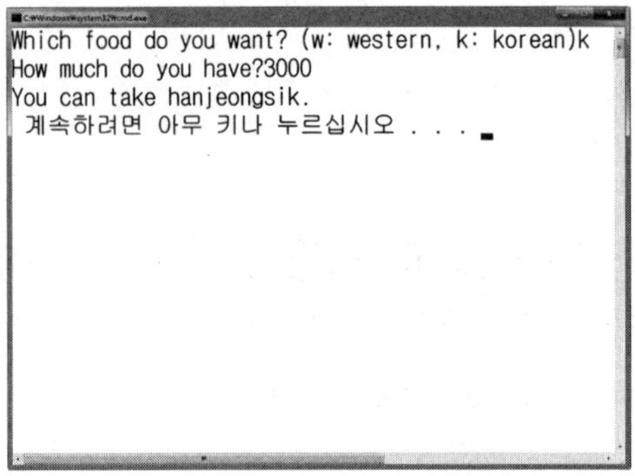

(b) 한식을 선택했을 때

그림 2.8 프로그램 2.8의 결과

프로그램 2.9 예제 3 - 조건 연산자를 이용한 예

```
#include <stdio.h>

int main(void) {
    int   a, b, c;

    scanf("%d", &a);
    scanf("%d", &b);

    c = (a>b) ? a : b;
    printf("%d\n", c);

    return 0;
}
```

2.6 조건 연산자

C언어에는 조건문과 비슷한 역할을 하는 연산자로 조건 연산자가 있습니다. 이 조건 연산자를 잘 사용하면 간단한 조건문은 간략하게 기술할 수 있습니다. 우선 조건 연산자의 모양은 '조건 ? 식1 : 식2'입니다. 컴퓨터가 조건 연산자를 만나면 우선 ? 앞에 있는 조건을 검사합니다. 만일 조건이 맞다면 이 조건 연산자의 결과값은 식1의 결과값과 같습니다. 조건이 틀리다면 식2의 결과값이 조건 연산자 전체의 결과값이 됩니다.

예를 들어 c = (a>b) ? a : b;를 생각해 보겠습니다. 우선 a>b라는 조건을 검사해 보겠지요. 만일 a가 b보다 더 커서 이 조건이 맞다면 조건 연산자 전체의 결과는 : 앞에 있는 a의 값이 됩니다. 그러므로 c에는 a에 저장되어 있던 값이 저장될 것입니다. 만일 조건이 틀리다면 조건 연산자 전체의 결과는 : 뒤에 있는 b의 값이 되어서 c에는 b에 있던 값이 저장됩니다. 즉, a와 b 중에서는 더 큰 값이 c에 저장됩니다.

이 예를 이용하면 앞에서 했던 프로그램 2.5를 더 간단하게 만들 수 있습니다. 프로그램에 있던 **if-else**문을 조건 연산자로 대체하는 것이며, 이렇게 해서 간결해진 프로그램이 프로그램 2.9입니다.

연습 문제

1. C언어의 **if**문에서 조건이 틀렸을 경우 실행되는 문장들은 ____ 다음의 중괄호 안에 적으면 된다.

2. 두 수의 크기를 비교하는 연산자는 ____ 이다.

3. 언어에서 두 조건을 관계 지어서 하나의 조건으로 만드는 연산자는 ____ 이다.

4. C언어에서 두 수가 같다는 것을 의미하는 연산자는 ____ 이다.

5. 조건문과 비슷한 역할을 할 수 있는 연산자는 ____ 이다.

6. 다음 프로그램의 실행 결과를 적으시오.
   `printf("%d", 5 > 3 ? 2 : 1);`

7. 아래 프로그램은 a와 b 중에서 큰 값을 출력하는 프로그램이다. 조건문 **if**의 괄호 속에 적절한 조건을 넣으시오.

```
#include <stdio.h>

int main(void) {
    int a, b;

    scanf("%d", &a);
    scanf("%d", &b);
    if(       )
    {
        printf("%d", a);
    }
    else
    {
        printf("%d", b);
    }

    return 0;
}
```

8. 아래 프로그램의 의미상 잘못 된 부분은 어디인가?

```
#include <stdio.h>

int main(void) {
    int a;
```

```
    scanf("%d", &a);
    if(a = 10) {
        printf("The input value is 10.\n");
    } else {
        printf("The input value is not 10.\n");
    }

    return 0;
}
```

9. 아래에서 두 개의 if문을 논리 연산자를 이용하여 하나의 if문으로 작성하시오.

```
if(a < 0)
{
    printf("Wrong number\n");
}
if(a > 10)
{
    printf("Wrong number\n");
}
```

10. 변수 a의 절댓값을 구하는 식을 조건 연산자를 이용하여 작성하시오.

실습 문제

1. 서로 다른 두 개의 정수를 입력받아서 두 수의 크기를 비교하여 출력하시오. (예: 2와 5를 입력받으면 "2 is less than 5.", 5와 2를 입력받으면 "5 is larger than 2." 라고 출력합니다.)
2. 몇 월인지를 정수로 입력받아 상반기인지 하반기인지 구별하여 출력하시오. 1월~6월은 상반기이며, 7월~12월은 하반기이다. (예: 5를 입력받으면 5월로 해석해서 "First half of the year", 12를 입력받으면 "Latter half of the year"라고 출력한다.)
3. 한 개의 정수를 입력받아서 홀짝을 구별하여 출력하시오. (예: 5를 입력받으면 "5 is odd.", 4를 입력받으면 "4 is even."라고 출력한다.)
4. 세 개의 정수를 입력받아서 가장 큰 수를 구하여 출력하시오.
5. 나이를 정수로 입력받아서 성년인지를 판별하여 출력하시오. 나이가 20살 이상이면 성년이라고 가정한다. (예: 25를 입력받으면 "You are an adult.", 18을 입력받으면 "You are not an adult."라고 출력한다.)
6. 4번 문제의 프로그램을 조건 연산자를 이용하여 작성하시오.
7. 정수를 하나 입력받아서 그 절댓값을 출력하시오.

8. 네 개의 정수를 입력받은 뒤 그 중 가장 큰 수를 출력하는 프로그램을 작성하시오. 조건 연산자를 세 번만 사용하고 다른 조건문 등은 사용하지 마시오.

9. 문자 하나와 실수형 값 하나를 입력받으시오. 만일 문자가 'c'였다면 실수형 값을 센티미터 단위의 길이로 생각해서 인치 단위의 길이로 바꾸어 출력하시오. 문자가 'i'였다면 실수형 값을 인치 단위의 길이로 생각해서 센티미터 단위의 길이로 바꾸어 출력하시오. (1인치 = 2.54센티미터)

10. 위 문제에서 대문자 'C'와 'I'를 입력받아도 같은 동작을 하도록 추가하시오.

11. 몇 월인지를 정수로 입력받아 말일이 며칠인지 구하여 출력하시오. (예: 5를 입력받으면 "There are 31 days."라고 출력한다.)

12. 연도를 정수로 입력받아서 윤년인지를 판별하여 출력하시오. 4의 배수이면서 100의 배수가 아니면 윤년이다. (예: 1996을 입력받으면 "The year 1996 is a leap year."라고 출력하고 1997을 입력받으면 "The year 1997 is not a leap year."라고 출력한다.)

13. 한 개의 문자와 두 개의 정수를 입력받아서, 문자가 +이면 두 수를 더하고, -이면 두 수를 빼고, *이면 두 수를 곱하고, /이면 두 수를 나눈 몫을 구해서 출력하시오. +, -, *, / 이 외의 다른 문자가 입력되면 "A wrong operation."라고 출력하시오.

14. 만원 단위의 연봉을 정수로 입력받은 뒤, 다음의 표를 이용해서 세금을 계산하여 만원 단위의 실수로 출력하시오.

연봉 = x	세금
0 $\leqslant x \leqslant$ 1200만원	연봉의 6%
1200만원 $< x \leqslant$ 4600만원	(연봉−1200만원)의 15% + 72만원
4600만원 $< x \leqslant$ 8800만원	(연봉−4600만원)의 24% + 582만원
8800만원 $< x \leqslant$ 15000만원	(연봉−8800만원)의 35% + 1590만원
15000만원 $< x$	(연봉−15000만원)의 38% + 3760만원

15. 세 변의 길이를 정수로 입력받은 뒤, 그 세 변으로 삼각형을 구성할 수 있는지 검사하여 출력하시오. 삼각형을 구성하려면 제일 긴 변의 길이가 나머지 두 변의 길이의 합보다 작아야 한다. (예: 3, 2, 4를 입력받으면 "A triangle is possible.", 5, 3, 2를 입력받으면 "A triangle is impossible."라고 출력한다.)

16. 세 변의 길이를 정수로 입력받은 뒤, 그 세 변으로 직각삼각형을 구성할 수 있는지 검사하여 출력하시오. 직각삼각형을 구성하려면 제일 긴 변의 길이의 제곱이 나머지 두 변 길이의 제곱의 합과 같아야 한다. (예: 5, 4, 3를 입력받으면 "A right-angled triangle is possible.", 3, 6, 4을 입력받으면 "A right-angled triangle is impossible."라고 출력한다.)

17. 평면에서 두 개의 좌표 a, b를 입력받은 뒤, 한 개의 좌표 c를 다시 받는다. 좌표 a와 b로 이루어지는 사각형 안에 좌표 c가 들어가는지 검사하시오. 참고로, 하나의 좌표는 x축 좌표와 y축 좌표, 즉 두 개의 실수로 이루어져 있다.

18. 하나의 양수를 입력받은 뒤, 몇 자리 수인지 출력하시오. 100000 미만의 수만 입력한다고 가정하시오.

19. 4개의 정수를 입력받은 후, 가장 큰 수와 가장 작은 수를 출력하시오. 조건 연산자나 if를 가능한 한 적게 사용하시오. (참고: 4개의 if로도 가능하다.)

20. 세 개의 정수 연월일로 이루어진 2개의 날짜를 입력받은 뒤, 그 두 날짜 중 어느 날이 먼저인지 출력하시오.

CHAPTER 3

반복문

반복문은 개념이 그리 어렵지는 않으나 매우 다양하게 활용할 수 있어서 어떤 면에서는 어렵게 느껴지실 수도 있습니다. 그러나 조금만 익숙해지면 프로그래밍의 맛을 느끼기 시작할 수 있습니다. 하나씩 차근차근 따라오시기 바랍니다.

3.1 반복문 기본

그림 3.1과 같이 한 줄에 별을 4개씩, 다섯 줄을 출력하는 프로그램을 작성해 봅시다. 이 프로그램을 지금까지 배운 것으로 작성한다면 프로그램 3.1과 같을 것입니다. 즉 printf("****\n");을 다섯 번 적어서 실행하는 것입니다.

이 프로그램도 나쁘지는 않습니다. 그런데 만일 다섯 줄이 아니라 열 줄이면 어떻게 하시겠습니까? 마찬가지로 printf를 열 번 사용하면 될 것 같습니다. 그렇다면 백 줄이나

```
****
****
****
****
****
```

그림 3.1 예제 1의 출력

프로그램 3.1 예제 1 - 다섯 줄 출력하기 (반복문을 사용하지 않은 경우)

```c
#include <stdio.h>

int main(void) {
    printf("****\n");
    printf("****\n");
    printf("****\n");
    printf("****\n");
    printf("****\n");
}
```

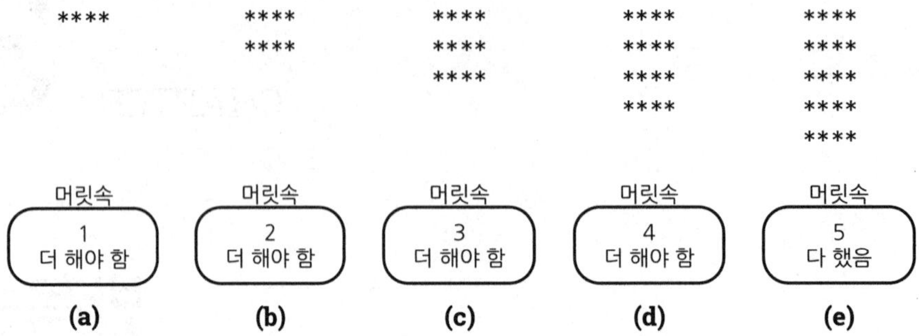

그림 3.2 반복할 때 생각하는 것들

천 줄을 출력해야 한다면요? 이때에도 printf를 백 번이나 천 번 쓰시겠습니까? 그리 쉽지는 않을 것입니다. 복사하기/붙여넣기로 백 번이나 천 번 쓰는 것도 쉽지 않을 것이며, 더 어려운 것은 출력을 보고 백 번이나 천 번이 맞는지 확인하는 것일 것입니다. 아무리 세심하게 신경 쓰면서 작성한다 해도 정말로 백 번이나 천 번이 맞는지 확신을 가질 수 없을 것이므로, 출력을 보면서 맞는지 세어 보아야 할 것입니다.

이와 같이 똑 같은 일을 여러 번 반복해야 하는 프로그램을 좀 더 쉽고 믿음직스럽게 작성할 수 있도록 해 주는 것이 반복문입니다. C언어에는 반복문이 세 가지가 있으며, for, while, do-while입니다. 이 중에서 우선 while문을 배워 보겠습니다.

3.1.1 반복문 만들기

여러분이 while문 등을 이용하려면 몇 가지 요소들을 같이 적어야 합니다. 이 요소들이 무엇인지 알기 위해 사람이 이러한 반복 작업을 한다면 어떤 것을 신경 쓰면서 하는지 생각해 봅시다. 사람이 그림 3.1을 종이에 적는다고 가정해 보겠습니다. 여러분도 종이에 직접 적어가면서 따라해 보시기 바랍니다. 우선은 그림 3.2a와 같이 한 줄을 적을 것입니다. 그런 다음에 생각하겠지요. '이제 한 줄 적었다. 아직 다섯 줄이 안 되었으니 계속해야지.' 그 다음에는 그림 3.2b와 같이 한 줄을 더 적은 다음 생각할 것입니다. '이제 두 줄 적었다. 아직 다섯 줄이 안 되었으니 계속해야지.' 그 다음에 한 줄 더 적고, 한 줄 더 적고, 한 줄을 더 적은 다음에는 그림 3.2e와 같이 '다섯 줄 적었으니 이제 그만 적어야겠다'라고 생각하며 작업을 마칠 것입니다.

이러한 사람의 생각을 좇아가 보면 반복 작업에 필요한 것들을 아실 수 있습니다.

1. 하나씩 증가하는 수가 있습니다. 한 줄 적으면 1, 한 줄 더 적으면 2, 더 적으면 3 하면서 지금까지 몇 번을 했는지 마음속으로 세고 있을 것입니다.

2. 계속하거나 정지할 것을 판단하는 조건이 있습니다. 앞 예제에서는 다섯 번을 적었는지가 그 조건이 될 것입니다. 지금까지 적은 줄 수가, 즉 하나씩 증가하고 있는 수가 5 보다 작으면 계속하고 5와 같아지면 그만하는 것입니다.

```
while(   )
{
   printf("****\n");
}
```

반복할 때 필요한 것
1. 증가하는 수
2. 정지 조건 (또는 계속 조건)
3. 반복 작업
0. 초기화

(a)

```
int   i;

while(   )
{
   printf("****\n");
   i = i + 1;
}
```

반복할 때 필요한 것
1. 증가하는 수
  - 증가하려면 변수 필요
2. 정지 조건 (또는 계속 조건)
3. 반복 작업
0. 초기화

(b)

```
int   i;

while(i<5)
{
   printf("****\n");
   i = i + 1;
}
```

반복할 때 필요한 것
1. 증가하는 수
2. 정지 조건 (또는 계속 조건)
  - C에서는 계속 조건 사용
3. 반복 작업
0. 초기화

(c)

```
int   i;
i = 0;
while(i<5)
{
   printf("****\n");
   i = i + 1;
}
```

반복할 때 필요한 것
1. 증가하는 수
2. 정지 조건 (또는 계속 조건)
3. 반복 작업
0. 초기화

(d)

그림 3.3 반복문 while의 작성

3. 반복하는 작업이 있습니다. 당연한 이야기이겠지만 반복의 대상이 되는 작업이 있어야겠지요. 앞 예제에서는 한 줄에 별 네 개를 적는 것이 반복 작업이고, 이 작업을 다섯 번 반복하는 것입니다.

4. 초기화를 합니다. 이것은 무의식적으로 하는 것이어서 인지를 못 하셨을 수도 있으나, 별들을 적기 전에 '아직 하나도 안 적었다', 즉 0이라고 생각하며 시작할 것입니다. 이 0이라는 수부터 하나씩 증가시켜 나가는 것이지요.

즉 반복할 때 우리가 생각하는 것은 증가하는 수, 정지 조건(또는 계속 조건), 반복 작업, 초기화이며, 이 네 가지 요소가 반복문에도 그대로 필요합니다.

그림 3.3a에 while문이 있습니다. 이 while문 다음에는 소괄호를 적으며 그 다음에 중괄호를 써 넣고, 이 중괄호 안에 반복할 문장을 적어 넣습니다. 우리는 printf("****\n");을 반복하므로 그림 3.3a와 같이 printf 문장을 중괄호 안에 넣습니다.

프로그램 3.2 예제 1 - 다섯 줄 출력하기(반복문을 사용한 경우)

```
#include <stdio.h>

int main(void) {
    int   i;

    i = 0;
    while(i<5)
    {
       printf("****\n");
       i = i + 1;
    }

    return 0;
}
```

다음으로 증가하는 수를 넣어야 합니다. 그런데 수를 1씩 증가시키려면 그 수를 기억하고 있어야 할 것입니다. C언어에서 수는 변수에 저장할 수 있으므로 변수가 하나 필요합니다. 그래서 그림 **3.3b**와 같이 **i**라는 변수를 하나 선언합니다. 그리고 이 **i** 변수에 저장되어 있는 값을, 한 번 반복 작업을 할 때마다 1씩 증가시키는 것입니다. 반복 작업이 **printf("****\n");**이므로 이 **printf** 다음에 **i**를 1 증가시키면 될 것입니다. 그런데 그림 **3.3b**를 보면 **printf** 다음에 **i = i + 1;**이라고 되어 있습니다. 이 문장이 바로 i에 저장되어 있는 값을 1 증가시키는 문장입니다. 이때 여러분이 주의하셔야 하는 것이 =는 '같다'를 의미하는 것이 아니라는 것입니다. C언어에서 =는 오른쪽을 계산해서 왼쪽에 저장하라는 의미라고 했습니다. 오른쪽의 식이 i + 1이므로 현재 i에 저장되어 있는 값에 1을 더한 뒤 그 결과를 = 왼쪽의 변수인 i에 저장합니다. 즉 i에 있는 값에 1을 더한 뒤 다시 i에 저장하는 것이므로 i에 저장되어 있는 값을 1 증가시키는 효과가 있는 것입니다.

다음으로 정지 조건 또는 계속 조건을 넣어야 하는데, C언어에서는 반복문에서 계속 조건을 사용합니다. 이 프로그램에서는 아직 다섯 번을 반복하지 않은 경우에 반복을 계속합니다. 반복을 한 횟수가 변수 i에 저장되어 있으므로, i에 저장된 값이 5 보다 작은 경우에 반복을 계속하면 될 것입니다. 즉 계속 조건은 **i<5**가 되며 이 조건을 그림 **3.3c**와 같이 **while** 다음의 소괄호 안에 적습니다.

마지막으로 초기화를 해 주어야 합니다. 아직 반복을 하기 전에는 0번 한 것이므로 그림 **3.3d**와 같이 반복문인 **while**을 시작하기 전에 변수 i에는 0을 저장합니다.

이렇게 작성한 프로그램이 프로그램 3.2입니다. 반복문을 이용하는 프로그램을 작성했으니 이 프로그램이 어떻게 동작하는지, 즉 **while**이라는 명령어가 어떻게 동작하는지 하나씩 따라가 봅시다.

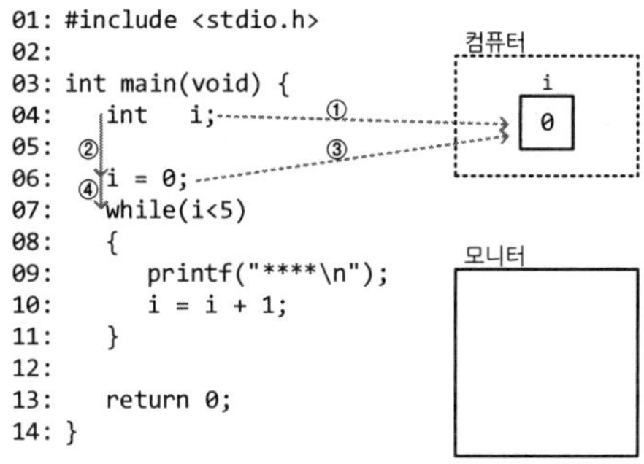

그림 **3.4** 프로그램 3.2에서 변수 생성 및 초기화

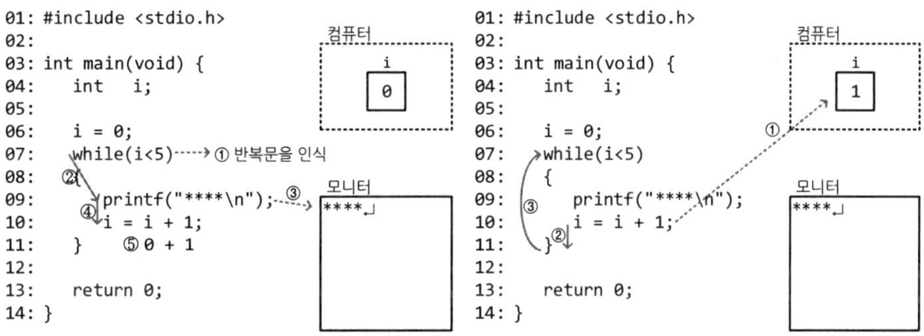

(a) **(b)**

그림 **3.5** 프로그램 3.2에서 첫 번째 반복

3.1.2 반복문의 진행

프로그램이 처음 시작하면 그림 3.4의 ①과 같이 **int i;** 문장에 의해 **i**라는 변수를 만들고 **i = 0;** 문장에 의해 변수 **i**에 **0**을 저장합니다②. 그 다음 문장을 보니 **while**이네요. 컴퓨터가 **while**문을 만나면 그림 3.5a의 ①과 같이 반복을 해야 함을 인식하고 ②와 같이 중괄호 안으로 들어갑니다. (사실 이때 한 가지 일을 더하는데 이것은 나중에 설명 드리겠습니다.) 중괄호 안에 들어가니 **printf** 문장이 있어서 모니터에 별을 네 개 출력하고 **\n**에 의해 줄을 바꿉니다③. 그리고 **i = i + 1;**을 만납니다④. 앞에서 설명했듯이 **=**는 오른쪽을 계산해서 왼쪽으로 대입하라는 의미입니다. 현재 **i**에 저장되어 있는 값은 **0**이니 오른쪽을 계산하면 **0+1**해서 **1**입니다⑤. 결과적으로 **i**의 값이 **0**에서 **1**로 증가했습니다. 이 **1**을 그림 3.5b의 ①과 같이 왼쪽에 있는 변수 **i**에 저장합니다. 그리고 다음 문장을 실행하려 내려가 보니 중괄호가 끝나네요②. 그러면 **while**로 올라갑니다③.

이렇게 **while**로 올라가서 제일 먼저 하는 일이 그림 3.6a의 ①과 같이 **while** 옆에 있는 조건을 검사하는 일입니다. 현재 변수 **i**에 저장되어 있는 값이 **1**이므로 **i<5**라는 조건은 맞는 조건입니다. 그림 3.3c에서 말했듯이 **while** 옆에 있는 조건은 계속할지를 판단하는 조건이고 이 조건이 현재 맞으므로 반복을 계속하게 되어서 ②와 같이 **while**의 중괄호 안으로 다시 들어갑니다. 중괄호 안에서 **printf**에 의해 별 네 개와 줄 바꿈을 출력하고③

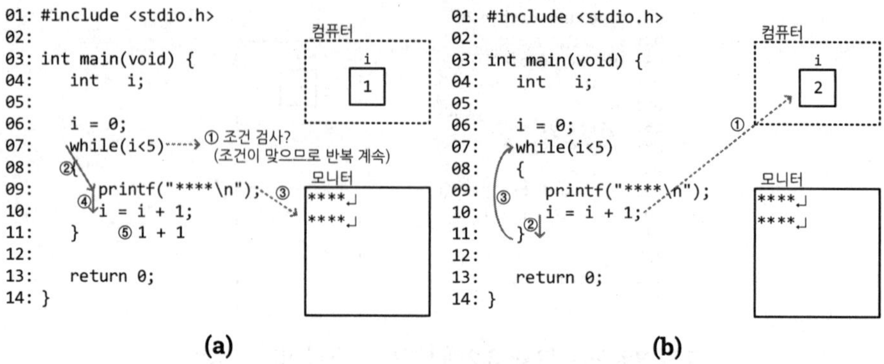

그림 3.6 프로그램 3.2에서 두 번째 반복

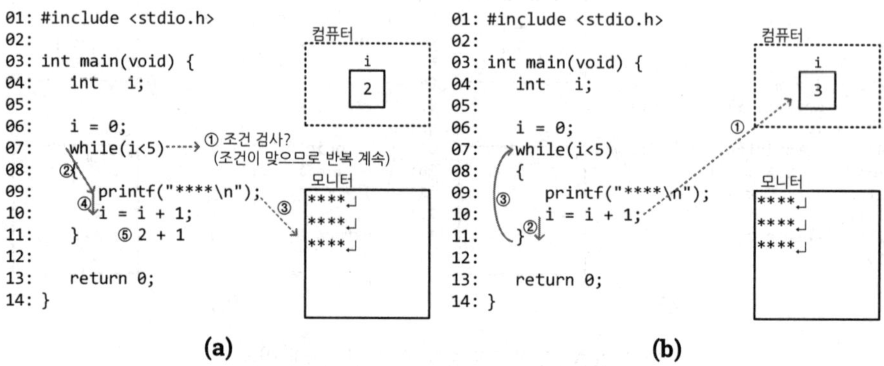

그림 3.7 프로그램 3.2에서 세 번째 반복

다음 줄에 내려오니④ 다시 **i = i + 1**이네요. 현재 **i**에 저장되어 있는 값은 **1**이므로 **i + 1**을 계산하면 ⑤와 같이 **2**가 되고, 이 **2**를 왼쪽의 변수 **i**에 저장합니다(그림 **3.6b**의 ①). 이 동작은 마치 별 네 개를 두 줄 적었으니 '두 번'이라고 세는 것 같아 보입니다.

그림 **3.6b**의 ②와 같이 다음 문장으로 내려가려 하니 중괄호가 끝났습니다. 그러면 ③과 같이 **while**로 다시 올라갑니다. 올라가면 우선 그림 **3.7a**의 ①과 같이 조건을 검사하고, **i**에 저장된 값이 **2**이므로 조건이 맞게 되어서 반복을 계속합니다. 중괄호 안으로 들어가고, ② **printf**를 실행하여 별을 다시 한 줄 출력한 뒤③, 다음 문장으로 내려갑니다④. 내려 온 문장이 **i = i + 1**이므로 **i + 1**을 계산하면 **3**이고⑤ 이 값은 그림 **3.7b**의 ①과 같이 변수 **i**에 저장됩니다. 중괄호가 끝났으니② **while**로 올라갑니다③.

앞에서와 마찬가지로, 조건 검사하고(그림 **3.8a**의 ①) 조건이 맞으니 중괄호 안으로 들어가고② **printf**를 실행하여 별을 한 줄 출력하고③ 다음 문장인 **i = i + 1**에서 **i + 1**을 계산한 결과인 **4**를⑤ **i**에 저장하고(그림 **3.8b**의 ①) 다시 위로 올라갑니다③.

다시 **while** 옆의 조건을 검사하겠죠? 변수 **i**에 저장되어 있는 값이 **4**이니 여전히 맞는 조건이며 그림 **3.9a**와 그림 **3.9b**처럼 같은 동작을 한 번 더 반복합니다.

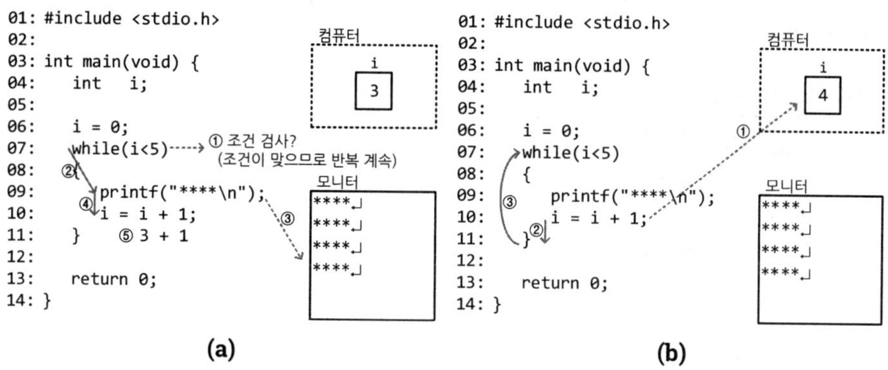

그림 3.8 프로그램 3.2에서 네 번째 반복

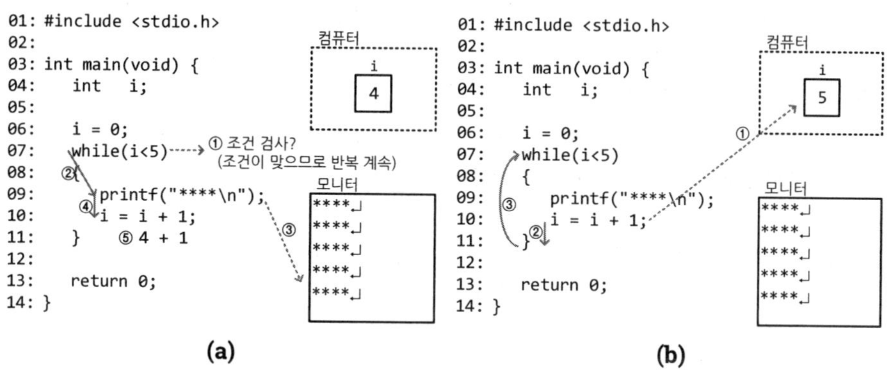

그림 3.9 프로그램 3.2에서 다섯 번째 반복

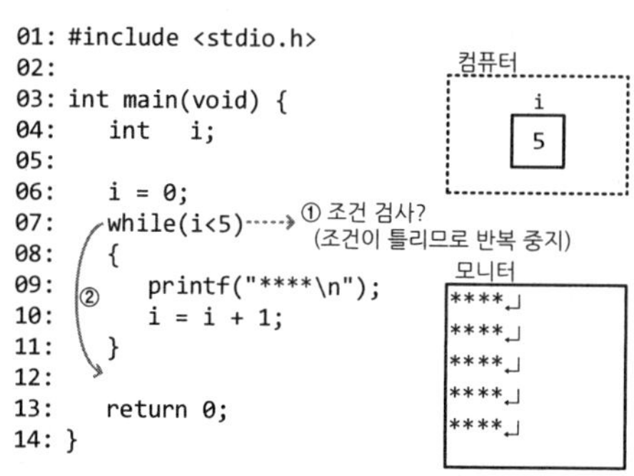

그림 3.10 프로그램 3.2에서 반복 끝내기

프로그램 3.3 예제 2 - 0 1 2 3 4 출력하기 (반복문으로 옮기기에 적당하지 않은 형태)

```
#include <stdio.h>

int main(void) {
    printf("0\n");
    printf("1\n");
    printf("2\n");
    printf("3\n");
    printf("4\n");
}
```

그림 3.9b의 ③과 같이 while로 올라간 뒤 그림 3.10의 ①과 같이 조건을 검사합니다. 이번에는 조건이 맞을까요? 아닙니다. 지금 i에 저장되어 있는 값은 5이므로 i<5라는 조건은 틀리게 되죠. 조건이 틀렸으므로 이번에는 while을 마치고 중괄호 부분을 건너 뛰어서 그 다음으로 내려갑니다②. 그러면 프로그램은 끝나게 됩니다.

자, 모니터에 출력된 결과를 봅시다. 우리가 원했던 대로 별 네 개씩 다섯 줄이 출력되어 있음을 보실 수 있습니다. 그리고 다섯 번을 반복했으므로 이 횟수를 세는 변수인 i에는 5라는 값이 들어 있네요.

만일 별 네 개씩 열 줄을 출력하고 싶으면 프로그램 3.2의 어디를 수정하면 될까요? 네, 7번 줄에서 while 다음에 있는 조건을 i<10으로 고치면 될 것입니다. 이렇게 하면 i의 값이 0, 1, 2, ..., 9로 증가하면서 열 번을 반복한 뒤, i의 값이 10이 되면 반복을 종료할 것입니다. 백 줄이나 천 줄을 출력하는 것도 쉬울 것입니다. 조건만 i<100이나 i<1000으로 바꾸면 됩니다. 그리고 이렇게 하니 논리적으로 정말 백 줄이나 천 줄이 출력되리라고 믿을 수 있을 것입니다.

3.2 반복문 예제들

3.2.1 0 1 2 3 4 출력하기

이번에는 반복문을 이용하여 0 1 2 3 4를 차례로 출력해 봅시다. 이것을 프로그램 3.3과 같이 반복문을 사용하지 않고 그냥 printf문을 다섯 번 사용해서 해결할 수도 있습니다. 다만 앞 절에서와 같이 4까지가 아니라 100이나 1000 정도까지 출력하려면 이와 같은 방법으로는 어려울 것 같습니다. 다른 방법이 없을까 들여다보니, 여기서도 printf를 거의 비슷하게 다섯 번 사용하고 있습니다. 반복문을 쓰고 싶어지네요. 다만 이 형태는 반복문으로 옮기기 어려우니 프로그램 3.4와 같이 조금 수정해야 합니다.

프로그램 3.4를 보니 printf("%d",);가 반복되고 있음을 알 수 있습니다. 다만 printf의 " " 다음에 오는 수가 계속 바뀌는 것이 조금 마음에 걸립니다. 우선 이렇게 바뀌는 것은 놔두고 반복되는 부분만을 가지고 반복문을 만들어 봅시다. 앞 절에서와 같이 while문을 이용해 보겠습니다.

프로그램 3.4 예제 2 - 0 1 2 3 4 출력하기(반복문으로 옮기기에 적당한 형태)

```
#include <stdio.h>

int main(void) {
   printf("%d\n", 0);
   printf("%d\n", 1);
   printf("%d\n", 2);
   printf("%d\n", 3);
   printf("%d\n", 4);
}
```

프로그램 3.5 예제 2 - 0 1 2 3 4 출력하기(반복문을 사용한 경우)

```
#include <stdio.h>

int main(void) {
   int   i;

   i = 0;
   while(i<5)
   {
      printf("%d\n", i);
      i = i + 1;
   }

   return 0;
}
```

반복문의 구성은 그림 3.11과 같이 하면 됩니다. 반복 작업은 printf("%d",);이므로 그림 3.11a와 같이 이 문장을 while문의 중괄호 안에 넣습니다. 증가하는 수로 이용할 변수 i를 선언하고, 1씩 증가시키는 문장, i = i + 1;을 printf 다음에 적습니다(그림 3.11b). 다섯 번을 반복하니 계속 조건은 i<5이고(그림 3.11c), 그림 3.11d와 같이 초기화 문장까지 넣으면 while문이 완성됩니다.

이제 남은 것은 printf("%d",);에서 이 빈 칸에 무엇을 넣을 지 결정하는 것입니다. 이곳에 들어갈 것이 만족해야 할 사항들을 생각해 봅시다. 우선 처음 printf가 실행될 때, 즉 첫 번째 반복에서는 그 값이 0이어야 할 것입니다. 그래야 0이 출력되겠지요. 그 다음에 printf가 실행될 때, 즉 두 번째 반복에서는 값이 1이어야 하겠고요. 세 번째 반복에서는 2, 네 번째 반복에서는 3, 다섯 번째 반복에서는 4여야 할 것입니다. 이와 같이 반복할 때 0, 1, 2, 3, 4로 변하는 것이 무엇일까요? 네, 바로 변수 i에 저장된 값이 이와 같이 변합니다. 그러므로 printf("%d", i);라고 하면, 처음에는 0, 그 다음 반복에서는 1, 그 다음에는 2, 다음에는 3, 마지막으로 4를 출력할 것입니다. 이와 같이 해서 프로그램을 완성하면 프로그램 3.5와 같습니다.

자 그럼, 프로그램 3.5가 정말로 우리가 원하는 대로 0 1 2 3 4를 출력하는지 프로그

```
while(   )
{
   printf("%d\n",  );

}
```

반복할 때 필요한 것
1. 증가하는 수
2. 정지 조건 (또는 계속 조건)
3. 반복 작업
0. 초기화

(a)

```
int   i;

while(   )
{
   printf("%d\n",   );
   i = i + 1;
}
```

반복할 때 필요한 것
1. 증가하는 수
   - 증가하려면 변수 필요
2. 정지 조건 (또는 계속 조건)
3. 반복 작업
0. 초기화

(b)

```
int   i;

while(i<5)
{
   printf("%d\n",  );
   i = i + 1;
}
```

반복할 때 필요한 것
1. 증가하는 수
2. 정지 조건 (또는 계속 조건)
   - C에서는 계속 조건 사용
3. 반복 작업
0. 초기화

(c)

```
int   i;
i = 0;
while(i<5)
{
   printf("%d\n",  );
   i = i + 1;
}
```

반복할 때 필요한 것
1. 증가하는 수
2. 정지 조건 (또는 계속 조건)
3. 반복 작업
0. 초기화

(d)

```
int   i;
i = 0;
while(i<5)
{
   printf("%d\n",  );
   i = i + 1;
}
```

반복할 때 필요한 것
1. 증가하는 수
2. 정지 조건 (또는 계속 조건)
3. 반복 작업
0. 초기화

0, 1, 2, 3, 4로 값이 바뀌는 것?

(e)

그림 **3.11** 예제 2에 대한 반복문 while의 작성

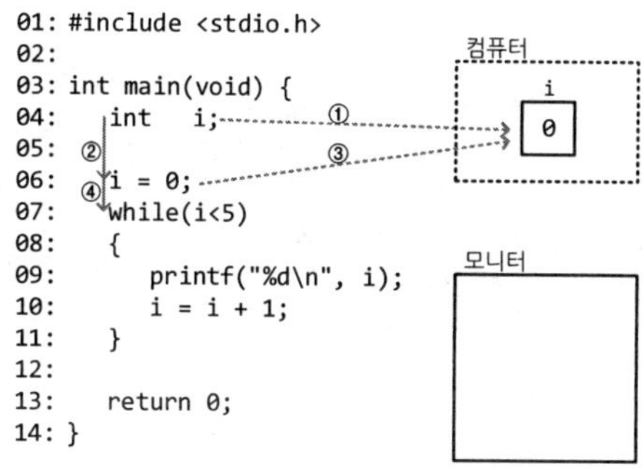

그림 **3.12** 프로그램 3.5에서 변수 생성 및 초기화

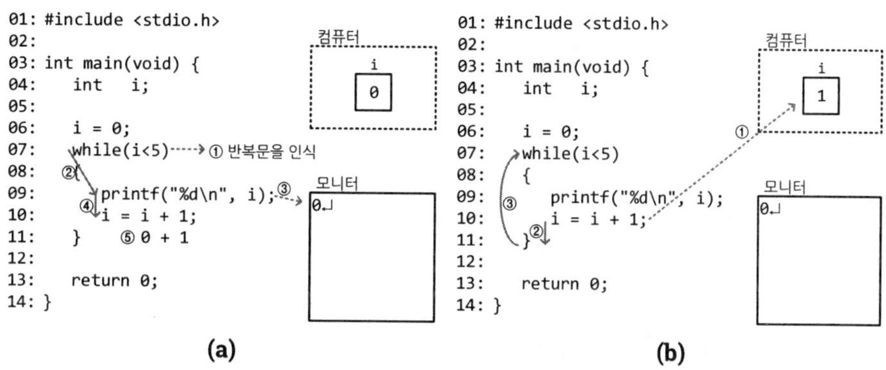

그림 **3.13** 프로그램 3.5에서 첫 번째 반복

램을 하나씩 따라가 보면서 확인해 봅시다. 대부분의 동작은 프로그램 3.2와 같으므로 앞에서의 설명과 중복되는 것은 되도록 생략하겠습니다.

처음 프로그램을 시작하면 그림 3.12의 ①과 같이 변수 i를 만들고 ③과 같이 0을 저장한 뒤 while을 만납니다. 그림 3.13a와 같이 while의 중괄호에 들어가면 printf가 있습니다. 이 printf에서 i에 저장된 값을 출력하는데 i에는 0이 저장되어 있으므로 0이 출력될 것입니다③. 다음 문장 i = i + 1에서 i에 저장된 값을 1 증가시키므로 i에는 1이 저장됩니다(그림 3.13b의 ①).

중괄호 안의 문장들을 다 실행했으므로 다시 while로 올라가서 조건을 검사하면 조건이 맞습니다(그림 3.14a의 ①). 그러므로 다시 while의 중괄호 안으로 들어가고 printf를 다시 실행합니다. 이번에는 i에 저장된 값이 1이므로 1을 출력할 것입니다③. 그리고 i = i + 1에 의해 i의 값을 1 증가시킨 뒤(그림 3.14b의 ①) while로 올라갑니다.

이번에도 여전히 조건이 맞으므로(그림 3.15a의 ①) 중괄호 안으로 들어가고, printf를 실행하면 이번에는 2가 출력될 것입니다③. 다음 문장에서 i의 값은 3이 되고 while로 올라갑니다(그림 3.15b). 조건이 맞으므로(그림 3.16a의 ①) printf는 또 실행되고 이번에는 3이 출력됩니다. 그리고 그림 3.16b와 같이 그 다음 문장에서 i는 4가 되고 while로 올라갑니다.

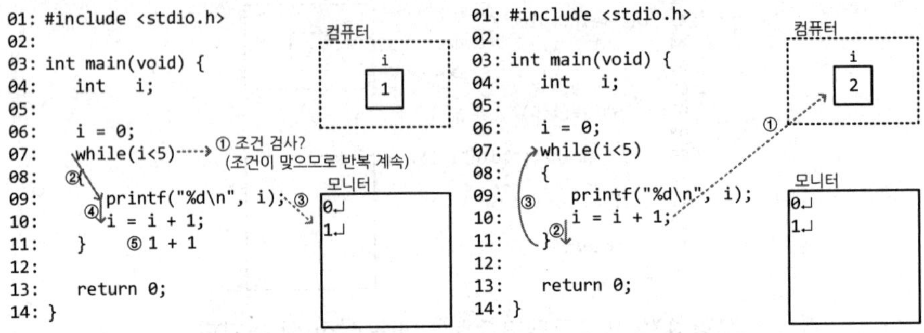

(a) (b)

그림 **3.14** 프로그램 3.5에서 두 번째 반복

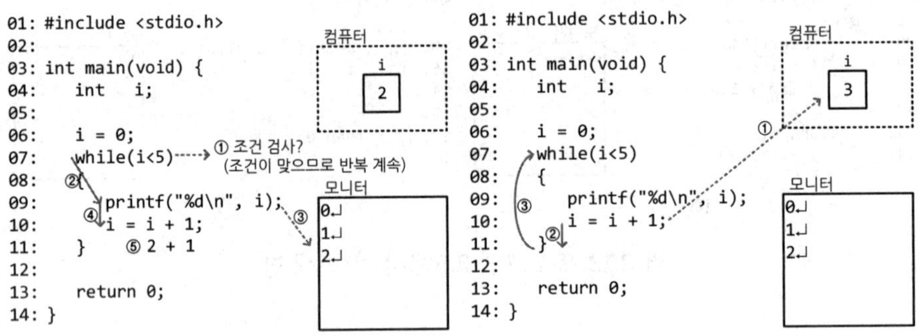

(a) (b)

그림 **3.15** 프로그램 3.5에서 세 번째 반복

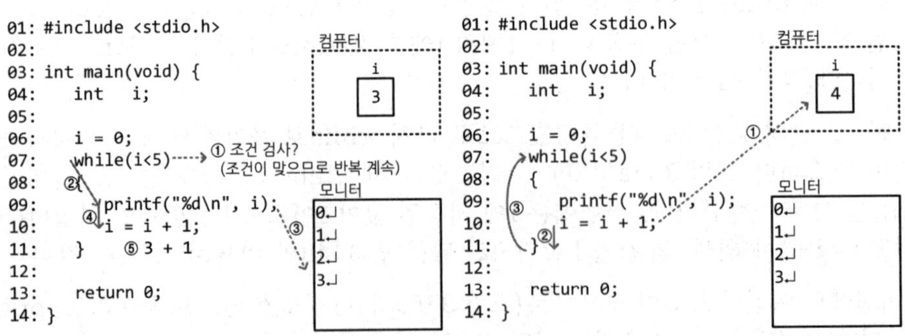

(a) (b)

그림 **3.16** 프로그램 3.5에서 네 번째 반복

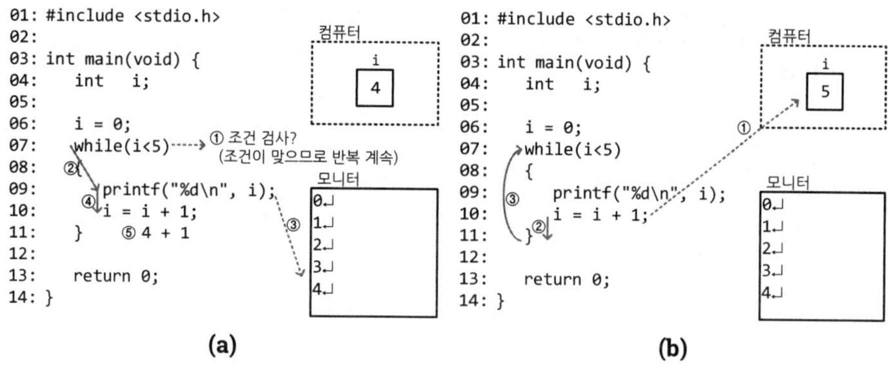

그림 3.17 프로그램 3.5에서 다섯 번째 반복

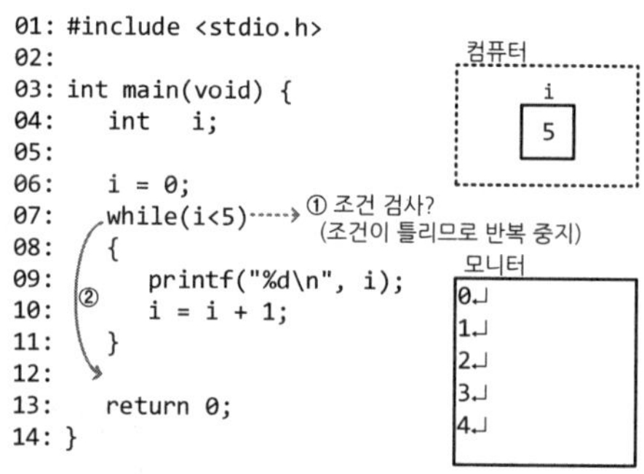

그림 3.18 프로그램 3.5에서 반복 끝내기

조건 검사를 또 하겠지요? 조건이 여전히 맞으므로 printf는 또 실행될 테고, 그림 3.17a와 같이 이번에는 4가 출력될 것입니다. 다음 문장에서 i는 1 증가하여 5가 되고 while로 올라가 보니(그림 3.17b), 이번에는 while 다음의 조건이 틀렸습니다(그림 3.18의 ①). 그러면 반복을 중지하고 중괄호를 건너뛰어서 그 아래로 내려 갈 것입니다. 이제 프로그램이 종료 되겠지요. 그리고 모니터에는 0 1 2 3 4가 출력되어 있습니다.

만일 0 1 2 ... 9를 출력하고 싶으면 어떻게 할까요? 프로그램 3.5의 7번 줄에 있는 조건을 i<10으로 하면 될 것입니다. 그러면 i의 값이 0, 1, 2, ..., 9로 변하면서 0 1 2 ... 9를 출력할 테고, 그 다음에 i가 10이 되면 조건이 틀리므로 반복을 마칠 것입니다. 0에서 10까지 출력하고 싶으시면 그 조건을 i<11로 수정하면 되겠지요. 비슷하게 0에서 99까지 또는 0에서 999까지 출력하는 것도 하실 수 있을 것입니다.

3.2.2 0 2 4 6 8과 4 3 2 1 0 출력하기

이번에는 0 2 4 6 8을 출력해 봅시다. 프로그램은 프로그램 3.5와 거의 같습니다. 다섯 번을 반복해서 어떤 숫자를 출력하는 것이지요. 달라지는 것은 0 1 2 3 4 대신 0 2 4 6 8을 출력하는 것이니 printf("%d", i);에서 i 대신 다른 것을 출력하도록 하면 될 것 같습니다. 그럼 무엇을 출력할까요? 0 2 4 6 8로 변하는 게 무엇이죠? 아마 이미 알아 챈 분도 계실

프로그램 3.6 예제 3 - 0 2 4 6 8 출력하기

```
01: #include <stdio.h>
02:
03: int main(void) {
04:     int   i;
05:
06:     i = 0;
07:     while(i<10)
08:     {
09:         printf("%d\n", i);
10:         i = i + 2;
11:     }
12:
13:     return 0;
14: }
```

텐데요, printf("%d\n", i*2);로 해서 i*2를 출력하면 될 것입니다. 처음에는 i의 값이 0이니 i*2를 출력하면 0이 출력될 것입니다. 그 다음에는 i의 값이 1로 증가해 있을 테니 i*2는 2이고, 계속해서 i*2의 값을 생각해 보면, 다음에는 4, 그 다음에는 6, 그 다음에는 8이 될 것입니다.

4 3 2 1 0을 출력하는 것은 어떨까요? 비슷하게 4 3 2 1 0으로 변하는 게 무엇일지 생각해 보면 될 것입니다. 잠시 생각해 보면 printf("%d\n", 4-i);면 될 것 같습니다. 처음에 i가 0이니 4-i는 0입니다. 다음에 i가 1로 증가한 뒤에는 4-i의 결과는 3이며, i가 2가 된 후에는 4-i는 2가 되고, i가 3이면 4-i는 1, i가 4이면 4-i는 0이 됩니다. 따라서 4-i를 출력하면 4 3 2 1 0이 출력됩니다.

그런데 이런 방법 말고 다른 방법도 있습니다. 우선 0 2 4 6 8의 출력해 대해 생각해 보면, 이 수들이 2씩 증가하고 있음을 알 수 있습니다. 그런데 우리가 뭔가를 셀 때도 하나 둘 셋 넷 ... 하면서 한 개씩 세기도 하지만, 둘 넷 여섯 ... 하면서 두 개씩 셀 때도 있습니다. 반복문에서 반복 횟수를 저장하는 변수 i에 대해서도 같은 생각을 적용할 수 있을 것입니다. 한 개씩 세듯이 i를 1씩 증가시킬 수도 있습니다만, 그렇지 않고 두 개씩 세듯이 i를 2씩 증가시킬 수도 있을 것입니다. (다만, 우리 실생활과 다른 것은 반복을 한 번만 하면서도 i를 2씩 증가시킨다는 점입니다.) 이렇게 되면 i의 값 자체가 0, 2, 4, ... 로 2씩 증가하므로 변수 i의 값을 그대로 출력하면 0 2 4 6 8의 결과를 얻을 것입니다.

이와 같은 개념으로 작성한 프로그램이 프로그램 3.6입니다. 프로그램 3.6의 10번 줄을 보면 i = i + 2;라고 되어 있습니다. 즉 반복을 한 번 할 때마다 i의 값을 2씩 증가시키는 것이지요. 그리고 9번 줄을 보면 i를 그대로 출력하고 있습니다. 이렇게 되면 i의 값이 0, 2, 4, ... 로 바뀌므로 모니터에 출력되는 것은 0 2 4 ... 일 것입니다. 다만 i의 값이 바뀌었으므로 while 옆에 있는 조건도 바뀌어야 합니다. 만일 프로그램 3.5의 i<5라는 조건을 그대로 둔다면 i가 2씩 증가하다가 6이 되면 i<5 조건이 틀리므로 반복을 중지할 것입니다. 그러면 0 2 4까지만 출력되겠지요. 우리가 원하는 대로 0 2 4 6 8

프로그램 3.7 예제 4 - 4 3 2 1 0 출력하기

```
01: #include <stdio.h>
02:
03: int main(void) {
04:     int   i;
05:
06:     i = 4;
07:     while(i>=0)
08:     {
09:        printf("%d\n", i);
10:        i = i - 1;
11:     }
12:
13:     return 0;
14: }
```

까지 출력하고 싶다면 프로그램 3.6의 7번 줄과 같이 i<10과 같은 조건으로 바꾸어야 할 것입니다.

그 다음으로 4 3 2 1 0을 출력하는 것도 다시 생각해 봅시다. 우리도 카운트다운이라고 해서 수를 하나씩 감소시키면서 셀 때가 있지요. 마찬가지로 while문에서도 횟수를 세는 변수의 값을 감소시킬 수 있을 것입니다. 이런 생각으로 작성한 프로그램이 프로그램 3.7입니다. 이 프로그램의 10번 줄을 보면 i = i - 1;이라고 되어 있습니다. 현재 i에 저장된 값에서 1을 뺀 다음에 다시 i에 저장하니 i에 있는 값을 1 감소시키는 효과가 있을 것입니다. 즉 카운트다운을 하는 것처럼 반복을 한 번 할 때마다 i에 있는 값이 1씩 감소하는 것입니다. 다만 카운트 다운할 때 0에서 시작하지 않듯이 우리도 0이 아닌 값에서 시작해야 할 것입니다. 목적이 4 3 2 1 0을 출력하는 것이므로 6번 줄과 같이 처음에 i에 4를 저장하고 반복을 시작하면 될 것 같습니다. 이러면 i에 저장된 값이 처음에는 4였다가 3, 2, 1로 1씩 감소할 것이고, 9번 줄에서 i의 값을 그대로 출력하니 4 3 2 1 0이 출력됩니다. 그리고 0까지만 출력해야 하므로 7번 줄과 같이 조건을 i>=0으로 수정하는 것도 잊으시면 안 됩니다. 조건을 이렇게 하면 i가 0일 때도 반복을 한 뒤, i의 값이 더 감소해서 -1이 되면 조건이 틀리게 되어 반복을 중지합니다.

3.2.3 합 구하기

이번에는 1부터 10까지의 합을 구하는 프로그램을 작성해 봅시다. 사실 이런 합을 구하는 공식은 고등학교 수학의 수열 부분에서 배우기도 하고 가우스라는 수학자가 초등학교 때 생각해 낸 일화로 유명하죠. 그런데 우리는 지금 프로그램을 배운다는 의미에서 이 공식은 모른다고 가정하겠습니다.

1부터 10까지의 합을 그냥 구하는 프로그램은 프로그램 3.8과 같이 작성할 수 있습니다. 다만 프로그램이 그리 좋아보이지는 않습니다. 그렇게 보이는 가장 큰 이유는, 지금까지 많이 얘기했듯이 확장성이 적기 때문입니다. 즉 10까지의 합이야 이렇게 구할

프로그램 3.8 예제 5 - 1부터 10까지 합 구하기(반복문으로 옮기기에 적당하지 않은 형태)

```
#include <stdio.h>

int main(void) {
    int   sum;

    sum = 1 + 2 + 3 + 4 + 5 + 6 + 7 + 8 + 9 + 10;
    printf("%d\n", sum)
    return 0;
}
```

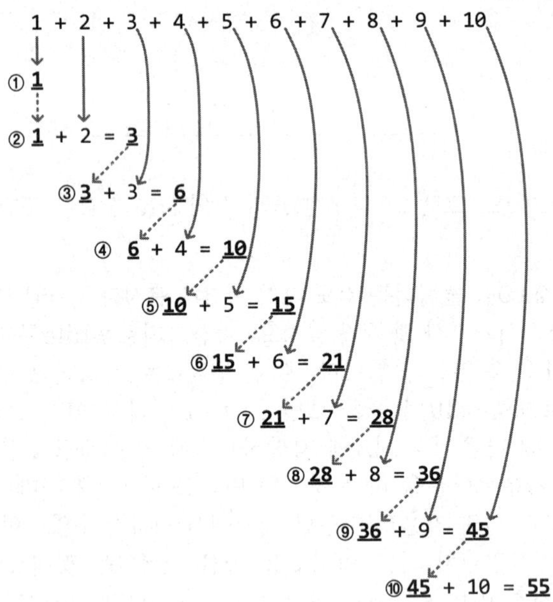

그림 3.19 사람이 1부터 10까지 합을 계산하는 과정

수 있겠으나 100이나 1000까지의 합은 이와 같은 방식으로는 구하기 어려울 것입니다. 앞에서의 경험에 비추어 보면 반복문을 이용하면 좋을 것 같은데 이 프로그램으로는 어떻게 반복 형태를 잡아야 할지가 잘 보이지 않습니다.

1부터 10까지의 합을 구하는 프로그램을 반복문으로 작성하려면 우선 사람이 이런 합을 구할 때 어떻게 하는지 생각해 보아야 합니다. (다시 한 번 말씀드리지만 합 구하는 공식을 모른다고 가정합니다.) 사람에게 1 + 2 + 3 + ... + 10을 보여 주면서 합을 구하라고 했을 때, 이 아홉 개의 덧셈을 한 번에 하는 사람은 아마 없을 것입니다. 대부분의 사람들은 그림 3.19와 같이 하나씩 더해나갈 것입니다. 즉 우선 첫 번째 수인 1을 기억한 뒤①, 그 1에 2를 더해서 3을 얻습니다②. 다음으로 지금까지 구한 합인 3에 세 번째 수인 3을 더해서 6을 얻습니다③. 그 다음에는 지금까지의 합인 6에 네 번째 수인 4를 더해서 10을 얻고④, 그 합에 다시 5를 더해서 5까지의 합인 15를 계산합니다⑤. 이와 같이 지금까지

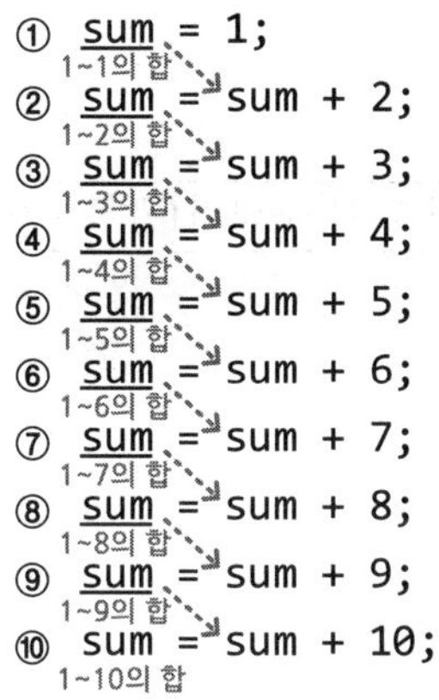

그림 3.20 그림 3.19의 개념을 프로그램화한 것

구한 합에 수를 한 개씩 더해나가다가 마지막 수인 10을 더하면 10까지의 합인 55를 구할 수 있습니다⑩.

이 개념을 프로그램과 비슷하게 옮긴 것이 그림 3.20입니다. 우선 계산 과정의 중간에 얻는 합들, 즉 그림 3.19에서 굵은 글씨에 밑줄 친 값들을 저장할 변수를 하나 정합니다. 그림 3.20에서는 sum이라는 변수에 그 합들을 저장하기로 했습니다. 그러면 우선 sum에 1을 저장합니다①. 다음으로 그 sum에 2를 더한 뒤 다시 sum에 저장합니다②. 그러면 이때 sum에는 1에서 2까지의 합이 저장되게 됩니다. 그 다음에 그 sum에 다시 3을 더한 뒤 sum에 저장하면③ 이번에는 sum에 1에서 3까지의 합이 저장되겠지요. 다음으로 sum에 4를 더한 뒤 다시 sum에 저장하면④ sum에는 4까지의 합이 저장되는 것이고요. 이와 같이 sum에 5, 7, 8, 9, 10을 차례로 더하면서 다시 sum에 저장하는 과정을 반복하면 마지막 저장이 끝난 뒤에는 1부터 10까지의 합이 sum에 저장되어 있을 것입니다.

그림 3.20에서 제시된 과정을 프로그램으로 작성한 것이 프로그램이 프로그램 3.9입니다. 하나 다른 점은 1에서 10까지의 수를 같은 방법으로 대하기 위해 처음에 sum에 0을 저장한 뒤, 1부터 10까지를 차례로 더해 나간다는 점입니다. 이 프로그램을 보면 반복문을 적용할 곳이 보이실 것입니다. 프로그램에서 sum = sum + □;의 형태가 열 번 반복됨을 보실 수 있습니다. 물론 sum에 더해지는 수가 1에서 10까지 바뀌긴 합니다만, 이런 경우를 어떻게 처리하면 되는지는 앞에서 배웠습니다. 변수 i의 값을 1에서 10까지 변하게 하면서 sum = sum + i;라고 하면 될 것입니다.

프로그램 3.10이 완성된 프로그램입니다. 7번 줄과 같이 i에 1을 저장한 뒤 반복을 시작하며, 한 번 반복할 때마다 i를 1씩 증가시키면서 i가 10 이하인 동안 반복합니다. 그러면 i의 값은 1, 2, 3, ..., 10까지 변하면서 반복을 수행하고, 11이 되면 반복을 종료할 것입니다. 반복문이 실행되기 전에 변수 sum은 0으로 초기화하며, sum = sum + i;를 반복합니다. 그러면 처음에는 sum에 1을 더한 뒤 결과를 sum에 저장하고, 다음에는 sum에 2를 더한 뒤 다시 sum에 저장하며, sum에 3, 4, 5, ... 를 더해서 다시 sum에 저장하는 과정을 반복하다가 10까지 더한 다음에 반복이 종료될 것입니다. 그러면 sum

프로그램 3.9 예제 5 - 1부터 10까지 합 구하기(반복문으로 옮기기 적당한 형태)

```
#include <stdio.h>

int main(void) {
    int   sum;

    sum = 0;
    sum = sum + 1;
    sum = sum + 2;
    sum = sum + 3;
    sum = sum + 4;
    ...
    sum = sum + 10;
    printf("%d\n", sum);

    return 0;
}
```

프로그램 3.10 예제 5 - 1부터 10까지 합 구하기(반복문을 사용한 경우)

```
#include <stdio.h>

int main(void) {
    int   sum, i;

    sum = 0;
    i = 1;
    while(i<=10)
    {
        sum = sum + i;
        i = i + 1;
    }
    printf("%d\n", sum);

    return 0;
}
```

프로그램 3.11 예제 6 - 다섯 개의 수를 입력받아서 합 구하기

```
01: #include <stdio.h>
02:
03: int main(void) {
04:     int   sum, i, a;
05:
06:     sum = 0;
07:     i = 0;
08:     while(i<5)
09:     {
10:        scanf("%d", &a);
11:        sum = sum + a;
12:        i = i + 1;
13:     }
14:     printf("%d\n", sum);
15:
16:     return 0;
17: }
```

에는 10까지의 합이 저장되어 있을 것입니다.

프로그램 3.10을 실행해 보시면 1부터 10까지의 합인 55가 출력됨을 확인하실 수 있습니다. 그리고 이 프로그램을 조금만 수정하면 1부터 100까지의 합이나 1000까지의 합도 쉽게 구할 수 있습니다. 8번 줄의 조건만 i<=100이나 i<=1000으로 수정하면 됩니다. 그렇다면, 5부터 10까지의 합은 어떻게 구할까요? 7번 줄의 i = 1;을 i = 5;로 수정하면, i의 값이 5, 6, 7, 8, 9, 10으로 바뀌면서 차례로 sum에 더해지므로 5부터 10까지의 합을 구하게 될 것입니다.

프로그램 3.10을 조금 응용해서 작성한 프로그램이 프로그램 3.11입니다. 이 프로그램은 키보드로 다섯 개의수를 입력받아서 그 합을 구하는 프로그램입니다. 7번 줄에서 i는 0으로 초기화한 뒤 반복문에서 1씩 증가시키고 i<5인 동안 반복하므로 총 다섯 번 반복할 것입니다. 반복 작업은 scanf를 실행해서 수를 입력받은 뒤 a에 저장하고, 그 a를 sum에 더한 뒤 다시 sum에 저장하는 것입니다. 그러면 다섯 번 수를 입력받으면서 차례로 sum에 더한 뒤 저장하는 과정을 통해 그 합을 계산하게 될 것입니다.

3.3 복합 대입 연산자와 증감 연산자

프로그램 3.10을 보면 sum = sum + i;나 i = i + 1; 같은 문장들이 보이실 것입니다. 이 두 문장의 공통점은 어떤 변수에 연산을 한 뒤 그 결과를 다시 그 변수에 저장한다는 것입니다. 이와 같은 형태의 문장은 프로그램을 작성할 때 많이 나타납니다. 그래서 C 언어에서는 이러한 문장을 좀 더 간결하게 적을 수 있는 방법을 제공하고 있습니다. 바로 복합 대입 연산자입니다.

우선 대입 연산자는 지금까지 우리가 많이 사용해 온 '='입니다. C언어에서는 =의

프로그램 3.12 예제 5 - 1부터 10까지 합 구하기(복합 대입 연산자와 증감 연산자를 사용한 경우)

```
#include <stdio.h>

int main(void) {
   int   sum, i;

   sum = 0;
   i = 1;
   while(i<=10)
   {
      sum += i;
      ++i;
   }
   printf("%d\n", sum);

   return 0;
}
```

의미가 '같다'가 아니라고 했습니다. 오른쪽의 식을 계산해서 왼쪽에 저장(대입)하라는 의미입니다. 복합 대입 연산자는 = 앞에 다른 연산자를 붙인 형태입니다. 즉 **+=**이나 **-=** 같은 형태입니다. 의미는 왼쪽의 변수에 연산을 한 뒤 결과를 다시 그 변수에 저장하라는 것입니다. 즉 **sum += i;**라고 하면 **sum**에 **i**를 더한 뒤 그 결과를 **sum**에 저장합니다. 앞에서 언급한 **sum = sum + i;**와 같은 의미입니다. 비슷하게 **i = i + 1;**을 복합 대입 연산자를 사용해서 고치면 **i += 1;**과 같이 됩니다.

복합 대입 연산자는 사칙연산에 모두 정의 되어 있어서, **+=, -=, *=, /=, %=**이 모두 가능합니다. 그리고 앞으로 배울 연산자들 중에서도 어떤 것들은 복합 대입 연산자 형태도 정의되어 있습니다.

그리고 여러분이 반복문을 작성하다 보면 변수의 값을 1씩 증가시키거나 감소시키는 동작을 많이 사용하게 됩니다. 이런 동작을 간결하게 표현할 수 있는 연산자로 증감 연산자가 있습니다. 증감 연산자에는 **++**와 **--**가 있으며, 변수의 앞이나 뒤에 붙이고, 의미는 그 변수의 값을 1 증가시키거나(**++**) 감소시키라는(**--**) 의미입니다. 즉 **++i**는 **i**에 저장된 값을 1 증가시키고 **--i**는 1 감소시킵니다. 증감 연산자가 변수의 앞에 있을 때를 전위라고 부르고 뒤에 있을 때를 후위라고 부릅니다. 이 둘의 의미는 거의 같으나 약간의 차이가 있습니다. 그 차이에 대해서는 16장에서 설명하겠습니다.

프로그램 3.12는 앞에서 했던 1부터 10까지 합을 구하는 프로그램을 복합 대입 연산자와 증감 연산자를 이용해서 작성한 예입니다.

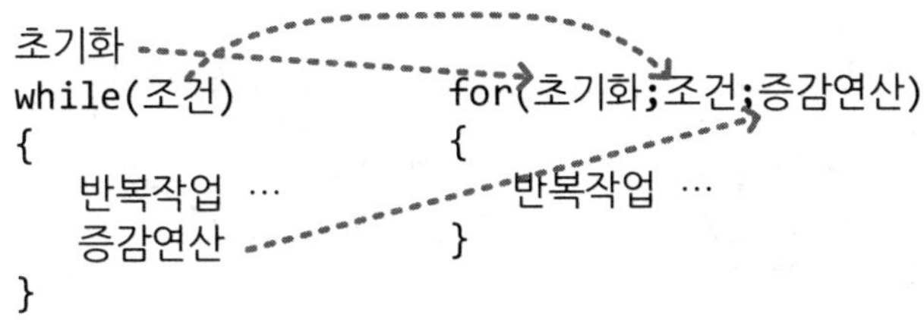

그림 3.21 for문과 while문의 비교

프로그램 3.13 예제 5 - 1부터 10까지 합 구하기(for문을 사용한 경우)

```
#include <stdio.h>

int main(void) {
   int   sum, i;

   sum = 0;
   for(i=1;i<=10;++i)
   {
      sum += i;
   }
   printf("%d\n", sum);

   return 0;
}
```

3.4 for문

앞에서 언급했듯이 C언어에는 반복문이 for, while, do-while이 있습니다. 지금까지 while문을 중심으로 설명했습니다만 사실 가장 많이 사용되는 반복문은 for문입니다. 그 다음으로 while문이 많이 사용되고, do-while문은 사실 그리 많이 이용되지 않습니다. 물론 이것은 개인의 취향에 따라 달라질 수 있어서 do-while문을 많이 사용하는 사람도 있습니다.

이 세 반복문 중 for문과 while문은 형태만 다를 뿐 기능은 동일합니다. 그에 반해 do-while문은 기능이 조금 다릅니다. 여기서는 for문과 while문의 형태에 대해 설명하고, 나중에 do-while문의 다른 점에 대해 설명하겠습니다.

그림 3.21은 while문과 for문의 형태를 비교한 것입니다. 왼쪽의 while문을 보면 while문 앞에서 초기화 문장이 있고, while 다음에 소괄호 안에 조건을 적으며 그 다음에 있는 중괄호 안에 반복 작업을 기술하고 반복 작업의 마지막에 증감 연산을 넣습니다. 사실 while문에서 증감 연산은 반복 작업의 동작 중 하나로 봐도 무방합니다.

이에 반해 오른쪽의 for문에서는 초기화, 조건, 증감 연산을 for 다음의 소괄호 안에 모두 적도록 되어 있습니다. 다만 이 들을 구별하기 위해 그 사이에 세미콜론(;)을 넣습니다. 그 다음에 있는 중괄호 사이에는 반복 작업을 기술하면 됩니다.

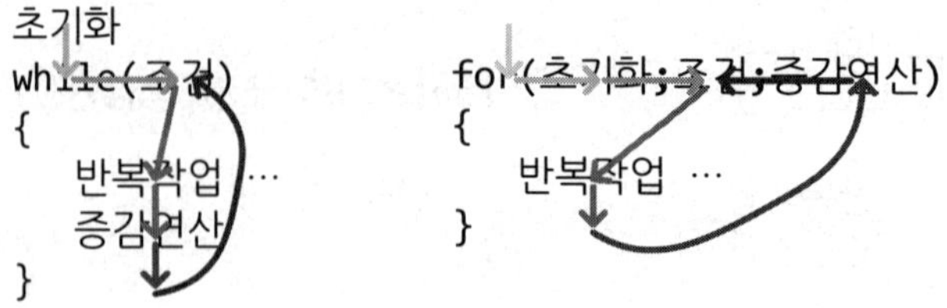

그림 3.22 for문과 while문의 진행 순서

이 for문의 장점은 바로 간략하면서도 중요 정보를 파악하기도 쉽다는 것입니다. 즉 while문에서는 세 줄에 걸쳐 적는 초기화, 조건, 증감 연산을 한 줄에 모아서 적음으로써 프로그램의 길이가 줄어들며, 중요한 것들을 한 곳에 모아 놓음으로써 반복문이 몇 번 반복될지도 쉽게 알 수 있습니다. 반복문에서 반복을 몇 번할지는 초기화, 조건, 증감 연산에 의해 결정됩니다. 앞의 예제 프로그램 3.12의 경우에는 i의 값을 1로 초기화하고 1씩 증가하면서 10 이하인 동안 반복하므로 총 10회를 반복합니다. 그런데 whlie문에서는 이 세 가지 요소가 흩어져 있어서 한 눈에 파악하기 어렵습니다. 그에 반해 for문에서는 프로그램 3.13과 같이 이 요소들이 한 곳에 모여 있어서 한 줄만 읽어도 몇 번 반복할지를 바로 알 수 있습니다. 이렇게 간략하고 파악하기도 쉬워서 for문이 많이 사용되는 것입니다.

이런 장점이 있는 for문을 놔두고 while문을 먼저 설명한 것은 for문의 진행 과정이 오히려 눈에 잘 안 들어올 수 있기 때문입니다. 이것은 두 반복문의 진행 과정을 비교하면 더 확실해 집니다. 그림 3.22의 왼쪽은 while문의 진행 과정입니다. 처음에 초기화를 한 뒤 while문을 만나고 그 옆에 있는 조건을 검사합니다. 그리고 조건이 맞으면 중괄호 안에 들어 와서 반복 작업을 하고 그 아래에 있는 증감 연산을 한 뒤 중괄호의 끝에 도달하면 다시 while로 올라가서 조건을 검사합니다. 조건이 맞으면 중괄호 안으로 다시 들어오고 조건이 틀리면 중괄호 밖으로 이동합니다.

그림 3.22의 오른쪽에 있는 for문의 진행 과정을 보면 진행 순서는 동일한데 이동 방향이 조금 다릅니다. 프로그램에서 for문을 만나면 초기화를 실행하고 옆으로 이동하여 조건을 검사한 뒤 조건이 맞으면 아래로 내려가 중괄호 안으로 들어갑니다. 중괄호 안의 반복 작업을 수행한 뒤 중괄호 끝에 도달하면 for로 올라가서 끝에 있는 증감 연산을 수행한 뒤 왼쪽으로 이동하여 조건을 검사합니다. 조건이 맞으면 중괄호 안으로 다시 들어가고 틀리면 중괄호 밖으로 이동합니다.

진행 방향을 비교하면 while문은 전체적으로 위에서 아래로 이동하다가 다시 위로 올라가는 형태입니다. 일반적인 프로그램의 흐름과 동일하지요. 그런데 for문의 진행을 보면 오른쪽으로 이동하기도 하고 왼쪽으로 이동하기도 하며 위에 있는 증감 연산이 아래에 있는 반복 작업 보다 더 나중에 실행되기도 합니다. 그래서 처음 프로그램을 접하는 분들은 이러한 진행 과정에 혼란을 느끼기도 해서 우선은 흐름이 자연스러운 while문부터 설명을 했습니다. 그러나 for문이 여러 장점이 있으므로 반복문이 좀 익숙해지시면 for문을 중심으로 설명을 하도록 하겠습니다. 여러분도 이 장의 실습 문제를 풀 때, while문으로 우선 프로그램을 작성하신 뒤에 for문으로도 작성하며 둘 다 잘 익혀 두시기 바랍니다.

마지막으로 while문과 for문의 진행 과정을 설명한 김에 한 가지 더 말씀드리겠습니다. 이 장의 초기에 while문을 설명하면서 처음 while문에 도달하면 반복할 것을 인식한 뒤 중괄호 안으로 들어간다고 말씀드렸는데 여기에서 하는 일이 하나 더 있습니다. 바로 조건을 검사하는 것입니다. 즉 첫 번째 반복을 수행하기 전에 미리 조건을 검사하는 것입니다. 그리고 이 조건이 맞을 때만 중괄호 안으로 들어가서 첫 번째 반복을 수행합니다. 만일 처음부터 조건이 틀려 있다면 중괄호 안으로 들어가지 않고 건너뛰어 버립니다. 반복을 한 번도 안 하게 되는 것이지요. 이와 같이 반복하기 전에 조건을 검사하는 것은 while문과 for문, 둘 다 해당됩니다.

연습 문제

1. C 언어에는 반복문이 ____, ____, ____가 있다.

2. 반복문 for 다음에 오는 괄호 안에 초기화, 조건, 증감 연산을 넣을 때 이 세 개는 ____로 구분한다.

3. 다음은 1부터 5까지 출력하는 프로그램이다. 잘못된 부분을 수정하시오.

```
#include <stdio.h>

int main(void) {
    int i;

    i = 1;
    while(i<=5);
    {
        printf("%d\n", i);
    }

    return 0;
}
```

4. 다음은 5부터 1까지 출력하는 프로그램이다. 잘못된 부분을 수정하시오.

```
#include <stdio.h>

int main(void) {
    int i;

    i = 5;
    while(i>=0)
    {
        printf("%d\n", i);
        i += 1;
    }
```

```
    return 0;
}
```

5. 다음 프로그램의 출력 결과를 적으시오.

```
#include <stdio.h>

int main(void) {
    int i;

    i = 0;
    while(i<5) {
        ++i;
    }
    printf("%d", i);

    return 0;
}
```

6. 다음을 복합 대입 연산자를 이용하여 간결하게 기술하시오.

```
a = a + b * 2;
```

7. 다음과 동일한 문장을 복합 대입 연산자를 사용하지 말고 기술하시오.

```
a *= b + 2;
```

8. 변수 a와 b의 값이 7과 8일 때 a *= b + 1;을 실행한 후에 a에 저장되어 있는 값은 얼마인가?

9. 다음은 1부터 10까지의 합을 출력하는 프로그램이다. 잘못된 부분을 수정하시오.

```
#include <stdio.h>

int main(void) {
    int i, sum;

    for(i=1;i<=10;i++)
    {
        sum += i;
        i++;
    }
    printf("%d\n", sum);

    return 0;
}
```

10. 다음 프로그램의 출력 결과를 적으시오.

```
#include <stdio.h>

int main(void) {
    int i;

    i = 0;
    while(i<=30) {
        if(i%4 != 0) {
            printf("%d ", i);
        }
        i += 3;
    }

    return 0;
}
```

11. 10번 문제의 프로그램을 for문으로 바꾸시오.

12. 다음 프로그램의 출력 결과를 적으시오.

```
#include <stdio.h>

int main(void) {
    int i;

    i = 1;
    while(i<128) {
        printf("%d ", i);
        i *= 2;
    }

    return 0;
}
```

13. 다음 프로그램의 출력 결과를 적으시오.

```
#include <stdio.h>

int main(void) {
    int i;

    for(i=35;i>=1;i/=3) {
        printf("%d ", i);
    }

    return 0;
}
```

14. 다음 프로그램의 출력 결과를 적으시오.

```
#include <stdio.h>

int main(void) {
    int i;

    i = 6598;
    while(i>0) {
        printf("%d ", i);
        i /= 10;
    }

    return 0;
}
```

15. 14번 문제의 프로그램을 for문으로 바꾸시오.

실습 문제

1. 양의 정수 n을 입력받은 뒤, ****를 n줄 출력하시오.
2. 양의 정수 n을 입력받은 뒤, 1에서 n까지의 곱을 계산하여 출력하시오.
3. 양의 정수 n을 입력받은 뒤, 1에서 n까지의 짝수의 합을 계산하여 출력하시오.
4. 정수 n을 입력받은 뒤, 아래와 같이 n단의 구구단을 출력하시오. 입력하는 정수는 1에서 9이내의 범위에 있다고 가정하시오.

n이 5인 경우	n이 8인 경우
5*1 = 5	8*1 = 8
5*2 = 10	8*2 = 16
5*3 = 15	8*3 = 24
5*4 = 20	8*4 = 32
5*5 = 25	8*5 = 40
5*6 = 30	8*6 = 48
5*7 = 35	8*7 = 56
5*8 = 40	8*8 = 64
5*9 = 45	8*9 = 72

5. 양의 정수 n을 입력받은 뒤 1에서 n까지 제곱과 세제곱들을 출력하시오.
6. 두 개의 정수를 받은 뒤, 두 정수 사이의 수들의 합을 계산하여 출력하시오. (예 : 10과 20을 입력받으면 11+12+...+19를 계산하여 그 결과인 135를 출력한다.)
7. 세 개의 정수, start, end, inc를 입력받으시오. 그리고 start에서 시작하여 inc씩 증가하면서 end 이하인 값들을 출력하시오. (예 : 10과 20, 3을 입력받으면 10 13 16 19를 출력한다.)

8. 앞의 7번 문제에서 증가하는 수들을 센티미터 단위의 길이로 생각해서 인치 단위의 길이로 변환한 값들도 옆에 같이 출력하시오.

9. 양의 정수 n을 입력받은 뒤, 1에서 n까지의 역수의 합을 계산하여 출력하시오. (예: 5를 입력받으면 1/1 + 1/2 + 1/3 + 1/4 + 1/5를 계산하여 출력한다.) 역수를 계산할 때 1.0/로 해야 제대로 된 결과를 얻을 수 있다.

10. 양의 정수 n을 입력받은 뒤, 1에서 n까지의 홀수의 역수의 합을 계산하여 출력하시오. (예: 9를 입력받으면 1/1 + 1/3 + 1/5 + 1/7 + 1/9를 계산하여 출력한다.) 역수를 계산할 때 1.0/로 해야 제대로 된 결과를 얻을 수 있다.

11. 두 개의 양수 a와 b를 입력받은 뒤, a^b를 계산하여 출력하시오.

12. 한 개의 정수를 받은 뒤, 그 수의 약수를 모두 출력하시오.

13. 양의 정수 n을 입력받은 뒤, 1에서 n까지의 홀수에 대해 -1 +3 -5 +7 -9 +11 -13 ... 와 같은 규칙에 따라 더하거나 뺀 결과를 출력하시오.

14. 양수 n과 m을 입력받은 뒤, 0을 포함한 n의 배수를 작은 것부터 m개 출력하시오.

15. 10개의 수를 입력받아서, 그 중 가장 큰 수를 출력하시오.

16. 반복문을 이용해서 3개 과목의 점수를 정수로 입력받은 뒤, 평균을 계산하여 다음 표의 기준으로 학점을 구하여 출력하시오. (예: 70, 100, 40을 입력받으면 평균이 70점이므로 C를 출력한다.)

평점 x	학점
x < 60	F
60 ⩽ x < 70	D
70 ⩽ x < 80	C
80 ⩽ x < 90	B
90 ⩽ x	A

17. 양의 정수 n을 입력받은 뒤, n개의 정수를 다시 받아서 합을 구하여 출력하시오.

18. 원주율 π를 다음과 같이 계산할 수도 있다.

$$\pi = \frac{4}{1} - \frac{4}{3} + \frac{4}{5} - \frac{4}{7} + \frac{4}{9} - \frac{4}{11} + \frac{4}{13} - \dots$$

양의 정수 n을 입력받은 뒤, 위 계산식에서 분모가 n이하인 항까지 계산하여 출력하시오. (예: 11을 입력받으면 4/1 - 4/3 + 4/5 - 4/7 + 4/9 - 4/11를 계산하여 출력한다.) 4/대신 4.0/로 해야 제대로 된 결과를 얻을 수 있다.

19. 위 문제의 식을 이용하여 원주율을 계산하는데, 양의 정수 n을 입력받은 뒤, 처음부터 n개의 항을 더하거나 뺀 결과를 출력하시오.

20. 10개의 수를 입력받은 뒤, 그 중 짝수만을 골라서 합을 구하여 출력하시오.

21. 하나의 양수를 입력받은 뒤, 그 수 이하의 완전제곱수들을 출력하시오. (예 : 64를 입력받으면, 1 4 9 16 25 36 49 64를 출력한다.)

22. 양수 n을 입력받은 뒤 1부터 n까지 출력하는데 한 줄에 다섯 개씩 출력하시오.

23. 10개의 수를 입력받은 뒤 그 중 3의 배수가 아닌 수가 몇 개인지 출력하시오.

24. 양수 n을 입력받은 뒤 1~n의 수 중에서 3의 배수가 아닌 수들을 출력하는데 한 줄에 다섯 개씩 출력하시오.

25. 양수 n을 입력받아서 1~n의 수 중에서 3의 배수와 7의 배수를 제외한 수가 몇 개인지 세어서 출력하시오.

26. 양수 n을 입력받아서 1~n의 수 중에서 3의 배수와 7의 배수를 제외한 수들을 출력하는데 한 줄에 다섯 개씩 출력하시오.

27. 20개의 정수를 입력받은 뒤, 3이 몇 번 입력되었는지 출력하시오.

28. 20개의 정수를 입력받은 뒤, 3과 7이 각각 몇 번 입력되었는지 출력하시오.

29. 하나의 양수 n을 입력받은 뒤, 1부터 n까지 제곱들을 출력하시오. 단, 프로그램에서 곱셈을 사용해서는 안 된다.
    힌트 : $(i+1)^2 - i^2 = 2i + 1$. 즉 홀수를 차례로 나열하면 3, 5, 7, 9 이고 다음과 같은 성질이 있다.

$$
\begin{aligned}
2^2 - 1^2 &= 3 \\
3^2 - 2^2 &= 5 \\
4^2 - 3^2 &= 7 \\
5^2 - 4^2 &= 9 \\
&\cdots
\end{aligned}
$$

30. 다음과 같이 정의되는 수열에서 $a_1 \sim a_{20}$을 출력하시오.

$$
\begin{aligned}
a_0 &= 1 \\
a_n &= 2a_{n-1} + 1 \text{ for } n \geqslant 1
\end{aligned}
$$

31. 피보나치 수열은 다음과 같이 정의된다.

$$
\begin{aligned}
F_0 &= 1 \\
F_1 &= 1 \\
F_n &= F_{n-1} + F_{n-2} \text{ for } n \geqslant 2
\end{aligned}
$$

    $F_1 \sim F_{20}$을 출력하시오.

32. 어느 달의 날짜 수와 그 달의 1일이 어느 요일인지를 입력받아서 그 달의 달력을 출력하는 프로그램을 작성하시오. 요일은 일요일은 1, 월요일은 2, ..., 토요일은 7을 입력받는 형식으로 입력받으시오.

33. 어떤 연속함수 $f(x)$의 $[a, b]$ 구간에서의 정적분은 다음과 같이 구할 수 있다.

$$\int_a^b f(x)dx = \lim_{N\to\infty}\sum_{n=0}^{N-1}\frac{1}{N}f(a+\frac{n}{N}(b-a))$$

함수 $f(x) = x^2$에 대해 $[0, 3]$ 구간에서의 정적분을 구하기 위해 양수 **N**을 입력받은 뒤 위 식의 오른쪽 합을 구하는 프로그램을 작성하시오.

CHAPTER 4

중첩 반복문

반복문 안에 반복문이 있는 것을 중첩 반복문이라고 합니다. 두 반복문이 서로 얽혀 있으므로 이해하기도 어려울 수 있고 프로그램을 작성할 때 실수도 많이 하는 부분입니다. 그러나 한 번 잘 익혀 놓으시면 프로그래밍 실력이 크게 향상되며 웬만한 프로그램은 다 작성할 수 있을 것 같은 자신감도 생기실 것입니다.

4.1 중첩 반복문 기본

앞 장에서 했던 그림 3.1의 예제를 다시 한 번 해 봅시다. 그림 4.1과 같이 한 줄에 별을 4개씩, 다섯 줄을 출력하는 프로그램이었습니다. 앞 장에서는 프로그램 4.1과 같이 프로그램을 작성했습니다. 그런데 이 프로그램을 자세히 들여다보면 반복문을 적용할 수 있는 곳이 하나 더 있습니다. 바로 printf("****\n");입니다. 반복문을 어떻게 사용할 지 잘 안 보이시면 오른쪽에 다섯 개의 printf문으로 분해된 것을 보십시오. 이제는 반복문을 사용할 수 있다고 느껴지십니까? 프로그램을 보면 printf("*");이 네 번 반복되고 있습니다. 즉 앞 장에서는 다섯 줄을 출력하는 것만 반복으로 생각했었는데, 각 줄 안에서도 별 한 개를 출력하는 것을 반복한다고 생각할 수 있는 것입니다.

그럼 printf("*");가 네 번 있는 것을 반복문으로 바꾸어 봅시다. 앞 장에서 했던 과정을 그림 4.2와 같이 한 번 더 적용하는 것입니다. 우선 printf("*");가 네 개 있는 자리에 while문을 배치한 뒤 반복문에 필요한 요소들을 하나씩 넣습니다. 우선 증가하는 수가 필요하니 j라는 변수를 하나 더 만들고 while문의 중괄호 끝에 j = j + 1;을 넣습니다. 별을

```
****
****
****
****
****
```

그림 4.1 예제 1 - 3장의 그림 3.1

프로그램 4.1 예제 1 - 별 네 개 다섯 줄 출력하기 (3장에서 했던 프로그램과 printf("****\n");의 분해)

```
#include <stdio.h>

int main(void) {
    int   i;

    i = 0;
    while(i<5)
    {
       printf("****\n");
       i = i + 1;
    }

    return 0;
}
```

printf("****\n"); ⇒

```
printf("*");
printf("*");
printf("*");
printf("*");
printf("\n");
```

프로그램 4.2 예제 1 - 별 네 개 다섯 줄 출력하기 (반복문 변환)

```
#include <stdio.h>

int main(void) {
   int   i;

   i = 0;
   while(i<5)
   {
      printf("*");
      printf("*");
      printf("*");
      printf("*");
      printf("\n");
      i = i + 1;
   }

   return 0;
}
```

반복할 때 필요한 것
1. 증가하는 수: j, j = j + 1
2 계속 조건: j<4
3. 반복 작업: printf("*");
0. 초기화: j = 0

```
j = 0;
while(j<4)
{
   printf("*");
   j = j + 1;
}
printf("\n");
```

네 개 출력해야 하니 총 네 번을 반복해야 하고, 따라서 계속 조건은 **j<4**가 될 것입니다. 반복할 작업은 별을 한 개 출력하는 **printf("*");**이겠지요. 마지막으로 이 **while**문이 시작하기 전에 **j=0;**이라고 초기화를 해야 할 것입니다.

이와 같이 새로 반복문을 만들어서 원래 있던 반복문 안에 넣은 프로그램이 프로그램 **4.3**입니다. 이 프로그램을 보면 반복문 안에 다시 반복문이 있는 형태입니다. 이러한 반복문을 중첩 반복문이라고 부릅니다.

그러면 이제부터 프로그램 **4.3**의 실행 과정을 하나씩 추적해 봅시다. 프로그램이

프로그램 4.3 예제 1 - 별 네 개 다섯 줄 출력하기(중첩 반복문)

```
#include <stdio.h>

int main(void) {
   int   i, j;

   i = 0;
   while(i<5)
   {
      j = 0;
      while(j<4)
      {
         printf("*");
         j = j + 1;
      }
      printf("\n");
      i = i + 1;
   }

   return 0;
}
```

처음 시작하면 그림 **4.2a**의 ①과 같이 변수 **i**와 **j**를 생성하고 다음 문장에서 **i**에 **0**을 저장합니다③. 다음 문장이 **while**이므로 우선 **while**의 조건을 검사합니다⑤. 현재 **i**에 저장되어 있는 값이 **0**이므로 조건이 맞게 되고 따라서 **while**문의 중괄호 안으로 진입합니다. 진입해서 처음 만나는 문장이 **j = 0;**이고 그림 **4.2b**의 ①과 같이 **j**에 **0**을 저장합니다. 다음 문장을 보니 **while**문을 또 만났습니다. 이때에도 **while**의 조건인 **j<4**를 검사하는데, **j**에 저장된 값이 **0**이므로 조건이 맞게 되고 **while**문의 중괄호 안으로 들어갑니다④. 이 중괄호 안에서 처음 만난 문장은 별을 하나 출력하라는 문장이므로 별을 하나 출력하고⑤ 다음 문장으로 이동합니다. 다음 문장에서는 그림 **4.2c**의 ①과 같이 **j**의 값을 **1** 증가시키고, 중괄호 부분이 끝났으므로 **while**로 올라갑니다③. 올라가서 처음 하는 일은 **while**의 조건을 검사하는 것이며 아직 **j**의 값이 **1**이므로 조건은 맞는 조건입니다. 그러므로 중괄호 안으로 다시 진입해서 **printf**를 실행하여 별을 하나 더 출력합니다 ⑥.

그 다음에도 **j**의 값을 **1**씩 증가시키면서 같은 과정을 반복하며 (그림 **4.2d**와 그림 **4.2e**) 그림 **4.2f**의 ①과 같이 **j**가 **4**가 된 뒤에 **while**로 올라가면, 이번에는 **j<4**라는 조건이 틀리게 됩니다. 그러므로 중괄호를 건너뛰고⑤ 아래의 **printf**로 이동합니다. 이 **printf**에서는 **\n**을 출력하므로 모니터에서는 줄 바꿈이 발생합니다 ⑥. 여기까지 해서 별을 한 줄 출력하였습니다.

다음 문장으로 이동하니 **i = i + 1;**이네요. 변수 **i**의 값을 **1** 증가시키면 그림 **4.3a**의 ①과 같이 **1**이 됩니다. 그리고 중괄호의 끝에 도달했으므로 **while**로 올라갑니다. 올라가서 처음 하는 일은 조건 검사입니다④. 변수 **i**에 저장된 값이 **1**이므로 **i<5**라는 조건은 맞게

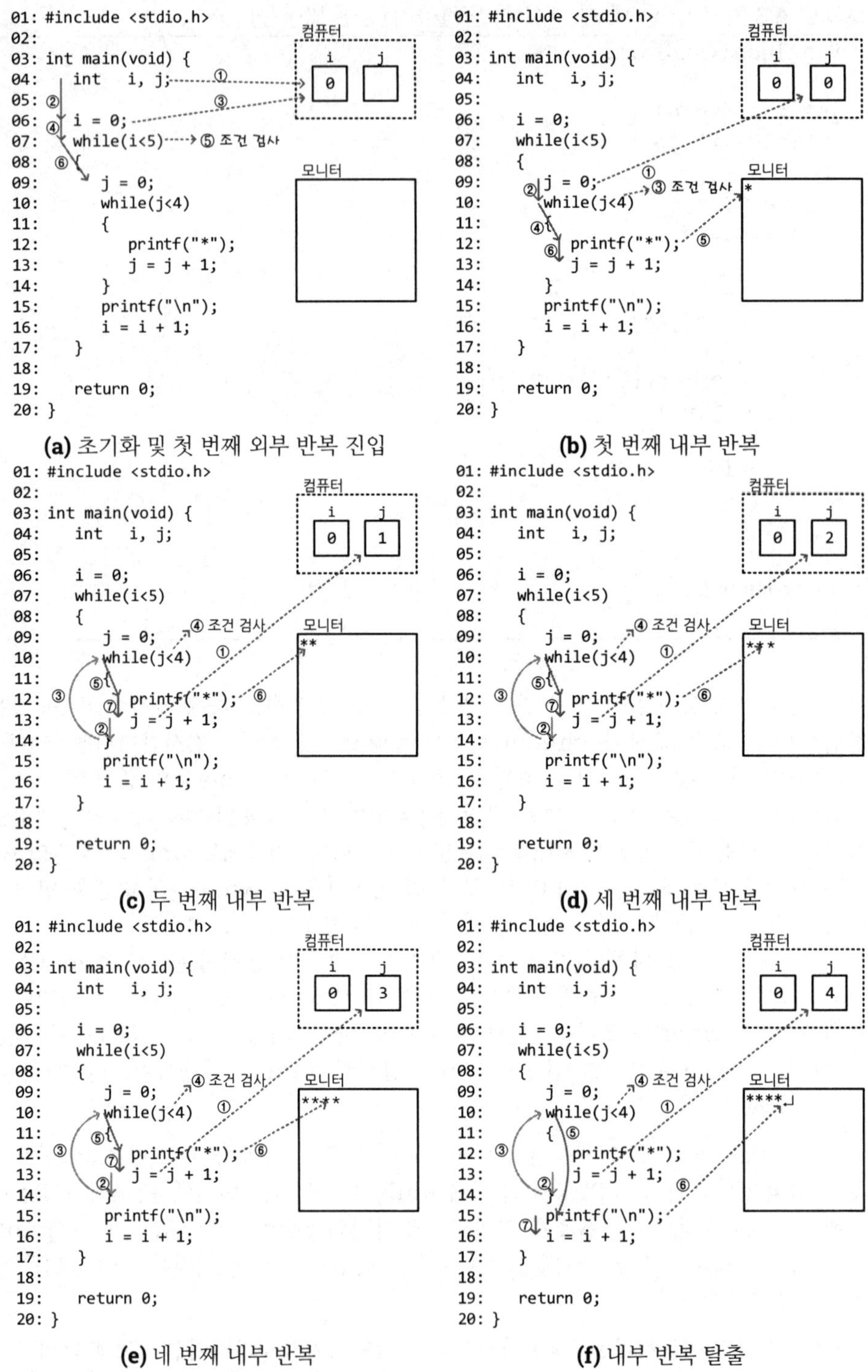

그림 4.2 프로그램 4.3에서 첫 번째 외부 반복

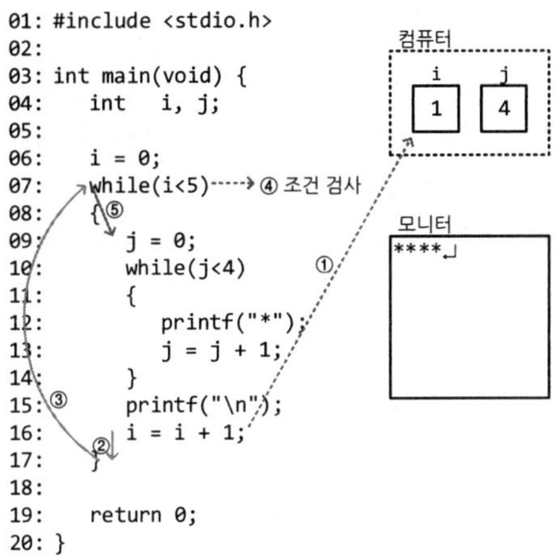

(a) 두 번째 외부 반복 진입

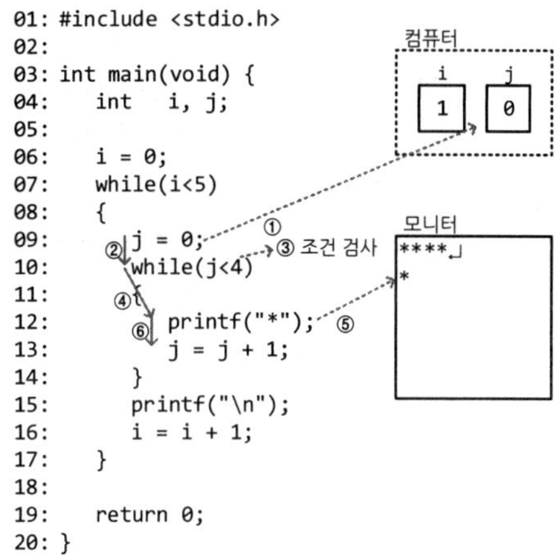

(b) 첫 번째 내부 반복

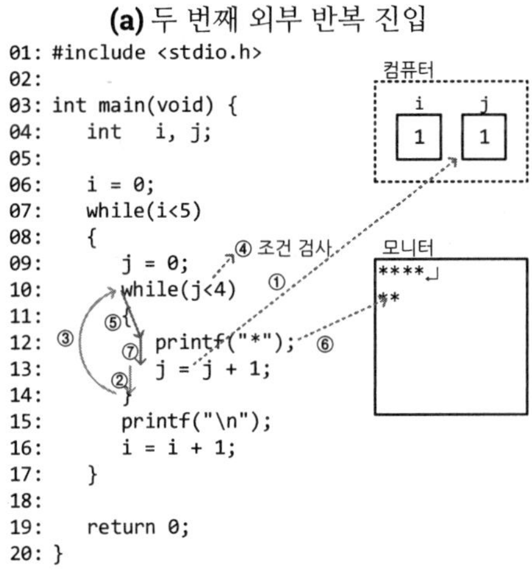

(c) 두 번째 내부 반복

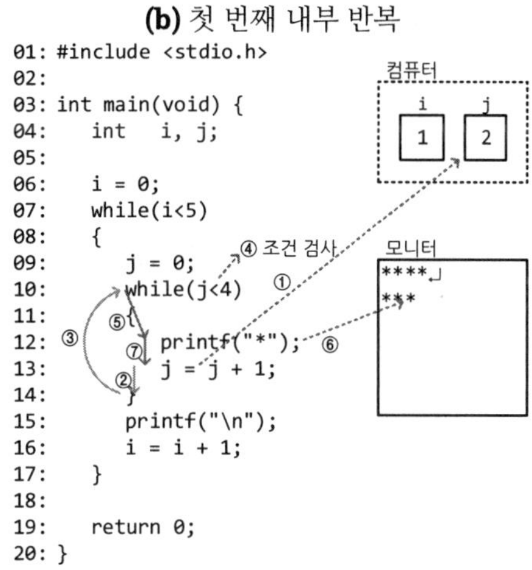

(d) 세 번째 내부 반복

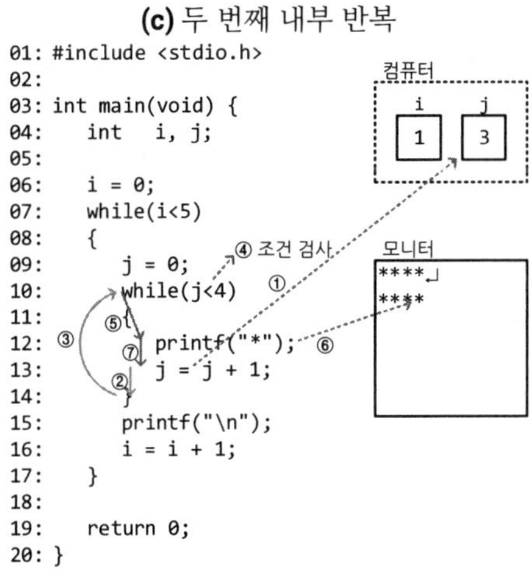

(e) 네 번째 내부 반복

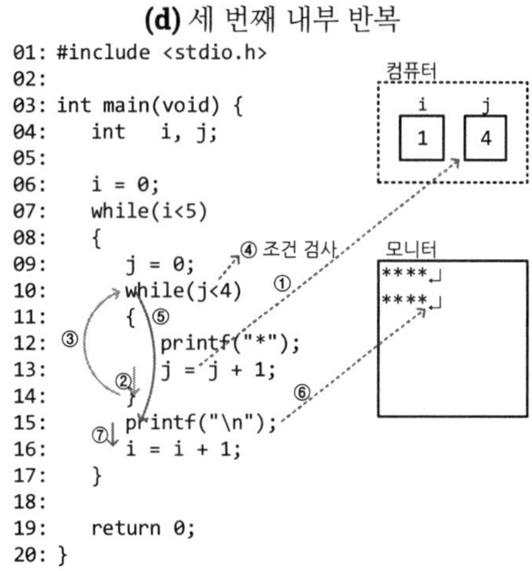

(f) 내부 반복 탈출

그림 4.3 프로그램 4.3에서 두 번째 외부 반복

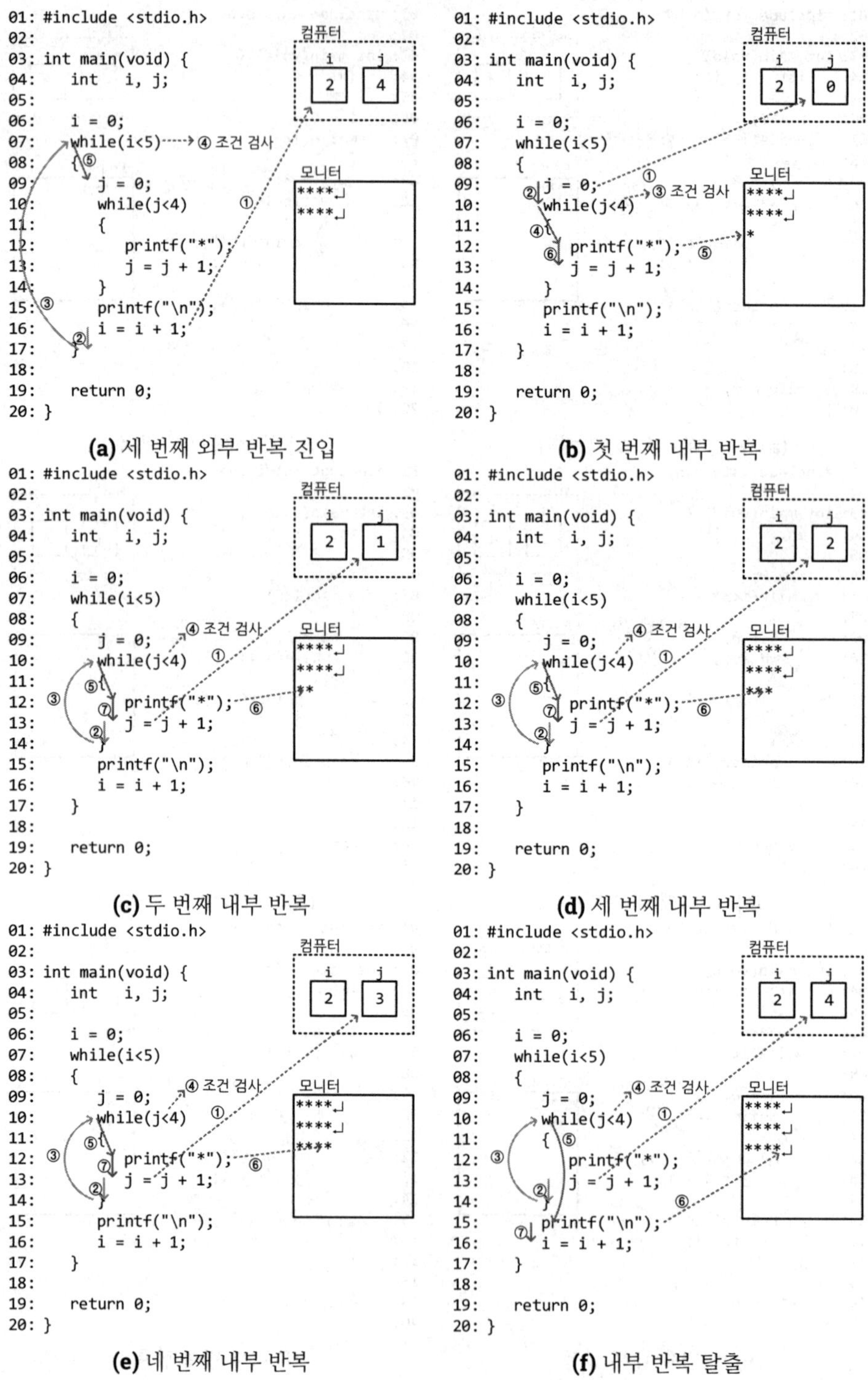

그림 4.4 프로그램 4.3에서 세 번째 외부 반복

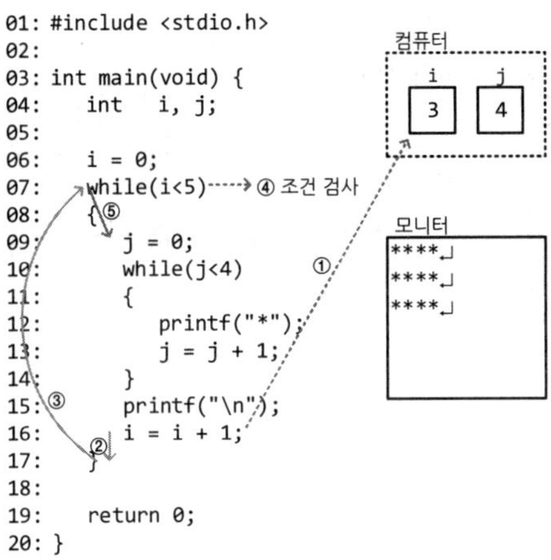

(a) 네 번째 외부 반복 진입

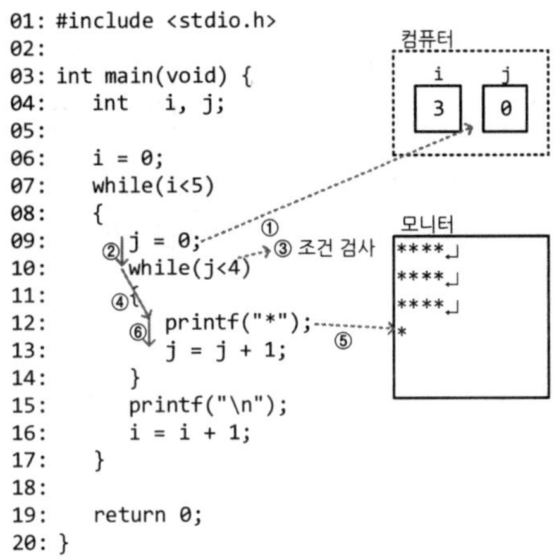

(b) 첫 번째 내부 반복

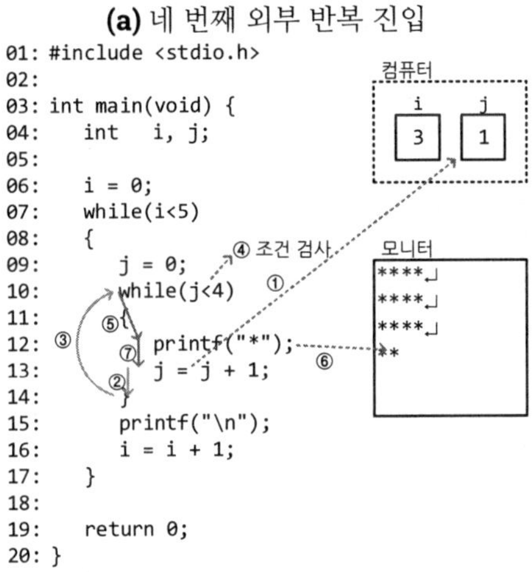

(c) 두 번째 내부 반복

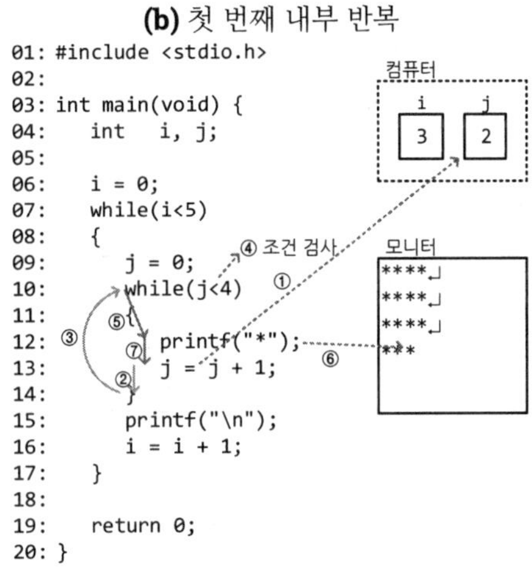

(d) 세 번째 내부 반복

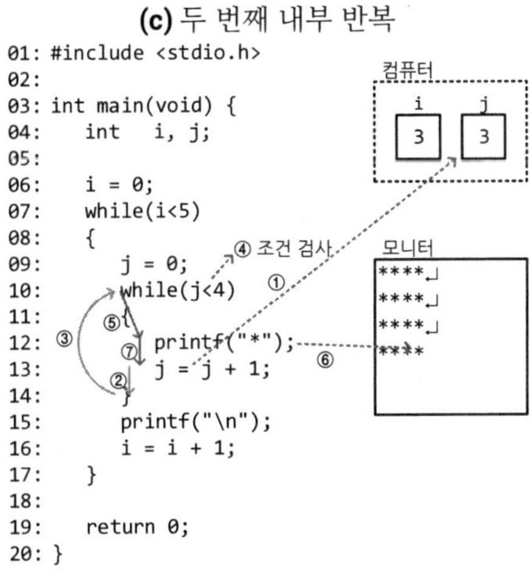

(e) 네 번째 내부 반복

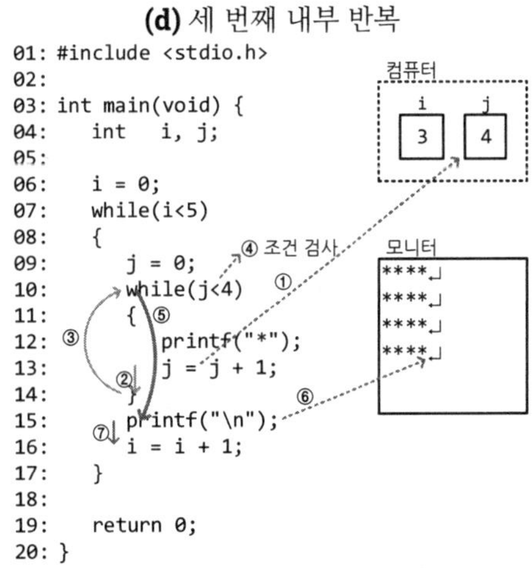

(f) 내부 반복 탈출

그림 4.5 프로그램 4.3에서 네 번째 외부 반복

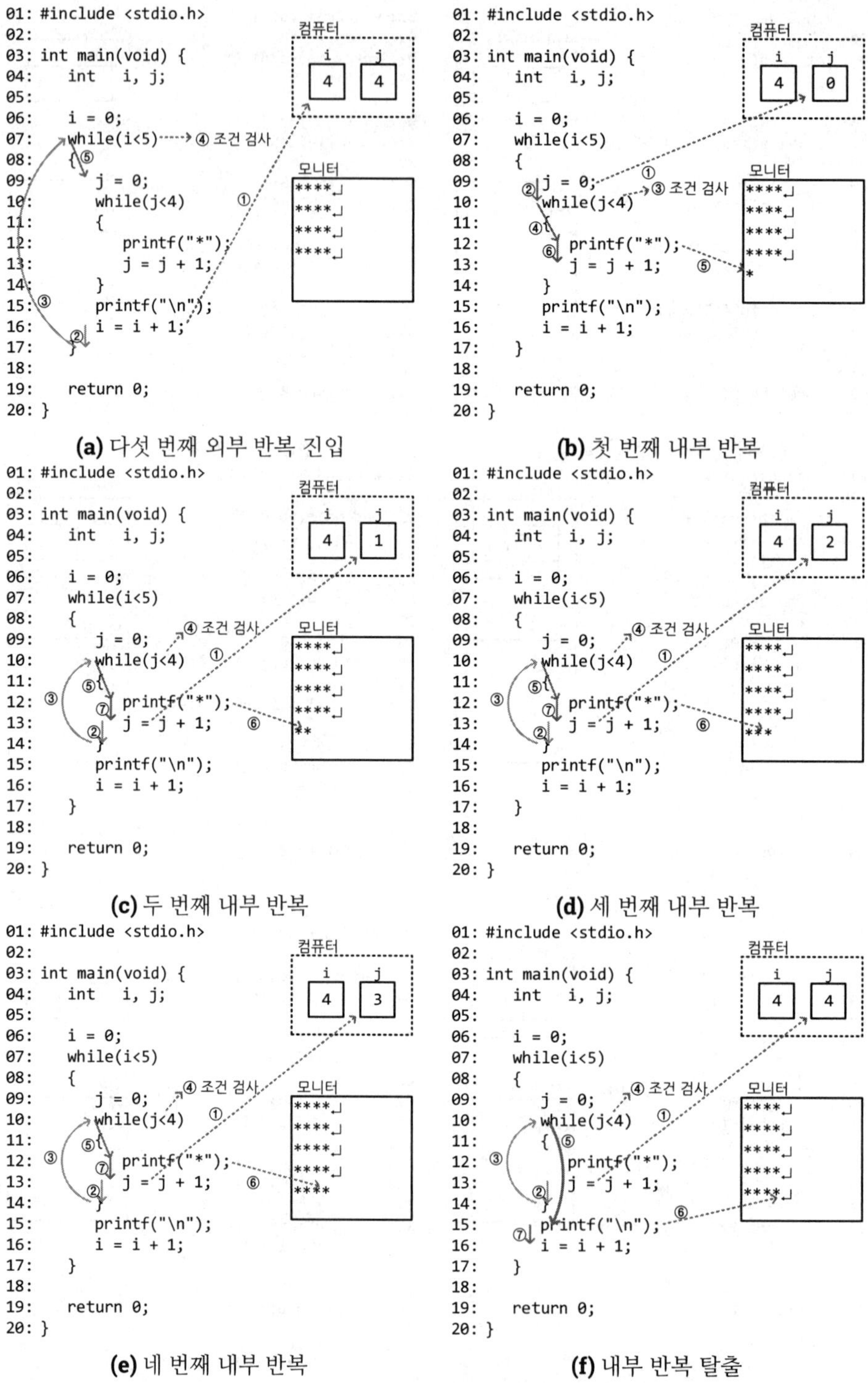

그림 4.6 프로그램 4.3에서 다섯 번째 외부 반복

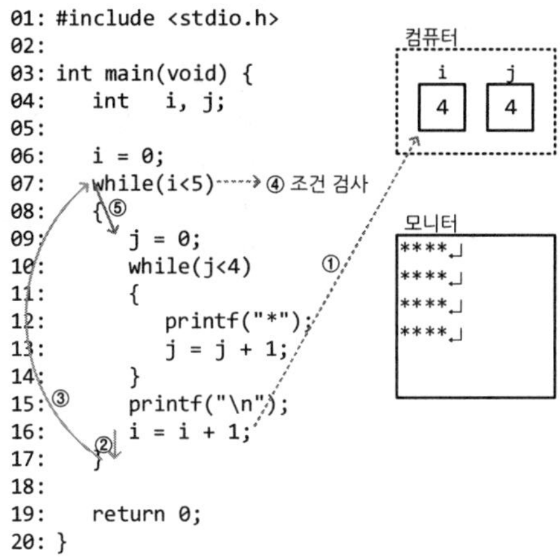

그림 4.7 외부 반복 탈출

되고 따라서 중괄호 안으로 다시 진입합니다⑤.

중괄호 안에서 처음 만나는 문장은 다시 j=0;입니다. 변수 j에 0을 대입하고(그림 4.3b의 ①) 다시 안쪽의 while을 만나서 이전의 반복 과정을 다시 실행합니다. 우선 while의 조건인 j<4를 검사하고 맞으므로 이 while의 중괄호 안으로 들어가서④ printf를 실행하여 별을 하나 출력한 뒤 다음 문장으로 내려갑니다.

다음 문장에서 j의 값을 1 증가시키고(그림 4.3c의 ①) 중괄호의 끝에 도달하니 while로 올라갑니다. 조건이 여전히 맞으므로 중괄호 안으로 다시 진입하고⑤ 별을 하나 출력합니다⑥. 다음 문장에서 j의 값을 1 증가시키고(그림 4.3d의 ①) 이전 과정을 반복하면 별을 하나 더 출력합니다⑤. 그림 4.3e와 같이 이런 진행을 한 번 더 반복한 뒤 그림 4.3f의 ①까지 진행하면 j의 값은 4가 됩니다. 이제 다시 while로 올라가면③ 이번에는 j<4라는 조건이 틀리므로 중괄호를 건너뛰고⑤ 중괄호 아래의 printf를 실행하여 모니터 출력에서 줄을 바꿉니다⑥. 이제 두 줄 출력했네요.

그 다음의 진행도 이전과 동일합니다. 변수 i를 증가시켜 2가 된 뒤에 올라가서 한 번 더 바깥 while문의 중괄호 안을 실행하면 안쪽 반복문에서 세 번째 줄이 출력됩니다.(그림 4.4) 그리고 그 다음에도 i의 값이 3이 된 후 네 번째 줄이 출력되고(그림 4.5) i의 값이 4가 된 뒤에 다섯 번째 줄이 출력됩니다(그림 4.6).

그리고 그 다음에 i의 값을 1 증가시켜서 5가 된 뒤(그림 4.7의 ①) while로 다시 올라가면 이번에는 i<5 조건이 틀립니다. 그러면 바깥 while문의 중괄호 부분을 쭉 건너뛰게 되어서 프로그램이 종료됩니다. 원래 목표대로 별을 네 개씩 다섯 줄 출력하였습니다.

여기서 여러분이 눈여겨봐야 하는 것이 각 별들이 출력될 때 변수 i와 j의 값이 얼마였느냐 하는 것입니다. 그림 4.2에서 첫 번째 줄을 출력하는데 이것은 바깥 while문의 첫 번째 반복이며 이때 i의 값은 0입니다. 그리고 그 첫 번째 줄 안에서 생각해 보면 j가 0일 때 첫 번째 별이 출력되고 1일 때 두 번째 별, 2일 때 세 번째 별, 3일 때 네 번째 별이 출력됩니다. 변수 j의 값이 4가 되면 안쪽 while문을 빠져 나와서 줄 바꿈이 되지요.

i \ j	0	1	2	3
0	*	*	*	*
1	*	*	*	*
2	*	*	*	*
3	*	*	*	*
4	*	*	*	*

그림 4.8 각 별들이 출력될 때 i와 j 값의 조합

두 번째 줄이 출력되는 그림 4.3을 보면 이때 i의 값은 1입니다. 그리고 역시 j가 0, 1, 2, 3일 때 별이 하나씩 출력됩니다. 계속해서 따라가 보면 i의 값이 2, 3, 4일 때 세 번째, 네 번째, 다섯 번째 줄이 출력되며, 각 줄 안에서는 j의 값이 0, 1, 2, 3일 때 별 한 개씩 출력됩니다. 이것을 정리한 것이 그림 4.8입니다. 이 그림은 나중에 중요하게 되니 잘 익혀 두십시오.

프로그램 4.3을 익혔으니 조금 수정해 봅시다. 한 줄에 별을 10개씩 출력하고 싶다면 이 프로그램의 어디를 어떻게 수정해야 할까요? 네, 안쪽 **while**문에 있는 조건 **j<4**를 **j<10**으로 수정하면 될 것입니다. 중첩 반복문을 사용하니 이제는 한 줄에 출력되는 개수까지도 자유로이 수정할 수 있게 되었습니다.

4.2 중첩 반복문에서의 오류 예

그런데 중첩 반복문은 이와 같은 편리함을 제공해 주기도 하지만 동작이 복잡하므로 주의해서 사용해야 합니다. 예를 들어 프로그램 4.3에서도 문장 한 개의 위치만 달라져도 전혀 다른 결과가 나올 수 있습니다.

프로그램을 처음 배울 때 자주 하시는 실수들의 몇 가지 예를 들어 보겠습니다. 첫 번째 예는 프로그램 4.4입니다. 프로그램 4.3에 비해 **j=0;** 문장의 위치가 달라졌습니다. 이런 실수를 하게 되면 오른쪽과 같이 별이 한 줄만 출력되고 그 이후로는 줄 바꿈만 출력됩니다. 물론 출력 결과에서 꺾어진 화살표는 줄이 바뀐다는 표시이지 실제로 화살표가 출력되는 것은 아닙니다. 이런 결과가 나오는 이유는 바로 j의 값이 한 번 4까지 증가한 다음에 0으로 되돌려지지 않기 때문입니다.

처음 안쪽 반복문을 실행할 때는 j의 값이 0이었다가 1씩 증가하면서 별을 한 개씩 출력합니다. 그래서 첫 번째 줄은 정상적으로 출력됩니다. 이렇게 j의 값이 증가하여 4가 되면 안쪽 **while**문의 중괄호를 건너서 줄 바꿈을 출력하고 i를 1 증가시킨 후 바깥 **while**문으로 올라갑니다. 바깥 **while**문의 조건이 맞을 테니 중괄호 안으로 들어갑니다. 그러면 안쪽 **while**문을 다시 만나고 **j<4** 조건을 검사합니다. 이때 여러분이 생각하셔야 하는 것이 j의 값이 여전히 4라는 점입니다. 이전에 안쪽 **while**문을 실행하면서 j의 값이 4까지 증가했는데, 그 후로 j에 값을 대입한 적이 없으니 j의 값은 4를 유지하고 있겠지요. 따라서 **j<4** 조건이 틀리게 됩니다. 그러면 안쪽 **while**문의 중괄호를 건너뛰어서 그

프로그램 4.4 예제 1 - 별 네 개 다섯 줄 출력하기 (오류 예 1)

```
#include <stdio.h>

int main(void) {
   int   i, j;

   i = 0;
   j = 0;
   while(i<5)
   {
      while(j<4)
      {
         printf("*");
         j = j + 1;
      }
      printf("\n");
      i = i + 1;
   }

   return 0;
}
```

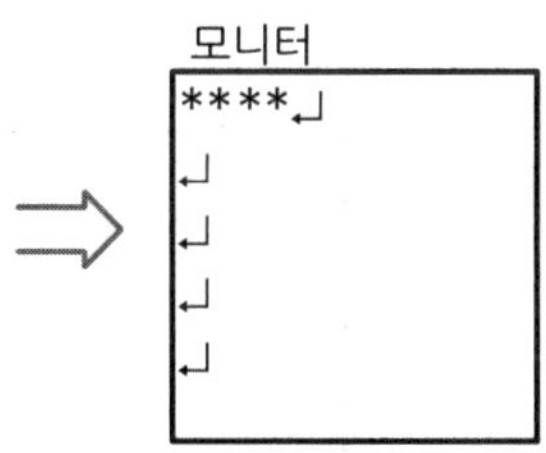

아래의 printf("\n");으로 이동합니다. 즉 두 번째 줄의 별들은 하나도 출력하지 않고 줄 바꿈만 되는 것이지요.

이 이후의 진행도 마찬가지입니다. 변수 j의 값이 계속 4를 유지하므로 안쪽 while 문의 조건은 계속 틀린 조건이 됩니다. 그러면 안쪽 while문의 중괄호 부분은 계속 실행이 안 될 테고 그 아래의 printf("\n");만 실행되어서 계속 줄만 바꾸게 되는 것입니다.

프로그램 4.5는 또 다른 오류의 예입니다. 이번에는 printf("\n");의 위치가 틀렸습니다. 정상적인 프로그램에서는 이 printf의 위치가 안쪽 while문의 중괄호 아래에 있었는데 여기서는 바깥쪽 while문의 중괄호 아래로 내려갔습니다. 이와 같은 실수를 하면 모니터에는 프로그램 옆에 그려놓은 것과 같이 모든 별들이 가로로 출력됩니다.

이렇게 출력되는 이유는 별 네 개를 출력한 후 줄을 바꾸는 printf를 만나지 못하기 때문입니다. 앞에서 설명했듯이 안쪽 while문에서 한 줄에 들어가는 별 네 개를 출력합니다. 별 네 개를 출력한 다음에는 줄을 바꿔줘야 그 다음 별 네 개가 다음 줄에 출력되겠지요. 이를 위해서 안쪽 while문의 중괄호 아래에 \n을 출력하는 printf문을 배치했던 것입니다. 그런데 프로그램 4.5와 같이 이 printf문이 바깥쪽 while문 밖에 있으면, 안쪽 while문에서 별 네 개를 출력하고 나온 다음에 줄을 바꾸지 못한 채로 바깥쪽 while로 올라간 뒤 안쪽 while문을 실행하게 됩니다. 즉 별 네 개를 출력한 다음에 줄을 안 바꾸고 다시 별 네 개를 출력하는 것입니다. 이런 과정을 반복하니 모든 별들이 가로로 출력됩니다.

비슷한 실수로 프로그램 4.6도 있습니다. 이번에는 printf("\n");을 아예 안쪽 while문

프로그램 4.5 예제 1 - 별 네 개 다섯 줄 출력하기(오류 예 2)

```
#include <stdio.h>

int main(void) {
   int   i, j;

   i = 0;
   while(i<5)
   {
      j = 0;
      while(j<4)
      {
         printf("*");
         j = j + 1;
      }
      i = i + 1;
   }
   printf("\n");

   return 0;
}
```

모니터

```
*****...****
```

프로그램 4.6 예제 1 - 별 네 개 다섯 줄 출력하기(오류 예 3)

```
#include <stdio.h>

int main(void) {
   int   i, j;

   i = 0;
   while(i<5)
   {
      j = 0;
      while(j<4)
      {
         printf("*");
         printf("\n");
         j = j + 1;
      }
      i = i + 1;
   }

   return 0;
}
```

모니터

```
*↵
*↵
*↵
…
*↵
*↵
```

```
0123
0123
0123
0123
0123
```

그림 **4.9** 예제 2 - 0123 다섯 줄 출력하기

프로그램 4.7 예제 2 - 0123 다섯 줄 출력하기(중첩 반복문을 적용하지 않은 경우)

```
#include <stdio.h>

int main(void) {
    int   i;

    i = 0;
    while(i<5)
    {
       printf("0123\n");
       i = i + 1;
    }

    return 0;
}
```

```
printf("0");
printf("1");
printf("2");
printf("3");
printf("\n");
```

안으로 넣어버렸네요. 이렇게 되면 옆의 그림에 있듯이 모든 별들이 세로로 출력됩니다. 별 하나를 출력하는 **printf** 바로 다음에 줄을 바꾸는 **printf**가 있으니 별 하나 출력하고 줄 바꾸는 것을 반복하여 이렇게 세로로 출력되겠지요.

이와 같이 중첩 반복문에서는 한 문장의 위치만 어그러져도 전체 동작이 완전히 달라지는 경우가 많이 있습니다. 그러므로 어떻게 동작하는지에 대해 주의를 기울이면서 프로그램을 작성하셔야 합니다.

4.3 중첩 반복문 예제들

이번에는 그림 **4.9**와 같이 **0123**을 다섯 줄 출력해 봅시다. 물론 반복문을 하나만 사용해서 프로그램 **4.7**과 같이 해결할 수도 있습니다. 그러나 여기서는 중첩 반복문을 연습하는 의미도 있고 몇 가지 변형도 적용하기 위해서 중첩 반복문을 이용해 봅시다.

중첩 반복문을 이용하려면 프로그램 **4.7**에서 반복문을 적용할 곳을 찾아야 하는데 이대로는 찾기 어렵고 프로그램 옆에 그려져 있듯이 **printf**문을 분해해야 합니다. 이와 같이 **printf**문에서 **0, 1, 2, 3**을 차례로 출력하는 경우에 반복문으로 바꾸는 것은 앞 장에서 했습니다. 앞 장의 내용을 참조하여 그림 **4.10**의 왼쪽과 같이 **printf**문을 조금 수정하고 이를 반복문으로 바꾸면 그림 **4.10**의 오른쪽과 같이 됩니다. 이제 이 반복문을

```
printf("%d",0);
printf("%d",1);
printf("%d",2);
printf("%d",3);
printf("\n");
```

```
j = 0;
while(j<4)
{
   printf("%d", j);
   j = j + 1;
}
printf("\n");
```

그림 **4.10** 예제 2 - 0123 다섯 줄 출력하기(중첩 반복문으로의 변형)

프로그램 4.8 예제 2 - 0123 다섯 줄 출력하기(중첩 반복문을 적용한 경우)

```
#include <stdio.h>

int main(void) {
    int   i, j;

    i = 0;
    while(i<5)
    {
       j = 0;
       while(j<4)
       {
          printf("%d", j);
          j = j + 1;
       }
       printf("\n");
       i = i + 1;
    }

    return 0;
}
```

원래 프로그램에 넣으면 프로그램 4.8과 같습니다. 이 프로그램의 진행은 앞 절에서의 프로그램과 거의 유사하므로 생략하고, 여러분이 이 프로그램을 실행해 보시면 그림 **4.9**와 같이 출력됨을 확인할 수 있습니다.

자세한 진행은 생략하였으나, 여기서도 각 숫자들이 언제 출력되는지가 중요하므로 이에 대해 간단히 얘기해 보겠습니다. 앞 절에서와 같이 분석을 해 보면 각 숫자들이 출력될 때 i와 j의 값은 그림 4.11과 같습니다. 첫 줄이 출력될 때 i의 값은 0이고 j의 값이 0, 1, 2, 3 으로 변합니다. 이때 **printf("%d", j);**로 j의 값을 출력하므로 0, 1, 2, 3이 차례로 출력되는 것입니다. 그 다음 줄들에서도 역시 j의 값에 따라 0, 1, 2, 3이 출력됩니다. 물론 프로그램 4.8에서 안쪽 반복문을 마친 다음에 **printf("\n");**이 있어야 0, 1, 2, 3을 출력한 후 줄이 바뀐다는 것도 눈여겨보셔야 할 것입니다.

프로그램 4.8을 조금 수정해서 **printf("%d", j);**를 **printf("%d", i);**로 바꾸면 어떻게 될까요? 어떤 숫자들이 출력될 지 예상이 되시는지요? 이것은 그림 4.11의 그림을 잘

i＼j	0	1	2	3
0	0	1	2	3
1	0	1	2	3
2	0	1	2	3
3	0	1	2	3
4	0	1	2	3

그림 4.11 각 숫자들이 출력될 때 i와 j 값의 조합

i＼j	0	1	2	3
0	0	0	0	0
1	1	1	1	1
2	2	2	2	2
3	3	3	3	3
4	4	4	4	4

그림 4.12 예제 2 변형 1 - j 대신 i 출력하기

i＼j	0	1	2	3
0	0	1	2	3
1	1	2	3	4
2	2	3	4	5
3	3	4	5	6
4	4	5	6	7

그림 4.13 예제 2 변형 2 - j 대신 i+j 출력하기

생각해 보시면 금방 아실 수 있을 것입니다. 첫 번째 줄을 출력할 때 i의 값은 0입니다. 그런데 printf("%d", i);는 i의 값을 출력하는 것이므로 0이 출력될 것입니다. 안쪽 반복문이 네 번 반복하는 반복문이므로 0이 네 개 출력될 것입니다. 그 다음 줄에서는 i의 값이 1이므로 1이 네 개 출력될 것이고, 그 다음 줄에서는 2가 네 개 출력될 것입니다. 이와 같이 생각하면 그림 4.12와 같이 출력되겠지요.

이번에는 printf("%d", i+j);로 바꾸면 어떻게 될까요? 역시 그림 4.11의 그림을 생각해 봅시다. 첫 번째 줄을 출력할 때 i의 값은 0이고 j의 값은 0, 1, 2, 3으로 변합니다. 그러므로 i+j의 값은 0, 1, 2, 3이 될 것이며, 이 i+j를 출력하면 첫 번째 줄에는 0, 1, 2, 3이 출력될 것입니다. 두 번째 줄에서 i의 값은 1이고 j의 값은 0, 1, 2, 3으로 변합니다. 그러면 i+j의 값은 1, 2, 3, 4로 변하게 될 테니, 두 번째 줄에서는 1, 2, 3, 4가 출력될 것입니다. 세 번째 줄에서는 i가 2이므로, i+j는 2, 3, 4, 5이고 네 번째 줄에서는 i가 3이므로 3, 4, 5, 7이 출력될 것입니다. 이것을 정리한 것이 그림 4.13입니다.

이와 같이 반복문이 실행될 때 각 순간에 대해 i와 j의 값들이 어떤 조합을 이루는지 잘 생각해 보시면 여러분이 원하시는 다양한 형태로 출력하는 것이 가능해집니다.

지금까지의 프로그램들, 프로그램 4.3과 프로그램 4.8을 for문으로 바꾼 것이 프로

프로그램 4.9 예제 1 - 별 네 개 다섯 줄 출력하기(for문 사용)

```
#include <stdio.h>

int main(void) {
   int   i, j;

   for(i=0;i<5;++i)
   {
      for(j=0;j<4;++j)
      {
         printf("*");
      }
      printf("\n");
   }

   return 0;
}
```

프로그램 4.10 예제 2 - 0123 다섯 줄 출력하기(for문 사용)

```
#include <stdio.h>

int main(void) {
   int   i, j;

   for(i=0;i<5;++i)
   {
      for(j=0;j<4;++j)
      {
         printf("%d", j);
      }
      printf("\n");
   }

   return 0;
}
```

```
 ***
* **
** *
***
```

그림 **4.14** 예제 3 - 대각선에 빈 칸 출력하기

프로그램 4.11 별을 꽉 채워서 출력하기

```
#include <stdio.h>

int main(void) {
   int   i, j;

   for(i=0;i<4;++i)
   {
      for(j=0;j<4;++j)
      {
         printf("*");
      }
      printf("\n");
   }

   return 0;
}
```

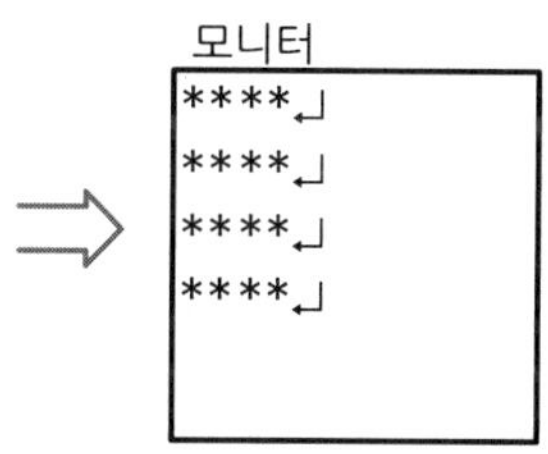

그램 4.9와 프로그램 4.10입니다. 더 간결하다는 것을 아실 수 있습니다. 중첩 반복문과 같이 반복문이 여러 개가 되면 while문을 사용했을 때 프로그램이 너무 길어져서 오히려 프로그램의 동작을 파악하기가 어려워집니다. 그러므로 이제부터는 예제들을 for문을 사용하는 프로그램으로 보여 드리겠습니다.

4.4 반복문과 조건문

이번에는 그림 4.14와 같이 출력해 봅시다. 이전 예제들에서는 별들이 꽉 차 있었는데, 이번 예제에서는 중간에 빈 칸이 있네요. 이 프로그램을 바로 작성하는 것은 조금 어렵고 우선 별들이 꽉 차 있게 출력하는 프로그램을 작성해 봅시다. 이것은 4.1절의 예제 1과 비슷하며 프로그램 4.11과 같이 작성할 수 있습니다.

이제 프로그램 4.11의 옆에 그려놓은 결과와 그림 4.14를 비교해 봅시다. 두 그림의 차이점은 한 개는 별들이 꽉 차 있는 것이고 다른 한 개는 중간 중간에 빈 칸이 있는 것입니다. 이것을 프로그램의 관점에서 본다면 프로그램 4.11의 결과는 항상 별을 출력한 것이고, 그림 4.14는 어떤 때는 별을, 다른 때는 빈 칸을 출력한 것입니다. 더 구체적인 C 언어의 문장으로 말하면, 한 쪽은 항상 printf("*");을 실행한 것이고, 다른 한 쪽은 어떤 때는 printf("*");을, 다른 때는 printf(" ");을 실행한 것입니다.

프로그램 4.12 예제 3 - 대각선에 빈 칸 출력하기(조건문 도입)

```
#include <stdio.h>

int main(void) {
    int   i, j;

    for(i=0;i<4;++i)
    {
        for(j=0;j<4;++j)
        {
            printf("*");
        }
        printf("\n");
    }

    return 0;
}
```

⟹

```
if(     )
{
    printf(" ");
}
else
{
    printf("*");
}
```

i \ j	0	1	2	3
0		*	*	*
1	*		*	*
2	*	*		*
3	*	*	*	

그림 4.15 예제 3 - 대각선에 빈 칸 출력하기(i와 j 값의 조합)

경우에 따라서 서로 다른 문장을 실행하고 싶을 때 어떻게 하는지 기억나시는지요? 네, 2장에서 배웠던 조건문 if를 사용하면 됩니다. 즉 프로그램 4.12와 같이 printf("*"); 가 있던 곳을 조건문으로 대체하여 어떤 조건이 만족되는 때는 printf(" ");을 실행하고 그렇지 않을 때는 printf("*");를 실행하도록 하는 것입니다.

문제는 그 if문의 조건에 무엇을 넣어야 우리가 원하는 그림 4.14의 모양이 나오게 할 수 있느냐입니다. 그 조건에서 비교하는 값은 출력하는 각 칸에 따라서 달라지는 값이어야 할 것입니다. 그런 값이 무엇일지 생각해 보면 바로 변수 i와 j에 저장되어 있는 값임을 알 수 있습니다. 그림 4.8과 그림 4.11을 보면 알 수 있듯이 i와 j의 값이 계속 바뀌면서 별이나 숫자를 출력하고 있습니다. 이번 예제에서는 경우에 따라서 별 또는 빈 칸을 출력해야 하므로 i와 j의 값에 따라 판단을 하면 될 것 같습니다.

그러면 이제 i와 j의 값이 어떤 조합일 때 별이나 빈 칸이 출력되는지 생각해 볼 텐데요, 이 예제에서는 빈 칸이 출력되는 경우에 대해 우선 정리해 보겠습니다. 그림 4.15는 각각의 별이나 빈 칸이 출력될 때 i와 j의 값을 같이 표시해 놓은 그림입니다. 보시면 대각선을 따라서 빈 칸이 출력되는데, 첫 번째 빈 칸의 경우는 i와 j가 둘 다 0일 때입니다. 두 번째 빈 칸은 i와 j가 둘 다 1일 때이고, 세 번째와 네 번째는 둘 다 2일 때와 3일 때입니다. 즉 빈 칸이 출력되는 경우는 i와 j가 둘 다 0이거나 1이거나 2이거나 3일 때 입니다. 이것을

```
if( ((i==0)&&(j==0)) ||
    ((i==1)&&(j==1)) ||
    ((i==2)&&(j==2)) ||
    ((i==3)&&(j==3)) )
{
   printf(" ");
}
else
{
   printf("*");
}
```

⇒

```
if(i==j)
{
   printf(" ");
}
else
{
   printf("*");
}
```

그림 4.16 예제 3 - 대각선에 빈 칸 출력하기(조건 유도)

프로그램 4.13 예제 3 - 대각선에 빈 칸 출력하기(조건문을 넣은 프로그램)

```
#include <stdio.h>

int main(void) {
   int   i, j;

   for(i=0;i<4;++i)
   {
      for(j=0;j<4;++j)
      {
         if(i==j)
         {
            printf(" ");
         }
         else
         {
            printf("*");
         }
      }
      printf("\n");
   }

   return 0;
}
```

조건으로 옮기면 그림 4.16의 왼쪽과 같습니다. 그런데 이 조건은 너무 길고 보기에 좋지 않습니다. 이것을 좀 더 간단하게 표현할 수 없을까 고민해 보면 그림의 오른쪽과 같은 조건을 생각할 수 있습니다. 그림 4.15를 잘 보시면 빈 칸이 출력되는 때는 i와 j의 값이 서로 같을 때이고, 별이 출력되는 때는 i와 j의 값이 서로 다를 때입니다. 그러므로 그림 4.16의 오른쪽과 같이 i==j라는 조건이 맞을 때 빈 칸을 출력하고, 그렇지 않을 때는 별을 출력하면 되는 것입니다.

프로그램 4.13이 앞에서 만든 조건문을 넣어서 만든 프로그램입니다. 실행해 보시면 그림 4.14가 출력됨을 알 수 있습니다.

```
*
 *
  *
   *
```

그림 **4.17** 예제 3 변형 1 - 대각선에 별 출력하기

프로그램 4.14 예제 3 변형 1 - 대각선에 별 출력하기

```
#include <stdio.h>

int main(void) {
   int   i, j;

   for(i=0;i<4;++i)
   {
      for(j=0;j<4;++j)
      {
         if(i==j)
         {
            printf("*");
         }
         else
         {
            printf(" ");
         }
      }
      printf("\n");
   }

   return 0;
}
```

그럼 예제 3을 조금 변형해서 그림 **4.17**과 같이 대각선에 별을 출력해 봅시다. 이 모양을 보면 그림 **4.14**와 서로 반대임을 알 수 있습니다. 즉 그림 **4.14**에서 별이 있는 곳에는 빈 칸을, 빈 칸이 있는 곳에는 별을 출력하면 됩니다. 그럼 프로그램도 프로그램 4.13에서 printf("*");은 printf(" ");으로 바꾸고 printf(" ");은 printf("*");로 바꾸면 될 것 입니다. 이렇게 해서 작성한 프로그램이 프로그램 **4.14**이고 실행해 보면 그림 **4.17**과 같은 출력을 얻을 수 있습니다.

조금 더 변형해서 그림 4.18과 같이 역대각선에 별을 출력하도록 해 봅시다. 이번에는 별을 출력하는 형태가 바뀌었으므로 if문의 조건을 바꿔야 할 것 같습니다. 그림 **4.19**와 같이 생각해 보면 별이 출력되는 경우들은 i는 0이고 j는 3일 때와 i는 1이고 j는 2일 때, i는 2이고 j는 1일 때, i는 3이고 j는 0일 때입니다. 어떤 규칙성을 찾으셨나요? 네, j가 3-i와 같을 때 별이 출력됩니다. 그러므로 if문의 조건에 j==3-i를 넣으면 될 것 같고,

```
   *
  *
 *
*
```

그림 **4.18** 예제 3 변형 2 - 역대각선에 별 출력하기

i \ j	0	1	2	3
0				*
1			*	
2		*		
3	*			

그림 **4.19** 예제 3 변형 2 - 역대각선에 별 출력하기 (i와 j 값의 조합)

프로그램 4.15 예제 3 변형 2 - 역대각선에 별 출력하기

```c
#include <stdio.h>

int main(void) {
   int   i, j;

   for(i=0;i<4;++i)
   {
      for(j=0;j<4;++j)
      {
         if(j==3-i)
         {
            printf("*");
         }
         else
         {
            printf(" ");
         }
      }
      printf("\n");
   }

   return 0;
}
```

```
*
**
***
****
*****
```

그림 4.20 예제 4 - 삼각형 모양으로 출력하기

i \ j	0	1	2	3	4
0	*				
1	*	*			
2	*	*	*		
3	*	*	*	*	
4	*	*	*	*	*

그림 4.21 예제 4 - 삼각형 모양으로 출력하기 (i와 j 값의 조합)

이렇게 작성한 프로그램이 프로그램 **4.15**입니다. 프로그램을 실행해 보면 그림 **4.18**과 같은 결과를 얻을 수 있습니다.

이 절에서 다룬 예제들을 보시면 반복문 안에 조건문이 들어가 있는 형태입니다. 즉 반복을 하면서 경우에 따라 서로 다른 동작을 하는 것이지요. 이러한 형태의 프로그램은 매우 자주 나타나므로 익혀 두시면 아주 유용할 것입니다.

4.5 반복횟수가 달라지는 반복문

이번에 다룰 예제는 그림 **4.20**과 같이 삼각형 모양으로 출력하는 것입니다. 사실 이 예제는 앞 절에서 다룬 방법으로 해결할 수 있습니다. 별이 사각형 모양으로 꽉 차서 출력되는 것과 비교해 보면, 오른쪽 위 삼각형 부분에서 별 대신 빈 칸을 출력하면 될 것입니다. 별이나 빈 칸을 출력하는 조건은 그림 **4.21**에서 유도할 수 있습니다. 별을 출력하는 조건을 생각해 보면, 약간 생각을 해 보셔야 하지만 **j≤i**임을 알 수 있습니다. 이를 이용해서 프로그램을 작성하면 프로그램 **4.16**과 같습니다.

그런데 이 예제는 조금 다른 방법으로 해결할 수도 있습니다. 우선 프로그램 **4.17**과 같이 꽉 채워서 출력하는 경우를 복습해 보겠습니다. 이 프로그램에서 바깥 쪽 반복문은 줄 단위로 반복을 하고 안쪽 반복문은 한 줄 안에서 글자 단위로 반복을 합니다. 그러므로 몇 줄이 출력되는지는 **i<5**라는 조건에 의해 결정되고 한 줄에서 몇 개의 글자가 출력될지는 **j<5**라는 조건에 의해 결정됩니다. 여기서 우리가 눈여겨봐야 하는 것은 **j<5**라는 조건입니다. 예를 들어 이 조건에서 **5**를 **6**으로 바꾸면 한 줄에 별이 여섯 개씩 출력되겠지요.

그럼 이제 그림 **4.20**을 다시 봅시다. 이 그림은 이렇게도 해석할 수 있습니다. 첫 번째 줄에는 별이 한 개, 두 번째 줄에는 별이 두 개, 세 번째 줄에는 별이 세 개, 이런 방식으

프로그램 4.16 예제 4 - 삼각형 모양으로 출력하기(조건문을 이용한 경우)

```
#include <stdio.h>

int main(void) {
   int   i, j;

   for(i=0;i<5;++i)
   {
      for(j=0;j<5;++j)
      {
         if(j<=i)
         {
            printf("*");
         }
         else
         {
            printf(" ");
         }
      }
      printf("\n");
   }

   return 0;
}
```

프로그램 4.17 그림 4.20에서 별을 꽉 채워서 출력한다면

```
#include <stdio.h>

int main(void) {
   int   i, j;

   for(i=0;i<5;++i)
   {
      for(j=0;j<5;++j)
      {
         printf("*");
      }
      printf("\n");
   }

   return 0;
}
```

몇 줄을 출력할까?

한 줄 안에서 *을 몇 개 출력할까?

한 줄 안에서의 반복

줄 단위의 반복

프로그램 4.18 예제 4 - 삼각형 모양으로 출력하기(반복 횟수가 달라지도록 한 경우)

```
#include <stdio.h>

int main(void) {
    int   i, j;

    for(i=0;i<5;++i)
    {
       for(j=0;j<i+1;++j)
       {
          printf("*");
       }
       printf("\n");
    }

    return 0;
}
```

j<i+1 조건에 의해
첫 번째 줄에서는 1회 반복
두 번째 줄에서는 2회 반복
세 번째 줄에서는 3회 반복
네 번째 줄에서는 4회 반복
다섯 번째 줄에서는 5회 반복

로요. 그런데 한 줄에 출력되는 별의 개수는 안쪽 반복문의 반복횟수에 의해 결정되므로 다음과 같이 생각할 수도 있습니다. 첫 번째 줄에서는 안쪽 반복문이 한 번 반복하고, 두 번째 줄에서는 두 번 반복, 세 번째 줄에서는 세 번 반복, ..., 다섯 번째 줄에서는 다섯 번 반복한다. 안쪽 반복문의 반복 횟수는 **j<5** 조건의 **5** 자리에 넣는 값에 의해 결정됩니다. 그러므로 첫 번째 줄에서는 조건이 **j<1**이고, 두 번째 줄에서는 **j<2**이고, ..., 다섯 번째 줄에서는 **j<5**이면 그림 **4.20**과 같이 출력되지 않을까요? 이와 같이 동작하려면 조건을 **j<5** 대신 **j<□**로 바꾸어야 하는데 □에 들어갈 값은 **1, 2, 3, 4, 5**로 바뀌어야 할 것입니다. 첫 번째 줄을 출력할 때는 값이 **1**이고, 두 번째 줄을 출력할 때는 값이 **2**이고, 세 번째 줄에서는 **3**, 네 번째 줄에서는 **4**, 다섯 번째 줄에서는 **5**인 것이 무엇이 있나요? 네, **i+1**입니다.

안쪽 반복문의 조건을 **j<5** 대신 **j<i+1**로 바꾼 프로그램이 프로그램 **4.18**입니다. 이 프로그램을 보면 바깥 반복문이 처음 반복될 때, 즉 첫 번째 줄이 출력될 때 **i**의 값은 **0**이어서 안쪽 반복문의 조건은 **j<1**과 같아지므로 안쪽 반복문은 한 번 반복해서 별은 한 개만 출력될 것입니다. 바깥 반복문이 두 번째 반복할 때는, 즉 두 번째 줄이 출력될 때는 **i**의 값이 **2**가 되어 있어서 안쪽 반복문의 조건이 **j<2**와 같아지므로 두 번 반복해서 별이 두 개 출력됩니다. 세 번째 줄에서는 **i**가 **2**이므로 안쪽 반복문은 세 번 반복해서 별이 세 개 출력되고, 네 번째 줄에서는 안쪽 반복문이 네 번 반복해서 별이 네 개, 다섯 번째 줄에서는 별이 다섯 개 출력될 것입니다. 실행해 보시면 그림 **4.20**과 같이 출력됨을 아실 수 있습니다.

조금 바꾸면 그림 **4.22**와 같이 출력할 수도 있습니다. 이 그림은 첫 번째 줄에 별 다섯 개, 두 번째 줄에는 네 개, 세 번째 줄에는 세 개, ..., 다섯 번째 줄에는 별 한 개를 출력합니다. 안쪽 반복문의 반복 횟수도 다섯 번, 네 번, 세 번, 두 번, 한 번으로 바뀌겠지요. 안쪽 반복문의 조건으로 생각해 보면 **j<□**에서 □ 자리에 들어가는 값이 **5, 4, 3, 2, 1**로 바뀌어야

```
*****
****
***
**
*
```

그림 **4.22** 예제 4 변형 1 - 역삼각형 모양으로 출력하기

프로그램 4.19 예제 4 변형 1 - 역삼각형 모양으로 출력하기

```
#include <stdio.h>

int main(void) {
   int   i, j;

   for(i=0;i<5;++i)
   {
      for(j=0;j<5-i;++j)
      {
         printf("*");
      }
      printf("\n");
   }

   return 0;
}
```

```
0     |4     |     4|    0
01    |43    |    34|   10
012   |432   |   234|  210
0123  |4321  |  1234| 3210
01234 |43210 | 01234|43210
--------------------------
01234 |43210 | 01234|43210
0123  |4321  |  1234| 3210
012   |432   |   234|  210
01    |43    |    34|   10
0     |4     |     4|    0
```

그림 **4.23** 중첩 반복문의 다양한 예제들

할 것입니다. 이와 같이 바뀌는 값은 무엇일까요? 네, **5-i**입니다. 안쪽 반복문의 조건을 **j<5-i**로 바꾼 프로그램이 프로그램 **4.19**입니다.

앞 절과 같이 반복문과 조건문을 사용하거나 이 절에서와 같이 반복문의 횟수를 달라지게 하면 다양한 형태로 출력하는 것이 가능합니다. 그림 **4.23**은 그 중 몇 개를 골라 본 것입니다. 이런 프로그램들을 잘 구별하여 작성하실 수 있다면 웬만한 프로그램들은 무리 없이 다룰 수 있을 것입니다.

연습 문제

1. 다음 프로그램의 결과를 적으시오. 줄 바꿈을 ↵로, 빈 칸은 ␣로 명시하시오.

```
#include <stdio.h>

int main(void) {
    int i, j;

    i = 0;
    j = 0;
    while(i<4) {
        while(j<5) {
            printf("*");
            j++;
        }
        printf("\n");
        i++;
    }
}
```

2. 다음 프로그램의 결과를 적으시오.

```
#include <stdio.h>

int main(void) {
    int i, sum;

    sum = 0;
    for(i=0;i<10;i++) {
        sum += i;
    }
    printf("%d, %d, ", sum, i);

    sum = 0;
    for(i=10;i>=0;i--) {
        sum += i;
    }
    printf("%d, %d, ", sum, i);
```

```
    sum = 0;
    for(i=0;i<20;i+=3) {
        sum += i;
    }
    printf("%d, %d\n", sum, i);
}
```

3. 다음 프로그램의 결과를 적으시오. 줄 바꿈을 ↵로, 빈 칸은 ␣로 명시하시오.

```
#include <stdio.h>

int main(void) {
    int i, j;

    for(i=0;i<5;i++) {
        for(j=0;j<i;j++) {
            printf("*");
        }
        printf("\n");
    }
}
```

실습 문제

1. 양의 정수 n을 입력받은 뒤, 다음의 예와 같이 출력하시오.

n이 5인 경우

	*	*	*	*
*		*	*	*
*	*		*	*
*	*	*		*
*	*	*	*	

n이 8인 경우

	*	*	*	*	*	*	*
*		*	*	*	*	*	*
*	*		*	*	*	*	*
*	*	*		*	*	*	*
*	*	*	*		*	*	*
*	*	*	*	*		*	*
*	*	*	*	*	*		*
*	*	*	*	*	*	*	

2. 양의 정수 n을 입력받은 뒤, 다음의 예와 같이 출력하시오.

n이 5인 경우

*				
	*			
		*		
			*	
				*

n이 8인 경우

*							
	*						
		*					
			*				
				*			
					*		
						*	
							*

3. 양의 정수 n을 입력받은 뒤, 다음의 예와 같이 출력하시오.

n이 5인 경우

				*
			*	
		*		
	*			
*				

n이 8인 경우

							*
						*	
					*		
				*			
			*				
		*					
	*						
*							

4. 양의 정수 n을 입력받은 뒤, 다음의 예와 같이 출력하시오.

n이 5인 경우

*	*	*	*	*
*				*
*				*
*				*
*	*	*	*	*

n이 8인 경우

*	*	*	*	*	*	*	*
*							*
*							*
*							*
*							*
*							*
*							*
*	*	*	*	*	*	*	*

5. 1부터 10까지의 수들 각각에 대해 1에서 그 수까지의 합들을 출력하시오.

6. 양의 정수 n을 입력받은 뒤, n까지의 !(팩토리얼)의 합을 계산하여 출력하시오. (예 : 5를 입력하면 1! + 2! + 3! + 4! + 5!을 계산하여 출력한다.)

7. 2단에서 9단까지의 구구단을 다음과 같이 출력하시오.

```
** 2 times **
2 * 1 = 2
2 * 2 = 4
...
2 * 9 = 18
** 3 times **
3 * 1 = 3
...
9 * 9 = 81
```

8. 2단에서 9단까지의 구구단을 다음과 같이 출력하시오.

```
** 2 times **  ** 3 times **
2 * 1 = 2      3 * 1 = 3
2 * 2 = 4      3 * 2 = 6
    ...
2 * 9 = 18     3 * 9 = 27
** 4 times **  ** 5 times **
4 * 1 = 4      5 * 1 = 5
...
8 * 9 = 72     9 * 9 = 81
```

9. 2단에서 9단까지의 구구단을 다음과 같이 출력하시오.

```
** 2 times **   ** 3 times **   ** 4 times **   ** 5 times **
2 * 1 = 2       3 * 1 = 3       4 * 1 = 4       5 * 1 = 5
2 * 2 = 4       3 * 2 = 6       4 * 2 = 8       5 * 2 = 10
                   ...
2 * 9 = 18      3 * 9 = 27      4 * 9 = 36      5 * 9 = 45
** 6 times **   ** 7 times **   ** 8 times **   ** 9 times **
6 * 1 = 6       7 * 1 = 7       8 * 1 = 8       9 * 1 = 9
                   ...
6 * 9 = 54      7 * 9 = 63      8 * 9 = 72      9 * 9 = 81
```

10. 양의 정수 **n**을 입력받은 뒤, 다음의 예와 같이 출력하시오.

n이 5인 경우

*		*		*
	*		*	
*		*		*
	*		*	
*		*		*

n이 8인 경우

*		*		*		*	
	*		*		*		*
*		*		*		*	
	*		*		*		*
*		*		*		*	
	*		*		*		*
*		*		*		*	
	*		*		*		*

11. 양의 홀수 **n**을 입력받은 뒤, 다음의 예와 같이 출력하시오.

n이 5인 경우

		*		
		*		
*	*	*	*	*
		*		
		*		

n이 7인 경우

			*			
			*			
			*			
*	*	*	*	*	*	*
			*			
			*			
			*			

12. 양의 정수 **n**을 입력받은 뒤, 다음의 예와 같이 출력하시오.

n이 5인 경우

*				*
	*		*	
		*		
	*		*	
*				*

n이 7인 경우

*						*
	*				*	
		*		*		
			*			
		*		*		
	*				*	
*						*

13. 자연 상수 **e**는 다음과 같이 계산할 수도 있다.

$$e = 1 + \frac{1}{1!} + \frac{1}{2!} + \frac{1}{3!} + \frac{1}{4!} + \frac{1}{5!} + \ldots$$

양의 정수 n을 입력받은 뒤, 위 계산식에서 분모가 n! 이하인 항까지 계산하여 출력하시오. (예 : 4를 입력받으면 1+1/1!+1/2!+1/3!+1/4!를 계산하여 출력한다.) 나눗셈을 할 때 1.0/로 하시오.

14. 양의 정수 n을 입력받은 뒤, 다음의 예와 같이 출력하시오.

n이 5인 경우	n이 8인 경우
0	0
01	01
012	012
0123	0123
01234	01234
	012345
	0123456
	01234567

15. 양의 정수 n을 입력받은 뒤, 다음의 예와 같이 출력하시오.

n이 5인 경우	n이 8인 경우
4	7
43	76
432	765
4321	7654
43210	76543
	765432
	7654321
	76543210

16. 양의 정수 n을 입력받은 뒤, 다음의 예와 같이 출력하시오.

n이 5인 경우	n이 8인 경우
4	7
34	67
234	567
1234	4567
01234	34567
	234567
	1234567
	01234567

17. 양의 정수 n을 입력받은 뒤, 다음의 예와 같이 출력하시오.

n이 5인 경우	n이 8인 경우
0	0
10	10
210	210
3210	3210
43210	43210
	543210
	6543210
	76543210

18. 양의 정수 n을 입력받은 뒤, 다음의 예와 같이 출력하시오.

n이 5인 경우	n이 8인 경우
01234	01234567
0123	0123456
012	012345
01	01234
0	0123
	012
	01
	0

19. 양의 정수 n을 입력받은 뒤, 다음의 예와 같이 출력하시오.

n이 5인 경우	n이 8인 경우
43210	76543210
4321	7654321
432	765432
43	76543
4	7654
	765
	76
	7

20. 양의 정수 n을 입력받은 뒤, 다음의 예와 같이 출력하시오.

n이 5인 경우

```
01234
 1234
  234
   34
    4
```

n이 8인 경우

```
01234567
 1234567
  234567
   34567
    4567
     567
      67
       7
```

21. 양의 정수 n을 입력받은 뒤, 다음의 예와 같이 출력하시오.

n이 5인 경우

```
43210
 3210
  210
   10
    0
```

n이 8인 경우

```
76543210
 6543210
  543210
   43210
    3210
     210
      10
       0
```

22. 양의 정수 n을 입력받은 뒤, 다음의 예와 같이 출력하시오.

n이 5인 경우

```
    0
   101
  21012
 3210123
432101234
```

n이 8인 경우

```
       0
      101
     21012
    3210123
   432101234
  54321012345
 6543210123456
765432101234567
```

23. 양의 정수 n을 입력받은 뒤, 다음의 예와 같이 출력하시오.

n이 5인 경우

```
    *
   * *
  *   *
 *     *
*       *
```

n이 8인 경우

```
       *
      * *
     *   *
    *     *
   *       *
  *         *
 *           *
*             *
```

24. 양의 정수 n을 입력받은 뒤, 다음의 예와 같이 출력하시오.

n이 5인 경우

				*				
			*		*			
		*		*		*		
	*		*		*		*	
*		*		*		*		*

n이 8인 경우

							*							
						*		*						
					*		*		*					
				*		*		*		*				
			*		*		*		*		*			
		*		*		*		*		*		*		
	*		*		*		*		*		*		*	
*		*		*		*		*		*		*		*

25. 세 변의 길이가 정수이고 100 미만인 삼각형들 중에서 직각삼각형들만 출력하시오. 한 줄에 하나의 삼각형에 대한 변의 길이들을 작은 것부터 출력하고, 합동인 삼각형은 한 번만 출력하시오.

```
3 4 5
5 12 13
6 8 10
7 24 25
...
65 72 97
```

26. 양의 정수 n을 입력받은 뒤, 다음의 예와 같이 출력하시오.

n이 5인 경우

*								*
	*						*	
		*				*		
			*		*			
				*				

n이 8인 경우

*														*
	*												*	
		*										*		
			*								*			
				*						*				
					*				*					
						*		*						
							*							

27. 양의 정수 n을 입력받은 뒤, 다음의 예와 같이 출력하시오.

n이 5인 경우

*		*		*		*		*
	*		*		*		*	
		*		*		*		
			*		*			
				*				

n이 8인 경우

*		*		*		*		*		*		*		*
	*		*		*		*		*		*		*	
		*		*		*		*		*		*		
			*		*		*		*		*			
				*		*		*		*				
					*		*		*					
						*		*						
							*							

28. 양의 홀수 n을 입력받은 뒤, 다음의 예와 같이 출력하시오.

n이 5인 경우

		*		
	*	*	*	
*	*	*	*	*
	*	*	*	
		*		

n이 7인 경우

			*			
		*	*	*		
	*	*	*	*	*	
*	*	*	*	*	*	*
	*	*	*	*	*	
		*	*	*		
			*			

CHAPTER 5

반복문 기타

앞에서 공부한 반복문은 어떠셨는지요? 이 장을 마치시면 반복문에 대한 내용은 거의 끝납니다. 반복문의 나머지 내용은 다른 것들을 몇 가지 배운 다음에 익히시면 됩니다. 이 장의 내용은 거의 문법에 대한 내용이니 앞 장들에 비해 많이 어렵지는 않으실 것입니다.

5.1 반복문에 관련된 기타 문법

반복문에 관련되어서 아직 설명하지 않은 문법들을 몇 가지 다루어 보겠습니다.

5.1.1 do-while

이전 장에서도 설명 드렸듯이 do-while문은 for문이나 while문에 비해 활용 빈도가 떨어지는 반복문입니다. 그러나 가끔 do-while문이 필요한 경우도 있고 어떤 프로그램들은 do-while문으로 되어 있기도 하니 익혀 두시면 좋을 것 같습니다. 그리고 어떻게 보면 do-while문이 사람의 직관과 가장 잘 어울리는 면도 있습니다.

우선 do-while문의 문법은 그림 5.1과 같습니다. 초기화를 한 다음에 do와 중괄호를 적은 다음에 while과 조건이 있습니다. 중괄호 안에 반복되는 작업과 증감 연산을 넣는 것은 while문과 비슷합니다. 그리고 while(조건)을 적은 다음에 세미콜론을 넣어야 한다는 것은 조금 주의하셔야 할 것 같습니다.

그림 5.1을 보시면 조건이 제일 마지막에 위치합니다. 이 조건 위치가 do-while문이 다른 반복문과 가장 다른 점입니다. 단순히 형태가 다를 뿐만 아니라 실행되는 순서도 다릅니다. 앞장의 그림 3.22를 보시면 for문이나 while문에서는 초기화를 한 다음에

```
초기화
do {
    반복되는 작업
    증감 연산
} while(조건);
```

그림 5.1 do-while문의 문법

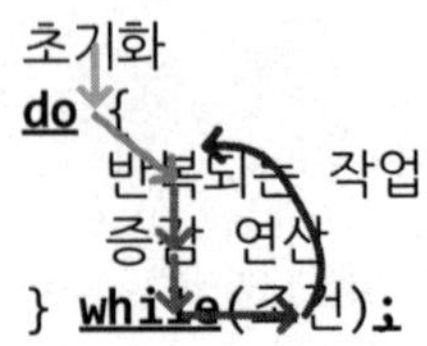

그림 **5.2** do-while문의 진행

조건을 검사합니다. 즉 첫 번째 반복을 수행하기 전에 조건을 미리 검사하는 것이지요. 만일 처음부터 조건이 틀리면 한 번도 반복을 안 할 수도 있습니다.

그러나 do-while문은 다릅니다. 조건이 반복 작업 아래에 있지요. 즉 우선 반복 작업을 한 번 한 후에야 조건을 만나서 검사할 수 있습니다. 그러므로 do-while문에서는 적어도 한 번의 반복은 수행하게 됩니다. 이러한 do-while문의 실행 순서를 그림 5.2에 그려 놓았습니다.

이제 C언어의 반복문 세 개를 모두 배웠습니다. 세 반복문 중 어느 것을 사용할지는 프로그래머가 결정하면 됩니다. 꼭 어느 것을 사용해야 한다는 법은 없습니다. 그리고 대부분의 경우에는 어느 것을 사용하더라도 프로그래밍이 가능합니다. 그러나 일반적인 프로그램들을 보면 각 반복문의 사용처가 약간 구별되는 것 같습니다. 어떤 변수의 값을 일정하게 증감하면서 반복을 하는 경우에는 for문을 많이 사용하고 그러한 일정한 증감이 없이 다른 종류의 조건에 의해 반복할 지를 결정하는 경우에는 while문을 많이 사용하는 편입니다. 이 두 번째 경우에 대해서는 이 장의 뒷부분에서 예제를 보여 드리겠습니다. 마지막으로 do-while문은 특별하게 필요한 경우를 제외하고는 잘 사용되지 않는 것 같습니다.

5.1.2 쉼표 연산자

C언어의 연산자 중에 쉼표(,) 연산자가 있습니다. 다른 곳에서는 별 쓸모가 없다고 볼 수도 있습니다만 for문과 어우러져 많이 사용되는 연산자입니다. 우선 쉼표 연산자의 기능은 여러 문장을 마치 하나의 문장인 것처럼 적을 수 있게 하는 것입니다. 예를 들어 sum = 0;이라는 문장과 i = 1;이라는 문장이 있을 때, 이 둘을 합쳐서 sum = 0, i = 1;이라고 적을 수도 있는 것입니다. 이때 실행 순서는 왼쪽의 문장을 먼저 실행하고 오른쪽의 문장을 나중에 실행합니다.

그런데 도대체 이 연산자가 왜 필요하냐라고 생각하실 수도 있을 것입니다. 그냥 두 개의 문장으로 적으면 되지 왜 한 문장인 것처럼 적게 하는 것일까라고 생각하시겠지요. 이 쉼표 연산자가 많이 이용되는 곳이 방금 전에도 말씀드렸던 for문입니다.

그림 5.3의 왼쪽 프로그램은 3장에서 작성했던 1에서 10까지의 합을 구하는 프로그램을 for문으로 바꾼 것입니다. 이 프로그램에 대해 생각해 보면 for문 바로 앞에 있는 sum = 0;이라는 문장도 일종의 초기화 문장이라고 볼 수 있을 것입니다. 즉 합을 구하기 전에 sum 변수의 값을 0으로 만들어 놓는 것이지요. 그렇다면 이 sum = 0;이라는 문장도 for문의 초기화 자리에 놓으면 좋을 것 같습니다. 그러나 for문의 초기화 자리에는 이미 i=1

```
sum = 0;
for(i=1;i<=10;++i)
{
   sum += i;
}
```

⟹

```
for(sum=0,i=1;i<=10;++i)
{
   sum += i;
}
```

그림 5.3 쉼표 연산자와 for문

이라는 문장이 있어서 sum=0을 넣기가 어려워 보입니다. 이때 쉼표 연산자를 사용하면 되는 것입니다. 쉼표 연산자가 여러 개의 문장을 마치 한 문장인양 묶어 줄 수 있으니, 그림 5.3의 오른쪽 프로그램과 같이 i=1,sum=0으로 두 문장을 묶어 주면 이것은 문법적으로 한 문장이 들어가는 자리에 들어갈 수 있는 것입니다.

이 예제에서는 초기화 자리에 두 개의 문장을 넣었었는데, 증감 연산 자리에도 쉼표 연산자를 이용하여 두 개의 문장을 넣을 수 있을 것입니다. 지금까지 다루어 온 예제에서는 증감 연산이 간단하여 하나의 문장으로 가능했는데, 좀 복잡해지면 여러 개의 문장으로 계산해야 할 수도 있고 그렇게 되면 쉼표 연산자로 묶어서 증감 연산 자리에 넣을 수 있을 것입니다.

5.1.3 break문과 continue문

반복문과 같이 많이 사용되는 문장에 break문과 continue문이 있습니다. 이 문장들은 반복문 안에서만 사용됩니다. 반복 작업을 하다가 중간에 break문을 만나면 반복문을 종료하며 continue문을 만나면 반복문 몸체(중괄호로 둘러싸인 부분)의 끝으로 이동합니다.

프로그램 5.1이 break문을 사용한 예입니다. 프로그램을 하나씩 해석해 보면 6번 줄에서 정수 하나를 입력받아 변수 a에 저장합니다. 그 다음에 7번 줄의 for문을 보니 i의 값이 2에서 a-1까지 1씩 증가시키면서 반복하다가 i의 값이 a와 같아지면 반복문이 종료됩니다. 반복문의 몸체 안을 보니 우선 if문이 있고 그 안에 break문이 있습니다. 이 부분은 잠시 뒤에 설명하고 if문의 아래를 보니 13번 줄에 printf가 있습니다. 이 printf 문에서는 i의 값을 출력하므로 2, 3, 4, ...가 차례로 출력될 것입니다.

이제 9번 줄의 if문으로 돌아가서 자세히 살펴봅시다. 이 if문의 조건은 a%i==0입니다. 즉 a를 i로 나눈 나머지가 0이라는 말이고 이것은 a가 i로 나누어떨어짐을 의미하니, 수학적으로 표현하면 i가 a의 약수일 때입니다. 이 조건을 만족한다면 if문 다음의 중괄호 속으로 들어갈 것입니다. 중괄호 안에는 break문이 있습니다. 앞에서도 말씀드렸듯이 break문을 만나면 반복문을 종료합니다.

종합해 보면 이렇습니다. 이 프로그램은 기본적으로 2, 3, 4, ...를 차례로 출력하는 프로그램입니다. 그렇게 출력하다가 i가 a의 약수이면 if문의 조건이 만족되므로 중괄호 안에 들어가서 break문을 실행하고 반복문을 종료합니다. 더 이상 출력되지 않겠지요. 즉 이 프로그램은 정수를 입력받은 뒤, 2부터 그 수의 첫 번째 약수 바로 앞까지 출력하는

프로그램 5.1 break문 예제

```
#include <stdio.h>

int main(void) {
    int   a, i;

    scanf("%d", &a);          → 정수를 입력 받아서 a에 저장
    for(i=2;i<a;++i)          → 2에서 a-1까지 반복
    {
        if(a%i == 0)          → a를 i로 나눈 나머지가 0이면 (i가 a의 약수이면)
        {
            break;            → 반복문을 종료
        }
        printf("%d\n", i);    → i를 차례로 출력
    }

    return 0;
}
```

프로그램 5.2 continue문 예제

```
#include <stdio.h>

int main(void) {
    int   a, i;

    scanf("%d", &a);          → 정수를 입력 받아서 a에 저장
    for(i=2;i<a;++i)          → 2에서 a-1까지 반복
    {
        if(a%i == 0)          → a를 i로 나눈 나머지가 0이면 (i가 a의 약수이면)
        {
            continue;         → } 바로 앞으로 이동 (printf를 건너 뛰는 효과)
        }
        printf("%d\n", i);    → i를 차례로 출력
    }

    return 0;
}
```

프로그램입니다. 이 프로그램을 실행하고 35를 입력해 보십시오. 그러면 35의 첫 번째 약수(여기서 1은 제외하고 생각합니다.)인 5의 바로 앞까지, 2, 3, 4를 출력할 것입니다.

이번에는 프로그램 5.2와 같이 break문이 있던 자리에 continue문을 넣어 봅시다. 이전과 같이 기본적으로는 2, 3, 4, ...를 차례로 출력하고 있습니다. 그러다가 a를 i로 나눈 나머지가 0이면, 즉 i가 a의 약수이면 if문의 중괄호 안으로 들어가서 continue문을 만납니다. 앞에서 설명했듯이 컴퓨터가 continue문을 만나게 되면 반복문 몸체의 끝으로 이동합니다. 이 예제에서는 printf문 다음으로 이동하겠지요. 그리고 중괄호의

프로그램 5.3 continue문을 while문과 같이 사용했을 경우

```
#include <stdio.h>

int main(void) {
   int   a, i;

   scanf("%d", &a);
   i = 2;
   while(i<a)
   {
      if(a%i == 0)
      {
         continue;
      }
      printf("%d\n", i);
      ++i;
   }

   return 0;
}
```

++i도 같이 건너 뛰어 버림

끝에 도달했으니 위로 올라가서 for문의 증감 연산 부분으로 이동하고 반복문을 계속 시행할 것입니다. 결과를 놓고 보면 printf문을 건너뛰는 효과가 발생합니다. 즉, i가 a의 약수일 때는 printf를 건너뛰므로, 이 프로그램을 실행하면 입력된 수의 약수는 출력되지 않고 다른 수들만 출력될 것입니다.

사실 break문이나 continue문은 꼭 필요한 것들은 아닙니다. 즉 break문이나 continue문이 없더라도, 조건문이나 반복문 조건 등을 잘 사용하면 프로그램을 작성할 수 있는 것입니다. 다만 break문이나 continue문을 사용하면 좀 더 간략하고 사람이 이해하기 편하게 작성할 수 있습니다.

마지막으로 주의 사항을 하나 말씀드리겠습니다. 만일 continue문을 while문과 같이 사용하신다면 주의를 기울이셔야 합니다. 잘못하면 반복문이 무한히 반복될 수도 있습니다. 프로그램 5.3에 그 예를 들어 놓았습니다. 이 예제는 프로그램 5.2를 while문으로 옮겨 놓은 것입니다. 그냥 봐서는 별 문제가 없을 것 같습니다. 그러나 i가 a의 약수여서 continue문이 실행되었다고 생각해 보겠습니다. 그러면 반복문 몸체의 끝으로 이동할 것입니다. 그런데 while문에서는 i++;이라는 증감 연산도 몸체에 속하므로 printf문뿐만 아니라 i++;도 같이 건너뛰게 됩니다. 즉 i의 값이 변하지 않게 되지요. 그러면 다음 반복에서도 여전히 i가 a의 약수이니 continue문이 다시 실행될 것입니다. 그리고 또 i++을 건너뛰어서 i의 값은 그대로이겠지요. 그리고 다음 반복에서 또 continue문이 실행될 것입니다. 이와 같이 진행된다면 무한히 이런 일을 계속할 것입니다. 이것을 방지하려면 증감 연신의 위치를 조절하든지 아니면 if문의 중괄호 안에도 증감 연산을 넣는 등의 수정이 필요할 것입니다.

프로그램 5.4 소수 판별 프로그램 - "Not prime number" 출력

```
#include <stdio.h>

int main(void) {
   int   a, i;

   scanf("%d", &a);
   for(i=2;i<a;++i)-----------> 2에서 a-1까지 반복
   {
      if(a%i == 0) -----------> i가 a의 약수이면
      {
         printf("Not prime number\n"); -----> 소수가 아니라고 출력
      }
   }

   return 0;
}
```

5.2 소수 판별 프로그램

이 절에서는 반복문을 사용하는 예제 중의 하나로 입력받은 수가 소수인지 판별하는 프로그램을 작성해 보겠습니다. 소수(prime number)라는 것은 아시겠지만, 1과 자신만을 약수로 가지는 수를 말합니다. 예를 들어, 35는 약수가 1, 5, 7, 35이므로 소수가 아니고 13은 약수가 1과 13 뿐이므로 소수입니다. 우리가 작성할 프로그램에서는 양의 정수를 하나 입력받아서 그 수가 소수가 아니면 "Not prime number"라고 출력하고 소수가 맞으면 "Prime number"라고 출력합니다.

이 프로그램을 작성하는, 즉 입력받은 수가 소수인지 알아내는 특별한 방법이 있는 것은 아닙니다. 그냥 입력받은 수 보다 작은 모든 수들로 입력받은 수를 나누어 보는 것이지요. 입력받은 수 자체 외에 나누어떨어지게 하는 수가 있으면 소수가 아닌 것이고 그런 수가 없다면 소수가 맞는 것입니다.

그럼 우선 "Not prime number"를 출력하는 프로그램을 작성해 봅시다. 프로그램은 프로그램 5.4와 같습니다. 정수를 하나 입력받아서 a에 저장한 뒤, i를 2부터 a-1까지 증가시키면서 반복하다가 i가 a가 되면 반복을 중지합니다. 반복문 안에서는 a가 i로 나누어떨어지는지, 즉 i가 a의 약수인지를 계속 검사합니다. 만일 i가 a의 약수가 맞다면 1과 a 자신 이외에 다른 약수가 존재한다는 것이므로 소수가 아닙니다. 그러므로 "Not prime number"라는 문장을 출력합니다.

그런데 프로그램 5.4는 약간 문제가 있습니다. 이 프로그램을 실행한 뒤 35를 입력해 보십시오. 아마 "Not prime number"가 두 번 출력될 것입니다. 프로그램 5.4에서는 1과 a 자신을 제외한 약수를 찾을 때마다 printf문이 실행되어서 "Not prime number"를 출력합니다. 그러므로 35의 경우에는 1과 35를 제외한 약수가 5와 7, 두 개 이므로 "Not prime number"를 두 번 출력하는 것입니다. 이것을 한 번만 출력하도록 수정하고

프로그램 5.5 소수 판별 프로그램 - "Not prime number"를 한 번만 출력

```
#include <stdio.h>

int main(void) {
    int   a, i;

    scanf("%d", &a);
    for(i=2;i<a;++i)
    {
        if(a%i == 0)
        {
            printf("Not prime number\n");
            break;
        }
    }

    return 0;
}
```

(break; → 약수를 하나 발견했으면, 즉 소수가 아님을 알면 종료)

싶다면, 약수를 한 번 찾은 후에는 반복문을 종료시키면 될 것입니다. 앞에서 break문이 반복문을 종료시키는 기능을 한다고 했으므로 printf문 아래에 break문을 배치하면 될 것 같습니다. 이렇게 작성한 프로그램이 프로그램 5.5입니다. 이 프로그램을 실행한 뒤 35를 입력해 보면, 이번에는 "Not prime number"가 한 번만 출력됨을 알 수 있습니다.

이제 이 프로그램에 "Prime number"를 출력하는 기능을 넣어 봅시다. 아마 printf 문을 추가해야 할 것 같은데 어디에 넣어야 할까요? 이때 많이 하는 실수 중의 하나가 프로그램 5.6과 같이 프로그램을 작성하는 것입니다. 소수이다와 소수가 아니다는 서로 반대이니, 소수가 아니다라고 판별하는 if문에 else를 달아서 소수이다라고 출력하는 것입니다. 이 프로그램을 실행하고 35을 입력해 보십시오. 기대한 것은 "Not prime number"가 출력되는 것입니다만, 실제로는 "Prime number"가 세 번 출력된 뒤 "Not prime number"가 출력될 것입니다. 왜 그럴까요? 이 프로그램에서 if문의 조건은 i가 a의 약수이냐입니다. 그러므로 i가 a의 약수가 아닐 때마다 else로 가서 "Prime number"를 출력할 것입니다. 35의 경우에는 i가 2, 3, 4일 때 35의 약수가 아니므로 "Prime number"라고 출력되고, i가 5가 되면 35의 약수이므로 "Not prime number"라고 출력한 뒤 종료하는 것입니다. 즉, 단순히 반대라고 해서 else를 사용해서는 안 되는 것입니다.

그렇다면 어떻게 해야 할까요? 이 문제를 해결하려면 사람은 어떻게 소수임을 알아내는지를 관찰해 보아야 합니다. 예를 들어 7이 소수인지를 판별해 봅시다. 아마 처음에 7을 2로 나누어 볼 것입니다. 그런데 7은 2로 나누어떨어지지 않습니다. 이때 여러분이 생각해 봐야 할 것이 2가 7의 약수가 아니라는 사실로부터 7이 소수임을 알아 낼 수 있느냐 하는 것입니다. 아마 알아내지 못할 것입니다. 왜냐하면 2는 7의 약수가 아니지만 이 후의 다른 수 중에 약수가 있을 수도 있기 때문입니다. 그리고 다음으로 7을 3으로

프로그램 5.6 소수 판별 프로그램 - "Prime number" 출력 오류

```
#include <stdio.h>

int main(void) {
    int   a, i;

    scanf("%d", &a);
    for(i=2;i<a;++i)
    {
        if(a%i == 0)
        {
            printf("Not prime number\n");
            break;
        }
        else
        {
            printf("Prime number\n");
        }
    }

    return 0;
}
```

'소수가 아니다'의 반대가 '소수이다'이므로 else 사용?

i가 a의 약수가 아니면 a는 소수이다?

나누어 볼 테고, 3이 7의 약수가 아님을 알아냅니다. 그러나 여전히 7이 소수인지는 아직 알 수 없습니다. 계속해서 4, 5, 6으로 나누어 보고 모두 7의 약수가 아님을 알아냅니다. 그러나 이 과정에서 7이 소수라고 결론을 내릴 수는 없습니다. 7이 소수라고 결론을 내리는 것이 이 과정을 모두 마친 후입니다. 즉 2부터 6까지 다 나누어 본 다음에야 그 중 약수가 없었으므로 7은 소수라고 결론을 내리는 것입니다.

이 관찰을 통해 우리는 소수 판별 프로그램에 대한 두 가지 고려 사항을 발견할 수 있습니다. 첫 번째는 나누어 보며 약수를 찾는 중에는 소수라고 결정할 수 없다는 것입니다. 약수인지를 검사해 보는 모든 과정을 마친 후에야 소수라고 말할 수 있지요. 그러므로 "Prime number"를 출력하는 것도 반복문 안에서는 할 수 없을 것입니다. 반복문을 마친 후에야 가능하지요. 두 번째 사항은 작은 수들로 나누어 보는 과정에서 약수를 발견한 적이 있는지를 기억하고 있어야 한다는 것입니다. 이 사실을 기억하고 있어야 약수를 찾는 과정이 끝난 후에 약수 발견 기억을 검사해서 약수를 발견한 적이 없다면 소수라고 결론 내릴 수 있을 것입니다. 프로그램에서도 약수의 발견에 대한 정보를 저장하고 있어야겠지요.

그럼 실제로 프로그램을 작성해 봅시다. 우선 프로그램 5.7의 19번 줄과 같이 "Prime number"는 반복문 밖에서 출력해야 합니다. 다음으로 약수를 발견했는지에 대한 정보를 처리해야 하는데, 이것을 처리하는 방법은 몇 가지가 있습니다. 그 중에서 많이 쓰이는 방법 중 하나는 새로운 변수를 만들고 그 변수에 약수를 발견했는지에 따라 특정한 값을 저장하는 것입니다. 이 예제에서는 변수 b를 만들고, b에 0이 저장되어 있으면 아직

프로그램 5.7 소수 판별 프로그램 - "Prime number" 정상 출력

```
01: #include <stdio.h>
02:
03: int main(void) {
04:     int   a, b, i;
05:
06:     scanf("%d", &a);
07:     b = 0;
08:     for(i=2;i<a;++i)
09:     {
10:         if(a%i == 0)
11:         {
12:             printf("Not prime number\n");
13:             b = 1;
14:             break;
15:         }
16:     }
17:     if(b == 0)
18:     {
19:         printf("Prime number\n");
20:     }
21:
22:     return 0;
23: }
```

- 04행: b에는 약수를 발견한 적이 있는지에 대한 정보를 저장
- 07행: 처음에는 아직 약수를 발견하지 못했으므로 0을 대입
- 13행: 약수를 발견한 경우이므로 1을 대입
- 17행: 약수를 발견하지 못했으면 b에는 0이 저장되어 있을 것이므로
- 17~20행: '소수이다'는 반복문을 마친 후에야 판별 가능

약수를 발견하지 못한 것이고, 1이 저장되어 있으면 약수를 발견한 것이라고 약속하겠습니다. 이렇게 변수 b를 이용하는 것은 어디까지나 프로그래머가 마음대로 하는 것이며 여러분이 다른 값들을 사용하고 싶으시면 그렇게 정하시면 됩니다.

다음으로 프로그램 5.7의 7번 줄과 같이 반복문에 들어가기 전에 b에 0을 대입합니다. 아직 약수를 찾지 못했으므로 앞의 약속에 따라 약수를 찾지 못했다는 의미의 0을 저장하는 것입니다. 다음으로 if문의 중괄호 안에서 break를 실행하기 전에 13번 줄과 같이 b에 1을 저장합니다. 이 if문의 조건이 맞으면 약수를 발견한 것이므로 약속에 따라 b에 1을 저장하는 것입니다. 마지막으로 17번 줄에서 b에 저장된 값이 0인지 검사합니다. 만일 반복문의 중간에 약수를 찾았다면 if문의 중괄호 안에서 b에 1이 저장되었을 것입니다. 그러면 이 조건은 틀리게 되고 "Prime number"를 출력하지 않겠지요. 반대로 반복문 안에서 약수를 찾지 못했다면 b의 값은 여전히 0일 테고 그러면 이 조건은 맞게 되어서 "Prime number"를 출력합니다. 우리의 목표대로 동작하는 것이지요.

프로그램 5.7도 잘 짠 프로그램입니다만, 프로그램 5.8도 좋습니다. 이유는 프로그램 5.8의 경우에는 소수인지를 알아내는 부분과 그에 따라 적절한 결과를 출력하는 부분이 구별되어 있기 때문입니다. 반복문에서 소수인지를 알아내어 그 결과가 b에 저장되고, 프로그램의 뒷부분에서는 그 b의 값에 따라 적절한 결과를 출력하는 것이지요.

프로그램 5.8 소수 판별 프로그램 - 선호하는 형태

```
#include <stdio.h>

int main(void) {
   int   a, b, i;

   scanf("%d", &a);
   b = 0;
   for(i=2;i<a;++i)
   {
      if(a%i == 0)
      {
         b = 1;
         break;
      }
   }
   if(b == 0)
   {
      printf("Prime number\n");
   }
   else
   {
      printf("Not prime number\n");
   }

   return 0;
}
```

a가 소수인지 판별
(판별 결과는 b에 저장됨)

판별 결과를 출력

5.3 무한 반복문

무한 반복문은 이름대로 무한히 반복하는 반복문입니다. 그런데 정말로 무한히 반복하는 반복문을 가지고 있는 프로그램은 드뭅니다. 무한히 반복하는 프로그램은 영원히 끝나지 않을 텐데 그런 프로그램은 없을 테니까요. 무한 반복문의 실제적인 의미는 반복문의 조건 부분에 있는 조건에 의해서가 아니라 반복문 몸체 안에 있는 다른 조건에 의해 break문 등으로 종료되는 반복문이라고 볼 수 있습니다.

우선 무한 반복문을 어떻게 만드는지를 설명한 다음에 실제적인 사용 예를 보여드리겠습니다. 무한 반복문을 만들려면 반복문의 조건에 항상 맞는 조건을 넣어야 할 것입니다. 조건이 항상 맞아야 그 조건에 의해 반복문이 종료되지 않을 테니까요. 그렇다면 항상 맞는 조건이 무엇이 있을까요? 사실 어렵지 않습니다. 아주 간단하게 1==1 같은 조건을 사용해도 됩니다. 1은 항상 1과 같으니 항상 맞는 조건이 되겠지요. 그러나 while(1==1)과 같은 형태 보다 그림 5.4의 형태를 더 많이 사용합니다.

그림 5.4의 왼쪽에 있는 것이 무한 반복문 중 while문을 사용했을 때 많이 사용하는 형태입니다. 특징은 while의 조건을 넣는 곳에 1이 들어 있는 것입니다. 조건 자리에 1

```
…                …
while(1)         for(…; ;…)
{                {
   …                …
}                }
```

그림 5.4 무한 반복문의 형태

프로그램 5.9 무한 반복문 예제 - 음수를 입력받을 때까지 입력받은 수의 합 구하기

```
#include <stdio.h>

int main(void) {
   int   a, sum;

   sum = 0;
   while(1)             ------------> 무한히 반복
   {
      scanf("%d", &a);
      if(a < 0)         ------------> 입력 받은 수(a)가 음수이면
      {
         break;         ------------> 반복문을 종료
      }
      sum = sum + a;
   }
   printf("%d\n", sum);

   return 0;
}
```

이 있을 때 마치 항상 맞는 조건이 있는 것처럼 무한 반복문이 되는 것에 대해서는 사실 이유가 있습니다. 그러나 지금 설명하기에는 현재 책의 흐름에 조금 어긋나는 것 같으니 나중에 관계 연산자 등에 대해 더 자세히 설명할 때까지 기다려 주십시오.

그림 5.4의 오른쪽에 있는 것이 for문을 사용한 무한 반복문의 형태입니다. 여기서는 for 다음의 ( ) 안에서 조건이 오는 자리가 비어 있습니다. 물론 이 자리에 1==1과 같이 항상 맞는 조건이나 while에서와 같이 1을 넣어도 무한 반복문이 됩니다. 그러나 좀 더 일반적인 것은 이와 같이 조건을 비워 두는 것입니다. 더불어 무한 반복문과는 조금 상관없는 이야기이지만, 초기화 자리나 증감 연산 자리도 비워 둘 수 있습니다.

그럼 무한 반복문을 이용한 예제를 하나 다루어 보겠습니다. 정수를 하나씩 입력받으면서 차례로 더하다가 음수를 입력받으면 더하는 것을 멈추고 그 때까지의 합을 출력한 뒤 종료하는 프로그램이 되겠습니다. 이 프로그램에서 무한 반복문을 이용해야 하는 이유는 몇 번을 반복할 지, 즉 몇 개의 수를 입력받아서 더할 지 미리 알 수 없기 때문입니다. 사용자가 넣는 수에 따라 반복 횟수가 달라집니다. 그러므로 반복문 자체는 무한히 반복시켜 놓고 입력받은 수가 음수인지를 검사해서 반복을 계속할 지 그만할 지 결정해야 할

것입니다.

프로그램 5.9가 그 프로그램입니다. 프로그램에서 7번 줄을 보면 while(1)이어서 무한 반복문입니다. 즉 기본적으로는 무한히 반복합니다. 반복문 안을 보니 scanf로 정수 하나를 입력받은 뒤 10번 줄에서 그 수가 0 보다 작은 지 검사합니다. 만일 이 조건이 맞다면 if문 안으로 들어가서 break문을 실행할 것입니다. 그럼, 반복문이 종료될 것입니다 만일 입력받은 수가 0 이상이라면 if의 조건은 틀리게 되어서 if문 아래에 있는 문장을 실행하여 입력받은 수를 sum에 더한 뒤 sum에 저장합니다. 즉 입력받은 수가 0 이상이면 sum 변수에 계속 해서 더 해 나가다가 음수를 입력받으면 break문이 실행되어 반복문이 종료됩니다. 반복문이 종료되면 sum의 값을 출력하고 프로그램이 끝나게 되겠지요.

이 예제를 보면 while문의 반복을 종료시키는 것은 while 다음에 있는 조건이 아닙니다. 반복문 안에 있는 조건문에 의해 break문이 실행되면 반복이 종료되는 것이지요. 이와 같은 동작이 일반적인 무한 반복문의 동작입니다.

연습 문제

1. 반복문 중 ____는 반복문 몸체를 실행한 후에 조건검사를 한다.
2. 반복문 for문에서 ____를 사용하면 여러 개의 초기화 문장을 for문의 초기화 부분에 넣을 수 있다.
3. 반복문을 수행하다가 ____를 만나면 반복문을 종료한다.
4. 반복문을 수행하다가 ____를 만나면 반복문 몸체의 끝으로 이동한다.
5. 다음 중 반복 횟수가 다른 하나는?

a)
```
int i;
for(i=1;i<9;i+=2)
{
    printf("****\n");
}
```

b)
```
int i;
i = 0;
while(i<9)
{
    printf("****\n");
    i += 2;
}
```

c)
```
int i;
i = 1;
do
```

```
    {
        printf("****\n");
        i += 2;
    } while(i<10);
```

6. 다음 프로그램의 출력 결과를 적으시오.

```
#include <stdio.h>

int main(void) {
    int i, sum;

    for(i=1,sum=0;i<=10;++i) {
        if(i%4 == 0)
        {
            continue;
        }
        sum += i;
    }
    printf("%d", sum);

    return 0;
}
```

7. 다음 프로그램의 출력 결과를 적으시오.

```
#include <stdio.h>

int main(void) {
    int i, sum;

    for(i=1,sum=0;i<=10;++i) {
        sum += i;
        if(sum > 30)
        {
            break;
        }
    }
    printf("%d %d", i, sum);

    return 0;
}
```

8. 3장의 연습 문제 10번의 프로그램을 do-while문으로 바꾸시오.

9. 다음 프로그램의 출력 결과를 적으시오.

```
#include <stdio.h>
```

```
int main(void) {
    int i;

    for(i=0;i<10;++i) {
        if(i%3 == 0) {
            continue;
        }
        printf("%d ", i);
    }

    return 0;
}
```

10. 다음 프로그램의 출력 결과를 적으시오.

```
#include <stdio.h>

int main(void) {
    int i, sum;

    sum = 0;
    for(i=0;i<20;++i) {
        if(i%2 == 0) {
            continue;
        }
        sum += i;
    }
    printf("%d %d\n", i, sum);

    return 0;
}
```

11. 위 10번 문제의 프로그램을 continue를 사용하지 않도록 수정하시오.

12. 다음 프로그램의 출력 결과를 적으시오.

```
#include <stdio.h>

int main(void) {
    int i, j;

    for(i=0,j=1;i<5;++i,j*=2) {
        printf("%d ", j);
    }
    printf("%d ", j);

    return 0;
}
```

13. 반복문 몸체가 서로 같다고 가정할 때 나머지 두 개와 다른 것은 어느 것인가?

    a) `while(i<10) { ... }`

    b) `for(;i<10;) { ... }`

    c) `do { ... } while(i<10);`

14. 다음 프로그램의 출력 결과를 적으시오.

```
#include <stdio.h>

int main(void) {
    int a, b;
    a = 7192;
    for(b=0;a>0;b++) {
        a /= 2;
    }
    printf("%d", b);

    return 0;
}
```

15. 프로그램 5.8에서 2부터 n-1까지의 모든 수들로 나누어 볼 필요는 없다. 2부터 n의 제곱근 이하인 수까지만 나누어 보면 된다. 이와 같이 동작하도록 for문을 수정하시오. 단, n의 제곱근을 직접 구하면 안 된다.

16. 다음 반복문에서 쉼표 연산자를 적절히 사용하여 반복문 몸체가 없어지도록 수정하시오.

```
for(i=0;i<n;++i) {
    sum += i;
}
```

17. 다음 중 문법이 틀린 것을 모두 고르시오.

    a) `for(i=0,j=0;;i++,j+=2) { ... }`

    b) `for(i=0,j=0;;) { ... }`

    c) `for(i=0;;) { ... }`

    d) `for(;;i++) { ... }`

    e) `for(i=0;) { ... }`

    f) `for(;i++) { ... }`

    g) `for(i<5;) { ... }`

    h) `for(;i<5;) { ... }`

    i) `for(i=0) { ... }`

18. 다음 중 무한 반복문이 아닌 것을 모두 고르시오.

    a) `while(1) { ... }`

    b) `while() { ... }`

    c) `for(;1;) { ... }`

    d) `for(;;) { ... }`

    e) `for(0;;0) { ... }`

실습 문제

1. 양수를 한 개 입력받은 뒤, 몇 자리 수인지 알아내어 출력하시오.

2. 양수를 한 개 입력받은 뒤, 그 수를 거꾸로 출력하시오. 힌트: 현재 수 a에 대해 a%10이 a의 1의 자리 숫자이다. 다음으로 a/10을 a에 저장한 뒤 다시 a%10을 계산하면 이것은 처음 수의 10의 자리 숫자이다. 이 방법을 반복하면 모든 자리의 숫자를 구할 수 있다.

3. 정수를 하나씩 입력받으면서 더해 나가다가, 0을 입력받으면 더하는 것을 멈추고 그 때까지의 합을 출력하시오.

4. 2048 보다 작은 양수를 하나 입력받아서 그 수를 이진수로 바꾸어 출력하시오.

5. 0과 1로만 이루어진 양수를 하나 입력받아서 그 수를 이진수로 생각하여 십진수로 바꾸어 출력하시오.

6. 정수를 하나씩 입력받다가 0이나 음수를 입력받으면 입력받기를 멈추고 그 때까지 받은 수 중에서 가장 큰 수를 출력하시오.

7. 양수 N을 입력받은 뒤, 1~n의 합 중에서 N을 넘지 않으면서 가장 큰 합과 그 때의 n을 출력하시오.

8. 어떤 나무를 달팽이는 낮에는 45cm를 올라가고, 밤에는 10cm를 미끄러져 내려간다고 한다. 나무의 높이를 cm 단위의 정수(>0)로 입력받았을 때, 날짜별로 낮과 밤이 지난 후의 달팽이의 높이를 아래와 같이 출력하시오. 달팽이의 처음 높이는 0cm를 가정하며, 나무의 끝에 도달하면 더 이상 올라가거나 미끄러지지 않게 되고 프로그램을 종료하시오.

```
After 1th day: 45cm
After 1th night: 35cm
After 2th day: 80cm
After 2th night: 70cm
...
```

9. 자연 상수 e는 다음과 같이 계산할 수도 있다.

$$e = 1 + \frac{1}{1!} + \frac{1}{2!} + \frac{1}{3!} + \frac{1}{4!} + \frac{1}{5!} + \ldots$$

한 개의 작은 수 ϵ을 입력받은 뒤, 위 덧셈 항들 중에 ϵ 보다 큰 것까지만 더하여 출력하시오.

10. 두 개의 양수를 입력받은 뒤, 두 수의 최대공약수를 구하여 출력하시오. 유클리드의 알고리즘을 사용하지 말고 모든 가능한 수들을 시도해 보는 방법으로 작성하시오.

11. 두 개의 양수를 입력받은 뒤, 두 수의 최대공약수를 구하여 출력하시오. 유클리드의 알고리즘을 사용하시오.
유클리드의 알고리즘: 두 양수 m과 n에 대해(m>n) m과 n의 최대공약수는 n과 m%n의 최대공약수와 같음을 이용하여 최대공약수를 구하는 방법이다. 현재의 m과 n에 대해 m%n을 계산한 뒤, n의 값은 m으로 옮기고 n에는 앞에서 계산한 m%n을 저장한다. 이 과정을 반복하다 n이 0이 되면 그 때의 m이 바로 처음 m과 n의 최대공약수이다.

12. 하나의 분수, 즉 분자와 분모를(둘 다 양수라고 가정) 각각 입력받은 뒤 그 분수를 기약 분수로 출력하시오.
힌트: 기약 분수로 약분하려면, 분자와 분모의 최대공약수를 구한 뒤 각각을 최대공약수로 나누어 주면 된다.

13. 분수 두 개의 분자와 분모(즉 4개의 양의 정수)를 입력받으시오. 입력 순서는 첫 번째 분수의 분자, 첫 번째 분수의 분모, 두 번째 분수의 분자, 두 번째 분수의 분모이다. 이 두 개의 분수를 더한 결과를 "분자/분모"의 형태로 출력하시오. 출력되는 분수는 기약분수이어야 한다.

14. 뉴튼의 방법을 이용하여 입력받은 양의 실수 x의 제곱근을 구하시오. 뉴튼의 방법에서는, 처음에 근을 추측한 뒤(예: 1), 추측값을 개선해 나가는 방식을 사용한다. 현재의 추측값이 y일 때, 다음 번의 개선된 추측값은 y와 x/y의 평균이다. 다음은 x가 3일 때, 3의 제곱근을 찾는 과정이다.

x	y	x/y	y와 x/y의 평균
3	1	3	2
3	2	1.5	1.75
3	1.75	1.71429	1.73214
3	1.73214	1.73196	1.73205
3	1.73205	1.73205	1.73205

프로그램에서 처음 추측값은 1을 사용하며, 이전의 추측값과 현재의 추측값의 차이가 0.00001 이하일 때 프로그램을 정지시키면 된다.

15. 양수 n을 입력받아서 n까지의 모든 소수를 출력하시오.

CHAPTER 6

자료형과 형변환

변수와 자료형에 대해서는 첫 장에서 간단히 다루었습니다. C언어에는 정수형, 실수형, 문자형의 자료형이 있고 각각의 자료형 변수를 선언할 때는 int, float, char를 사용한다고 했었습니다. 그러나 사실 C언어에는 12가지나 되는 자료형이 있고 1999년에 확장된 표준에서는 자료형의 수가 더 늘었습니다. 여기서는 확장되기 이전의 C를 기준으로 12가지 자료형에 대해 다루어 보겠습니다.

6.1 비트와 바이트

우선 비트와 바이트의 개념부터 설명하겠습니다. 지금까지는 a = 65;라고 하면 65라는 값이 a라는 변수에 저장된다고 했었습니다. 그런데 사실은 65가 그대로 저장되는 것은 아닙니다. 컴퓨터는 모든 값을 0이나 1의 형태로 저장합니다. 그러므로 65도 그대로 저장되는 것이 아니라 0과 1의 조합으로 바뀐 뒤에 저장됩니다. 그림 6.1이 그 예입니다. 65가 01000001이라는 0과 1의 조합으로 바뀌었습니다. 보시면 우리가 수학에서 배운 2진법 표기로 바뀌는 것을 알 수 있습니다. 2도 그대로 저장되는 것이 아니라 2진법 표기인 00000010으로 바뀌어서 저장됩니다. (사실은 더 길게 바뀌는데 설명을 위해 짧게 줄여 놓았습니다.)

그림 6.1에서 0이나 1이 들어갈 수 있는 자리가 있습니다. 그림에서는 2와 65 둘 다 총 여덟 자리로 표현을 했습니다. 이와 같이 0이나 1이 들어갈 수 있는 자리 한 개를 비트(bit, b)라고 부릅니다. 그림에서는 2와 65를 8비트로 표현했다고 말할 수도 있습니다. 그리고 8비트를 묶어서 1바이트(byte, B)라고 부릅니다.

```
 2: 00000010
65: 01000001
          비트(bit)
```

그림 6.1 컴퓨터에 저장되는 형태와 비트

표 6.1 정수형

`signed short int`	`unsigned short int`
`signed int`	`unsigned int`
`signed long int`	`unsigned long int`

이 비트와 바이트를 이용하여 데이터의 양을 표현합니다. 예를 들어서 16비트 데이터이면 0 또는 1이 16개 있는 것입니다. 100 바이트 데이터이면 0 또는 1이 800개 있는 것이지요.

바이트 보다 더 큰 단위에 워드(word)도 있는데 이것은 2 혹은 4 바이트를 의미합니다. 요즘은 거의 4 바이트를 의미하는 것 같습니다. 훨씬 더 큰 단위로 KB(킬로바이트)나 MB(메가바이트), GB(기가바이트)도 있습니다. 1 KB는 1000 B(바이트) 또는 1024 B이며 1 MB는 1000 KB 또는 1024 KB, 1 GB는 1000 MB 또는 1024 MB입니다. 1000 또는 1024 라고 쓴 이유는, 사람은 십진수를 사용하므로 사람이 사용하는 단위들은 1000 단위로 커집니다. 이에 반해 컴퓨터는 2의 지수승이 자연스러워서 2^{10}=1024 단위로 커지는 것을 선호합니다. 그래서 쓰이는 상황에 따라 1000배가 될 때도 있고 1024배가 될 때도 있는 것입니다. 물론 이렇게 의미가 상황에 따라 달라지면 혼란스러울 수 있을 것이므로 요즘은 1000 배로 커지는 단위와 1024 배로 커지는 단위를 서로 다르게 표기하는 것 같습니다. 이에 대해서는 각자 찾아보시기 바랍니다.

6.2 정수형

앞에서는 정수형으로 int형만 언급했었는데 사실 정수형에는 표 6.1과 같이 총 여섯 개의 자료형이 있습니다. 보시면 자료형의 앞에 signed가 있느냐 unsigned가 있느냐의 차이도 보이고 short나 long이 붙어 있는 것과 붙어 있지 않은 것이 차이도 보입니다. 이러한 단어들의 의미가 무엇인지를 하나씩 설명해 보겠습니다.

6.2.1 signed와 unsigned

정수형의 이름들에서 unsigned는 양수만 표현할 수 있는 자료형을 의미하고 signed는 음수와 양수를 모두 표현할 수 있는 자료형을 의미합니다. 이 책에서 양수는 0을 포함하는 의미로 사용하겠습니다. '도대체 이게 무슨 말이야'라고 하시는 분들을 위해 간단한 예를 준비해 보았습니다. 4비트로 표현할 수 있는 수의 가짓수를 세어 보면, 한 비트에는 0 또는 1이 들어갈 수 있으므로 $2 \times 2 \times 2 \times 2 = 2^4 = 16$ 가지입니다. 표 6.2에 그 열여섯 가지 조합을 나열해 놓았습니다.

이 열 여섯 가지 조합으로 양수만 표현한다면 표 6.3과 같이 0~15를 표현할 수 있습니다. 그러나 이 열 여섯 가지 조합으로 음수와 양수를 모두 표현하면 표 6.4와 같이 -8~7을 표현할 수 있습니다. 표 6.3과 표 6.4를 비교해 보시면 양수만 표현할 때 8~15를 표현하던 조합들을 음수를 표현하는데 사용함을 알 수 있습니다. 즉 양수의 표현 범위를

표 6.2 4비트로 표현 가능한 조합

0000	0001	0010	0011
0100	0101	0110	0111
1000	1001	1010	1011
1100	1101	1110	1111

표 6.3 4비트로 양수만 표현할 경우

0000 (0)	0001 (1)	0010 (2)	0011 (3)
0100 (4)	0101 (5)	0110 (6)	0111 (7)
1000 (8)	1001 (9)	1010 (10)	1011 (11)
1100 (12)	1101 (13)	1110 (14)	1111 (15)

표 6.4 4비트로 음수도 표현할 경우

0000 (0)	0001 (1)	0010 (2)	0011 (3)
0100 (4)	0101 (5)	0110 (6)	0111 (7)
1000 (-8)	1001 (-7)	1010 (-6)	1011 (-5)
1100 (-4)	1101 (-3)	1110 (-2)	1111 (-1)

줄이고 그만큼을 음수를 표현하기 위해 사용하는 것이지요. 참고로 말씀드리면 음수를 0과 1의 조합을 표현하는 방법은 몇 가지가 있으며 그 중 표 6.4와 같이 표현하는 방법을 2의 보수 표현법이라고 합니다. 가장 많이 사용되는 방법입니다.

표 6.3과 표 6.4의 표현법을 확장해서 8비트로 표현할 수 있는 수의 범위를 생각해 보면, 양수만 표현하면 0~255(2^8-1)를 표현할 수 있고 음수도 표현하면 -128(-2^7) ~127(2^7-1)을 표현할 수 있습니다. 일반적으로 n비트로 표현할 수 있는 수의 범위는 양수만 표현하면 $0 \sim 2^n - 1$이고 음수도 표현하면 $-2^{n-1} \sim 2^{n-1} - 1$입니다. 정리하면 unsigned가 붙은 자료형에서는 표 6.3과 같이 양수만을 저장하고, signed가 붙은 자료형에서는 표 6.4와 같이 양수의 표현 범위를 줄이고 대신 음수도 저장하는 것입니다.

6.2.2 short와 long

정수형의 이름들에서 short와 long은 변수 하나가 차지하는 크기를 구별합니다. 정수형 중에서 short int는 16비트이고, long int는 32비트입니다. 그리고 short나 long이 붙지 않은 int는 16비트 또는 32비트입니다.

사실 C언어의 표준에서는 각 자료형의 크기를 명시해 놓지 않고 있습니다. 표준에 나와 있는 것은 short int는 최소 16비트, long int는 최소 32비트, int는 short int 이상 long int 이하이면 된다고 되어 있습니다. 그래서 컴퓨터마다 각 자료형의 크기가 다를 수 있습니다.

표 6.5 정수형의 크기와 표현 범위

자료형	크기	표현 범위	짧은 이름
`signed short int`	16비트	$-2^{15} \sim 2^{15}-1$	`short, short int, signed short`
`unsigned short int`	16비트	$0 \sim 2^{16}-1$	`unsigned short`
`signed int`	32비트	$-2^{31} \sim 2^{31}-1$	`int, signed`
`unsigned int`	32비트	$0 \sim 2^{32}-1$	`unsigned`
`signed long int`	32비트	$-2^{31} \sim 2^{31}-1$	`long, long int, signed long`
`unsigned long int`	32비트	$0 \sim 2^{32}-1$	`unsigned long`

다만 32비트 이하의 컴퓨터에서는 대부분 **short int**가 16비트이고 **long int**가 32비트로 동일한 것 같습니다. 32비트 컴퓨터에서는 **int**가 32비트인 경우가 대부분인 것 같고, 8비트나 16비트 컴퓨터에서는 16비트인 경우가 많은 것 같습니다. 요즘 많이 사용되는 64비트 컴퓨터에서는 조금 복잡합니다만, 아마 여러분이 사용하는 환경에서는 **short int, int, long int**의 크기가 32비트에서와 동일할 것입니다. 각 자료형의 크기를 정확하게 알고 싶으시면 조금 있다 설명할 **sizeof** 연산자로 알아보시면 됩니다. 이 책에서는 **short int** 16비트, **int** 32비트, **long int** 32비트를 기준으로 설명하겠습니다.

6.2.3 정수형 정리

이제 정수형 여섯 가지를 설명할 차례가 되었습니다. 정수형은 음수를 표현하느냐를 구별하는 **signed**와 **unsigned**, 크기를 구별하는 **short int**와 **int**, **long int**를 조합해서 자료형들이 결정됩니다. 표 6.5에 그 여섯 가지의 크기와 표현 범위를 정리해 놓았습니다.

표 6.5의 오른쪽 열은 각 자료형의 짧은 이름들입니다. 예를 들어, **signed short int**라고 쓰려면 너무 기니까 **short**나 **short int**로 적어도 괜찮다는 것입니다. 우리가 지금까지 정수형으로 사용해 왔던 **int**가 **signed int**의 짧은 이름인 것도 확인하실 수 있습니다.

6.2.4 정수형 상수

프로그램에서 그냥 적는 12나 -65 같은 수를 상수라고 부릅니다. 이 수들은 우리일상생활에서와 같이 그대로 사용하면 됩니다. 몇 가지 덧 붙여서 설명할 것이 있긴 합니다만 중요한 내용은 아닙니다. 모르셔도 프로그래밍하시는 데 큰 지장 없습니다.

우선 C언어에서는 10진법뿐만 아니라 8진법이나 16진법으로도 수를 표기할 수 있습니다. 8진법으로 수를 표기하려면 처음에 **0**으로 시작하면 됩니다. 즉 **0123**은 십진수로 백 이십 삼이 아니라 8진수 일 이 삼($123_{(8)}$)입니다. 16진법을 사용하려면 처음에 **0x**나 **0X**로 시작하면 됩니다. 즉 **0x1A1b**는 16진수입니다.

표 6.6 정수형의 변환 명세 1

변환 명세	설명
%d	printf, scanf: signed 10진수
%i	printf: signed 10진수 scanf: 0이 처음에 있으면 8진수로 해석하고, 0x나 0X가 처음에 있으면 16진수로 해석하며, 어느 쪽도 아니면 10진수로 해석
%o	printf, scanf: 8진수, 첫자리에 0 표기 안 함
%u	printf, scanf: unsigned 10진수
%x	printf: 16진수, abcdef로 출력, 첫 자리에 0x 표기 안 함 scanf: 16진수, 첫 자리에 0x나 0X 표기 안 함
%X	printf: 16진수, ABCDEF로 출력, 첫 자리에 0X 표기 안 함

그리고 어떤 정수형 상수의 자료형은 그 크기에 따라 int 형이나 long int 형으로 자동 설정됩니다. 그런데 어느 상수를 long int 형으로 설정하고 싶으면 수의 끝에 대문자 L이나 소문자 l을 추가하시면 됩니다. 즉 123L은 long int 형의 123입니다. 비슷하게 꼭 unsigned 형으로 설정하고 싶으시면 대문자 U나 소문자 u를 추가하시면 됩니다.

6.2.5 정수형의 변환 명세

앞에서 정수형 값을 출력하거나 입력받고 싶으면 printf나 scanf에 %d를 적어야 한다고 했습니다. 그런데 이것은 int형을 10진수로 출력할 때 사용하는 변환 명세입니다. 실제로는 표 6.6과 같이 다양한 변환 명세를 사용할 수 있습니다. 보시면 10진수 형태뿐 아니라 8진수나 16진수 형태로도 출력할 수 있음을 알 수 있습니다. 그리고 각 변환 명세의 앞에 h를 넣으면 short, l을 넣으면 long에 대한 변환 명세가 됩니다. 즉 %hu는 short unsigned int에 대한 변환 명세인 것입니다.

그리고 변환 명세에는 다양한 출력 형식을 추가할 수도 있습니다. 이를 위해서 % 기호와 변환 명세 문자 사이에 몇 가지를 추가합니다. 이 추가되는 것들은 기술되는 순서대로 flag, width, precision이 있으며 표 6.7에 정리해 놓았습니다.

우선 width부터 설명하겠습니다. 변환 명세에 width를 지정하면 해당하는 값이 출력될 자리의 폭을 지정합니다. 즉 %5d라고 지정하면 해당하는 값을 다섯 자리에 출력하며 기본적으로 오른쪽 맞춤을 합니다. 만일 출력하려는 수가 12와 같이 두 자리이면 남는 자리는 공백으로 처리됩니다. 즉 ␣␣␣12와 같이 출력됩니다. (여기서 ␣는 공백을 표시합니다. 실제로 ␣가 출력되는 것은 아닙니다.) 출력하려는 수가 345678과 같이 지정된 폭 보다 많은 자리를 요구하면 요구되는 자리만큼 늘려서 출력됩니다.

만일 남는 자리를 공백이 아니라 0으로 채우고 싶으면 flag에서 0을 지정하면 됩니다. 예를 들어 %05d라고 지정하고 12를 출력하면 00012가 출력되는 것입니다. 만일 flag 자리에 0 내신 -를 사용하면 왼쪽 맞춤을 합니나. 즉 %-5d라고 했나면 12␣␣␣가 출력됩니다. 그리고 flag에 +를 사용하면 부호를 반드시 출력해서, %+d에 12를 출력하면 +12라고 출력됩니다. 표에 # flag가 있는데 이 flag는 %d와는 같이 안 쓰이고 %o나 %x와만

표 6.7 정수형의 변환 명세 2

종류	지정자	설명
flag	-	왼쪽 맞춤을 한다.
	+	양수에 대해서도 부호를 출력한다.
	0	남는 왼쪽 자리는 0으로 채운다.
	#	%o와 같이 사용되면 처음에 0을 %x(%X)와 같이 사용되면 처음에 0x(0X)를 출력한다.
width	정수	출력할 자리의 폭을 지정한다. 기본적으로는 오른쪽 맞춤을 한다.
precision	.정수	출력할 최소의 자릿수를 지정한다. 남는 자리는 0으로 채운다.

표 6.8 정수형의 변환 명세 예

	12	-12	100000
%d	12	-12	100000
%5d	␣␣␣12	␣␣-12	100000
%-5d	12␣␣␣	-12␣␣	100000
%+5d	␣␣+12	␣␣-12	+100000
%+-5d	+12␣␣	-12␣␣	+100000
%05d	00012	-0012	100000
%5.3d	␣␣012	␣-012	100000

같이 사용됩니다. 이 **flag**를 사용하면 상수 표기와 같이 **%o**에서는 처음에 0을 **%x(%X)**에서는 **0x(0X)**를 출력합니다.

마지막으로 **precision**이 조금 혼란스러운 개념인데요, **width**가 출력에서 차지하는 공간의 폭이라면 **precision**은 출력될 결과의 폭입니다. 예를 들어 **%5.3d**이면 다섯 자리를 차지하는데 출력되는 수는 최소 세 자리는 출력되도록 합니다. 만일 12를 출력한다면 한 자리가 모자라므로 남는 자리는 0으로 채워서 ␣␣012를 출력합니다.

변환 명세에서 **flag**들은 여러 조합으로 사용할 수 있습니다. 표 6.8에 몇 가지 예를 들어 놓았으니 참조하시기 바랍니다.

6.3 실수형

실수형은 부동소수형이라고도 부릅니다. 실수형은 정수형과는 저장 방법 자체가 다른데 설명하기가 좀 쉽지 않습니다. 그래서 이 책에서는 자세한 설명은 넘어 가겠습니다. 궁금하신 분은 IEEE 754 표준 등을 찾아보시기 바랍니다.

C언어에서 실수형은 **float, double, long double**이 있습니다. 이 중 **float**은 32비트이고 **double**은 64비트입니다. 나머지 하나인 **long double**은 컴퓨터마다 크기가 다릅

니다. 64비트인 경우가 많은 것 같긴 한데, 96비트나 128비트인 것도 있습니다. 그리고 96비트나 128비트여도 실제 데이터가 저장되는 크기는 80비트뿐인 경우도 있습니다. 그러나 double로도 충분히 정밀한 계산을 할 수 있으므로 long double을 이용하실 일은 거의 없으실 것입니다.

6.3.1 실수형 상수

실수 값을 적을 때는 12.34나 0.123과 같이 적으면 됩니다. 그리고 0.123과 같이 소수점 이상의 자리의 값이 0이면 .123과 같이 적어도 괜찮습니다. 하나 주의하실 점은 꼭 소수점이 있어야 실수형 상수가 된다는 것입니다. 만일 소수점이 없다면(그리고 조금 후에 설명할 지수승 형태도 아니라면) 정수형 상수가 됩니다. 즉 12와 12., 12.0는 우리가 알고 있는 산수에서는 모두 같은 값이지만 C언어에서는 12는 정수형 상수이고 12.와 12.0은 실수형 상수로써 서로 다르게 취급됩니다.

실수형 상수를 표현하는 또 다른 방법으로 지수승 형태도 있습니다. 이 방법은 실수를 적은 뒤 뒤에 e나 E를 붙이 10의 몇 승이 곱해지는지를 표기하는 방법입니다. 예를 들어 12.34e1이라고 하면 실제 값은 $12.34 \times 10^1 = 123.4$입니다. 비슷하게 12.34e-2이라고 하면 실제 값은 $12.34 \times 10^{-2} = 0.1234$입니다. 지수승 형태일 때는 정수에 e나 E가 붙어도 실수형으로 취급됩니다. 12e1은 값은 $12 \times 10^1 = 120$이고 실수형으로 120.과 같게 취급되는 것입니다.

마지막으로 실수형 상수는 기본적으로 double형입니다. 만일 float형의 상수를 사용하고 싶다면 상수 뒤에 f나 F를 붙이면 됩니다. 즉 123.0은 double형이고 123.0F는 float형입니다. 만일 long double형의 상수를 사용하고 싶으면 l이나 L을 붙이면 됩니다.

6.3.2 실수형의 변환 명세

실수형도 정수형과 마찬가지로 다양한 변환 명세가 있습니다. 표 6.9를 보시면 %f 외에도 %e, %E, %g, %G가 있음을 알 수 있습니다. 이 중에서 지금까지 사용해 왔던 %f는 우리에게 익숙한 십진수와 소수점의 형태로 출력합니다. 그에 비해 %e는 지수승 형태입니다. 즉 소수점 위의 수를 한 자리로 하고 나머지는 소수점 아래에 있도록 10의 지수승을 곱하는 형식으로 출력합니다. 예를 들어 0.134는 1.34를 10으로 나눈 것과 같으므로 1.34×10^{-1}로 쓸 수 있고 이것을 1.34e-01과 같은 형태로 출력하는 것입니다. 다른 예로 12345.6은 1.23456에 10000을 곱한 것과 같으므로 1.23456×10^4로 쓸 수 있고 이것을1.23456e+04와 같이 출력하는 것입니다. 소문자 e 대신 대문자 E로 출력하고 싶으면 %E를 사용하면 됩니다. 마지막에 있는 %g와 %G는 컴퓨터에게 출력형태를 맡기는 것입니다. 즉 %f나 %e(또는 %E) 중에 선택도 하고 소수점이 필요 없을 경우에는 제거하는 등, 컴퓨터가 보기에 더 좋다고 생각하는 대로 출력합니다. 물론 이 선택에 기준이 있습니다만 설명하기에 조금 복잡하니 우선은 넘어가셔도 좋을 것 같습니다.

표 6.9는 printf에서 사용할 때이고, scanf에서 사용할 때는, %f, %e, %g 중 어느 것을 사용하더라도 두 가지 형태를 모두 입력받을 수 있습니다.

표 6.9 실수형의 printf에서의 변환 명세

변환 명세	설명
`%f`	`mmm.dddd`의 형태
`%e %E`	지수승 형태
`%g %G`	`%f`와 `%e, %E` 중에 적절한 형태

표 6.10 실수형의 변환 명세 예

	`%12.4f`	`%12.4e`	`%12.4g`
`0.`	`␣␣␣␣␣␣0.0000`	`␣␣0.0000e+00`	`␣␣␣␣␣␣␣␣␣␣␣0`
`0.5`	`␣␣␣␣␣␣0.5000`	`␣␣5.0000e-01`	`␣␣␣␣␣␣␣␣␣0.5`
`1.`	`␣␣␣␣␣␣1.0000`	`␣␣1.0000e+00`	`␣␣␣␣␣␣␣␣␣␣␣1`
`-1.`	`␣␣␣␣␣-1.0000`	`␣-1.0000e+00`	`␣␣␣␣␣␣␣␣␣␣-1`
`100.`	`␣␣␣␣100.0000`	`␣␣1.0000e+02`	`␣␣␣␣␣␣␣␣␣100`
`1000.`	`␣␣␣1000.0000`	`␣␣1.0000e+03`	`␣␣␣␣␣␣␣␣1000`
`10000.`	`␣␣10000.0000`	`␣␣1.0000e+04`	`␣␣␣␣␣␣␣1e+04`
`12345.`	`␣␣12345.0000`	`␣␣1.2345e+04`	`␣␣␣1.234e+04`
`123456.`	`␣123456.0000`	`␣␣1.2346e+05`	`␣␣␣1.235e+05`

실수형을 출력할 때, 즉 printf에서 사용할 때는 float형이나 double형이나 둘 다 표 6.9의 변환 명세를 그대로 사용하시면 됩니다. 그러나 scanf에서는 둘을 구별해서 double형에서는 변환 명세 문자 앞에 l을 붙여야 합니다. 이러한 차이에 혼란이 올 수 있어서 printf에서도 double형에 %lf를 사용해도 되도록 표준에 추가되었습니다. 그리고 long double의 경우에는 문자 앞에 L을 붙이시면 됩니다.

실수형의 변환 명세에도 정수형 변환 명세 표 6.7과 같이 출력 형식을 지정할 수 있으며, 표 6.7의 지정자들이 거의 그대로 사용됩니다. 크게 다른 점 중 하나는 precision의 의미입니다. 정수형에서 precision은 결과를 출력하는 자릿수였는데, %f와 %e에서는 precision이 소수점 이하 자릿수를 지정합니다. 만일 precision에서 지정하지 않으면 소수점 이하 자릿수는 여섯 자리로 지정됩니다. 그런데 %g에서는 precision의 의미가 조금 달라서 소수점 전후 숫자(정확히는 유효 숫자)의 최대 개수를 의미합니다. 표 6.10에 몇 가지 예를 들어 놓았으니 참고하시기 바랍니다.

6.4 문자형

C언어에서 문자형은 char, signed char, unsigned char의 세 가지입니다. 이 문자형들에서 signed와 unsigned는 정수형에서의 의미와 같습니다. 그러면 한 가지 의문이 드실 수 있을 것입니다. 이 signed와 unsigned라는 것은 음수를 표현할 것이냐 말 것이냐를 구분하는 것인데 어떻게 문자를 저장하는데 음수를 고려해야 하느냐입니다. 그런데 이런 것을 고려할 필요가 있습니다.

표 6.11 아스키(ASCII) 코드표

0~31	제어 문자	41	)	60	<	95	_
32	빈 칸	42	*	61	=	96	`
33	!	43	+	62	>	97~122	a~z
34	"	44	,	63	?	123	{
35	#	45	-	64	@	124	|
36	$	46	.	65~90	A~Z	125	}
37	%	47	/	91	[	126	~
38	&	48~57	0~9	92	\	127	
39	'	58	:	93	]		
40	(	59	;	94	^		

프로그램 6.1 문자형과 연산

```
01: #include <stdio.h>
02:
03: int main(void) {
04:     char  a, b;
05:     a = 'A';
06:     b = a +5;
07:
08:     pritf("%d, %d\n", a, b);
09:
10:     return 0;
11: }
```

C언어에서 문자는 정수로 바뀐 후에 저장됩니다. 즉 문자형이라고는 하지만 실제로는 정수형이나 다름없습니다. 물론 각 문자가 어느 정수로 바뀌는지는 정해져 있고 그 규칙을 아스키(ASCII) 코드라고 부릅니다. 표 6.11에 아스키 코드표를 정리해 놓았습니다. 보시면 각 문자마다 정수가 하나씩 할당되어 있는 것을 알 수 있으며, 이 표에 따라 문자를 저장할 때 정수로 변환되는 것입니다. 예를 들어 a = 'A';라는 문장을 실행하면, 예전에는 a라는 변수에 'A'라는 문자가 저장된다고 설명했었지만, 실제로는 'A' 문자에 해당되는 아스키 코드 값인 65가 변수 a에 저장되는 것입니다.

이와 같이 문자형 값이 정수로 변환되므로 문자형 값이나 변수에 산술연산을 할 수도 있습니다. 프로그램 6.1이 그 예입니다. 6번 줄을 보시면 b = a + 5;라고 되어 있어서 문자형 변수 a에 5를 더하고 있습니다. 문자형을 문자라고 생각하면 이 문장은 말이 안 되는 문장입니다. 그러나 문자형에 정수가 저장되어 있다고 생각한다면 그 정수에 5를 더하면 되니 아무 문제가 없습니다. 이 프로그램을 실행해 보면 그림 6.2와 같이 변수 a에는 65가 저장되고 변수 b에는 65에 5를 더한 70이 저장됩니다. 그리고 그림 6.2의 8번 줄과 같이 printf를 해 보면 65와 70이 출력됩니다.

이렇게 문자를 저장하면 정수로 변환되어 저장되고 printf로 출력해 보면 정수가

```
#include <stdio.h>

int main(void) {
    char  a, b;
    a = 'A';
    b = a + 5;

    pritf("%d, %d\n", a, b);

    return 0;
}
```

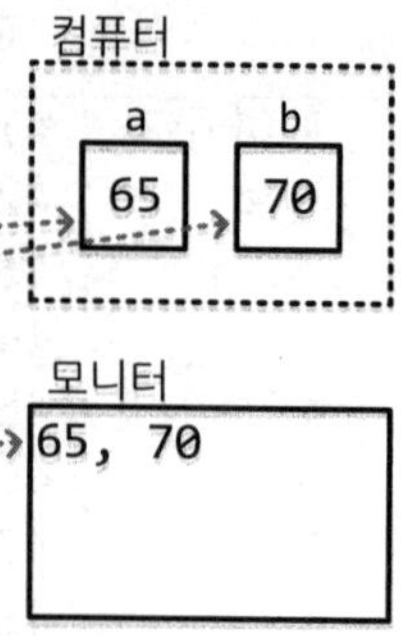

그림 6.2 프로그램 6.1의 진행 과정

표 6.12 문자형의 크기와 표현 범위

자료형	크기	표현 범위
signed char	8비트	$-2^7 \sim 2^7 - 1$
unsigned char	8비트	$0 \sim 2^8 - 1$
char	8비트	$-2^7 \sim 2^7 - 1$ 또는 $0 \sim 2^8 - 1$

출력된다면, 1장에서 했던 문자가 출력되는 것은 무엇이었을까요? 이 차이는 바로 변환 명세에 있습니다. 1장에서는 **printf**의 변환 명세로 **%c**를 사용했는데 반해, 그림 **6.2**에서는 **%d**를 사용하고 있습니다. 변환 명세에서 **%c**의 의미는 정수값을 출력할 때 그 값을 그대로 출력하는 것이 아니라 아스키 코드표를 보고 그 값에 해당하는 문자를 출력하는 것입니다. 그러므로 만일 프로그램 6.1의 프로그램에서 **printf**를 **printf("%c, %c\n", a, b);**로 수정한다면 **65**와 **70**에 해당하는 문자인 **A**와 **F**가 출력됩니다.

이와 같이 문자형에는 정수가 저장되고 정수에 대한 연산이 그대로 가능합니다. 그래서 문자형은 정수형의 한 종류로 생각되기도 합니다. 즉, C언어에는 크게 두 가지의 자료형, 실수형과 정수형이 있고, 정수형 안에 문자형과 좁은 의미의 정수형이 있는 것으로 분류되기도 합니다.

이렇게 되면 문자형에 **signed**와 **unsigned**의 구별이 있는지 이해되시리라 생각됩니다. 문자형도 정수형의 일종이므로 양수만 저장할 지 음수도 저장할 지에 따라 **unsigned char**형과 **signed char**형이 있는 것입니다. 그리고 **char**형의 경우에는 컴퓨터 시스템에 따라 **unsigned**일 수도 있고 **signed**일 수도 있습니다. 문자형에 대해 크기와 표현 범위를 정리한 것이 표 6.12입니다.

문자형을 정수로 다룰 수 있음을 강조하기 위해 예제를 하나 더 보여 드리겠습니다. 프로그램 6.2입니다. 이번에는 문자형 변수 **a**가 반복문에서 1씩 증가하는 값으로 이용되었습니다. 이것도 문자로 보지 않고 정수로 본다면 문제될 것이 없을 것입니다. **6**번 줄에서 변수 **a**에 저장되는 것은 대문자 **A**에 해당하는 **65**입니다. 그리고 **7**번 줄의 조건에서 **a**와

프로그램 6.2 문자형 예제

```c
#include <stdio.h>

int main(void) {
   char  a;

   a = 'A';
   while(a<='Z')
   {
      printf("%d, %c\n", a, a);
      a++;
   }

   return 0;
}
```

비교되는 것도 대문자 Z에 해당하는 90입니다. 즉, 프로그램 6.2는 a의 값이 65부터 90까지 1씩 증가하면서 a를 차례로 출력하는 프로그램입니다. 그런데 출력하는 printf문을 보시면 a를 두 번 출력하는데 한 번은 %d로, 다른 한 번은 %c로 출력합니다. 즉 정수인 체로 한 번 출력하고 문자로 변환되어서 한 번 출력합니다. 그러므로 모니터에는 처음에는 65와 A, 그 다음에는 66과 B, 그 다음에는 67과 C, 이렇게 죽 출력되어서 마지막에는 90과 Z까지 출력됩니다. 한 번 실행해서 확인하시기 바랍니다.

6.5 sizeof 연산자

연산자 중에 sizeof라는 연산자가 있습니다. 이 연산자의 역할은 어떤 자료형이나 변수의 크기를 바이트 단위로 알려 주는 것입니다. 사용법은 이렇습니다. 어떤 자료형의 크기를 알고 싶으면 sizeof( )라고 한 다음에 ( ) 사이에 원하는 자료형을 넣으면 됩니다. 예를 들어 sizeof(long)의 결과값은 long형의 바이트 단위 크기인 4입니다. 만일 변수의 크기를 알고 싶으면 sizeof a와 같이 sizeof 다음에 변수 이름을 적으면 됩니다. 심지어는 sizeof(5/2)와 같이 연산식을 적어도 되며 결과는 연산식 결과의 자료형에 대한 크기가 됩니다. 변수나 연산식에 대해 sizeof를 적용할 때는 ( )를 써도 되고 안 써도 됩니다. 프로그램 6.3은 sizeof 연산자를 이용해서 여러 자료형들의 크기를 출력하는 프로그램입니다. 실행 결과는 컴퓨터에 따라 조금씩 다를 수 있으며, 제 컴퓨터에서는 각각의 크기로 2 4 4 4 8 8 1이 출력되었습니다.

그런데 이 sizeof 연산자를 어디에 많이 사용할까요? 자료형의 크기를 알아보는 것은 프로그램 6.3 같은 프로그램을 한 번만 실행해 보면 될 것입니다. 일반적인 프로그램에서도 이런 일을 할 필요는 없어 보입니다. 실제로 sizeof 연산자는 그리 많이 사용되지 않는 편이고, 나중에 배울 배열에서 배열의 크기를 구할 때 가끔 사용되기도 합니다. 그런데 이 연산자가 거의 필수적으로 이용되는 곳이 하나 있습니다. 바로 동적 할당이라는 것을 할 때입니다. 아직은 이것을 배우실 때가 아니고, 나중에 배우시면 sizeof 연산자가 어떻게

프로그램 6.3 sizeof 예제

```
#include <stdio.h>

int main(void) {
    printf("short  = %d\n", sizeof(short));
    printf("int    = %d\n", sizeof(int));
    printf("long   = %d\n", sizeof(long));
    printf("\n");
    printf("float  = %d\n", sizeof(float));
    printf("double = %d\n", sizeof(double));
    printf("long double = %d\n", sizeof(long double));
    printf("\n");
    printf("char   = %d\n", sizeof(char));

    return 0;
}
```

사용되는지 눈여겨보시기 바랍니다.

6.6 형변환

프로그램에서 어떤 값의 자료형은 고정된 것이 아니고, 필요에 따라 자료형이 변하기도 합니다. 이러한 자료형의 변화를 형변환이라고 부릅니다. 어떤 때에 형변환이 발생하는지 살펴봅시다.

6.6.1 연산과 자료형

C언어에서 기본적으로 덧셈이나 뺄셈과 같은 사칙연산은 같은 자료형끼리 해야 합니다. 정수형은 정수형끼리 더해야 하고 실수형은 실수형끼리 더해야 하는 것이지요. 그리고 연산의 결과도 같은 자료형이 됩니다. 즉, 정수형끼리 더한 결과는 정수형입니다. 예를 몇 가지 들어 보겠습니다. 3 + 4는 정수와 정수의 덧셈입니다. 그러므로 결과는 같은 정수형인 7입니다. 3 / 2는 정수와 정수의 나눗셈이므로 결과도 같은 정수형으로 1이 됩니다. 1장에서 말씀드리기를 /은 몫을 구하는 연산자라고 했는데, 그렇게 이해되는 이유가 여기 있습니다. 정수와 정수를 나누면 결과도 정수가 되어야 해서 결국 결과는 몫이 되는 것입니다.

실수형에 대해서도 비슷한 예를 생각해 봅시다. 3.0 + 4.0에서 3.0과 4.0은 실수이고, 따라서 결과도 실수인 7.0이 됩니다. 앞에서 했던 3 + 4의 결과인 7과 값은 같으나 자료형은 다릅니다. 3.0 / 2.0은 실수와 실수의 나눗셈이므로 결과도 실수형인 1.5가 됩니다.

6.6.2 형 넓히기

그런데 언제나 같은 자료형끼리만 연산을 하는 것은 아닐 것입니다. 만일 서로 다른 자료형 사이에 연산을 하게 되면 어떻게 될까요? 예를 들어 **3 + 4.0**의 결과는 정수형인 **7**일까요, 아니면 실수형인 **7.0**일까요?

두 개의 자료형이 있을 때 한 쪽의 자료형은 다른 쪽 보다 넓거나 좁다고 말하기도 합니다. 기본적으로 실수형은 정수형보다 넓습니다. 실수형끼리 또는 정수형끼리는 크기가 큰 쪽이 더 넓습니다. 즉 더 많은 수를 표현할 수 있는 자료형이 더 넓은 것입니다. 예를 들어 **long**형은 **short**형보다 더 넓습니다.

이제 서로 다른 자료형을 연산하면 어떻게 되는지 설명 드리겠습니다. 서로 다른 자료형을 연산하면 더 좁은 자료형의 값을 넓은 자료형으로 변환한 후에 연산을 합니다. 앞의 예인 **3 + 4.0**은 정수형과 실수형의 덧셈입니다. 실수형이 정수형보다 더 넓으므로 정수형인 **3**을 실수형인 **3.0**으로 바꾼 뒤에 **3.0 + 4.0**을 계산하는 것입니다. 변환한 후에는 실수형끼리의 덧셈이므로 그 결과도 실수형인 **7.0**이 됩니다. 다른 예로 **5.0 / 2**를 하면 **2**를 실수로 바꾸어서 **5.0 / 2.0**을 계산하며 결과는 실수형인 **2.5**가 됩니다. 정수형끼리 나누는 **5 / 2**의 결과가 **2**인 것과 비교해 보십시오. 이와 같이 연산을 할 때 좁은 자료형을 더 넓은 자료형으로 변환하는 것을 형 넓히기(**promotion**, 형 올리기)라고 합니다.

형 넓히기에는 방금 설명한 경우 외에 **integral promotion**이라는 것도 있습니다. 적절히 번역하지 못해서 영어를 그대로 사용했는데요, 내용은 **char**형이나 **short**형은 **signed**나 **unsigned** 모두 **int**형이나 **unsigned int**형으로 바뀐다는 것입니다. 만일 **int**형으로도 모든 수를 다 표현할 수 있으면 **int**형이 되고 그렇지 못하면 **unsigned int**형이 됩니다. 이렇게 변환하는 이유는 보통 컴퓨터가 가장 효율적으로 처리할 수 있는 자료형을 **int**형으로 정하기 때문입니다. 즉 **short**형 보다 **int**형이 더 잘 처리되므로 **int**형으로 바꾼 뒤에 계산합니다. 다만 요즘 컴퓨터의 경우에는 어느 쪽으로 하든지 크게 차이가 없다는 말도 있습니다.

형 넓히기를 마무리하면서 **C**언어의 바이블이라 할 수 있는 **"The C Programming Language"**에 있는 구절을 하나 인용하겠습니다. 만일 **unsigned**인 피연산자가 없다면, 형 넓히기를 다음과 같이 정리할 수 있다고 합니다.

1. 두 피연산자 중 하나가 **long double**이면 다른 하나도 **long double**로 변환한다.
2. 위 경우가 아닐 때, 한 피연산자가 **double**이면 다른 하나도 **double**로 변환한다.
3. 위 두 경우가 모두 아닐 때, 한 피연산자가 **float**이면 다른 하나도 **float**으로 변환한다.
4. 위 경우들이 모두 아닐 때, **char**와 **short**는 **int**로 변환한다.
5. 그리고 만일 한 연산자가 **long**이면 다른 하나도 **long**으로 변환한다.

프로그램 6.4 형변환 연산자의 사용

```
#include <stdio.h>

int main(void) {
    int   a, b;
    double   c;
    a = 3;
    b = 2;
    c = a / b;
    printf("%.1f", c);

    return 0;
}
```

c에는 1.0이 저장 됨
1.5 를 저장하고 싶으면 아래 처럼 수정
`c = (double)a / b;`

6.6.3 형 좁히기

프로그램을 실행하다 보면 더 좁은 자료형으로 변환을 해야 하는 경우도 생깁니다. 바로 좁은 자료형의 변수에 저장을 할 때입니다. 예를 들어 정수형 변수인 a에 2.5를 저장하는 경우입니다. 실수인 2.5는 정수인 a보다 자료형이 더 넓습니다. 그러므로 더 넓은 자료형인 실수 2.5를 더 좁은 자료형인 정수로 변환하여 2로 만든 다음에 a에 저장합니다. 값의 자료형이 더 좁아지므로 형 좁히기(demotion, 형 내리기)라고 부릅니다.

그런데 형 좁히기가 발생하면 문제가 하나 있습니다. 바로 값이 변한다는 것입니다. 앞의 예에서 원래 a에 저장하라고 프로그래머가 기술한 값은 2.5입니다. 그런데 2만 저장이 된 것이지요. 이렇게 되면 프로그래머가 기술한 것과 다르게 처리가 된 것으로 볼 수도 있습니다. 그래서 보통 이런 프로그램을 컴파일하면 경고가 나옵니다.

6.6.4 형변환 연산자

형변환 연산자(cast 연산자)는 프로그래머가 의도적으로 값의 자료형을 바꿀 수 있게 합니다. 이 연산자의 모양은 (자료형)이고 기능은 그 다음에 오는 값의 자료형을 ( ) 안에 기술된 자료형으로 변환하는 것입니다. 예를 들어 (int)는 다음에 오는 값의 자료형을 int형으로 바꿉니다. 만일 a = (int)2.5;라고 하면 뒤에 (int) 다음에 있는 2.5의 자료형을 정수형으로 바꿉니다. (값도 2로 바뀌겠지요.) 이 경우에는 프로그래머가 명시적으로 2.5라는 값을 정수로 바꾼다고 기술했으므로 비록 값이 바뀌었다 하더라도 컴파일러가 경고를 하지 않습니다. 이와 같이 형 좁히기가 일어날 것 같은 곳에 형변환 연산자를 사용하면 형 좁히기를 의도함을 명시적으로 기술할 수 있습니다.

그런데 형변환 연산자는 다른 용도로 더 많이 사용됩니다. 프로그램 6.4를 보시면 변수 c에 a / b의 결과를 저장합니다. 그런데 c는 double형인데 반해 a와 b의 자료형은 int형입니다. 변수a와 b의 자료형이 int형이므로 a / b의 결과도 int형인 1일 것입니다. 계산 결과인 1이 c에 저장되면 실수형이 되어서 1.0이 저장되겠지요. 물론 이것을 프로그래머가 의도했을 수도 있습니다. 그러나 굳이 double형 변수인 c에 저장한 것으로 보면

a / b의 나눗셈도 double형으로 계산해서 1.5라는 결과를 c에 저장하고 싶은 경우가 더 많을 것 같습니다.

이럴 때 형변환 연산자를 쓰면 좋습니다. 프로그램 6.4의 8번 문장인 c = a / b;를 형변환 연산자를 사용해서 c = (double)a / b;로 바꿔 봅시다. 변수 a의 값은 정수형 3이지만 형변환 연산자 (double)에 의해 double형으로 바뀌게 되고 따라서 3.0 / 2를 계산하게 됩니다. 그러면 double형과 int형의 계산이므로 형 넓히기에 의해 2도 double형으로 바뀌어서 3.0 / 2.0을 계산하게 됩니다. 그러면 1.5가 c에 저장되는 것입니다.

이와 같이 형변환 연산자는 어떤 연산을 의도대로 하기 위해 사용할 수 있습니다. 이 외에도 나중에 포인터를 배우고 그 활용을 깊게 배우시면 형변환 연산자를 사용하실 일이 많아지실 것입니다.

연습 문제

1. 컴퓨터에서 0이나 1을 저장할 수 있는 한 자리를 ____라 부른다.
2. 8비트로 표현될 수 있는 수는 ____개이다.
3. C언어에서 문자는 ____표를 이용하여 정수로 변환된다.
4. C언어에서 signed long형의 변수에 저장될 수 있는 수의 범위는 ____이다.
5. C언어에서 unsigned long형의 변수에 저장될 수 있는 수의 범위는 ____이다.
6. C언어에서 printtf에서 unsigned int형 값을 출력할 때 사용하는 변환 명세는 ____이다.
7. C언어에서 scanf에서 short형 값을 입력받을 때 사용하는 변환 명세는 ____이다.
8. 모니터에 출력할 때 printf의 변환 명세에서 출력값을 왼쪽으로 정렬하려면 ____를 추가해야 한다.
9. 변환 명세 중 double형의 값을 입력받는 scanf의 변환 명세는 ____이다.
10. C언어의 자료형을 세 가지 범주로 분류하시오.
11. 문자형은 넓게 보았을 때 어느 자료형 범주에 속하는가?
12. C언어의 열 두 개 자료형을 적으시오.
13. C언어에서 short형의 크기는 얼마인가?
14. C언어에서 (0을 포함한) 양수만 저장하는 정수형에는 어떤 키워드를 붙이는가?
15. 64 비트는 몇 바이트인가?
16. 정수형 상수 13과 13U, 13L의 자료형은 각각 무엇인가?

17. 아래는 각각 몇 바이트를 의미하는가? ($2^{10} = 1024$로 커지는 것을 가정한다.) 2의 지수승을 포함해서 적어도 된다.

   a) 1 KB
   b) 5 KB
   c) 2 MB
   d) 3 GB

18. 자료형 char, short, long 중에서 다음을 저장할 수 있는 최소 크기의 자료형이 무엇인지 각각 적으시오.

   a) 한 달의 날 수
   b) 1년의 날 수
   c) 하루의 분 수
   d) 하루의 초 수

19. 다음 중 올바른 상수들을 고르고 정수형과 실수형을 구별하시오.

   a) `0509`
   b) `0x1a34`
   c) `10.2E+3`
   d) `123␣456`
   e) `2.89e-5`
   f) `0x7F8G`
   g) `020E3`

20. 다음 식에서 변수 a, b, c, d, e, f의 자료형이 각각 short, long, int, short, float, double라고 가정하면 각 식 결과의 자료형은 무엇인가?

   a) `a + b`
   b) `e / d`
   c) `f / a`
   d) `e - f`
   e) `(int)e`
   f) `a + (int) b * c`
   g) `a + b * c`
   h) `a * d + 'c'`
   i) `a * e / f`

21. 다음 프로그램의 결과를 적으시오.

```
#include <stdio.h>

int main(void) {
    float   a, b, c, d;

    a = 10 / 4;
    b = 10 / 4.;
    c = (float)10 / 4;
    d = (int)(10 / (float)4);

    printf("%.1f %.1f %.1f %.1f", a, b, c, d);

    return 0;
}
```

22. 다음 프로그램의 결과를 적으시오.

```
#include <stdio.h>

int main(void) {
    int a, b, c, d;

    a = 10 / 4;
    b = 10 / 4.;
    c = 10 / (float)4 + 0.5;
    d = (int)(10 / 4 + 0.5);

    printf("%d %d %d %d", a, b, c, d);

    return 0;
}
```

23. 실수형 변수 f와 ff에 대해 다음과 같이 실행하면 항상 ff에는 f의 소수점 이하 부분이 저장될까? 아니라면 이유도 적으시오.
ff = f - (int)f;

24. 화씨 단위의 온도를 T_F 라 하고 섭씨 단위의 온도를 T_C 라고 할 때, 둘 사이에 변환하는 식은 아래와 같다.

$$T_F = \frac{9}{5}T_C + 32 \tag{6.1}$$

이 식을 이용하여 섭씨 100도에 해당하는 화씨 온도를 알아내기 위해 아래와 같이 프로그램을 작성하였다.

```
#include <stdio.h>

int main(void) {
    double  c, f;
```

```
    c = 100;
    f = 9/5 * c + 32;
    printf("%lf\n", f);

    return 0;
}
```

섭씨 100도에 해당하는 화씨 온도인 212.0이 출력되겠는가? 이유도 같이 설명하시오.

25. 24번에서 제대로 된 결과를 얻으려면 어떻게 수정하면 되는가?

26. 24번의 프로그램에서 c와 f의 자료형을 모두 int형으로 바꾸고 printf문에서도 변환 명세를 %d로 바꾸었다. 이 상태에서 최대한 정확한 결과를 얻으려면 f = 9/5 * c + 32; 문장을 어떻게 바꾸어야 하는가? 단, 실수형 값이나 형변환 연산자를 사용하면 안 된다.

27. 5장의 실습 문제 14번에서 float형 대신 double형을 이용하여 프로그램을 작성한 뒤 어느 쪽이 더 정확한지 비교해 보시오.

28. 다음 프로그램을 실행했을 때의 결과를 적으시오.

```
#include <stdio.h>

int main(void) {
    char    a, b, c;

    a = 'a';
    b = 'd';
    c = 'H';

    printf("%c %d ", a+4, a+4);
    printf("%d ", b-a);
    printf("%c ", c - 'A' + 'a');

    return 0;
}
```

29. 다음 printf에서 출력되는 결과를 적으시오. 빈 칸은 ␣을 이용하여 명시하시오.

   a) `printf("%7d, %5d", 123, 456789);`
   b) `printf("%07d, %-5d", 123, 45);`
   c) `printf("%.5f", 9.8765);`
   d) `printf("%-13.6e", 32.1234);`
   e) `printf("%9.2g", .00000006789);`

30. 다음과 같은 형식으로 float형 값을 출력하는 변환 명세를 적으시오.
    a) 십진수 형태, 왼쪽 정렬, 총 너비 8자리, 소수점 이하 1자리
    b) 십진수 형태, 오른쪽 정렬, 총 너비 7자리, 소수점 이하 4자리
    c) 지수승 형태, 왼쪽 정렬, 총 너비 9자리, 소수점 이하 2자리
    d) 지수승 형태, 오른쪽 정렬, 총 너비 10자리, 소수점 이하 4자리

31. 변환 명세 %011.2f의 의미를 설명하시오.

32. 연산식 sizeof(3/2.)의 결과는 얼마인가?

실습 문제

1. 한 개의 문자를 입력받아서 대문자인지 소문자인지를 판별하여 출력하시오. (예: A를 입력받으면 "A is a capital letter.", a를 입력받으면 "a is a small letter." 이라고 출력한다.

2. 영어 소문자를 하나 입력받아서 그 문자를 대문자로 바꾸어 출력하시오. (예: a를 입력받으면 A를 출력한다.)

3. 문자를 하나 입력받아서 그 문자에 해당하는 아스키 코드 값을 출력하시오.

4. 문자 하나를 입력받아서, 영어 소문자이면 대문자로 바꾸어 출력하고, 영어 대문자이면 소문자로 바꾸어 출력하시오. 알파벳이 아닌 문자가 입력되면 "This is not an alphabet." 라고 출력하시오.

5. 영어 소문자를 입력받은 뒤, 다음의 예와 같이 출력하시오.

입력 문자가 e인 경우	입력 문자가 h인 경우
a	a
ab	ab
abc	abc
abcd	abcd
abcde	abcde
	abcdef
	abcdefg
	abcdefgh

6. 다음을 중첩 반복문을 이용하여 출력하시오.

```
       z
      yz
     xyz
     ...
abc...xyz
```

7. 양의 정수 n을 입력받은 뒤, 다음의 예와 같이 출력하시오. 입력받는 n은 충분히 작아서 100 보다 작은 수들만 출력된다고 가정하시오.

n이 3이면	n이 5이면
01	01
0203	0203
040506	040506
	07080910
	1112131415

CHAPTER 7

배열

반복문과 어울려 많이 사용하는 것이 배열입니다. 사실 반복문과 배열까지만 배우면 거의 모든 프로그램을 작성할 수 있습니다. 정렬 알고리즘 같은 간단한 알고리즘에서부터 간단한 게임 같은 것도 만들어 보실 수 있습니다.

7.1 배열의 기초

예제로 시작해 봅시다. 학생 다섯 명의 점수를 입력받아 저장한 뒤 이런 저런 작업을 하는 프로그램입니다. 다섯 명의 점수를 입력받아 저장해야 하니 변수가 다섯 개가 필요할 것입니다. 변수 이름을 **a, b, c, d, e**라고 한다면 **int a, b, c, d, e;**라고 하면 되겠지요. 그 다음에 **scanf**를 다섯 번 사용하면 될 것입니다.

그런데 만일 열 명이면 어떻게 하시겠습니까? 변수 이름은 **a**에서 **j**까지 해서 **int a, b, c, ..., j;**로 변수 만들고 **scanf**를 열 번 사용하면 되겠지요. 그럼 백 명이면요? 변수 이름 짓는 것은 차치하고 **scanf**를 백 줄 써야 한다는 것이 우선 걸리네요.

이와 같이 많은 양의 데이터나 변수를 다룰 때 유용한 것이 배열입니다. 배열을 이용하면 여러 개의 변수를 한꺼번에 만들 수도 있으며 이 변수들에 대한 데이터 입력/출력/연산 등을 쉽게 수행할 수 있습니다.

7.1.1 배열의 선언

우선 배열의 선언, 즉 배열을 만드는 것은 **int a[5];**와 같이 하면 됩니다. 보통의 변수 선언과 동일한데 뒤에 **[5]**가 붙었습니다. 여기서 **5**가 바로 몇 개의 변수를 한꺼번에 만들지를 지정합니다. 여기서는 **5**이니 그림 7.1과 같이 다섯 개의 변수가 만들어집니다. 그리고 그 각각에는 **a[0], a[1], a[2], a[3], a[4]**로 이름이 붙습니다. 만일 **int b[100];**이라고 한다면 **b[0]**부터 **b[99]**까지 **100**개의 변수가 만들어지겠지요. 즉 많은 개수의 변수를 한 번에 만들 수 있는 것입니다.

이처럼 배열을 선언할 때 **5**나 **100**과 같이 **[ ]** 안에 써 주는 수만큼 변수가 만들어지며 이를 배열의 크기라고 합니다. 그리고 배열에서 만들어진 각각의 변수들, **a[0]**이나 **a[1]** 등을 그 배열의 요소라고 부릅니다.

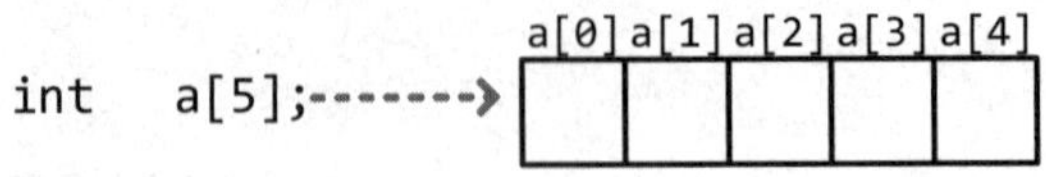

그림 7.1 배열의 선언

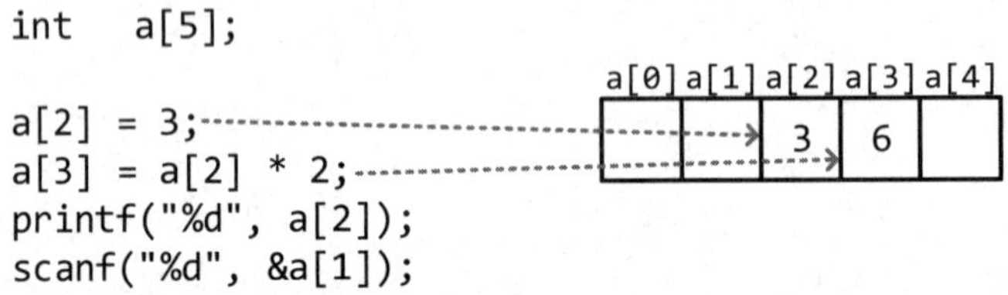

그림 7.2 배열의 사용

```
int   a[5];

scanf("%d", &a[0]);
scanf("%d", &a[1]);
scanf("%d", &a[2]);
scanf("%d", &a[3]);
scanf("%d", &a[4]);
```

⇒

```
int   a[5];

for(i=0;i<5;++i)
{
    scanf("%d", &a[i]);
}
```

그림 7.3 배열과 scanf

각각의 배열 요소들은 일반 변수처럼 사용할 수 있습니다. 그림 7.2와 같이 값을 대입하거나 저장된 값을 사용할 수 있고, printf로 출력하거나 scanf로 입력받을 수도 있습니다. 그리고 [ ] 안에 들어 있는 것은 일반적인 정수여서 정수의 결과가 나오는 식을 넣어도 괜찮습니다. 예를 들어, a[1+2] = a[3-1] * 2;라고 한다면 a[2]의 값에 2를 곱해서 a[3]에 저장하겠지요. 참고로 [ ] 안에 있는 정수를 첨자라고 부릅니다.

7.1.2 배열과 반복문

여기까지만 보면 배열이 그다지 편한 것 같지는 않을 수 있습니다. 그러나 반복문과 어울려 다양한 동작을 하는 것을 보면 얼마나 편한 것인지를 알 수 있으실 것입니다. 다섯 명의 점수를 입력받아서 배열 a에, 즉 a[0]~a[4]에 저장해 봅시다. 그냥 scanf를 다섯 번 사용한다면 그림 7.3의 왼쪽 프로그램과 같을 것입니다. 그런데 이 프로그램을 잘 보면 scanf가 반복되므로 반복문을 사용하면 좋을 것 같습니다. 물론 변수가 a[0], a[1], a[2], ...로 바뀌기는 합니다만, 바뀌는 것은 첨자뿐입니다. 그런데 첨자가 0, 1, 2, ...로 바뀌는 것이고 이렇게 바뀌는 경우에 반복문을 어떻게 적용하는지는 이미 앞에서 했습니다. 바뀌는 곳에 반복 횟수를 세는 변수를 넣으면 되었지요. 이와 같이 반복문을 적용해서 작성한 것이 그림 7.3의 오른쪽 프로그램입니다.

반복문 안의 scanf가 처음 실행될 때, 즉 첫 번째 반복에서는 i의 값이 0입니다. 그러므로 scanf에서 입력받은 값은 a[0]에 저장될 것입니다. 두 번째 반복에서는 i의 값이 1이므로 scanf에서 입력받은 값은 a[1]에 저장될 것이고, 그 다음에는 a[2]에 저장되며, 그

```
printf("%d\n", a[0]);
printf("%d\n", a[1]);
printf("%d\n", a[2]);
printf("%d\n", a[3]);
printf("%d\n", a[4]);
```

⇨

```
for(i=0;i<5;++i)
{
    printf("%d\n", a[i]);
}
```

그림 7.4 배열과 printf

프로그램 7.1 예제 1 - 다섯 명의 점수를 입력받아서 출력하기

```
#include <stdio.h>

int main(void) {
    int   a[5];
    int   i;

    for(i=0;i<5;++i)
    {
       scanf("%d", &a[i]);
    }
    for(i=0;i<5;++i)
    {
       printf("%d\n", a[i]);
    }

    return 0;
}
```

다섯 명의 점수를 입력 받아 배열 a에 저장 (첫 번째 for문)

배열 a에 저장된 값들을 출력 (두 번째 for문)

다음에는 a[3]과 a[4]에 차례로 저장될 것입니다. 처음에 원했던 대로 다섯 명의 점수를 배열 a에 저장하는 것입니다.

이번에는 입력받은 다섯 명의 점수를 출력해 봅시다. 단순하게 생각하면 그림 7.4와 왼쪽 프로그램과 같이 printf를 다섯 번 사용하면 됩니다. 그러나 이 프로그램도 잘 보면 반복문을 적용할 수 있다는 것을 알 수 있으실 것입니다. 그림 7.4의 오른쪽 프로그램과 같이 반복문 안에 printf를 배치하고 배열 a의 첨자 자리에는 i를 넣으면 되겠지요.

그림 7.3과 그림 7.4를 결합하여 다섯 명의 점수를 입력받아서 저장한 뒤 출력하도록 작성한 프로그램이 프로그램 7.1입니다. 이 프로그램을 작성해서 실행해 보시면 잘 동작함을 아실 수 있습니다.

만일 프로그램 7.1에서 printf문에 있는 배열 a의 첨자를 i에서 4-i로 수정하면 어떻게 동작할까요? 첫 번째 반복에서 i의 값이 0이므로 a[4]가 출력되고 그 다음에는 a[3], 그 다음에는 a[2]와 같이 해서 a[1], a[0]이 출력될 것입니다. 즉 입력받은 점수를 역순으로 출력하게 될 것입니다.

```
sum = a[0] + a[1] + a[2] + a[3] + a[4];

sum = 0;
sum = sum + a[0];
sum = sum + a[1];
sum = sum + a[2];
sum = sum + a[3];
sum = sum + a[4];

sum = 0;
for(i=0;i<5;i++)
{
   sum = sum + a[i];
}
```

그림 7.5 배열의 합 구하기

프로그램 7.2 예제 2 - 다섯 명의 점수를 입력받아서 합 구하기

```
#include <stdio.h>

int main(void) {
   int   a[5];
   int   i, sum;

   for(i=0;i<5;++i)
   {
      scanf("%d", &a[i]);
   }
   sum = 0;
   for(i=0;i<5;++i)
   {
      sum += a[i];
   }
   printf("%d\n", sum);

   return 0;
}
```

(11~15행: 배열 a에 저장된 값들의 합 구하기)

7.1.3 배열의 합 구하기

프로그램 7.1과 같이 다섯 명의 점수를 입력받은 뒤 그 합을 구해 봅시다. 합을 그냥 구한다면 그림 7.5의 위와 같이 **a[0]**부터 **a[4]**를 그냥 더하면 될 것입니다. 그러나 이것은 그리 좋은 방법이 아니겠지요. 학생의 수가, 즉 배열의 크기가 100이나 1000 쯤 된다면 이렇게 합을 구하는 것은 거의 불가능할 것입니다. 이런 합을 구할 때 반복문을 이용하여 어떻게 쉽게 구할 수 있는지는 3장에서 했습니다. 합을 구하는 문장을 그림 7.5의 왼쪽과 같이 분해한 뒤에 이를 반복문으로 수정하면 그림의 오른쪽과 같이 됩니다. 그러면 첫 번째 반복에서 **a[0]**이 **sum**에 저장되고, 그 다음 반복에서는 그 값에 **a[1]**을 더한 뒤 **sum**에 저장하고, 그 다음에는 **a[2]**를, 그 다음에는 **a[3]**을, 마지막에는 **a[4]**를 더해서 **sum**에 저장하므로 반복문을 마친 다음에는 **a[0]**부터 **a[4]**까지의 합이 **sum**에 저장되는 것입니다.

a[0]	a[1]	a[2]	a[3]	a[4]
10	20	30	40	50

```
a[0] = 10;
a[1] = 20;
a[2] = 30;
a[3] = 40;
a[4] = 50;
```

⇒

```
for(i=0;i<5;i++)
{
    a[i] = (i+1)*10;
}
```

그림 7.6 배열에 규칙적인 값 저장하기

a[0]	a[1]	a[2]	a[3]	a[4]
2	5	4	3	0

```
a[0] = 2;
a[1] = 5;
a[2] = 4;
a[3] = 3;
a[4] = 0;
```

⇒

```
for(i=0;i<5;i++)
{
    ?
}
```

그림 7.7 배열에 불규칙적인 값 저장하기

프로그램 7.1을 조금 수정하여 다섯 명의 점수를 입력받은 뒤 그 합을 출력하는 프로그램을 작성하면 프로그램 7.2와 같습니다. 반복문을 이용하여 다섯 명의 점수를 입력받아 배열에 저장한 뒤 역시 반복문을 이용하여 합을 구한 뒤 출력합니다.

7.2 배열의 활용

앞 절에서 배열을 선언하고 반복문으로 다루는 것을 간단히 살펴보았습니다. 이 절에서는 좀 더 확장하여 다양한 값들을 계산하고 배열사이에 연산도 해 봅시다.

7.2.1 배열에 값 저장하기

크기가 5인 정수형 배열 a에 그림 7.6의 위쪽과 같이 값을 저장해 봅시다. 그냥 배열 요소 하나 하나에 값을 저장하면 그림 7.6의 왼쪽과 같이 프로그램을 작성할 수 있습니다. 그러나 저장되는 값들을 잘 보면 어떤 규칙성이 있음을 알 수 있습니다. 이런 경우에는 그림의 오른쪽 프로그램과 같이 반복문을 이용하여 간편하게 값을 저장하는 것이 좋을 것입니다. 첫 번째 반복에서는 i의 값이 0이므로 (0+1)*10의 결과인 10이 a[0]에 저장됩니다. 다음 반복에서는 i의 값이 1이므로 (1+1)*10의 결과인 20이 a[1]에 저장되고, 같은 방법으로 계산해 보면 a[2], a[3], a[4]에는 30, 40, 50이 저장됩니다.

그럼 이번에는 그림 7.7의 위쪽과 같이 값을 저장해 봅시다. 배열 요소 각각에 값을 저장하면 그림 7.7의 왼쪽과 같이 하면 될 것입니다. 그런데 이 예제에서는 저장되는 값에

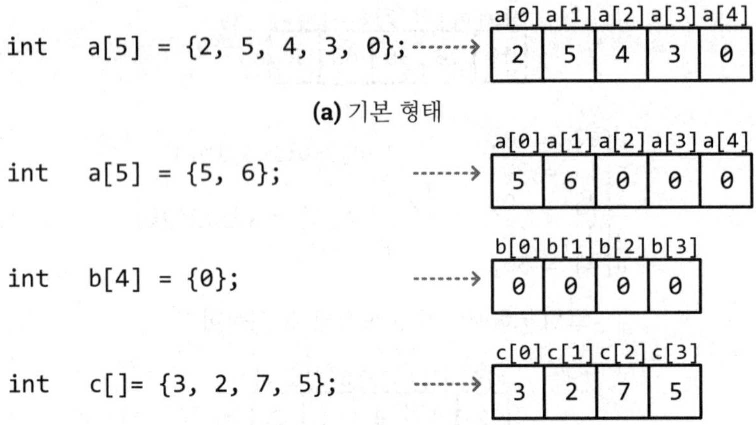

(a) 기본 형태

(b) 초기화 값의 개수가 모자라거나 배열 크기가 지정되지 않은 경우

그림 7.8 배열의 초기화

어떤 규칙성이 없습니다. 이런 경우에는 반복문 등을 이용해서 간편하게 저장할 방법이 없습니다. 그림의 왼쪽과 같이 각각 값을 저장할 수밖에 없습니다. 다만 처음 한 번은 초기화를 이용하여 좀 더 간단하게 할 방법이 있습니다.

7.2.2 배열의 초기화

배열을 선언하면서 값을 대입하는 것을 배열의 초기화라고 합니다. 배열을 초기화 할 때는 여러 배열 요소들에 저장될 값을 한 문장에 기술하는 것이 가능합니다. 배열을 초기화하는 예가 그림 7.8a입니다. 그림을 보면 **int a[5]**라고 배열을 선언하면서 그 뒤에 **{}**와 몇 개의 수를 적어 주고 있습니다. 이런 경우에는 **{}** 안에 있는 수들이 배열 요소에 차례로 저장됩니다. 즉 처음에 있는 수는 **a[0]**에, 그 다음에 있는 수는 **a[1]**에 저장되는 것입니다.

다만 이렇게 배열 요소들에 저장될 값을 한꺼번에 기술하는 것은 초기화에서만 가능한 것이고, 일단 배열을 선언한 이후에는 불가능합니다. 즉 **int b[5];**와 같이 배열을 선언한 다음에 **b[5] = { ~ };**와 같이 대입하면 안 됩니다.

배열을 초기화할 때 그림 7.8b의 위쪽 예와 같이 **{}** 안의 수의 개수가 배열의 크기보다 적다면 남는 요소들은 **0**으로 초기화됩니다. 그림의 예에서는 배열의 크기는 **5**인데 **{}** 안에 기술한 수는 **5**와 **6** 밖에 없으므로 **a[0]**과 **a[1]**에 각각 **5**와 **6**을 저장한 뒤 나머지 **a[2]~a[4]**에는 **0**을 저장합니다. 만일 그림 7.8b의 아래쪽 예와 같이 **{}** 안에 **0**을 하나만 적어 두어도 모든 배열 요소들을 **0**으로 초기화할 것입니다.

그리고 반대로 초기화를 하는데 배열의 크기를 지정하지 않으면 **{}** 안에 있는 수의 개수가 그 배열의 크기가 됩니다. 예를 들어 그림 7.8b에서 배열 **c**를 선언하고 초기화하는데 크기를 지정하지 않고 있습니다. 대신 **{}** 안에 네 개의 수가 들어 있습니다. 이런 경우에는 배열 **c**의 크기는 **4**가 되는 것이고 **c[0] ~ c[3]**에 초기화 값들이 저장되는 것입니다.

프로그램 7.3 예제 3 - 배열 사이의 연산

```
01: #include <stdio.h>
02:
03: int main(void) {
04:     int   a[5] = {2, 5, 4, 3, 0};
05:     int   b[5], c[5];
06:     int   i;
07:
08:     for(i=0;i<5;++i)
09:     {
10:        b[i] = a[i] * 2;
11:     }
12:     for(i=0;i<5;++i)
13:     {
14:        c[i] = a[i] + b[i];
15:     }
16:     ...
17:
18:     return 0;
19: }
```

7.2.3 배열 사이의 연산

반복문을 잘 이용하면 배열 사이에 다양한 연산을 할 수 있습니다. 프로그램 7.3이 그러한 연산의 한 예가 되겠습니다. 프로그램을 보시면 그림 7.9a와 같이 처음에 크기가 5인 배열 a, b, c가 선언되는데 배열 a는 초기화됩니다. 그 다음을 보니 8번 줄에서 11번 줄까지 반복문이 있는데 b[i] = a[i] * 2;를 반복합니다. 첫 번째 반복에서는 i가 0이므로 이 문장은 b[0] = a[0] * 2;가 될 것입니다. 즉 a[0]에 2를 곱해서 4가 b[0]에 저장될 것입니다. 다음 반복에서는 i가 1이므로 b[1] = a[1] * 2;를 수행하여 b[1]에는 10이 저장됩니다. 마찬가지로 수행하게 되면 b[2], b[3], b[4]에는 각각 8, 6, 0이 저장됩니다. 즉 그림 7.9b와 같이 배열 b의 각 요소에는 배열 a의 대응되는 요소의 값에 2를 곱한 값이 저장되는 것입니다.

12번 줄에서 15번 줄에 있는 다음 반복문을 보니 이번에는 c[i] = a[i] + b[i];를 수행합니다. 첫 번째 반복에서는 i가 0이므로 c[0] = a[0] + b[0];을 수행할 것입니다. 즉 c[0]에는 6이 저장되겠지요. 그 다음 반복에서는 i가 1이므로 c[1] = a[1] + b[1];이 되어 c[1]에는 15가 저장됩니다. 같은 방식으로 수행하면 c[2], c[3], c[4]에는 각각 12, 9, 0이 저장됩니다. 그림 7.9c와 같이 배열 c에는 배열 a와 b의 각 요소들을 더한 값들이 저장되는 것입니다.

7.2.4 배열에 관련된 기타 사항들

처음 프로그램을 배우시는 분들이 배열을 다룰 때 가장 많이 실수하시는 것 중 하나가 배열 첨자의 범위입니다. 크기가 n인 배열의 첨자는 0~n-1입니다. 즉 크기가 5인 배열에서 첨자는 범위가 0~4이고 크기가 10이면 0~9입니다. 그런데 첨자의 범위를 1~n으로 착각하실 때가 많습니다. 예를 들어 크기가 5인 배열 a에 대해 a[5] = 3;과 같이

```c
#include <stdio.h>

int main(void) {
   int   a[5] = {2, 5, 4, 3, 0};
   int   b[5], c[5];
   int   i;

   for(i=0;i<5;++i)
   {
      b[i] = a[i] * 2;
   }
   for(i=0;i<5;++i)
   {
      c[i] = a[i] + b[i];
   }
   ...

   return 0;
}
```

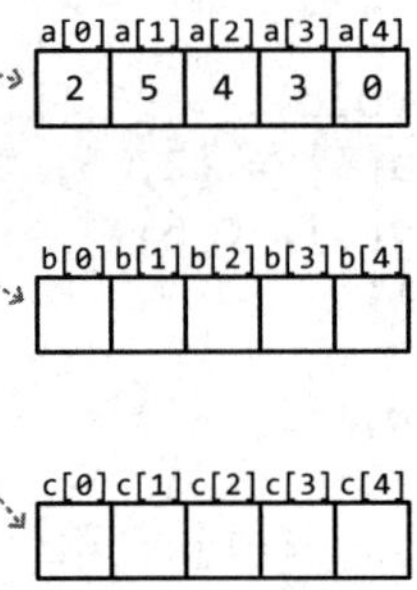

(a) 배열 선언 및 초기화

```c
#include <stdio.h>

int main(void) {
   int   a[5] = {2, 5, 4, 3, 0};
   int   b[5], c[5];
   int   i;

   for(i=0;i<5;++i)
   {
      b[i] = a[i] * 2;
   }
   for(i=0;i<5;++i)
   {
      c[i] = a[i] + b[i];
   }
   ...

   return 0;
}
```

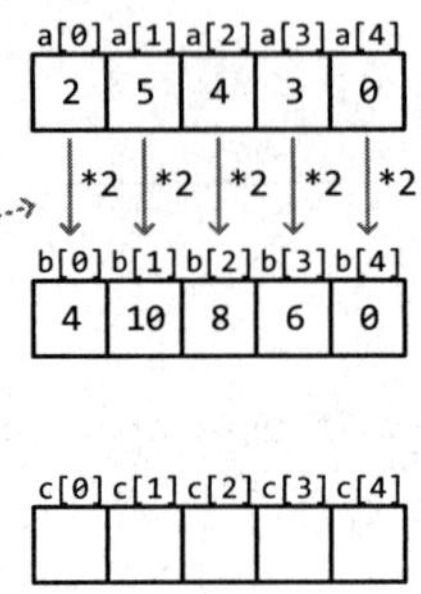

(b) 첫 번째 반복문

```c
#include <stdio.h>

int main(void) {
   int   a[5] = {2, 5, 4, 3, 0};
   int   b[5], c[5];
   int   i;

   for(i=0;i<5;++i)
   {
      b[i] = a[i] * 2;
   }
   for(i=0;i<5;++i)
   {
      c[i] = a[i] + b[i];
   }
   ...

   return 0;
}
```

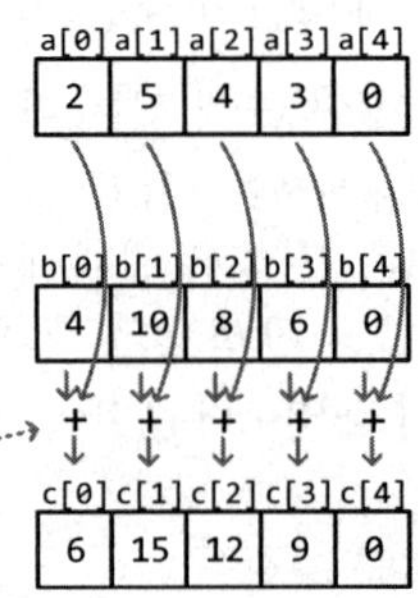

(c) 두 번째 반복문

그림 7.9 프로그램 7.3의 진행

```
int   a[2][3];

a[0][2] = 5;
a[1][1] = a[0][2] * 2;
scanf("%d", &a[1][2]);
printf("%d\n", a[1][1]);
```

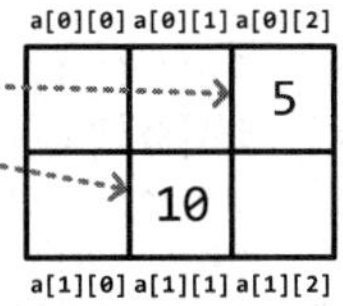

그림 7.10 2차원 배열의 선언과 사용

적는 것이지요. 이것은 아마 사람은 수를 셀 때 1부터 세기 때문일 것 같습니다. 그러나 배열의 첨자는 0에서부터 시작하므로 n-1 이하여야 한다는 것을 기억하시기 바랍니다. 혹시 첨자에 범위 밖의 수를 넣게 되면 예상치 못한 변수의 값이 바뀌어 버릴 수가 있으니 주의하셔야 합니다.

그리고 배열은 모든 자료형에 대해 가능합니다. 앞에서 배운 short나 long 같은 다른 정수형과 float이나 double 같은 실수형, char 같은 문자형에 대해 모두 가능할 뿐 아니라, 뒤에 배울 포인터나 구조체 등에 대해서도 배열을 선언할 수 있습니다. 선언하는 방법은 앞의 int형 배열과 같이 double c[10];이나 char d[20];과 같이 하면 됩니다.

7.3 다차원 배열

지금까지 배운 배열은 1차원 배열입니다. C언어에서는 1차원 배열 뿐만 아니라 2차원 배열이나 3차원 배열과 같은 다차원 배열도 제공합니다. 그림 7.10은 2차원 배열을 선언하고 사용하는 예입니다. 2차원 배열을 만들 때는 그림에서와 같이 배열의 크기를 두 개 기술해서 int a[2][3];처럼 선언하면 됩니다. 이때 앞에 기술한 크기가 2차원 배열의 행의 개수가 되고 뒤에 기술한 크기가 2차원 배열의 열의 개수가 됩니다. 그림의 예에서는 행의 개수가 2이고 열의 개수가 3입니다. 그리고 각각의 배열 요소에는 a[0][0], a[0][1], a[0][2], a[1][0] a[1][1], a[1][2]의 이름이 붙습니다. 각 배열 요소는 일반적인 변수와 기능이 동일하여 그림에서와 같이 값을 저장하고 읽는 것이 가능합니다. 물론 [ ] 안에 있는 첨자는 일반적인 정수여서 정수 결과값을 가지는 식을 [ ] 안에 넣는 것도 가능합니다.

3차원 배열은 int a[2][3][3];과 같이 배열의 크기를 세 개 기술하면 됩니다. 그리고 a[0][2][1] = 3;과 같이 사용하면 됩니다. 3차원 배열 보다 더 나아가서 4차원 배열 5차원 배열 같은 것도 만들 수 있습니다. 그러나 3차원 배열도 그리 많이 쓰이는 편은 아니며 4차원 배열이나 5차원 배열은 거의 사용되지 않는다고 보셔도 될 것 같습니다.

7.3.1 2차원 배열과 반복문

크기가 2×3인 2차원 배열의 각 요소들에 scanf를 통해 값을 저장해 봅시다. 단순하게 한다면 그림 7.11의 왼쪽 프로그램과 같이 scanf를 여섯 번 사용해야 할 것입니다. 그러나 그림을 잘 보시면 반복문을 적용할 수 있을 것 같습니다. 다만 첨자가 두 개이고 두 첨자가 각각 변해야 하니 반복문 하나로는 잘 안 되고 반복문 두 개, 즉 중첩 반복문을 이용하는

```
int   a[2][3];

scanf("%d", &a[0][0]);
scanf("%d", &a[0][1]);
scanf("%d", &a[0][2]);
scanf("%d", &a[1][0]);
scanf("%d", &a[1][1]);
scanf("%d", &a[1][2]);
```

```
int   a[2][3];

for(i=0;i<2;++i)
{
   for(j=0;j<3;++j) {
      scanf("%d", &a[i][j]);
   }
}
```

그림 7.11 2차원 배열 입력받기

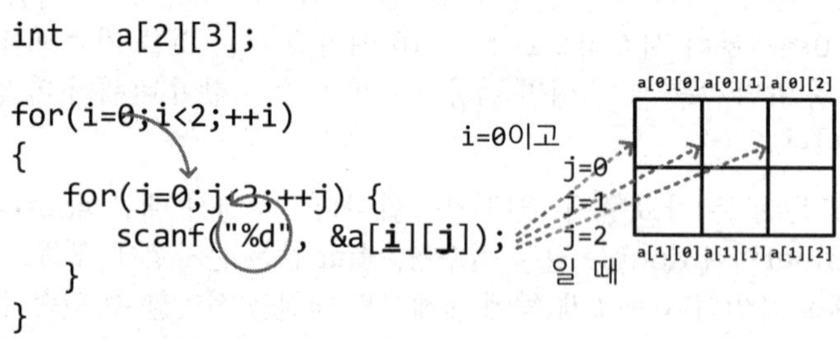

(a) 첫 번째 외부 반복

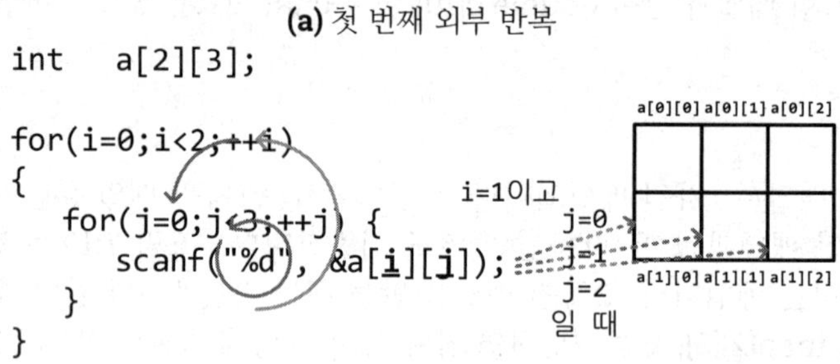

(b) 두 번째 외부 반복

그림 7.12 2차원 배열 입력받기

것이 좋을 것 같습니다. 중첩 반복문으로 이용하여 입력받는 프로그램이 그림 7.11의 오른쪽 프로그램입니다.

중첩 반복문을 통해 어떤 순서로 각 요소들을 입력받는지 하나씩 좇아가 봅시다. 처음에 외부 반복문에 들어가면 i의 값은 0이 됩니다. 그리고 내부 반복문을 수행할 것입니다. 내부 반복문에서 세 번 반복하면서 j의 값이 0에서 2로 증가하므로 세 번의 scanf를 통해 입력받은 값들은 그림 7.12a와 같이 a[0][0], a[0][1], a[0][2]에 차례로 저장됩니다. 내부 반복문에서 j의 값이 3으로 증가하면 반복을 마칩니다. 내부 반복문을 마치면 외부 반복문에 의해 i의 값은 1로 증가하며 내부 반복문을 다시 수행하게 됩니다. 이번에도 j의 값이 0에서 2로 증가하며 세 번 반복하므로 scanf를 통해 입력받은 값들은 그림 7.12b와 같이 a[1][0], a[1][1], a[1][2]에 차례로 저장됩니다. 그리고 j의 값이 3이 되면 반복을 마치고 외부 반복문에서 i의 값이 2로 증가하면 외부 반복문까지도 마치게 됩니다. 따라서 scanf 문은 총 여섯 번 실행되며 입력받은 값들은 차례로 배열 a[2][3]의 요소들에 저장되는

```
int   a[2][3];

printf("%d", a[0][0]);
printf("%d", a[0][1]);
printf("%d", a[0][2]);
printf("%d", a[1][0]);
printf("%d", a[1][1]);
printf("%d", a[1][2]);
```

⟹

```
int   a[2][3];

for(i=0;i<2;++i)
{
  for(j=0;j<3;++j) {
    printf("%d", a[i][j]);
  }
}
```

그림 **7.13** 2차원 배열 출력하기

프로그램 7.4 예제 4 - 2차원 배열의 입력과 출력

```
#include <stdio.h>

int main(void) {
   int      a[2][3];
   int      i, j;

   for(i=0;i<2;i++)
   {
      for(j=0;j<3;j++)
      {
         scanf("%d", &a[i][j]);
      }
   }
   for(i=0;i<2;i++)
   {                                  변형 1,2: printf("%d ", &a[i][j]);
      for(j=0;j<3;j++)
      {
         printf("%d\n", a[i][j]);
      }------------> 변형 2: printf("\n");
   }
   ------------> 변형 1: printf("\n");
   return 0;
}
```

것입니다.

다음으로 입력받아 2차원 배열에 저장된 값들을 출력해 봅시다. 앞의 scanf에서와 마찬가지로 그림 7.13의 왼쪽 그림과 같이 printf를 여섯 번 사용하면서 프로그램을 작성할 수도 있을 것입니다. 그러나 반복문을 사용하면 오른쪽 그림과 같이 좀 더 간결한 형태로 작성할 수도 있습니다. 동작은 scanf에서와 마찬가지로 i가 0일 때 j가 0, 1, 2로 변하면서 a[0][0], a[0][1], a[0][2]를 출력하고, i가 1로 증가한 뒤 다시 반복해서 j가 0, 1, 2로 변하면서 a[1][0], a[1][1], a[1][2]를 출력하는 것입니다.

방금 소개한 두 프로그램을 합쳐서 여섯 개의 값을 입력받은 뒤 출력하는 프로그램이 프로그램 7.4입니다. 중첩 반복문으로 입력받아 2차원 배열에 저장한 뒤 역시 중첩

반복문으로 그 값들을 출력합니다. 이 프로그램을 실행하면 여섯 개의 값이 세로로 출력됩니다. 만일 가로로 출력하고 싶다면, 프로그램 7.4에서 변형 1이라고 표시된 대로 printf문에서 \n을 제거하면 됩니다. 2차원 배열에 저장된 것과 같은 형태로, 다시 말하면 2차원 배열의 각 행을 출력한 뒤 줄 바꿈을 하도록 출력하고 싶다면, 변형 2라고 표시된 대로 내부 반복문을 마친 후에 \n을 출력하면 됩니다. 안쪽 반복문에서 한 행에 있는 요소들을 출력하므로 안쪽 반복문을 마친 후에 줄을 바꾸면 행마다 줄을 바꾸게 되는 것입니다.

7.3.2 2차원 배열의 활용

예제 프로그램을 통해 2차원 배열로 여러 가지 연산을 하는 법을 익혀 봅시다. 프로그램 7.5를 보십시오. 크기가 2×3인 이차원 배열 a, b, c를 선언한 뒤 중첩 반복문으로 몇 가지 작업을 하고 있습니다.

우선 첫 번째 중첩 반복문을 보겠습니다. 반복을 하면서 배열 a에 어떤 값들을 저장하고 있습니다. 배열 a의 각 요소에 저장되는 값을 알려면, i와 j가 어떤 값일 때 어느 요소에 저장되는 지를 파악하면 될 것입니다. 안쪽 for문을 처음 반복할 때는 i가 0이고 j가 0일 것입니다. 그러면 a[i][j] = i*30+j*10;이라는 문장은 그림 7.14a의 ①과 같이 a[0][0] = 0*30+0*10;이 될 것입니다. 즉 a[0][0]에 0이 저장될 것입니다. 다음 반복에서는 i가 0이고 j가 1일 것이므로 ②와 같이 a[0][1] = 0*30+1*10;이 실행되어서 a[0][1]에는 10이 저장될 것입니다. 그 다음에는 a[0][2] = 0*30+2*10:이 되어서 a[0][2]에 20이 저장되겠지요.

이 다음에는 j가 3이 되어서 안쪽 반복문이 종료될 것이고 i가 1로 증가한 뒤 안쪽 반복문이 다시 반복될 것입니다. 안쪽의 for문에서 j=0의 초기화 문장에 의해 이번에도 j의 값은 0부터 시작할 것이므로 ④와 같이 a[1][0] = 1*30+0*10;이 되어서 a[1][0]에는 30이 저장됩니다. 그 다음에는 j의 값이 1, 2로 증가하면서 a[1][1] = 1*30+1*10;과 a[1][2] = 1*30+2*10;이 실행되어서 a[1][1]과 a[1][2]에는 40과 50이 저장될 것입니다.

예제 5의 다음 부분은 14번 줄에서 20번 줄에 있는 반복문입니다. 이번에는 배열 b의 요소에 어떤 값을 저장하는 데 배열 a와 관련되어 있습니다. 이번에도 바깥 반복문은 i의 값이 0에서 1로 변하면서 반복하고 안쪽 반복문은 j의 반복문이 0에서 2로 변하면서 반복합니다. 처음에는 i도 0이고 j도 0이므로 그림 7.14b의 ①과 같이 b[0][0] = a[0][0] + 2;가 되어서 b[0][0]에는 2가 저장될 것입니다. 비슷하게 j가 1, 2로 증가되면 b[0][1] = a[0][1] + 2;와 b[0][2] = a[0][2] + 2;가 되어서 b[0][1]과 b[0][2]에는 12와 22가 저장될 것입니다. 가만히 생각해 보니 배열 b의 각 요소에는 배열 a의 같은 위치에 있는 요소의 값에 2를 더한 값이 저장되는 것 같습니다. 같은 방식으로 계속되어서 b[1][0], b[1][1], b[1][2]에는 a[1][0], a[1][1], a[1][2]에 각각 2를 더한 32, 42, 52가 저장될 것입니다.

다음의 21번 줄에서 27번 줄에 있는 반복문에서는 배열 a와 b의 요소를 더해서 배열 c의 요소에 저장합니다. 역시 i와 j의 값들을 추적해 보면 그림 7.14c와 같이 진행되어서 같은 위치에 있는 a와 b의 요소를 더해 역시 같은 위치에 있는 c의 요소에 저장합니다.

프로그램 7.5 예제 5 - 2차원 배열의 연산

```
#include <stdio.h>

int main(void) {
   int   a[2][3], b[2][3], c[2][3];
   int   i, j, sum;

   for(i=0;i<2;i++)
   {
      for(j=0;j<3;j++)
      {
         a[i][j] = i*30+j*10;
      }
   }
   for(i=0;i<2;i++)
   {
      for(j=0;j<3;j++)
      {
         b[i][j] = a[i][j] + 2;
      }
   }
   for(i=0;i<2;i++)
   {
      for(j=0;j<3;j++)
      {
         c[i][j] = a[i][j] + b[i][j];
      }
   }
   sum = 0;
   for(i=0;i<2;i++)
   {
      for(j=0;j<3;j++)
      {
         sum = sum + c[i][j];
      }
   }
   printf("%d\n", sum);

   return 0;
}
```

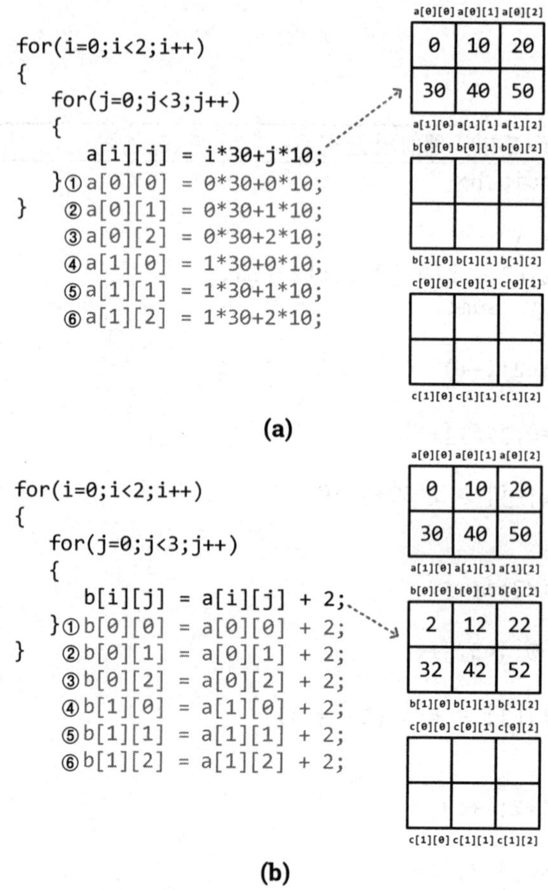

그림 7.14 프로그램 7.5의 진행 – 다음 쪽에 계속

마지막으로 프로그램 7.5의 28번 줄에서 36번 줄까지는 배열 c의 모든 요소의 합을 구하는 부분입니다. 이전과 마찬가지로 중첩 반복문을 통해 배열 c의 모든 요소들을 읽어서 sum에 차례차례 더하고 있습니다. 그림 7.14d와 같이 처음에는 c[0][0]을 더하고 그 다음에는 c[0][1], c[0][2]를 더한 후에 바깥쪽 반복문을 돌고 안쪽 반복문으로 다시 들어와서 c[1][0], c[1][1], c[1][2]를 차례로 더합니다. 그러면 안쪽 반복문과 바깥쪽 반복문을 모두 마치게 되고 sum의 값을 출력합니다. 여기까지 2차원 배열을 이용해서 할 수 있는 기본적인 연산들을 해 보았습니다. 다음 절에서는 2차원 배열에 대해 여러 가지 합을 구하는 예제들을 다루어 보겠습니다.

7.4 2차원 배열의 여러 가지 합

설명의 편의를 위해 이번에는 크기가 3 × 4인 2차원 배열 a[3][4]를 생각해 보겠습니다. 프로그램 7.5의 마지막 부분과 같이 이 2차원 배열의 전체합을 구하려면 그림 7.15와 같이

```
for(i=0;i<2;i++)
{
   for(j=0;j<3;j++)
   {
      c[i][j]=a[i][j]+b[i][j];
   }① c[0][0]=a[0][0]+b[0][0];
}   ② c[0][1]=a[0][1]+b[0][1];
    ③ c[0][2]=a[0][2]+b[0][2];
    ④ c[1][0]=a[1][0]+b[1][0];
    ⑤ c[1][1]=a[1][1]+b[1][1];
    ⑥ c[1][2]=a[1][2]+b[1][2];
```

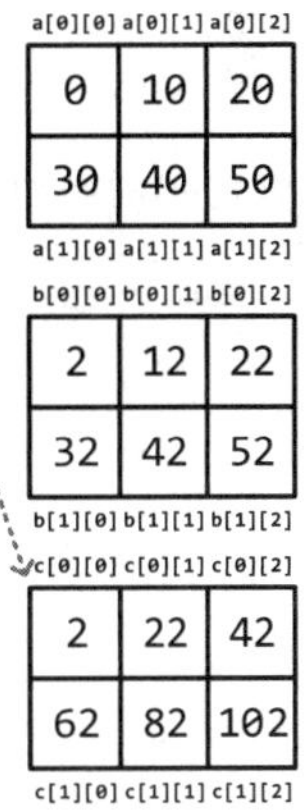

(c)

```
sum = 0;
for(i=0;i<2;i++)
{
   for(j=0;j<3;j++)
   {
      sum = sum + c[i][j];
   }① sum = sum + c[0][0];
}   ② sum = sum + c[0][1];
    ③ sum = sum + c[0][2];
    ④ sum = sum + c[1][0];
    ⑤ sum = sum + c[1][1];
    ⑥ sum = sum + c[1][2];
```

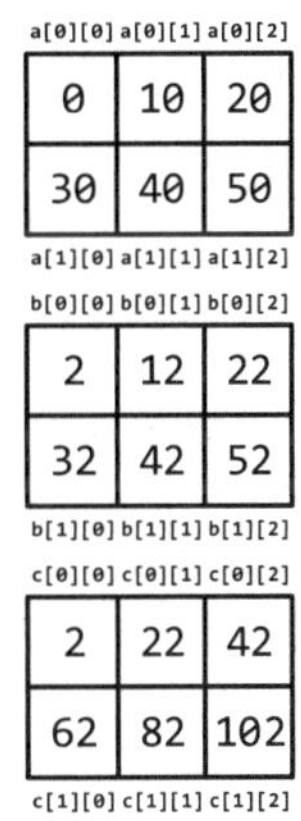

(d)

그림 **7.14** 프로그램 7.5의 진행

프로그램을 작성하면 됩니다.

이번에는 그림 7.16의 프로그램을 보겠습니다. 여기서는 **hsum**이라는 변수에 배열 요소를 하나씩 더하고 있는데 반복문이 하나 만 있습니다. 반복문을 따라가 보면 **j**의 값은 **0**에서 **3**까지 증가한 뒤 **4**가 되면 반복문을 마치게 됩니다. 그리고 **hsum**에는 **a[1][j]**를 계속해서 더하는데 첨자를 보니 앞 첨자는 1로 고정되어 있고 뒷 첨자는 **j**입니다. 그러므로 **hsum**에는 **a[1][0], a[1][1], a[1][2], a[1][3]**을 차례로 더할 것입니다. 정리하면 그림 7.16의 오른편 그림과 같이 1번 행의 요소들을 모두 더한 합을 구하는 것입니다.

그렇다면 2차원 배열에서 어떤 특정한 열의 합은 어떻게 구할 수 있을까요? 여러 가지 방법을 생각할 수 있으며 그림 7.17 같이 프로그램을 작성할 수도 있을 것입니다. 이번에는 반복문에서 **i**의 값이 **0**에서 **2**까지 증가한 뒤 **3**이면 끝나고, **vsum**에 더해지는 것은 **a[i][2]**입니나. 그러므로 **a[0][2], a[1][2], a[2][2]**가 차례로 더해지고 이것은 배열 **a**에서 2번 열의 합입니다.

```
sum = 0;
for(i=0;i<3;i++)
{
   for(j=0;j<4;j++)
   {
      sum = sum + a[i][j];
   }
}
printf("%d\n", sum);
```

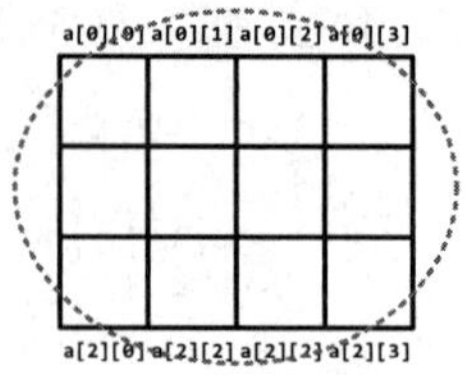

그림 7.15 2차원 배열의 전체 합 구하기

```
hsum = 0;
for(j=0;j<4;j++)
{
   hsum = hsum + a[1][j];
}
printf("%d\n", hsum);
```

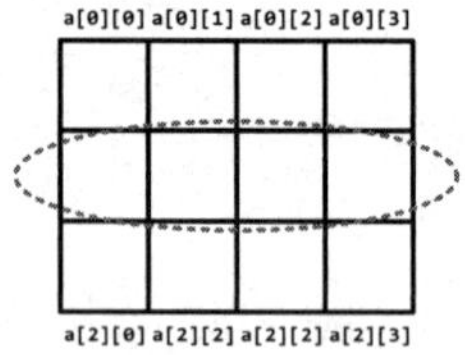

```
hsum = hsum + a[1][0];
hsum = hsum + a[1][1];
hsum = hsum + a[1][2];
hsum = hsum + a[1][3];
```

그림 7.16 2차원 배열에서 특정 행의 합 구하기

```
vsum = 0;
for(i=0;i<3;i++)
{
   vsum = vsum + a[i][2];
}
printf("%d\n", vsum);
```

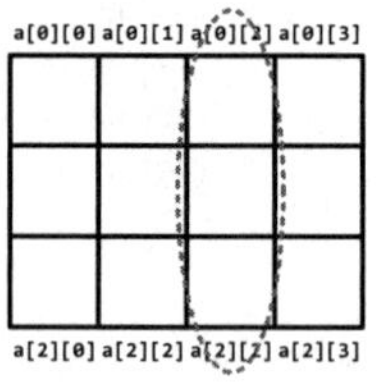

```
vsum = vsum + a[0][2];
vsum = vsum + a[1][2];
vsum = vsum + a[2][2];
```

그림 7.17 2차원 배열에서 특정 열의 합 구하기

이번에는 그림 7.18을 보시겠습니다. 여기서는 중첩 반복문이 있는데 안쪽 반복문이 시작되기 전마다 sum을 0으로 초기화하고 있고 안쪽 반복문이 끝날 때마다 sum에 저장된 값을 출력하고 있습니다. 프로그램의 실행을 따라가 보겠습니다. 바깥쪽 반복문의 첫 번째 반복에서 i의 값은 0입니다. 그리고 반복문 몸체로 들어와 보면 우선 sum에 0을 저장한 뒤 안쪽 반복문을 실행하게 됩니다. 안쪽 반복문은 j가 0에서 3까지 증가하면서 a[i][j]를 sum에 차례로 더하게 됩니다. 현재는 i의 값이 0이므로 sum에 차례로 더해지는 것은 a[0][0]~a[0][3]입니다. 그리고 j의 값이 4가 되면 반복문을 마치게 되고 그 다음 문장인 printf를 실행합니다. 이때 sum에 저장되어 있는 값은 a[0][0] ~ a[0][3]의 합이므로 이 합이 출력됩니다.

다음에는 바깥쪽 반복문 몸체의 끝이므로 위로 올라가서 i를 1 증가시키고 다시 반복문 몸체로 들어옵니다. 몸체의 첫 번째 문장인 sum = 0;을 실행해서 sum에 0을 저장하고

```
for(i=0;i<3;i++)
{
   sum = 0;
   for(j=0;j<4;j++)
   {
      sum = sum + a[2][j];
   }
   printf("%d\n", sum);
}
```

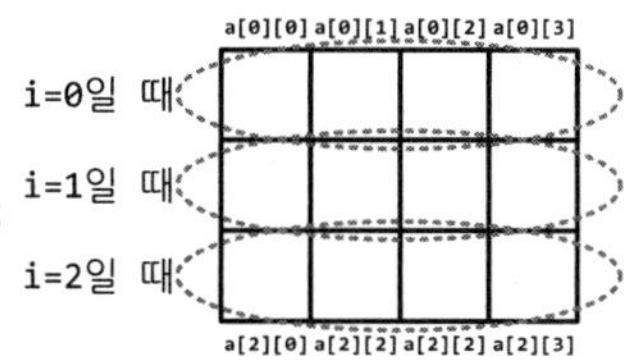

그림 7.18 2차원 배열에서 모든 행의 합 구하기

다시 안쪽 반복문에 진입합니다. 이번에는 i의 값이 1이므로 sum에 더해지는 것은 a[1][0] ~ a[1][3]일 것입니다. 그러므로 안쪽 반복문을 마친 후에 실행되는 printf에서 출력되는 것은 a[1][0] ~ a[1][3]의 합입니다.

그 다음에는 i의 값을 2로 증가시킨 뒤 다시 반복을 하는데 동작은 앞에서와 비슷할 것입니다. 우선 sum을 0으로 초기화한 뒤 a[i][j]들을 더하는데 이번에는 i가 2이므로 a[2][0] ~ a[2][3]이 더해질 것입니다. 그러므로 출력되는 것은 a[2][0] ~ a[2][3]의 합입니다. 이 다음에는 i가 3으로 증가해서 바깥쪽 반복문이 끝나게 됩니다.

그림 7.18의 동작을 정리하면 a[0][0] ~ a[0][3], a[1][0] ~ a[1][3], a[2][0] ~ a[2][3]의 합이 차례로 출력됩니다. 즉 배열 a의 각 행의 합을 출력하는 것입니다.

7.5 2차원 배열의 초기화

2차원 배열도 1차원 배열과 마찬가지로 배열을 선언하면서 초기화를 할 수 있습니다. 다만 배열의 구조가 좀 더 복잡하니 초기화도 조금 복잡해집니다. 2차원 배열 초기화의 기본적은 형태는 행 단위의 초기화 값들을 중괄호로 묶고 그 묶음들을 모아서 다시 중괄호로 묶는 것입니다. 즉 int a[2][3] = {{0, 1, 2}, {3, 4, 5}};와 같이 되는 것입니다. 이렇게 되면 0번 행인 a[0][0], a[0][1], a[0][2]는 각각 0, 1, 2로 초기화되고 1번 행인 a[1][0], a[1][1], a[1][2]는 각각 3, 4, 5로 초기화됩니다. 그런데 이것을 간단히 해서 int a[2][3] = {0, 1, 2, 3, 4, 5};라고 해도 똑같이 초기화됩니다. 즉 행 단위를 구분하는 중괄호가 없으면 0번 행부터 차례차례 채우는 것입니다.

1차원 배열에서 요소의 개수보다 초기화 값의 개수가 적으면 남는 요소는 0으로 초기화한다고 했습니다. 2차원 배열에서도 똑같이 적용됩니다. 만일 행 단위의 묶음을 사용했다면 행 단위로 이 원칙이 적용됩니다. 예를 들어 int a[2][3] = {{0, 1}, {3}};이라고 선언했다면 0번 행의 배열 요소의 수는 세 개인데 초기화 값은 0과 1만 지정되어 있으니 a[0][0]과 a[0][1]은 각각 0과 1로 초기화되고 남은 a[0][2]는 0으로 초기화됩니다. 1번 행의 경우에는 초기화 값이 한 개만 지정되어 있으니 a[1][0]만 3으로 초기화되고 남은 a[1][1]과 a[1][2]는 0으로 초기화됩니다.

만일 행 단위의 중괄호 묶음이 없다면 0번 행부터 차례 차례 채운 후에 남는 요소들을 0으로 초기화합니다. 즉 int a[2][3] = {0, 1, 3}; 이라고 선언했다면 0번 행부터 a[0][0]

에는 0으로, a[0][1]에는 1로, a[0][2]에는 3으로 초기화하고 남은 a[1][0]~a[1][2]는 0으로 초기화합니다.

1차원 배열의 초기화에서 배열의 크기를 지정하지 않고 초기화를 하면 초기화 값의 개수가 그 배열의 크기가 된다고 했습니다. 2차원 배열에서도 마찬가지인데 다만 첫 번째 크기만을 생략할 수 있습니다. 예를 들어 int a[][3] = {{0, 1}, {3}};이라고 하면 초기화 값들을 보고 a의 크기는 2×3으로 결정됩니다. 그러나 int a[3][] = {{0, 1}, {3}, {4}};와 같이 두 번째 크기가 생략되어 있어서는 안 됩니다. 그리고 행 단위의 중괄호를 사용하지 않으면 초기화 값들을 모두 넣을 수 있는 최소 행의 개수로 정해집니다. 예를 들어, int a[][3] = {0, 1, 3};라고 하면 한 행에 초기화 값 세 개가 모두 들어갈 수 있으므로 배열 a의 크기는 1×3이 됩니다.

연습 문제

1. 배열의 각 요소에서 [ ] 안에 들어가는 정수를 _____라고 부른다.

2. 배열 a를 int a[5];와 같이 선언하면 몇 개의 배열 요소들이 만들어지며 그 요소들은 무엇인지 적으시오.

3. 다음 배열 선언들에서 문제가 있는 것들을 고르고 그 이유를 설명하시오.

   a) `int a[4] = {1, 2};`
   b) `int a[4] = {1, , 2};`
   c) `int a[4] = {};`
   d) `int a[3] = {5, 3, 2, 1};`
   e) `int a[] = {1, 2};`
   f) `int a[];`

4. 크기가 10인 배열의 첨자의 범위는 무엇인가?

5. 2차원 배열 a를 int a[2][5];와 같이 선언하면 몇 개의 배열 요소들이 만들어지며 그 요소들은 무엇인지 적으시오.

6. 다음과 같이 2차원 배열을 초기화하면 각 요소들에는 어떤 값들이 저장되는가?

   a) `int a[3][4] = {1, 2, 3, 4, 5};`
   b) `int a[3][4] = {{1, 2}, {3}, {4, 5}};`
   c) `int a[][4] = {1, 2, 3, 4, 5};`
   d) `int a[][4] = {{1, 2}, {3}, {4, 5}};`

7. 아래 프로그램에서 배열 a에 1에서 100까지의 홀수들을 차례로 저장하려고 할 때 빈 칸에 알맞은 문장은?

```
#include <stdio.h>

int main(void) {
    int i;
    int a[50];

    for(i=0;i<50;++i) {
        ____________________
    }
    ...
}
```

8. 알파벳 a~z가 저장되어 있는 문자형 변수 c를 1차원 배열 a의 첨자로 이용하려고 한다. 변수 c에 저장된 문자가 a이면 a[0]을, b이면 a[1]을, ... 사용하려면 a의 첨자에 어떤 식을 넣어야 하는가?

9. 숫자 0~9가 문자 형태로 저장되어 있는 문자형 변수 c를 1차원 배열 a의 첨자로 이용하려고 한다. 변수 c에 저장된 문자가 '0'이면 a[0]을, '1'이면 a[1]을, ... 사용하려면 a의 첨자에 어떤 식을 넣어야 하는가?

실습 문제

1. 크기가 5인 정수형 배열을 선언하고 그 값들을 입력받은 뒤, 평균을 구해서 출력하시오.

2. 10개의 정수를 입력받은 뒤, 역순으로 출력하시오.

3. 실수인 6개의 계수 $a_0 \sim a_5$를 입력받은 뒤, 실수 x를 입력받아서 다음을 계산하시오.

$$a_5x^5 + a_4x^4 + a_3x^3 + a_2x^2 + a_1x^1 + a_0$$

4. 크기가 10인 실수형 1차원 배열을 선언한 뒤 반복문을 이용하여 아래의 수들을 배열에 저장하고 그 값들을 출력하시오. 1/~를 할 때 주의하시오.

$$\frac{1}{2}, \frac{1}{3}, \dots, \frac{1}{11}$$

5. 크기가 20인 정수형 배열 a를 선언하시오. 반복문을 이용하여 3장의 실습 문제 30에서 정의된 수열 a_n을 a[n]에 저장한 뒤 출력하시오.

6. 크기가 20인 정수형 배열 f를 선언하시오. 반복문을 이용하여 3장의 실습 문제 31에서 정의된 피보나치 수열 F_n을 f[n]에 저장한 뒤 출력하시오.

7. 10 개의 서로 다른 정수를 입력받아서 저장한 뒤, 다시 한 개의 정수 x를 받아서, x가 이전에 받은 10개의 수 중에서 몇 번째 받은 수와 같은지 출력하는 프로그램을 작성하시오.

8. 20개의 정수를 입력받은 뒤, 0~9가 각각 몇 번씩 입력되었는지 세어서 출력하시오. 힌트: 3장의 실습 문제 27번과 28번을 참조하시오.

9. 여러 자리로 이루어진 하나의 수를 입력받은 뒤, 0~9가 각각 몇 번씩 들어있는지 세어서 출력하시오.

10. 10×2의 정수형 2차원 배열의 왼쪽(0번) 열은 0, 20, 40, ..., 180으로 초기화한 뒤, 이를 섭씨 온도로 생각하고 해당하는 화씨온도를 계산해서 배열의 오른쪽 열에 저장하여 출력하시오. (화씨온도 = (9/5)*섭씨온도 + 32)

11. 한 2차원 배열을 선언하며 아래와 같이 초기화하고 각 행의 합, 각 열의 합, 그리고 총합을 출력하시오. 출력할 때는 행의 합 세 개, 열의 합 네 개, 총합의 순서로 출력하시오.

```
23 82 95 22
12 83 72 5
46 92 7  14
```

12. 크기가 3×4인 정수로 이루어진 행렬을 표준입력으로 입력받은 뒤, 원래의 형태와 transpose된 형태로 출력하는 프로그램을 작성하시오. 예) 1 2 3 4 5 6 7 8 9 10 11 12를 입력받으면 다음과 같이 두 개의 행렬을 출력한다.

```
1 2 3 4
5 6 7 8
9 10 11 12

1 5 9
2 6 10
3 7 11
4 8 12
```

13. 두 반, 세 명의 학생, 두 과목의 성적을 정수로 입력받아 학생별로 총점을 구한 뒤 출력하시오. 점수는 100 이하의 양수이며 출력할 때 오른쪽 맞춤으로 정렬하시오. 예) 80 90 60 100 70 80 90 90 20 30 100 50을 입력받으면 다음과 같이 출력한다.

```
Class 1
Sub 1 Sub 2 Total
   80    90   170
   60   100   160
   70    80   150

Class 2
Sub 1 Sub 2 Total
   90    90   180
   20    30    50
  100    50   150
```

14. 다섯 명의 국어, 영어, 수학 점수를 입력받아서, 각 학생의 총점과 과목의 총점을 계산하여 출력하시오. 점수는 100 이하의 양수이며 출력할 때 오른쪽 맞춤으로 정렬하시오. 예) 50 60 70 80 90 60 90 100 90 60 80 70 90 100 70을 입력받으면 다음과 같이 출력한다.

```
      Kor Eng Mat Tot
Stu1   50  60  70 180
Stu2   80  90  60 230
Stu3   90 100  90 280
Stu4   60  80  70 210
Stu5   90 100  70 260
Total 370 430 360
```

15. 크기가 4×4인 정수형 배열의 값들을 표준입력으로 받은 뒤, 다음 그림에서 표시된 요소들의 합을 구하는 프로그램을 작성하시오.

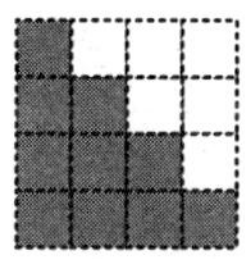

16. 크기가 3×3인 두 행렬을 입력받은 뒤 두 행렬의 합과 차를 구해서 출력하시오. 행렬은 정수로만 이루어져 있으며 차를 구할 때 절댓값을 구하는 것은 아니다. 행렬을 입력받을 때는 한 행렬을 모두 입력받은 뒤 다음 행렬을 입력받고 한 행렬 안에서는 한 행을 모두 입력받은 뒤 다음 행을 입력받는다.

17. 크기가 2×3인 행렬과 3×2인 행렬을 각각 입력받은 뒤 이 둘의 곱을 행렬 형태로 출력하시오. 행렬은 정수로만 이루어져 있다고 가정하며 반복문을 최대한 사용하시오. 행렬의 입력 방식은 위 문제와 동일하다.

18. 학생 5명의 시험 다섯 번에 대한 점수를 정수로 입력받은 후, 학생 5명의 총점과 평균을 출력하고 각 시험의 평균과 최고점, 최저점을 출력하시오. 학생 한 명의 점수를 모두 입력받은 뒤 다음 학생의 점수를 입력받으시오.

19. 20 이하의 양수 n을 입력받은 뒤, 다음의 예와 같이 출력하시오. 힌트: 중첩 반복문을 사용하면 어려울 수 있습니다. 1에서 n^2으로 증가하는 단일 반복문에서 각 수를 2차원 배열의 어느 요소에 저장할 지를 생각해 보세요.

n이 4인 경우

1	8	9	16
2	7	10	15
3	6	11	14
4	5	12	13

n이 6인 경우

1	12	13	24	25	36
2	11	14	23	26	35
3	10	15	22	27	34
4	9	16	21	28	33
5	8	17	20	29	32
6	7	18	19	30	31

20. 20 이하의 양수 n을 입력받은 뒤, 다음의 예와 같이 출력하시오. 힌트: 중첩 반복문을 사용하면 어려울 수 있습니다. 1에서 n^2 으로 증가하는 단일 반복문에서 각 수를 2차원 배열의 어느 요소에 저장할 지를 생각해 보세요.

n이 4인 경우

1	2	4	7
3	5	8	11
6	9	12	14
10	13	15	16

n이 6인 경우

1	2	4	7	11	16
3	5	8	12	17	22
6	9	3	18	23	27
10	14	19	24	28	31
15	20	25	29	32	34
21	26	30	33	35	36

21. 20 이하의 양수 n을 입력받은 뒤, 다음의 예와 같이 출력하시오. 힌트: 중첩 반복문을 사용하면 어려울 수 있습니다. 1에서 n^2 으로 증가하는 단일 반복문에서 각 수를 2차원 배열의 어느 요소에 저장할 지를 생각해 보세요.

n이 4인 경우

1	2	3	4
12	13	14	5
11	16	15	6
10	9	8	7

n이 5인 경우

1	2	3	4	5
16	17	18	19	6
15	24	25	20	7
14	23	22	21	8
13	12	11	10	9

22. (에라토스테네스의 체) 소수를 구하는 방법으로 고대 그리스의 수학자 에라토스테네스가 제안한 방법이 있다. 이 방법에서는 2부터 시작하여 원하는 범위까지의 수들을 차례로 나열한다. 그리고 제일 앞에 있는 2의 배수들을 모두 지운다. 그러면 남은 수 중에서 2 다음에 있는 수는 3이고, 이번에는 3의 배수를 모두 지운다. 남은 수 중에서 3 다음에 있는 수는 5이므로, 5의 배수를 지운다. 이렇게 현재 보고 있는 수의 배수를 모두 지운 후, 남아 있는 수 중에서 바로 다음에 있는 수로 이동하는 것을 반복하며, 끝에 도달할 때까지 남아 있는 수들이 바로 소수들이다. 이 방법을 이용하여 2~100의 수 중에서 소수들을 모두 출력하시오. 힌트: int a[100]을 선언하고 배열 요소를 모두 1로 초기화한 뒤 아래의 진행을 따른다. 이 배열의 요소 a[i]는 i가 소수인지를 나타내며, 0이면 소수가 아니고 1이면 소수가 맞다는 의미로 해석한다.

a) i = 2에서 시작한다.

b) a[i]가 1이면, i와 다르면서 i의 배수인 모든 j에 대해 a[j]에 0을 대입한다.

c) a[i]가 0이면 아무 것도 하지 않는다.

d) i를 1 증가시킨다.

e) i가 100이 될 때까지 b)~d)를 반복한다.

f) a[i]가 1인 i들이 소수들이다.

CHAPTER 8

함수 1

사견입니다만, 함수는 프로그래밍 언어에서 조건문이나 반복문에 비해 조금 늦게 개념이 정립되었다고 볼 수 있습니다. 초기의 프로그래밍 언어인 FORTRAN 같은 언어를 보면 문법에 함수가 있기는 합니다만 이후에 발전된 함수의 개념으로 본다면 조금 미진한 면이 있습니다. C언어는 함수의 개념을 많이 도입하여 함수에 기반을 둔 언어라고도 할 수 있습니다. 그리고 함수의 개념이 더욱 발전하여 현대의 고급언어들인 C++나 JAVA, C# 같은 언어들은 객체 지향이라는 개념을 사용하여 만들어진 언어들입니다. 그럼, 이 함수라는 것에 대해 설명해 보겠습니다.

8.1 함수의 기초

함수는 간단히 말하면 어떤 작업을 하는 문장들을 묶어 놓은 것이라고 할 수 있습니다. 프로그램에서 함수를 사용하게 되면 프로그램의 진행 흐름이 바뀌게 됩니다. 우선 함수가 있을 때의 진행을 설명하고 함수를 어떻게 만들어 사용하는지 다루어 보겠습니다.

8.1.1 함수가 있을 때의 진행

그림 8.1의 왼쪽 그림이 지금까지 여러분이 작성해 온 프로그램이 동작하는 방식입니다. 위에서 아래로 한 문장씩 차례로 실행되지요. 물론 조건문을 만나면 어떤 부분을 건너뛰기도 하고 반복문을 만나면 어떤 부분을 여러 번 반복하기도 하지만 전체적인 흐름은 위에서 아래로입니다.

여기에 함수를 도입한다는 것은 이 프로그램의 일부분을 떼어내어 함수로 분리시키는 것입니다. 그림 8.1 왼쪽의 프로그램에서 일부분을 떼어내어 함수 a로 만들고 다른 부분을 떼어내어 함수 b로 만든 것이 오른쪽입니다. 그리고 main 안에 있는 프로그램에서는 이 함수를 사용을 하는 것입니다. 사용하는 방법은 그 함수의 이름을 적으면 됩니다. 오른쪽 프로그램의 main 안을 보니 중간에 a(...)와 b(...)라고 함수의 이름을 적은 부분이 있습니다.

함수를 이용하게 되면 프로그램의 흐름이 달라집니다. 시작을 main에서 하는 것은 같습니다. 그런데 main에서 문장을 하나씩 진행하다가 함수의 이름을 만나게 되면 그

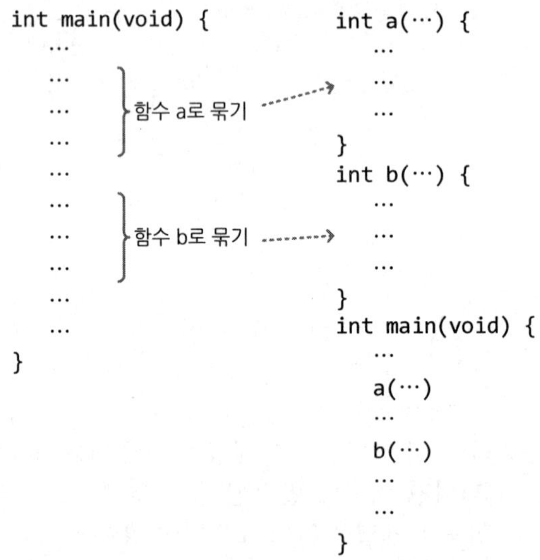

그림 8.1 함수가 있는 프로그램의 모습

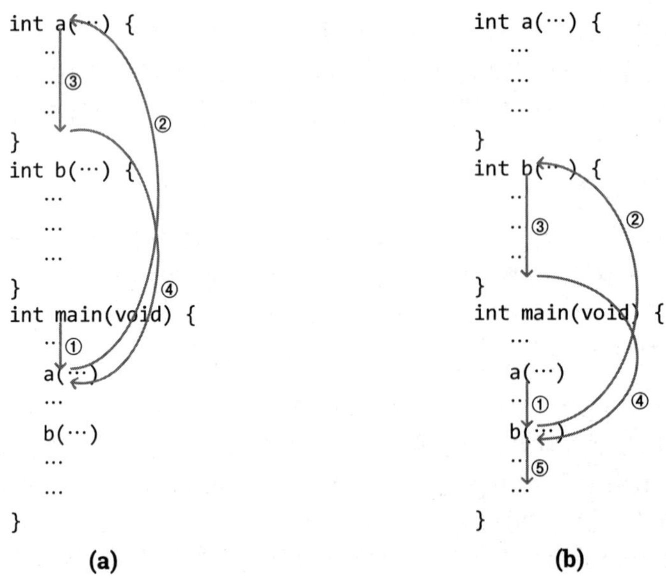

그림 8.2 함수가 있을 때의 진행

프로그램 8.1 예제 1 - 함수를 사용하지 않은 경우

```
#include <stdio.h>

int main(void) {
   int   aa, bb, cc;

   scanf("%d", &aa);
   scanf("%d", &bb);
   cc = (aa + bb)/2;
   printf("%d\n", cc);

   return 0;
}
```

함수로 이동하게 됩니다. 그림 8.2a를 보면 main에서 내려가다가 a(...)을 만나니 함수 a로 이동한 것을 볼 수 있습니다②. 그리고 이번에는 함수 a 안에서 위에서 아래로 한 문장씩 실행합니다③. 그러다가 함수의 끝에 돌아오면 아까 함수 a로 이동했던 바로 그 곳으로 복귀합니다④. 그 다음에는 다시 그 다음 문장부터 하나씩 실행합니다.

함수 a에서 복귀한 뒤 아래로 내려가다 보니 그림 8.2b의 ①과 같이 이번에는 b(...)를 만났습니다. 그러면 이번에는 그림 8.2b와 같이 함수 b로 이동하는 것입니다②. 이동해서 함수 b 안에 있는 문장들을 하나씩 실행하고③ 함수의 끝에 도달하면 다시 b(...)를 만났던 곳으로 돌아와④ 그 다음 문장을 실행하기 시작합니다⑤.

정리하면 프로그램이 진행하다가 함수의 이름을 만나게 되면 그 함수로 이동해서 그 함수의 내용을 실행한 뒤 되돌아오는 것입니다. 그럼, 이제 함수를 하나 실제로 만들어 보고 사용도 해 보겠습니다. 주의하실 점은 함수를 만들 때는 항상 main의 밖에 만들어야 한다는 것입니다.

8.1.2 함수 만들고 사용하기

프로그램 8.1은 두 개의 정수를 입력받아서 변수 aa와 bb에 저장한 뒤, 그들의 평균을 계산하여 cc에 저장하고 출력하는 프로그램입니다. 이 프로그램에서 평균을 계산하는 부분을 떼어내어 함수로 만들어 보겠습니다. 처음 할 일은 평균을 계산하는 문장들을 그림 8.3a와 같이 main의 밖으로 빼내는 것입니다. 이 문장들을 묶어 두기 위해 앞뒤로 중괄호를 붙였으며, 이후에 약간의 수정을 해야 하므로 연한 색으로만 기술해 두었습니다. 다음으로 함수에 필요한 몇 가지를 적어야 합니다.

함수에 필요한 것들을 알기 위해 사람이 어떻게 할지 생각해 보겠습니다. 여러분이 어떤 일을 하는데 그 중 평균을 계산하는 작업만 다른 사람에게 맡긴다고 가정해 봅시다. 그 사람에게 일을 시키기 전에 우선 해야 할 것은 그 사람의 이름을 아는 (만일 그 사람에게 이름이 없다면 이름을 지어 주는) 것입니다. 그래야 다른 사람과 혼동하지 않을 테니까요. 함수에서도 마찬가지입니다. 함수에 이름을 짓고 그 이름을 사용해야 함수가 여러 개 있을 때 혼동이 없을 것입니다. 함수의 이름은 여러분 마음대로 지으면 되며, 사용할

```
#include <stdio.h>
                              {

     (aa + bb)/2

}
int main(void) {
   int   aa, bb, cc;

   scanf("%d", &aa);
   scanf("%d", &bb);
   cc = (aa + bb)/2;
   printf("%d\n", cc);

   return 0;
}
```

(a) 함수로 만들 부분 빼내기

```
#include <stdio.h>
    avg(            ) {

     (aa + bb)/2

}
int main(void) {
   int   aa, bb, cc;

   scanf("%d", &aa);
   scanf("%d", &bb);
   cc = avg(       );
   printf("%d\n", cc);

   return 0;
}
```

(b) 함수 이름 붙이기

```
#include <stdio.h>
    avg(int a, int b) {
   int   c;
   c = (a + b)/2;

}
int main(void) {
   int   aa, bb, cc;

   scanf("%d", &aa);
   scanf("%d", &bb);
   cc = avg(aa, bb);
   printf("%d\n", cc);

   return 0;
}
```

(c) 함수에 값 전달하기

```
#include <stdio.h>
int avg(int a, int b) {
   int   c;
   c = (a + b)/2;
   return c;
}
int main(void) {
   int   aa, bb, cc;

   scanf("%d", &aa);
   scanf("%d", &bb);
   cc = avg(aa, bb);
   printf("%d\n", cc);

   return 0;
}
```

(d) 함수 결과 돌려 주기

그림 8.3 예제 1 - 함수 만들어서 사용하기

수 있는 글자 등은 변수의 이름을 지을 때와 같습니다. 여기서는 이 함수의 이름을 **avg**라고 지었습니다. 그러면 그림 **8.3b**와 같이 아까 빼내 두었던 문장들의 묶음에 **avg**라는 이름을 붙입니다.

이제 평균 계산을 맡은 사람에게 평균을 계산하라는 일을 시켜 봅시다. 제일 처음 해야 할 일은 그 사람의 이름을 부르는 일입니다. 프로그램에서도 마찬가지로 함수 **avg**를 통해 평균을 계산하려면 우선 **avg**라는 이름을 적어야 합니다. 그림 **8.3b**의 **main** 안을 보시면 **avg**라고 적어 놓았습니다. 이렇게 함수의 이름을 적어서 함수를 사용하는 것을 마치 사람을 부르듯이 함수를 부른다고 표현합니다.

그 다음으로 평균을 낼 두 개의 값이 무엇인지 말해 주어야 할 것입니다. 프로그램에서도 **avg**라는 함수를 사용할 때 평균을 낼 두 개의 값을 적어 주어야 합니다. 예제 프로그램에서는 변수 **aa**와 **bb**에 저장된 두 값의 평균을 내야 하므로 그림 **8.3c**의 **main**

프로그램 8.2 예제 1

```
#include <stdio.h>
int avg(int a, int b) {
    int  c;
    c = (a + b)/2;
    return c;
}
int main(void) {
    int  aa, bb, cc;

    scanf("%d", &aa);
    scanf("%d", &bb);
    cc = avg(aa, bb);
    printf("%d\n", cc);

    return 0;
}
```

을 보시면 **avg** 함수를 부르는 부분에 괄호가 있고 그 안에 **aa**와 **bb**를 적어 놓았습니다.

평균을 낼 두 값을 말해 주었으면 평균 계산을 맡은 사람은 그 두 개의 값을 기억하고 평균 내는 일을 할 것입니다. 프로그램에서도 **avg** 함수는 평균을 낼 대상이 되는 두 값을 받아서 우선 저장을 해야 할 것입니다. 프로그램에서 값을 저장하는 것은 변수에 해야 하므로 **avg** 함수를 만들 때 제일 먼저 기술해야 하는 것은 받은 값들을 저장할 변수를 선언하는 것입니다. 그림 8.3c에서 **avg** 함수를 만드는 부분을 보시면 **avg** 함수 이름 옆에 괄호가 있고 그 안에 **int a**와 **int b**로 두 개의 변수를 선언하고 있습니다. 이렇게 해 놓으면 변수 **a**와 **b**가 만들어지면서 함수를 부를 때 적어 놓은 값들을 받아서 이 두 변수에 저장하게 됩니다. 이와 같이 함수 이름 옆에 선언을 해서 함수가 사용할 값을 저장하는 변수를 매개 변수라고 합니다.

평균 계산을 할 두 값을 **a**와 **b**에 저장했으니 **avg** 함수에서는 이 두 변수에 저장된 값의 평균을 내면 됩니다. 이에 따라 그림 8.3c와 같이 **avg** 함수내의 문장들도 조금 수성하였습니다.

평균 계산을 맡은 사람이 평균 계산을 마치면 그 결과를 말해 줄 것이고 여러분은 그 결과를 기억했다가 다른 일을 위해 사용할 것입니다. 프로그램에서 이렇게 함수에서 계산 결과를 알려 주는 역할을 하는 것이 **return**이라는 명령입니다. 그림 **8.3d**를 보시면 함수 **avg**의 마지막에 **return c;**라는 문장이 있습니다. 이 문장이 바로 함수에서 계산한 결과인 **c**의 값을 함수 부른 곳에 되돌려 주는 문장입니다. 그러면 이 값이 함수를 부른 곳으로 돌아가게 되고 **main**을 보시면 이 값을 변수 **cc**에 저장하도록 되어 있습니다. 그러면 이제 **cc**에는 **aa**와 **bb** 값의 평균이 들어 있겠지요. 참고로 C언어에서는 함수에서 돌려주는 값의 자료형이 무엇인지 명확히 기술하도록 되어 있습니다. 예제의 **avg** 함수는 돌려주는 값이 **int**형이므로 그림 **8.3d**를 보시면 **avg** 함수 앞에 **int**라고 적었습니다.

여기까지 평균을 계산하는 함수를 만들고 그 함수를 불러서 이용하는 프로그램을

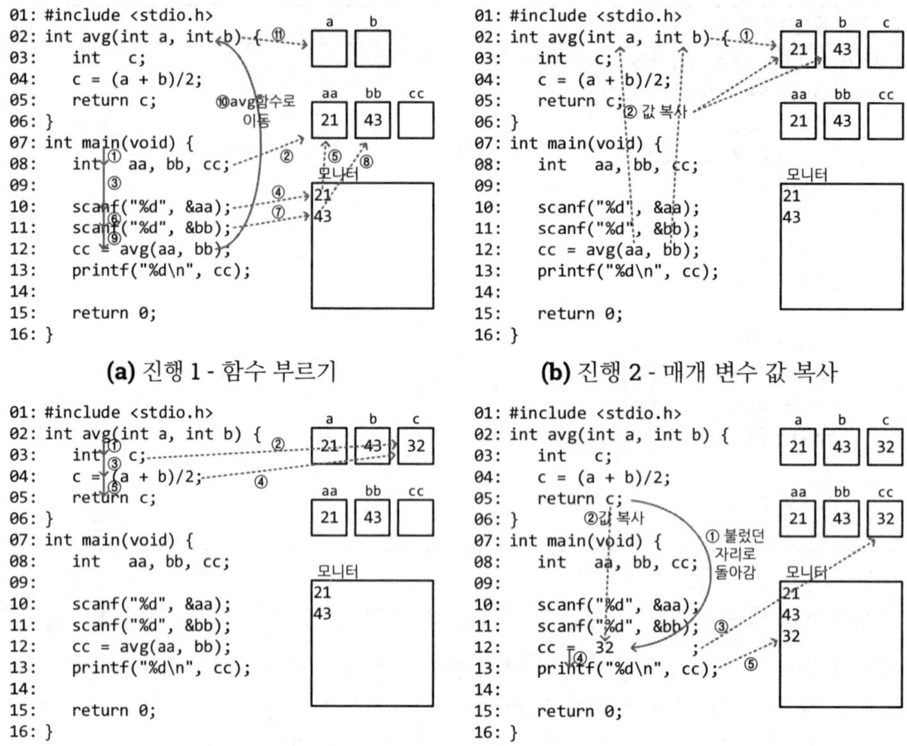

(a) 진행 1 - 함수 부르기 **(b)** 진행 2 - 매개 변수 값 복사

(c) 진행 3 - 함수 내부 진행 **(d)** 진행 4 - 함수에서 돌아오기

그림 8.4 프로그램 8.2의 진행

작성했습니다. 프로그램을 정리하면 프로그램 8.2와 같습니다. 그럼 이 프로그램이 어떻게 동작하는지 하나씩 따라가 보겠습니다.

8.1.3 함수의 진행

프로그램 8.2를 실행하면 컴퓨터는 그림 8.4a의 ①과 같이 main에서 시작합니다. 첫 문장에서 세 개의 변수 aa와 bb, cc를 만들고② 두 scanf를 거치면서 aa와 bb에 값을 입력받습니다(③~⑧). 이 예에서는 21과 43을 입력했다고 가정했습니다. 그 다음 문장으로 가 보니 avg라는 함수 이름이 있습니다⑨. 이와 같이 프로그램을 진행하다가 함수의 이름을 만나면 그림의 ⑩과 같이 해당 함수로 이동합니다. 앞에서 얘기했지만 이 과정을 다른 말로 함수를 부른다고 합니다. 해당 함수로 이동해서 가장 먼저 하는 일은 함수가 만들어진 곳에 함수 이름 옆에 있는 변수들을 만드는 것입니다. 앞에서 이런 변수들을 매개 변수라고 말한다고 언급했습니다. 여기서는 avg 함수 이름 옆에 int a와 int b가 있으므로 그림 8.4b의 ①과 같이 변수 a와 변수 b를 만듭니다.

함수를 불렀을 때 매개 변수를 만든 후에 하는 일은 바로 함수를 불렀을 때 적은 값을 이 매개 변수들에 복사하는 것입니다. 그림 8.4b를 보시면 avg 함수를 호출할 때 aa와

bb가 옆에 적혀 있습니다. 현재 aa와 bb의 값이 21과 43이므로 이 21과 43이라는 값이 매개 변수에 적힌 순서대로 변수 a와 b에 각각 복사됩니다. 그러면 매개 변수 a에는 21이 b에는 43이 저장됩니다. 그 다음에는 그림 8.4c와 같이 함수 avg 안에 있는 문장들을 하나씩 차례로 실행해서, 변수 c를 만들고 a와 b의 평균을 저장합니다(①~④). 그리고 그 다음 문장이 return c;이네요.

함수의 내부를 실행하다가 return 명령을 만나면 함수를 종료하고 함수를 불렀던 자리로 돌아갑니다. 그림 8.4d의 ①을 보시면 avg 함수를 불렀던 곳으로 돌아가는 것을 보실 수 있습니다. 그런데 그냥 돌아가는 것이 아니라 반환값이라고 부르는 return 다음에 적힌 값을 같이 가지고 가고, 이 값은 avg 함수를 불렀던 자리에 복사되어 들어갑니다②. 예제에서는 return c;라고 되어 있으므로 c의 값인 32가 복사되어서 프로그램의 12번 문장은 cc = 32;가 됩니다. 이제 cc 변수에는 32가 저장되겠지요③. 이젠 main으로 돌아왔으니 다음 문장부터 다시 실행되어서④ printf문으로 cc의 값을 출력하고 프로그램을 마치게 됩니다.

8.2 함수의 정의와 호출

앞에서 배운 함수를 만드는 것을 함수의 정의라고 부르며 함수를 부르는 것을 함수의 호출이라고 합니다. 함수를 정의하고 호출하는 것에 대해 정리해 보겠습니다.

8.2.1 함수의 정의

함수를 만들 때, 즉 정의할 때는 그림 8.5와 같이 네 가지를 기술해야 합니다.

함수 이름 앞에서 설명했듯이 함수마다 고유의 이름을 붙여야 합니다.

함수 몸체 함수에서 하는 일을 기술하는 문장들로써 중괄호로 둘러쌉니다. 실행하다 return을 만나면 함수의 몸체를 종료하고 함수를 부른 곳으로 돌아가며 이때 return 다음에 적혀 있는 반환값과 함께 돌아갑니다.

반환값 자료형 함수를 정의할 때 함수의 이름 앞에는 return으로 반환할 반환값의 자료형이 무엇인지를 명기해야 합니다.

매개 변수 함수 이름 옆 괄호 안에 선언되어 있는 변수들로써 함수 실행에 필요한 값들을 넘겨받아서 저장합니다.

여기서 함수 몸체 앞에 있는 반환값 자료형, 함수 이름, 매개 변수를 기술한 부분을 함수의 머리 부분이라고 부릅니다.

8.2.2 함수의 호출

함수를 사용할 때, 즉 호출할 때는 그림 8.6과 같이 두 가지를 기술해야 합니다.

함수 이름 어느 함수를 호출하는 것인지 이름을 적습니다.

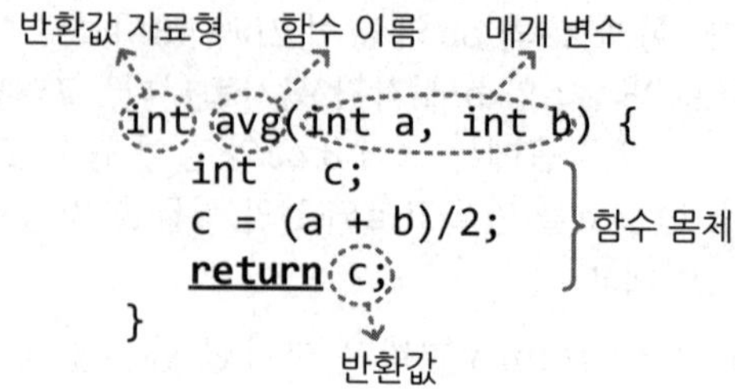

그림 **8.5** 함수의 정의

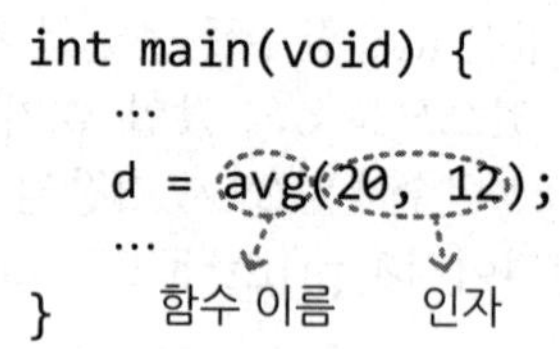

그림 **8.6** 함수의 호출

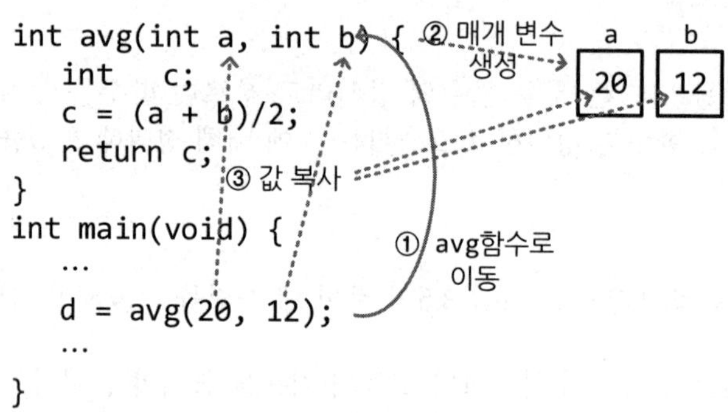

그림 **8.7** 함수 호출의 진행

인자 함수에게 넘겨주는 데이터를 인자라고 부르며 괄호 다음에 적습니다. 이 값들은 함수를 호출할 때 만들어지는 매개 변수에 차례로 복사됩니다.

그리고 함수로 이동했다가 끝나면 함수를 호출한 곳으로 돌아오게 되며 같이 돌아온 반환값은 함수를 호출한 자리에 대체되어서 들어가게 됩니다.

8.2.3 함수의 진행

이제 함수를 호출했을 때 어떻게 진행되는지 정리해 봅시다. 프로그램이 진행되다 그림 8.7과 같이 함수를 만나면 함수로 이동하게 됩니다. 그리고 ②와 같이 함수에 기술된 매개 변수를 만들고 각각의 매개 변수에 차례로 인자들을 복사합니다③. 그리고 함수의 몸체에 있는 문장들을 하나씩 실행합니다.

함수의 몸체를 실행하다가 **return**을 만나면 그림 8.8과 같이 함수를 불렀던 자리로 돌아옵니다. 이때 **return** 다음에 기술된 반환값도 같이 돌아오며 이 값은 함수를 불렀던

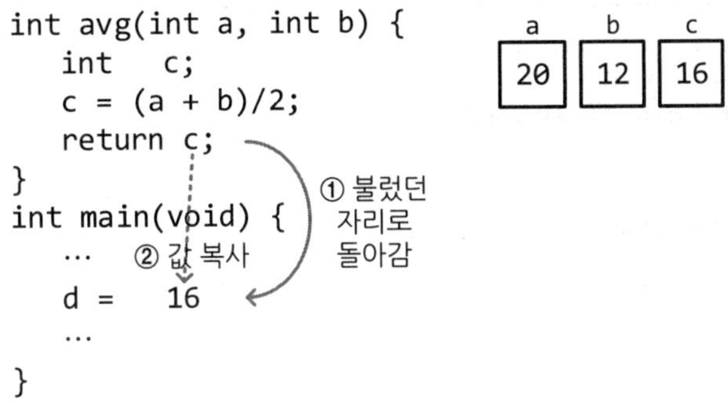

그림 8.8 함수 복귀의 진행

자리에 대체되어 들어갑니다. 그림의 경우에는 반환값이 16이므로 **d = 16;**이 되어 **d**에 16이 저장됩니다.

8.2.4 간단한 예제

간단한 예제 하나를 만들어 보겠습니다. 정수(**int**형)를 두 개 받아서 더 큰 수를 반환하는 함수를 하나 만들어 봅시다. 우선 함수 이름을 지어 보면, 아무 이름이나 사용해도 되겠습니다만 정수 중에 큰 것을 고른다는 의미를 반영해서 **max_int**라고 지어 보겠습니다. 다음으로 두 개의 정수를 받아서 일을 해야 하므로 매개 변수로는 정수형 변수 두 개가 있어야 할 것 같습니다. 제 마음대로 **int x**와 **int y**를 매개 변수로 하겠습니다. 마지막으로 함수의 결과로 반환될 값을 생각해 보면 입력받은 두 **int**형 정수 중에 하나를 반환하므로 반환값의 자료형은 **int**형일 것입니다. 그러면 함수의 첫 부분은 **int max_int(int x, int y)**가 될 것입니다. 그리고 이 다음에 중괄호를 붙이고 안에 내용을 채우면 됩니다. 이렇게 만든 함수가 프로그램 8.3의 2번 줄에서 11번 줄에 기술되어 있습니다.

함수의 내부를 보면 우선 **x**와 **y**의 값을 비교합니다. 변수 **x**와 **y**는 매개 변수로써 함수를 호출할 때 받은 값을 저장하고 있으니 받은 두 개의 값을 비교하는 것이 되겠습니다. 만일 **x**에 저장된 값이 더 크다면 **return x;**가 실행되면서 함수가 종료되어 돌아가며 반환되는 값은 **x**에 저장된 값입니다. 즉 두 수 중에 더 큰 값이 반환되는 것이지요. 반대로 **y**에 저장된 값이 더 크다면 **return y;**가 실행되어 돌아가면서 **y**의 저장된 값이 반환됩니다. 역시 받은 두 개의 값 중에 더 큰 값이 반환되는 것이지요. 이렇게 하면 두 정수를 받아서 더 큰 수를 반환하는 함수가 만들어지는 것입니다.

그런데 이 함수만으로는 어떤 일을 못하니 이 함수를 호출해서 이용하는 부분도 작성해야 할 것입니다. 예제로 간단하게 두 정수를 키보드로 입력받아서 **max_int**를 이용하여 더 큰 수를 알아낸 뒤에 출력하는 프로그램을 작성한 것이 프로그램 8.3의 13번 줄에서 19번 줄까지입니다. 두 개의 정수를 키보드로부터 입력받아 변수 **a**와 **b**에 저장한 뒤 **max_int** 함수를 호출합니다. 호출할 때 인자는 **a**와 **b**에 저장된 값이네요. 그러면 **max_int** 함수로 이동할 때 **a**와 **b**에 저장된 값들이 매개 변수인 **x**와 **y**에 복사되어서 저장될 것입니다. 다음으로 **max_int** 함수를 끝내고 돌아오면 그 반환값은 **max_int**

프로그램 8.3 예제 2

```
#include <stdio.h>
int max_int(int x, int y) {
   if(x>y)
   {
      return x;
   }
   else
   {
      return y;
   }
}

int main(void) {
   int   a, b, c;
   scanf("%d", &a);
   scanf("%d", &b);
   c = max_int(a, b);
   printf("%d\n", c);
}
```

더 큰 수를 반환하는 함수 max_int

max_int를 호출함

함수를 호출했던 자리로 대체되어 들어가므로 그 값은 c에 저장될 것입니다. 그리고 c의 값을 출력하므로, 결국 입력받은 두 정수 중에 더 큰 수를 출력하는 것이 됩니다.

8.3 함수의 주의 사항

사실 함수는 문법적인 것만 잘 알아 두시면 프로그램을 작성할 때 크게 어렵지는 않습니다. 다만, 이 문법적인 면에서 주의 하실 점이 몇 가지 있습니다.

8.3.1 함수와 영역

첫 번째 주의 사항은 함수 내에서 선언된 변수들은 함수를 부른 쪽의 변수들과는 서로 다른 영역(scope)에 속해 있다는 것입니다. 이 말은 같은 이름을 사용해도 서로 다른 변수가 된다는 것입니다. 예를 들어 프로그램 8.4를 보시면 main에서도 변수 a, b, c가 선언되어 있고 함수 avg에서도 변수 a, b, c가 선언되어 있습니다. 보통의 경우라면 이렇게 같은 이름을 가진 변수를 두 번 선언하면 안 됩니다. 실행(정확히는 컴파일)이 되지 않죠. 그러나 이 경우는 가능합니다. 왜냐하면 앞에서도 말했지만 main과 avg 함수는 서로 영역이 다릅니다. 그리고 서로 다른 영역에 있는 변수들은 이름에 상관없이 서로 완전히 다른 변수입니다. 가령 main에 있는 변수 a와 avg 함수에 있는 변수 a는 비록 이름은 같으나 다른 영역에 있으므로 서로 다른 변수인 것입니다. 그러므로 같은 이름의 변수가 있더라도 괜찮은 것입니다.

프로그램 8.4 예제 3

```
01: #include <stdio.h>
02: int avg(int a, int b) {            a    b    c
03:     int   c;                      [20] [12] [16]
04:     c = (a+b)/2;
05:     a = 8;   ---------> main의 a에는
06:     return c;        영향을 주지 않음
07: }                   ----------------------------- avg의 영역
08: int main(void) {                                  main의 영역
09:     int   a, b, c;                 a    b    c
10:                                   [20] [12] [16]
11:     a = 20;
12:     b = 12;
13:     c = avg(a, b);
14:     printf("%d %d %d\n", a, b, c);
15: }                      ---------> 20 12 16이 출력됨
```

8.3.2 값에 의한 호출

프로그램 8.4를 실행하면 main에서 a와 b에 20과 12를 저장한 후 avg 함수를 호출하고, 이때 값이 복사되어 avg 함수의 변수 a에는 20이 저장될 것입니다. 그런데 변수 a에 20이 저장되는 이유는, 결코 main의 a와 이름이 같아서가 아닙니다. 인자에 있는 값은 그 위치에 따라 매개 변수에 저장됩니다. 함수 avg를 호출할 때 기술되는 첫 번째 인자 자리에 a가 있습니다. 그러므로 main의 a에 저장되어 있는 값인 20이 첫 번째 인자가 됩니다. 이 첫 번째 인자는 avg 함수의 첫 번째 매개 변수인 avg의 a에 저장됩니다. 그리고 호출할 때 두 번째 인자 자리에 b가 있으므로 main의 b에 저장되어 있는 값인 12가 두 번째 인자가 되고, 이 두 번째 인자는 두 번째 매개 변수인 b에 저장됩니다.

함수 avg 내부를 실행하면 avg의 c에는 a와 b의 평균인 16이 저장됩니다. 그리고 return c;를 만나서 돌아오고 반환값으로 16을 가지고 옵니다. 그러면 이 16은 main에서 c에 저장되겠지요. 이때 main의 c에 16이 저장되는 이유는 절대로 avg 함수의 c와 이름이 같아서가 아닙니다. 함수 avg의 반환값이 16이고 이 값을 main의 c에 저장하도록 되어 있기 때문입니다.

세 번째 주의 사항으로 avg 함수의 5번 줄에서 a에 8을 저장하는데 이 동작은 main의 a에 어떠한 영향도 미치지 않습니다. 왜냐하면 앞에서 설명했듯이 avg의 a와 main의 a는 이름은 같지만 완전히 별개인 변수입니다. 그러므로 avg의 a가 어떤 값으로 바뀌든지에 상관없이 main의 a는 원래의 값인 20을 유지합니다. 따라서 프로그램의 마지막에 있는 printf문을 통해 출력되는 값들은 20, 12, 16이 될 것입니다.

두 번째와 세 번째 주의 사항은 모두 '값에 의한 호출'(call by value)이라는 개념에서 나온 것입니다. 값에 의한 호출이란 함수를 부를 때 인자에서 매개 변수로 값이 복사되는 것을 말합니다. 값이 복사되는 것 외에는 인자와 매개 변수 사이에는 어떠한 관계도 없는 것이지요. 앞의 예에서 함수 avg내의 어떤 변수의 값을 바꾸어도 main 내의 변수에는

프로그램 8.5 예제 3 - 함수가 나중에 기술되어서 문제가 발생할 수 있는 프로그램

```
#include <stdio.h>
int main(void) {
    int   a, b, c;

    a = 20;
    b = 12;
    c = avg(a, b);
    printf("%d\n", c);
}
int avg(int a, int b) {
    int   c;
    c = (a+b)/2;
    a = 8;
    return c;
}
```

아무런 영향이 없는 것입니다.

함수가 끝나서 되돌아 올 때도 마찬가지입니다. 반환값이 돌아오는 것이지 함수에 있던 변수가 연결되거나 하지는 않는 것입니다. 그러므로 만일 프로그램 **8.4**의 **main**에서 **c = avg(a, b);**를 그냥 **avg(a, b);**로 바꾸면 **main**의 **c**에는 원하는 값이 저장되지 않는 것입니다. 값에 의한 호출의 상대적인 개념으로 '참조에 의한 호출'**(call by reference)** 이 있는데 이것은 나중에 포인터를 배우면서 설명하겠습니다.

8.3.3 변수의 소멸

네 번째 주의 사항은 함수에서 만들어진 변수들은 함수가 종료되면 사라진다는 것입니다. 프로그램 **8.4**의 **avg** 함수가 호출되면 변수 **a, b, c**가 만들어 집니다. 이 변수들은 **avg** 함수가 실행되고 있을 때만 존재하고 있다가 **return**을 만나 함수가 종료되면 소멸됩니다.

8.3.4 함수의 위치

마지막 주의 사항으로 함수는 사용(호출)하기 전에 정의 또는 선언되어 있어야 합니다. 무슨 말이냐 하면 함수를 만드는 부분이 코드에서 위치적으로 더 위에 기술되어 있어야 한다는 것입니다. 그러므로 프로그램 **8.5**와 같이 프로그램을 작성하면 안 됩니다. 이 예제는 간단한 예여서 실행이 되기는 합니다만 함수가 좀 복잡해지면 문제가 발생할 수 있습니다.

그런데 사실 프로그램을 읽고 의미를 이해하는 측면에서는 프로그램 **8.5**가 프로그램 **8.4**보다 더 쉽습니다. 우리가 보통 어떤 실행 과정을 파악할 때 전체의 과정을 알아낸 다음에 세부 과정을 들여다보는 것이 쉬울 것입니다. 프로그램 **8.5**는 전체 과정이 기술된 **main**을 먼저 있고 그 다음에 세부 과정에 해당하는 **avg** 함수가 나중에 있으므로 사람이 파악하는 순서와 동일하게 기술되어 있습니다. 그러나 프로그램 **8.4**는 반대로 세부

프로그램 8.6 예제 3 - 함수 선언을 이용한 프로그램

```
01: #include <stdio.h>
02: int avg(int a, int b);   <---- 함수 선언
03:
04: int main(void) {
05:     int   a, b, c;
06:
07:     a = 20;
08:     b = 12;
09:     c = avg(a, b);
10:     printf("%d\n", c);
11: }
12: int avg(int a, int b) {
13:     int   c;
14:     c = (a+b)/2;
15:     a = 8;
16:     return c;
17: }
```

과정이 먼저 기술되어 있으므로 사람이 이 프로그램을 읽으려면 먼저 아래에 있는 main을 찾아서 읽어야 하는 번거로움이 있습니다.

즉 프로그램 8.5는 문법적으로는 문제가 있으나 가독성이라는 측면에서는 좋은 것입니다. 이러한 모순을 해결하기 위해 함수 선언이라는 것이 나왔습니다. 함수 선언이란 함수의 머리 부분만 미리 기술한 것을 말합니다. 함수를 선언해 놓으면 실제 함수를 기술하는 부분이 아래에 있더라도 함수를 호출하는 데 문제가 없습니다. 프로그램 8.6을 보시면 실제 avg 함수를 기술하는 부분은 아래(12~17번 줄)에 있습니다. 그러나 프로그램의 첫 부분(2번 줄)에 avg 함수를 선언해 놓았으므로 main에서 avg 함수를 호출하는데 아무 문제가 없습니다.

8.4 관련 용어

함수에 관련된 용어 중에 혼란스러울 수 있는 것 몇 가지만 정리하겠습니다. 우선은 방금 언급했던 함수의 정의와 선언입니다. 함수를 정의하는 것은 함수의 내용을 실제로 기술하는 것을 의미하며 프로그램 8.6에서 12번 줄에서 17번 줄에 있는 것이 avg 함수를 정의한 부분입니다.

이에 반해 함수 선언은 함수의 내용은 기술하지 않고 머리 부분만 써 놓은 것입니다. 프로그램 8.6에서는 2번 줄에 있는 것이 avg 함수의 선언입니다. 앞에서 언급했듯이 함수를 호출하려면 그 이전에 그 함수가 정의 또는 선언되어 있어야 합니다. 함수를 호출하기 이전에 함수를 선언해 놓으면 함수의 정의는 프로그램의 어디에 위치해도 괜찮습니다.

함수의 선언에서 기술된 것과 같이 함수의 머리 부분만 떼어져 있는 형태를 함수 원형

표 8.1 매개 변수와 인자에 대한 다른 용어

매개 변수	인자
parameter	argument
formal argument	actual argument
형식 인자	실 인자
형식 매개 변수	실 매개 변수

(prototype)이라고 합니다. 함수 원형만 가지고 선언해 놓아도 호출이 가능한 이유는 함수를 호출할 때 필요한 정보들이 원형에 모두 들어 있기 때문입니다. 함수를 호출하는 입장에서 필요한 것은 함수의 이름과 매개 변수의 개수와 자료형, 그리고 반환값의 자료형일 것입니다. 구체적으로 함수 내부가 어떻게 구현되어 있는지는, 사실 함수를 이용하는 입장에서는 꼭 알 필요는 없습니다. 그러므로 함수가 선언만 되어 있어도 함수 호출은 가능합니다. 물론 함수가 어딘가에 존재는 해야겠지요.

함수 선언에 대해 조금만 더 설명하면 함수 선언을 할 때는 매개 변수의 이름을 지정하지 않아도 됩니다. 예를 들어 프로그램 8.6의 2번 줄의 선언을 int avg(int, int); 라고 해도 됩니다. 이렇게 매개 변수 이름을 적지 않아도 괜찮은 이유는 함수를 호출하는 입장에서는 매개 변수의 개수와 자료형이 중요하기 때문입니다. 매개 변수의 이름은 함수 내부의 동작에서 중요하겠지요. 이렇게 문법상으로는 매개 변수의 이름을 함수 선언에서 기술하지 않아도 괜찮긴 합니다만 보통은 적어 주는 것이 보기에 더 좋다고 합니다. 그러므로 여러분도 당분간은 매개 변수 이름도 적는 것이 좋을 것 같습니다.

다음으로 함수에서 함수를 호출할 때 건네는 값을 인자라고 하고 건네 받은 값을 저장하는 변수를 매개 변수라고 했습니다. 이것은 각각 argument와 parameter를 번역한 것입니다. 그런데 사실 이들을 지칭하는 용어는 다양합니다. 몇 가지 책을 보고 어떤 용어들이 사용되는지 정리해서 표 8.1에 적어 놓았습니다. 혹시 다른 책을 보시다가 이런 용어들이 나오더라도 당황하지 마시기 바랍니다.

마지막으로 void라는 것이 있습니다. 만일 함수의 반환값 자료형 자리에 자료형 대신 void가 있으면 이 함수는 반환값이 없다는 의미입니다. 이런 함수에서는 함수를 끝낼 때 반환값을 적지 말고 return;이라고 해야 합니다. 그리고 return;이 없어도 괜찮습니다. 함수 몸체를 둘러싸는 중괄호의 끝에 도달하면 함수가 자동으로 종료됩니다.

만일 매개 변수 자리에 void가 있으면 매개 변수가 없다는 의미입니다. 이런 함수를 호출할 때는 인자도 적지 말아야겠지요.

8.5 main 함수와 시스템 라이브러리 함수

이 장에서 함수에 대해 처음 언급하고 설명했습니다만 사실 여러분은 지금까지 함수를 이용해 왔습니다. 지금까지 여러분이 이용한 함수가 무엇이었는지 살펴보겠습니다.

8.5.1 main 함수

지금까지 프로그램을 작성할 때 늘 int main(void) { ... }라고 한 뒤 중괄호 사이에 프로그램을 작성했습니다. 그런데 이 모양을 잘 보시면 함수를 정의하는 것과 모양이 같습니다. 사실 main도 함수이고 지금까지 여러분이 프로그램을 작성한 것은 모두 main이라는 함수를 만드는 것이었습니다. 여러분이 지금까지 의식을 못 하셨겠지만 사실 함수를 만들어 온 것이지요. 다만 main 함수는 특별한 의미를 가지고 있습니다. 바로 프로그램이 실행될 때 제일 먼저 실행되는 함수입니다.

이제 main이 함수임을 알았으니 int main(void)도 해석이 될 것 같습니다. 이 main 함수는 매개 변수는 없고 반환값이 int형인 함수입니다. 반환값이 int형이므로 main 함수의 마지막에 항상 return 0;이라고 적어 주었던 것입니다. 물론 main 함수를 마쳤을 때 어디로 돌아가고 반환값은 어떤 역할을 하는지에 대해 의문을 가지실 수도 있습니다만, 아직 이에 대해 설명할 단계는 아닌 것 같습니다. 그리고 main 함수의 return 0;을 항상 적어주어야 프로그램이 실행되는 것은 아닙니다. 그래서 이 장의 프로그램들에서는 길이 관계상 main에 return 0;을 빼고 적어 보았습니다.

마지막으로 main 함수는 특별한 의미를 가지고 있으므로 이름을 다르게 적으면 안 됩니다. 만일 int Main(void) ... 라고 하거나 int mian(void) ... 라고 하면 프로그램이 실행되지 않으니 주의하셔야 됩니다.

8.5.2 시스템 라이브러리 함수

여러분이 지금까지 사용해 온 함수가 또 있습니다. 바로 printf와 scanf입니다. 여러분이 printf를 사용할 때를 생각해 보시면 printf("%d", a);라고 적어 왔습니다. 보시면 함수를 호출하는 것과 같이 생겼습니다. 앞의 printf가 함수 이름이고 뒤의 "%d"와 a가 인자인 것이지요. 지금까지 여러분이 열심히 사용해 온 printf는 함수였던 것입니다.

그러면 이런 의문이 드실 것입니다. 이 printf와 scanf가 함수였다면 이 함수의 정의는 어디에 있는 것이고 선언은 어디에 있는 것일까? 앞에서 설명하길 함수는 호출하기 전에 반드시 정의 또는 선언을 해야 한다고 했으니까요. 이 함수들의 정의는 여러분이 사용하시는 컴퓨터의 시스템 또는 운영 체제, 컴파일러 안에 되어 있습니다. 그래서 여러분이 따로 정의하실 필요가 없습니다. 그리고 이 함수의 선언은 stdio.h라는 파일 안에 들어 있습니다. 프로그램의 처음에 #include <stdio.h>라고 항상 적어 왔던 거 기억나시죠? 이 문장의 의미는 stdio.h라는 파일을 가져와서 그 자리에 넣으라는 말입니다. 즉 stdio.h 파일 안에 printf와 scanf의 선언이 들어 있고 그 파일을 #include <stdio.h>를 통해 프로그램에 넣어 왔던 것입니다. 그래서 지금까지 여러분이 아무 문제없이 printf와 scanf를 사용할 수 있었던 것입니다.

이와 같이 시스템에 정의 되어서 여러분이 컴퓨터를 다루는데 도움을 주는 함수들을 시스템 라이브러리 함수라고 부릅니다. 이에 반해 앞 절들에서 여러분이 직접 정의해 왔던 함수들은 사용자 정의 함수라고 부르지요. C언어에서는 다양한 시스템 라이브러리 함수들을 사용합니다. 표 8.2에 대표적인 것들 몇 가지만 정리해 보았습니다.

표 8.2 시스템 라이브러리 함수

종류	헤더 파일	함수들
입출력 함수	stdio.h	scanf, printf, fopen, fclose, fscanf, fprintf, ...
문자열 함수	string.h	strcpy, strcat, strcmp, ...
수학 함수	math.h	sin, cos, tan, sqrt, ...
도구 함수	stdlib.h	rand, malloc, free, ...

표 8.3 수학 함수

함수 원형	반환값
double sin(double x);	$\sin(x)$
double cos(double x);	$\cos(x)$
double tan(double x);	$\tan(x)$
double exp(double x);	e^x
double log(double x);	$\ln x$
double log10(double x);	$\log_{10} x$
double pow(double x, double y);	x^y
double sqrt(double x);	$\sqrt{x}$
double ceil(double x);	$\lceil x \rceil$
double floor(double x);	$\lfloor x \rfloor$

표 8.2에서 헤더 파일은 함수들의 선언을 모아서 가지고 있는 파일을 말합니다. 그러므로 어떤 시스템 라이브러리 함수를 이용하려면 그 함수의 선언을 포함하고 있는 헤더 파일을 #include <...>로 포함해야 합니다. 예를 들어 문자열 함수의 strcpy 함수를 사용하고 싶으면 프로그램의 앞부분에 #include <string.h>라고 적어야 합니다.

8.5.3 수학 함수

앞으로 시스템 라이브러리 함수들을 하나씩 배우실 것이며 여기서는 우선 수학 함수만 간단히 소개하겠습니다. 표 8.3에 대표적인 수학 함수들의 원형들과 그 기능을 정리해 놓았습니다.

보시면 여러분이 알고 있는 대부분의 수학 연산들이 함수로 구현되어 있음을 알 수 있습니다. 다만 이 함수들의 선언은 math.h에 있으니 사용하시기 전에 #include <math.h> 하시는 것을 잊지 마십시오. 대부분의 함수들은 이미 익숙하실 것이라 생각하며 삼각함수와 올림/내림 함수에 대해서만 잠깐 설명하겠습니다.

삼각함수

표 8.3에서 소개한 삼각함수들은 sin, cos, tan로써 C에서는 각도를 radian 단위로 취합니다. 즉 한 바퀴를 360°로 표시하는 단위가 아니라 $2\pi \simeq 6.2831853\ldots$로 표시하는

프로그램 8.7 삼각함수 예제

```
#include <stdio.h>
#include <math.h>

int main(void) {
    double pi = acos(-1.0);

    printf("%f ", sin(pi/6));
    printf("%f ", cos(pi/3));
    printf("%f ", tan(pi/4));
}
```

단위입니다. 예를 들어, 30°, 45°, 60°, 90°같은 각도는 $\pi/6, \pi/4, \pi/3, \pi/2$의 값들로 넣어 주어야 할 것입니다. 그러므로 π 값을 알아야 삼각함수들을 사용할 있습니다. 물론, 우리 알고 있는 값인 $\pi = 3.141592...$를 직접 적을 수도 있습니다마, 좀 더 많이 쓰이는 방법은 주어진 수학 함수를 이용하는 방법입니다.

시스템에서 주어지는 수학함수 중에 acos라는 함수가 있는데, 이 함수는 cos 함수의 역함수입니다. 즉 값을 주면 그 값이 cos 값이 되는 각도를 결과로 반환하는 함수입니다. 각도가 π일 때 cos 값은 -1.0이 되므로 acos(-1.0)을 하면 반환값이 π가 됩니다. 그러므로 double pi = acos(-1.0);과 같이 하면 변수 pi에 π 값이 저장되고 이 후에는 이 변수 pi에 저장된 값을 이용하는 것입니다. 프로그램 8.7이 삼각함수를 이용한 프로그램의 예입니다. 이 프로그램을 실행하면 sin$(\pi/6)$, cos$(\pi/3)$, tan$(\pi/4)$의 값인 0.5와 0.5, 1.0이 출력될 것입니다.

올림/내림 함수

표 8.3에서 ceil과 floor 함수는 올림 함수와 내림 함수입니다. 올림이라는 것은 주어진 수의 바로 위에 있는 정수로 바꾸는 것이고 내림이라는 것은 주어진 수의 바로 아래에 있는 정수로 바꾸는 것입니다. 예를 들어 ceil(2.3)의 결과는 3.0이고 floor(2.3)의 결과는 2.0입니다. 좀 더 정확한 정의를 기술해 보면, ceil(x)는 x 이상의 정수 중에서 제일 작은 정수를 반환하며 floor(x)는 x 이하의 정수 중에서 제일 큰 정수를 반환합니다. 여기서 주의하실 것은 두 함수의 반환값이 double형이라는 것입니다. 반환값 자체는 정수입니다만 자료형은 double형인 것입니다. 그러므로 ceil과 floor의 결과를 %d 등으로 출력하면 안 되고 %f 등으로 출력해야 합니다.

그럼 ceil과 floor을 사용하는 예제를 하나 만들기 위해 우선 정수형과 실수형의 계산 및 출력에 대해 잠깐 복습하겠습니다. 프로그램 8.8과 같이 크기가 6인 정수형 배열을 92, 10, 20, 87, 77, 103로 초기화 한 뒤, 이들의 합인 389를 구해서 sum이라는 정수형 변수에 저장합시다. 이 들의 평균은 64.8333... 입니다. 이 평균을 출력하려고 프로그램 8.8의 11번 줄과 같이 printf("%d", sum/6);이라고 한다면 64가 출력됩니다. 왜냐하면 sum도 정수형이고 6도 정수형이므로 sum/6의 결과도 정수형이어야 해서 64가 출력되는 것입니다.

프로그램 8.8 올림/내림/반올림 예제

```
01: #include <stdio.h>
02: #include <math.h>
03:
04: int main(void) {
05:    int   sum, a[6] = {92, 10, 20, 87, 77, 103};
06:
07:    for(i=0,sum=0;i<6;i++) {
08:       sum += a[i];
09:    }
10:
11:    printf("%d\n", sum/6);
12:    printf("%f\n", sum/6);
13:    printf("%f\n", sum/6.0);
14:    printf("%f\n", (double)sum/6);
15:    printf("\n");
16:    printf("%.1f\n", ceil(sum/6));
17:    printf("%.1f\n", floor(sum/6));
18:    printf("%.1f\n", ceil(sum/6.0));
19:    printf("%.1f\n", floor((double)sum/6));
20:    printf("\n");
21:    printf("%d\n", (int)ceil(sum/6.0));
22:    printf("%d\n", (int)floor(sum/6.0));
23:    printf("%d\n", (int)floor(sum/6.0+0.5));
24: }
```

모니터

```
64
0.000000
64.833333
64.833333

64.0
64.0
65.0
64.0

65
64
65
```

만일 이것을 64.8333...으로 출력하고 싶다고 12번 줄과 같이 printf("%f", sum/6);으로 하면 안 됩니다. 왜냐하면 sum/6이 정수형 값인 64이므로 이것을 실수형태 %f로 출력하라고 하면 잘못된 출력이 될 것입니다. 실수형으로 출력하고 싶으시면 계산 자체를 실수형으로 계산하도록 13,14번 줄과 같이 sum/6.0이나 (double)sum/6을 하시고 %f 출력하셔야 합니다.

그럼 이제 ceil과 floor를 사용해 보겠습니다. 평균인 64.8333...에 대해 수학적으로는, ceil을 취하면 65가 될 것이고 floor를 취하면 64가 될 것입니다. 그런데 C에서 주어져 있는 ceil 함수와 floor 함수를 사용하겠다고 ceil(sum/6)과 floor(sum/6)을 하면 프로그램 8.8의 16번 줄과 17번 줄 같이 둘 다 64.0이 반환됩니다. 왜냐하면 앞에서도 설명했지만 sum/6은 정수 64입니다. 즉 ceil을 취하기 전에 이미 64가 되어 있으므로 ceil(sum/6)에서는 64.0이 반환되는 것입니다. 이것을 피하려면 sum/6 계산을 실수형으로 계산하도록 sum/6.0이나 (double)sum/6으로 해야 합니다(18번 줄과 19번 줄). 그러면 65.0과 64.0이 제대로 출력됩니다. 이때 ceil과 floor 함수의 반환값이 double 형임에 유의하십시오.

그런데 ceil 함수와 floor 함수의 결과값 자체는 정수입니다. 이것을 정수로 출력하면 좋을 것입니다. 그러나 결과값의 자료형은 double 형이므로 바로 %d로 출력하면 안 됩니다. 자료형을 정수형으로 바꿔 줘야겠지요. 이렇게 자료형을 바꾸는 연산자를 형변환 연산자라고 한다고 6장에서 설명했습니다. 정수형인 int형으로 바꾸려면 바꾸려는 값의 앞에 (int)라고 붙이면 됩니다. 이렇게 정수형으로 바꿔서 %d로 출력한 것이 프로그램

8.8의 21,22번 줄입니다.

마지막으로 올림이나 내림과 비슷한 것에 반올림이라는 것도 있습니다. 반올림은 많이 아실 것입니다. 소수점 이하의 부분이 0.5 이상이면 올림을 취하고 0.5 미만이면 내림을 취하는 것이 반올림이지요. 그런데 아쉽게도 C에서는 반올림을 위한 함수를 따로 제공하지 않습니다. 대신 floor나 ceil을 이용하여 반올림의 기능을 하도록 만들 수는 있습니다. 프로그램 8.8의 23번 줄이 그 예입니다. 보시면 0.5를 더한 다음에 floor 함수에 넣습니다. 만일 소수점 이하의 부분이 0.5 이상이라면 0.5를 더했을 때 정수 부분인 1 증가하게 됩니다. 여기에 floor를 취하면 마치 올림을 한 것과 같은 효과가 발생합니다. 반대로 소수점 이하의 부분이 0.5 미만이라면 0.5를 더해도 정수 부분은 그대로일 것이므로 여기에 floor를 취해도, 안 더하고 floor를 취한 것과 같이 내림의 동작이 됩니다.

8.6 함수의 필요성

이 장에서 함수를 어떻게 만들고 사용하는지에 대해 다루었습니다. 그런데 예제들을 보면 함수가 그렇게 필요해 보이지 않습니다. 오히려 함수를 사용함으로써 프로그램이 더 길어지고 파악하기도 어려워진 것 같습니다. 이것은 예제 프로그램들이 너무 간단하고 짧은 것들이어서 그렇습니다. 사실 여러분들이 현재 다루고 있는 50줄 이내의 한 눈에 파악할 수 있는 짧은 프로그램들에서는 함수가 별 필요 없습니다. 오히려 더 복잡하게 만들지요.

그러나 프로그램이 조금만 길어져도 함수는 꼭 필요한 존재가 됩니다. 프로그램의 길이가 50줄 정도를 넘어서기 시작하면 프로그램을 한 번에 파악하기가 어려워집니다. 그럴 때는 프로그램을 main 안에서 한 묶음으로 기술하기 보다는 함수를 이용해서 여러 묶음으로 나눈 후에 main에서는 그들을 불러서 사용하는 편이 프로그램을 작성하기에도, 그리고 프로그램을 읽기에도 훨씬 편합니다.

그리고 프로그램이 100줄을 넘어서면 분할 컴파일이라고 해서 여러 개의 파일에 나누어서 프로그램을 작성하는 방법이 좋아지기 시작하며, 프로그램이 더 커지면 나중에 배울 구조체 등과 결합되어서 객체지향이라는 방법론도 생각해 볼만 합니다. 아직 더 배운 뒤의 얘기이지만요.

지금 당장 함수가 별로 필요하지 않다고 느끼시더라도 프로그램을 좀 더 배우시다 보면 꼭 필요해지니 문법과 사용법 정도는 익혀 두시기 바랍니다.

연습 문제

1. 함수의 내용을 모두 기술하는 것을 함수의 ____라고 한다.

2. 함수를 사용하기 전에 함수의 머리 부분만 기술하는 것을 함수의 ____라고 한다.

3. 함수의 머리 부분만 따로 떼어져 있는 형태를 함수 ____라고 한다.

4. 함수의 머리 부분에 기술되는 것은 차례로 ____, ____, ____이다.

5. 함수의 내부를 진행하다가 ____문을 만나면 함수를 종료한다.

6. 함수를 호출할 때 인자에 있는 값이 매개 변수로 복사되는 방식으로 호출함을 ____이라 부른다.

7. 함수의 반환값 자료형 자리에 ____가 있으면 반환값이 없다는 의미이고 이 함수를 종료하고 싶으면 ____라고 기술해야 한다.

8. 함수의 매개 변수 자리에 ____가 있으면 매개 변수가 없다는 의미이다.

9. C언어에서 항상 프로그램이 시작되는 함수는 ____이다.

10. 함수들 중에 프로그래머가 만든 함수를 ____라고 부르고 이에 반해 시스템이 제공해 주는 함수를 ____라고 부른다.

11. 모니터에 원하는 값 등을 출력하는 함수는 ____이다.

12. 함수 scanf를 사용하려면 scanf가 선언되어 있는 ____파일을 include해야 한다.

13. 수학 함수인 sin이나 cos 등을 이용하려면 이 함수들이 선언되어 있는 ____파일을 include해야 한다.

14. 다음 프로그램의 문제점을 지적하고 수정하시오.

```
int main(void) {
    printf("Hello, World!");
}
```

15. 다음 함수의 문제점을 지적하시오.

```
int div(int a, int b) {
    int c;
    c = a / b;
    printf("%d\n", c);
    return;
}
```

16. 세 개의 정수 x, y, z를 받아서 z가 [x,y] 범위에 있으면 1을 반환하고 그렇지 않으면 0을 반환하는 함수 btw를 작성하시오.

17. 함수 avg는 int avg(int x, int y);와 같이 선언되어 있으며 x와 y로 받은 값의 평균을 계산하여 반환하는 함수이다. 다음 중 인자로 건네는 값의 평균이 왼쪽 변수에 제대로 저장되는 것들을 모두 고르시오. 아래에서 i는 int형이고 d는 double형이다.

a) `i = avg(12, 34);`

b) `d = avg(12, 34);`

c) `i = avg(12.56, 34.79);`

d) `d = avg(12.56, 34.79);`

e) `avg(12, 34);`

18. 매개 변수는 **int**형 변수 **x** 하나이고 **double**형을 값을 반환하는 함수 **f**의 선언으로 알맞은 것을 모두 고르시오.

    a) `double f(int x);`

    b) `double f(int);`

    c) `double f(x);`

    d) `f(int x);`

19. 매개 변수는 **double**형 변수 **a, b** 두 개이고 반환값은 없는 함수 **g**를 선언하시오.

20. 다음 프로그램의 출력을 적으시오.

```
#include <stdio.h>

void inc(int a) {
    a++;
}

int main(void) {
    int a;
    a = 10;
    inc(a);
    printf("%d", a);

    return 0;
}
```

21. 다음 프로그램의 출력을 적으시오.

```
#include <stdio.h>

int func_sum(int    a) {
    int sum = 0;
    sum += a;
    return sum;
}

int main(void) {
    int i, sum;

    for(i=1;i<=10;i++) {
```

```
        sum = func_sum(i);
    }
    printf("%d", sum);

    return 0;
}
```

22. 다음 프로그램의 출력 결과를 적으시오.

```
#include <stdio.h>

void change(int a, int b);

int main(void) {
    int a = 2, b = 3;

    change(a, b);
    printf("%d %d\n", a, b);

    return 0;
}

void change(int a, int b) {
    a++;
    b += 2;
    printf("%d %d\n", a, b);
}
```

실습 문제

주의 : 함수의 기능과 전체 프로그램의 기능을 구별해야 한다. "(가)를 받아서 (나)를 수행하는 함수"를 만들라고 되어 있다면 (가)를 인자/매개 변수를 통해 받아서 (나)만을 수행해야 한다. 구별을 위해 키보드를 통해 입력받는 것은 "~를 입력받아서"라고 기술하였다.

1. 센티미터 단위의 double형 길이를 받아서 인치 단위의 길이로 바꾸어 반환하는 함수 to_inch를 만드시오. 센티미터 단위인 1~10의 정수 길이들을 to_inch 함수를 이용하여 인치 단위의 길이들로 바꾸어서 출력하시오.

2. 두 정수 x와 y를 받아서 x^y을 반환하는 함수 int_pow를 만드시오. 하나의 양수 a를 입력받은 뒤, 이 함수를 이용하여 $a^1 \sim a^{10}$을 출력하시오.

3. 두 정수 x와 y를 받아서 x^y을 반환하는 함수 int_pow를 만드시오. 이 함수를 이용해서 $1^{10} + 2^9 + 3^8 + ... + 10^1$을 계산하여 출력하시오.

4. 실수를 하나 받아서 이 수를 원의 반지름으로 생각하여 그 면적을 반환하는 함수 **circle_area**와 둘레를 반환하는 함수 **circle_circum**을 만드시오. 하나의 실수를 입력받은 뒤, 이 수를 원의 반지름으로 생각하고 앞에서 만든 두 함수를 이용하여 그 원의 면적과 둘레 길이를 출력하시오.

5. 세 개의 정수를 받아서 그 중 중간값을 반환하는 함수를 작성하시오. 세 개의 정수를 입력받은 뒤, 이 함수를 이용하여 세 수 중 중간값을 출력하시오.

6. 두 정수 **x**과 **y**를 받아서 $\mathbf{x}^{\mathbf{y}}$을 계산하는 함수를 작성하시오. 한 개의 정수 **x**를 입력받은 뒤 이 함수를 이용해서 다음을 계산하여 출력하시오.

$$2x^5 - 5x^4 + x^3 + 7x^2 - 3x - 9$$

7. 한 개의 양수를 받아서 1부터 그 수까지의 합을 반환하는 함수 **sum**을 작성하시오. 양수 **n**을 입력받은 뒤, 이 함수를 이용하여 1부터 **n**까지의 수들 각각에 대해 1에서 그 수까지의 합들을 출력하시오.

8. 한 개의 양수 **n**을 받아서 **n!**을 반환하는 함수 **fact**를 작성하시오. 양의 정수 **n**을 입력받은 뒤, 이 함수를 이용하여 **n**까지의 !(팩토리얼)의 합을 출력하시오. (예 : 5를 입력하면 1! + 2! + 3! + 4! + 5!을 계산하여 출력한다.)

9. 자연 상수 **e**는 다음과 같이 계산할 수도 있다.

$$e = 1 + \frac{1}{1!} + \frac{1}{2!} + \frac{1}{3!} + \frac{1}{4!} + \frac{1}{5!} + \dots$$

한 개의 양수 **n**을 받아서 **n!**을 반환하는 함수 **fact**를 작성하시오. 양의 정수 **n**을 입력받은 뒤, 위 계산식에서 분모가 **n!**이하인 항까지 계산하여 출력하시오. (예 : 4를 입력받으면 1+1/1!+1/2!+1/3!+1/4!를 계산하여 출력한다.) 이때 **n!**의 계산은 함수 **fact**를 이용하시오. 나눗셈을 할 때 1.0/로 하시오.

10. 2 이상인 양수를 받아서 그 수가 소수이면 1을, 아니면 0을 반환하는 함수 **is_prime**을 작성하시오. 이 함수를 이용하여 2부터 100까지의 수 중에서 소수들을 모두 출력하시오.

11. 양수 **n**에 대해 **n**단의 구구단을 출력하는 함수를 작성하시오. 이 함수를 이용하여 2단에서 9단까지의 구구단을 다음과 같이 출력하시오.

```
** 2 times **
2 * 1 = 2
2 * 2 = 4
...
2 * 9 = 18
** 3 times **
3 * 1 = 3
     ...
9 * 9 = 81
```

12. 한 개의 양수를 받아서 그 수만큼 *를 한 줄에 출력하는 함수를 작성하시오. 양의 정수 n을 입력받은 뒤, 이 함수를 이용해서 다음의 예와 같이 출력하시오. 단, main에서는 printf를 줄 바꾸기를 위해서만 사용하시오.

n이 5인 경우

```
*
**
***
****
*****
```

n이 8인 경우

```
*
**
***
****
*****
******
*******
********
```

13. 한 개의 양수를 받아서 그 수만큼 *를 한 줄에 출력하는 함수를 작성하시오. 양의 정수 n을 입력받은 뒤, 이 함수를 이용해서 다음의 예와 같이 출력하시오. 단, main에서는 printf를 줄 바꾸기와 빈 칸을 출력하기 위해서만 사용하시오.

n이 5인 경우

```
    *
   ***
  *****
 *******
*********
```

n이 8인 경우

```
       *
      ***
     *****
    *******
   *********
  ***********
 *************
***************
```

14. 한 개의 문자 a와 한 개의 양수 b를 받아서, b만큼 a를 한 줄에 출력하는 함수를 작성하시오. 양의 정수 n을 입력받은 뒤, 이 함수를 이용해서 다음의 예와 같이 출력하시오. 단, main에서는 printf를 줄 바꾸기를 위해서만 사용하시오.

n이 5인 경우

```
    *
   ***
  *****
 *******
*********
```

n이 8인 경우

```
       *
      ***
     *****
    *******
   *********
  ***********
 *************
***************
```

15. 한 개의 문자 a와 한 개의 양수 b를 인자로 받아서, b만큼 a를 한 줄에 출력하는 함수를 작성하시오. 양의 정수 n을 입력받은 뒤, 이 함수를 이용해서 다음의 예와 같이 출력하시오. 단, main에서는 printf를 줄 바꾸기를 위해서만 사용하시오.

n이 5인 경우	n이 8인 경우
a	a
bb	bb
ccc	ccc
dddd	dddd
eeeee	eeeee
	ffffff
	ggggggg
	hhhhhhhh

16. 하나의 양수 n을 받아서 몇 자리인지를 반환하는 함수 num_digits(n)을 작성하시오. 그리고 두 개의 양수 n과 k를 받아서 n에서 k번째 자리에 있는 숫자를 반환하는 함수 digit(n, k)를 작성하시오. 예를 들어 digit(9876,2)라고 호출하면 7을 반환한다. 만일 k가 n의 자릿수 보다 크면 0을 반환한다. 하나의 양수를 입력받은 뒤 이 두 함수를 이용하여 입력받은 수를 거꾸로 출력하시오.

CHAPTER 9

함수 2

앞 장에서 함수를 정의하고 호출하는 법에 대해서 배웠습니다. 이 장에서는 매개 변수가 배열인 함수에 대해 설명한 다음에 함수 중에서 복잡한 편에 속하는 재귀 함수에 대해 다루겠습니다. 그리고 마지막으로 시스템 라이브러리 함수 중에서 많이 이용되는 함수 중 하나인 난수 발생 함수를 배우겠습니다.

9.1 매개 변수가 1차원 배열인 함수

우선 예제를 통해 매개 변수가 1차원 배열인 함수의 동작에 대해 살펴보고 그 것으로부터 배열 매개 변수의 일반적인 형태를 알아보겠습니다.

9.1.1 매개 변수가 1차원 배열인 함수의 예제

매개 변수가 1차원 배열인 함수의 예제를 하나 들어 보겠습니다. 크기가 5인 정수 배열을 받아서 그 합을 구하는 함수를 만들어서 사용해 봅시다. 앞 장에서 함수를 정의했던 대로 함수의 이름, 매개 변수, 반환값 자료형을 정한 뒤, 함수의 몸체를 채우겠습니다. 우선 함수 이름은 그냥 **array_sum**이라고 지어 보겠습니다. 크기가 5인 정수 배열을 받아야 하므로 매개 변수도 크기가 5인 정수 배열인 **int a[5]**로 하겠습니다. 함수의 결과는 배열 요소들의 합이므로 자료형이 **int**형일 것입니다. 그러면 이 함수의 머리 부분은 **int array_sum(int a[5])**가 될 것입니다. 그리고 배열 **a**의 합을 구하도록 이 함수의 몸체를 채우면 프로그램 9.1의 윗부분과 같습니다.

프로그램 9.1의 **main** 함수 부분에서는 **array_sum** 함수를 호출합니다. 이 함수의 매개 변수가 배열이므로 함수를 호출할 때의 인자도 배열이어야 할 것입니다. 여기서는 배열 **b**를 선언했는데 **b[1]**과 같이 배열 요소를 인자로 넘기면 그 요소 하나만 전달될 것이므로 배열 전체를 의미하는 배열 이름 **b**를 인자 자리에 넣어야 할 것 같습니다.

이제 이 프로그램에서 **array_sum** 함수를 호출할 때 어떤 일이 일어나는지 알아봅시다. 우선은 앞 장에서 배운 것을 그대로 적용해서 해석해 보고 그 다음에 그런 해석의 잘못된 부분을 설명하겠습니다. 그림 9.1과 같이 **main** 함수에서 진행하다 **array_sum** 함수를 만나면 우선 **array_sum** 함수로 이동합니다④. 그리고 매개 변수가 배열 **int**

프로그램 9.1 예제 1 - 크기가 5인 정수 배열의 합을 구하는 함수

```
#include <stdio.h>
int array_sum(int a[5]) {
   int   i, sum;
   sum = 0;
   for(i=0;i<5;i++)
   {
      sum += a[i];
   }
   return sum;
}

int main(void) {
   int   b[5] = {10, 2, 3, 7, 9};
   printf("%d\n", array_sum(b));

   return 0;
}
```

매개 변수가 배열

크기가 5인 정수 배열의 합을 구하는 함수

인자도 배열

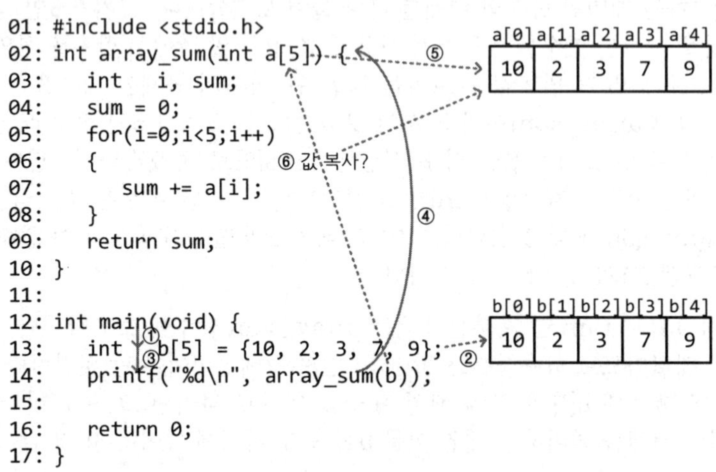

그림 9.1 예제 1에서 함수 호출하는 과정 (잘못된 해석)

```
#include <stdio.h>
int array_sum(int a[5]) {
   int   i, sum;
   sum = 0;
   for(i=0;i<5;i++)
   {
      sum += a[i];
   }
   return sum;
}

int main(void) {
   int  b[5] = {10, 2, 3, 7, 9};
   printf("%d\n", array_sum(b));

   return 0;
}
```

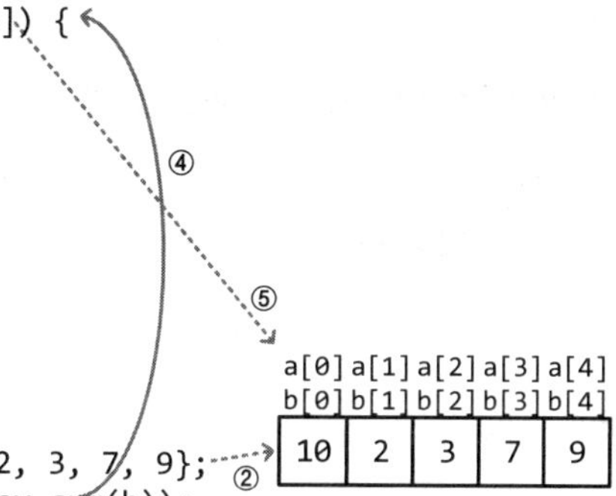

그림 9.2 예제 1에서 함수 호출하는 과정 (올바른 해석)

a[5]이므로 배열 a를 만들 것입니다⑤. 앞장에서 배우기로는 매개 변수를 만든 다음에 인자의 값을 매개 변수에 복사해야 할 것입니다. 여기서는 인자와 매개 변수가 배열이므로 배열을 복사할 것 같습니다. 즉, 배열 b의 내용인 10, 2, 3, 7, 9가 배열 a로 복사되어서 그림 9.1의 ⑥과 같이 될 것입니다. 그 다음에 array_sum 함수의 몸체가 실행되어서 sum 변수 안에는 배열 a의 합인 31이 계산되어서 저장되며 함수를 마치고 돌아갈 때 이 값이 반환값이 될 것입니다.

그러나 이미 말했듯이 이 해석은 잘못 되었습니다. 제대로 다시 설명해 드리면, 매개 변수가 배열이면 새로 배열이 만들어지는 것이 아니라 인자에 있는 배열에 새로 이름을 붙입니다. 예제에서는 그림 9.2와 같이 인자가 배열 b이고 매개 변수가 배열 a이므로 인자인 배열 b에 새로 a라는 이름을 붙입니다⑤. 그러면 array_sum 함수 안에서는 배열 a를 사용할 수 있습니다. 물론 이름만 다시 붙인 것이므로 a[0]~a[4]는 b[0]~b[4]를 의미합니다. 그러므로 함수의 몸체를 실행할 때 a[0]~a[4]의 합을 구하면 실제로는 b[0]~b[4]의 합을 구하게 되는 것입니다. 그 합은 sum에 저장될 테고 이 값이 반환값이 되어, 함수가 종료되어 돌아갈 때 같이 반환되게 됩니다. 함수가 종료되어서 원래 위치로 돌아가면 배열의 이름도 a에서 b로 복구됩니다.

이렇게 배열의 이름이 다시 지어진다면 기존의 함수 동작 개념과 조금 달라지는 부분이 생깁니다. 만일 array_sum 함수에서 return sum; 앞에 a[2] = 8;이라는 문장을 추가했다고 가정해 보겠습니다. 그러면 a[2]에는 8이 저장되는데 a[2]는 b[2]이므로 b[2]에 8이 저장될 것입니다. 그리고 array_sum에서 돌아오면 b[2]의 값은 8로 바뀐 채 있을 것입니다. 이러한 동작은 앞 장에서 배웠던 값에 의한 호출이라는 개념에 위배되는 것입니다.

값에 의한 호출에서는 함수를 부를 때는 값만 복사되는 것이므로 함수 안에서 어떤 일을 하더라도 함수를 부른 쪽에 있는 변수의 값이 바뀌는 일은 없습니다. 그런데 매개 변수가 배열인 이 예제에서는 함수 안에서 a[2] = 8;이라는 문장을 실행하자 main 함수에

프로그램 9.2 예제 1 - 배열 매개 변수의 일반적인 형태

```
#include <stdio.h>
int array_sum(int a[], int n) {
    int   i, sum;
    sum = 0;
    for(i=0;i<n;i++)
    {
       sum += a[i];
    }
    return sum;
}

int main(void) {
    int   b[5] = {10,2,3,7,9};
    int   c[7] = {1,3,5,7,9,11,13};
    printf("%d\n", array_sum(b, 5));
    printf("%d\n", array_sum(c, 7));

    return 0;
}
```

배열 매개 변수에는 크기 지정 안 해도 됨

배열의 크기를 따로 받아서 사용

크기를 따로 건네 줌

어떤 크기의 1차원 배열도 인자로 가능

있는 변수인 b[2]의 값이 8로 바뀐 것입니다. 즉 매개 변수가 배열인 함수에서는 함수에서의 동작에 의해 함수를 부른 쪽에 있는 배열 요소의 값이 바뀔 수 있습니다.

이렇게 일관성이 없어 보이는 것은 아직 포인터에 대해 배우지 않았기 때문입니다. 나중에 포인터를 배우게 되면 배열 매개 변수에 대한 정확한 해석을 이해할 수 있으며 (이름을 새로 붙인다는 해석도 약간은 잘못된 설명입니다.) 값에 의한 호출이라는 개념을 일관성 있게 적용할 수 있습니다. 그 때까지는 매개 변수가 배열인 경우와 아닌 경우를 조금 구분해서 이해하셔야 합니다.

9.1.2 매개 변수가 1차원 배열인 함수의 일반적 형태

매개 변수가 배열일 때 이름을 다시 붙이는 동작으로부터 몇 가지 생각을 해 볼 수 있습니다. 첫 번째는 배열 매개 변수에서 크기를 지정할 필요가 있느냐하는 것입니다. 말했듯이 매개 변수에 배열이 있으면 배열을 새로 만드는 것이 아니라 인자에 있는 배열에 이름만 붙이는 것입니다. 배열의 크기는 배열을 새로 만들 때 요소를 몇 개 만들 것인지 결정하기 위해 필요한 것입니다. 그런데 배열을 새로 만드는 것이 아니므로 크기가 불필요해 보입니다. 실제로 컴퓨터(정확히는 컴파일러)는 배열 매개 변수에 지정되어 있는 크기를 무시합니다. 그리고 어차피 무시될 크기이므로 배열 매개 변수에서는 크기를 쓰지 않는 것이 일반적입니다. 즉 프로그램 9.1에서도 2번 줄에서 int array_sum(int a[])라고 하는 것이 일반적인 형태인 것입니다.

두 번째로 배열 매개 변수가 이름만 다시 붙이고 크기도 지정하지 않으므로 인자에 반드시 크기가 5인 배열만 와야 할 필요도 없습니다. 예를 들어 크기가 7인 배열 int c[7]

을 선언한 뒤 array_sum(c)라고 해도 문제없이 동작할 것입니다. 이 경우에 array_sum 함수 안에서는 c[0]~c[6]이 a[0]~a[6]으로 이름이 바뀔 것입니다. 다만, 프로그램 9.1의 array_sum 함수 몸체에서는 i의 값이 0에서 4까지 증가하면서 sum에 a[i]들을 더하고 i가 5가 되면 마치므로 sum에 저장되어서 나중에 반환되는 값은 a[0]~a[4]의 합, 즉 c[0]~c[4]의 합이 될 것입니다.

만일, 다양한 크기의 배열에 대해 모든 요소의 합을 구하는 함수, 즉 크기가 5인 배열에 대해서는 [0]~[4]의 합을, 크기가 7인 배열에 대해서는 [0]~[6]의 합을 구하는 함수를 만들고 싶다면 배열의 크기도 매개 변수로 받으면 됩니다. 이러한 개념으로 수정한 array_sum 함수가 프로그램 9.2의 윗부분입니다. 이 프로그램을 보면 매개 변수에 int a[]와 함께 int n이 추가되어 있습니다. 그리고 함수 몸체에서 반복문을 돌 때 i가 0에서 n-1까지 증가하면서 sum에 합을 구하고, i가 n이 되면 반복문이 종료됩니다. 즉 a[0]~a[n-1]의 합을 구해서 반환합니다.

그리고 프로그램 9.2의 main 함수 부분을 보면 array_sum 함수를 호출할 때 인자로 배열 b나 c 뿐만 아니라 그들의 크기인 5와 7도 같이 적어 주고 있습니다. 이 인자 5와 7은 매개 변수 n에 복사될 것입니다. 그러면 array_sum이 처음 호출될 때는 배열 b에 배열 a로 이름을 붙이고 매개 변수 n에는 5가 저장될 것이므로 a[0]~a[n-1]의 합, 즉 b[0]~b[4]의 합을 구하는 것이 될 것입니다. 그리고 그 다음에 있는 array_sum의 호출에서는 배열 c와 7이 인자에 있으므로 배열 c를 배열 a로 이름 붙이고 매개 변수 n에는 7이 저장됩니다. 그러면 sum에는 a[0]~a[n-1]의 합, 즉 c[0]~c[6]의 합이 저장되고 return과 함께 반환될 것입니다.

프로그램 9.2의 array_sum 함수와 같이 배열 매개 변수에서는 크기를 지정하지 않고, 대신 처리할 크기를 따로 매개 변수로 받아서 그 매개 변수에 저장된 값만큼 함수 내부에서 처리하는 것이 배열 매개 변수를 가지는 함수의 일반적인 형태입니다.

9.2 매개 변수가 다차원 배열인 함수

앞 절에서는 매개 변수가 1차원 배열일 때에 대해 다루었습니다. 그럼, 매개 변수가 다차원 배열이면 어떻게 해야 할까요? 우선 2차원 배열에 대해 설명하고 그 다음에 더 높은 차원의 배열에 대해 다루어 보겠습니다.

9.2.1 매개 변수가 2차원 배열인 함수

프로그램 9.3이 매개 변수가 2차원 배열인 함수의 예제입니다. 프로그램의 윗부분에 정의되어 있는 array_sum2 함수를 보시면 매개 변수에 int a[][3]이 있습니다. 매개 변수가 1차원 배열일 때 함수에서는 배열의 이름을 잠시 바꾸는 것이고 그러므로 배열의 크기를 무시한다고 했었습니다. 매개 변수가 2차원 배열일 때도 마찬가지로 함수에서는 배열의 이름을 잠시 바꾸며 배열의 크기를 무시합니다. 그런데 첫 번째 크기만 무시해서 첫 번째 크기는 적지 않는 것이 일반적이고 두 번째 크기는 반드시 기술해야 합니다.

프로그램 9.3 예제 2 - 2차원 배열 매개 변수의 일반적인 형태

```
#include <stdio.h>

int array_sum2(int a[][3], int n) {
   int   i, j, sum;
   sum = 0;
   for(i=0;i<n;i++) {
      for(j=0;j<3;j++) {
         sum = sum + a[i][j];
      }
   }
   return sum;
}

int main(void) {
   int   b[2][3] = { {3,2,3}, {2,3,4} };
   printf("%d\n", array_sum2(b,2));
}
```

첫 번째 크기는 생략 가능

행 개수를 따로 받아서 사용

행 개수를 따로 건네 줌

매개 변수 배열의 첫 번째 크기, 즉 행의 개수가 의미가 없으므로 인자로 들어올 수 있는 2차원 배열은 행의 개수에 제한이 없을 것입니다. 그런 배열들에 모두 대처하기 위해 **array_sum2** 함수의 **int n** 매개 변수와 같이, 행의 개수를 받는 매개 변수를 하나 더 두는 것이 일반적입니다. 앞 절의 **array_sum** 함수에서 1차원 배열의 크기를 받는 매개 변수를 두었던 것과 마찬가지입니다. 그리고 함수 내부에서 배열 매개 변수에 대해 작업을 할 때 행의 개수를 받은 매개 변수 **n**을 사용하면 될 것입니다. 예제의 **array_sum2** 함수 내부를 보면 바깥 쪽 반복문에서 **i**가 **0**에서 **n-1**까지 증가하면서 반복하고 **n**이 되면 마치게 되어 있습니다. 반복문 안쪽에서는 **a[i][j]**를 접근하니 결국 **0**행에서 **n-1**행까지를 읽는 것이 될 것입니다.

행의 개수가 정해져 있지 않은 반면에 열의 개수는 **3**으로 정해져 있습니다. 그러므로 **array_sum2** 함수 내부의 안쪽 반복문에서 **j**는 **j<3**인 동안 반복하면서 **a[i][j]**를 읽는 것입니다. 함수 내부의 동작을 보니 **0**행에서 **n-1**행까지, 그리고 **0**열에서 **2**열까지 **a[i][j]**의 값들을 **sum**에 더하고 있으므로 배열 **a**의 모든 요소들의 합을 구하는 함수인 것 같습니다.

프로그램 9.3의 아래 부분에서 **array_sum2** 함수를 호출하는 것을 보면, 인자로 배열 **b**와 **2**를 건네주고 있습니다. 배열 **b**는 크기가 **2×3**인 **2**차원 배열입니다. 그러므로 배열 **b**와 함께 **b**의 행의 개수인 **2**도 같이 건네주는 것입니다. 그러면 **array_sum2** 함수에서는 배열 **b**의 이름을 잠시 **a**로 바꾸고 매개 변수 **n**에는 **2**가 저장됩니다. 그리고 함수 내부에 진입해서 **i**가 **0, 1**로 바뀌면서 바깥쪽 반복문을 돌고 (**i**가 **2**가 되면 종료함) **j**는 **0, 1, 2**로 바뀌면서 안쪽 반복문을 돌게 됩니다. 이때 **sum**에 **a[i][j]**를 차례차례 더하므로 결국 **b[0][0]~b[1][2]**를 모두 더하는 것과 같이 되어서, 반복문이 모두 종료되면 **sum**에는 총합인 **17**이 저장될 것입니다. 다음 문장이 **return sum;**이므로 **sum**에 저장되어 있는 **17**

과 함께 main으로 돌아오고 이 값을 출력하게 됩니다.

함수 **array_sum2**를 호출할 때 인자로는 행의 개수가 다른 2차원 배열을 사용해도 괜찮습니다. 예를 들어 **int c[5][3]** 같은 배열에 대해 **array_sum2(c, 5)**와 같이 호출해도 되는 것입니다. 뒤에 있는 인자는 배열의 행의 개수에 맞게 조절해 주면 됩니다.

이렇게 행의 개수가 다른 배열은 인자로 사용할 수 있으나 열의 개수가 다르면 인자로 사용할 수 없습니다. 현재 **array_sum2** 함수의 매개 변수에는 **int a[][3]**이라고 되어 있으므로 열의 개수가 3이라고 명시되어 있습니다. 그러므로 인자에도 열의 개수가 세 개인 배열만 올 수 있습니다. 만일 **int d[3][4]** 같은 배열로 **array_sum2(d, 3)**과 같이 호출하면 안 되는 것입니다.

행의 개수와 열의 개수가 모두 자유로운 일반적인 2차원 배열에 대한 매개 변수는 C 언어에서는 존재하지 않습니다. 다만, 나중에 배울 포인터를 이용해서 좀 특별한 방법으로 다루는 것은 가능합니다.

9.2.2 매개 변수가 다차원 배열인 함수

매개 변수가 3차원 이상의 배열일 때도 앞 절에서 설명한 2차원 배열일 때와 크게 다르지 않습니다. 함수에서는 인자에 기술된 배열의 이름을 잠시 바꾸는 것이며 그러므로 매개 변수에서 크기가 무시됩니다. 다만 무시되는 크기는 첫 번째 크기이고 나머지 크기들은 기술해야 합니다. 예를 들어 3차원 배열이 매개 변수라면 **int a[][2][3]**과 같이 기술하는 것입니다. 호출할 때 인자에 오는 배열은 첫 번째 크기는 상관이 없으나 나머지 크기들은 매개 변수와 같아야 합니다. 앞의 예와 같이 매개 변수가 **int a[][2][3]**이라면, 인자로 **int b[4][2][3]**을 사용할 수는 있으나 **int c[2][3][2]**는 사용할 수 없는 것입니다.

9.3 재귀 함수

함수는 대체로 처음에 문법만 잘 익히면 사용하는데 어려움이 없는 편입니다. 문법이 쉬운데 반해 응용이 다양한 반복문 같은 것과는 다른 면이 있는 것이지요. 그런데 함수 중에서 이용할 때 생각을 반복문만큼 잘 해야 하는 것이 하나 있습니다. 바로 재귀 함수입니다.

9.3.1 함수의 재귀적 호출

지금까지는 main에서만 다른 함수를 호출해 왔습니다. 그런데 main도 함수라고 했지요. 즉 함수에서 다른 함수를 호출하는 것이 가능한 것입니다. 그림 9.3을 보시면 main에서 함수 a를 호출해서 함수 a로 이동했는데, 함수 a 안에서 다른 함수 b를 호출하고 있습니다. 그러면 함수 b로 이동해서 b의 몸체를 실행한 후, 함수 a로 돌아와서 남은 부분을 실행하고, 그 다음에 main으로 돌아가게 됩니다.

그런데 함수에서 함수를 호출하는 것이 가능하다면 어떤 함수에서 자신을 다시 호출하는 것도 생각해 볼 수 있을 것입니다. 이렇게 어떤 함수에서 자신을 다시 호출하는 것을 함수의 재귀적 호출이라고 부르며, 이런 함수를 재귀 함수라고 부릅니다.

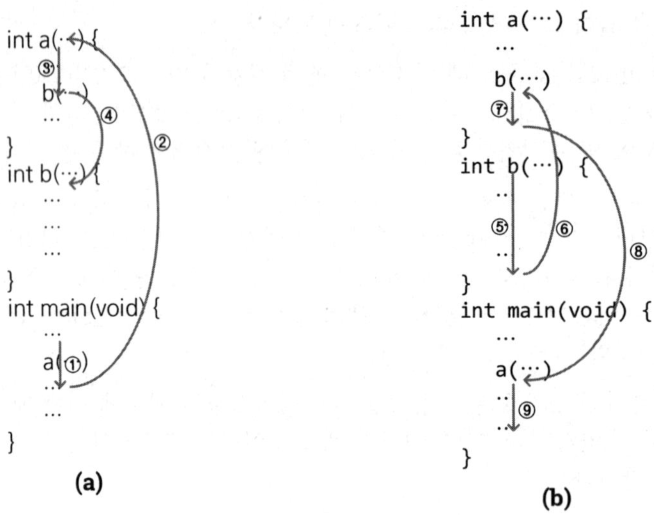

그림 9.3 함수에서 다른 함수를 호출하는 예

```
int fact(int a) {
   int   i, mul;
   mul = 1;
   for(i=1;i<=a;i++) {
      mul = mul * i;
   }
   return mul;
}
```

그림 9.4 반복문으로 구현한 factorial 함수

간단한 재귀 함수를 하나 만들면서 더 자세히 설명해 보겠습니다. 수학 연산자 중에 factorial(!)이라는 연산자가 있습니다. 양수에 대해 이 연산자를 취하면 1에서 그 수까지의 곱을 구하는 연산자입니다. 예를 들어 $5! = 5 \times 4 \times 3 \times 2 \times 1$ 입니다. 양수를 하나 받아서 이 factorial을 계산하는 함수를 만들어 보겠습니다. 우선은 재귀 함수의 형태가 아니라 일반 함수의 형태에서 반복문을 이용하여 만들어 보겠습니다. 함수의 이름은 fact 라고 짓고, 양수를 하나 받아야 하니 매개 변수는 정수형 1개이면 되겠으며, 반환값의 자료형은 정수들을 곱한 것이니 정수형이면 될 것입니다. 반복문으로 factorial 계산을 하도록 하면 그림 9.4와 같습니다.

이번에는 재귀 함수의 형태로 fact 함수를 만들어 보겠습니다. 이때 생각해야 하는 것이 factorail 연산의 특성입니다. 5! 연산을 잘 생각해 보면 다음과 같이 묶어서 5와 4!의 곱과 같음을 알 수 있습니다.

$$5! = 5 \times 4 \times 3 \times 2 \times 1 = 5 \times (4 \times 3 \times 2 \times 1) = 5 \times 4!$$

```
01: int fact(int a) {
02:    int   mul;
03:    if(a>=2) {
04:       mul = a * fact(a-1);<------n! = n•(n-1)! for n≥2
05:    } else {
06:       mul = 1; <------------------1! = 1       for n=1
07:    }
08:    return mul;
09: }
```

그림 9.5 재귀 함수 형태로 구현한 factorial 함수

이것을 일반적으로 확장하면 다음과 같습니다.

$$n! = n \times (n-1)! \qquad \text{for } n \geqslant 2$$
$$1! = 1 \qquad \text{for } n = 1$$

위 식을 그대로 함수로 옮기면 바로 재귀 함수의 형태로 fact 함수를 구현하는 것이 됩니다. 식을 보시면 $n!$을 구하기 위해 $(n-1)!$을 이용하고 있습니다. 이것을 fact 함수에 대해 생각해 보면, fact 함수에서 계산해야 하는 것은 변수 a에 저장된 값에 대한 factorial입니다. 그런데 그 원하는 결과는 바로 a-1에 대한 factorial에 a를 곱하면 됩니다. 그러므로 그림 9.5의 4번 줄과 같이 a-1을 인자로 fact 함수를 호출해서 a-1에 대한 factorial을 반환 받은 뒤 그 값에 a를 곱하면 바로 a에 대한 factorial이 되는 것입니다. 함수 fact에서 다시 fact를 호출하므로 재귀 함수입니다.

다만 이런 재귀적인 계산은 주어진 양수가 2 이상인 경우에만 가능하고 1을 받으면 factorial 결과가 그냥 1입니다. 이 동작을 처리하기 위해 그림 9.5를 보시면 조건문을 이용하여, a의 값이 2 이상이면 fact(a-1)을 호출하고 그렇지 않으면 1을 결과로 반환하도록 되어 있습니다.

9.3.2 재귀 함수에서의 진행

앞서 만들었던 재귀 함수 형태의 fact 함수로 프로그램 9.4와 같은 간단한 프로그램을 작성했습니다. 이 프로그램이 어떻게 실행되는지 그림 9.6과 그림 9.7을 통해 하나씩 따라가 보겠습니다. 프로그램은 설명의 편의상 옆으로 배치하였습니다.

처음에 main에서 프로그램이 시작되면 res 변수를 만든 후에 fact 함수를 만납니다. 그러면 fact 함수로 이동하겠지요②. 함수 fact로 이동해서 처음 하는 일이 매개 변수 a를 만든 후에 인자인 5를 복사해서 a에 저장하는 것입니다. 그리고 fact 함수 몸체를 실행할 것입니다. 우선 변수 mul을 만들고, 조건문에서는 현재 a의 값이 5이니 조건이 맞아서 if 다음의 문장을 실행합니다③. 여기서 다시 fact 함수를 만나는데 인자 자리에 a-1이 있습니다. 현재 a의 값은 5이므로 인자는 4가 됩니다. 함수 fact를 만났으므로 fact 함수로 이동하고④ 매개 변수 a를 만든 후 인자인 4를 복사하여 저장합니다. 그리고 fact 함수의 몸체를 실행하여 변수 mul을 만들고 if 문의 조건을 검사합니다. 이때 여러분이 주의해야 하는 것이 현재에 있는 a는 이전에 fact 함수가 호출되었을 때 만들어진 a와는

프로그램 9.4 예제 3 - 그림 9.5의 factorial 함수를 이용한 프로그램

```
#include <stdio.h>
int fact(int a);
int main(void) {
   int   res;
   res = fact(5);
   printf("%d", res);
}
int fact(int a) {
   int   mul;
   if(a>=2) {
      mul = a * fact(a-1);
   } else {
      mul = 1;
   }
   return mul;
}
```

다르다는 것입니다. 이전에는 a에 5가 저장되어 있었는데 현재의 a에는 4가 저장되어 있습니다. 현재 a에 저장되어 있는 값이 4이므로 조건은 맞게 되고 if 다음의 문장을 실행합니다⑤. 그러면 다시 fact 함수를 호출하는데 이번에는 인자인 a-1의 값이 3입니다.

함수 fact로 이동해서⑥ 매개 변수 a를 만들고 인자인 3을 복사해서 저장합니다. 함수 몸체를 실행하면 mul 변수를 만들고 if문의 조건을 검사합니다. 이번에는 a의 값이 3이므로 조건은 맞게 되고 다시 fact 함수를 만납니다⑦. 인자인 a-1의 값은 2이고 fact 함수로 이동할 것입니다⑧. 함수 fact로 이동하면 매개 변수 a를 만들고 2를 저장한 뒤 몸체를 실행합니다. 변수 mul을 만들고, 조건을 검사해 보면 조건이 맞으니 다시 fact 함수를 만날 것입니다⑨. 이번에는 인자인 a-1의 값이 1입니다. 함수 fact로 이동하고⑩ 매개 변수 a를 만든 뒤 인자인 1을 복사해서 저장합니다. 그리고 함수 몸체를 실행합니다. 변수 mul을 만들고 난 뒤 조건을 검사해 보니 이번에는 a에 1이 저장되어 있으므로 조건이 틀립니다. 그러면 else 다음의 문장을 실행할 것입니다.

그림 9.7에서와 같이 else에 있는 mul = 1;을 실행하면 mul에 1이 저장됩니다. 그리고 아래로 내려가면 return이 있습니다①. 그러면 함수를 불렀던 자리로 복귀하는데② 반환되는 값은 mul에 저장되어 있는 값이므로 1입니다. 불렀던 자리로 돌아가서 1로 대체하니 mul = a * 1;이 됩니다. 그러면 mul에는 2가 저장될 것입니다. 다음으로 else 부분을 건너뛰니 다시 return mul;을 만납니다③. 역시 함수를 불렀던 자리로 되돌아가는데④ 이번에는 반환값이 2입니다. 되돌아가서 2로 대체하니 mul = a * 2;가 되어서 mul에는 6이 저장되며 else 부분을 건너뛰고 return mul;을 만납니다⑤. 되돌아가는데⑥ 이번에는 반환값이 6일 것입니다.

부른 자리로 가서 6으로 대체하니 이번에는 mul에 24를 저장하게 됩니다. 역시 else를 건너뛰고 return을 만납니다⑦. 이번에는 반환값이 24이지요. 그러므로 부른 자리로 가서⑧ 대체하면 mul = a * 24;가 되고 mul에는 120이 저장됩니다. 다음으로 else를

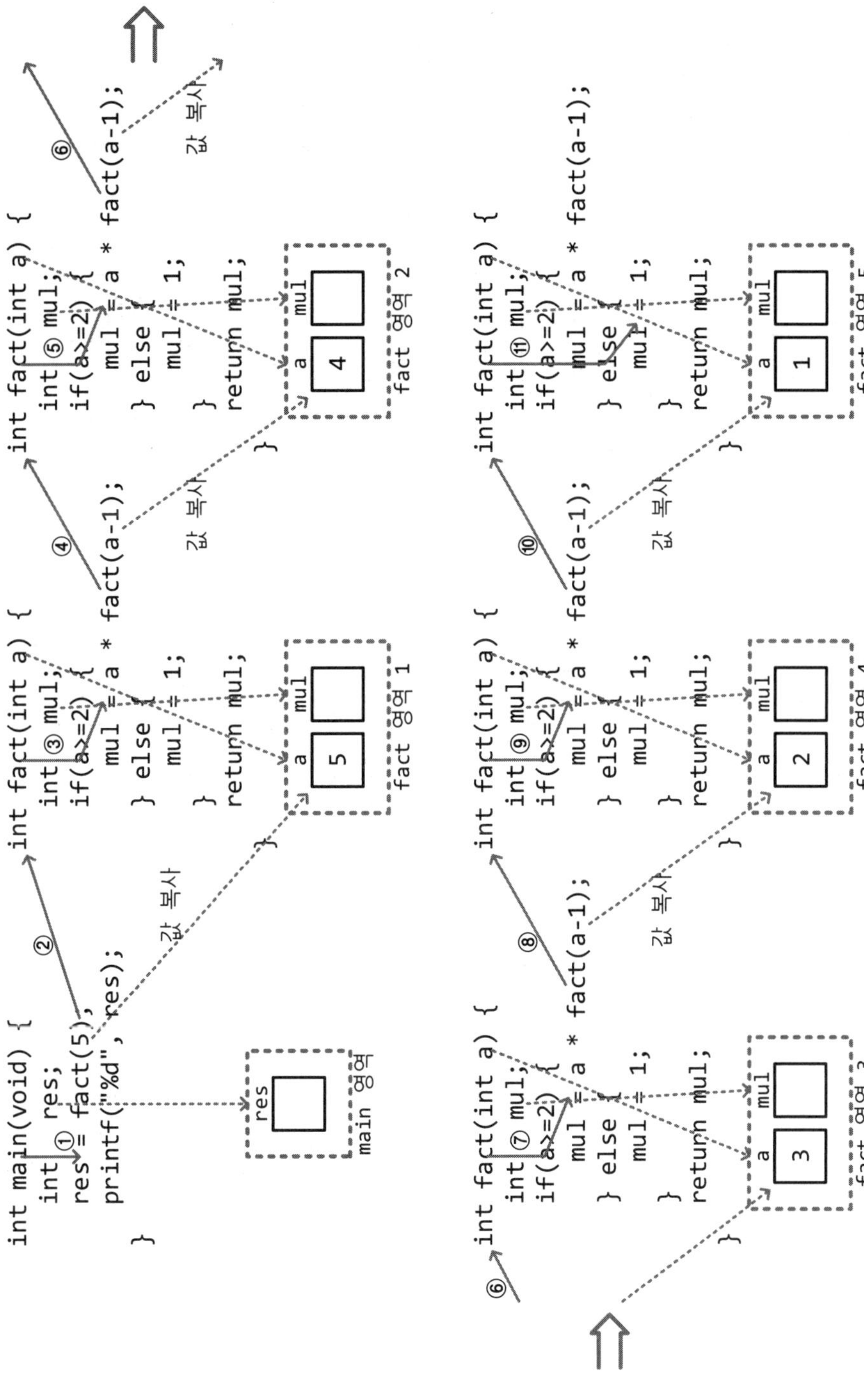

그림 **9.6** 프로그램 9.4의 진행 1

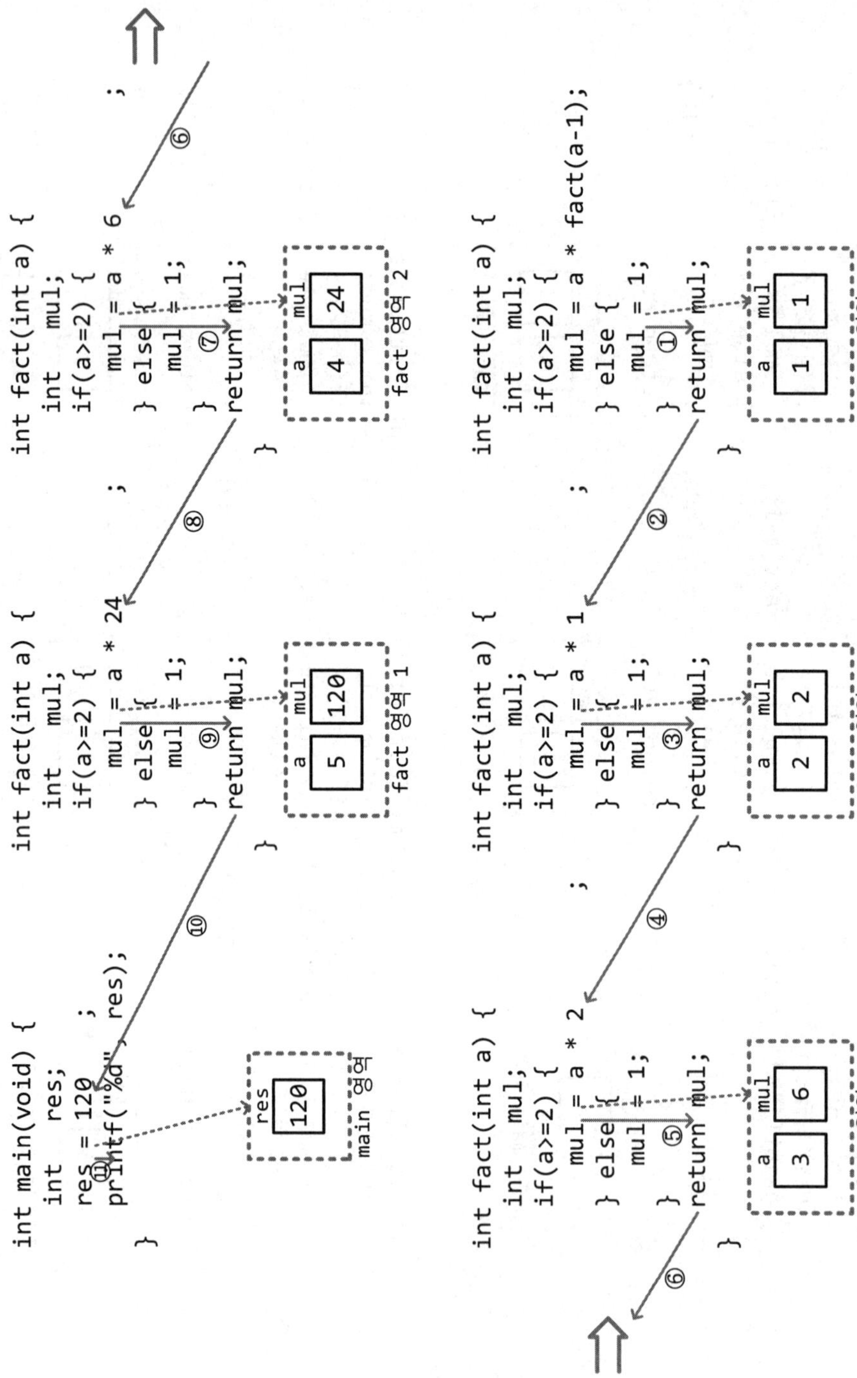

그림 9.7 프로그램 9.4의 진행 2

건너뛰어 return을 만나고⑨ 반환값 120과 함께 되돌아갑니다⑩. 그러면 res 변수에는 120이 저장되고 다음 문장인 printf를 실행하면 5!인 120이 출력될 것입니다.

9.3.3 재귀 함수에서의 주의 사항

재귀 함수에서의 주의 사항입니다만 실제로는 일반적인 함수에서 주의하실 것들입니다. 다만 재귀 함수에서는 이러한 개념들을 확실히 이해하지 못할 경우 매우 혼란스러울 수 있어서 다시 설명 드리려 합니다.

첫 번째로 그림 9.6과 그림 9.7에서는 fact 함수를 여러 번 반복하여 적어 놨습니다만 실제로 fact 함수가 여러 개 생기는 것은 아닙니다. 하나의 fact 함수 안에서 계속 오고 가며 동작합니다. 예를 들어 int mul;이라는 문장이 다섯 개 생기는 것이 아니라 하나의 int mul; 문장이 다섯 번 실행되는 것입니다.

함수 문장들이 하나만 있는 것에 반해 함수 내의 변수들은 함수를 부를 때마다 새로 생깁니다. 그림 9.6을 보시면 변수 a가 다섯 개 있고 변수 mul이 다섯 개 있습니다. 이것은 실제 상황과 같습니다. 함수 fact 마지막 호출되어서 실행되고 있을 때 실제로 변수 a와 변수 mul이 다섯 개씩 생성되어 있는 것입니다. 다만 함수를 부를 때마다 변수들이 서로 다른 영역에 만들어지므로 같은 이름의 변수이더라도 서로 구별이 됩니다. 그림 9.6과 그림 9.7을 보시면 각 변수들에 대해 영역을 구분해 놓았습니다. 함수 fact가 처음 호출될 때 영역이 하나 생기고(fact 영역 1) 그 안에 변수 a와 mul이 만들어지며 fact가 그 다음 호출될 때 또 새로운 영역이 생기고(fact 영역 2) 그 안에 a와 mul이 만들어지는 것입니다.

그리고 fact 함수가 호출될 때마다 새로 만들어졌던 변수 a와 mul은 함수가 끝나서 반환될 때 차례로 없어집니다. 그림 9.7에서 제일 마지막에 fact 함수를 호출해서 실행하다가 return을 만나 돌아갈 때② 'fact 영역 5'에 있던 변수 a와 mul은 제거됩니다. 비슷하게 ④가 지시하는 동작이 일어날 때 'fact 영역 4'에 있던 변수 a와 mul은 제거되는 것입니다. 이런 동작이 차례차례 시행되어서 제일 처음 호출되었던 fact 함수가 끝나서 돌아갈 때⑩ 'fact 영역 1'에 있던 변수 a와 mul이 제거되어서 변수 a와 mul은 하나도 남지 않게 되는 것입니다.

9.3.4 재귀 함수 만드는 법

어떤 문제를 재귀 함수로 해결하려면 그 문제에 재귀적인 특성이 있는지를 봐야 합니다. 즉 주어진 문제가 형태는 같으나 크기는 줄어든 문제로 분해가 되는지가 중요합니다. 예를 들어서 앞에서 했던 factorial을 구하는 문제의 경우, $n!$을 구하는 문제가 $n! = n \times (n-1)!$이라는 식을 통해 더 작은 문제인 $(n-1)!$을 구하는 문제로 분해가 되었습니다. 그리고 이런 재귀적인 해결에서는 항상 재귀를 마치는 조건을 생각해야 합니다. 앞의 factorial의 경우에는 n이 계속 줄어들다가 1이 되면 더 이상 더 작은 문제로 만들지 않고 $1! = 1$로 진행을 마감합니다.

프로그램 9.5 예제 4 - 간단한 재귀 함수 예제

```
#include <stdio.h>
int tt(int n);
int main(void) {
    int   a;
    a = tt(20);
    printf("%d", a);
}
int tt(int n) {
    int   res;
    if(n == 0) {
       res = 1; <-------------------------- a0 = 1          for n=0
    } else {
       res = 2*tt(n-1) + 1;<--------- an = 2an-1 + 1   for n≥1
    }
    return res;
}
```

그럼 간단한 재귀 함수를 하나 더 만들면서 설명해 보겠습니다. 양수 n을 받아서 다음과 같은 점화식으로 정의 되어 있는 수열의 a_n을 반환하는 함수 tt를 만들어 봅시다.

$$a_0 = 1 \qquad \text{for } n = 0$$
$$a_n = 2a_{n-1} + 1 \qquad \text{for } n \geqslant 1$$

우선 정수를 받아서 정수를 반환하므로 함수의 머리 부분은 **int tt(int n)** 일 것입니다. 그리고 반환할 값을 **res**라는 변수에 저장한다고 가정합시다. 그러면 반환할 값 a_n을 계산해서 **res**에 저장해야 하는데, a_n은 $2a_{n-1}+1$입니다. 이때 **tt** 함수의 기능을 생각해 보면 이 함수는 주어진 수에 대해 그 번호의 수열을 계산합니다. 예를 들어 **tt(5)**라고 호출하면 a_5를 계산하여 반환하는 것이지요. 위 식에서 a_n을 구하려면 a_{n-1}이 필요한데, **tt** 함수의 기능상 a_{n-1}은 **tt(n-1)**과 같이 호출하여서 구할 수 있을 것입니다. 그러면 **res**에 저장해서 반환할 값은 **2*tt(n-1) + 1**로 하면 될 것입니다.

그런데 이렇게 재귀적으로 구하는 것은 항상 할 수 있는 것이 아닙니다. 위의 수열 점화식을 보면 **n**이 **0**인 경우에 대해서는 재귀적으로 정의하지 않고 그 값을 **1**로 정해 놓았습니다. 그러므로 우리가 작성하는 **tt** 함수에서도 **n**의 값을 검사해서 **0**이면 더 이상 **tt** 함수를 부르지 않고 a_0의 값인 **1**을 반환해야 할 것입니다.

이와 같이 해서 작성한 함수가 프로그램 **9.5**의 **tt** 함수입니다. 보시면 지금까지 설명한 대로 프로그램 되어 있음을 알 수 있습니다.

9.3.5 재귀 함수의 필요성

앞에서 작성했던 프로그램 **9.4**와 프로그램 **9.5**의 예제에서는 굳이 재귀 함수를 이용하지 않아도 됩니다. 반복문을 사용해도 충분히 해결할 수 있는 문제들이지요. 사실 재귀

함수 중 많은 것들은 반복문을 이용해도 동일한 결과를 반환하도록 작성할 수 있습니다. 그래서 함수를 재귀적으로 호출하는 것을 금지하고 있는 프로그래밍 언어도 있습니다.

그런데 이렇게 재귀 함수를 익히는 이유는 두 가지가 있습니다. 첫 번째는 비록 반복문으로 해결할 수도 있으나 재귀 함수를 이용할 경우 더 간단하고 명확하게 프로그램을 작성할 수 있는 경우가 있기 때문입니다. 특히 앞에서 다루었던 예제들처럼 재귀적으로 문제를 정의할 수 있으면 재귀 함수를 사용하는 것이 더 명료한 프로그램이 될 가능성이 높습니다. 두 번째 이유는 반복문으로는 잘 해결이 안 되는데 재귀 함수로는 간단히 해결할 수 있는 문제들이 분명히 존재하기 때문입니다. 대표적으로 하노이의 탑 문제 같은 것이 있습니다. 이런 문제는 반복문으로 풀려면 아주 복잡하지만, 재귀 함수를 적용하면 쉽게 풀립니다.

9.4 난수 발생 함수

앞 장에서 시스템 라이브러리 함수를 설명하고 일례로 수학 함수들을 소개했습니다. 이 절에서는 앞으로 많이 사용할 것 같은 함수 중에 난수 발생 함수를 설명하겠습니다. 우선 난수(random number)란 어떤 규칙이 없어서 어떤 수가 나올지 예측할 수 없는 수를 말합니다. 예를 들어 로또 복권을 추첨할 때 보면 1~45까지 적힌 공 중에서 하나가 굴러 나옵니다. 이때 어느 공이 굴러 나올지 예측할 수는 없을 것입니다. 그러므로 1~45의 수 중에서 어느 것이 나올 지 예측할 수 없으며 이런 수를 난수라고 부르는 것입니다. 다른 예로 주사위를 던졌을 때 나오는 수도 난수라고 할 수 있을 것입니다.

규칙성이 없으니 다음에 나올 수를 정확히 알지는 못하고 확률적으로만 예측할 수 있을 것입니다. 예를 들어 로또에서 1~45 중 어느 한 수가 나올 확률은 1/45이며 주사위에서 어느 한 수가 나올 확률은 1/6입니다. 각 수가 나올 확률이 같은 것이 아마 더 좋은 난수이겠지요.

컴퓨터 프로그램에서도 난수는 많이 이용됩니다. 그래서 컴퓨터에서 난수를 생성하는 것이 필요한데요, 문제는 컴퓨터라는 것은 항상 예측이 되도록만 작동하도록 만들어졌기 때문에 진정한 의미의 난수를 생성하는 것이 불가능하다는 것입니다. 그래서 해결책으로 사용되는 것이 어떤 규칙을 가지고 수들을 만들어 내는데요, 그 규칙이 무엇인지 그리고 규칙이 있음에도 왜 난수처럼 보이는지 설명하기는 좀 어려울 것 같고, 이렇게 이해하시는 것이 편하실 것 같습니다. 미리 만들어 놓은 난수들을 죽 저장해 놓고 난수가 필요할 때마다 하나씩 꺼내어 쓰며, 그런 난수들의 줄이 또 여러 개 저장되어 있다고 보는 것입니다. 각 난수 줄에 붙어 있는 번호를 seed라고 부릅니다.

9.4.1 난수 발생

C언어에서 난수를 하나씩 꺼내는 함수가 rand()입니다. 이 함수를 한 번 호출할 때마다 0 ~ 32767 범위 이내의 난수가 하나 반환되는 것입니다. 예를 들어 a = rand();라고 하면 난수 하나가 a에 저장됩니다. 함수 rand()는 stdlib.h라는 헤더 파일에 선언되어 있어서 사용하시려면 프로그램의 윗부분에 #include <stdlib.h>를 해 주셔야 합니다.

프로그램 9.6 예제 5 - 난수 발생 1

```
#include <stdio.h>
#include <stdlib.h>

int main(void) {
   int   a, i;

   for(i=0;i<10;++i) {
      a = rand();
      printf("%d\n", a);
   }
}
```

그림 9.8 프로그램 9.6의 결과

함수 rand()를 이용해서 난수 10개를 생성하면서 출력하는 프로그램이 프로그램 9.6입니다. 제 컴퓨터에서 이 프로그램을 실행하면 그림 9.8과 같이 나옵니다. 보시면 정말 아무 순서도 없는 듯한 10개의 수가 출력된 것을 보실 수 있습니다. 그런데 이 수들을 잘 기억하신 다음에 프로그램을 다시 한 번 실행해 보십시오. 아마 같은 수들이 다시 출력될 것입니다. 이유는 앞에서 설명 드렸듯이 rand() 함수가 진정한 의미의 난수를 발생시키는 것이 아니라 이미 생성되어서 저장된 난수를 하나씩 읽어서 반환하기 때문입니다. 프로그램을 다시 실행하면 다시 처음부터 하나씩 읽으므로 같은 수를 다시 읽게 되는 것입니다.

만일, 다른 난수들을 발생시키고 싶으시면 srand() 함수로 다른 난수 줄을 선택하면 됩니다. 앞에서 난수들이 죽 이어져 있는 난수 줄이 여러 개 있으며 각 난수 줄에는 seed라는 번호가 붙어 있다고 했습니다. 함수 srand()를 호출하면서 인자로 양의 정수를 하나 주면 그 수가 seed 번호가 되어서 해당하는 난수 줄이 선택되고 그 뒤로는 rand() 함수를 호출할 때 그 줄에 있는 난수들을 하나씩 반환하는 것입니다. 처음에 srand()를 호출하지 않고 rand() 함수를 호출하면 srand(1)을 처음에 한 것과 동일한 결과를 얻습니다. 프로그램 9.7은 처음에 srand(2);로 seed를 2로 설정한 뒤 난수를 발생시키는

프로그램 9.7 예제 6 - 난수 발생 2

```
#include <stdio.h>
#include <stdlib.h>

int main(void) {
   int   a, i;

   srand(2);
   for(i=0;i<10;++i) {
      a = rand();
      printf("%d\n", a);
   }
}
```

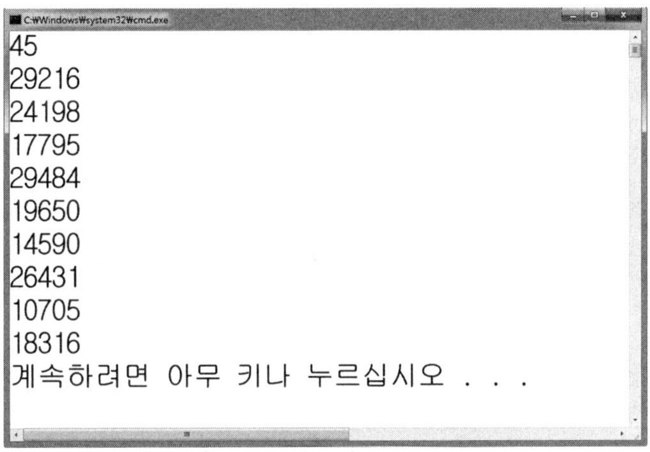

그림 9.9 프로그램 9.7의 결과

프로그램이며 그림 9.9는 그 결과입니다. 그림 9.8과는 다른 난수가 발생했음을 알 수 있습니다. 다만 이 프로그램도 다시 실행해 보면 여전히 계속 같은 결과가 나옵니다.

만일 여러분이 실행할 때마다 서로 다른 난수가 생성되기를 바란다면 실행할 때마다 seed를 바꿔 주면 됩니다. 그리고 seed를 바꿀 때 예측하기 어려운 값으로 바꾸는 것이 좋겠지요. 이를 위해 많이 쓰이는 기법이 프로그램이 실행될 때의 시간을 정수로 바꾸어 seed로 이용하는 것입니다. 프로그램을 실행하는 시간은 매 번 다를 것이므로 프로그램을 실행할 때마다 seed가 달라질 것이며, 사용자가 프로그램을 실행하는 시점을 예측하기는 어려울 것이므로 seed가 무엇이 될 지도 예측하기 어려울 것입니다. C언어에서는 time() 이라는 시스템 라이브러리 함수가 이런 용도로 사용하기에 좋습니다. 함수 time()을 호출하면 1970년 1월 1일에서 호출 시점까지 흐른 시간을 초 단위의 정수로 반환합니다. 이 함수는 인자가 필요하기는 한데 설명하기는 조금 복잡하고 보통 NULL을 적어 주시면 됩니다. 그리고 time() 함수는 time.h에 선언되어 있습니다. 함수 time()을 이용하여 seed를 변경하는 프로그램이 프로그램 9.8이며 이 프로그램을 실행해 보시면 실행할

프로그램 9.8 예제 7 - 난수 발생 3

```
#include <stdio.h>
#include <stdlib.h>
#include <time.h>

int main(void) {
   int   a, i;

   srand(time(NULL));
   for(i=0;i<10;++i) {
      a = rand();
      printf("%d\n", a);
   }
}
```

때마다 발생되는 난수들이 달라짐을 보실 수 있습니다.

9.4.2 난수 범위

컴퓨터마다 다르기는 하지만 rand() 함수로 발생되는 난수의 범위는 0~32767이라고 했습니다. 만일 다른 범위의 난수를 발생시키고 싶으면 어떻게 할까요? 기본적인 방법은 우선 0~32767 범위의 난수를 발생시키고 이를 적절히 처리하여 다른 범위로 바꾸는 것입니다.

우선 작은 범위의 난수를 발생시키는 방법부터 설명하겠습니다. 예를 들어 0~9 범위의 난수를 발생시키고 싶으면 rand()%10이라고 하면 됩니다. 함수 rand()로 난수를 생성한 뒤 그 수를 10으로 나눈 나머지를 구하는 것입니다. 10으로 나눈 나머지이니 결과값의 범위는 0~9일 것이며 원래의 수가 난수이니 나머지들도 난수로 볼 수 있을 것입니다. 다만 0~9가 발생되는 확률은 서로 약간 다릅니다. 원래 난수의 범위가 32767까지이므로 0~7은 발생 확률이 3277/32768이고 8과 9는 발생 확률이 3276/32768입니다. 이정도 차이는 무시할 수 있을 것 같습니다만 난수 범위가 좀 커질 경우 확률이 차이도 커지게 되어서 무시할 수 없게 될 수도 있으니 주의하셔야 합니다. 이럴 때는 조금 후에 설명할 큰 범위의 난수를 만든 뒤 나머지 연산을 하는 것이 좋을 것입니다.

난수 발생식을 조금 고쳐서 rand()%10+1이라고 하면 어떤 범위의 난수가 발생될까요? 1을 더하지 않으면 0~9 범위의 난수가 발생되므로 여기에 1을 더하면 1~10 범위의 난수가 발생될 것입니다. 비슷하게 3을 더한다면 3~12 범위의 난수가 발생되겠지요. 일반적으로 한다면 만일 a~b 범위의 난수를 발생시키고 싶으면 rand()%(b-a+1) + a라고 하면 될 것입니다.

작은 범위의 난수를 발생시키는 방법을 설명했으니 이제 큰 범위의 난수를 어떻게 생성하는지 설명하겠습니다. 기본적으로는 두 개 이상의 난수를 생성한 뒤 이들을 조합하면 됩니다. 예를 들어 0~99 범위의 수 a와 b를 생각해 봅시다. c = a*100+b에 의해 만들어지는 수 c는 그 범위가 0~ 9999일 것입니다. 각 자리를 생각해 보면 a의 십의 자리 숫자가 c에서는 천의 자리 숫자가 되고 a의 일의 자리 숫자가 c의 백의 자리 숫자가 될 것입니다. 그리고 b의 십의 자리 숫자와 일의 자리 숫자는 각각 c의 십의 자리 숫자와 일의 자리 숫자가 되겠지요. 그리고 a와 b가 0~99의 범위에서 고른 확률을 가진다면 c는 0~ 9999의 범위에서 고른 확률을 가질 것입니다.

이것을 rand() 함수로 생성되는 난수에 적용해 보겠습니다. 우선 rand() 함수를 두 번 써서 a와 b에 저장합니다. 이때 생성되는 난수의 범위는 0~32767입니다. 다음에 c = a*32768+b;라고 계산합니다. (앞 예에서 0~99 범위의 수에 대해 100을 곱했으므로 0~32767 범위의 수에 대해서는 32768을 곱해야 합니다.) 그러면 c는 0~ 32768^2-1 사이의 수가 되고 그 확률의 분포는 고를 것입니다. 즉 난수 두 개로 더 큰 범위의 난수를 만들어 낸 것입니다.

이번에는 정수 범위의 난수가 아니라 실수 범위의 난수를 발생시켜 봅시다. 예를 들어 0~1 범위의 난수를 발생시키는 것입니다. 이것을 간단히 생각하면 rand()/32767.이라고 하면 됩니다. 함수 rand()에 의해 발생하는 난수가 0~32767의 범위에 있으므로 이것을 32767로 나누어 주면 0~1 범위의 난수가 되는 것입니다. 그리고 이 난수들 사이의 간격은 1/32767이 될 것입니다. 만일 0 이상 1 미만의 난수를 발생시키고 싶다면 rand()/32768.이 적합할 것 같습니다. 이렇게 하면 간격이 1/32768인 0 이상 1 미만의 난수들이 발생할 것입니다. 더 자세한 간격의 실수 난수가 필요하다면 앞에서 했듯이 큰 범위의 난수를 발생시킨 후, 그 범위의 최대값으로 나누어주면 됩니다.

연습 문제

1. 함수가 자신을 다시 호출하면 이 함수를 _____ 함수라고 부른다.
2. C언어에서 난수를 발생시키는 함수는 _____ 이며, 이 함수를 이용하려면 _____ 를 include해야 한다.
3. 다음을 수행하는 함수를 작성하시오. 문제에서 매개 변수는 int형 1차원 배열 a와 인자 배열의 크기를 받는 int형 변수 n이라고 가정하시오.
   a) 배열 a에 있는 요소들의 평균을 반환하는 함수
   b) 배열 a에 있는 0 보다 작은 요소들의 개수를 반환하는 함수
4. 열의 개수가 5인 int형 2차원 배열 a, b와 행의 개수 n이 매개 변수이고 다음의 동작을 하는 함수를 작성하시오.
   a) 배열 a의 내용을 배열 b로 복사
   b) 같은 위치에 있는 배열 a와 배열 b의 요소를 더해서 다시 배열 a에 저장
5. 다음 프로그램의 출력 결과를 적으시오.

```
#include <stdio.h>
```

```
void change(int b[]);

int main(void) {
    int a[3] = {1, 2, 3};

    change(a);
    printf("%d %d %d\n", a[0], a[1], a[2]);

    return 0;
}

void change(int b[]) {
    b[0]++;
    b[1] += 2;
    b[2] = b[0]+b[1];
    printf("%d %d %d\n", b[0], b[1], b[2]);
}
```

6. 다음 함수는 무엇을 하는 함수인가?

```
void ss(int x) {
    if(x > 0) {
        ss(x/2);
        printf("%c", x%2);
    }
}
```

7. 다음은 1~a의 합을 반환하는 재귀 함수이다. 잘못 된 부분을 지적하고 수정하시오.

```
int sum(int a) {
    int res;
    res = a + sum(a-1);
    return res;
}
```

8. 0~15 이내의 난수를 발생하여 변수 a에 저장하시오.

9. 0~99999 이내의 난수를 발생하여 변수 a에 저장하시오.

10. 0이상 1이하인 범위에 있는 실수들의 난수를 발생하여 변수 a에 저장하시오. (rand 함수에서 발생하는 난수의 범위는 0~32767로 가정하시오.)

11. 다음은 양수 n에 대해 아래 수열의 a_n 을 반환하는 재귀함수이다. 내부를 완성하시오.

$$a_0 = 1$$
$$a_1 = 2$$
$$a_n = 3a_{n-1} - 2a_{n-2} + 1 \text{ for } n \geqslant 2$$

```
int series(int n) {




}
```

실습 문제

주의: 함수의 기능과 전체 프로그램의 기능을 구별해야 한다. "(가)를 받아서 (나)를 수행하는 함수"를 만들라고 되어 있다면 (가)를 인자/매개 변수를 통해 받아서 (나)만을 수행해야 한다. 구별을 위해 키보드를 통해 입력받는 것은 " 를 입력받아서"라고 기술하였다.

1. 두 개의 1차원 int형 배열 a[]와 b[]과 두 배열의 크기를 받아서 배열 b를 배열 a에 복사하는 함수 array_copy를 작성하시오. 이 함수를 이용하여 1차원 배열 int c[5] = {5, 1, 3, 8, 10}을 다른 배열 int d[5]에 복사한 뒤 출력하시오.

2. 한 개의 1차원 int형 배열과 그 크기 n을 받아서, 배열의 요소들이 모두 0이면 1을, 하나라도 0이 아니면 0을 반환하는 함수 check_zero를 작성하시오. 10개의 정수를 입력받은 뒤 함수 check_zero로 검사해서, 입력받은 정수가 모두 0이면 "All input numbers are zero."를 그렇지 않으면 "Some input numbers are not zero."를 출력하시오.

3. 두 개의 1차원 float형 배열 a, b와 두 배열의 크기 n을 받아서 그 두 배열 사이의 내적을 계산하여 반환하는 함수 inner_product를 작성하시오. 내적을 구하는 식은 a[0]*b[0] + a[1]*b[1] + ... a[n-1]*b[n-1]이다. 두 개의 5차원 벡터를 입력받은 뒤 (즉 다섯 개의 실수를 두 차례 입력받은 뒤) 함수 inner_product를 이용하여 두 벡터 사이의 내적을 출력하시오.

4. 한 개의 문자형 1차원 배열과 크기를 받아서 실수형 값을 반환하는 함수 avg_grade를 작성하시오. 그 문자형 배열에는 여러 과목들에서 받은 학점(A, B, C, D, F)이 기록되어 있으며 이 함수의 기능은 이 학점들의 평균을 반환하는 것이다. 점수는 A = 4, B = 3, C = 2, D = 1, F = 0이고 배열에는 대문자만 저장되어 있다고 가정하시오. 다섯 과목의 성적을 A, B, C, D, F중 하나씩으로 입력받은 뒤 함수 avg_grade를 이용하여 그 평균을 출력하시오.

5. 열의 개수가 3인 int형 2차원 배열 a, b, c, d와 그 행의 개수 n을 받아서, 같은 위치에 있는 a와 b의 요소들을 더해 c에 저장하고, a와 b의 요소들을 빼서 d에 저장하는 함수 pm_2d를 작성하시오. 두 개의 int형 2×3 배열의 값들을 입력받은 뒤, 이 함수를 이용하여 그 합과 차를 구해서 출력하시오.

6. 열의 개수가 4인 int형 2차원 배열과 행 번호를 받아서 그 행의 합을 반환하는 함수 row_sum를 작성하시오. 크기가 4×4인 정수형 배열의 값들을 입력받은 뒤, 이 함수를 이용하여 모든 행의 합을 출력하시오.

7. 정수를 받아서 제곱을 반환하는 함수 exp2와 세제곱을 반환하는 함수 exp3를 만드시오. 함수 exp3에서 세제곱을 구할 때는 exp2를 호출하여 이용해야 한다. 양수를 하나 입력받은 뒤, 앞에서 만든 함수 exp2와 exp3을 이용하여 다섯 제곱을 계산하고 출력하시오.

8. 양수 n을 받아서 1부터 n까지의 합을 구하는 함수 sum을 재귀함수로 만드시오. 이 함수를 이용하여 1부터 20에 대해 각각까지의 합을 출력하시오.

9. 피보나치 수열은 다음과 같이 정의된다.

$$F_0 = 1$$
$$F_1 = 1$$
$$F_n = F_{n-1} + F_{n-2} \text{ for } n \geqslant 2$$

양수 n을 받아서 피보나치 수열 F_n을 반환하는 함수 fibo를 재귀함수로 만드시오. 이 함수를 이용하여 $F_1 \sim F_{20}$을 출력하시오.

10. 양수 n을 입력받은 뒤 1부터 n까지의 팩토리얼의 합을 계산하여 출력하시오. 예를 들어 5을 입력받으면 1! + 2! + 3! + 4! + 5!을 계산하여 출력한다. 이중 팩토리얼은 그림 9.5의 재귀함수를 이용하여 구하고 덧셈은 반복문을 이용하시오.

11. 양수 n을 입력받은 뒤 1부터 n까지의 팩토리얼의 합을 계산하여 출력하시오. 예를 들어 5을 입력받으면 1! + 2! + 3! + 4! + 5!을 계산하여 출력한다. 이중 팩토리얼은 그림 9.5의 재귀함수를 이용하여 구하고 덧셈도 재귀함수 sum_fact를 만들어서 구하시오.

12. 두 개의 양수 m과 n을 받아서(m>n) 유클리드의 알고리즘(5장의 실습 문제 11 참조)으로 이 두 수의 최대 공약수를 반환하는 함수를 재귀 함수로 작성하시오. 두 개의 양수를 입력받은 뒤, 이 함수를 이용하여 두 수의 최대 공약수를 출력하시오.

13. 두 개의 정수 a와 b를 받아서(b는 0 또는 양수) a^b를 반환하는 함수 int_pow를 다음 식을 이용하는 재귀함수로 작성하시오.

$$\begin{aligned} a^b &= a \times a^{b-1} && \text{for } b \text{ is odd} \\ &= (a^{b/2})^2 && \text{for } b \text{ is even} \\ &= 1 && \text{for } b \text{ is } 0 \end{aligned}$$

두 개의 정수 m과 n을 입력받은 뒤, 함수 int_pow를 이용해서 m^n을 계산하여 출력하시오.

14. 0~9 범위의 난수를 100개 발생시킨 뒤, 각 수가 몇 번씩 발생되었는지 출력하시오. 난수의 seed는 10으로 하시오.

15. 1에서 45까지의 수 중에서 여섯 개의 수를 임의로 출력하시오. 여섯 개의 수 중에서 서로 같은 것이 있어도 괜찮다.

16. 1에서 45까지의 수 중에서 여섯 개의 수를 임의로 출력하시오. 여섯 개의 수 중에서 서로 같은 것이 있으면 안 된다.

17. 실수형 1차원 배열과 그 크기를 받아서 평균을 반환하는 함수 avg를 작성하시오. 0~1 범위의 10개의 난수를 발생하여 실수형 배열에 저장한 뒤 avg 함수를 이용하여 평균을 구하여 출력하시오.

18. 크기가 10×10인 배열 위를 임의로 움직인 결과를 출력하는 프로그램을 작성하시오. 이 배열의 요소들은 모두 처음에 '.'을 저장하고 있으며, [0][0] 요소에서 시작하여 위, 아래, 좌, 우 중 어느 한 방향으로 한 칸씩 움직인다. 현재 위치에서 어느 방향으로 움직일지는 매번 임의로(random하게) 결정한다. 지나가는 요소들에는 차례로 'A'에서 'Z'를 저장하며, 배열 밖으로 나가거나 이미 지나간 요소를 다시 지나가서는 안 된다. 만일 'Z'까지 저장했거나, 모든 방향이 막혀 있으면 중단하고 배열에 저장된 값을 출력한다. 다음은 실행된 결과의 한 예이다.

```
A B . . . . . . . .
D C . . N O . . . .
E . . L M P . . . .
F . . K R Q . . . .
G H I J S . . . . .
. . . . T . . . . .
. . . . U V . . . .
. . . Y X W . . . .
. . . Z . . . . . .
. . . . . . . . . .
```

힌트: 12×12 배열을 만들어서 [1~10][1~10]까지만 이용하는 것이 더 편할 수도 있다.

CHAPTER 10

변수 범위

이제 문법 수준을 조금 올려 보겠습니다. 기본적인 프로그램을 할 때는 몰라도 큰 상관은 없으나 좀 더 큰 프로그램을 더 효율적으로 작성할 때 알아 두면 좋은 것들이라고 하겠습니다.

10.1 문장과 블록

앞 장에서 조건문과 반복문에 대해 배우셨을 것입니다. 그런데 C언어의 문법을 보면 if문과 for문의 문법이 제가 말씀드렸던 것과는 조금 다르게 쓰여 있습니다. 원래 C언어에서의 if문과 for문의 문법은 그림 10.1과 같습니다. 우선 눈에 뜨이는 것이 중괄호가 없다는 것이고 다음으로 if나 for에 속한 문장이 한 개만 있는 것입니다. 이와 같이 if나 for 다음에 중괄호 없이 하나의 문장만을 적는 것이 원래의 문법입니다. 이 문법을 따라서 작성한 if문과 for문이 그림 10.2입니다.

그런데 프로그램을 작성하다 보면 if문이나 for문 안에 여러 개의 문장을 넣어야하는 일이 자주 발생할 것입니다. 이러한 경우를 해결하기 위해 사용하는 것이 바로, 여러분이 지금까지 사용해 왔던 중괄호입니다. 문법적으로 중괄호로 둘러싸인 영역을 블록(block)이라고 부릅니다. 여러 개의 문장들을 중괄호로 둘러싸서 블록으로 만들면 이 블록은 한

```
if(조건)        for(수식1;수식2;수식3)
   문장1            문장
else
   문장2
```

그림 10.1 if문과 for문의 원래 문법

```
if(a>b)        for(i=0;i<10;i++)
   c = a;         printf("%d\n", i);
else
   c = b;
```

그림 10.2 if문과 for문의 원래 문법 예

```
for(i=0;i<10;i++)
{
   printf("%d\n", i);
   sum += i;
}
```

그림 10.3 블록 사용 예

```
if(a>b)                   for(i=0;i<a;i++)
   if(b>c)                   if(i>b)
      c = b;                    break;

if(a>b)                   for(i=0;i<5;i++)
   for(i=0;i<a;i++)          for(j=0;j<5;j++)
      printf("%d\n", i);        printf("%d\n", i+j);
```

그림 10.4 if문과 for문을 이용한 복잡한 구성

개의 문장이 들어가는 자리에 들어갈 수 있습니다. 예를 들어 그림 10.3을 보시면 printf 문장과 sum += i; 문장, 두 문장이 중괄호로 둘러싸여서 하나의 블록을 이루고 있습니다. 이 블록이, 원래는 하나의 문장이 들어가야 하는 for 다음에 들어 있는 것입니다.

정리하자면 이렇습니다. 만일 if나 for 안에 여러 개의 문장을 넣고 싶으면 중괄호를 사용해야 합니다. 그렇지 않고 한 개의 문장만 넣으면 된다면 중괄호를 사용할 필요는 없습니다. 중괄호를 사용하지 않는 것이 원래의 문법이고 중괄호를 사용해서 블록으로 만들어도 괜찮은 것이지요. 지금까지는 어느 경우나 중괄호를 사용해 왔습니다. 이유는 처음 C 프로그램을 작성하는 분들이 자주 하는 실수 중 하나가 중괄호를 잘 못 사용하는 것이기 때문입니다. 예를 들어, 처음에는 for문에 문장이 하나만 속해 있어서 중괄호를 생략했는데, 나중에 문장 하나를 더 넣으면서 중괄호 추가를 잊어버리는 일이 자주 발생합니다. 이러한 실수를 방지하기 위해 늘 블록을 사용하도록 설명해 왔습니다. 사실 프로그래밍에 익숙해지더라도 이러한 실수는 발생할 수 있으므로, 간단하고 자주 쓰이는 형태가 아니라면 중괄호를 사용하는 것을 권장합니다.

중괄호를 빼게 되면 상당히 복잡한 구성이 나올 수 있습니다. 그림 10.4에 몇 가지 예를 들어 놓았고 모두 문법적으로 타당합니다. 왼쪽 위의 문장은 if(a>b)에 하나의 문장이 속해 있는데 그 속해 있는 문장이 바로 if(b>c) c=b;인 것입니다. 오른쪽 위의 경우는 for문으로 반복하는 대상이 if(i>b) break;의 한 문장인 것이지요. 그리고 이 if문에 속해 있는 문장은 break, 한 문장인 것이구요.

그런데 if문을 이렇게 복잡하게 구성하면 else를 사용할 때 혼란스러울 수 있습니다. 예를 들어 그림 10.5와 같이 작성했다면 else가 if(a>b)에 대한 else일까요, 아니면 if(b>c)에 대한 else일까요? 여기에 대해 C언어에서는 한 가지 원칙을 따르고 있습니다. 그 원칙은 else는 아직 else와 짝 지어지지 않은 if들 중에서 가장 가까이에 있는 if와 짝 짓는다는 것입니다. 이 원칙에 따르면 그림 10.5에서의 else는 if(b>c)에 대한 else입니다. 만일 원칙과 다르게 else를 if(a>b)와 묶고 싶다면 그림 10.6과 같이 중괄호를

어느 if에 대한 else인가?

```
if(a>b)
    if(b>c)
        c = b;
else
    c = a;
```

그림 10.5 else의 짝짓기 문제

```
if(a>b) {
   if(b>c)
      c = b;
} else {
   c = a;
}
```

그림 10.6 그림 10.5와 다른 구성을 원하는 경우

```
a = b + c;     for(…) printf("\n");
```

⇕ 동일함 ⇕

```
a =            for(…)
b +            printf("\n");
c;
```

그림 10.7 의미 없는 공백의 예

이용해서 명확히 표현해 주어야 합니다. 비록 원칙이 있으므로 else가 어느 if와 짝지어지는지 명확히 알 수는 있습니다만 프로그램을 보았을 때 한 눈에 파악하기 어려운 것은 여전합니다. 그래서 되도록 중괄호를 생략하지 않는 것을 추천합니다.

10.2 코딩 스타일과 들여쓰기

코딩 스타일이란 문법상의 문제가 아니라 사람이 보기에 더 좋은 프로그램을 작성하는 법을 말합니다. 즉 사람들이 보았을 때 더 쉽게 파악할 수 있도록 작성하는 것입니다. 프로그램에 입문하는 입장에서 고려하기 쉬운 코딩 스타일은 프로그램 내의 공백과 줄 바꿈을 활용하는 방법입니다.

C언어에서 공백이나 줄 바꿈은 단어를 구별하는 용도로만 사용되며 이 외의 공백이나 줄 바꿈은 무시됩니다. 예를 들어 a = b+ ++c;라는 문장과 a = b++ +c;라는 문장을 보면, 세 개의 + 기호 사이에 있는 공백이 증감 연산자 ++과 덧셈 연산자 +를 구별해 주고 있습니다. 그러나 = 주변에 있는 공백은, a=b라고 작성해도 a와 =와 b를 구별하는데 문제가 없으므로 사실상 의미가 없는, 무시되는 공백입니다. 이런 의미에서 그림 10.7의 위아래에 있는 프로그램들은 서로 동일한 프로그램입니다. C언어에서 한 문장의 끝은 줄 바꿈이나 공백이 아니라 ;을 이용해서 표시하는 것입니다. 그러므로 공백이나 줄 바꿈을 문법적인 용도가 아니라 보기에 좋게 만들기 위해 사용할 수 있습니다.

```
for(i=0;i<5;i++)
{
for(j=0;j<4;j++)
{
printf("*");
}
printf("\n");
}
```

```
for(i=0;i<5;i++)
{
for(j=0;j<4;j++)
{
printf("*");
printf("\n");
}
}
```

```
for(i=0;i<5;i++)
{
for(j=0;j<4;j++)
{
printf("*");
}
}
printf("\n");
```

(a) 들여쓰기를 사용하지 않았을 때

```
for(i=0;i<5;i++)
{
   for(j=0;j<4;j++)
   {
      printf("*");
   }
   printf("\n");
}
```

```
for(i=0;i<5;i++)
{
   for(j=0;j<4;j++)
   {
      printf("*");
      printf("\n");
   }
}
```

```
for(i=0;i<5;i++)
{
   for(j=0;j<4;j++)
   {
      printf("*");
   }
}
printf("\n");
```

(b) 들여쓰기를 사용했을 때

그림 10.8 들여쓰기가 없을 때와 있을 때의 비교

이렇게 보기에 좋은 프로그램을 작성하기 위해 공백을 사용하는 대표적인 예가 들여쓰기(indentation)입니다. 지금까지 이 책에서 보여드렸던 예제들에서는 모두 들여쓰기를 적절히 사용했습니다. 그래서 들여쓰기의 중요함을 별로 못 느끼셨을 수도 있는데요, 들여쓰기를 하지 않은 프로그램들인 그림 10.8a를 보시기 바랍니다. 세 개의 프로그램이 어떻게 서로 다른지 한 눈에 구별이 되시나요? 아마 자세히 들여다봐야 서로 다른 점이 보이실 것입니다. 이에 반해 그림 10.8b를 보시면 세 프로그램은 printf("\n");의 위치가 서로 다름을 쉽게 알 수 있습니다. 4장에서 배웠던 것을 떠올려 보면 그림 10.8b의 왼쪽 프로그램은 *이 네 개씩 다섯 줄 출력되고, 중간 프로그램은 * 스무 개가 세로로, 오른쪽 프로그램은 가로로 출력됨을 아실 수 있으실 것입니다. 사실 컴파일러의 입장에서 그림 10.8a와 그림 10.8b는 서로 같은 프로그램입니다. 그러나 사람이 파악하는 측면에서는 그림 10.8b가 훨씬 더 쉽습니다. 이러한 차이를 만들어 내는 것이 바로 들여쓰기입니다.

들여쓰기를 정확히 말씀드리면, 프로그램을 보기 편하게 만들기 위해 블록 안의 문장들은 블록 밖의 문장들에 비해 더 안쪽으로 밀어서 작성하는 것을 말합니다. 보통 들여 쓰는 간격은 tab 한 개만큼입니다. 즉 여러분 키보드의 왼쪽에 있는 tab 키를 한 번 눌러서 들여 쓰는 것입니다. 그림 10.9의 예와 같이 두 번째 for문은 첫 번째 for문의 블록 안에 있으므로 tab 키를 한 번 누른 다음에 for를 넣기 시작하며, 그 아래에 있는 printf 문의 경우에는 두 번째 for문의 안에 있으므로 tab 키를 두 번 누른 다음에 printf를 쓰는 것입니다. 혹시 tab 간격이 조절가능하다면 글자 4개 정도의 간격이 무난합니다. 이 책에서는 공간상의 제약으로 2.5글자 정도로 들여 씁니다만 일반적인 프로그램 환경에서는 4글자 정도가 보기에 좋습니다.

```
for(i=0;i<5;i++)
{
→for(j=0;j<4;j++)
  {
→→printf("*");
  }
→printf("\n");
}
```
(→ : tab)

그림 10.9 tab을 이용한 들여쓰기

```
for(i=0;i<5;i++)
{
    printf("****\n");
}
```

```
for(i=0;i<5;i++) {
    printf("****\n");
}
```

```
for(i=0;i<5;i++)
  {
    printf("****\n");
  }
```

그림 10.10 중괄호 배치의 예

덧 붙여 말하면 중괄호를 어떻게 배치하느냐도 사람마다 조금씩 다릅니다. 이 책에서는 주로 그림 10.10의 왼쪽과 같이 중괄호를 배치하고 있습니다만, 중간에 있는 것과 같이 배치하는 것을 선호하는 사람들도 많습니다. 왼쪽과 같이 하면 블록이 명확해지는 반면에 프로그램이 위아래로 길어지는 단점이 있고, 중간은 위아래가 좀 더 압축된 형태라고 할 수 있을 것입니다. 그리고 어떤 분들은 그림의 오른쪽과 같이 중괄호를 반 tab만큼 들여 쓰기도 합니다. 어느 쪽이 특별히 더 좋은 것은 없어 보이니 여러분의 취향대로 사용하십시오.

들여쓰기 외에 기본적으로 많이 고려하는 코딩 스타일에는 변수 이름이 있습니다. 보통 변수의 이름은 소문자를 사용합니다. 이것은 17장에서 배울 매크로 상수들과 쉽게 구별하기 위해서입니다. 일반적인 관례는 매크로 상수들은 보통 대문자를 사용하고 변수는 보통 소문자를 사용하는 것입니다.

그리고 변수의 이름을 지을 때도 의미에 맞게 짓는 것이 좋습니다. 예를 들어, 어떤 것의 합을 저장하는 변수에는 sum이라는 이름이 나을 것이며 좀 더 구체적으로 sum_of_row_1 같은 이름으로 지으면 다른 사람들이 프로그램을 파악하는데 도움이 될 것입니다. 다른 예도 생각해 보면, 만일 열 명 학생의 수학 점수를 저장하는 배열이라면 그냥 a[10]이라고 이름 붙이기보다는 의미가 드러나도록 math_scores[10]이라고 이름 짓는 것이 더 좋을 것입니다.

물론, 변수들의 이름을 어떻게 짓는지는 프로그램의 동작과 아무 상관이 없습니다. 컴파일러에게 있어서 중요한 것은 같은 이름이냐 아니냐이지 이름이 구체적으로 무엇이냐가 아닙니다. 즉 여러분이 어떤 변수의 이름을 sum이라고 지었다고 해서 컴퓨터가 알아서 합을 구해주지는 않습니다. 그 변수가 합이라는 의미에 부합되는 값을 가지도록 하는 것은 여러분, 프로그래머의 몫입니다. 변수의 이름을 잘 짓는 것은 단지 다른 사람이 (그리고 여러분 자신이) 프로그램을 보기에 더 좋도록 하기 위해서입니다.

프로그램 10.1 변수 범위 예제 1

```
01: #include <stdio.h>
02: int avg(int a, int b) {
03:     int   c;
04:     c = (a+b)/2;
05:     a = 8;
06:     return c;
07: }
08: int main(void) {
09:     int   a, b, c;
10:
11:     a = 20;
12:     b = 12;
13:     c = avg(a, b);
14:     printf("%d\n", c);
15: }
```

10.3 변수 범위

프로그램 10.1의 프로그램을 보겠습니다. 함수 **main**에도 변수 **a, b, c**가 있고 함수 **avg**에도 변수 **a, b, c**가 있습니다. 앞에서 함수에 대해 배울 때 말씀드렸듯이 이 변수들은 서로 다른 영역에 있으므로 서로 다른 변수입니다. 그러므로 5번 줄에서와 같이 **avg** 함수의 **a**의 값을 바꾼다 하더라도 **main**에 있는 **a**의 값이 바뀌지는 않습니다.

이와 같이 변수가 사용되는 영역을 그 변수의 범위(scope)라고 부릅니다. 함수 **avg** 안에 있는 변수 **a, b, c**의 범위는 함수 **avg** 안이며 **main**에 있는 **a, b, c**의 범위는 함수 **main** 안입니다. 각각의 변수에는 그 변수의 범위가 있어서 그 범위 안에서만 사용될 수 있습니다.

그런데 함수를 가만히 보시면 함수의 내부가 {}로 둘러싸여 있습니다. 앞에서 배우기를 중괄호로 둘러싸인 부분을 블록이라고 하고 블록은 한 개의 문장이 들어가는 자리에 여러 문장을 넣고 싶을 때 사용하는 것이라고 했습니다. 맞습니다. 함수에 있는 중괄호도 블록을 이루는 것이고 함수의 원래 문법은 함수 안에 한 개의 문장만 있는 것입니다. 그런데 여러 개의 문장을 넣고 싶어서 중괄호로 블록을 만들었던 것입니다.

그럼, 이런 생각도 가능할 것입니다. 함수에서 블록 안에 변수를 새로 만들어서 사용하기도 했으니 (프로그램 10.1에서 함수 **avg**의 변수 **c**) 다른 블록 안에서도 변수를 새로 만들어서 사용할 수 있지 않을까? 네, 가능합니다. 모든 블록 안에서 자신만의 변수를 선언해서 사용하는 것이 가능합니다. 그 예가 프로그램 10.2입니다.

프로그램 10.2에서 변수 **b**가 두 번 선언되고 있습니다. 한 번은 **for**문에 있는 블록에서이고 다른 한 번은 **if**문에 있는 블록에서입니다. 이와 같이 블록 안에서 변수를 선언하는 것이 가능하며 그 변수의 범위는 그 블록 안이 됩니다. 즉 블록 안에서 선언한 변수는 그 블록 안에서만 사용이 가능합니다. 프로그램 10.2에서 **for**문 블록에서 선언한 변수 **b**①의 범위는 **for**문 블록이 되며, 따라서 그 블록 안에서만 사용이 가능합니다. 또한 **if**

프로그램 10.2 변수 범위 예제 2

```
01: int main(void) {
02:     int   a, i;
03:
04:     …
05:     for(i=0;i<10;i++) {
06:         int   b; ①
07:         b = 10;              b①의 범위
08:         …    b①
09:     }
10:     …
11:     if(a>10) {
12:         int   b; ②
13:         b = 5;               b②의 범위
14:         …    b②
15:     }
16: }
```

문 블록에서 선언한 변수 b②의 범위는 if문에 있는 블록이 되고 그 블록 안에서만 사용이 가능합니다.

프로그램 10.2에서는 두 변수 b의 범위가 서로 겹치지 않습니다. 그러므로 변수 b를 사용했을 때 어느 b인지 명확히 알 수 있습니다. 7번 줄에 있는 b는 b①의 범위에 있으므로 b①이고 13번 줄에 있는 b는 b②의 범위에 있으므로 b②입니다. 그런데 만일 같은 이름을 가지는 변수의 범위가 서로 겹치면 어떻게 할까요? 예를 들어 프로그램 10.3을 보겠습니다. 보시면 main에서 변수 b를 선언하므로③ 이 b의 범위는 main 함수 전체가 됩니다. 그러면 7번 줄의 경우에는 b①의 범위에도 속하고 b③의 범위에도 속합니다. 7번 줄의 b는 b①일까요, 아니면 b③일까요?

이런 경우에 대해 C언어에서는 이렇게 규정하고 있습니다. 같은 이름 변수들의 범위가 겹칠 경우 가장 안쪽의 범위를 가지는 변수로 인식합니다. 프로그램 10.3의 7번 줄은 b①의 범위와 b③의 범위가 겹치고 있습니다. 이 경우 b①의 범위가 더 안쪽에 있으므로 7번 줄의 b는 b①입니다. 13번 줄의 b는 b②와 b③의 범위가 겹치는 곳인데 b②의 범위가 더 안쪽에 있으므로 13번 줄의 b는 b②입니다. 10번 줄은 b③의 범위에만 속해 있습니다. 그러므로 10번 줄의 b는 b③입니다.

10.4 외부 변수와 내부 변수

앞에서 보여드린 블록 내부에서 선언한 변수들을 내부 변수(지역 변수)라고 부릅니다. 이에 반해 어떤 블록에도 속하지 않는 변수들도 존재합니다. 이런 변수들을 외부 변수(전역 변수)라고 부릅니다. 외부 변수는 프로그램 10.4의 1번 줄과 같이 어느 블록에도 속하지 않도록 그 밖에 선언합니다. 이러한 외부 변수의 범위는 그 변수가 선언된 이후의 프로그램 전체가 됩니다. 프로그램 10.4의 b①의 범위는 그 b가 선언된 이후 전체입니다.

프로그램 10.3 변수 범위 예제 3

```
int main(void) {
    int   a, i;
    int   b; ③
    …
    for(i=0;i<10;i++) {
        int   b; ①
        b = 10;              b①의 범위
        …      b①                          b③의 범위
    }  b③
    b = 20;
    if(a>10) {
        int   b; ②
        b = 5;               b②의 범위
        …      b②
    }
}
```

프로그램 10.4 외부 변수의 범위

```
int   b; ①
int funca(int a) {
    …
    b = 10;
    …      b①
}
int funcb(int a) {
    int   b; ②
    b = 30;              b②의 범위   b①의 범위
    …      b②
}
int main(void) {
    …
    b = 20;
    …      b①
}
```

내부 변수와 외부 변수는 범위 외에도 서로 다른 점이 있습니다. 그 특징을 비교한 것이 표 10.1입니다. 우선 생성 시기를 보면 내부 변수는 변수가 선언되어 있는 블록이 시작될 때 생성되며 만일 블록이 여러 번 시작하면 여러 번 생성됩니다. 재귀 함수를 할 때 함수 내의 변수가 여러 번 생성되었음을 생각하시면 됩니다. 반면에 외부 변수는 프로그램이 시작할 때 한 번만 생성됩니다. 내부 변수와 외부 변수 모두 생성될 때 초기화가 되기도 하는데, 내부 변수는 초기화 값을 지정하지 않으면 초기화 되지 않습니다. 즉 알 수 없는 값이 들어가 있는 상태입니다. 이에 반해 외부 변수는 초기화 값을 지정하지 않으면 0

표 10.1 내부 변수와 외부 변수의 비교

	내부 변수	외부 변수
생성 시기	선언되어 있는 블록이 시작될 때마다	프로그램이 시작될 때 한 번 만
초기화값이 지정되어 있지 않으면	초기화 되지 않음	0으로 초기화
소멸 시기	블록이 끝나면 소멸	프로그램이 끝나면 소멸
범위	선언된 블록 내	프로그램 전체

프로그램 10.5 호출 횟수 반환 함수 - 외부 변수를 사용하지 않았을 때

```
01: #include <stdio.h>
02:
03: int call_cnt(void) {
04:     int   cnt = 0;        ------> 0으로 초기화
05:     cnt++;                ------> 호출할 때마다 1 증가?
06:     return cnt;
07: }
08:
09: int main(void) {
10:     int   i;
11:     for(i=0;i<10;i++) {
12:        printf("%d\n", call_cnt());------> 기대: 1 2 3 … 10 출력
                                             실제: 1 1 1 … 1 출력
13:     }
14: }
```

을 저장합니다. 마지막으로 내부 변수는 선언 되어 있는 블록이 끝나면 소멸되고 외부 변수는 프로그램이 끝날 때 소멸됩니다.

그럼, 외부 변수를 이용하는 예로 프로그램을 하나 작성해 보겠습니다. 함수를 하나 작성하는데 자신이 호출된 횟수를 반환하는 함수를 만들어 보겠습니다. 즉 처음 그 함수를 부르면 1을 반환하고, 그 다음에 부르면 2를 반환하는 등의 동작을 하는 함수입니다. 처음에는 외부 변수를 사용하지 않을 경우 제대로 동작하지 않음을 확인하고 그 다음에 외부 변수를 이용하여 제대로 작성해 보겠습니다.

우선 함수의 이름은 약간의 의미를 부여해서 call_cnt로 지어 보겠습니다. 함수의 매개 변수는 필요 없으니 매개 변수 자리에는 void를 넣으면 됩니다. 함수의 반환값은 호출된 횟수이니 정수일 테고 따라서 int형일 것입니다. 이와 같이 함수의 머리 부분을 구성하면 프로그램 10.5의 3번 줄과 같습니다. 이 함수의 내용을 채워 보면 우선 변수 cnt를 선언하고 0으로 초기화합니다. 그리고 5번 줄과 같이 함수를 호출할 때마다 1씩 증가시킨 뒤 그 값을 반환합니다. 이렇게 작성하면 call_cnt를 호출할 때마다 cnt가 1씩 증가할 테니 문제의 의도대로 동작하지 않을까 기대하는 것입니다. 기대대로 동작한다면 프로그램 10.5의 main에서와 같이 call_cnt함수를 10번 호출하면, 각 호출에서의

프로그램 10.6 호출 횟수 반환 함수 - 외부 변수를 사용했을 때

```
01: #include <stdio.h>
02:
03: int   cnt;                ------> cnt를 외부 변수로
04: int call_cnt(void) {
05:    cnt++;
06:    return cnt;
07: }
08:
09: int main(void) {
10:    int   i;
11:    for(i=0;i<10;i++) {
12:       printf("%d\n", call_cnt());------> 기대대로 1 2 3 … 10 출력
13:    }
14: }
```

반환값은 1 2 3 ... 10이 될 테고, 12번 줄에서 이 값을 차례로 출력할 것입니다.

그러나 프로그램 10.5를 실행해 보시면 1만 10번 출력됩니다. 이유는 호출 횟수를 세고 있으리라 기대하고 있는 변수 cnt가 함수 call_cnt의 내부 변수여서 호출 횟수를 세지 못하기 때문입니다. 변수 cnt는 내부 변수이므로 call_cnt가 호출되어서 시작될 때 생성되고 call_cnt가 끝나면 소멸됩니다. 함수를 처음 호출했을 때 변수 cnt가 생성되고 0으로 초기화된 뒤 1이 증가되어서 1이 반환되는 것까지는 좋았는데, 함수가 끝날 때 변수 cnt도 같이 사라져 버립니다. 그러면 cnt에 저장되어 있던 1이라는 값도 같이 사라지게 됩니다.

함수가 그 다음에 호출될 때 어떤 일이 발생할 지 생각해 봅시다. 원래의 기대대로라면 앞에서 호출되었을 때 만들어진 변수 cnt가 1이라는 값을 가지고 남아 있어서 여기에 1이 증가되어서 2가 반환되기를 바라겠지만, 실제로는 변수 cnt가 다시 만들어지고 0으로 초기화된 뒤 1이 증가되어서 1이 반환될 것입니다. 그리고 이 변수도 다시 소멸되겠지요. 즉 프로그램을 구상할 때는 cnt 변수가 계속 남아 있어서 호출될 때마다 이 변수의 값을 1씩 증가시키고 싶었는데, cnt 변수가 내부 변수이기 때문에 함수가 끝나면 사라져 버리고 다음 호출 때는 새로운 변수 cnt가 만들어지게 되므로 0에서 1이 증가되는 것을 반복하게 되는 것입니다.

이러한 현상을 극복하려면 변수 cnt가 함수가 끝났을 때 사라져 버리는 내부 변수가 아니라, 함수가 끝나더라도 계속 남아 있는 외부 변수여야 할 것입니다. 프로그램 10.6을 보시면 cnt 변수를 외부에서 선언함으로써 외부 변수가 되게 했습니다. 이렇게 하면 cnt 변수는 프로그램이 시작될 때 한 번 생성되고 프로그램이 끝나야 소멸이 됩니다. 그러므로 처음 call_cnt 함수가 호출되었을 때 1이 증가되어서 1이 된 값을 계속 유지하고 있다가 다음 호출되었을 때 1이 증가되어서 2가 되는 것입니다. 이와 같이 cnt 변수가 소멸되지 않고 값을 계속 유지하므로 호출될 때마다 1씩 증가되고 마지막 호출될 때는 10을 반환할 것입니다. 프로그램 10.6의 출력 결과는 기대대로 1 2 3 ... 10이 될 것입니다.

프로그램 10.7 호출 횟수 반환 함수 - 외부 변수를 사용했을 때의 변형

```
#include <stdio.h>

int   cnt;
void call_cnt(void) {
   cnt++;
}

int main(void) {
   int   i;
   for(i=0;i<10;i++) {
      call_cnt();
      printf("%d\n", cnt);
   }
}
```

→ main도 cnt의 범위 안이므로 cnt 사용 가능

프로그램 10.6에 대해 두 가지만 더 언급하겠습니다. 우선 cnt 변수를 선언하는 곳을 보면 cnt 변수의 초기화 값이 없습니다. 앞에서도 말씀드렸듯이 외부 변수의 경우 초기화 값을 지정하지 않으면 0으로 초기화됩니다. 그러므로 여기서 초기화 값을 따로 지정하지 않은 것입니다.

그리고 cnt 변수가 외부 변수가 되었으므로 이 변수는 main 함수에서도 보입니다. 그러므로 프로그램 10.7과 같이 main 함수에서 cnt 변수의 값을 바로 사용해도 괜찮습니다. 이렇게 되면 call_cnt 함수에서 cnt의 값을 반환할 필요도 없으니 call_cnt 함수의 반환값은 없어도 됩니다. 좋고 나쁘고를 떠나서 외부 변수를 사용하면 이런 프로그램도 가능한 것입니다.

10.5 내부 정적 변수

프로그램 10.7을 보시면 외부 변수가 매우 편리해 보입니다. 함수가 계산한 결과를 return을 통해 반환 받을 필요 없이 외부 변수의 값을 바로 사용하면 되니까요. 이 뿐만 아니라 매개 변수도 사용하지 않을 수 있습니다. 함수를 부르는 쪽에서 외부 변수에 값을 저장하고 불린 함수에서 그 외부 변수의 값을 바로 이용하면 될 것입니다. 즉 매개 변수와 반환값을 통해 함수와 값을 전달하는 방식을 사용할 필요가 없어지는 것입니다.

그런데 이러한 편의성이 또한 여러분의 프로그램을 위험하게 만들 수도 있습니다. 외부 변수는 어느 함수에서나 값을 보고 바꿀 수 있습니다. 이 말은 그 변수의 값이 어느 함수에서 바뀌는 지 알아내기도 힘들다는 말이 됩니다. 프로그램이 정상적으로 동작할 때는 문제가 안 됩니다만 프로그램이 정상적으로 동작하지 않아서 그 원인을 밝혀내려면 (이 과정을 디버깅이라고 부릅니다.) 외부 변수의 사용이 큰 문제가 됩니다. 디버깅의 기본은 동작에 관련된 변수들의 값이 어디에서 어떻게 변하는 지를 하나씩 추적해 나가는 것인데, 내부 변수는 그 변수의 값이 바뀌는 곳이 블록 내로 한정되어 있으므로 추적하기가 쉽습니다. 그러나 외부 변수는 프로그램의 어디에서나 바뀔 수 있으므로 프로그램 전체를

표 10.2 내부 정적 변수의 성질

생성 시기	프로그램이 시작될 때 한 번 만	외부 변수의 성질
초기화값이 지정되어 있지 않으면	0으로 초기화	외부 변수의 성질
소멸 시기	프로그램이 끝나면 소멸	외부 변수의 성질
범위	선언된 블록 내	내부 변수의 성질

프로그램 10.8 호출 횟수 반환 함수 - 내부 정적 변수를 사용했을 때

```
01: #include <stdio.h>
02:
03: int call_cnt(void) {
04:     static int  cnt;  ------> cnt를 내부 정적 변수로
05:     cnt++;
06:     return cnt;
07: }
08:
09: int main(void) {
10:     int   i;
11:     for(i=0;i<10;i++) {
12:        printf("%d\n", call_cnt());------> 기대대로 1 2 3 … 10 출력
13:     }
14: }
```

뒤져야 되고 따라서 추적하기가 어려워집니다. 아직은 작성하는 프로그램이 수십 줄 이내여서 이런 말이 와 닿지 않으실 수도 있습니다만 나중에 수천 줄, 수만 줄이 되는 프로그램을 작성하게 되면 이 말의 의미를 아실 수 있을 것입니다.

이런 이유로 일반적으로 권장되는 코딩 스타일은, '외부 변수는 되도록 사용하지 않는다' 입니다. 조금 불편하시더라도 이 원칙은 되도록 따라 주시는 것이 여러모로 나중에 도움이 될 것입니다. 그런데 앞의 프로그램 10.6의 예제에서는 외부 변수를 사용해야만 했습니다. 내부 변수로는 동작이 제대로 되지 않았지요. 이런 경우에는 어떻게 해야 할까요?

이러한 경우를 위해 있는 것이 바로 내부 정적 변수입니다. 프로그램 10.6의 예제에서 필요했던 것은 외부 변수의 특징 중에서 프로그램이 동작하는 동안 사라지지 않고 유지된다는 성질입니다. 그리고 되도록 내부 변수를 사용하라고 권장하는 이유는 블록 내에서만 사용이 가능하다는 성질 때문입니다. 이러한 두 성질이 결합된 것이 내부 정적 변수입니다. 내부 정적 변수는 일반 내부 변수와 같이 블록 내부에서 선언되고 그 내부에서만 사용됩니다. 그런데 표 10.2를 보시면 외부 변수처럼 프로그램이 시작될 때 한 번만 생성되고 프로그램이 끝나야 소멸되는 것입니다.

내부 정적 변수를 선언하려면 프로그램 10.8과 4번 줄과 같이 변수를 선언할 때 앞에 static이라고 쓰면 됩니다. 이렇게 하면 cnt 변수는 내부 변수인 것처럼 call_cnt

함수에서만 사용될 수 있지만, 외부 변수인 것처럼 프로그램이 시작될 때 생성되어서 끝날 때까지 유지됩니다. 이 프로그램을 실행해 보시면 프로그램 10.6과 같이 1 2 3 ... 10을 출력함을 보실 수 있습니다.

C언어에는 내부 정적 변수 뿐만 아니라 외부 정적 변수도 있습니다. 그런데 외부 정적 변수는 그 의미가 아직은 좀 설명하기 어렵고, 사실 많이 이용되지도 않습니다. 그래서 정적 변수라고 말하면 보통 내부 정적 변수를 말합니다. 이 책에서도 나중에 외부 정적 변수를 설명하기 이전까지는 정적 변수가 내부 정적 변수를 의미합니다.

연습 문제

1. ____은 여러 문장을 한 문장이 들어갈 자리에 넣을 때 사용한다.
2. 프로그램을 작성할 때 중괄호 안의 문장들을 공백이나 탭으로 여백을 두고 작성하는 것을 ____라고 부른다.
3. 함수의 밖에서 선언되어 프로그램 전체에서 이용할 수 있는 변수를 ____라고 부르고, 이에 반해 블록 내에서 선언되는 변수를 ____라고 부른다.
4. 함수 내에서 선언되나 프로그램이 동작하는 동안 사라지지 않는 변수를 ____라고 부른다.
5. 다음 프로그램에서 의미상 잘못 된 부분을 찾아 정정하시오.

```
if(n%2 == 1);
    printf("n is odd.\n");
```

6. 다음 프로그램의 출력 결과를 적으시오.

```
#include <stdio.h>
int main(void) {
    int i;
    for(i=0;i<5;i++);
    {
        printf("%d\n", i);
    }
}
```

7. 다음 프로그램에서 잘못 된 부분을 찾아 정정하시오.

```
#include <stdio.h>
int main(void) {
    int a = 10;

    if(a > 0)
        printf("a is ");
        printf("positive");
```

```
    else
        printf("a is negative");

    return 0;
}
```

8. 다음 프로그램의 결과를 적으시오.

```
#include <stdio.h>
int main(void) {
    int a = 20;
    if(a > 20)
        if(a < 30)
            printf("OK");
    else
        printf("Not OK");
}
```

9. 아래 프로그램은 함수 정의와 변수 선언만 추려 놓은 프로그램이다. 다음의 각 범위들에 대해 그 범위에서 사용할 수 있는 변수들의 이름을 모두 적으시오. 만일 같은 이름의 변수가 두 개 이상 있다면 어느 것인지 표시하시오.

   a) 함수 c
   b) 함수 g (내부 블럭 제외)
   c) 변수 j와 k가 선언되어 있는 블럭
   d) 함수 main

```
int a, b;

int c(int d) {
    int e, b;
}

double g(void) {
    int a, i;
    {
        int j, i;
    }
}

double l, m;

int main(void) {
    int a, l, f;
}
```

10. 다음 프로그램의 출력은 무엇인가?

```
#include <stdio.h>
int main(void) {
    int a = 10;

    if(a > 5) {
        int a = 15;

        printf("%d ", a);
        if(a < 15) {
            int a = 5;

            printf("%d ", a);
        }
    }
    printf("%d ", a);

}
```

11. 다음 프로그램의 출력은 무엇인가?

```
#include <stdio.h>
int temp(void) {
    int a = 30;
    static int  b = 20;
    printf("%d ", a);
    printf("%d ", b);
    a++;
    b++;
}

int main(void) {
    int a = 10;

    printf("%d ", a);
    a++;
    temp();
    printf("%d ", a);
    temp();
}
```

12. 다음 프로그램의 결과를 적으시오.

```
#include <stdio.h>
int a = 10;

void f(void);
```

```
int main(void) {
    int a = 20;
    f();
    printf("%d ", a);
    f();
    printf("%d ", a);
}

void f(void) {
    printf("%d ", a);
    a++;
}
```

13. 아래와 같은 함수를 처음 f(10)이라고 불렀을 때 반환값은 얼마인가? 함수 f를 다섯 번 호출한 다음에 f(10)이라고 호출하면 반환값은 얼마인가?

```
int f(int n) {
    static  a = 2;
    a++;
    return n*a;
}
```

실습 문제

1. 한 개의 int형 매개 변수를 가지고 반환값 자료형이 int형인 함수 acc를 만드시오. 이 함수는 인자로 받은 값들을 누적하여 반환하는 함수이다. 예를 들어 아래와 같은 프로그램을 실행하면 5, 8, 7, 16이 출력된다.

```
printf("%d\n", acc(5));
printf("%d\n", acc(3));
printf("%d\n", acc(-1));
printf("%d\n", acc(9));
```

정수를 하나씩 입력받으며 그 때까지 입력받은 정수들의 누적을 출력하는 프로그램을, acc 함수를 이용하여 만드시오. 0을 입력받으면 종료한다. 이 프로그램의 실행 예는 다음과 같다.

```
8↵
8
2↵
10
-7↵
3
0↵
```

CHAPTER 11

간단한 알고리즘

지금까지 배운 것들을 이용하여 좀 더 쓸 만한 프로그램들을 만들어 봅시다. 이 장에서 설명하는 프로그램들은 간단해 보일지는 모르겠으나 모두 여러분이 매일 사용하는 프로그램들에 들어있을 수도 있습니다. 처음 두 절의 내용은 앞의 반복문이나 배열에서 실습 문제에 있던 것들입니다. 조금 쉬울 수도 있으나 그 뒤의 두 절에 있는 프로그램에서 필요하므로 다루어 보겠습니다.

11.1 가장 큰 수 찾기

배열에 있는 수들 중에서 가장 큰 수를 찾아서 출력하는 프로그램을 작성해 봅시다. 예를 들어 크기가 10인 배열에 29, 56, 17, 75, 96, 30, 83, 66, 42, 25가 저장되어 있을 때 이 중 가장 큰 수를 찾아내는 것입니다. 물론 사람이라면 이 중에서 96이 제일 큰 수라는 것을 금방 알아낼 수 있습니다. 그러만 만일 100개의 수 중에서 제일 큰 수를 찾아내라고 한다면 한 눈에 찾아낼 수는 없을 것입니다. 이럴 때 사람은 어떻게 할까요?

아마 여러분은 수를 한 개씩 보면서 찾아 나갈 것입니다. 그림으로 설명해 보면 그림 11.1a와 같이 처음에 29라는 수를 보면서 그 수를 기억할 것입니다. 그리고 그 다음에는 그 다음 수인 56을 보면서 현재 기억하고 있는 29와 비교합니다. 이때 56이 29 보다 더 큽니다. 그럼 56과 29 중 어느 것을 기억할까요? 네, 56이 더 크므로 그림 11.1b와 같이 56으로 기억을 바꿀 것입니다.

다음으로 17과 비교했을 때는 기억하고 있는 56이 17 보다 더 크므로 기억을 바꾸지 않고(그림 11.1c), 그 다음에 75를 보면 기억하고 있는 56보다 더 크므로 기억을 75로 바꿀 것입니다(그림 11.1d). 이 후에 그림 11.1e~그림 11.1j와 같이 열 개의 수를 모두 검사하고 나면 기억 속에 남은 것은 가장 큰 수인 96입니다.

여기에 더해서 제일 큰 수의 위치도 같이 알아내려면 어떻게 할까요? 여러분도 마찬가지이시겠지만 머리 속에 위치도 같이 기억하면서, 더 큰 수를 찾았을 때 위치의 기억도 같이 바꿀 것입니다. 예를 들어 그림 11.2를 보시면 현재까지 찾은 가장 큰 수는 두 번째 자리에 있는 56인데 75와 새로 비교하려 합니다. 그러면 75가 56보다 더 크므로 75를

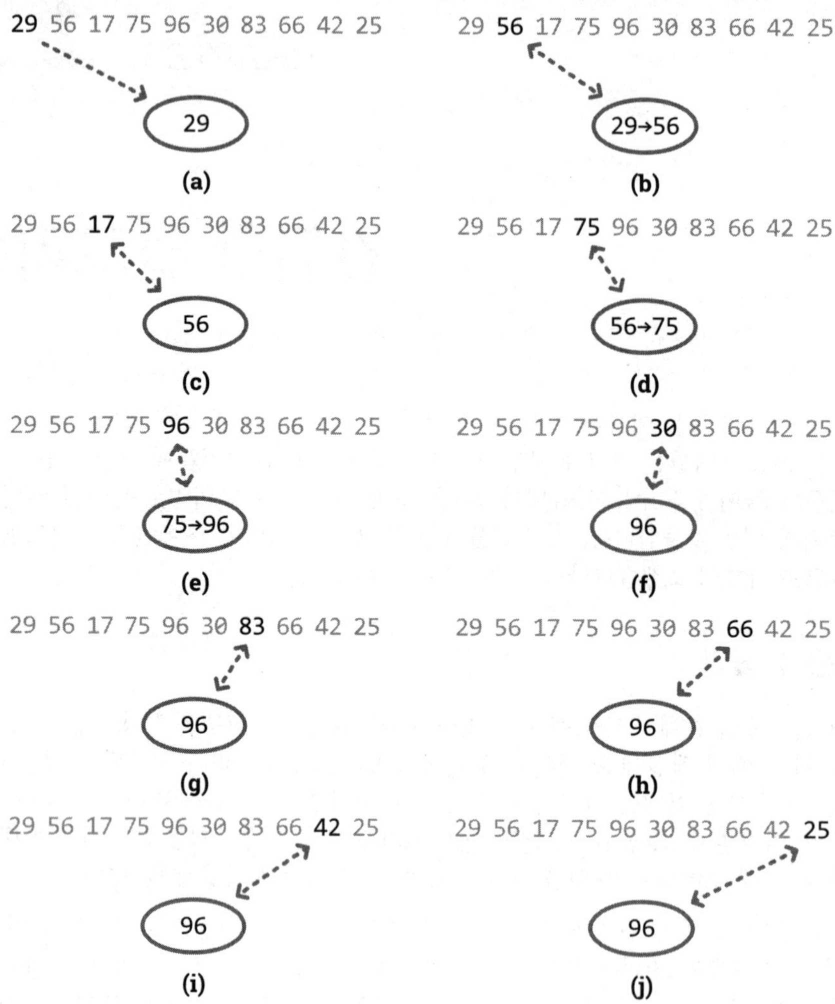

그림 11.1 가장 큰 수 찾는 방법

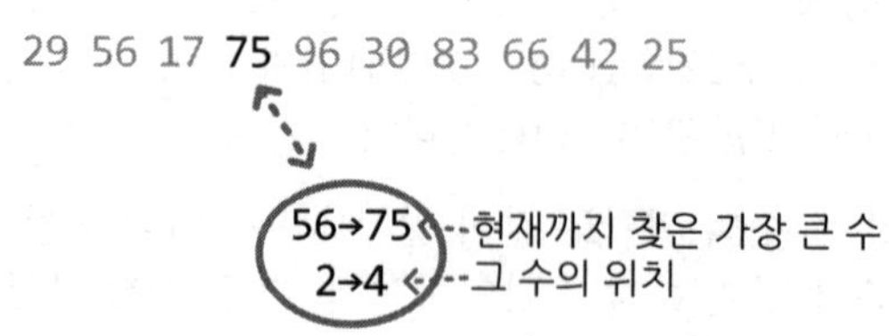

그림 11.2 가장 큰 수의 위치도 같이 찾는 방법

프로그램 11.1 가장 큰 수 찾는 프로그램

```
01: #include <stdio.h>
02:
03: int main(void) {
04:     int   i, a[10];
05:     int   max, idx;
06:
07:     for(i=0;i<10;i++) {
08:        scanf("%d", &a[i]);
09:     }
10:
11:     max = a[0];
12:     idx = 0;
13:     for(i=1;i<10;i++) {
14:        if(a[i] > max) {
15:           max = a[i];
16:           idx = i;
17:        }
18:     }
19:
20:     printf("%d %d\n", max, idx);
21: }
```

- 04–05번 줄: 변수가 두 개 필요 / max: 현재까지 본 것 중에 제일 큰 수를 기억 / idx: max에 저장된 수의 위치를 기억
- 11–12번 줄: max에는 첫 번째 요소를, idx에는 그 위치인 0을 기억
- 14번 줄: 각 요소를 max와 비교해서
- 15–16번 줄: 더 큰 수를 발견하면 그 값과 위치를 기억

새로 기억할 것입니다. 동시에 큰 수의 위치에 대한 기억도 56이 있는 2번 자리 대신 75가 있는 4번 자리로 그 기억을 바꿀 것입니다.

이렇게 사람이 어떻게 할 지를 생각해서 정리하면 프로그램을 작성하는 것은 매우 쉬워집니다. 사람이 하는 일을 그대로 프로그램으로 옮기면 됩니다. 우선 사람이 기억하는 것이 현재까지 찾은 가장 큰 수와 그 위치, 두 개이므로 필요한 변수도 두 개입니다. 프로그램 11.1의 5번 줄에서는 max와 idx라는 두 개의 변수를 만들어서, max에는 지금까지 본 것 중에 가장 큰 수를, idx에는 그 위치를 저장하기로 합니다. 다음으로 그림 11.1a에서 제일 처음 수는 그냥 기억하므로 프로그램 11.1의 11,12번 줄에서는 배열의 첫 번째 요소인 a[0]을 max에 저장하고 idx에는 그 위치인 0을 저장합니다. 그 다음에는 반복문을 돌면서 a[1]에서 a[9]까지를 차례로 접근합니다. 각 요소들에 대해 하는 일은 현재까지 찾은 가장 큰 수인 max와 그 요소를 비교하는 것입니다(14번 줄). 만일 현재 접근한 요소 a[i]가 더 크다면, 다시 말해서 max보다 더 큰 요소를 발견했다면, 15, 16번 줄과 같이 max에는 새로 찾은 더 큰 값인 a[i]를 저장하고 idx에는 그 위치인 i를 저장합니다. 이 프로그램을 실행하고 앞에서 예로 든 10개의 수를 입력하면 96과 5를 출력할 것입니다.

프로그램 11.1을 약간 변형시킬 수도 있습니다. 프로그램을 보시면 10개의 배열 요소 중에서 0번 요소는 다른 요소들과 다르게 처리하고 있습니다. 0번 요소는 무조건 max에 들어가며 나머지 요소들은 max와의 비교를 거칩니다. 혹시 모든 요소들을 동일하게 처리하고 싶다면 프로그램 11.2와 같이 수정하시면 됩니다. 처음에 max에 0을 대입하며 이후에 a[0]에서 a[9]까지를 차례로 비교하고 있습니다. 배열 요소들이 동일한 처리

프로그램 11.2 가장 큰 수 찾는 프로그램2

```
01: #include <stdio.h>
02:
03: int main(void) {
04:    int   i, a[10];
05:    int   max, idx;
06:
07:    for(i=0;i<10;i++) {
08:       scanf("%d", &a[i]);
09:    }
10:
11:    max = 0;
12:    idx = 0;
13:    for(i=0;i<10;i++) {
14:       if(a[i] > max) {
15:          max = a[i];
16:          idx = i;
17:       }
18:    }
19:
20:    printf("%d %d\n", max, idx);
21: }
```

max에는 작은 수를 대입
배열에 양수만 있다면 0
배열에 음수도 있다면 제일 작은 음수

여기에서 대입하는 idx 는 의미 없음
대입하지 않아도 됨

과정을 거치게 됩니다.

다만 프로그램 11.2에서는, 처음에 **max**에 대입하는 값에 조금 주의를 하셔야 합니다. 만일 배열에 있는 값들이 모두 양수라면 처음에 **max**에는 0이나 -1 같은 값을 저장하면 됩니다. 그러나 만약 배열에 음수도 저장되어 있다면 작은 음수를 넣어야 합니다. 정확하게 말씀드린다면 배열에 있을 것이라 생각되는 값의 범위 보다 더 작은 값을 넣어야 합니다. 만일 이렇게 하지 않으시고 처음에 **max**에 큰 수를 넣으시면 **14**번 줄의 조건이 열 번 모두 틀릴 수도 있고, 그러면 **max**에는 **a[0]**에서 **a[9]** 중에 제일 큰 수가 아니라 처음에 넣었던 그 값이 남아 있게 됩니다.

처음에 **max**에 대입하는 값에는 주의를 해야 하지만 처음에 **idx**에 저장하는 값은 의미가 없습니다. 왜냐하면 아직 **a[0]~a[9]** 중에서 큰 값을 발견한 것이 아니기 때문입니다. 사실 처음에 **idx**에 값을 저장할 필요도 없습니다. **14**번 줄의 조건이 맞았을 때 **16**번 줄에서 **idx**에 적절한 값이 저장될 것입니다.

지금까지 작성한 프로그램은 가장 큰 수를 찾는 프로그램이었는데, 반대로 가장 작은 수를 찾는 프로그램은 어떻게 만들면 될까요? 네, 프로그램 11.1이나 프로그램 11.2의 프로그램을 조금만 수정하면 됩니다. 제일 작은 수를 찾으려면, 현재까지 기억된 수 보다 더 작은 수를 만났을 때 기억을 바꿔야 하므로(다시 말하면 **15, 16** 번 줄을 실행하야 하므로) **14**번 줄의 조건을 **a[i]**가 더 클 때가 아니라 **a[i]**가 더 작을 때로 바꾸면 됩니다. 프로그램 **11.2**의 프로그램을 제일 작은 수를 찾도록 바꾼 것이 프로그램 **11.3**입니다. 보시면 **14**번 줄의 조건이 반대로 되어 있음을 알 수 있습니다. 더불어 **max** 변수의 이름을 의미에

프로그램 11.3 가장 작은 수 찾는 프로그램

```
#include <stdio.h>

int main(void) {
   int   i, a[10];
   int   min, idx; -----------> 변수 이름은 min으로

   for(i=0;i<10;i++) {
      scanf("%d", &a[i]);
   }

   min = 99999;     -----------> 처음에는 적절히 큰 값 대입
   idx = 0;
   for(i=0;i<10;i++) {
      if(a[i] < min) {-----> 각 요소를 min과 비교해서
         min = a[i];
         idx = i;      -----> 더 작은 수를 발견하면 그 값과 위치를 기억
      }
   }

   printf("%d %d\n", max, idx);
}
```

맞도록 min이라고 바꾸었습니다.

프로그램 11.3에서 주의하실 점은 처음에 min에 큰 값을 대입해야 한다는 것입니다. 이 프로그램의 경우 배열에 들어 있는 값들이 모두 99999 보다 더 크면 나중에 min에 남아 있는 값은 배열에 있는 값들 중에 가장 작은 값이 아니라 99999가 됩니다. 더 확실히 하기 위해 int형으로 표현할 수 있는 값 중 가장 큰 값을 넣을 수도 있으며, 이것은 나중에 매크로를 배우시면 쉽게 하실 수 있습니다. 이런 불안함이 싫으시다면 프로그램 11.1과 같이 처음에 min에 a[0]을 대입하는 방법을 사용하시면 됩니다.

11.2 더 큰 수 갯수 세기

이번에는 어떤 특정한 수 보다 더 큰 수가 배열에 몇 개나 있는지를 세는 프로그램을 작성해 봅시다. 예를 들어 앞 절에서와 같이 크기가 10인 배열에 29, 56, 17, 75, 96, 30, 83, 66, 42, 25가 저장되어 있을 때 50 보다 더 큰 수가 몇 개인지 알아내는 것입니다. 물론 우리는 금방 다섯 개가 있음을 알 수 있습니다만, 그런 결론에 이르는 과정을 자세히 살펴 봐야 이런 동작을 하는 프로그램을 작성할 수 있습니다.

사람이 한다면 이렇게 할 것입니다. 우선 주어진 수들을 하나씩 볼 것입니다. 그리고 기준이 되는 50이라는 수와 하나씩 비교하겠지요. 그림 11.3a를 보시면 처음에 있는 29를 50과 비교합니다. 29는 50 보다 작습니다. 그러므로 아직 50 보다 큰 수를 찾지 못한 것이고 머리 속에는 0개라고 세고 있을 것입니다. 다음으로 그림 11.3b와 같이 56과 50을

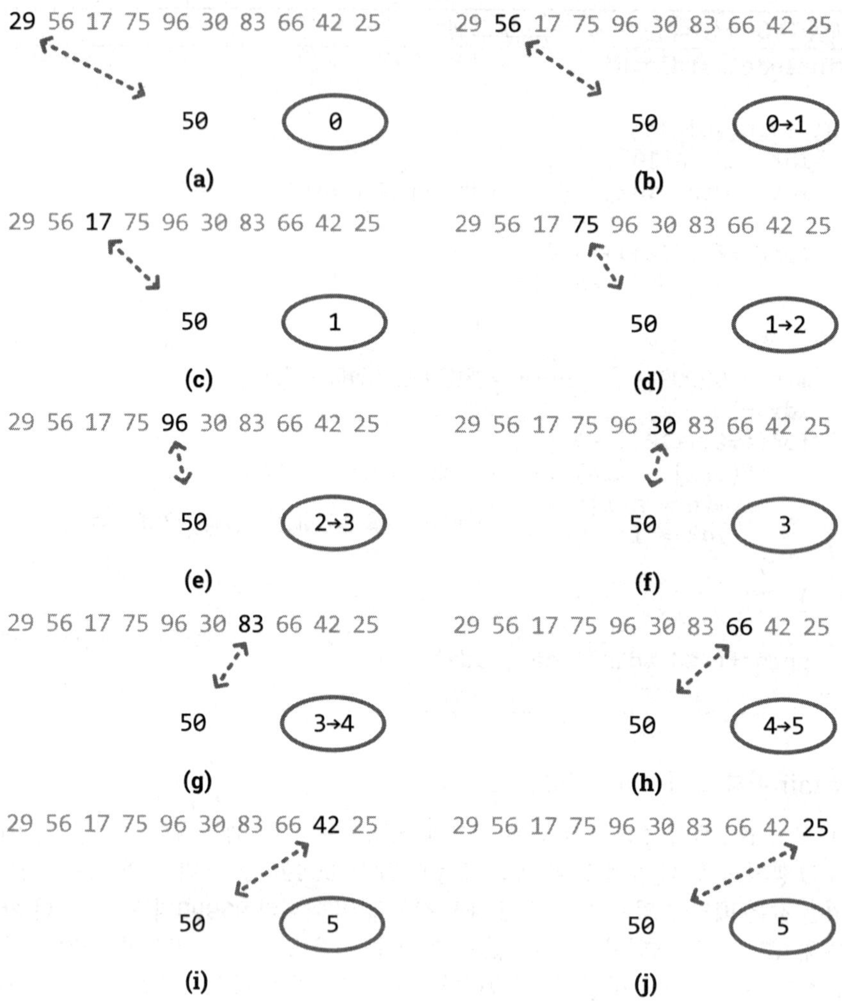

그림 11.3 50 보다 큰 수 세는 방법

비교할 것입니다. 이번에는 56이 50보다 크므로 머리 속에서는 1개라고 1 증가시키면서 셀 것입니다. 다음에는 17과 비교할 테고, 50 보다는 작으니 머리 속에 기억하고 있는 수는 여전히 1개입니다(그림 11.3c). 다음에 그림 11.3d와 같이 75와 비교하면, 75가 더 크므로 머리 속에서는 1 증가하여 2개라고 기억할 것입니다. 이와 같이 하나씩 50과 비교하여 50 보다 클 때만 머리 속에 기억하고 있는 개수를 증가시키면 마지막에는 그림 11.3j와 같이 5개라는 것을 알아 낼 수 있을 것입니다.

이렇게 생각을 잘 정리하면 프로그램은 그 생각의 과정을 그대로 옮기면 됩니다. 설명한 과정을 옮긴 프로그램이 프로그램 11.4입니다. 우선은 몇 개인지 세는 것을 기억하고 있을 변수가 필요합니다. 앞의 그림들을 보면 머리 속에서 0개, 1개, 2개, ... 라고 기억하면서 세고 있으니, 프로그램에서도 그런 기능을 담당할 변수가 필요한 것입니다.

프로그램 11.4 50 보다 큰 수의 개수를 세는 프로그램

```
01: #include <stdio.h>
02:
03: int main(void) {
04:     int   i, a[10];
05:     int   cnt;         -----------> 몇 개인지 세는 변수 필요
06:
07:     for(i=0;i<10;i++) {
08:         scanf("%d", &a[i]);
09:     }
10:
11:     cnt = 0;           -----------> 처음에는 0개
12:     for(i=0;i<10;i++) {
13:         if(a[i] > 50) { -----> 각 요소를 50과 비교해서
14:             cnt++;      -----> 더 큰 수를 발견하면 cnt를 1 증가
15:         }
16:     }
17:
18:     printf("%d\n", cnt);
19: }
```

프로그램 11.4에서는 이 변수의 이름을 cnt로 지었으며 5번 줄에서 변수 cnt를 선언합니다. 그리고 이 변수의 값은 프로그램 11.4의 11번 줄과 같이 처음에 0을 저장해야 할 것입니다. 처음에는 50 보다 큰 수를 한 개도 발견하지 못했으니 0을 저장해 놓는 것이 당연할 것입니다. 다음으로 13번 줄과 같이 배열의 각 요소들을 50과 비교하면서 더 큰 것을 발견하면 14번 줄과 같이 cnt를 1 증가시킵니다. 이 프로그램을 작성해서 실행한 뒤 10개의 수를 입력하면 50 보다 큰 수의 개수가 출력됨을 확인하실 수 있습니다.

11.3 등수 매기기

그럼, 이제 원래 이 장에서 설명하려 했던 첫 번째 프로그램인 등수 매기기 프로그램을 작성해 봅시다. 예를 들어 크기가 10인 배열에 29, 56, 17, 75, 96, 30, 83, 66, 42, 25가 저장되어 있다면 이 들을 어떤 점수로 보는 것입니다. 그러면 96점이 1등이고, 83점은 2등, 75점은 3등, ...과 같이 각 점수에 대한 등수를 구할 수 있을 것입니다. 이렇게 배열에 저장된 각 값에 대해 그 등수인 8, 5, 10, 3, 1, 7, 2, 4, 6, 9를 구하는 것이 목표입니다.

이 프로그램을 작성하려면 우선 등수가 무엇인지, 다시 말하면 사람은 어떻게 등수를 정하는지 생각해 보아야 합니다. 등수를 정하는 몇 가지 방법이 있습니다만 여기서는 프로그램으로 옮기기 편한 방법을 사용해 보겠습니다. 앞에서 말했던 배열에서 1등은 96점입니다. 왜 96점이 1등일까요? 아마 여러 가지 이유를 말할 수 있을텐데, 그 중 하나는 96 보다 큰 수가 없기 때문일 것입니다. 다음으로 83은 왜 2등일까요? 비슷하게 생각하면 83 보다 큰 수가 한 개만 있기 때문입니다. 계속해서 75가 3등인 이유는 75 보다 큰 수가 두 개이기 때문입니다. 이러한 과정에서 규칙성을 찾아보면 어떤 수 보다

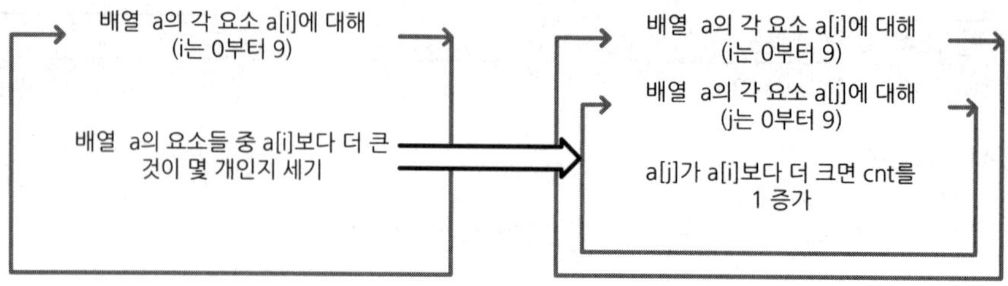

그림 11.4 등수 매기기 프로그램 구상

큰 수가 n개가 있으면 그 수의 등수는 n+1등이 됩니다. 즉 자신의 등수를 알려면 자신보다 큰 수의 개수를 센 다음에 그 개수에 1을 더하면 됩니다.

사람이 어떻게 하는지 알아냈으니 이제 이것을 프로그램으로 옮겨 보겠습니다. 프로그램이 조금 복잡하니 우선 그림으로 구상해 봅시다. 앞에서 말했듯이 어떤 수의 등수는 그 수 보다 더 큰 수의 개수에 1을 더한 것입니다. 그러므로 배열 요소 a[i]의 등수를 알아내려면 a[i] 보다 더 큰 수가 몇 개인지를 세어 봐야 할 것입니다. 그럼 프로그램의 구성은 그림 11.4의 왼쪽과 같은 형태를 가져야 할 것 같습니다. 각 a[i]에 대해 배열 a의 요소들 중 a[i] 보다 더 큰 것이 몇 개인지를 세어 보는 것입니다.

그런데 배열에서 어떤 특정한 값 보다 더 큰 수가 몇 개인지를 세는 것은 앞 절에서 했습니다. 그 배열의 요소들을 하나씩 보면서 더 클 때만 (cnt 같은) 변수의 값을 1 증가시켰지요. 이 부분을 대체하면 그림 11.4의 오른쪽과 같이 됩니다. 그림을 보시면 반복문이 두 겹으로 있습니다. 즉 중첩반복문입니다. 바깥쪽 반복문은 배열 a의 각 요소 a[i]에 대해 반복하는 반복문입니다. 안쪽의 반복문은 그 각각의 a[i]에 대해 a[i] 보다 더 큰 수가 몇개인지 세는 부분입니다. 그런데 a[i] 보다 더 큰 것이 몇개인지 알려면 배열 a를 처음부터 끝까지 살펴봐야겠지요? 그래서 이번엔 j의 값을 0에서 9까지 증가시키면서 a[j]들을 보는 것입니다. 만일 a[j] 중에서 a[i] 보다 더 큰 것이 있으면 cnt 변수의 값을 1 증가시킵니다. 그러면 안쪽 반복문이 종료되었을 때 cnt에 저장된 값은 배열 a의 요소들 중에서 a[i] 보다 더 큰 것들의 개수가 될 것입니다. 이 값에 1을 더한 것이 a[i]의 등수가 되겠지요.

이러한 구상을 프로그램으로 옮긴 것이 프로그램 11.5입니다. 프로그램의 5번 줄에서는 등수를 저장할 배열을, 6번 줄에서는 몇 개인지 세기 위해 필요한 변수를 선언했습니다. 그리고 배열 a에 값들을 입력받은 뒤에, 12번에서 20번 줄에 걸쳐 있는 반복문이 각각의 a[i]에 대해 등수를 구하는 부분입니다. 등수를 구하는 작업은 a[i] 보다 더 큰 수가 몇 개인지 센 후에 그 수에 1을 더하는 것으로 처리됩니다. 우선 a[i] 보다 더 큰 수가 몇 개인지 세는 부분인 13번 줄에서 18번 줄의 부분은 프로그램 11.4에서 가져왔습니다. 처음에 cnt를 0으로 초기화한 후 다시 반복문을 돌면서 각 a[j]들에 대해 a[i] 보다 큰지를 비교하고, 큰 것을 발견할 때마다 cnt를 증가시킵니다. 이 반복문이 끝나면 cnt에는 a[i] 보다 더 큰 수의 개수가 저장되고, 19번 줄과 같이 이 수에 1을 더한 것이 바로 a[i]의 등수가 됩니다. 모든 a[i]들에 대해 등수를 구한 후에는 배열 b의 값들, 즉 등수들을 출력합니다.

프로그램 11.5 등수 매기기 프로그램

```
#include <stdio.h>

int main(void) {
    int   i, j, a[10];
    int   b[10];
    int   cnt;

    for(i=0;i<10;i++) {
        scanf("%d", &a[i]);
    }

    for(i=0;i<10;i++) {
        cnt = 0;
        for(j=0;j<10;j++) {
            if(a[j] > a[i]) {
                cnt++;
            }
        }
        b[i] = cnt + 1;
    }

    for(i=0;i<10;i++) {
        printf("%d\n", b[i]);
    }
}
```

- `int b[10];` → 등수를 저장할 배열
- `int cnt;` → 몇 개인지 세는 변수
- `for(i=0;i<10;i++) {` → 각각의 a[i]에 대해
- `cnt = 0;` ~ `}` → a[i] 보다 더 큰 수가 몇 개인지 세기 (프로그램 11.4에서 가져 옴)
- `b[i] = cnt + 1;` → 그 개수에 1을 더한 것이 a[i]의 등수

프로그램 11.5의 프로그램을 약간 변형시킬 수도 있습니다. 프로그램 11.6의 프로그램은 등수를 구한 뒤에 바로 출력하는 경우입니다. 이런 경우에는 배열 **b**가 따로 필요 없겠지요. 프로그램 11.7의 프로그램은 반대로 배열 **b**가 꼭 필요한 경우입니다. 배열 **b**에 저장된 등수를 이용해서 프로그램 나머지 부분에서 어떤 작업을 해야 하는 경우이겠지요. 이런 경우에는 **cnt** 변수를 사용하지 않아도 됩니다. 배열 **b**의 요소인 **b[i]**를 바로 0으로 초기화하고 1씩 증가시켜도 되는 것입니다.

11.4 알고리즘

알고리즘(algorithm)을 사전에서 찾아보면 '잘 정의되고 명백한 규칙들의 집합 또는 유한 번의 단계 내에서 문제를 풀기 위한 과정' 등과 같이 정의되어 있습니다. 어려운 말 같은데 앞 절에서 해 왔던 것이 바로 알고리즘입니다. 첫 번째 절에서는 제일 큰 수를 구한다는 문제를 풀기 위해 다음과 같이 과정을 정했습니다.

1. 변수 **max**에 **0**을 대입

2. 배열 요소 **a[i]**에 대해 **a[i]**가 **max** 보다 크면 **max**에 **a[i]**를 대입

프로그램 11.6 등수 매기기 프로그램 변형 1

```
#include <stdio.h>

int main(void) {
   int   i, j, a[10];
   int   cnt;

   for(i=0;i<10;i++) {
      scanf("%d", &a[i]);
   }

   for(i=0;i<10;i++) {
      cnt = 0;
      for(j=0;j<10;j++) {
         if(a[j] > a[i]) {
            cnt++;
         }
      }
      printf("%d\n", cnt+1);
   }
}
```

등수를 구한 뒤 바로 출력
배열 b가 필요 없음

프로그램 11.7 등수 매기기 프로그램 변형 2

```
#include <stdio.h>

int main(void) {
   int   i, j, a[10];
   int   b[10];

   for(i=0;i<10;i++) {
      scanf("%d", &a[i]);
   }

   for(i=0;i<10;i++) {
      b[i] = 0;
      for(j=0;j<10;j++) {
         if(a[j] > a[i]) {
            b[i]++;
         }
      }
      b[i]++;
   }

   이후에 배열 b를 이용하여
   여러 가지 작업을 수행
}
```

b[i]로 개수를 세고
마지막에 1을 더 더함

3. 모든 배열 요소에 대해 2번 단계를 반복

위 과정의 각 단계들은 '잘 정의되고 명백한 규칙들'이며 배열 요소가 유한개이면 '유한 번의 단계 내에서' 끝납니다. 그리고 이 과정들을 끝내고 나면 max에는 제일 큰 수가 들어 있을 것이 분명합니다. 이런 것이 바로 알고리즘입니다.

두 번째 절에서 했던 50 보다 큰 수를 구하는 프로그램도 한 번 말로 정리해 보겠습니다.

1. 변수 cnt에 0을 대입
2. 배열 요소 a[i]에 대해 a[i]가 50 보다 크면 cnt를 1 증가
3. 모든 배열 요소에 대해 2번 단계를 반복

이 과정도 역시 '잘 정의되고 명백한 규칙들'이며 '유한 번의 단계 내에서' 끝나고 끝난 후에는 문제가 해결됩니다.

보시면 아시겠지만 알고리즘이라는 것은 다른 곳에서 툭 튀어나온 개념이 아닙니다. 바로 우리 사람들이 일을 하는 과정을 잘 정리해 놓은 것입니다. 만일 사람에게 같은 일을 하라고 시킨다면 사람도 역시 앞에서 말한 과정에 따라 일을 할 것이니다. 다만, 사람에게는 워낙 당연한 것이어서 이러한 과정에 따라 일하고 있는지를 인식하지 못할 수는 있습니다.

우리 주변에 있는 많은 문제들에 대해 지금까지 많은 알고리즘들이 연구되어 왔습니다. 대표적인 예를 든다면, 다익스트라 알고리즘(Dijkstra's algorithm)이라고 어떤 곳에서 다른 곳으로 이동할 때 최단 거리를 구하는 알고리즘이 있습니다. 이런 알고리즘을 바탕으로 여러분이 운전하실 때 사용하시는 네비게이션이 여러분을 안내해 주는 것입니다. 만일 네비게이션이 최단 거리 등을 구하지 못한다면 그 네비게이션은 무용지물이겠지요. 이렇게 알고리즘은 프로그램에 있어서 가장 핵심적인 부분이며 여러분이 프로그램을 배울 때 가장 열심히 익혀야 하는 부분입니다.

이 장에서는 마지막으로 많이 연구되어 온 알고리즘 중 하나인 정렬 알고리즘에 대해 소개해 보겠습니다.

11.5 선택 정렬

정렬(sorting)은 주어진 데이터들을 어떤 기준에 따라 순서대로 나열하는 것을 말합니다. 예를 들어 학생들의 점수 데이터가 있을 때 높은 점수부터 낮은 점수의 순으로 점수들을 배열하는 것이 정렬입니다. 이러한 정렬은 실제로 많이 사용되는 기능이고 따라서 이를 수행하는 알고리즘에 대해 많이 연구되어 왔습니다.

대표적인 정렬 알고리즘에는 선택 정렬, 삽입 정렬, 거품 정렬, 퀵 정렬, 합병 정렬 등이 있습니다. 이 절에서는 이 중에 사람의 직관에 가장 가까운 선택 정렬에 대해 설명하겠습니다.

그림 **11.5** 다섯 명의 사람을 정렬하기

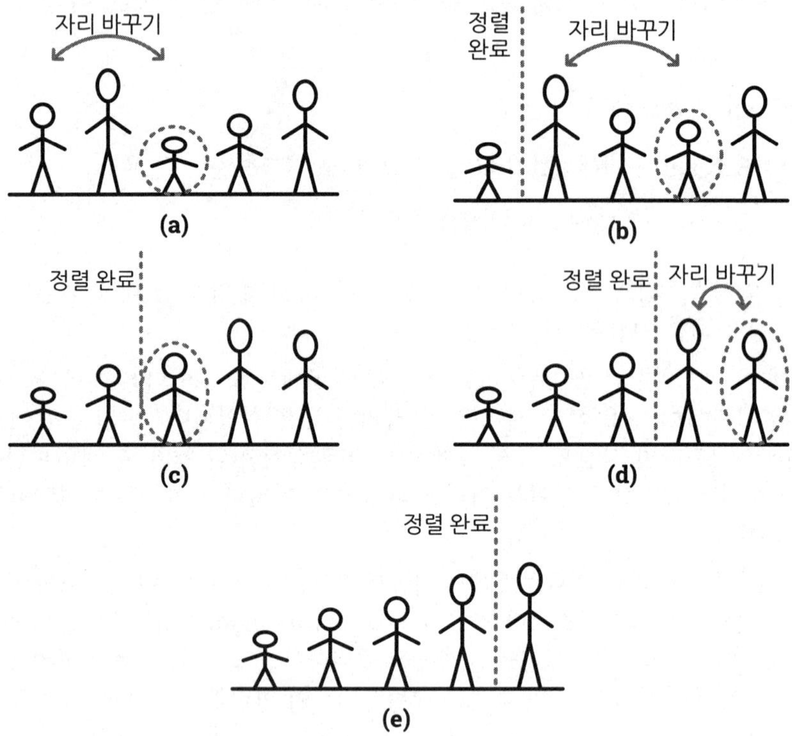

그림 **11.6** 다섯 명의 사람을 정렬하는 과정

11.5.1 사람의 예를 통한 설명

예를 들어 그림 11.5와 같이 서 있는 다섯 명의 사람들을 키가 작은 사람이 왼쪽에 있도록 정렬해 봅시다. 여러 가지 방법이 있겠습니다만 이런 방법도 있을 것입니다. 우선 그림 11.6a와 같이 다섯 명의 사람 중에서 제일 작은 사람을 뽑습니다. 그림에서는 세 번째에 있는 사람이 제일 작습니다. 제일 작으므로 이 사람이 있어야 할 위치는 제일 앞 자리입니다. 그래서 이 사람과 제일 앞 자리에 있는 사람의 자리를 바꿉니다. 그러면 그림 11.6b와 같이 됩니다. 이렇게 되면 제일 앞 자리에는 제일 작은 사람이 왔으므로 그 자리는 정렬이 완료되었습니다. 이제 남은 네 명에 대해 정렬을 하면 됩니다.

이젠 남은 네 사람 중에서 제일 작은 사람을 선택합니다. 그림에서는 네 번째에 있는 사람이네요. 이 사람을, 정렬 안 된 자리들 중에는 제일 앞 자리, 또는 전체로 보면 두 번째 자리에 있는 사람과 자리를 바꿉니다. 그럼 그림 11.6c와 같이 두 번째로 작은 사람이 두

a[0]	a[1]	a[2]	a[3]	a[4]	a[5]	a[6]	a[7]	a[8]	a[9]
29	56	17	75	96	30	83	66	42	25

⇩

a[0]	a[1]	a[2]	a[3]	a[4]	a[5]	a[6]	a[7]	a[8]	a[9]
17	25	29	30	42	56	66	75	83	96

그림 11.7 배열 정렬의 목표

번째 자리에 있게 됩니다. 이젠 두 번째 자리까지 정렬이 완료되었네요.

이 과정을 계속 반복합니다. 정렬이 안 되고 남은 사람 중에 제일 작은 사람을 고르고 그 사람을 정렬이 안 된 자리 중에 제일 앞 자리와 바꾸는 것입니다. 그럼 그 사람은 제 자리를 찾아가게 되어서 그 자리까지는 정렬이 완료되는 것입니다. 이 과정을 반복해서 네 명이 제자리를 찾게 되면 그림 11.6e와 같이 남은 한 명은 자동으로 제자리에 있게 됩니다.

11.5.2 배열에 적용하기

앞 절에서 사람들을 줄 세우는데 사용했던 방법을 배열에 저장된 값들에 대해 적용해서 정렬해 보겠습니다. 예를 들어 그림 11.7의 윗 배열과 같이 값들이 저장되어 있을 때 아래 배열과 같이 오름차순으로 정렬하는 것이 목표입니다.

정렬하는 방법은 앞 절에 설명한 것을 그대로 사용하면 됩니다. 우선 정렬의 대상이 되는 값들 중에서 제일 작은 것을 고릅니다. 그림 11.8a의 경우에는 a[2]에 있는 것이 제일 작습니다. 그 값은 제일 앞에 위치해야 하므로 그림 11.8a와 같이 제일 앞 자리, 즉 a[0]과 값을 바꿉니다. 그러면 제일 작은 것이 a[0]에 저장됩니다. 즉 a[0]까지는 정렬이 완료된 것이지요.

이젠 a[1]~a[9]를 정렬하면 됩니다. 그러면 그림 11.8b와 같이 이들 중에서 제일 작은 것을 고른 후에, 남은 것들 중 제일 앞 자리인 a[1]과 값을 바꿉니다. 그러면 결국 두 번째로 작은 25가 a[1]에 들어갑니다. 즉 a[0]~a[1]까지 정렬이 완료되었습니다.

정렬이 되지 않고 남은 것은 a[2]~a[9]이며 이들에 대해 제일 작은 것을 고르고 a[2]와 교환하면(그림 11.8c) a[0]~a[2]가 정렬이 됩니다. 이러한 과정을 계속 반복해서 a[0]~a[8]이 정렬 완료되면 a[9]에도 자연스럽게 제일 큰 값이 들어가서 모든 요소들이 정렬됩니다(그림 11.8j).

11.5.3 프로그램 구상

앞서 설명했던 과정을 다음과 같이 정리할 수 있습니다.

1. a[0]~a[9]에서 가장 작은 것을 고른 뒤(위치 : idx) a[0]과 a[idx]를 교환
2. a[1]~a[9]에서 가장 작은 것을 고른 뒤(위치 : idx) a[1]과 a[idx]를 교환

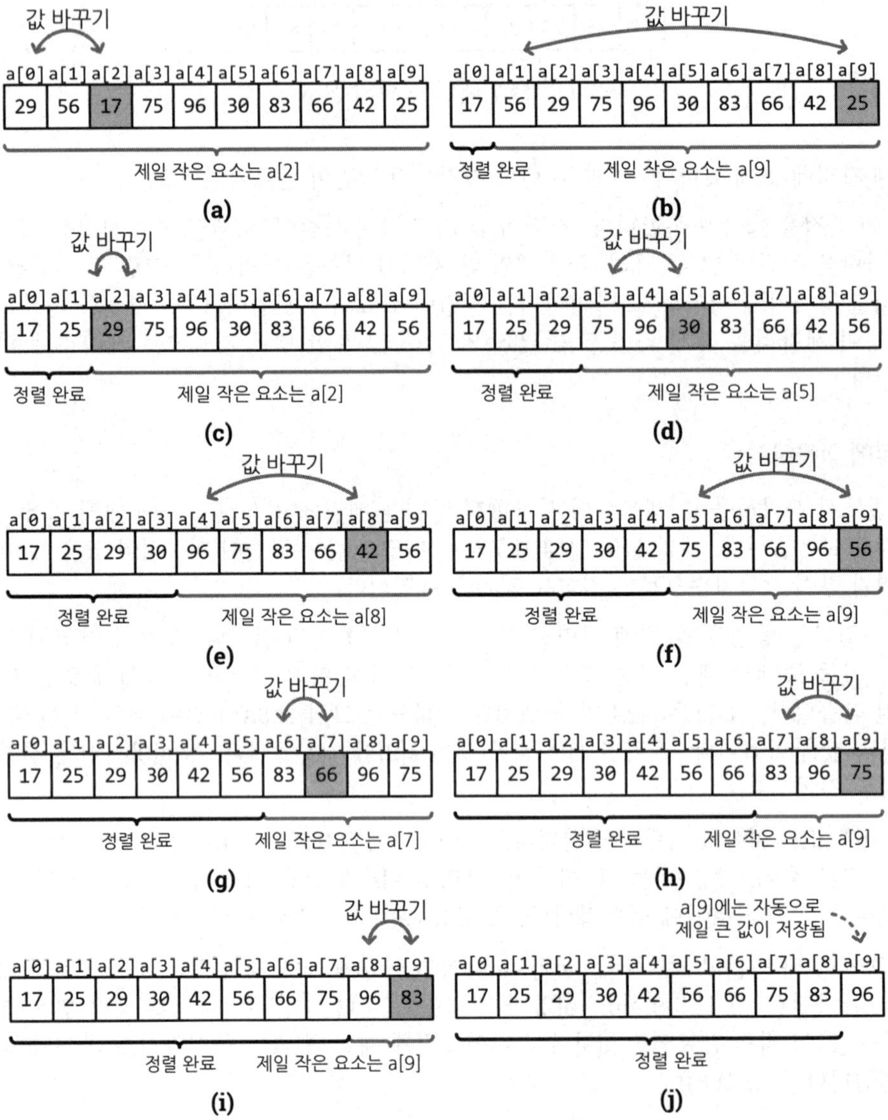

그림 11.8 선택 정렬 진행 과정

3. a[2]~a[9]에서 가장 작은 것을 고른 뒤(위치 : idx) a[2]과 a[idx]를 교환
4. a[3]~a[9]에서 가장 작은 것을 고른 뒤(위치 : idx) a[3]과 a[idx]를 교환
5. a[4]~a[9]에서 가장 작은 것을 고른 뒤(위치 : idx) a[4]과 a[idx]를 교환
6. a[5]~a[9]에서 가장 작은 것을 고른 뒤(위치 : idx) a[5]과 a[idx]를 교환
7. a[6]~a[9]에서 가장 작은 것을 고른 뒤(위치 : idx) a[6]과 a[idx]를 교환
8. a[7]~a[9]에서 가장 작은 것을 고른 뒤(위치 : idx) a[7]과 a[idx]를 교환
9. a[8]~a[9]에서 가장 작은 것을 고른 뒤(위치 : idx) a[8]과 a[idx]를 교환

위 과정을 보면 일정한 동작을 아홉 번 반복하고 있음을 알 수 있습니다. 그리고 첨자가 변하는데 처음에는 'a[0]~a[9]에서 가장 작은 것 고르기'와 'a[0]과 a[idx]를 교환'하는 동작을 하고, 그 다음에는 'a[1]~a[9]에서 가장 작은 것 고르기'와 'a[1]과 a[idx]를 교환', 그 다음에는 'a[2]~a[9]에서 가장 작은 것 고르기'와 'a[2]와 a[idx]를 교환', ... 등의 동작을 해서 마지막에는 'a[8]~a[9]에서 가장 작은 것 고르기'와 'a[8]과 a[idx]를 교환'합니다. 그러므로 반복문에서 반복을 하는데 세는 변수 i는 0에서 8까지 증가시키고 i가 9가 될 때 마치면 되겠습니다.

반복의 한 단계 안에서 하는 일은 크게 두 가지입니다. 하나는 a[i]~a[9] 중에서 가장 작은 것을 선택하여 위치를 idx에 기억하는 것이고 다른 하나는 a[i]와 a[idx]를 교환하는 하는 일입니다. 배열에서 가장 작은 것을 고르는 것은 이 장의 1절에서 했습니다. 프로그램 11.3의 11~18번 줄의 내용을 가져다 사용하면 되겠습니다. 그런데 a[i]와 a[idx]를 교환하는 부분은 조금 생각해 봐야 합니다.

11.5.4 두 변수의 값 교환하기

두 변수의 값을 서로 바꾸는 기능을 프로그램으로 작성할 때 가장 많이 하는 실수가 그림 11.9와 같이 작성하는 것입니다. 예를 들어 a[i]와 a[idx]에 75와 56이 저장되어 있을 때 그림의 윗부분 프로그램을 실행하면 a[i]와 a[idx]의 값이 바뀌어서 56과 76이 저장될 것이라 기대하는 것입니다. 프로그램의 의미가 a[i]에 a[idx]의 값을 저장하고 a[idx]에는 a[i]의 값을 저장하는 것이니 가능할 것처럼 보입니다만, 실제로 실행해 보면 되지 않습니다.

그림 11.9의 문장을 하나씩 따라가 보면 첫 번째 문장인 a[idx] = a[i]를 실행해서 a[i]의 값인 75가 a[idx]에 저장됩니다.(그림 11.10a) 그러면 그림 11.10b와 같이 두 번째 문장을 실행할 때, a[i]와 a[idx]에 저장된 값은 둘 다 75입니다. 즉 첫 번째 문장을 실행했을 때 a[i]의 값이 a[idx]에 덧 씌어져서, 원래 a[idx]에 있던 56라는 값은 사라져 버리는 것입니다. 그러므로 두 번째 문장인 a[i] = a[idx]를 실행할 때는 56이라는 값을 사용할 수가 없는 것입니다.

```
a[idx] = a[i];
a[i] = a[idx];
```

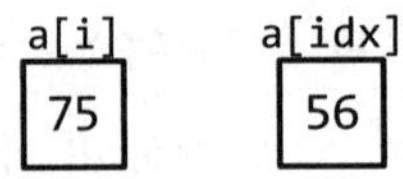

그림 11.9 잘못된 값 교환 프로그램

그림 11.10 그림 11.9의 진행

이 문제를 해결하기 위해, 제가 처음 프로그램을 배울 때 선생님께서 가르쳐 주신 비유를 하나 소개하겠습니다. 두 개의 물컵에 각각 주스와 콜라가 있습니다. 두 물컵의 내용물을 바꾸려고 한다면 어떻게 하시겠습니까? 만일 엄청나 무공의 소유자라면 두 물컵의 내용물을 위로 올린 뒤 재빨린 양손을 교차해서 각각을 다른 물컵에 받을 수도 있겠지요. 그러나 우리 같은 일반인들에게는 불가능할 것입니다. 우리 같은 사람들은 아마 컵을 하나 더 가져와야 할 것입니다. 그림 **11.11a**와 같이 한 컵(그림에서는 콜라가 든 컵)의 내용물을 새로 가져온 빈 컵에 따라 놓습니다. 그러면 콜라가 들었던 컵은 비게 되고, 이 컵에 주스를 따르는 것입니다(그림 **11.11b**). 다음으로 비어 있는 컵에 아까 따로 놓았던 콜라를 따르면(그림 **11.11c**), 그림 **11.11d**와 같이 두 음료수가 서로 섞이는 일 없이 서로의 컵으로 이동하는 것입니다.

이 과정을 두 변수의 값을 교환하는데 적용해 보겠습니다. 앞의 예에서 새로운 컵이 하나 더 필요했으니 프로그램에서는 변수가 하나 더 필요합니다. 여기서는 **tmp**라는 변수를 하나 너 사용하겠습니다. 저음에는 새로 가져온 빈 물깁에 콜라를 따라 놓았듯이, 새로 만든 변수 **tmp**에 **a[idx]**의 값을 저장합니다(그림 **11.12a**). 그리고 그 다음에 그림 **11.12b**와 같이 **a[i]**의 값을 **a[idx]**에 저장하는 것입니다. 이렇게 되면 **a[i]**와 **a[idx]** 모두 **75**라는 값을 가지게 되는데(그림 **11.12c**) 앞의 잘못된 예와 다른 점은, 그림 **11.10b**에서는 원래 **a[idx]**가 가지고 있던 **56**이 없어졌는데 반해 그림 **11.12c**에서는 그 값이 **tmp**에 저장되어 있어서 사용할 수 있다는 것입니다. 그러므로 **tmp**에 저장된 값을 **a[i]**에 저장해서 그림 **11.12d**와 같이 **a[i]**와 **a[idx]**의 값이 교환되는 결과를 얻을 수 있습니다.

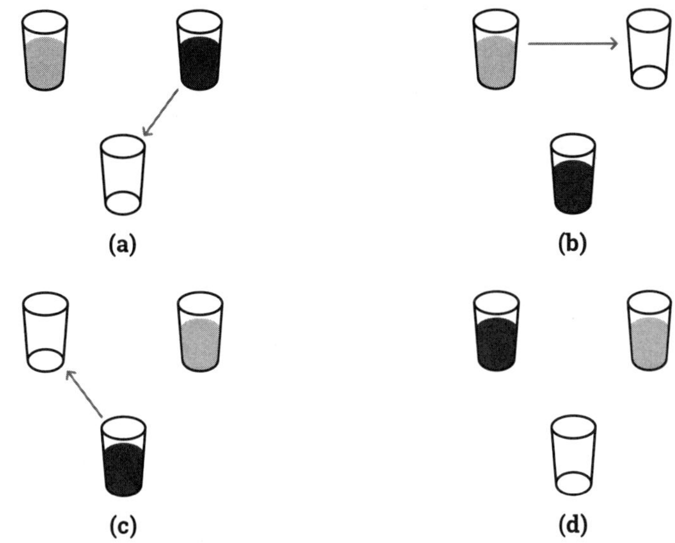

그림 **11.11** 두 컵의 내용물 교환하기

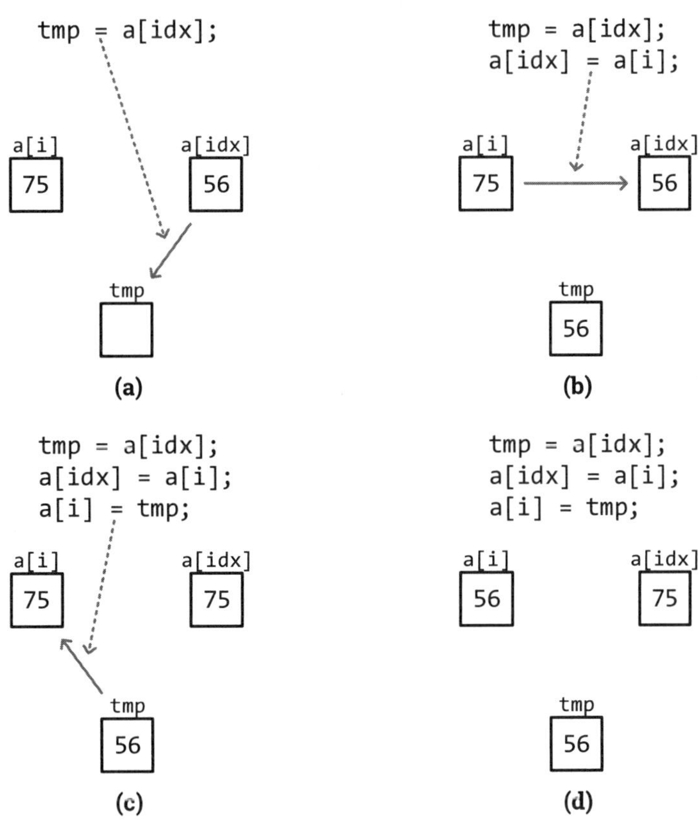

그림 **11.12** 두 변수의 값 교환하기

프로그램 11.8 선택 정렬 프로그램

```
#include <stdio.h>

int main(void) {
   int   i, j, a[10];
   int   min, idx, tmp;

   for(i=0;i<10;i++) {
      scanf("%d", &a[i]);
   }

   for(i=0;i<9;i++) {
      min = 99999;
      for(j=i;j<10;j++) {
         if(a[j] < min) {
            min = a[j];
            idx = j;
         }
      }
      tmp = a[idx];
      a[idx] = a[i];
      a[i] = tmp;
   }

   for(i=0;i<10;i++) {
      printf("%d\n", a[i]);
   }
}
```

i는 0~8로 9회 반복

a[i]~a[9]중 가장 작은 수를 찾아서 그 위치를 idx에 저장 (프로그램 11.3에서 가져 옴)

a[i]와 a[idx]를 교환

11.5.5 프로그램 작성하기

이제 선택 정렬 프로그램을 작성할 준비가 다 되었습니다. 앞에서 설명했 듯이 주어진 배열 **a**에 대해 반복을 하는데 **a[i]~a[9]**에서 제일 작은 값을 골라서 그 위치를 **idx**에 저장한 뒤, **a[i]**와 **a[idx]**를 교환하면 됩니다. 이 과정을 i가 0에서 8까지 증가하면서 실행합니다. 제일 작은 값을 고르는 부분은 1절의 그림 11.3에서 가져오고 교환하는 부분은 그림 11.12에서 가져옵니다. 이렇게 해서 완성된 프로그램이 프로그램 11.8입니다.

프로그램 11.8을 작성하시고 실행한 뒤 10개의 수를 넣으시면 오름차순으로 정렬되어서 출력되는 것을 보실 수 있습니다.

11.6 프로그래밍을 공부하실 때

앞에서 알고리즘을 소개하며 말씀드렸듯이 프로그램에서 가장 중요한 부분은 프로그램의 핵심 알고리즘입니다. 그러므로 프로그래밍을 공부하실 때도 알고리즘에 집중하셔서 공부하시는 것이 제일 좋습니다. 그런데 가끔 보면 프로그래밍을 공부한다면서 지엽적인 문법 문제에 치중하는 분들도 계십니다. 여러분은 그렇게 공부하지 마시기를 바라며 이 책도 문법 보다는 프로그래밍 또는 알고리즘에 더 집중하였습니다.

그런데 혹시 알고리즘에 집중하여 공부하는 것이 어떤 의미인지 잘 와 닿지 않는 분들이 계신다면 이렇게 설명해 보겠습니다. 앞 절의 선택 정렬 프로그램에서 프로그램 11.8 프로그램을 외우는 것 같은 노력은 절대 하시 마십시오. 여러분이 익혀야 하는 것은 그림 11.8a~그림 11.8j에서 묘사한 과정들과 11.5.3절에서 그 과정을 정리해 놓은 부분입니다. 이 과정들을 안 보고 그리실 수 있을 정도로 이해하셔야 하는 것입니다. 프로그램 11.8의 프로그램은 그 과정을 그냥 C언어로 옮겨 놓은 것일 뿐입니다. 여러분이 알고리즘의 진행 과정을 제대로 이해하신다면 그 것을 프로그래밍 언어로 옮기는 것은 매우 단순한 작업입니다.

그리고 프로그래밍이 조금 익숙해지신 다음에 실습 문제를 푸실 때 꼭 먼저 하셨으면 하는 일이, 그 문제를 사람이 하면 어떻게 할까를 생각한 다음에 그림 11.8a~그림 11.8j와 같은 그림들이나 11.5.3절에 정리한 과정 같은 글을 먼저 작성하는 일입니다. 물론 이 작업이 처음에는 불편하고 어려울 수 있습니다. 그러나 이 작업을 통해 바로 computational thinking이라고도 일컬어지는 프로그래밍적인 사고를 키우실 수 있습니다. 이러한 작업에 익숙해지셔야, 나중에 더 큰 프로그램을 작성하실 수도 있고, 프로그램에 대해 다른 사람과 얘기하시는 것도 더 편해지시며, 더 훌륭한 보고서를 작성하실 수 있게 됩니다.

프로그래밍의 공부법에 대해 설명 드리는 김에 한두 가지 더 말씀드리겠습니다. 이 책에 나와있는 예제들을 보시고 이해하신 다음에 컴퓨터로 옮겨서 실행하고 결과를 확인하시는 것까지는 좋습니다. 그러나 절대로 거기서 멈추면 안 됩니다. 꼭 해 보셔야 하는 것이 책을 덮고 아무 것도 보지 않은 상태에서 자신의 손으로 프로그램을 작성해 보는 것입니다. 이 과정을 거치지 않으시면 그 예제는 절대 여러분의 것이 되지 않습니다. 혹시 프로그램을 작성하다 막히는 부분이 있으면 책을 찾아 봐서 익힌 다음에 "책을 덮고" 프로그램을 작성하십시오. 책을 보면서 작성한 프로그램은 자신의 프로그램이 아닙니다.

이 책에 주어진 실습문제를 해결할 때도 어려운 문제가 나오면 인터넷 등을 찾아서 다른 사람이 작성한 프로그램을 참고해도 괜찮습니다. 그러나 그 후에 반드시 하셔야 하는 것이 아무 것도 보지 않고 자신의 손으로 다시 작성해 보는 것입니다. 그렇게 완성해야 비로소 완전히 익혔다고 할 수 있습니다.

연습 문제

1. 크기가 10인 배열 a에 다음과 같은 값들이 저장되어 있다. 이 배열에 프로그램 11.2의 11~18번 줄에 있는 프로그램을 적용할 때 각 반복이 끝난 후에 max와 idx에 저장되어 있는 값은 얼마인지 아래의 표를 채우시오.

   a) 32, 10, 20, 56, 72, 62, 89, 13, 54, 43
   b) -32, -10, 20, 56, 72, -62, -89, 13, 54, 43
   c) -32, -10, -20, -56, -72, -62, -89, -13, -54, -43

	a) max idx	b) max idx	c) max idx
반복문이 시작되기 직전			
첫 번째 반복이 끝난 후			
두 번째 반복이 끝난 후			
세 번째 반복이 끝난 후			
네 번째 반복이 끝난 후			
다섯번째 반복이 끝난 후			
여섯번째 반복이 끝난 후			
일곱번째 반복이 끝난 후			
여덟번째 반복이 끝난 후			
아홉번째 반복이 끝난 후			
열번째 반복이 끝난 후			

2. 크기가 10인 배열 a에 다음과 같은 값들이 저장되어 있다. 이 배열에 프로그램 11.3의 11~18번 줄에 있는 프로그램을 적용할 때 각 반복이 끝난 후에 min와 idx에 저장되어 있는 값은 얼마인지 아래의 표를 채우시오.

   a) 32, 56, 20, 72, 62, 10, 89, 13, 54, 43

   b) -32, 56, 20, 72, -62, -10, -89, 13, 54, 43

   c) -32, -56, -20, -72, -62, -10, -89, -13, -54, -43

	a) min idx	b) min idx	c) min idx
반복문이 시작되기 직전			
첫 번째 반복이 끝난 후			
두 번째 반복이 끝난 후			
세 번째 반복이 끝난 후			
네 번째 반복이 끝난 후			
다섯번째 반복이 끝난 후			
여섯번째 반복이 끝난 후			
일곱번째 반복이 끝난 후			
여덟번째 반복이 끝난 후			
아홉번째 반복이 끝난 후			
열번째 반복이 끝난 후			

3. 어느 1차원 배열에 들어 있는 값들이 -100~100의 범위에 있다고 한다. 이 경우 프로그램 11.2가 제대로 동작하려면 처음에 max에 넣는 값을 얼마로 해야 하는가?

4. 크기가 10인 배열 a에 32, 10, 20, 56, 72, 62, 89, 13, 54, 43이 저장되어 있다. 이 배열에 프로그램 11.4의 11~16번 줄에 있는 프로그램을 적용할 때 각 반복이 끝난

후에 cnt에 저장되어 있는 값은 얼마인가?

	cnt
반복문이 시작되기 직전	
첫 번째 반복이 끝난 후	
두 번째 반복이 끝난 후	
세 번째 반복이 끝난 후	
네 번째 반복이 끝난 후	
다섯번째 반복이 끝난 후	
여섯번째 반복이 끝난 후	
일곱번째 반복이 끝난 후	
여덟번째 반복이 끝난 후	
아홉번째 반복이 끝난 후	
열번째 반복이 끝난 후	

5. 크기가 8인 배열 a에 -32, 56, 20, 72, -62, -10, -89, 13가 저장되어 있다. 이 배열을 프로그램 11.8의 11번에서 22번 줄까지의 프로그램으로 처리할 때 각 반복이 끝난 후에 배열에 저장되어 있는 값들을 적으시오.

	[0]	[1]	[2]	[3]	[4]	[5]	[6]	[7]
반복문이 시작되기 직전								
첫 번째 반복이 끝난 후								
두 번째 반복이 끝난 후								
세 번째 반복이 끝난 후								
네 번째 반복이 끝난 후								
다섯번째 반복이 끝난 후								
여섯번째 반복이 끝난 후								
일곱번째 반복이 끝난 후								

실습 문제

1. 하나의 int형 1차원 배열 a와 int형 값 b를 받아서 배열 a 안에 b보다 큰 요소가 몇 개인지 세어서 반환하는 함수를 작성하시오. 이 함수의 원형는 int count(int a[0], int n, int b)이며 매개 변수 n은 배열의 크기를 받는다. 프로그램 11.7의 12~17번 줄을 이 함수를 호출하는 것으로 대체하시오.

2. 하나의 int형 1차원 배열 a와 배열 요소 첨자 m, n을(m<=n) 받아 a[m]~a[n]에서 제일 작은 배열 요소의 첨자를 반환하는 함수 find를 작성하시오. 이 함수의 원형은 int find(int a[], int m, int n)이다. 프로그램 11.8의 12~18번 줄을 이 함수를 호출하는 것으로 대체하시오.

3. 20개의 정수를 입력받은 뒤, 0~9 중에서 가장 많이 입력받은 수가 무엇인지와 그 수를 몇 번 입력받았는지 출력하시오. 7장 실습 문제 8을 참조하시오.

4. 10개 곡의 길이(단위는 초, 정수)를 입력받은 뒤, 이 곡들 중 3개를 골라서 만들 수 있는 조합 중에서 길이의 합이 10분 이내이면서 10분에 가장 가까운 조합을 출력하시오. 이때, 같은 곡이 두 번 이상 들어가면 안 된다.

5. 정렬 알고리즘에는 버블 정렬이라는 알고리즘이 있다. 크기가 10인 배열 a에 대해 이 알고리즘은 다음과 같이 동작한다. 처음에는 a[0]과 a[1]을 비교해서 a[0]이 더 크면 a[0]과 a[1]의 값을 바꾼다. 다음에 a[1]과 a[2]를 비교해서 a[1]이 더 크면 a[1]과 a[2]의 값을 바꾼다. 이 과정을 계속해서 a[8]과 a[9]의 비교와 교환을 마치면 a[9]에 제일 큰 값이 오게 되어서 a[9]는 정렬이 완료된다. 이제 아직 정렬이 안 된 a[0]~a[8]에 대해 같은 과정을 반복하면 남은 것들 중에서 제일 큰 값이 a[8]에 저장된다. 그러면 a[8]과 a[9]은 정렬이 완료된다. 다음에는 a[0]~a[7]에 대해 다시 같은 과정을 반복한다. 이와 같은 과정을 계속 수행하면 모든 요소에 대해 정렬이 완료된다.

   버블 정렬 프로그램을 작성해서, 열 개의 정수를 입력받은 뒤 정렬하여 출력하시오.

6. 앞의 5번 버블 정렬 문제에서 a[i]~a[9]는 정렬이 완료되었고 a[0]~a[i]가 아직 정렬이 안 되어 있어서 처리할 때, a[0]~a[i]를 처리하는 과정에서 값 교환이 한 번도 발생하지 않으면 a[0]~a[i]도 정렬이 우연히 된 상태이다. 이런 경우 정렬을 더 이상 수행할 필요가 없으므로 정렬 알고리즘을 중지하도록 프로그램을 수정하시오.

7. 다음과 같은 게임을 만들어 보자. 게임이 시작되면 0~99 이내의 임의의 수 10개가 배열된다. 사용자가 1~10 이내의 수 n을 하나 입력하면 첫 번째부터 n번째 자리까지 있는 수들의 순서가 뒤집힌다. 이것을 반복해서 10개의 수가 오름차순으로 정렬되면 게임이 종료된다. 다음은 이 프로그램을 실행한 예이다.

```
28 96 51 85 26 88 76 18 98 95
9↵
98 18 76 88 26 85 51 96 28 95
10↵
95 28 96 51 85 26 88 76 18 98
3↵
96 28 95 51 85 26 88 76 18 98
...
26 18 28 51 76 85 88 95 96 98
2↵
18 26 28 51 76 85 88 95 96 98
Completed.
```

8. 7번 문제에서 배열된 수의 개수가 N개이면 2N-3번만에 완료할 수 있음이 알려져 있다. 0~99 이내의 임의의 수 10개를 생성하여 출력한 뒤 17번 이내의 뒤집음으로 정렬이 되도록 프로그램하시오. 뒤집을 때마다 첫 번째에서 몇 번 자리까지를 뒤집었는지와 그 결과 10개의 수가 어떻게 배치되었는지를 출력하시오. 마지막에는 몇

번의 뒤집음으로 완료했는지를 출력하시오. 다음은 실행한 예이다.

```
28 96 51 85 26 88 76 18 98 95
Reverse: 9
98 18 76 88 26 85 51 96 28 95
Reverse: 10
95 28 96 51 85 26 88 76 18 98
Reverse: 3
96 28 95 51 85 26 88 76 18 98
...
26 18 28 51 76 85 88 95 96 98
Reverse: 2
18 26 28 51 76 85 88 95 96 98
Completed in 15 reverses
```

9. 포커 게임에서 다섯 장의 카드를 입력받은 뒤 어느 조합인지 출력하는 프로그램을 작성하시오. 포커 게임은 52장의 트럼프 카드에서 다섯 장의 카드를 받은 뒤 그 카드의 조합에 대한 순위를 따지는 게임이다. 52장의 트럼프 카드에는 네 가지 무늬 중 한 가지 무늬와 열세 개 숫자 중 한 개의 숫자가 적혀 있다. 무늬는 스페이드(spade), 클럽(club), 다이아몬드(diamond), 하트(heart)이며 숫자는 2, 3, 4, 5, 6, 7, 8, 9, 10, J, Q, K, A이다. 다섯 장 카드의 조합에 대한 순위는 다음과 같다.

이름	설명
`straight flush`	아래의 플러쉬와 스트레이트, 모두에 해당할 때
`four card`	네 장의 카드가 같은 숫자일 때
`full house`	세 장의 카드가 같은 숫자이고, 나머지 두 장의 카드도 서로 같은 숫자일 때
`flush`	다섯 장 카드의 무늬가 모두 같을 때
`straight`	다섯 장 카드의 숫자가 연속해 있을 때 (`J: 11, Q: 12, K:13, A:1` 또는 14로 해석함)
`triple`	세 장의 카드가 같은 숫자일 때
`two pairs`	서로 숫자가 같은 카드가 두 쌍이 있을 때
`one pair`	서로 숫자가 같은 카드가 한 쌍이 있을 때
`high card`	위의 경우가 모두 아닌 경우

여러 경우에 해당하면 그 중 가장 높은 순위의 조합으로 생각한다. 한 장의 카드는 3d와 같이 두 개의 문자로 입력받으며 스페이드: s, 클럽: c, 다이아몬드: d, 하트: h, 10: T로 입력받는다. 입력하는 사용자가 대소문자를 잘 지킨다고 가정하며, 중복되어 입력하거나 잘못 입력하는 일은 없다고 가정하시오.

10. 위 문제에서 사용자가 잘못된 카드를 입력하거나 중복되게 입력하면, "Bad card"나 "Duplicated"라고 출력한 뒤 다시 입력받도록 수정하시오.

11. 20이하인 한 개의 홀수를 입력받은 후, 그 수에 대한 마방진을 출력하시오. 홀수에 대한 마방진은 다음과 같이 만들 수 있다. 힌트: 7장의 실습 문제 20을 응용하면 됩니다.

    a) 첫 번째 행의 가운데 열에 1을 넣는다.
    b) 현재 칸의 오른쪽 위로 이동하여 다음 숫자를 넣는다.
    c) 만일 이동할 칸이 마방진의 위쪽으로 벗어나면 그 이동할 칸이 속한 열의 가장 아래쪽 칸으로 이동한다.
    d) 만일 이동할 칸이 마방진의 오른쪽으로 벗어나면 그 이동할 칸이 속한 행의 가장 왼쪽 칸으로 이동한다.
    e) 만일 이동할 칸에 이미 숫자가 들어 있으면 원래 위치의 한 칸 아래로 이동한다.
    f) 만일 이동할 칸이 마방진의 오른쪽 위로 벗어나면 원래 위치의 한 칸 아래로 이동한다.
    g) 모든 숫자를 넣을 때까지 2~5를 반복한다.

n이 5인 경우

17	24	1	8	15
23	5	7	14	16
4	6	13	20	22
10	12	19	21	3
11	18	25	2	9

12. 아래 4원 1차 연립방정식의 실수 계수 $a_{00}, a_{01}, a_{02}, ..., a_{33}, b_0, ..., b_3$을 차례로 입력받은 뒤 가우스 소거법을 이용하여 $x_0, ..., x_3$을 구하시오. 만일 해가 없거나 무수히 많다면 "Not solvable"이라고 출력하시오.

$$a_{00}x_0 + a_{01}x_1 + a_{02}x_2 + a_{03}x_3 = b_0$$
$$a_{10}x_0 + a_{11}x_1 + a_{12}x_2 + a_{13}x_3 = b_1$$
$$a_{20}x_0 + a_{21}x_1 + a_{22}x_2 + a_{23}x_3 = b_2$$
$$a_{30}x_0 + a_{31}x_1 + a_{32}x_2 + a_{33}x_3 = b_3$$

13. 위 연립방정식을 풀면서 해가 있다면 해를 출력하고 해가 없다면 "No solution", 해가 무수히 많다면 "Many solutions"라고 출력하시오.

14. 다섯 개의 정수를 오름차순으로 입력받아서 배열 int a[5]에 저장하고 다시 다섯 개의 정수를 오름차순으로 입력받아서 배열 int b[5]에 저장하시오. 이 두 배열을 합쳐서 오름차순으로 정렬하여 하나의 배열 int c[10]에 저장하시오. 배열 c에 저장한 뒤 정렬하지 말고, c에 정렬하며 저장하시오. 방법은 다음과 같이 하면 된다.

a) i=0, j=0, k=0으로 시작한다.

b) a[i]와 b[j]를 비교한다.

c) a[i]가 b[j] 보다 작으면 c[k]에 a[i]를 저장하고 i와 k를 1 증가시킨다.

d) 그렇지 않으면 c[k]에 b[j]를 저장하고 j와 k를 1 증가시킨다.

e) 만일 i가 5가 되었으면 b의 남은 배열 요소들을 c에 차례로 저장한 뒤 종료한다.

f) 만일 j가 5가 되었으면 a의 남은 배열 요소들을 c에 차례로 저장한 뒤 종료한다.

g) b)로 돌아간다.

예를 들어 a에 {12, 45, 53, 67, 89}가 저장되어 있고 b에 {8, 21, 33, 78, 91}이 저장되어 있다고 가정하자. 처음에 a[0]과 b[0]을 비교했을 때 더 작은 8이 두 배열 모두에서 제일 작은 값일 것이다. 그러므로 c[0]에는 8을 저장한다. 8을 처리했으므로 그 다음에는 a[0]과 b[1]을 비교한다. 둘 중 더 작은 수인 12가 두 배열 모두에서 두 번째로 작은 값이므로 c[1]에는 12를 저장하고, 그 다음에는 a[1]과 b[1]를 비교한다. 이와 같이 a와 b 배열이 이미 정렬되어 있으므로 남은 요소 중에 제일 앞에 있는 것들만 서로 비교해 보아도 현재 남은 수 중에 제일 작은 수를 알게 되고 이 수를 배열 c에 저장하면 되는 것이다.

CHAPTER 12

포인터 기초

C언어는 평이 많이 엇갈리는 언어 중 하나입니다. C언어의 특징으로는 보통 융통성, 간결성, 저급언어적 특징, 모듈성, 효율성, 이식성 등을 말합니다. 그런데 이 중에서 저급언어적 특징이 논란이 많이 되는 부분입니다. 저급언어적 특징이란 컴퓨터 기계의 여러 부분을 프로그램에서 직접 다룰 수 있는 기능을 말하는데요, 요즘 많이 회자되고 있는 임베디드 시스템에서는 이 기능이 중요합니다. 그에 반해 다른 분야의 프로그래밍에서는 컴퓨터 기계를 직접적으로 접근하게 되면 문제가 발생할 소지가 많습니다. 그래서 C언어가 꼭 필요하다고 하는 사람도 있고 C언어 외의 다른 언어를 사용하는 것이 더 좋다는 사람도 있습니다. 그러나 무엇보다 아직까지 C 계통의 언어가 실제로 가장 많이 이용되고 있음을 부인할 수는 없을 것입니다.

이러한 저급언어적 특징의 중심에 있는 것이 이 장에서 배울 포인터입니다. C언어에서 가장 핵심적인 것을 말하라면 아마 많은 분들이 포인터를 말할 것입니다. 그 정도로 아주 중요한 개념이 되겠습니다.

12.1 포인터

포인터는 메모리와 주소라는 개념과 밀접한 관련이 있습니다. 그래서 우선 메모리부터 설명하겠습니다.

12.1.1 메모리와 주소

1장에서 int a;라는 문장을 실행하면 a라는 변수, 즉 어떤 값이 저장될 수 있는 공간이 만들어진다고 했습니다. 그런데 이 말은 조금 잘못된 말입니다. 없던 공간이 새로 생길 수는 없겠지요. 사실 컴퓨터는 값들을 저장할 수 있는 공간을 물리적으로 이미 많이 가지고 있습니다. 그럼 int a;라는 문장의 의미는 무엇일까요? 이 문장의 의미는 컴퓨터가 가지고 있는 공간들 중 일부를 a를 위해 할당하라는 말입니다. 그렇게 할당된 공간에 값들이 저장되는 것입니다. 예를 들어 이후에 a = 10;이라는 문장을 실행하면 a에 할당된 공간에 10이 저장되는 것이지요.

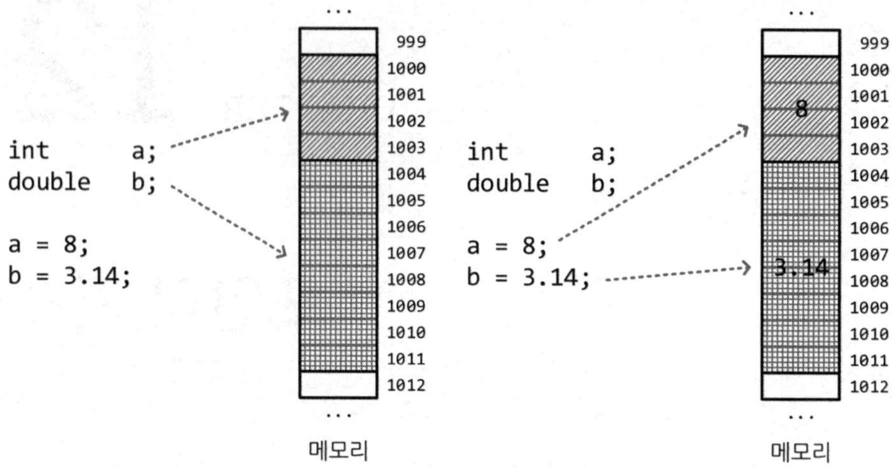

(a) 변수와 메모리 할당 **(b)** 변수와 값의 저장

그림 12.1 변수와 메모리

방금 컴퓨터는 저장 공간들을 많이 가지고 있다고 했는데요, 이러한 공간들을 메모리라고 합니다. 컴퓨터를 조립해 보신 분은 4GB 메모리니 8GB 메모리니 하는 말을 아마 많이 들어 보셨을 것입니다. 컴퓨터에 4GB 메모리가 있다는 말의 의미는 그 컴퓨터는 값을 저장할 수 있는 1 바이트 공간을 4G개, 즉 40억개를 가지고 있다는 말입니다.

컴퓨터의 메모리는 보통 1 바이트 단위로 공간을 구분합니다. 자료형 중에 char형의 변수는 크기가 1 바이트이므로 이러한 공간 한 개를 할당하면 되겠습니다. 크기가 이보다 큰 자료형의 변수들은 공간을 여러 개 묶어서 할당합니다. 예를 들어 int형 변수는 크기가 4 바이트이므로 그림 12.1a와 같이 4개의 공간을 묶어서 할당받습니다. 크기가 8 바이트인 double형 변수는 8개의 공간을 할당받겠지요.

이렇게 어떤 변수가 메모리 공간을 할당받으면 앞에서 설명했듯이 그 변수에 값을 저장하는 것은 바로 그 할당받은 공간에 값을 저장하는 것이 됩니다. 그림 12.1b와 같이 a에 8을 저장하면 a가 할당받은 공간에 8이 저장되고 b에 3.14를 저장하면 b가 할당받은 공간에 3.14가 저장되는 것입니다.

그런데 그림 12.1a와 그림 12.1b를 보시면 메모리 옆에 번호들이 붙어 있습니다. 이것은 각 메모리의 공간들을 구별하는 번호로써 주소(address)라고 부릅니다. 그림 12.1a에서 변수 a에는 주소가 1000번지~1003번지인 공간들이 할당되었고, 변수 b에는 주소가 1004번지~1011번지인 공간들이 할당된 것입니다.

12.1.2 변수와 주소

어떤 변수에 대해 그 변수가 할당된 공간의 주소를 알아내는 연산자가 주소 연산자 & 입니다. 예를 들어 &a라고 한다면 결과값이 변수 a가 할당된 주소입니다. 만일 그림 12.1a와 같이 변수 a에 할당된 공간이 여러 개이면 그 중에서 제일 작은 주소가 결과값이

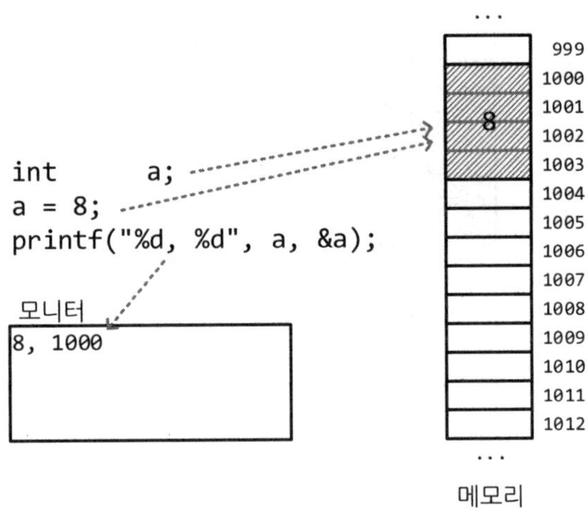

그림 12.2 변수와 주소 연산자

됩니다. 그림 12.2의 프로그램을 보시면 변수 a가 1000번지~1003번지에 할당되어 있습니다. 그러므로 &a로 변수 a의 주소를 알아보면 할당된 주소들 중에서 제일 작은 1000이 되고, 그림 12.2의 printf문을 통해 출력해 보면 a에 저장된 8과 a의 주소인 1000이 출력되는 것입니다.

이렇게 & 연산자를 통해 변수의 주소를 얻을 수 있으며, 이 주소를 어딘가에 저장할 수도 있습니다. 그런데 주소를 저장하려면 또 다른 변수가 필요하겠지요. 이렇게 어떤 변수의 주소를 저장할 수 있는 변수를 포인터라고 부릅니다. (한글로 써 놔도 말이 어렵지요? 포인터를 공부할 때 가장 어려운 것이 설명 자체가 매우 혼란스러울 수밖에 없다는 것입니다. 이건 어쩔 수 없구요, 수식 관계를 잘 따지면서 하나 하나 따라오시기 바랍니다.)

포인터의 선언은 *를 붙이면 됩니다. 예를 들어 int *c;라고 하면 포인터 c가 만들어지는데 이 변수 c에는 int형 변수의 주소를 저장할 수 있고, double *d;라고 하면 포인터 d가 만들어지는데 이 변수 d에는 double형 변수의 주소를 저장할 수 있습니다.

변수의 주소와 포인터의 관계를 그림으로 설명한 것이 그림 12.3a와 그림 12.3b입니다. 그림 12.3a를 보시면 변수 a, b, c, d에 각각 메모리 공간을 할당하고 있습니다. 보통 포인터의 크기는 4 바이트이므로 c와 d에 1 바이트 공간을 4개씩 할당했습니다. (포인터라는 말 안에 변수의 의미가 들어 있음을 잊지 마십시오.)

다음으로 c = &a;라는 문장이 있습니다. 앞에서 말했듯이 &a는 a의 주소인데, 변수의 주소란 그 변수가 차지하고 있는 공간의 주소들 중 가장 작은 것입니다. 그러므로 &a는 1000이겠지요. 이 1000이라는 주소를 c에 저장하는 것입니다. 그러면 그림 12.3b에서 보이듯이 1000이라는 값이 포인터 c에 할당된 공간에 저장됩니다. 다음 문장은 d = &b;입니다. 변수 b의 주소를 d에 저장하라는 의미인데, 변수 b가 1004번지~1011번지의 공간을 차지하고 있으므로 변수 b의 주소는 1004번지이고 따라서 d에는 1004가

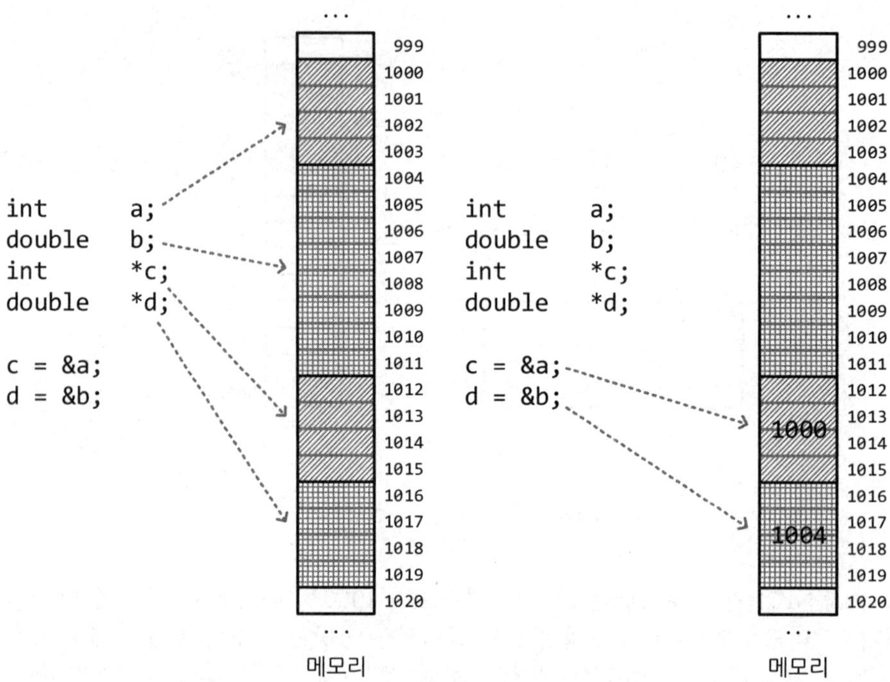

(a) 포인터의 선언　　**(b)** 포인터에 주소 저장하기

그림 12.3 포인터와 주소

저장됩니다.

12.1.3 간접지정 연산자

앞에서 주소 연산자 &의 기능은 어떤 변수에 대해 그 변수가 할당된 공간의 주소를 알아내는 연산자라고 했습니다. C언어에는 이것과 반대의 기능을 하는 연산자도 있습니다. 바로 간접지정(또는 역참조) 연산자 *입니다. 이 연산자를 주소에 적용했을 때의 결과는 그 주소가 가리키는 그 공간입니다. 이때, 주소가 가리키는 공간을 보통 대상체라고 말합니다. 예를 들어 그림 12.4를 보시면 *c = 8;이라는 문장이 있습니다. 이 전에 포인터 c에는 변수 a의 주소, 1000을 넣어 두었으므로 포인터 c에 저장된 주소가 가리키는 공간은 바로 1000번지~1004번지의 공간입니다. 간접지정 연산자 *를 사용한 *c의 의미가 포인터 c에 저장된 주소가 가리키는 공간이므로 *c는 결국 1000번지~1004번지의 공간입니다. 그러므로 *c = 8;을 실행하면 8이라는 값이 1000번지~1004번지의 공간에 저장되고, 이것은 변수 a에 8을 저장하는 것과 같은 결과입니다.

비슷하게 그 다음 문장인 *d = 3.14;를 해석해 봅시다. 포인터 d에는 변수 b의 주소가 들어 있으므로 *d는 d에 저장된 주소가 가리키는 1004번지~1011번지의 공간이 됩니다. 그러므로 *d = 3.14;를 실행하면 1004번지~1011번지에 3.14가 저장되고, 이것은 변수 b에 3.14를 저장하는 것과 같은 결과입니다.

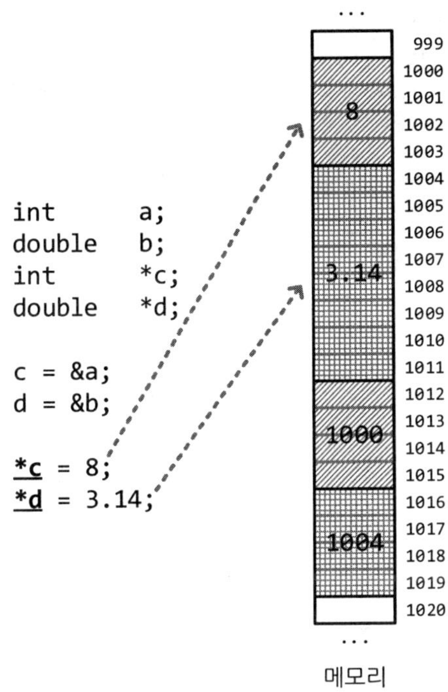

그림 12.4 포인터와 간접지정 연산자

정리하면 이렇습니다. 포인터에는 어떤 변수의 주소를 저장할 수 있습니다. 그런데 간접지정 연산자를 사용하면 그 주소가 가리키는 공간에 접근이 가능하고, 따라서 그 공간에 값을 저장하거나 그 공간에 저장된 값을 읽는 것도 가능합니다. 결국 원래 변수에 직접적으로 값을 저장하거나 읽지 않고, 포인터를 이용해서 간접적으로 값을 저장하거나 읽는 것이 가능한 것입니다.

12.1.4 포인터의 그림 표현

포인터를 학습할 때 어려운 점 중에 하나가 변수의 주소가 무엇일지 예측할 수 없이서 포인터 안에 정확히 어떤 값이 저장될 지 알 수 없다는 것입니다. 일반적인 변수 int a; 같은 경우에는 a = 8;이라고 하면 변수 a에는 8이 저장됩니다. 그러나 이 변수 a가 어느 주소의 공간에 할당될지는 컴파일러나 운영체제가 결정하는 것이어서 프로그래머는 그 주소를 미리 알 수 없고, 포인터 int *c;에 대해 c = &a;를 실행할 경우 c에 어떤 값이 저장될 지도 역시 알 수 없겠지요. 그래서 사실 그림 12.4와 같이 포인터에 어떤 값이 저장되어 있다고 명확히 표기하는 것은 불가능합니다.

이런 경우에 보통 이용되는 방법이 그림 12.5와 같이 그림에서 화살표로 표현하는 것입니다. 그림을 보시면 포인터 c에 변수 a의 주소를 저장했습니다. 그런데 변수 a의 주소를 알 수 없으니, 무엇인지는 모르지만 변수 a의 주소가 들어있다는 의미로 포인터 c에서 변수 a로 화살표를 그어 놓는 것입니다. 그리고 이것을 말로 표현할 때는 '포인터

```
int   a;
int   *c;
c = &a;
```

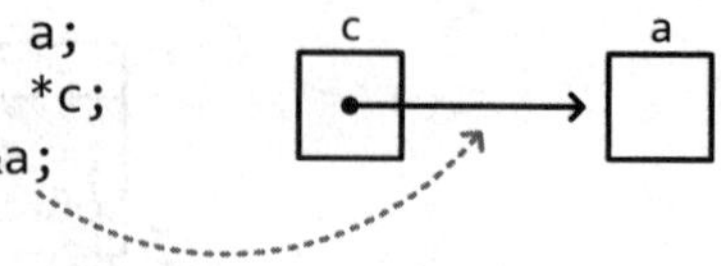

그림 12.5 포인터의 표현

프로그램 12.1 포인터 사용 예제

```
01: int   a, b, c;
02: int   *p, *q;
03:
04: p = &a;
05: *p = 8;
06: q = &b;
07: *q = 12;
08: p = &c;
09: *p = a + *q;
10:
11: printf("%d\n", *p);
```

c가 변수 a를 가리키고 있다'라고 합니다.

그럼, 포인터를 이용하는 예제 프로그램 12.1을 해석해 봅시다. 첫 번째 문장은 변수 a, b, c를 만드는(정확히는 이 변수들에 대해 공간을 할당받는) 문장이고 다음 문장은 포인터 p, q를 만드는(정확히는 이 변수들에 대해 공간을 할당받는) 문장입니다. 그러므로 이 두 문장을 차례로 실행하면 그림 12.6a와 같이 변수 a, b, c, p, q에 공간이 할당됩니다. 다음 문장은 4번 줄의 p = &a;입니다. 앞에서도 설명했듯이 이 문장을 실행하면 변수 a의 주소가 포인터 p에 저장되고 이것은 그림 12.6a와 같이 그림의 화살표로 표현할 수도 있고 '포인터 p가 변수 a를 가리키고 있다'고 표현할 수도 있습니다. 다음 문장인 *p = 8;은 p가 가리키는 그 공간에 8을 저장하라는 의미입니다. 현재 p가 가리키는 공간은 바로 변수 a가 할당받은 공간입니다. 그러므로 8은 그림 12.6b와 같이 a에 저장됩니다.

다음 문장인 q = &b;를 실행하면 b의 주소가 포인터 q에 저장되어서 그림 12.6c와 같이 표현되며, 다음에 *q = 12;를 실행하면 q가 가리키는 공간인 b에 12가 저장됩니다(그림 12.6d).

8번 문장인 p = &c;를 실행하면 그림 12.6e와 같이 이젠 포인터 p가 변수 c를 가리키게 됩니다. 다음으로 *p = a + *q;를 실행하면, 우선 a와 *q를 더합니다. 이때 *q는 q가 가리키는 그 공간이므로 바로 변수 b가 되고 따라서 a + *q는 a + b와 같아져서 계산 결과는 20입니다. 이 20이라는 값은 *p에 저장되는데, 현재 p는 변수 c를 가리키고 있으므로 그림 12.6f와 같이 c에 20이 저장됩니다.

마지막 문장인 printf를 실행하면 *p를 출력하므로, p가 가리키는 공간인 c에 저장된 값이 출력될 것입니다. 모니터에는 20이 보이겠지요.

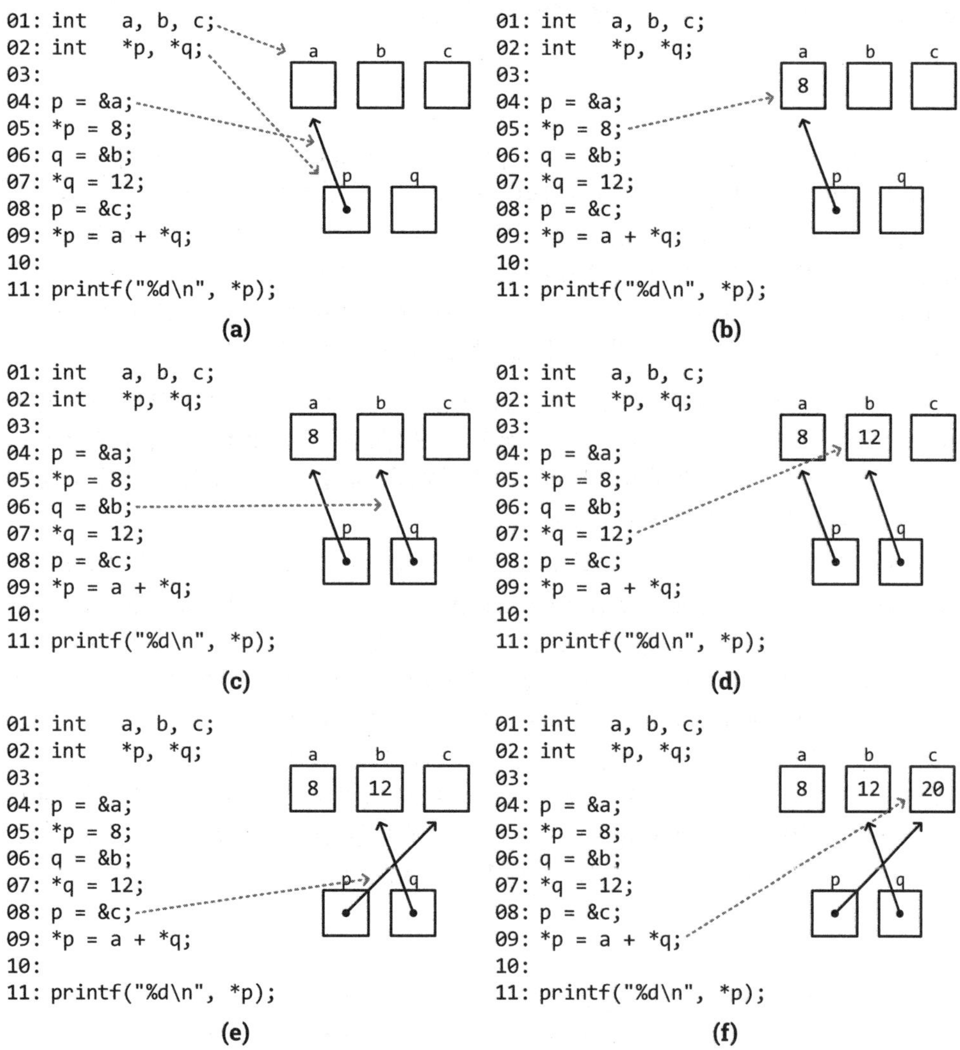

그림 **12.6** 프로그램 12.1의 진행

프로그램 12.2 포인터의 자료형

```
01: int     a, *c;
02: double  b, *d;
03: c = &a;      ---------> 자료형 맞음
04: d = &b;      ---------> 자료형 맞음
05: c = &b;      ---------> 자료형 맞지 않음
06: c = (int *)&b; ----> 자료형을 의도적으로 맞춤
```

12.1.5 포인터의 자료형

포인터에도 자료형이 있습니다. 포인터의 자료형은 가리키는 대상의 자료형으로 구별합니다. 어떤 포인터가 가리키는 대상이 int형이면, 다시 말해서 int형 변수의 주소를 저장할 수 있으면 그 포인터는 int형 포인터이라 부르고, 가리키는 대상이 double형이면 double형 포인터라고 부릅니다. 정확한 자료형으로 기술한다면 int형 포인터의 자료형은 int형 포인터형이라고 해야 할 텐데 말이 좀 이상하니 int*형이라고 표현하겠습니다. 비슷하게 double형 포인터의 자료형은 double*형이 되겠지요.

포인터가 가리키는 대상의 자료형은 그 포인터를 선언할 때 기술합니다. 예를 들어 **int *c;**라고 하면 포인터 c인데 여기에 저장될 수 있는 주소는 int형 변수를 가리키는 주소입니다. 다른 예로 **double *d;**라고 하면 double형 변수의 주소를 저장할 수 있는 포인터 d를 선언하는 것입니다.

포인터를 사용하실 때 주의하실 점은 포인터 자료형이 같을 때만 저장이 가능하다는 것입니다. 프로그램 12.2에서 포인터 c는 int형 변수의 주소(자료형은 int*형)를 저장할 수 있습니다. 그러므로 int형 변수인 a에 대해 c = &a;가 가능한 것입니다. 비슷하게 double형 포인터 d는 double형 변수 b의 주소(자료형은 double*형)를 저장할 수 있습니다. 그러나 c에 b의 주소를 저장하면 안 됩니다. 포인터 c에는 int형 변수의 주소를 저장해야 하는데 b는 double형이기 때문입니다. 만일 의도적으로 c에 b의 주소를 저장해야 한다면 자료형을 바꾸는 형변환 연산자를 사용해야 합니다. 포인터 c에는 int*형 주소만 저장이 되므로 double*형 주소인 &b에 형변환 연산자 (int *)를 사용해서 int*형으로 바꾼 뒤에 저장하는 것이 프로그램 12.2의 6번 줄입니다.

12.1.6 포인터의 활용

지금까지는 포인터가 무엇인지에 대해 설명했다면 이제 포인터를 이용해서 무엇을 할 수 있는지를 설명해 보려 합니다. 사실 앞에서 예제로 들었던 프로그램 12.1은 그리 현실적인 예제가 아니었습니다. 포인터를 사용하지 않고 변수에 바로 값을 저장하는 것이 훨씬 더 간략하고 편한 프로그램이었습니다. 그러나 이 예제는 포인터를 어떻게 쓰는 지를 익히기 위해 만들었던 예제일 뿐입니다.

포인터를 이용하는 분야는 따로 있습니다. 대표적인 것을 몇 가지 예로 들자면, 함수에서 참조에 의한 호출을 모사하거나, 함수에서 배열을 다룰 때, 동적 할당을 이용할

프로그램 12.3 변수의 값을 교환하는 함수swap - 잘못된 프로그램

```
void swap(int a, int b) {
    int   tmp;
    tmp = a;
    a = b;
    b = tmp;
    return;
}
int main(void) {
    int   x, y;

    x = 8;
    y = 12;
    swap(x, y);
    …
}
```

때, 문자열을 다룰 때 등이 있겠습니다. 아직 배우지 않은 것들이니 무슨 말인지 잘 모르시겠지요? 한 두 가지는 이 장에서, 나머지는 다음 장이나 그 다음에 설명하겠습니다.

12.2 함수와 포인터

함수에서 포인터를 활용하는 예제로 많이 드는 것이 두 변수의 값을 서로 바꾸는 함수인 **swap**입니다. 처음에는 포인터를 사용하지 않고 작성해서 왜 제대로 동작하지 않는지 분석한 후에 포인터를 사용한 정상적인 예제를 보여드리겠습니다.

12.2.1 포인터를 사용하지 않은 swap 함수 – 잘못된 예

인자로 받은 두 변수의 값을 서로 바꾸는 함수 **swap**을 작성해 봅시다. 예를 들어 변수 **x, y**에 **8**과 **12**가 저장된 상태에서 **swap(x, y);**라고 호출하면 **x**와 **y**의 값이 바뀌어서 **12**와 **8**이 저장되는 것입니다. 우선 이 함수의 매개 변수는 두 개가 있어야 할 것 같으니 매개 변수 **a, b**라고 합시다. 그리고 이 함수는 반환값이 없어도 될 것 같으니 반환값 자료형 자리에는 **void**를 놓으면 되겠습니다. 그리고 함수의 내용은 두 변수의 값을 바꾸는 것인데, 이것은 11장에서 변수 하나를 더 이용하는 방식으로 설명했습니다. 그때 설명한 프로그램 부분을 넣으면 프로그램 12.3처럼 **swap** 함수를 만들 수 있습니다. 그럼, 프로그램 12.3의 프로그램을 하나씩 따라 가면서 이 프로그램이 원하는 대로 잘 동작하는지 살펴봅시다. 원하는 대로 동작한다면 **swap**에서 돌아왔을 때 **x**와 **y**에 저장된 값이 서로 바뀌어 있어야 할 것입니다.

그림 12.7a와 같이 프로그램이 **main**에서 시작하여 변수 **x, y**를 만들고② 각각에 **8**과 **12**를 저장한 다음에 함수 **swap**을 호출합니다⑦. 그러면 **swap** 함수로 이동하겠지요. 함수 **swap**으로 이동해서 처음 하는 일이 그림 12.7a의 ①과 같이 매개 변수 **a**와 **b**를 만드는 것입니다. 그리고 인자에 있는 **x**와 **y**의 값을 복사해서 각각 **a**와 **b**에 저장할

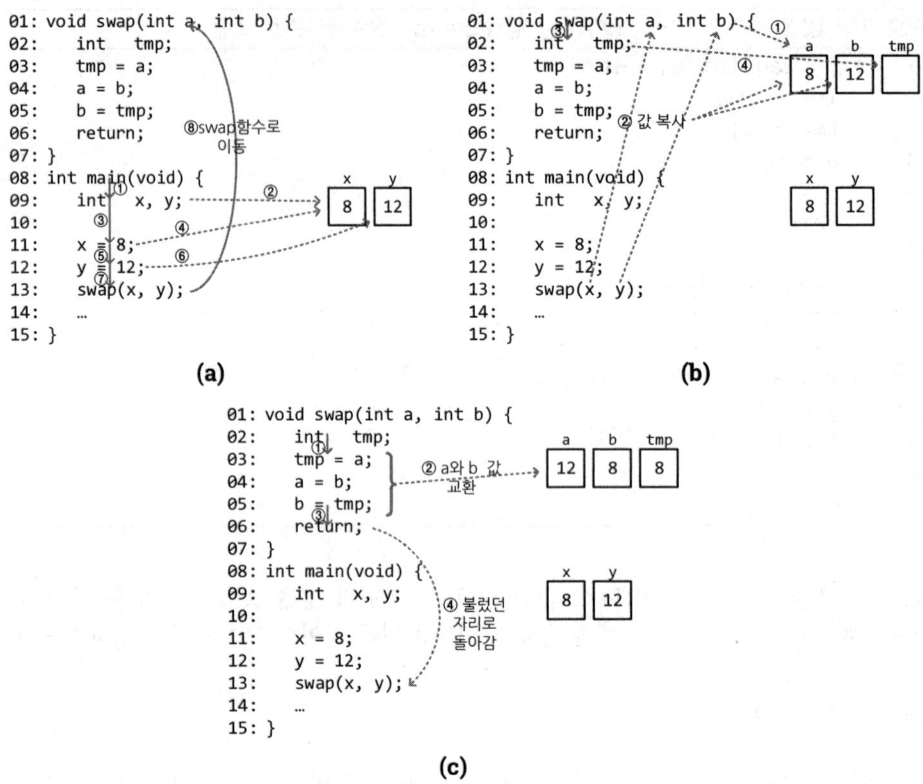

그림 12.7 프로그램 12.3의 진행

것입니다②. 그러면 a와 b에는 8과 12가 저장됩니다. 다음으로 함수 내부로 들어와서 tmp 변수를 만듭니다④.

그 다음에 있는 세 개의 문장은 11장에서 설명했던 두 변수의 값을 교환하는 부분입니다. 이 세 문장을 실행하면 그림 12.7c의 ②와 같이 a와 b의 값이 바뀌어서 각각 12와 8이 저장됩니다. 다음 문장이 return이므로 ④와 같이 swap 함수를 불렀던 자리로 돌아갑니다. 어떤가요? 변수 x와 y의 값이 바뀌었나요? 아니요, 바뀌지 않았습니다. 왜 그럴까요?

이유는 C 언어에서 함수는 값에 의한 호출이라는 개념에 따라 동작하기 때문입니다. 값에 의한 호출은 8장에서 설명했으며, 함수를 호출하면 인자에서 매개 변수로 값이 복사될 뿐이지 어떤 형태의 연결이 생기는 것은 아니라고 했습니다. 그러므로 함수 내에서 매개 변수의 값을 바꾸더라도 함수를 호출한 곳에 있는 변수들의 값은 바뀌지 않습니다. 이 개념을 프로그램 12.3에 적용해 보면 함수 swap을 호출할 때 변수 x와 y의 값이 매개 변수 a와 b에 복사는 되지만, 둘 사이에 어떤 연결이 생기는 것은 아닙니다. 그러므로 함수 swap 내에서 a와 b의 값을 교환하는 등의 동작을 통해 바꾸더라도 함수를 부른 쪽에 있는 변수 x와 y의 값은 전혀 바뀌지 않는 것입니다. 그래서 사실 C언어에서 원래는 두 변수의 값을 바꾸는 swap 함수를 만들 수 없습니다. 그런데 이것을 가능하게 하는

프로그램 12.4 변수의 값을 교환하는 함수swap - 정상적인 프로그램

```
01: void swap(int *a, int *b) {
02:     int   tmp;
03:     tmp = *a;
04:     *a = *b;
05:     *b = tmp;
06:     return;
07: }
08: int main(void) {
09:     int   x, y;
10:
11:     x = 8;
12:     y = 12;
13:     swap(&x, &y);
14:     …
15: }
```

것이 바로 포인터입니다.

12.2.2 포인터를 사용한 swap 함수 – 정상적인 예

이번에는 프로그램 12.3을 조금 수정해서 프로그램 12.4로 만들었습니다. 달라진 점은 swap 함수의 매개 변수들이 일반 변수들이 아닌 포인터들이라는 점과 그에 따라 swap 함수를 호출할 때 인자가 x와 y가 아니라 &x와 &y라는 점입니다. 그럼 이 프로그램의 진행을 하나씩 따라가 봅시다.

처음의 진행은 프로그램 12.3과 같습니다. 그림 12.8a와 같이 변수 x와 y에 8과 12를 저장한 후에 swap 함수로 이동하지요. 달라진 점은 그 이후부터입니다. 함수 swap으로 이동해서 매개 변수 a와 b를 만드는데 이들은 포인터들입니다. 그리고 그림 12.8b의 ②와 같이 인자를 매개 변수에 복사하는데, 인자가 &x와 &y로써 각각 변수 x와 y의 주소입니다. 따라서 포인터 a에 복사되어 저장되는 것은 변수 x의 주소이고, 다른 말로 포인터 a가 변수 x를 가리키게 됩니다. 포인터 b도 역시 같은 과정으로 변수 y를 가리키게 됩니다.

함수 swap에 들어가면 변수 tmp를 만들고 그림 12.8c와 같이 3번 줄에서 5번 줄에 있는 세 개의 문장을 실행합니다. 그런데 이 문장들을 자세히 보시면 a와 b 대신에 *a와 *b가 쓰여 있습니다. 즉 *a와 *b의 값을 교환하는 부분입니다. 한 문장씩 보면 우선 tmp에 *a를 저장합니다. 여기서 *a는 a가 가리키는 변수인데 현재 a는 변수 x를 가리키고 있습니다. 그러므로 tmp에는 변수 x의 값인 8이 저장됩니다.

다음 문장은 *a = *b;입니다. 해석하면 b가 가리키는 공간에 있는 값을 a가 가리키는 공간에 저장하라는 의미가 되겠습니다. 그런데 현재 b는 변수 y를 가리키고 있고 a는 변수 x를 가리키고 있으므로 그림 12.8d와 같이 변수 y의 값인 12를 x에 저장하는 결과가 나올 것입니다.

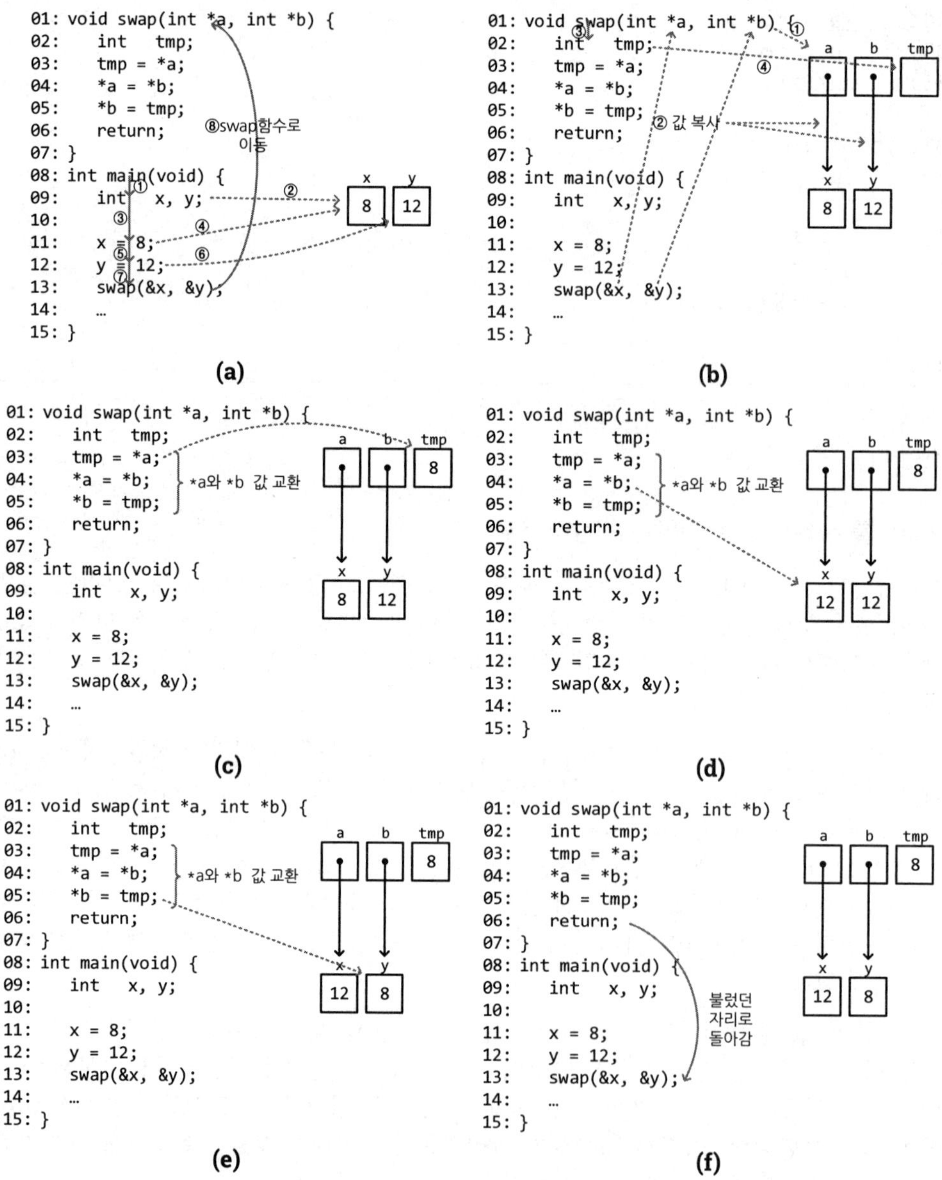

그림 12.8 프로그램 12.4의 진행

마지막으로 *b = tmp; 입니다 변수 tmp에 저장된 값인 8을 b가 가리키는 공간에 저장해야 하는데 앞에서 말했듯이 b는 변수 y를 가리키고 있으므로 그림 12.8e와 같이 y에 8이 저장됩니다. 실행된 결과를 보니 x와 y의 값이 바뀌어 있습니다. 정리하면 3번 줄에서 5번 줄에 있는 세 개의 문장은 *a와 *b의 값을 교환하는 부분인데 현재 a가 변수 x를, b가 변수 y를 가리키고 있으므로 결과적으로는 변수 x와 y의 값을 교환하는 효과가 나타나는 것입니다.

이제 그림 12.8f와 같이 swap 함수를 부른 자리로 돌아가면 x와 y의 값을 바뀌어 있습니다. 원래는 값에 의한 호출이라는 개념 때문에 swap 함수에서는 변수 x와 y의 값을 바꿀 수 없고, 따라서 swap 함수를 만들 수 없는데, 포인터 개념을 사용하니 주소를 이용한 접근을 통해 swap 함수에서 간접적으로 변수 x와 y의 값을 바꿀 수 있게 되는 것입니다.

12.2.3 참조에 의한 호출의 모사

앞에서 C언어는 값에 의한 호출이라는 개념을 사용한다고 강조했습니다. 값에 의한 호출과 상반되는 개념이 참조에 의한 호출입니다. 참조에 의한 호출에서는 인자에 있는 변수가 매개 변수와 서로 연결이 되어서 매개 변수를 수정하면 인자에 있는 변수도 같이 수정되는 것을 말합니다.

C언어에서는 값에 의한 호출만 사용하는데, 문제는 경우에 따라서 참조에 의한 호출이 필요할 때도 있다는 것입니다. 앞 절에서 예로 든 swap 함수가 좋은 예이겠지요. C언어에서는 이 문제를 포인터를 이용해서 해결하고 있습니다. 즉 매개 변수를 포인터로 하고 인자로 변수의 주소값을 넘겨 주어서, 함수 내에서는 그 주소값을 통해 원래 변수를 접근할 수 있도록 하는 것입니다. 이를 통해 값에 의한 호출에서 오는 제약점도 해결할 수 있습니다.

그런데 이것은 어디까지나 값에 의한 호출을 주소에 적용했을 때의 이야기이지 C언어에서 참조에 의한 호출을 지원하는 것은 아닙니다. 그래서 포인터를 통해 참조에 의한 호출을 모사한다는 정도로 기술하는 것이 적당하지 않을까 싶습니다.

마지막으로 scanf 함수에 대한 부연 설명을 하겠습니다. 지금까지 scanf 함수를 많이 이용해왔는데 이 함수가 사실은 특별한 함수입니다. 예를 들어 scanf("%d", &a); 라고 하면 사용자가 입력하는 값이 두 번째 인자의 자리에 있는 변수 a에 저장됩니다. 즉 scanf 함수내에서 변수 a의 값을 바꾸는 것이지요. 원래는 함수 내에서 인자에 있는 변수의 값을 바꾸지 못합니다. 그런데 scanf에서 변수 a의 값을 바꾸는 게 가능해지는 것이 무엇 때문이냐, 바로 변수 a를 바로 인자로 사용한 것이 아니라 a의 주소, &a를 인자로 주기 때문입니다. 함수 scanf 내에서는 그 주소를 받아서 매개 변수에 저장한 뒤에 그 주소를 통해 변수 a의 값을 바꾸는 것입니다.

프로그램을 처음 하실 때 자주 하시는 실수가 scanf에서 & 기호를 빠트리는 것입니다. 예를 들어 scanf("%d", a);와 같이 쓰는 것인네요, 이것을 실행하면 "Segmentation fault" 같은 에러가 발생할 것입니다. (컴파일러나 운영체제의 종류에 따라 그 이전에 다른 종류의 에러가 발생하기도 합니다.) 이 에러의 의미는 주소가 가리키는 공간을

프로그램 12.5 두 정수의 합과 차를 구하는 함수

```
void sum_diff(int a, int b,
              int *c, int *d) {
    *c = a + b;
    *d = a - b;
    return;
}
int main(void) {
    int   x, y;
    int   p, m;

    x = 8;
    y = 12;
    swap(x, y, &p, &m);
    …
}
```

찾아가려는데 그 주소가 잘못된 것 같다는 것입니다. 함수 **scanf**에 인자로 **a**를 두게 되면 **a**에 저장된 값이 인자로 넘어갈 것입니다. 예를 들어 **a**에 0이 저장되어 있었다면 0이 인자로 넘어갈 테고, **scanf**에서는 이 값이 어떤 변수의 주소인 줄 알고 0번지에 있는 공간을 찾을 것입니다. 그런데 0번지 공간에 어떤 변수가 할당되어 있는 것은 아니니 (그보다는 보통 0번지 같은 곳은 변수에 할당되는 곳이 아니어서) 컴퓨터가 이상하게 여겨 저런 에러를 내는 것입니다. 이제 그 의미를 아셨으니 "**Segmentation fault**" 같은 에러가 나더라도 당황하지 마십시오.

12.2.4 반환값이 여러 개인 함수의 모사

C언어에서 함수의 반환값은 한 개입니다. 그런데 포인터를 이용하면 반환값이 여러 개인 함수를 만들 수도 있습니다. 물론 이것도 문법적으로 반환값이 여러 개가 되는 것이 아니라 그런 효과가 나타나도록 하는 것일 뿐입니다. 예제로 두 개의 정수를 받아서 합과 차를 구하는 함수 **sum_diff**를 작성해 봅시다. (여기서의 차는 단순 뺄셈을 의미합니다.) 함수가 계산하는 결과값이 두 개이므로 두 결과값을 모두 반환하고 싶습니다. 그러나 C언어의 함수의 문법에서는 이것을 허용하지 않습니다. 그래서 프로그램 12.5와 같이 포인터를 이용해 보겠습니다. 함수 **main**의 변수 **x**와 **y**가 합과 차를 구하는 대상이고, 함수 **sum_diff**를 통해 변수 **p**에는 **x**와 **y**의 합을, 변수 **m**에는 **x**와 **y**의 차를 저장하고 싶습니다. 즉 함수 **sum_diff**의 두 결과값을 변수 **p**와 **m**에 저장해야 하는 것이지요.

진행 과정을 조금 생략해서 함수 **sum_diff**를 호출해서 매개 변수에 인자 값들이 복사된 직후가 그림 12.9a입니다. 보시면 합과 차를 구하는 대상인 **x**와 **y** 인자는 일반적인 매개 변수인 **a**와 **b**에 복사합니다. 그에 반해, 함수의 두 결과값을 저장해야 하는 변수 **p**와 **m**은 그 주소값을 인자로 넘기게 되어 있고 그 주소값을 받는 매개 변수도 포인터 **c**와 **d**입니다. 변수 **p**와 **m**의 주소값을 포인터 **c**와 **d**에 저장하므로 포인터 **c**와 **d**는 각각 변수 **p**와 **m**을 가리킵니다.

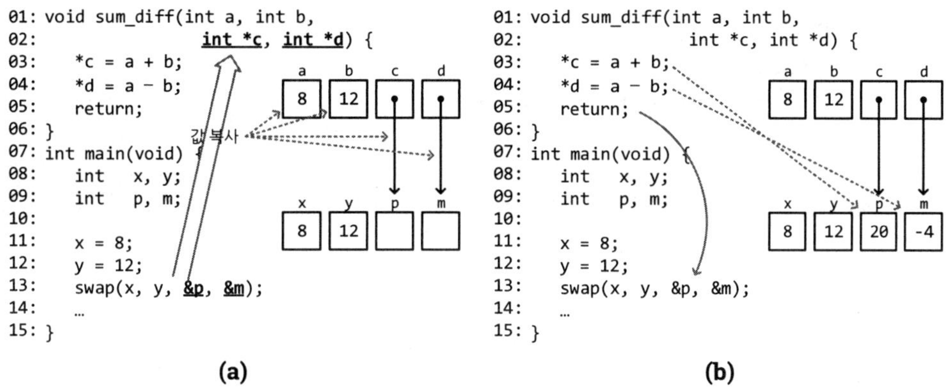

그림 **12.9** 프로그램 12.5의 진행

이제 함수 내의 첫 번째 문장인 *c = a + b;를 실행해 봅시다. 이 문장에서 a와 b의 합을 c가 가리키는 변수에 저장하게 됩니다. 현재 포인터 c가 가리키는 변수가 main의 변수 p이므로 a와 b의 합인 20은 결국 p에 저장됩니다. 다음 문장은 *d = a - b;인데 이 문장은 a에서 b를 뺀 후에 그 결과를 d가 가리키는 변수에 저장하라는 의미입니다. 현재 포인터 d가 가리키는 변수는 main의 변수 m입니다. 그러므로 *d = a - b;를 실행하면 a에서 b를 뺀 -4가 m에 저장됩니다. 그리고 다음으로 return을 만나 돌아갈 것입니다.

함수 sum_diff에서 돌아와 보니 어떤가요? 변수 p와 m에 a와 b의 합과 차인 20과 -4가 저장되어 있습니다. 그리고 이 두 값은 함수 sum_diff에서 계산한 결과들입니다. 마치 함수 sum_diff가 두 개의 값을 반환한 것처럼 보이는 것입니다.

물론 이 함수가 실제로 두 개의 값을 반환한 것은 아닙니다. 함수 sum_diff의 반환값 자료형 자리를 보면 반환값이 없다는 void입니다. 그런데 포인터라는 것을 이용해서 결과를 받을 변수의 주소를 넘김으로써, 함수가 계산한 결과를 함수를 부른 쪽의 변수에 간접적으로 저장하는 것입니다. 이와 같은 방법을 이용하여 함수에서 계산한 여러 개의 값들을 함수를 부른 쪽의 변수에 저장할 수 있습니다.

연습 문제

1. C언어에서 변수의 주소를 구하는 연산자는 ____ 이다.

2. C언어에서 포인터가 가리키는 공간을 구하는 연산자는 ____ 이다.

3. 다음 프로그램에서 적절한 문장이나 식들을 적으시오.

```
#include <stdio.h>

int main(void) {
    int a;
    a)________
```

```
        b)________
        c)________
        printf("%d", d)_______);
    }
```

a) int형 포인터 pa를 선언하는 문장

b) pa에 a의 주소를 저장하는 문장

c) pa가 가리키는 공간에 10을 저장하는 문장

d) pa가 가리키는 공간에 저장되어 있는 값

4. 아래에서 a는 변수이고 pa는 그 변수를 가리키고 있는 포인터이다. 아래 중 a 대신 쓸 수 있는 것을 모두 고르시오.

```
a) &a    b) &*a    c) *a    d) *&a
e) &pa   f) &*pa   g) *pa   h) *&pa
```

5. 위 문제에서 pa와 같은 값인 것을 모두 고르시오.

6. 아래에서 a는 int 형 변수이고, p와 q는 int형 포인터이다. 아래 중 타당한 문장들을 모두 고르시오.

```
a) p = *q;   b) p = &q;    c) p = a;     d) *p = q;
e) p = *&q   f) *p = &a;   g) *p = *q;   h) p = q;
i) &p = q;   j) a = *p;    k) a = q;
```

7. 아래 프로그램에서 잘못된 부분을 찾아서 수정하시오.

```
char    a;
int     *pa;
pa = &a;
```

8. 아래 프로그램의 밑줄 친 부분에서 a에 2.5를 저장하려고 한다. 변수 a를 직접적으로 이용하지 않고 이 동작을 하는 문장을 적으시오.

```
#include <stdio.h>

int main(void) {
    double  a;
    double  *pa = a;

    __________
    printf("%f", a);
}
```

9. 아래는 두 개의 정수를 받아서 그 곱과 몫을 구하는 함수이다. 잘못된 부분을 수정하시오.

```
void mul_div(int a, int b, int *mul, int *div) {
    mul = a * b;
    div = a / b;
}
```

실습 문제

주의: 함수에서의 실습 문제와 같이 함수의 기능과 전체 프로그램의 기능을 구별해야 한다. "(가)를 받아서 (나)를 수행하는 함수"를 만들라고 되어 있다면 (가)를 인자/매개 변수를 통해 받아서 (나)만을 수행해야 한다. 구별을 위해 키보드를 통해 입력받는 것은 " 를 입력받아서"라고 기술하였다.

1. 인자로 문자를 하나 받아서 그 문자가 소문자이면 대문자로, 대문자이면 소문자로 바꾸는 함수 **change**를 작성하시오. 만일 알파벳이 아니면 그대로 둔다. 이 함수의 원형은 **void change(char *)**이다. 한 개의 문자를 입력받은 뒤, 이 함수를 이용해서 바꾸어 출력하시오.

2. 두 개의 정수를 인자로 받은 뒤, 몫과 나머지를 구하는 함수 **divide**를 작성하시오. 이 함수의 원형은 **void divide(int, int, int *, int *)**이며, 포인터 매개 변수는 몫, 나머지순이다. 두 개의 양수를 입력받은 뒤, 이 함수를 이용해서 몫과 나머지를 구하시오.

3. 두 개의 **int**형 양수를 받아서 최대 공약수와 최소 공배수를 구하는 함수 **void gcd_lcm(int x, int y, int *gcd, int *lcm)**을 작성하시오. 최대 공약수는 유클리드의 알고리즘(5장의 실습 문제 11 참조)을 사용하고 최소 공배수는 $lcm = x * y/gcd$를 이용하시오.

4. 하나의 실수를 인자로 받은 뒤, 그 실수의 정수부와 실수부를 구하는 **separate** 함수를 작성하시오. 이 함수의 원형은 **void separate(double, int *, double *)**이다. 두 개의 실수를 입력받은 뒤 이 두 실수의 합을 구하고, **separate** 함수를 이용하여 정수부와 실수부로 나누어 출력하시오.

5. 두 점의 좌표, 즉 네 개의 실수를 받아서, 두 점을 잇는 직선의 기울기와 **y**절편을 구하는 함수 **void line(float x1, float y1, float x2, float y2, float *slope, float *y_int)**를 작성하시오. 기울기와 **y**절편을 구하는 식은 아래와 같다. 두 점의 좌표를 입력받은 뒤 이 함수를 이용하여 두 점을 잇는 직선의 기울기와 **y**절편을 출력하시오.

$$\text{기울기} = \frac{x2 - x1}{y2 - y1} \qquad \textbf{y}\text{절편} = y1 - \text{기울기} \times x1$$

6. 두 정수의 값을 서로 바꾸는 함수 **swap**을 작성하시오. 이 함수의 원형은 **void swap(int *, int *)**이다. 11장의 프로그램 11.8에서 19~21번 줄 부분을 이 함수를 호출하는 것으로 대체하시오.

7. 하나의 분수를 분자, 분모 형태로 받아서 기약 분수를 구하는 함수 **reduce**를 작성하시오. 이 함수의 원형은 **void reduce(int, int, int *, int *)**이고 매개 변수는 분자, 분모 순이다. 하나의 분수에 대한 분자와 분모를 입력받은 뒤, 이 함수를 이용하여 기약 분수로 만들어 출력하시오.

CHAPTER 13

포인터와 배열

앞 장에서는 포인터의 개념과 기본적인 활용법에 대해 배웠습니다. 이번 장에서는 포인터와 배열의 관계에 대해 배워보겠습니다. 사실 포인터와 배열은 뗄 수 없는 관계에 있습니다. 우리가 알고 있는 배열에 관련된 연산들이 사실은 포인터 연산들이기 때문입니다. 포인터와 배열의 관계를 잘 이해하시면 매개 변수가 배열일 때 어떻게 동작하는지도 쉽게 이해하실 수 있습니다.

13.1 배열명

우선 1차원 배열이 메모리에 어떻게 할당되는 지를 알아 본 다음에 그 주소값들을 포인터로 다루는 법에 대해 설명하겠습니다. 설명의 편의를 위해 두 개의 기호를 사용할텐데요, ↔는 양쪽이 완전히 동일함을 의미합니다. 결과값이 동일할 뿐만 아니라 의미도 같아서 컴파일러가 구별하지 않는 것입니다. 이에 반해 ==는 서로 동등하다는 의미로, 현재의 결과값은 같은데 의미는 서로 다른 것이어서 컴파일러가 구별하는 것을 표현할 때 사용하겠습니다.

13.1.1 1차원 배열의 메모리 할당

앞 장에서 말하길 변수를 선언하면 메모리의 공간이 그 변수에 할당된다고 했습니다. 그렇다면 배열을 선언하면 어떻게 될까요? 예를 들어 int a[5];라고 선언한다면 int형 변수 다섯 개가 만들어지는 셈이니, int형 변수 한 개에 해당하는 4 바이트 공간이 다섯 개 할당되어야 할 것입니다. 그렇다면 이 다섯 개의 4 바이트 공간들은 서로 모여서 할당될까요, 아니면 서로 떨어져서 할당될 수도 있을까요? 순서는 어떨까요? 0에서 4번까지 순서대로 할당될까요, 아니면 섞여 있을까요? C언어에서 배열은 메모리에 연속적으로 모여서 할당되며 그 순서는 0번부터 차례대로 주소가 커지는 순서로 할당됩니다. 예로 들고 있는 int a[5]의 경우에는 그림 13.1과 같이 할당됩니다. 만일 a[0]이 7200번지~7203번지의 공간들에 할당되었다면 a[1]은 7204번지~7207번지에, a[2]는 7208번지~7211번지에 할당되는 것입니다.

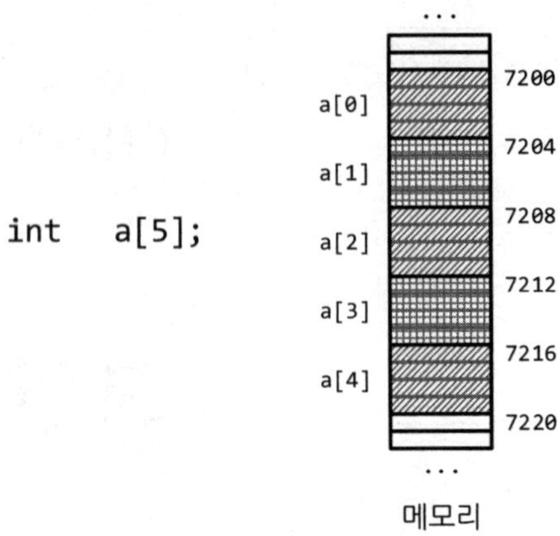

그림 13.1 배열의 메모리 할당

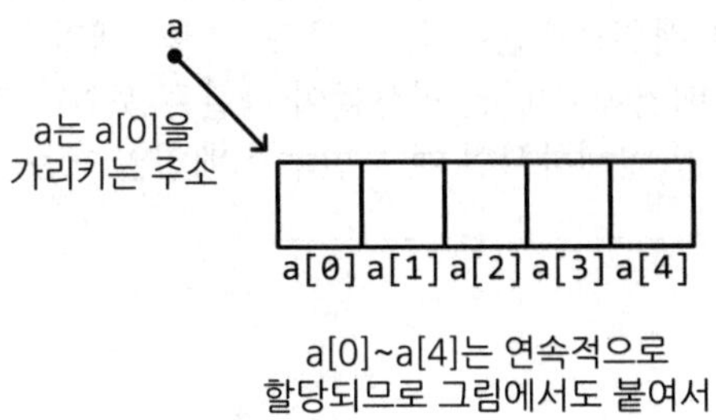

그림 13.2 배열명의 의미

변수의 주소는 그 변수가 할당된 공간들의 주소 중 가장 작은 것이므로 각 배열 요소의 주소를 구해보면, **&a[0]**은 **7200**, **&a[1]**은 **7204**, **&a[2]**는 **7208**, **&a[3]**은 **7212**, **&a[4]**는 **7216**입니다.

13.1.2 배열명의 의미

이전에 배열에 대해 배울 때 배열명은 단독으로 사용하지 않는다고 했습니다. 예를 들어 **int a[5]**에 대해 **a[0] = 3;**이나 **a[1] = a[0]*2;**와 같이 배열을 사용해야지 **a = 7;**과 같이 배열명만 사용하면 안 된다고 했습니다. 그러나 포인터의 개념을 알게 되면 배열명을 단독으로 사용했을 때의 의미를 알 수 있게 됩니다. 배열명이 단독으로 사용되면 배열명은 그 배열의 첫 번째 배열 요소를 가리키는 주소값이 됩니다. 예를 들어 그림 13.1에서 배열 **a**에 대해 **a**만 써 놓으면 이것은 첫 번째 배열 요소 **a[0]**의 주소, **&a[0]**인 **7200**으로 변환이 되는 것입니다. 다르게 표현하면 **a↔&a[0]**이라고 표현할 수 있으며 그림으로 그린다면 그림 13.2가 되겠습니다.

그림에서 **a[0]~a[4]**는 연속적으로 배치해 놓았는데 이것은 **a[0]~a[4]**가 메모리에서 연속적으로 할당되어 있음을 표현하기 위해서입니다. 그리고 배열명 **a**는 **a[0]**을 가리키는 주소값이므로 **a**에서 **a[0]**으로 가는 화살표로 표현하였습니다.

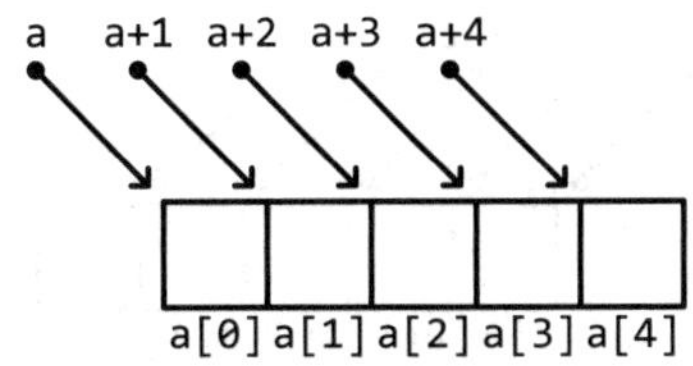

그림 13.3 (배열명+정수)의 의미

배열명이 배열의 첫 번째 요소를 가리키는 주소값이라고 했을 때 하나 주의하실 점이 배열명이 포인터는 아니라는 것입니다. 포인터는 주소를 저장할 수 있는 변수인데 배열명 자체는 변수가 아닙니다. 배열명은 일종의 상수 혹은 기호로 이해하시는 것이 좋을 것 같습니다. 그러므로 **a = 7;**과 같은 문장은 변수가 아닌 **a**에 어떤 값을 저장하는 것이므로 성립하지 않고, **pa = a;**와 같이 사용하셔야 합니다.

다음으로 생각해 보실 점은 그림 13.2에서 **a**의 자료형이 **int ***형이라는 것입니다. 왜냐하면 **a**가 가리키는 것이 **int**형 변수 **a[0]**이므로 **a**의 자료형은 **int**형을 가리키는 주소인 **int ***형인 것입니다.

13.1.3 포인터의 덧셈과 배열의 간접지정

앞에서 배열명은 그 배열의 첫 번째 배열 요소를 가리키는 주소값이라고 했습니다. 그래서 **int a[5]**에 대해 **a↔&a[0]**으로 표현했지요. 그렇다면 ***a**는 무엇일까요? 여기서 **a**는 **a[0]**을 가리키는 주소이고, ***** 연산자는 주소가 가리키는 그 공간을 구하는 연산자라고 했습니다. 그러므로 ***a**는 바로 **a[0]**이 되는 것입니다. 이것을 기호로 표시해 보면 ***a↔*(&a[0])↔a[0]**이 되겠습니다.

다음으로 이 배열에 대해 **a+1**에 대해서도 생각해 봅시다. 배열명 **a**가 **a[0]**의 주소이니 만일 그림 13.1과 같이 배치되어 있다면 **a**의 값은 **7200**일 것입니다. 그러므로 **a+1**은 **7200**에 **1**을 더한 **7201**이 아닐까 생각할 수도 있겠습니다만, **7201**이라는 주소는 **a[0]**에 할당된 공간의 중간에 있으니 아무 의미가 없습니다. C언어에서 **a+1**의 의미는 **a[1]**의 주소인 **7204**입니다.

이렇게 되는 이유는 C언어에서 (포인터형)+정수는 (포인터형)+정수*(포인터가 가리키는 대상의 크기)로 변환되어서 계산되기 때문입니다. 예에서 **a**가 가리키는 대상은 **a[0]**으로써 **a[0]**은 **int**형이고 크기가 **4** 바이트입니다. 그러므로 **a+1**이라고 하면 정수 **1**에 **a**가 가리키는 대상인 **a[0]**의 크기 **4**를 곱해서 실제 계산은 **a+4**를 하는 것입니다. 그래서 **a+1**의 결과값은 **7204**이며 이것은 **a[1]**을 가리키는 주소입니다. 비슷하게 **a+2**라고 하면 실제로는 **2**에 **4**를 곱한 **8**이 더해져서 결과는 **7208**, 즉 **a[2]**의 주소가 됩니다. 이러한 관계를 그림으로 표현하면 그림 13.3과 같으며 일반적으로 **a+i↔&a[i]**의 관계가 성립합니다. 배열 요소의 개수로 센다면 **a**에 정수를 더하면, 그 정수 개수 이후의 배열 요소를 가리킨다고 보시면 될 것 같습니다.

그렇다면 ***(a+i)**는 무엇일까요? 예를 들어 그림 13.3에서 **a+1**은 **a[1]**을 가리키는 주소였습니다. 그렇다면 ***(a+1)**은 **a+1**이 가리키는 그 변수이므로 결국 **a[1]**이 됩니다. 비

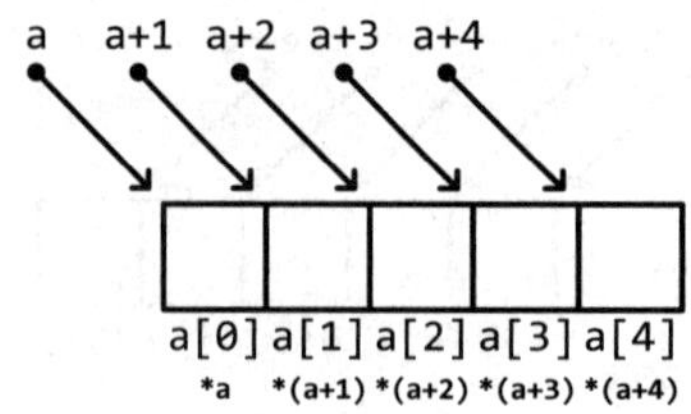

그림 13.4 *(배열명+정수)의 의미

프로그램 13.1 포인터 연산을 이용한 배열의 처리

```
int   a[5];
int   i, sum;
for(i=0;i<5;i++)
{
    scanf("%d", a+i);
}
sum = 0;
for(i=0;i<5;i++)
{
    sum = sum + *(a+i);
}
printf("%d\n", sum);
```

슷하게 *(a+2)는 a+2가 가리키는 변수이므로 a[2]이고, 같은 이유로 *(a+i)는 바로 a[i]입니다. 정리하면 그림 13.4와 같으며, 기호로 표시하면 일반적으로 *(a+i)↔*(&a[i])↔a[i]가 성립합니다.

이제 여러분은 어떤 배열 a에 대해 a[i]와 &a[i]를 나타내는 다른 방법도 배웠습니다. 배열 요소 a[i]는 *(a+i)로도 표현할 수 있고 그 주소인 &a[i]는 a+i로도 표현할 수 있습니다. 이러한 표현법을 이용해서 작성한 프로그램이 프로그램 13.1입니다. 이 예제는 원래 다섯 개의 정수를 입력받아서 배열에 저장한 뒤 그 합을 구해서 출력하는 프로그램입니다. 그런데 배열 요소들을 직접적으로 사용하지 않고 포인터와 정수의 덧셈 연산과 간접지정 연산자 *만을 이용해서 작성한 것입니다. 보시면 원래 scanf에서 &a[i]라고 적어야 할 것 같은데 그 대신 a+i를 적었고, sum = sum + a[i]라고 해야 할 것 같은데 sum = sum + *(a+i)라고 했습니다. 이렇게 해도 잘 동작하니 한 번 확인해 보십시오.

13.1.4 배열 참조 연산자와 간접지정 연산자

배열 요소를 지칭할 때 배열명을 적고 [ ]의 사이에 첨자를 적습니다. 이때 사용되는 [ ]도 문법적으로는 연산자입니다. 이름은 배열 참조 (array reference) 연산자 정도가 될 것 같습니다. 물론 지금까지 [ ]를 연산자로 인지하지 못하셨을 것입니다. 대신 a[2]와 같이 배열 요소를 지칭할 때 마치 a[2] 전체가 변수의 이름인 것처럼 사용해 왔습니다. 지금까지 사용해 오신 것처럼 하셔도 아무 지장 없습니다만, 문법적으로 따지면 [ ]도 연산자로 분류된다는 것을 알아 놓으셔도 좋을 것 같습니다.

그런데 앞에서 *(a+i)와 a[i]는 서로 동일하다고 했습니다. 이 관계는 일반적으로 성립해서 *(□+△)과 □[△]은 서로 동일합니다. 실제로는 적절한 괄호가 필요하며, 이 식들이 의미가 있으려면 □와 △중 하나는 포인터형이고 다른 하나는 정수형이어야 합니다. 읽기에 편한 면을 따지면, □[△]은 사람에게 친숙한 표현입니다. 배열 요소를 a[2]와 같이 표기하면 배열 a의 2번 요소임을 금방 알 수 있습니다. 이에 반해 *(□+△)는 사람보다는 컴퓨터에 친숙한 표현입니다. 어느 쪽을 사용해도 무방한데, 여러분이 □[△] 라고 적어 놓아도 컴파일러는 컴퓨터에 친숙한 *(□+△)로 바꾸어 버립니다.

13.1.5 기타 포인터의 연산

앞에서 포인터형에 정수를 더하는 것을 했습니다. 그런데 정수에는 음수도 포함되어 있으니 포인터에서 정수를 빼는 것도 역시 가능할 것입니다. 다만 그 의미에 대해서는 다음 절의 내용을 보셔야 할 것 같습니다.

가리키는 대상의 자료형이 같은 포인터형끼리는 빼는 것이 가능합니다. 결과는 두 주소 사이에 들어가는 변수의 개수 쯤으로 볼 수 있을 것 같습니다. 예를 들어 두 주소 &a[3]과 &a[1] 사이에 뺄셈을 한 &a[3]-&a[1]의 결과는 2입니다. 그리고 역시 가리키는 대상의 자료형이 같으면 포인터형끼리는 >, <, ==과 같은 비교를 하는 것도 가능합니다. 의미는 주소값의 크기를 비교하는 것입니다.

이 외의 포인터형에 대한 사칙연산은 금지되어 있습니다. 예를 들어 포인터형 값들끼리 더하시면 안 됩니다.

13.2 1차원 배열과 포인터

앞절에서는 배열명의 의미와 주소 연산자를 통해 배열 요소들을 접근하는 방법에 대해 설명했습니다. 이 절에서는 배열과 포인터의 관계 및 포인터를 이용해서 배열 요소들을 접근하는 방법을 다루겠습니다.

13.2.1 배열명과 포인터

앞에서 배열명은 배열의 첫 번째 요소를 가리키는 주소라고 했습니다. 계속 예로 들고 있는 int a[5]에서 a는 a[0]을 가리키는 주소이지요. 그렇다면 a의 자료형은 int형 변수를 가리키는 주소이므로 int*입니다. 그리고 만일 int *b;라고 선언한다면 포인터 b의 자료형도 int*입니다. 그렇다면 a와 b의 자료형은 같은 것이고 b는 주소를 저장할 수 있는 변수이므로, 그림 13.5와 같이 a를 b에 저장하는 것도 가능하겠지요. 그리고 이렇게 되면 b에는 a[0]의 주소가 들어 있는 것이고 그러므로 그림 13.6과 같이 b는 a[0]을 가리키게 됩니다.

그림 13.6의 상황에서 a와 b는 같은 대상을 가리키고 있습니다. 다만 a와 b가 동일하지는 않습니다. 왜냐하면 b는 포인터, 즉 주소를 저장하는 변수이고, a는 주소값이기 때문입니다. 그러므로 동일하지는 않으나 현재는 같은 값을 가지므로 a==b라고 표기할 수 있습니다.

```
int   a[5];
int   *b;
b = a;
```

그림 13.5 배열명을 포인터에 대입하기 1

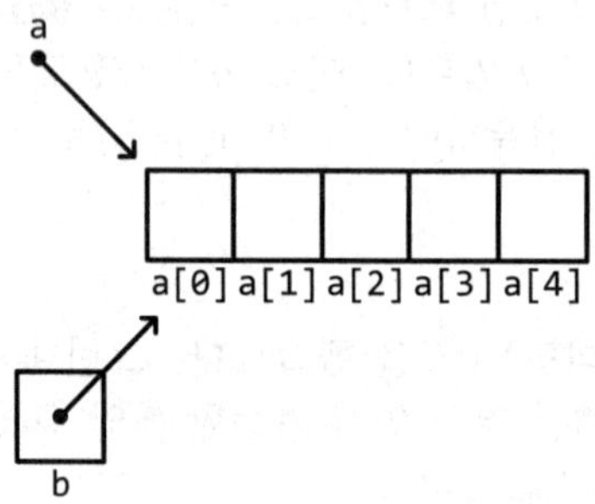

그림 13.6 그림 13.5의 결과

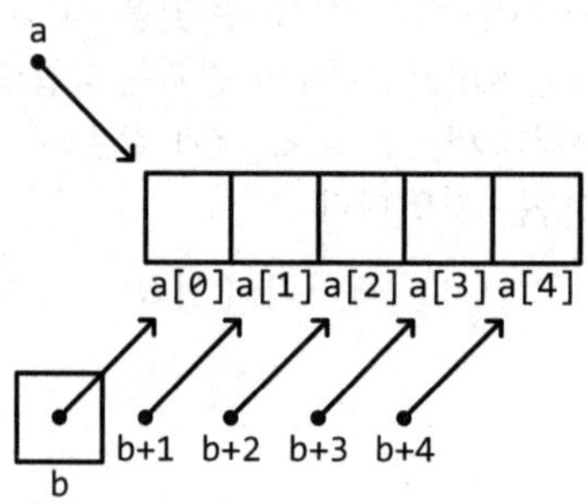

그림 13.7 포인터+정수의 의미

이제 그림 13.6의 상황에서 b+1은 무엇인지 생각해 봅시다. 앞서 포인터형에 정수를 더하면 정수는 대상체의 크기를 곱한 것으로 변환이 된 후에 더해진다고 했습니다. 그러므로 b+1도 대상체의 크기인 4 바이트를 곱해서 b에 4를 더한 값입니다. 그렇다면 b에 4를 더한 값은 어느 변수를 가리킬까요? 네, 바로 a[1]을 가리키게 됩니다. 예를 들어 a[0]의 주소가 7200이면 b에 7200이 저장되어 있을테고, b+1의 결과는 7204가 될 것입니다. 배열 요소들은 연속적으로 할당되므로 a[1]의 주소가 7204이고, 따라서 b+1은 a[1]을 가리키는 것입니다. 비슷하게 b+2는 a[2]를, b+3은 a[3]을 가리켜서 그림 13.7과 같이 표현할 수 있을 것입니다. 기호로 표시한다면 b+i == &a[i] 정도가 될 것 같고, 배열 요소의 개수로 표현한다면 b+i는 b가 가리키는 배열 요소에서 i개 이후의 배열 요소를 가리킨다고 보면 될 것 같습니다.

이제 b+1이 무엇인지 알았으니 *(b+1)도 생각해 봅시다. 간접지정 연산자 *는 뒤의 주소가 가리키는 그 공간이고 b+1은 현재 a[1]을 가리키고 있습니다. 그렇다면 *(b+1)은 a[1]이겠지요. 비슷하게 *(b+2)는 a[2]이고, *(b+3)은 a[3]이고, 일반적으로 *(b+i) == a[i]로 표현할 수 있을 것입니다.

표 13.1 배열과 포인터의 관계

&a[i]↔a+i a[i]↔*(a+i)	동일함
&a[i]==b+i a[i]==*(b+i)	b = a;라고 대입한 이후에는 결과나 효과가 서로 같아짐
b[i]↔*(b+i)	동일함

프로그램 13.2 포인터 연산을 이용한 배열의 처리

```
01: int   a[5], *b, i;
02: int   sum1=0, sum2=0, sum3=0, sum4=0;
03: ...
04: b = a;
05: for(i=0;i<5;i++)
06: {
07:     sum1 += a[i]; <---a[i]<->*(a+i)       }
08:     sum2 += *(a+i);                       } 모두 같은 합을
09:     sum3 += *(b+i); <--*(a+i)==*(b+i)     }   계산함
10:     sum4 += b[i]; <---*(b+i)==b[i]        }
11: }
12: printf("%d, %d, %d, %d\n",sum1,sum2,sum3,sum4);
```

그리고 마지막으로 배열 a에 대해 *(a+i)가 a[i]와 동일했듯이 포인터 b에 대해서도 *(b+i)와 b[i]가 동일합니다. 이것은 조금 뜻밖일 수도 있을 것입니다. 왜냐하면 [ ]는 지금까지 배열의 요소를 접근할 때 써 왔는데, 배열도 아닌 b에 [ ]를 사용한 것입니다. 그런데 지금까지 설명을 보시면 배열명과 포인터를 거의 구별없이 사용하고 있습니다. 예를 들어 포인터 b에 배열명 a를 대입하는 순간, a+i가 가리키는 a[i]를 b+i도 가리키고 있고 *(a+i)와 동일한 a[i]가 *(b+i)와 동등한 것입니다. 보시면 배열명과 포인터가 서로 같은 자리에 있음을 알 수 있습니다. 그러므로 원래 배열명이 있어야 하는 [ ]의 앞에 포인터를 두는 것도 허용하는 것입니다.

정리를 하면 표 13.1과 같습니다. 1차원 배열 a가 있으면 배열명과 연산자들의 의미에 의해 &a[i]↔a+i이고 a[i]↔*(a+i)입니다. 배열 a의 자료형에 대한 포인터 b에 대해 b = a라고 대입하는 순간 &a[i]==b+i이고 a[i]==*(b+i)입니다. 그리고 포인터 b에 대해 b[i]↔*(b+i)로 규정하고 있습니다. 이들을 종합해 보면 a[i]==*(b+i)이고 *(b+i)↔b[i]이므로, a[i]와 b[i]는 서로 동등합니다. 즉 동일한 것은 아니나 현재 결과값은 같아서 바꿔 적어도 결과는 같은 것입니다. 즉 b = a라고 한 이후부터는 포인터 b가 마친 배열 a인양 사용할 수도 있다는 말입니다.

이에 대한 예제가 프로그램 13.2입니다. 보시면 1번 줄에서 int형 배열 a와 int형 포인터 b를 선언하고 있습니다. 그리고 다른 작업을 좀 한 뒤에 4번 줄에서 b에 a를 대입합니다. 그러면 b에는 a가 나타내는 주소값, 즉 a[0]의 주소값이 저장됩니다. 그 뒤에 4개의 합을 구하는데, a[i], *(a+i), *(b+i), b[i] 각각의 합을 sum1~sum4에 저장합니다.

프로그램 13.3 포인터를 이용한 배열 접근 1

```
01: int   a[5];
02: int   c[4];
03: int   *b;
04:
05: b = a;
06: b[1] = 3;
07: b = c;
08: b[2] = 5;
09: b = a + 2;
10: b[1] = 5;
```

그런데 앞에서 말했듯이 a[i]와 *(a+i)는 동일하고, *(b+i)와 b[i]도 동일합니다. 그리고 b = a;라고 대입하는 순간 *(a+i)와 *(b+i)도 서로 동등해지는 것입니다. 그러므로 네 개의 합은 모두 같게 됩니다. 12번 줄의 printf문을 통해 출력되는 네 개의 값은 모두 같겠지요.

13.2.2 포인터를 이용한 다양한 배열 접근 1

포인터를 이용해서 배열 요소들을 접근하게 되면 일반적인 배열 요소를 접근할 때와는 다른 자유도가 생깁니다. 이런 자유도는 포인터가 변수라는 사실에 기인합니다. 배열 a와 포인터 b에 대해, 배열명 a는 변수가 아닙니다. 배열명은 어떤 기호로 이해해야 한다고 앞에서 말했으며 따라서 그 값을 바꿀 수 없습니다. 만일 a = a + 1;과 같은 문장을 적으면 안 되는 것입니다. 그에 반해 포인터 b는 변수이므로 값을 바꿀 수 있습니다. 예를 들어 b = b + 1;과 같은 문장을 적어도 되는 것이지요. 이 뿐만 아니라 포인터 b가 경우에 따라서 서로 다른 배열을 혹은 서로 다른 배열 부분을 가리키도록 할 수도 있습니다. 몇 개의 예제를 통해 이런 다양한 활용법을 익혀 봅시다.

프로그램 13.3의 프로그램을 봅시다. 크기가 5인 int형 배열 a와 크기가 4인 배열 int형 배열 c가 있으며 int형 포인터 b도 선언하고 있습니다. 그리고 그 이후로 b에 다양한 값들을 넣으며 b[?]를 접근하고 있습니다. 이 프로그램을 실행하면 배열 a와 c의 어느 요소에 어느 값이 저장될까요? 하나씩 따라가 봅시다.

처음에 실행하면 배열 a, c와 포인터 b를 만듭니다(그림 13.8a). 배열명 a와 c는 각각 a[0]과 c[0]을 가리키겠지요. 다음으로 5번 문장에서 b = a;를 실행합니다. 그러면 그림 13.8b의 ①과 같이 b는 a[0]을 가리키게 됩니다. 자연스럽게 b+1은 a[1]을, b+2는 a[2]를, ..., b+4는 a[4]를 가리킵니다. 이 상황에서 6번 문장은 b[1] = 3;이네요. 이 문장은 b[1]에 3을 저장하라는 말인데, 앞에서 말했듯이 b가 비록 포인터이지만 b[1]과 같은 문법이 가능하며 의미는 *(b+1), 즉 b+1이 가리키는 변수라고 했습니다. 현재 b+1은 a[1]을 가리키고 있으므로 결국 ②와 같이 a[1]에 3을 저장합니다.

다음 문장 b = c;를 실행하면 그림 13.8c의 ①과 같이 이번에는 b가 c[0]을 가리킵니다. 그러면 b+1은 c[1]을, b+2는 c[2]를, b+3은 c[3]을 가리키겠지요. 이때 다음 문장인 b[2]

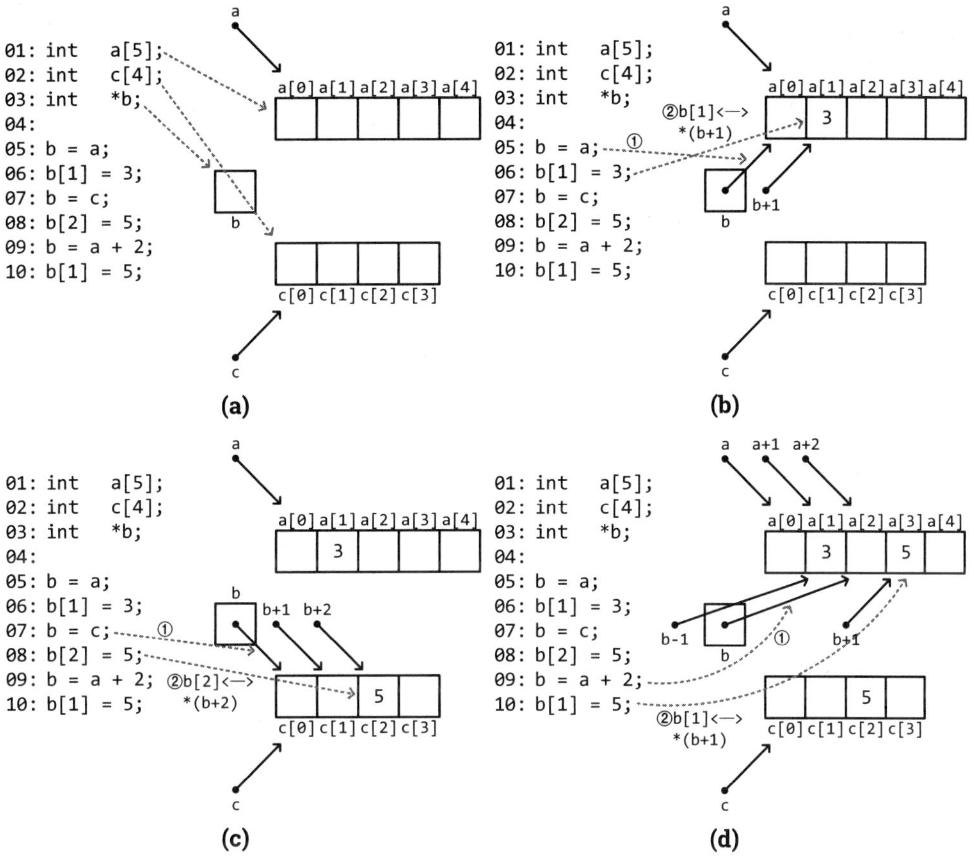

그림 13.8 프로그램 13.3의 진행

= 5;가 실행되면 5는 어디에 저장될까요? 5는 c[2]에 저장될 것입니다②. 계속 말하지만 b[2]는 *(b+2)와 동일하고, 현재 b+2는 c[2]를 가리키고 있으니 *(b+2)는 바로 c[2]인 것입니다.

이제 다음 문장인 9번 문장, b = a + 2;로 가봅시다. 특이하게도 b에 배열명이 아닌 다른 값을 저장하고 있습니다. 이것도 당연히 가능한 문장입니다. 이 문장에서 a+2는 a[2]를 가리키는 주소이므로 이 문장을 실행하면 그림 13.8d의 ①과 같이 b는 a[2]를 가리킵니다. 이때, b+1은 무엇을 가리킬까요? 현재 b가 가리키는 배열 요소가 a[2]이므로 b+1은 그 다음 배열 요소인 a[3]을 가리킵니다. 비슷하게 b+2는 b가 가리키는 a[2]에서 두 개 이후의 배열 요소인 a[4]를 가리키겠지요. 그럼 다음 문장인 b[1] = 5;에서 5가 어디에 저장될 지도 알 수 있습니다. 앞에서와 같이 b[1]은 *(b+1)인데, 현재는 b+1이 a[3]을 가리키고 있으므로 ②와 같이 5는 a[3]에 저장됩니다. 만일 다음에 b[2]에 어떤 값을 저장한다면 그 값은 a[4]에 저장되겠지요. 마치 a[2], a[3], a[4]로 이루어진 새로운 배열을 다루는 모양이 되겠습니다.

그리고 특이하게도 b[-1]과 같이 음수를 첨자로 사용하는 것도 의미가 있겠습니다.

프로그램 13.4 포인터를 이용한 배열 접근 2

```
01: int   a[5];
02: int   *b;
03:
04: b = a;
05: *b = 3;
06: b = b + 1;
07: *b = 4;
```

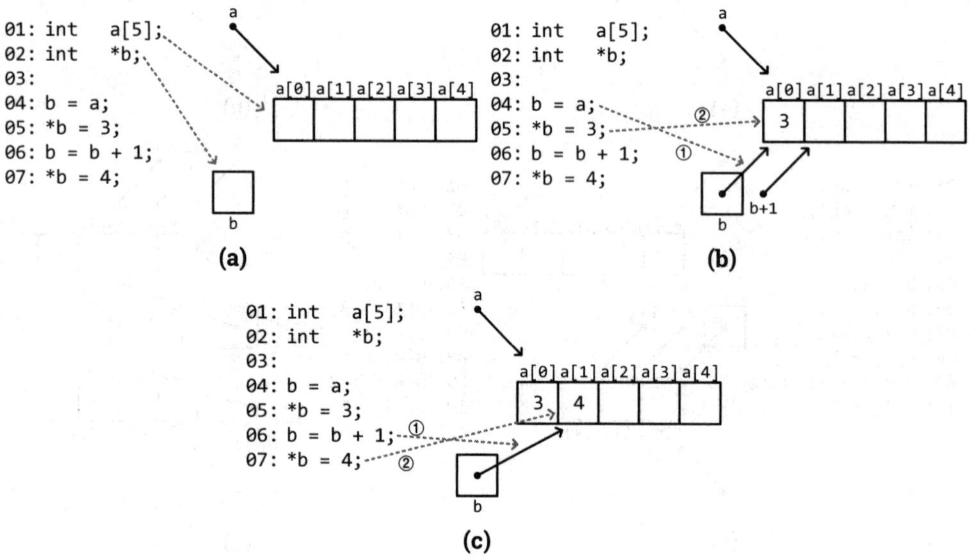

그림 13.9 프로그램 13.4의 진행

앞에서 **b[1]**은 b가 가리키고 있는 **a[2]** 보다 하나 뒤에 있는 **a[3]**을 의미했으니 **b[-1]**은 반대로 하나 앞에 있는 **a[1]**을 의미합니다. 그러므로 만일 **b[-1] = 3;**이라고 마지막에 추가한다면 **a[1]**에 3이 저장됩니다.

이와 같이 포인터를 이용하면 배열을 바꿔 가며 다룰 수도 있고 배열의 중간에서부터 새로운 배열인양 다룰 수도 있습니다.

13.2.3 포인터를 이용한 다양한 배열 접근 2

포인터를 이용해서 배열 요소를 접근하는 다른 예제도 다루어 보겠습니다. 프로그램 13.4를 보시면 5번과 7번 줄에서 똑같이 ***b**에 어떤 값을 저장하고 있습니다. 이 값들은 과연 같은 변수에 저장이 될까요? 한 번 따라와 보십시오.

처음 두 문장을 실행하면 그림 13.9a와 같이 배열 **a**와 포인터 **b**가 만들어 집니다. 그리고 다음 문장인 **b = a;**를 실행하면 그림 13.9b의 ①과 같이 b는 **a[0]**을 가리키게 됩니다. 그러므로 다음 문장인 ***b = 3;**에서 3은 **a[0]**에 저장될 것입니다②.

```
b = a;
*b = 3;
b = b + 1;
*b = 4;
```

→

```
b = a;
*b = 3;
b++;
*b = 4;
```

→

```
b = a;
*b++ = 3;
*b = 4;
```

그림 13.10 프로그램 13.4의 변형

프로그램 13.5 포인터 증감을 이용한 배열의 합 구하기

```
01: int   a[5], *b, i;
02: int   sum=0;
03: ...
04: b = a;
05: for(i=0;i<5;i++)
06: {
07:     sum += *b++;
08: }
09: printf("%d\n", sum);
```

그런데 다음에 있는 **b = b + 1;**이라는 문장이 조금 걸립니다. 사실 이런 형태의 문장은 많이 봤습니다. 반복문에서 **i = i + 1;**이라는 문장을 많이 써 왔습니다. 그런데 일반 변수가 아닌 포인터에 대해 이런 형태는 이번이 처음입니다. 그러나 원칙대로만 따라 가면 어렵지 않습니다. 현재 **b**가 **a[0]**을 가리키고 있으므로 **b+1**은 **a[1]**을 가리키는 주소일 것입니다. 이 **b+1**을 **b**에 저장하는 것이므로 **b = b + 1**을 실행하면 **b**에는 **a[1]**을 가리키는 주소가 저장되어서, 그림 13.9c의 ①과 같이 **b**는 **a[1]**을 가리키게 됩니다. 그러면 그 다음 문장인 ***b = 4;**에서는 ②와 같이 **4**가 **a[1]**에 저장될 것입니다.

보기에 조금 까다로운 형태였는데, 잘 이해 되셨는지요? 그런데 보통은 프로그램 13.4를 좀 더 간결한 형태로 작성하는 것이 일반적입니다. 이전에 반복문을 배울 때 증감 연산자에 대해 설명했었습니다. 1씩 증가하는 문장인 **i = i + 1;** 같은 문장은 간단히 **i++**나 **++i**라고 적을 수 있었습니다. 이것은 포인터에 대해서도 그대로 적용됩니다. 즉 그림 13.10에서와 같이 **b = b + 1;**을 **b++;**라고 적어도 같은 것입니다. 게다가 이 문장을 이전 문장과 합쳐 버려서 ***b = 3;**을 ***b++ = 3;**이라고 적어도 같은 동작을 합니다. 비록 이해하기는 좀 더 어려워졌지만 프로그램은 간결해졌습니다. 그리고 C 프로그래밍에 좀 익숙해지시면 이 정도는 한 눈에 이해되실 것입니다.

그럼 프로그램 13.4를 응용한 예제를 하나 소개하겠습니다. 프로그램 13.5를 보시면 배열 **a**와 포인터 **b**가 있습니다. 그리고 반복문을 돌면서 **sum**에 계속 더하고 있습니다. 무언가 합을 구하는 프로그램 같은데 **sum**에 더하는 값이 ***b++**, 방금 새로 배운 것입니다. 이 프로그램의 결과가 무엇일지 생각해 봅시다.

우선 **4**번 문장을 실행하면 그림 13.11a와 같이 **b**는 **a[0]**을 가리키게 됩니다. 그리고 반복문 안으로 들어와서 **7**번 문장을 실행합니다. 현재 **b**가 가리키는 변수가 **a[0]**이므로 ***b**는 **a[0]**입니다. 그러므로 **sum**에 더해지는 값은 ③과 같이 **a[0]**입니다. 이제 역시 **7**번 문장에서 **b++**을 처리해야 합니다. 포인터 **b**를 1 증가시키는 연산인데, 이 장에서 계속

```
int   a[5], *b, i;
int   sum=0;
...
b = a;
for(i=0;i<5;i++)
{
    sum += *b++;
}
printf("%d\n", sum);
```

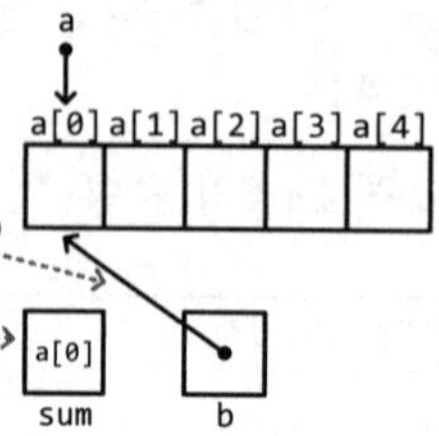

(a)

```
int   a[5], *b, i;
int   sum=0;
...
b = a;
for(i=0;i<5;i++)
{
    sum += *b++;
}
printf("%d\n", sum);
```

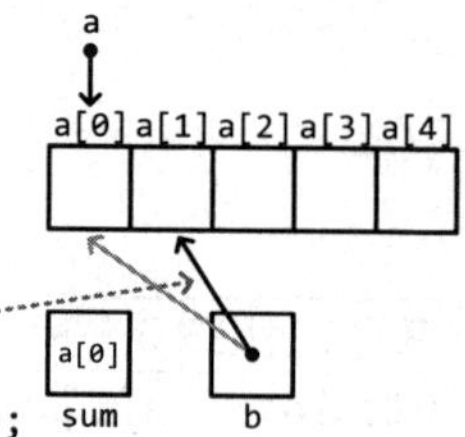

(b)

```
int   a[5], *b, i;
int   sum=0;
...
b = a;
for(i=0;i<5;i++)
{
    sum += *b++;
}
printf("%d\n", sum);
```

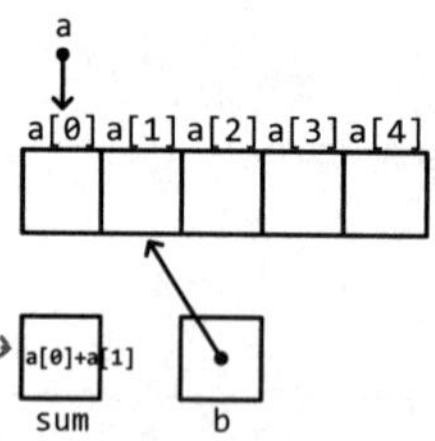

(c)

```
int   a[5], *b, i;
int   sum=0;
...
b = a;
for(i=0;i<5;i++)
{
    sum += *b++;
}
printf("%d\n", sum);
```

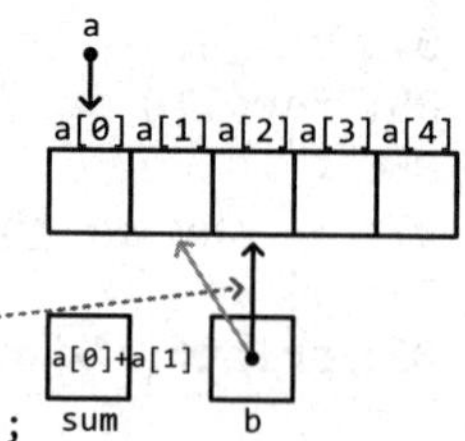

(d)

```
int   a[5], *b, i;
int   sum=0;
...
b = a;
for(i=0;i<5;i++)
{
    sum += *b++;
}
printf("%d\n", sum);
```

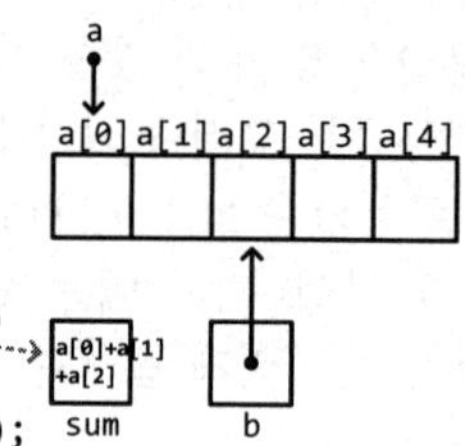

(e)

```
int   a[5], *b, i;
int   sum=0;
...
b = a;
for(i=0;i<5;i++)
{
    sum += *b++;
}
printf("%d\n", sum);
```

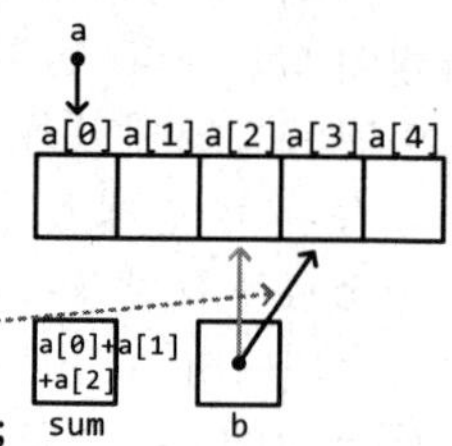

(f)

```
int   a[5], *b, i;
int   sum=0;
...
b = a;
for(i=0;i<5;i++)
{
    sum += *b++;
}
printf("%d\n", sum);
```

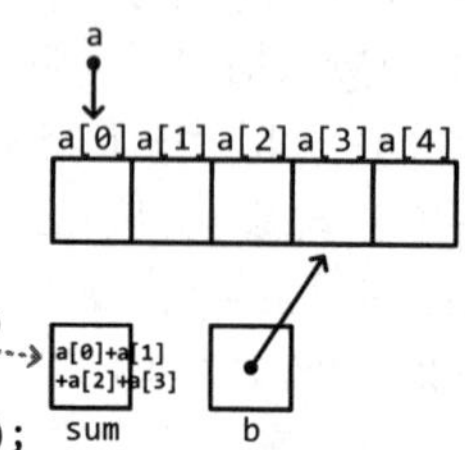

(g)

```
int   a[5], *b, i;
int   sum=0;
...
b = a;
for(i=0;i<5;i++)
{
    sum += *b++;
}
printf("%d\n", sum);
```

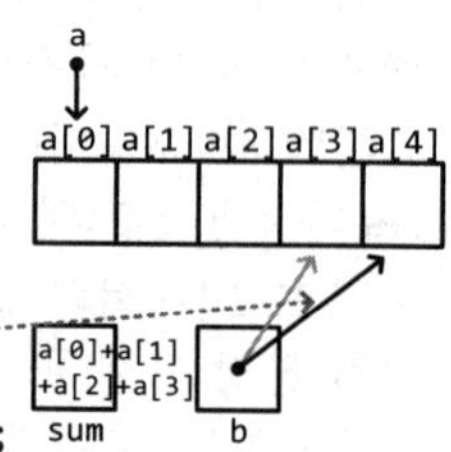

(h)

```
int   a[5], *b, i;
int   sum=0;
...
b = a;
for(i=0;i<5;i++)
{
    sum += *b++;
}
printf("%d\n", sum);
```

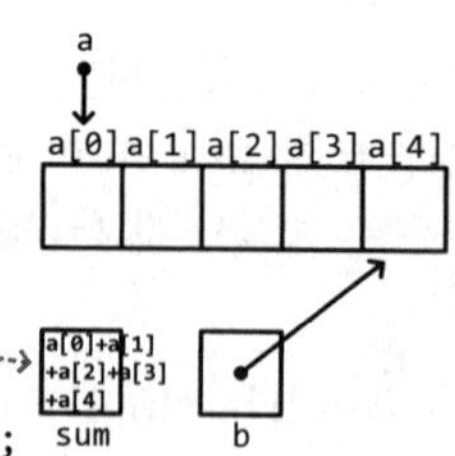

(i)

```
int   a[5], *b, i;
int   sum=0;
...
b = a;
for(i=0;i<5;i++)
{
    sum += *b++;
}
printf("%d\n", sum);
```

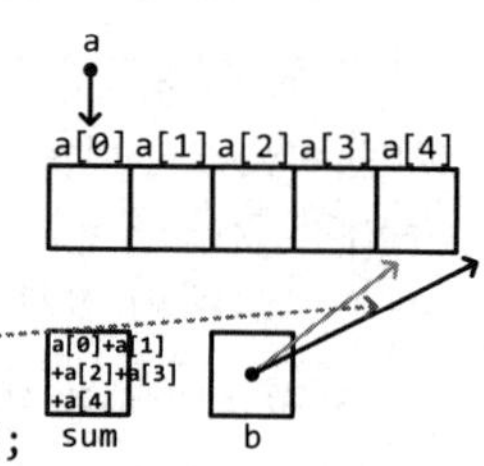

(j)

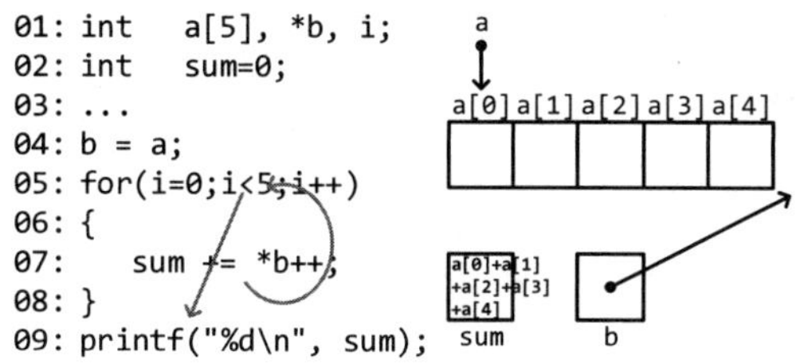

(k)

그림 13.11 프로그램 13.5의 진행

얘기하고 있듯이 포인터에 1을 더한다는 것은 가리키는 대상의 크기만큼 증가한다는 것을, 다시 말하면 배열 요소 한 개 혹은 변수 한 개만큼 옆에 있는 것을 가리키는 것을 의미합니다. 그러므로 b를 1 증가시키면 그림 13.11b와 같이 b가 a[1]을 가리키게 됩니다. (사실 *b++을 정확히 해석하려면 연산자의 우선 순위와 증감 연산자의 전위, 후위 등을 고려해야 하는데 이것은 16장에서 설명하겠습니다.)

반복문을 한 바퀴 돌고와서 sum += *b++;을 만났을 때 b는 a[1]을 가리키므로 그림 13.11c의 ②와 같이 sum에는 a[1]이 더해 집니다. 그리고 b++를 통해 b가 1 증가하면 이번에는 b가 a[2]를 가리키게 되겠지요(그림 13.11d). 그리고 다시 반복문을 돌게 되면 이번에는 sum에 a[2]가 더해지는 것입니다(그림 13.11e의 ②). 이와 같이 b++에 의해 b가 가리키는 요소가 하나씩 옮겨가면서 *b를 sum에 차례로 더해 나가므로, 그림 13.11k와 같이 반복문이 끝날 때에 sum에는 a[0]부터 a[4]까지의 합이 저장됩니다. 반복문 아래의 printf에서는 a[0]부터 a[4]까지의 합이 출력되겠지요.

그런데 하나 의문이 드실 수도 있을 것입니다. 그림 13.11k를 보면 b가 현재 아무것도 없는 곳을 가리키고 있습니다. 이때 b가 가리키고 있는 것은 무엇일까요? 이 장의 제일 앞에 있는 그림 13.1처럼 배열 a가 할당되어 있다고 생각해 보겠습니다. 그림 13.11k처럼 되기 이전에 b가 가리키고 있던 것은 a[4]였지요. 그림 13.1에서 a[4]는 7216 번지에 할당되어 있습니다. 즉 b에 저장된 값이 7216이었다는 말입니다. 이 상태에서 b를 1 증가시키면 b의 값은 4를 더한 7220이 될 것입니다. 즉 b는 7220번지에 있는 무엇인가를 가리키고 있는 것입니다. 물론 7220번지에 무엇이 있는지는 모릅니다. 다른 변수가 할당되어 있을 수도 있고 아무 변수도 할당되어 있지 않을 수도 있습니다. 그러므로 이때 *b = 3;과 같이 b가 가리키고 있는 곳의 값을 바꾸는 것은 위험합니다. 어느 변수의 값이 바뀌어 버릴지 알 수 없기 때문입니다.

프로그램 13.5에서 포인터 연산을 더 이용하도록 만든 것이 프로그램 13.6입니다. 보시면 변수 i자체가 없어졌고 반복문에서의 조건 검사도 b<a+5로 바뀌었습니다. 여기서 a+5는 a에서 다섯 배열 요소 이후이므로 배열 a를 넘어서는 주소입니다. 즉 반복을 몇 번 하는지 명시적으로 세는 것이 아니라 b가 증가하다가 a+5 이상이 되면 배열의 끝을 넘어가므로 중지하는 것입니다. 이렇게 b를 이용해서 반복문 세는 것을 흉내내는 것이고, 이를 좀 더 for문에 맞게 강조하고 싶으시면 6번 줄을 sum += *b;로 수정한 뒤 for문의 증감 연산 자리에 b++을 넣으셔도 좋습니다.

프로그램 13.6 포인터 증감을 이용한 배열의 합 구하기 2

```
int   a[5], *b;
int   sum=0;
...
for(b=a;b<a+5;)
{
    sum += *b++;
}
printf("%d\n", sum);
```

이제까지 배열과 포인터의 관계에 대해 다루어 보았습니다. 그리 직관적인 개념들은 아니어서 이해하시기에 조금 어려울 수도 있겠습니다만 조금만 익숙해지면 나름 편리한 개념들입니다. 그리고 무엇보다 다음 절에 다룰 배열 매개 변수와 조금 더 있다가 다룰 동적 할당을 익히시려면 꼭 알아 두셔야 하는 개념입니다.

13.3 다시 보는 배열 매개 변수

9장에서 매개 변수가 배열인 경우에 대해 설명했는데, 일반적인 매개 변수의 경우와 조금 달랐습니다. 우선 매개 변수가 배열일 때 새로운 배열이 만들어지는 것은 아니고, 인자에 오는 배열의 이름을 잠시 바꾸는 것이라고 했습니다. 그래서 배열 매개 변수에는 크기를 생략한다고 설명했습니다. 무엇보다 값에 의한 호출이라는 개념에 맞지 않는 동작이 있었습니다. 바로 함수 내에서 배열 매개 변수의 배열 요소의 값을 바꾸면 인자로 건넸던 배열의 배열 요소 값이 바뀌었습니다. 그 때에는 그냥 그렇다고 말씀드렸는데, 이제 제대로 설명 드리겠습니다.

우선 C언어에서 배열 매개 변수는 없다고 보셔도 됩니다. 매개 변수 자리에 배열을 적어 놓으면 그 것은 포인터로 변환됩니다. 예를 들어 void f(int a[])라고 함수의 머리 부분을 구성하시면 컴파일러는 이것을 void f(int *a)로 해석합니다. 즉 배열 a가 아니라 포인터 a로 보는 것입니다. '어, 지금까지 함수 내에서 배열로 사용했었는데 그거 뭐였지?' 라고 생각이 드실 수도 있겠습니다만, 앞 절에서 포인터를 마치 배열인 것처럼 사용하는 것을 배웠습니다. 여러분이 함수 내에서 다루었던 배열 매개 변수는 모두 배열을 가장한 포인터들이었습니다.

그럼, 프로그램 13.7의 예제를 통해 이 개념을 익혀 봅시다. 프로그램이 main에서 시작하면 배열 b를 만들고 진행하다가 함수 f를 만납니다(그림 13.12a의 ③). 그럼 함수 f로 가겠지요. 함수 f로 가 보니 매개 변수가 배열 a입니다. 그런데 앞에서 말했듯이 배열 매개 변수는 포인터로 바뀝니다. 그러므로 매개 변수 자리에 int *a가 있는 것처럼 동작해서 그림 13.12b의 ①처럼 포인터 a가 생성됩니다. 다음으로 인자가 매개 변수에 복사됩니다. 함수 f를 호출하는 곳에서 인자를 보니 배열명 b입니다. 앞에서 설명했듯이 배열명 b는 b[0]을 가리키는 주소입니다. 이 값이 매개 변수인 포인터 a에 복사되는 것입니다. 자료형을 따져 보면 int형 변수 b[0]을 가리키는 주소이므로 인자의 자료형은 int*이고 포인터 a의 자료형도 int*이므로 서로 같습니다. 따라서 인자의 값이 매개 변수

프로그램 13.7 배열 매개 변수 예제

```
void f(int a[]) {
    a[2] = 3;
    return;
}
int main(void) {
    int   b[5];
    ...
    f(b);
    ...
}
```

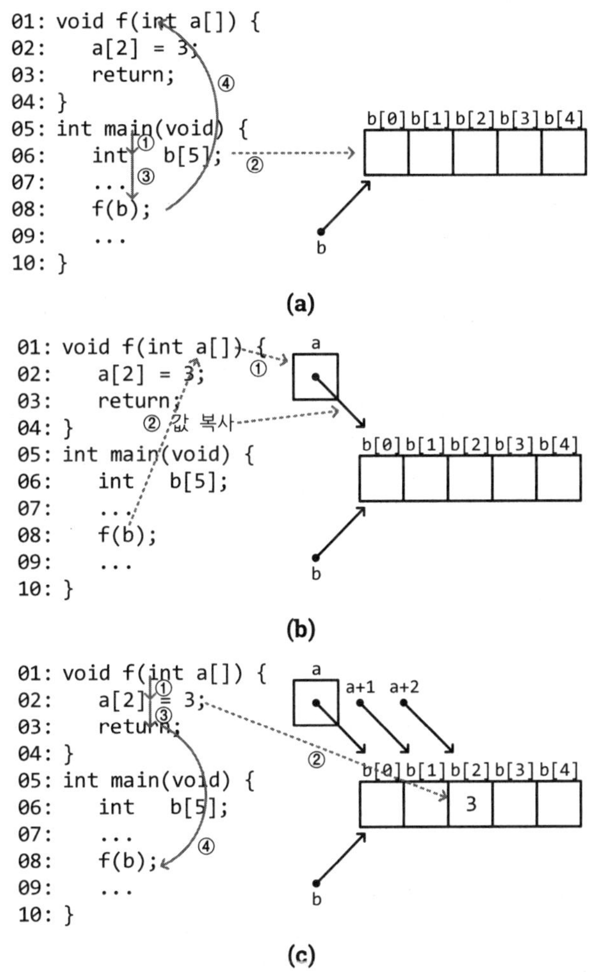

그림 13.12 프로그램 13.7의 진행

a에 복사 되는 것에 아무 문제가 없습니다. 이제 포인터 a는 b[0]을 가리키게 됩니다(그림 13.12b의 ②).

함수 내부를 실행하려 하니 첫 번째 문장이 a[2] = 3;입니다. 이제 a[2]가 뭔지를 알아야겠지요. 포인터 a에 대해 a[2]는 *(a+2)와 동일합니다. 그리고 현재 a가 b[0]을 가리키고 있으니 a+2는 b[2]를 가리킬 것입니다. 그러므로 a[2]는 바로 b[2]인 것이고 a[2] = 3; 문장을 통해 b[2]에 3이 저장됩니다(그림 13.12c의 ②). 그리고 다음 문장인 return을 통해 되돌아가겠지요.

보시면 함수 f내에서 마치 배열인 것처럼 a[2]라고 하면 b[2]를 접근하게 됩니다. 동작만 보면 배열 b가 잠시 배열 a로 이름이 바뀐 것처럼 보입니다. 그래서 9장에서 매개 변수가 배열이면 인자의 배열을 잠시 이름만 바꾸는 것이다라고 설명했던 것입니다. 그리 많이 틀린 설명은 아니었습니다. 그러나 정확하게 설명한다면 매개 변수가 포인터인 것이고 포인터를 마치 배열인 것처럼 다룬 것이었습니다.

그럼, 9장에서 다루었던 프로그램 9.2의 프로그램을 다시 한 번 제대로 분석해 보겠습니다. 그림 13.13a의 ①~③과 같이 배열 b를 만들고 초기화한 뒤 array_sum 함수를 호출합니다. 함수로 이동하니 매개 변수가 int a[]와 int n입니다. 매개 변수 n은 일반적인 매개 변수이니 변수 n이 생성되고, 배열 매개 변수 int a[]는 앞에서 설명했듯이 포인터 int *a로 변환되어서 포인터 매개 변수 a가 생성됩니다⑤. 다음으로 인자가 매개 변수에 복사됩니다. 호출할 때 첫 번째 인자가 배열 b의 배열명입니다. 그러므로 매개 변수 a로 복사되는 값은, 배열명 b의 값, 즉 b[0]의 주소입니다. 포인터 a는 이제 b[0]을 가리키겠지요⑥. 두 번째 인자인 5는 매개 변수 n에 복사됩니다.

다음으로 함수의 내부에 들어가니 변수 i와 sum을 만들고 sum에 0을 저장한 뒤 반복문을 만납니다(그림 13.13b의 ①~④). 반복문 안에서는 i가 0부터 n-1까지 증가하면서 sum에 a[i]를 더하고 있습니다. 이때 a[i]들이 무엇인지를 생각해 봅시다. 현재 a는 b[0]을 가리키고 있습니다. 처음에 i가 0일 때 a[0]을 생각하면 a[0]은 *(a+0)과 동일하고 이것은 *a이니 바로 b[0]입니다. 비슷하게 a[1]은 *(a+1)인데 a+1이 b[1]을 가리키고 있으니 a[1]은 바로 b[1]인 것입니다. 이와 같이 분석해 보면 그림 13.13b에서 배열 b 위에 적어 두었듯이 a[0]~a[4]는 바로 b[0]~b[4]인 것입니다. 따라서 반복문을 마치면 sum에는 b[0]~b[4]의 합인 31이 저장되어 있을 것입니다. 그리고 함수를 마치며 이 값과 함께 돌아갈 것입니다.

그림 13.13b를 보시면 sum에 더하는 것은 a[0]~a[4]인데 실제로 더해지는 것은 b[0]~b[4]입니다. 이것은 포인터 a가 b[0]을 가리키고 있기 때문이며, 포인터 연산의 관계를 이용해 포인터 a를 마치 배열인 것처럼 사용한 것입니다. 그리고 이러한 관계에 의해 함수 내에서는 마치 배열 b가 배열 a로 이름이 바뀐 것처럼 보이는 것입니다.

여기서 만약에 14번 줄에서 array_sum(b+1,3)이라고 호출하면 어떻게 될까요? 그러면 인자로 넘어가는 것은 b+1입니다. 즉 b[1]의 주소이지요. 이 값이 매개 변수 a에 복사되므로 a는 b[1]을 가리킬 것입니다(그림 13.14). 그러면 함수 array_sum 내에서 a[0], a[1], a[2]는 각각 b[1], b[2], b[3]이 될 것입니다. 함수 array_sum에서 반환하는 값은 b[1]~b[3]의 합일 것입니다.

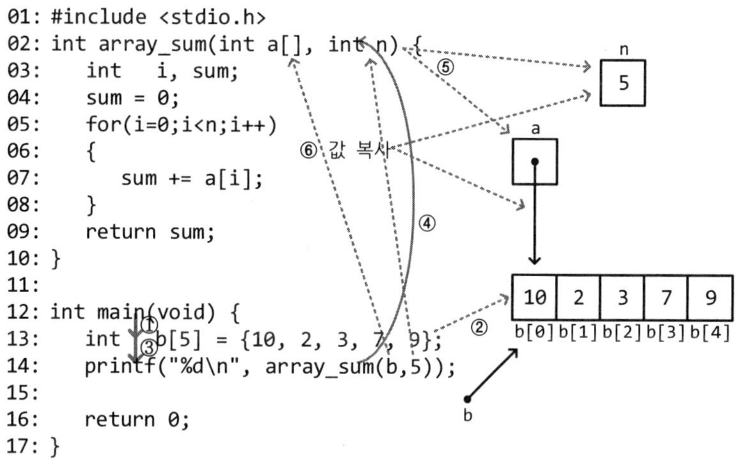

(a)

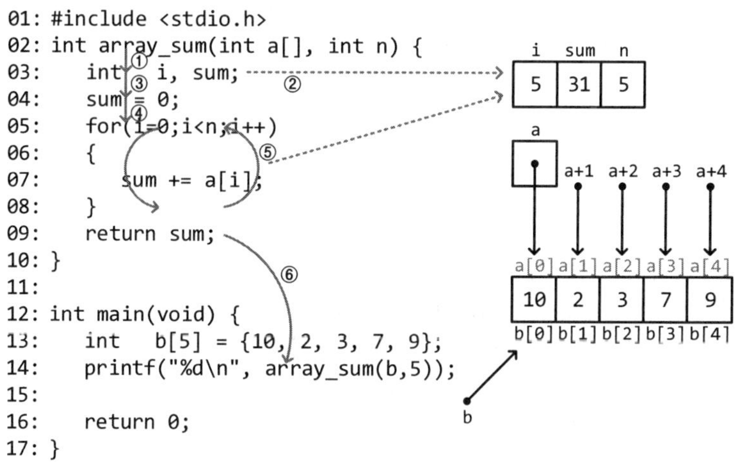

(b)

그림 13.13 프로그램 9.2의 진행

```
#include <stdio.h>
int array_sum(int a[], int n) {
    int   i, sum;
    sum = 0;
    for(i=0;i<n;i++)
    {
        sum += a[i];
    }
    return sum;
}

int main(void) {
    int   b[5] = {10, 2, 3, 7, 9};
    printf("%d\n", array_sum(b+1,3));

    return 0;
}
```

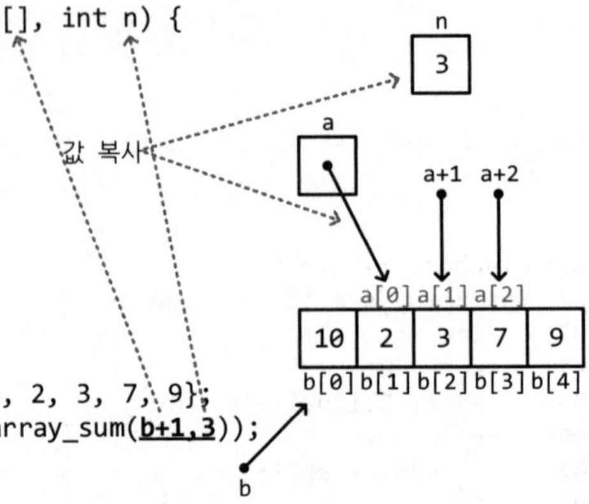

그림 **13.14** 프로그램 9.2의 변형

여기까지 공부하셨으면 왜 매개 변수가 배열이면 값에 의한 호출 개념에 위배되는 것처럼 보였는지 이해하실 수 있으실 것입니다. 매개 변수가 배열이어도 여전히 값에 의한 호출입니다. 배열 매개 변수가 포인터 매개 변수로 변한 다음에 인자 배열의 주소가 복사되는 것이지요. 그런데 이전 장에서 했듯이 주소를 함수에 넘겨 주게 되면 그 주소를 통한 간접지정으로 함수에서 함수를 부른 쪽의 변수 값을 바꿀 수 있었습니다. 그러므로 함수에서 배열 매개 변수의 배열 요소를 접근하면 실제로는 함수를 부른 쪽의 배열 요소들을 접근하게 되는 것입니다. 여전히 값에 의한 호출이라는 것, 다만 포인터에 의해 다르게 보이거나 배열의 이름이 바뀐 것처럼 보이는 것일 뿐임을 기억하시기 바랍니다.

13.4 다차원 배열과 포인터

앞서 1차원 배열에 대해서는 그 배열에 상응하는 포인터를 가지고 마치 배열처럼 다루는 것이 가능하였습니다. 예를 들어 **int a[5]**라는 배열에 대해 **int *b**를 선언한 뒤 **b = a;**라고 실행하면 마치 **b**가 배열인 것처럼 사용하는 것이 가능했습니다. 2차원 배열에 대해서도 같은 것을 할 수 있지 않을까 생각할 수 있겠습니다만, 다차원 배열과 포인터의 관계는 1차원 배열에서처럼 쉽지가 않습니다. 그래서 여기서는 간단하게 어떻게 사용하는지만 설명하고 제대로 된 개념은 나중에 설명하겠습니다.

2차원 배열 **int a[2][3]**에 상응하는 포인터는 **int (*b)[3]**과 같이 선언합니다. 두 가지에 유의하셔야 하는데요 괄호를 빠트리시면 안 되며, 두 번째 이후의 크기, 여기서는 **[3]**은 서로 크기를 맞춰줘야 합니다. 예를 들어 **int (*c)[4]**는 **int a[2][3]**과 서로 상응하지 않습니다. 포인터 **b**를 **int (*b)[3]**으로 선언하면 이제 **b = a;**라는 문장을 실행할 수 있고 이 이후에는 **b**가 마치 2차원 배열인 것처럼 사용하시면 됩니다. 즉 **b[0][1]**은 **a[0][1]**과 같은 배열 요소를 의미하는 것입니다. 프로그램 13.8이 이렇게 포인터를 마치 배열인 것처럼 이용한 예입니다.

프로그램 13.8 2차원 배열과 포인터

```
#include <stdio.h>

int main(void) {
   int   a[2][3];
   int   (*b)[3];
   int   i, j, sum1, sum2;

   b = a;
   for(i=0;i<2;i++) {
      for(j=0;j<3;j++) {
         b[i][j] = i*30+j*10;
      }
   }
   sum1 = 0;
   sum2 = 0;
   for(i=0;i<2;i++) {
      for(j=0;j<3;j++) {
         sum1 = sum1 + a[i][j];
         sum2 = sum2 + b[i][j];
      }
   }
   printf("%d %d\n", sum1, sum2);

   return 0;
}
```

실제로는 a[0][0]~a[1][2]에 저장됨

sum1과 sum2는 같은 합을 계산함

함수의 매개 변수에서 2차원 배열 매개 변수를 int b[][3]과 같이 적습니다만, 1차원 배열에서와 같이 컴파일러는 이것을 int (*b)[3]으로 해석하여 포인터 매개 변수가 됩니다. 이후의 동작도 1차원 배열과 비슷해서, 인자에 적은 2차원 배열의 배열명이 주소값이 되고 이 주소값이 2차원 배열에 대한 포인터 매개 변수에 저장되어서 마치 2차원 배열인 것처럼 사용되는 것입니다. 그래서 2차원 배열 매개 변수를 int b[][3]과 같이 적어도 되고 아예 포인터임을 보이면서 int (*b)[3]이라고 적어도 됩니다.

3차원 이상인 배열에 상응하는 포인터도 2차원 배열에서와 마찬가지로 첫 번째 크기를 없애고 *와 ()를 씌우면 됩니다. 예를 들어 float d[2][3][4]에 대한 포인터는 float (*e)[3][4]입니다. 이렇게 한 뒤 e = d;라고 하면 e를 마치 3차원 배열인 것처럼 사용할 수 있습니다. 일반적으로 '자료형 배열명[size1][size2][size3]...[sizen]'과 같은 배열이 있으며 이 배열에 상응하는 포인터는 '자료형 (*변수명)[size2][size3]...[sizen]'과 같이 선언하면 됩니다.

연습 문제

1. C언어에서 배열의 이름은 그 배열의 _____이다.

2. 만일 long형 포인터 pp가 2000번지라면 pp+1은 ____ 번지이다.

3. 배열 int a[5]에서 ____ 는 a[2]와 같다.

4. 다음에서 [] 연산자를 사용한 것은 * 연산자를 사용하도록, * 연산자를 사용한 것은 [] 연산자를 사용하도록 바꾸시오.

   a) a[3]

   b) *(b+1)

   c) c[1]+5

   d) *d+3

5. 1차원 배열 int a[5];를 선언했을 때 이 배열의 시작 주소가 12000번지였다.

   a) 이 배열에 할당된 메모리의 크기는 얼마인가?

   b) 이 배열에 할당된 메모리의 주소는 12000번지에서 몇 번지까지인가?

   c) 이 배열의 요소 중 a[1]에 할당된 주소는 무엇인가?

   d) a+4는 얼마인가?

6. 아래 프로그램을 실행한 결과를 적으시오.

```
#include <stdio.h>

int main(void) {
    int a[5] = {0, 1, 2, 3, 4};
    int c[4] = {5, 6, 7, 8};
    int *b, i;

    b = a;
    b[1] = 3;
    b = c;
    b[2] = 5;
    b = a+2;
    b[2] = 5;

    for(i=0;i<5:++i) {
        printf("%d ", a[i]);
    }
    for(i=0;i<4:++i) {
        printf("%d ", c[i]);
    }
}
```

7. 아래 프로그램을 실행한 결과를 적으시오.

```
#include <stdio.h>

int main(void) {
    int a[] = {23, 89, 57, 82, 10, 32, 90};
    int *p, *q;
    p = &a[4];
    q = &a[1];
    printf("%d ", p[2]);
    printf("%d ", q[1]);
    printf("%d ", p[-1]);
    printf("%d ", p - q);
    printf("%d ", *(p-2));
    printf("%d ", *(q+2));
}
```

8. 아래에서 h, l, m은 모두 같은 자료형의 포인터들이고, h와 l은 한 배열에 있는 요소들을 가리키고 있다. 아래 문장의 문제점을 지적하고 문제가 없도록 수정하시오.
   `m = (l + h) / 2;`

9. 배열 혹은 포인터 a에 대해 다음 중 a[2]와 동일하지 않은 것은?

   a) *(a+2)

   b) 2[a]

   c) a+2

   d) *(2+a)

10. 아래 프로그램 부분을 실행한 후에 배열 a에 저장되는 값들을 적으시오.

```
#include <stdio.h>

int main(void) {
    int a[] = {23, 89, 57, 82, 10, 32, 90};
    int *p, *q, temp;
    p = &a[0];
    q = &a[6];
    while(p < q) {
        temp = *p;
        *p = *q;
        *q = temp;
        p++;
        q--;
    }
}
```

11. 크기가 10인 배열 int c[10];이 있다. 프로그램 9.2의 array_sum 함수를 이용하여 c[2]~c[9]의 합을 구하려 한다. 함수 array_sum 을 적절히 호출하시오. 힌트: 그림 13.14를 참조하시오.

12. 크기가 10인 배열 int c[10];이 있다. 프로그램 9.2의 array_sum 함수를 이용하여 c[2]~c[7]의 합을 구하려 한다. 함수 array_sum 을 적절히 호출하시오. 힌트: 그림 13.14를 참조하시오.

13. 하나의 정수형 1차원 배열을 받아서 그 합과 평균을 구하는 함수 sum_avg를 작성하시오. 이 함수의 원형은 void sum_avg(int [], int, int *, double *)이다.

14. 하나의 정수형 1차원 배열을 받아서 그 중 제일 큰 배열 요소의 주소를 반환하는 함수 find를 작성하시오. 이 함수의 원형은 int *find(int [], int)이다.

15. 두 개의 1차원 배열을 받아서 첫 번째 1차원 배열의 값들을 두 번째 1차원 배열로 복사하는 함수 ary_copy를 작성하시오. 이 함수의 원형은 void ary_copy(int [], int [], int)이다.

16. 두 개의 1차원 배열을 받아서 첫 번째 1차원 배열과 두 번째 1차원 배열을 더해서 첫 번째 1차원 배열에 저장하는 함수 vec_sum을 작성하시오. 이 함수의 원형은 void vec_sum(int [], int [], int)이다.

17. 아래 프로그램의 결과를 적으시오.

```
#include <stdio.h>

int main(void) {
    int a[2][3] = {23, 89, 57, 82, 10, 32};
    int b[2][4];
    int (*c)[3], (*d)[4];
    int i, j;

    c = a;
    d = b;
    for(i=0;i<2;i++) {
        for(j=0;j<4;j++) {
            d[i][j] = (i*4+j)*10;
        }
    }

    printf("%d ", a[0][2]);
    printf("%d ", b[1][2]);
    printf("%d ", c[1][1]);
    printf("%d ", d[0][3]);
}
```

18. 열의 개수가 5인 int형 2차원 배열을 받아서 각 요소의 값을 10씩 증가시키는 함수를 작성하시오. 행의 개수는 인자로 받아서 처리하시오.

실습 문제

1. 하나의 int형 배열에서 제일 큰 값과 그 다음으로 큰 값을 구하는 함수 find를 작성하시오. 이 함수의 원형은 find(int [], int, int *, int *)이고 포인터 매개 변수는 제일 큰 값, 그 다음 큰 값 순이다. 10개의 수를 입력받은 뒤 이 함수를 이용하여 제일 큰 값과 그 다음으로 큰 값을 구하여 출력하시오.

2. 정수형 1차원 배열을 받아서 평균과 표준편차를 구하는 함수 stat를 작성하시오. 이 함수의 원형은 void stat(int [], int, double *, double *)이고, 포인터 매개 변수는 평균과 표준편차의 순이다. 10개의 정수를 입력받은 뒤, 함수 stat를 이용해서 평균과 표준편차를 계산하여 출력하시오.

3. 실수형 1차원 배열을 받아서 도수분포표를 구하는 함수 histo를 작성하시오. 이 함수의 원형은 void histo(float [], int, int [])이고 실수형 배열에 저장된 값들은 0 이상 10 미만의 범위에 있다고 가정하시오. 도수분포표의 각 등급은 0 이상 1 미만, 1 이상 2 미만, ..., 9 이상 10 미만이다. 100개의 0 이상 10000 미만인 난수를 발생시킨 뒤, 이들을 1000으로 나눈 값들의 도수분포표를 함수 histo를 이용하여 구한 뒤 출력하시오.

4. 7장의 프로그램 7.3을 프로그램 13.5와 같이 (a[i] 같은) 배열 첨자 연산 대신 (*pa와 pa++ 같은) 포인터 연산을 이용하도록 수정하시오. 프로그램의 끝에는 역시 포인터 증감 연산을 이용하여 배열 c의 요소들을 출력하시오.

5. 위 문제를 좀 더 수정하여 프로그램 13.6과 같이 변수 i를 모두 없애고 포인터 관련 연산만으로 작성하시오.

6. 11장의 프로그램 11.8에서 변수 i와 j를 없애고 idx는 포인터가 되도록 수정하시오. 배열 첨자 연산 대신 *pa와 pa++ 같은 포인터 연산 만을 이용해야 한다. (*(a+i) 같은 형태도 a[i]와 동일하므로 사용해서는 안 된다.) 힌트: idx가 최소 배열 요소의 첨자를 기억하는 것이 아니라 최소 배열 요소의 주소 자체를 기억하도록 한다.

CHAPTER 14

문자열

앞 장에서 배열과 포인터에 대해 심도있게 공부를 하셨습니다. 이 장에서는 배열과 포인터를 혼용해서 다루는 대표적인 예 중 하나인 문자열에 대해 다루어 보겠습니다.

14.1 문자열

배열과 포인터에 이 정도로 익숙해지셨으면 이제 문자열을 다루는데 문제가 없을 것 같습니다. C언어에서 문자를 나타내는 것은 문자형입니다. 문자형 변수나 문자형 상수는 문자 1개를 저장하거나 표현할 수 있습니다. 예를 들어 **char a;**라고 하면 문자형 변수가 만들어지는 것이고 **a = 'f';**라고 하면 문자 **'f'** 한 개가 **a**에 저장되는 것입니다.

문자형에 비해 문자열은 여러 개의 문자로 이루어진 것을 말합니다. 예를 들어 **ab** 같이 두 개의 문자로 이루어졌거나 **book**과 같이 네 개의 문자로 이루어진 것들이 문자열입니다. C언어에서는 문자열을 다루는 자료형이 존재하지 않습니다. 대신 문자형의 배열을 통해 문자열을 표현하고 저장합니다. 생각해 보면 문자열은 문자가 여러 개인 것이므로, 문자 한개를 저장하는 문자형 변수 여러 개를 모은 문자형의 배열로 문자열을 저장하는 것이 꽤 타당해 보입니다.

14.1.1 문자열의 저장

하나의 문자열을 문자형의 배열에 저장하는 예가 그림 **14.1**입니다. 보시면 우선 눈에 띄는 것이 문자형 배열 **b**입니다. 그리고 배열 **b**를 초기화하는 데 큰 따옴표, **" "**로 둘러싼 부분이 있습니다. C언어에서 **" "**로 둘러싼 것은 문자열을 의미합니다. 그러므로 그 문장은 배열 **b**를 만드는데 문자열 **"abcd"**로 초기화하라는 뜻입니다. 문자열 **"abcd"**는 네 개의 문자 **'a'**, **'b'**, **'c'**, **'d'**로 이루어져 있으므로 이 네 개의 문자가 배열 **b**에 차례로 저장되는 것입니다. 첫 번째 요소인 **b[0]**에는 **'a'**가, **b[1]**에는 **'b'**가, **b[2]**에는 **'c'**가, **b[3]**에는 **'d'**가 저장되는 것입니다. 그리고 마지막으로 숨겨진 문자가 하나 더 있습니다. C언어에서 모든 문자열에는 그 끝에 숨겨진 문자 **'\0'**이 하나 더 있습니다. 이 문자는 다음 요소인 **b[4]**에 저장되겠지요. 이 **'\0'**은 문자열의 끝을 나타내는 아주 중요한 기능을 하므로 항상 주의를 기울이셔야 합니다. (**'\0'**는 **'\'**와 **'0'**으로 이루어진 두 개의 문자가 아니냐고 물어 보실

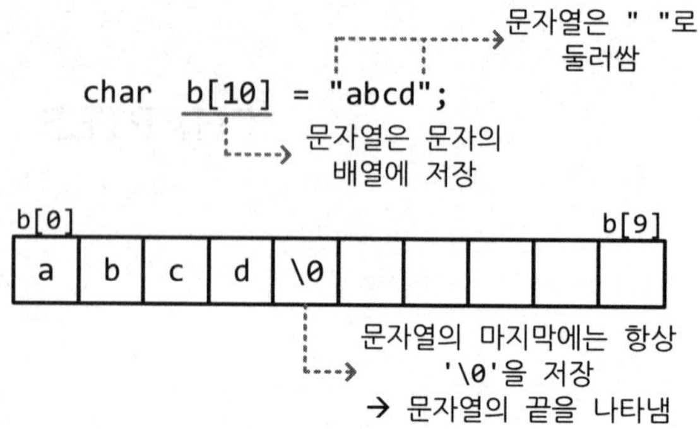

그림 14.1 문자열의 저장 1

수도 있습니다만 ASCII 코드에서 '\0'은 코드값이 0인 특수한 문자를 나타내며, 널문자(Null character)라고도 부릅니다.)

그런데 우리는 일반적인 배열을 초기화하는 방법을 알고 있습니다. 바로 {}를 한 뒤 그 사이에 초기화 값들을 죽 나열하는 방법입니다. 이 방법을 사용해서 그림 14.1과 똑같이 저장하려면 char b[10] = {'a', 'b', 'c', 'd', '\0'};이라고 하시면 될 것입니다.

앞의 그림 14.1과 같이 문자열을 저장할 때 주의하실 점이 두 가지 있습니다. 첫째는 이와 같은 문자열의 저장은 오직 초기화할 때만 가능하다는 것입니다. 즉, 배열을 선언한 이후에 b = "efgh";와 같이 대입하는 것은 불가능하다는 것입니다. 이것은 b가 배열명이고, 배열명은 첫 번째 요소의 주소를 나타내는 기호임을 상기하신다면 안 된다는 것을 이해하실 수 있으실 것입니다. 둘째로 항상 배열의 크기는 저장하고자 하는 문자열의 문자 개수에 1을 더한 값 이상이어야 합니다. 이유는 앞에서 말한 '\0'을 저장할 공간이 필요하기 때문입니다. 만일 char c[5] = "good!";와 같이 하신다면 보기에는 문자가 'g', 'o', 'o', 'd', '!' 다섯 개여서 크기가 5인 배열 c에 잘 저장될 것처럼 보이지만, 실제로는 마지막에 숨겨진 문자 '\0'도 저장해야 해서 공간이 모자라는 것입니다. 만일 문자열 "good!"를 저장하고 싶으시면, 보이는 문자의 개수 다섯 개에 1을 더한 6 이상의 크기를 가지는 배열에 저장해야 합니다.

참고로 하나 더 말씀드리면 문자열 두 개가 공백(줄 바꿈, 탭 등 포함) 여러 개를 사이에 두고 연속해서 있으면 두 문자열은 이어져 있는 것으로 봅니다. 예를 들어 char b[10] = "abcd";와 char b[10] = "ab" "cd";는 같은 문장입니다.

14.1.2 문자열의 개별 문자 접근

앞에서 말했지만 문자열은 문자의 배열에 저장됩니다. 그런데 배열이라는 것은 기본적으로 각 배열 요소를 개별적으로 읽거나 쓸 수 있습니다. 그러므로 문자의 배열에 저장된 문자열에도 각 문자들을 개별적으로 읽거나 수정할 수 있습니다. 예를 들어 그림 14.2의 두 번째 문장을 보면 b[2]에 문자 'e'를 저장하고 있습니다. 이렇게 되면 원래 'c'가 저장되어 있던 것이 'e'로 바뀌게 되고 따라서 저장된 문자열도 "abcd"에서 "abed"

```
char  b[10] = "abcd";
b[2] = 'e';
printf("%c", b[3]);
```

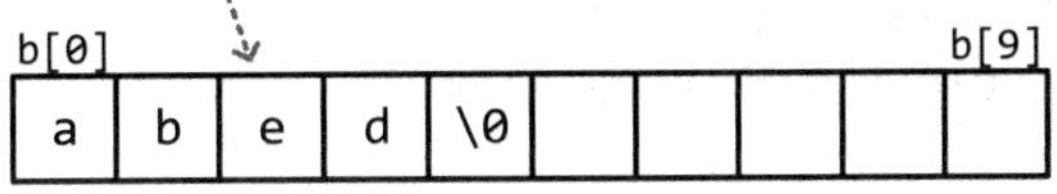

그림 **14.2** 문자열의 개별 문자 접근

```
char  d[20];
scanf("%s", d);
gets(d);

printf("%s", d);
puts(d);
```

그림 **14.3** 문자열의 입출력

로 바뀌게 됩니다. 그리고 그 다음에 있는 **printf**처럼 개별 문자를 따로 출력하는 것도 가능합니다. 이 예제에서는 **b[3]**에 저장되어 있는 문자 **d**가 출력되겠지요.

14.2 문자와 문자열의 입출력

일반적인 정수나 문자 데이터를 키보드를 통해 입력받을 때는 **scanf**를 사용하고 모니터로 출력할 때는 **printf**를 사용하면 됐습니다. 다만 데이터의 종류에 따라 변환 명세를 적절히 사용해야 했고, **scanf**에서는 데이터를 저장할 변수 앞에 주소 연산자 **&**를 붙여야 했습니다. 이 절에서는 문자열이나 문자를 어떻게 입출력하는지 다루겠습니다.

14.2.1 문자열의 입출력

문자열도 기본적으로는 다른 데이터와 비슷하게 입력받거나 출력할 수 있습니다. 문자열을 입력받고 싶으면 그림 **14.3**과 같이 **scanf**를 사용하면 되는데 변환 명세는 **%s**를 적습니다. 그리고 변환 명세 뒤에는 입력받은 문자열을 저장할 문자 배열을 넣습니다. 여기서 유의하실 점은 **&**를 사용하지 않는다는 것입니다. 왜냐하면 일반적인 변수의 경우에는 그 변수의 주소값을 인자로 넘겨주기 위해 **&** 연산자를 사용해야 하는데 그림 **14.3**의 **scanf**에서는 배열명 **d** 자체가 이미 주소값입니다. 그러므로 또 **&** 연산자를 이용할 이유가 없는 것입니다.

문자열을 키보드로 입력받는 함수에는 **gets**라는 함수도 있습니다. 사용법은 그림 **14.3**의 **scanf** 아래에 있는 것처럼 **gets(d);**처럼 하시면 됩니다. 문자열을 입력받을 때 **scanf**와 **gets**, 어느 쪽을 사용하셔도 되는데 차이점이 하나 있습니다. 문자열을 입력하다 중간에 공백이 있으면 **scanf**는 그 특성상 공백 이전까지만 하나의 문자열로 인식하고, **gets**는 여러분이 엔터키를 누를 때까지를 하나의 문자열로 인식한다는 점입니다. 예를

프로그램 14.1 연속된 문자열이 printf에서 사용된 예제

```
#include <stdio.h>

int main(void) {
    printf("This is an example "
           "of printf over many lines "
           "and with many quotation marks.\n");
}
```

들어 **get put↵**이라고 입력하면 **scanf**는 공백이 나오기 전인 **"get"**만을 **d**에 저장하는 반면에 **gets**는 엔터키를 치기 전인 **"get put"** 전체를 **d**에 저장하는 것입니다.

물론 **scanf**와 **gets**, 둘 다 각 문자열의 끝에 **'\0'**을 자동으로 저장하는 것은 같습니다. 이것은 문자열에 관련된 모든 함수들이 자동으로 하는 일입니다. 그래서 프로그램을 작성할 때 조심하셔야 합니다. 그림 **14.3**에서 배열 **d**의 크기는 **20**이므로 **19**글자까지만 입력받아 저장할 수 있습니다. 그 이상을 넘어서면 **'\0'**을 저장할 수 있는 공간이 부족해지는 것입니다.

문자열의 출력은 그림 **14.3**의 마지막 두 줄처럼, **pritnf**와 변환 명세 **%s**를 사용하셔도 되고 **puts** 함수를 이용하셔도 됩니다. 차이점은 **puts**는 문자열을 출력한 다음에 자동을 줄 바꿈을 한다는 점입니다.

14.2.2 printf와 문자열

문자열을 하는 김에 **printf**와 문자열에 대해 간단히 다루겠습니다. 우선 **printf**문에서 변환 명세를 적는 **" "**로 둘러싸인 부분도 문자열임은 아시겠죠? 이 부분이 문자열이므로 앞에서 문자열에 대해 다루었던 것들이 모두 적용됩니다. 예를 들어 두 개의 문자열이 공백을 사이에 두고 있으면 하나의 문자열로 이어진다고 했는데요, 이것은 **printf**문에서 유용하게 사용할 수 있습니다. 예를 들어 **printf**에서 **" "** 안에 들어갈 내용이 많을 경우 **" "**을 여러 개 사용해서 적어도 괜찮습니다. 프로그램 **14.1**이 그 예입니다. 실행해 보시면 **printf** 다음에 있는 여러 개의 **" "** 사이에 있는 문자열이 하나로 연결되어서 출력됨을 보실 수 있습니다.

그리고 약간 이상할 수도 있습니다만 문자형 배열 **d**에 대해 **printf(d);**라고 해도 **d**에 저장된 문자열이 출력됩니다. 앞에서 말했듯이 **printf**문의 첫 번째 인자는 **" "**로 둘러싸인 문자열이므로 **printf**의 첫 번째 인자로 **d**와 같은 문자 배열의 이름을 주어도 괜찮은 것입니다.

그리고 조금 특이한 기법도 소개해 보겠습니다. 배열 **a[i]**를 출력하는데 배열 요소들 사이에 **','**를 넣고 싶을 때가 있습니다. 그런데 **printf**에 **"%d, "**와 같이 하면 마지막 요소를 출력한 다음에도 **','**가 들어가고 **", %d"**와 같이 하면 제일 첫 요소의 앞에도 **','**가 들어가게 되어서 보기에 좋지 않습니다. 이럴 때 많이 쓰이는 기법이 **printf((i==0) ? "%d" : ", %d", a[i]);**처럼 하는 것입니다. 이렇게 하면 하면 **a[0]**을 출력할 때는 첫 번째 인자가 **"%d"**이고 그 다음부터는 **", %d"**이 되어서 보기에 좋게 출력될 것입니다.

프로그램 14.2 문자 입출력 함수 예제

```
01: #include <stdio.h>
02:
03: int main(void) {
04:     int  a;
05:     while(1) {
06:         a = getchar(); -----> 한 문자를 입력 받아 a에 대입
07:         putchar(a);    -----> a에 저장된 문자를 출력
08:     }
09: }
```

14.2.3 문자의 입출력

문자열 입출력 함수를 소개하는 김에, 조금 흐름에서는 벗어나지만 문자 한 개를 입력받거나 출력할 때 사용하는 함수도 소개해 보겠습니다. 물론, 문자 한 개를 입력받거나 출력할 때 **scanf**나 **printf**를 이용해도 좋습니다만 이 함수들은 매우 복잡한 편에 속하는 함수들입니다. 그래서 한 개의 문자를 입력받거나 출력할 때는 이를 위한 전용 함수인 **getchar()**이나 **putchar()**을 많이 이용합니다. 프로그램 **14.2**가 이 두 함수를 이용한 예입니다.

프로그램의 **6**번 줄에서 한 개의 문자를 입력받아 **a**에 저장한 뒤 그 문자를 **7**번 줄에서 출력하고 있습니다. 프로그램도 간단하고 이해하기 쉬운데, 주의하실 점은 **scanf**와는 달리 **&a**와 같이 주소를 인자로 건네는 방식이 아니라 반환값을 받아서 직접 변수에 저장해야 한다는 것과 정수형인 **int**형에 저장하는 것이 좋다는 것입니다. 왜 **int**형에 저장하면 좋은지는 나중에 파일 입출력을 배우시면 설명할 수 있을 것 같습니다.

그런데 프로그램 **14.2**를 실행해 보시면 약간 의외일 수도 있는 상황이 발생합니다. 실행하고 가령 **e**를 누르시면 아무 일도 발생하지 않습니다. 그리고 **fgh**를 연속해서 누르셔도 아무 일도 없다가 엔터키를 누르시면 **efgh**가 출력되고 줄 바꿈 될 것입니다. 즉 한 개의 글자씩 입력받는 함수이지만 실제로 한 개의 글자만 입력했다고 입력되는 것이 아니라 엔터키를 누를 때까지 기다리는 것입니다. 그래서 여러분이 **efgh↵**이라고 하셔야 **efgh↵**의 한 글자씩 처리됩니다. 즉 처음에는 글자 **e**가 **6**번 줄에서 변수 **a**에 저장된 뒤 **7**번 줄에서 출력되고, 그 다음에는 **f**가 저장된 뒤 출력되고, 그 다음에는 **g**, 다음에는 **h**가 저장된 뒤 출력되고, 마지막으로 ↵까지 저장되고 출력된 다음에 **6**번 줄의 **getchar**에서 다음 입력을 기다립니다.

14.3 문자열과 포인터

앞 장에서 주로 다룬 내용이 배열과 포인터의 관계로써 사실 둘은 거의 구별없이 사용할 수 있었습니다. 이것은 문자열을 다룰 때도 마찬가지입니다. 문자열을 문자의 배열에 저장했으므로 포인터를 이용해서도 역시 문자열을 다룰 수 있는 것입니다.

그림 **14.4**의 예를 보겠습니다. 문자형 배열 **b**를 만들면서 문자열 **"abcd"**를 저장한

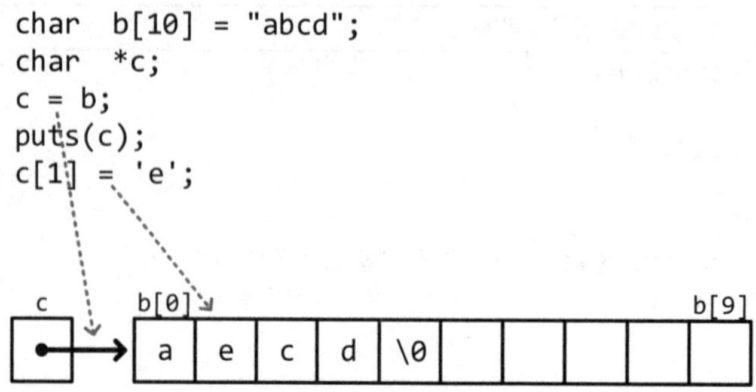

그림 **14.4** 문자열과 포인터 1

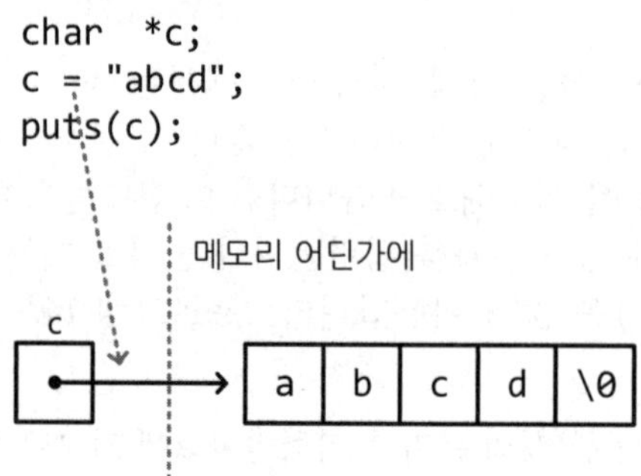

그림 **14.5** 문자열과 포인터 2

뒤 문자형 포인터 c에 b를 대입했습니다. 그러면 c는 배열 b의 첫 번째 요소인 b[0]을 가리킬 것입니다. 이후부터는 이제 c를 마치 배열 b인 것처럼 사용할 수 있습니다. 네 번째 문장처럼 puts(c)를 하면 마치 배열 b를 출력한 것처럼 문자열 "abcd"가 출력될 것이며, 그 다음 문장을 실행하면 b[1]이 'e'로 바뀔 것입니다.

그리고 포인터를 이용하면 그림 14.5와 같이 조금 특수하게 문자열을 사용할 수도 있습니다. 보시면 두 번째 문장에서 포인터 c에 문자열 "abcd"를 대입하고 있습니다. 이 문장에서 여러분이 주의하실 점이 이 문장은 절대로 포인터 c에 문자열 "abcd"를 저장하는 문장이 아니라는 점입니다. 포인터 c는 어디까지나 포인터, 즉 주소를 저장할 수 있는 변수이지 문자형 배열이 아닙니다. 그러므로 c에 문자열을 저장한다는 것은 말이 안 됩니다.

프로그램의 도중에 이렇게 문자열이 있으면 컴퓨터(정확히는 컴파일러)는 이에 대해 조금 특수하게 처리합니다. 우선 컴퓨터 내의 메모리 어딘가에 그 문자열을 저장해 놓은 뒤, 그 문자열을 저장한 주소로 문자열을 치환해 버립니다. 즉 c = "abcd";라는 문장을 c = ("abcd"를 저장해 놓은 곳의 주소);로 바꾸는 것이지요. 그러므로 실제로 c에 저장되는 것은 "abcd"가 저장되어 있는 어딘가의 주소입니다. 그림으로 표현한다면 그림 14.5의 아래 쪽 그림과 같습니다. 이렇게 해 놓으면 puts(c)와 같이 해서 이 문자열을 읽어서 사용하는 것이 가능해집니다. 이렇게 프로그램의 중간에 나타나서 컴퓨터가 적당히

```
char  s1[10];
char  s2[10] = "Hello!";
strcpy(s1, s2);  ------------> s1에 s2가 복사됨
puts(s1);        ------------> 모니터에 Hello! 출력
printf("%d\n", strlen(s1));
                  ---------> 모니터에 6 출력
```

그림 **14.6** 문자열 함수 1

```
char  s1[20] = "Hello ";
char  s2[20] = "everyone.";
strcat(s1, s2);
puts(s1);-----------> 모니터에 Hello everyone. 출력
```

그림 **14.7** 문자열 함수 2

메모리에 저장하는 문자열을 문자열 상수라고 부릅니다.

다만, 여러분이 주의하실 점은 실제로 문자열이 저장되어 있는 메모리 공간은 보통 프로그래머가 직접 사용해서는 안 되는 공간이라는 점입니다. 그러므로 문자열을 바꾸는 동작, 예를 들어 **gets(c)**를 하거나 **c[1] = ...**와 같이 하는 것은 보통 허용되지 않습니다.

그리고 앞에서 문자형 배열 **b**에 대해 초기화 이후에 **b = "efgh";**처럼 하면 안 된다는 것과도 구별하셔야 합니다. 여기서도 역시 문자열 상수 **"efgh"**는 메모리 어딘가에 저장된 뒤 그 주소 치환이 됩니다만, 이 주소가 **b**에 저장되는 것은 말이 안 됩니다. 왜냐하면 (여러 번 강조하고 있습니다만) **b**는 배열명으로써 주소를 나타내는 기호같은 것이지 절대 변수가 아니기 때문입니다.

14.4 문자열 함수

C언어에서는 문자열을 다루는데 도움을 주기 위해 여러 가지 함수를 제공해 줍니다. 이 함수들은 **string.h** 헤더파일에 선언되어 있어서 이 함수들을 이용하시려면 프로그램의 앞부분에 **#include <string.h>**라고 하셔야 합니다. 문자열 함수는 여러 가지가 있는데 여기서는 **strcpy, strlen, strcat, strcmp,** 네 개만 설명하겠습니다.

첫 번째로 **strcpy** 함수는 문자열을 복사하는 함수입니다. 만일 **strcpy(s1, s2)**라고 한다면 **s2**가 가리키는 곳에서부터 저장되어 있는 문자열을 **s1**이 가리키는 곳에서 시작하는 공간에 저장하는 것입니다. 그림 **14.6**을 보시면 두 문자형 배열 **s1**과 **s2**을 선언했는데 **s2**에는 문자열 **"Hello!"**로 초기화했습니다. 그리고 **strcpy(s1, s2)**라고 했습니다. 여기서 **s1**과 **s2**는 각각 배열명이어서 각 배열의 첫 번째 요소를 가리키고 있을 것입니다. 그러므로 **s2**가 가리키는 **s2[0]**에서부터 죽 저장되어 있는 문자열 **"Hello!"**를 **s1**이 가리키는 **s1[0]**에서부터 차례로 하나씩 복사하는 것입니다. 그러면 배열 **s1**에도 **"Hello!"**가 저장되겠지요. 그 다음에 **puts(s1)**이라고 하면 모니터에 **Hello!**가 출력될 것입니다. 물론 배열 **s1**에는 **"Hello!"**의 문자 **6**개와 더불어 그 다음에 **'\0'**도 저장되어 있을 것입니다.

프로그램 14.3 문자열 함수 예제

```
01: char  s1[20] = "Hello ";
02: char  s2[20] = "everyone.";
03:
04: strcat(s1, s2);
05: puts(s1);
06:
07: strcpy(s1, s2);
08: puts(s1);
09:
10: printf("%d\n", strlen(s1));
11: printf("%d\n", strcmp(s1, s2));
```

모니터

```
Hello everyone.
everyone.
9
0
```

다음으로 strlen 함수는 문자열의 길이, 즉 문자열에 들어 있는 문자의 개수를 반환하는 함수입니다. 그림 14.6에서 strlen(s1)이라고 하면 배열 s1에 저장되어 있는 문자열 "Hello!"의 길이 6이 반환됩니다. 문자열의 길이에서 문자의 개수를 셀 때 '\0'은 제외됩니다.

다음으로 설명할 strcat 함수는 두 개의 문자열을 이어 붙이는 함수입니다. 그림 14.7에서 배열 s1에는 "Hello "를 s2에는 "everyone."를 저장한 다음에 strcat(s1, s2);를 호출하고 있습니다. 이렇게 되면 배열 s1에 두 문자열이 이어진 "Hello everyone."가 저장되는 것입니다. 이때 배열 s2의 내용은 바뀌지 않습니다.

마지막으로 소개할 strcmp 함수는 두 문자열을 비교하는 함수입니다. 이 함수를 strcmp(s1, s2)라고 호출하면 s1과 s2에 저장된 문자열을 비교해서, 사전 순서(보다 정확히는 ASCII 코드표에 있는 순서)로 s1이 s2 보다 앞에 있으면 음수를, s1이 s2 보다 뒤에 있으면 양수를, s1과 s2가 같으면 0을 반환합니다. ASCII 코드표의 순서에 대해 몇 가지 중요한 사실들만 언급하면, '0'~'9'의 숫자가 알파벳 보다 앞에 있으며 알파벳 중에서는 대문자가 소문자보다 앞에 있습니다. 그리고 숫자들과 알파벳들 내에서는 우리가 알고 있는 순서에 따라 연속적으로 배치되어 있습니다. 그리고 빈 칸은 숫자나 알파벳 보다 더 앞에 있습니다.

지금까지 소개한 네 개의 문자열 함수를 정리하여 만든 예제가 프로그램 14.3입니다. 1번과 2번 문장에서 배열 s1과 s2를 선언하면서 각각 문자열 "Hello "와 "everyone."으로 초기화하고 있습니다. 여기서 4번 문장처럼 strcat(s1, s2)라고 하면 s1에는 두 문자열이 연결되어 "Hello everyone."이 저장되고 s2에는 변화없이 "everyone."이 저장되어 있을 것입니다. 그러므로 다음 문장인 puts(s1);에 의해 모니터에는 Hello everyone.이 출력됩니다.

다음 문장은 strcpy(s1, s2);여서 s2에 있는 문자열인 "everyone."이 s1으로 복사되어 s1에도 "everyone."이 저장될 것입니다. 그러므로 puts(s1);을 하면 everyone.이 출력되겠지요. 10번 문장에서는 strlen(s1)을 호출하고, 그 반환값은 s1에 저장된 "everyone."의 길이인 9일 것입니다. 그리고 다음 문장에서 s1에 저장된 문자열과 s2에 저장된 문자열을 비교하는데, 현재 둘 다 "everyone."이므로 반환값은 0입니다.

프로그램 14.4 strlen 함수 만들기

```
01: int my_strlen(char *s) {
02:     int   i;
03:     for(i=0;s[i]!='\0';i++); -----> 문자열의 끝까지 반복
04:     return i;                -----> 적절한 값을 반환
05: }
```

14.5 문자열 함수 만들어 보기

문자열 함수를 잘 사용해서 문자열을 다루는 것도 중요하지만 그런 문자열 함수들을 직접 만들어 보면 C언어에서 문자열의 개념을 더 잘 이해하실 수 있습니다. 이 절에서는 몇 개의 문자열 처리 함수를 만들어 보면서 배열과 포인터에 대해 좀 더 생각해 보겠습니다.

14.5.1 strlen 만들기

문자열 함수 중 strlen은 받은 문자열의 길이를 반환하는 함수입니다. 예를 들어 strlen("abcd")라고 하면 4가 반환되겠지요. 이 함수의 기능을 생각해 보면 결국 문자열의 처음부터 끝('\0' 앞)까지 몇 개의 문자기 있는지 세면 될 것입니다. 이런 생각으로 작성한 함수가 프로그램 14.4의 my_()strlen입니다.

함수를 보시면 반복문에서 i를 1씩 증가시키면서 s[i]가 '\0'인지 검사합니다. 만일 s[i]가 '\0'이면 문자열의 끝을 발견한 것이지요. 문자열의 끝이니 더 이상 볼 필요가 없어서 반복문을 종료하고 적절한 값을 반환합니다. 여기서 약간의 고민이 필요합니다. 문자열의 끝인 '\0'이 s[i]에 있으면 문자열의 길이는 얼마일까요? 이 길이가 i와 관계있다는 것은 짐작하실 수 있으실 것입니다. 그리고 아마 i-1, i, i+1 이런 값들 중 하나이겠죠.

이런 게 혼란스러우시다면 구체적인 예를 하나 생각해 보면 좋습니다. 예를 들어 s[10]에 '\0'이 있으면 이 문자열의 길이는 얼마일까요? 예, 10일 것입니다. 문자열에서 s[10]에 '\0'이 있으면 문자열의 문자들은 s[0]~s[9]에 저장되어 있으므로 총 10개의 문자가 있습니다. 이것을 확장하면 s[i]에서 '\0'이 발견되면 s[0]~s[i-1]에 문자들이 있는 것이므로 총 i개의 문자가 있습니다. 그래서 프로그램 14.4의 4번 줄에서 i를 반환하는 것입니다

프로그램 14.4에서 만든 함수는 몇 가지 변형을 시킬 수 있으며 프로그램 14.5가 그 예입니다. 첫 번째 변형은 배열처럼 접근하지 않고 포인터 연산으로 접근하는 것입니다. 증감 연산에서 s도 1씩 증가시키면서 s가 가리키는 문자가 '\0'인지 검사하는 것입니다. 이것은 s가 배열이 아니라 포인터이기에 가능합니다.

두 번째 변형에서는 몇 개인지 세는 변수 i도 아예 빠졌으며, 첫 번째 문자의 주소를 p에 저장한 후 1씩 증가시키다가 '\0'을 가리키게 되면 종료됩니다. 반환값은 p에서 s를 빼어서 구합니다. 이전에 포인터를 배울 때 언급했는데 두 포인터를 빼면 결과는 포인터가 가리키는 자료형이 두 주소 사이에 들어갈 수 있는 개수가 된다고 했습니다. 입력된 문자열의 첫 문자를 s가 가리키고 있고 문자열의 끝 다음에 있는 '\0'을 p가

프로그램 14.5 strlen 함수의 변형

변형 1

```
int my_strlen(char *s) {
   int   i;
   for(i=0;*s!='\0';s++,i++);
   return i;          s는 포인터이므로 ++ 연산 가능
}
```

변형 2

```
int my_strlen(char *s) {
   char *p = s;
   while(*p!='\0') p++;
   return p-s; -----> 처음 주소에서 몇 개 만큼 이동했는가
}
```

```
int my_strlen(char *s) {
   char *p = s;
   while(*p!='\0') p++;
   return p-s;
}
```

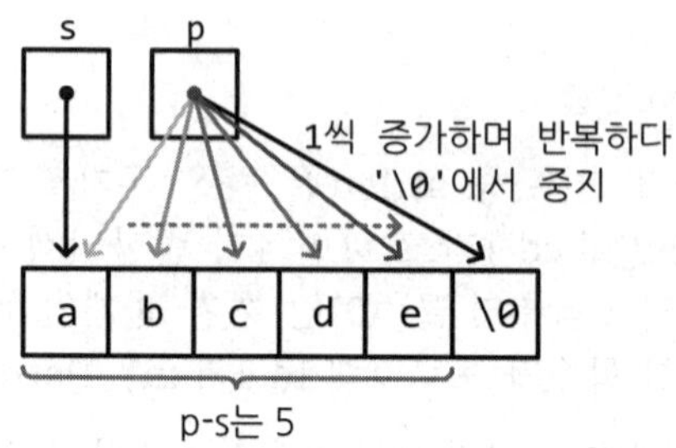

그림 14.8 strlen 함수 변형 2의 실행 예

가리키고 있으므로, 두 포인터를 빼면 그 사이에 문자가 몇 개 있는지를 구할 수 있고, 이 값이 바로 문자열의 길이가 됩니다.

예를 들어 그림 14.8과 같이 입력된 문자열이 "abcde" 였다면 처음에 s는 첫 문자인 'a'가 저장된 곳을 가리키고 p도 같은 곳을 가리키고 있을 것입니다. 반복문이 실행되는 동안 p는 한 칸씩 이동해서, '\0'이 저장된 곳을 가리키게 되었을 때 *p!='\0' 조건에 의해 반복이 종료될 것입니다. 그러면 p가 가리키는 주소와 s가 가리키는 주소의 차이는 char형 다섯 개가 들어갈 차이일 것입니다. 그러므로 p-s는 5가 되고 이것은 "abcde"의 길이입니다.

두 번째 변형을 보시면 포인터 연산만으로 이루어져 있고 이러한 프로그래밍 기법은 C언어만의 독특한 것입니다. 처음 보시는 분들에게는 생소합니다만 C언어에 익숙한 사람들이 많이 사용하는 형태입니다. 그리고 아직 연산자에 대해 깊게 설명하지 않아서 적지는 않았습니다만, 그림 14.5에 있는 조건 *s!='\0'과 *p!='\0'은 간단히 *s와 *p로 대체가 가능합니다. 나중에 16장에서 조건의 참/거짓에 대한 C언어의 관점을 배우시면 왜 *p만 적어도 *p!='\0'과 같은 기능의 조건이 되는지 이해하실 수 있으실 것입니다.

프로그램 14.6 strcpy 함수 만들기

```
01: void my_strcpy(char *s, char *t) {
02:     int   i;
03:     for(i=0;t[i]!='\0';i++)
04:        s[i] = t[i];
05:     s[i] = '\0';
06: }
```

프로그램 14.7 strcpy 함수의 변형

```
void my_strcpy(char *s, char *t) {
    for(;*t!='\0';s++,t++)
       *s = *t;
    *s = '\0';
}
```

14.5.2 strcpy 만들기

이번에는 **strcpy**와 닮은 **my_strcpy** 함수를 만들어 보겠습니다. 같다고 하지 않고 닮다고만 한 이유는 반환값을 다르게 할 것이기 때문입니다. 앞에서 **strcpy** 함수를 소개할 때는 말하지 않았지만 **strcpy** 함수는 반환값이 있습니다. 바로 복사된 문자열의 주소입니다. 예를 들어 **strcpy(s1, s2)**라고 하면 동작은 **s2**에 저장된 문자열을 **s1**에 복사하는 것이고 반환값은 복사된 문자열의 위치, 즉 **s1**입니다.

그런데 이런 반환값을 유지하는 것보다는 반환값이 없는 것이 더 만들기 편하고 재미있는 변형을 가져올 수 있어서 **my_strcpy** 함수의 반환값은 없는 것으로 하겠습니다. 이해하기 편하게 배열 형식으로 구현하면 프로그램 **14.6**과 같이 만들 수 있습니다. 기본적으로는 **i**를 **0**부터 **1**씩 증가하면서 **s[i] = t[i]**를 실행합니다. 즉 문자들을 하나씩 복사하는 것이지요. 그러다가 원본 문자열의 끝, 즉 **'\0'**에 도달하면 더 이상 문자열을 복사할 필요가 없으므로 반복문을 종료합니다. 그리고 **5**번 줄과 같이 복사된 문자열에도 끝에 **'\0'**을 추가합니다.

그림 **14.9**에 프로그램 **14.6**의 진행 과정 예를 그려 놓았습니다. 매개 변수 **t**로 받은 주소에는 문자열 **"abcd"**가 들어 있을 때 이것을 매개 변수 **s**로 받은 주소로 시작하는 공간에 복사하는 과정입니다. 그림 **14.9a**는 반복문이 수행되다 **i**의 값이 **1**일 때이며, **t[1]**에 저장된 문자 **'c'**가 **s[1]**로 복사되는 그림입니다. 그리고 그림 **14.9b**는 **i**의 값이 **4**로 증가된 후 **t[4]**가 **'\0'**이어서 반복문이 종료될 때의 상황입니다 아직 **s[4]**에 **t[4]**의 문자가 복사되지 않아서 **s[4]**에는 어떤 값이 들어 있는지 알 수 없습니다. 그런데 **s**가 가리키는 곳에 저장된 **'a', 'b', 'c', 'd'**가 문자열 **"abcd"**로 기능하려면 끝에 **'\0'**이 필요합니다. 그러므로 **5**번 줄에서 **s[4]**에 **'\0'**을 저장하는 과정이 필요한 것입니다.

프로그램 **14.7**은 포인터 연산을 사용하도록 변형한 예입니다. 보시면 **s[i]**나 **t[i]** 같은 배열 연산을 이용하지 않고 포인터 **s**와 **t**를 직접 증가시키면서 동작하고 있습니다. 혹시 아직 이런 포인터 연산에 익숙하지 않는 분들을 위해 문자열 **"abcd"**를 복사하는

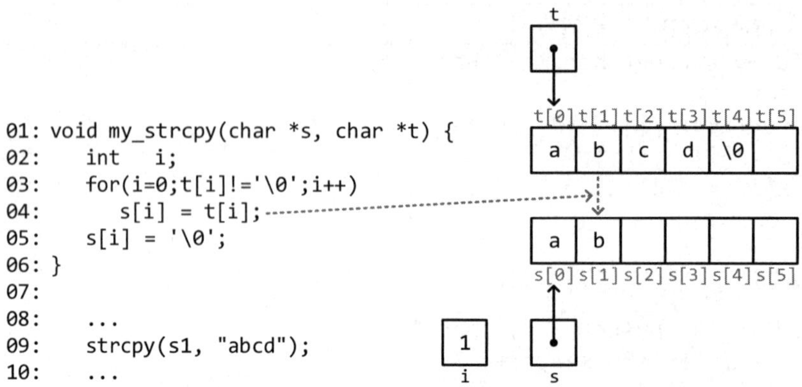

(a) 반복문에서 i가 1일 때 반복문 몸체의 실행

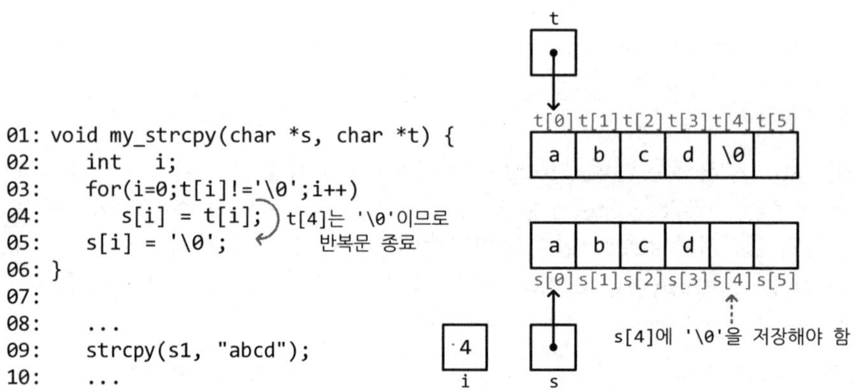

(b) 반복문이 종료될 때의 상황

그림 14.9 프로그램 14.6의 진행

진행과정을 예로 들어 그림 14.10에 그려 놓았습니다.

함수 my_strcpy를 호출한 직후에 포인터 t는 문자열 "abcd"가 저장된 공간을 가리키고 있고 포인터 s는 그 문자열을 복사할 공간을 가리킵니다. 이 상황에서 반복문 안의 *s = *t;문장을 실행하면 그림 14.10a와 같이 첫 문자인 'a'를 복사합니다. 다음으로 반복문을 올라가면 증감 연산 자리에 s++과 t++이 있으므로 s와 t를 각각 1 증가시킵니다. 그러면 그림 14.10b의 ①, ②와 같이 s는 그 다음 공간을, t는 'b'가 저장되어 있는 공간을 가리킵니다. 조건을 검사한 뒤 다시 *s = *t;를 실행하면 이번에는 'b'가 복사됩니다. 이와 같이 s와 t를 1씩 증가시키면서 *s = *t;를 실행하면 그림 14.10c와 같이 'c'가 복사되고 그림 14.10d에서 'd'가 복사됩니다.

그 다음에 s와 t를 각각 증가시키면 그림 14.10e에서와 같이 t가 '\0'이 저장된 공간을 가리키게 됩니다. 그러면 조건 *t!='\0'이 틀리게 되므로 반복문을 빠져 나오고③, 4번 줄에서 s가 가리키는 곳에 '\0'을 저장합니다. 결과를 보시면 문자열 "abcd"가 복사된 것을 확인하실 수 있습니다.

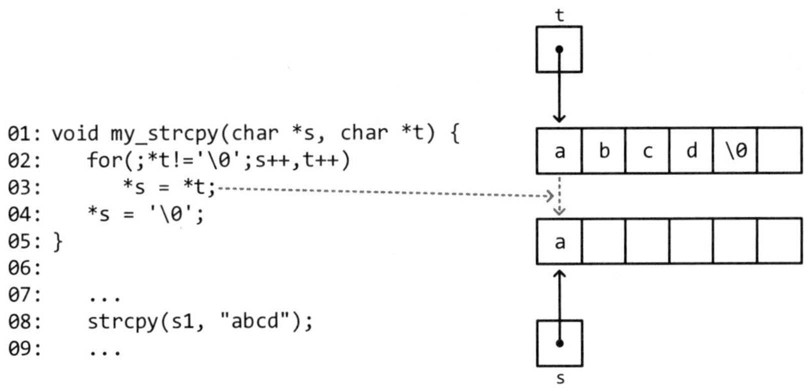
01: void my_strcpy(char *s, char *t) {
02:    for(;*t!='\0';s++,t++)
03:       *s = *t;
04:    *s = '\0';
05: }
06:
07:    ...
08:    strcpy(s1, "abcd");
09:    ...
t
a b c d \0
a
s

(a)

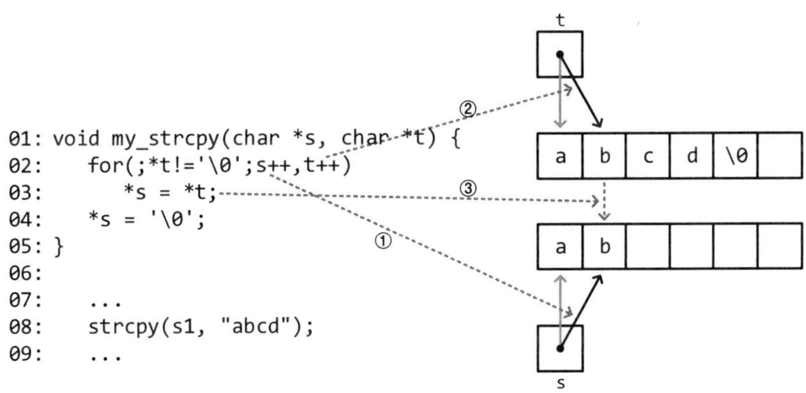
01: void my_strcpy(char *s, char *t) {
02:    for(;*t!='\0';s++,t++)
03:       *s = *t;
04:    *s = '\0';
05: }
06:
07:    ...
08:    strcpy(s1, "abcd");
09:    ...
t
②
③
①
a b c d \0
a b
s

(b)

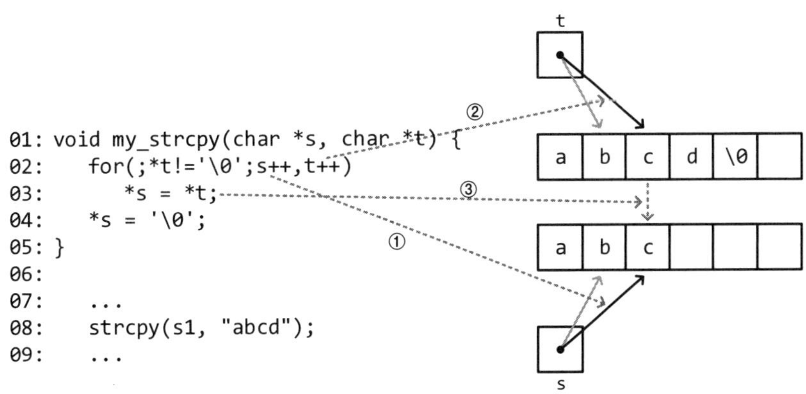
01: void my_strcpy(char *s, char *t) {
02:    for(;*t!='\0';s++,t++)
03:       *s = *t;
04:    *s = '\0';
05: }
06:
07:    ...
08:    strcpy(s1, "abcd");
09:    ...
t
②
③
①
a b c d \0
a b c
s

(c)

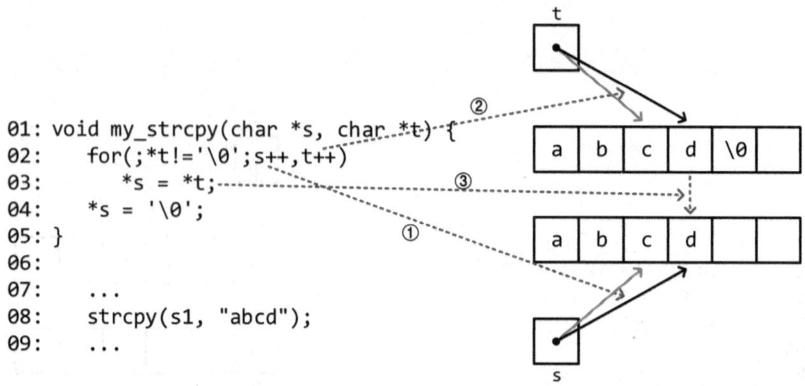

(d)

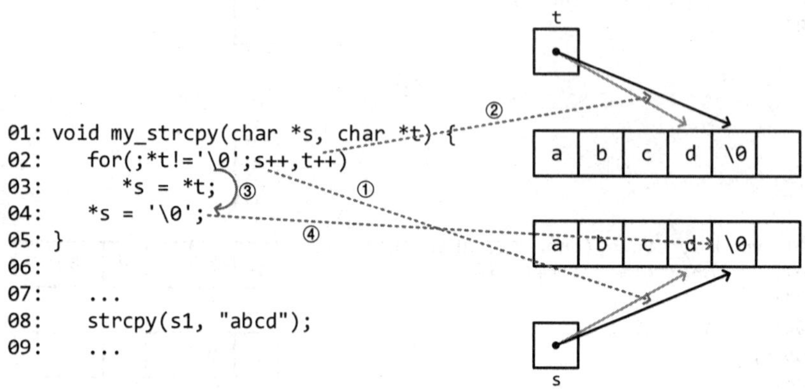

(e)

그림 14.10 프로그램 14.7의 진행

그림 14.9와 그림 14.10을 비교해 보시면 한 가지 차이점을 아실 수 있습니다. 그림 14.9에서는 포인터 s와 t는 고정되어 있고 배열 첨자 연산을 통해 각각의 문자를 접근하고 저장합니다. 그에 반해 그림 14.10에서는 포인터 s와 t가 하나씩 움직이면서 읽을 곳과 쓸 곳을 직접 가리킵니다. 어느 쪽 방식으로 프로그램을 작성하셔도 별 상관 없습니다만, 두 형태 모두 잘 보셔서 익숙해지시기 바랍니다.

참고로 프로그램 14.7의 2~4번 줄은 while(*s++ = *t++);의 한 문장으로 줄일 수 있습니다. 이것은 16장에서 증감 연산자의 전위/후위 차이, 대입 연산자의 결과, 조건식 결과의 의미 등에 대해 공부하시면 왜 가능한지 이해하실 수 있으실 것입니다.

14.5.3 gets 만들기

이번에는 문자열 입력 함수 gets와 닮은 함수 my_gets 함수를 getchar을 이용하여 만들어 보겠습니다. 이 함수는 gets와 같이 엔터키를 누를 때까지 입력받은 문자열을 저장하는 함수인데, gets와는 달리 반환값은 없습니다. 함수 gets에 반환값이 있는 것도

프로그램 14.8 gets 함수 만들기

```
01: void my_gets(char *s) {
02:    int   i=0;
03:    while(1) {
04:       s[i] = getchar();
05:       if(s[i] == '\n') break;
06:       i++;
07:    }
08:    s[i] = '\0';
09: }
```

조금 의외이실 텐데요, 정상적으로 입력받으면 입력받은 문자열의 주소를, 그렇지 않으면 NULL을 반환합니다. 그런데 조금 함수가 복잡해질 수 있으니 여기서는 반환값이 없도록 만들어 보겠습니다.

함수 **my_gets**를 만드는 것은 어렵지 않습니다. 문자를 하나씩 입력받아서 저장하면 됩니다. 함수 **gets**가 한 줄씩 입력받아서 저장하므로 엔터키를 누를 때까지 문자들을 입력받아서 저장하는데, 엔터키를 누르면 **'\n'**가 입력된다는 사실을 이용해서 입력 문자가 **'\n'**일 때 입력을 마치면 될 것입니다. 다만 문자열의 끝을 나타내야 하므로 끝에 **'\0'**을 저장하는 것을 잊어서는 안 될 것입니다.

이러한 생각에 따라 작성한 **my_gets**함수가 프로그램 **14.8**입니다. **3~7**번 줄의 반복문을 돌면서 **4**번 줄에서 하나의 문자를 읽어들여 **s[i]**에 저장합니다. 그리고 **5**번 줄에서 방금 입력받은 문자가 **'\n'**인지 검사합니다. 만일 아니라면 입력을 계속 받아야 하므로 **i**를 **1** 증가시키고 다시 반복문으로 올라갑니다. 그렇지 않고 **'\n'**을 입력받았다면 반복문을 중지하고 **8**번 줄로 가서 방금 **'\n'**을 저장한 자리 **s[i]**에 **'\0'**을 저장합니다. 이렇게 하면 **'\n'**을 입력받기 이전까지 입력받았던 문자들이 차례로 저장되고 마지막에 **'\0'**이 있어서 하나의 문자열이 되는 것입니다.

연습 문제

1. C언어에서 문자열은 _____의 배열로 취급한다.
2. 문자열에서 문자열의 끝을 나타내는 문자는 _____이다.
3. 문자열 전용 입력 함수는 _____이고, 출력 함수는 _____이다.
4. 문자 전용 입력 함수는 _____이고, 출력 함수는 _____이다.
5. 문자열을 다루는 함수인 **strlen**이나 **strcpy** 같은 함수를 사용하려면 이 함수들이 선언되어 있는 _____를 **include**해야 한다.
6. 문자형 배열 **char b[] = "C Programming";**과 같은 선언을 일반적인 배열의 초기화인 **{ }**를 사용하여 작성하시오.

7. 아래와 같은 프로그램을 실행했을 때 abcde라고 입력했다. 프로그램 동작에 문제가 되는 것은 무엇인가?

```
char a[5];
scanf("%s", a);
```

8. 다음 프로그램 부분에서 출력되는 것을 적으시오.

```
char s[20] = "C language";

printf("%c,%c,%c", s[3],s[1],s[7]);
```

9. 다음 중 a가 출력되지 않는 것은 어느 것인가? 그 이유도 적으시오.

   a) `printf("a");`
   b) `printf('a');`
   c) `printf("%c", "a");`
   d) `printf("%c", 'a');`
   e) `printf("%s", "a");`
   f) `printf("%s", 'a');`
   g) `puts("a");`
   h) `puts('a');`
   i) `putchar("a");`
   j) `putchar('a');`

10. 입출력 함수 중 다음 조건에 맞는 함수를 기술하시오.

   a) 다양한 자료형의 입출력
   b) 문자 한 개의 입출력
   c) 문자열의 입출력

11. 문자형 포인터 a와 배열 b에 대해 다음 중 문제가 발생하는 것을 고르고 그 이유를 적으시오.

   a) `char *a = "Hello";`
   b) `char b[] = "Everybody";`
   c) `a = "Hello";`
   d) `b = "Everybody";`
   e) `strcpy(a, b);`
   f) `strcpy(b, a);`

12. 아래에서 a는 문자형 배열이라고 할 때 나머지 셋과 다른 하나는 무엇인가?

    a) `strcpy(a, "");`
    b) `strcat(a, "");`
    c) `a[0] = 0;`
    d) `*a = '\0';`

13. 다음 중 변수 c가 char형일 때 올바르지 않은 것은?

    a) `putchar(c)`
    b) `printf(c)`
    c) `putc(c)`
    d) `c = 3 * c + 1`

14. 문자형 포인터 a가 char *a = "abc"와 같이 선언되어 있을 때 다음 중 올바른 것은 무엇이며, 그 때 출력되는 것은 무엇인가?

    a) `puts(a);`
    b) `puts(*a);`
    c) `putchar(a);`
    d) `putchar(*a);`

15. 아래 프로그램의 실행 결과는 무엇인가?

```
#include <stdio.h>
#include <string.h>

int main(void) {
    char    a[20];

    strcpy(a, "To bc, or not to be");
    strcpy(&a[3],"C, or ");
    strcat(a, "not to C");
    puts(a);
}
```

16. 아래 프로그램의 실행 결과는 무엇인가?

```
#include <stdio.h>
#include <string.h>

int main(void) {
    char    a[30] = "programming ";
    char    b[30] = "programs";
```

```
    if(strcmp(a,b) < 0) strcat(a, b);
    else strcat(b, a);
    a[strlen(a)-4] = '\0';
    puts(a);
}
```

17. 문자열 함수 중 strcmp 함수를 구현하는 예 중의 하나가 아래의 프로그램이다 (Kernighan and Ritchie의 "The C Programming Language"에서). 이 프로그램을 배열 첨자 연산이 아니라 포인터 연산을 이용하도록 수정하시오. (*(a+i) 같은 형태도 배열 첨자 연산과 같은 것이므로 사용하지 마시오.)

```
int strcmp(char *s, char *t)
{
    int i;
    for(i=0;s[i]==t[i];i++)
        if(s[i] == '\0')
            return 0;
    return s[i] - t[i];
}
```

18. 프로그램 14.8에서 배열 첨자 연산이 아니라 포인터 연산을 이용하도록 수정하시오. (*(a+i) 같은 형태도 배열 첨자 연산과 같은 것이므로 사용하지 마시오.)

19. 다음 프로그램의 출력을 적으시오.

```
#include <stdio.h>

int main(void) {
    char    a[] = "dpnqvufs";
    char    *b;

    for(b=a;*b!='\0';b++)
        --(*b);
    puts(a);
}
```

20. 다음 함수에 대해 아래 물음에 답하시오.

```
int check(char *a, char *b) {
    char    *p, *q;

    for(p=a;*p!='\0';p++) {
        for(q=b;*q!='\0';q++) {
            if(*p == *q) break;
        }
        if(*q == '\0') break;
    }
    return p-a;
```

```
}
```

a) check("abcde", "ebda")의 반환값은 얼마인가?

b) check("abcde", "ecadb")의 반환값은 얼마인가?

21. 1 이상인 정수 a를 출력하는데 a가 1이면 뒤에 Box를 붙이고 2 이상이면 Boxes를 붙여서 출력하는 문장을 작성하시오. 간결하게 작성하기 위해 if문은 사용하지 말고 printf도 한 번만 사용하시오.

22. 다음 프로그램의 출력을 적으시오.

```
#include <stdio.h>

int main(void) {
    char    a[] = "C Programming";

    printf("%s", a+2);
}
```

23. 다음과 같이 strcmp 함수를 호출할 경우 반환값은 음수, 0, 양수 중 무엇인가? 힌트: 17번을 참조하시오.

a) `strcmp("abc", "abd");`

b) `strcmp("abc", "ab");`

c) `strcmp("abc", "aBd");`

d) `strcmp("aBc", "ab");`

실습 문제

입력받는 문자열은 별도로 지정되지 않을 경우 길이가 80 이하라고 가정하시오.

1. 출력 함수 puts만을 이용해서 아래와 같이 출력하시오.

```
**************
*            *
*   **********
*   *
*   *
*   *
*   *
*   **********
*            *
**************
```

2. 문자열을 하나 입력받은 뒤 그 문자열 안에 있는 소문자들을 모두 대문자로 바꾼 뒤 출력하시오. 알파벳이 아닌 것은 그대로 출력하시오.

3. 위 문제에서 배열 첨자로 작성한 것을 포인터 연산으로 바꾸어 작성하시오.

4. 한 개의 문자 c를 입력받은 뒤 하나의 문자열을 더 입력받으시오. 입력받은 문자열에 문자 c가 몇 개 있는지 세어서 출력하시오.

5. 하나의 문자열을 입력받은 뒤, 입력받은 문자열에 a, e, i, o, u 문자가 각각 몇 개 있는지 세어서 출력하시오.

6. 소문자로 이루어진 두 개의 단어를 입력받은 후, 두 개의 단어가 anagram인지 검사하시오. (두 개의 단어가 같은 글자들이 순서만 바뀐 것일 때 anagram이라고 한다. 예를 들어 smartest와 mattress는 anagram이다.) 힌트 : 두 단어 각각에 대해 a~z가 각각 몇 번씩 들어 있는지를 센 뒤 (위 4번과 7장의 실습 문제 8번을 참조) 그 횟수들이 두 단어 대해 모두 동일하면 anagram이 된다.

7. 서양권의 전화기에는 각 번호마다 알파벳이 붙어 있다. 그래서 알파벳으로 이루어진 단어에 해당하는 번호를 이용하기도 한다. 대문자로 이루어진 단어를 받아서 그에 해당하는 번호를 출력하는 프로그램을 작성하시오. 각 번호에 대한 알파벳은 2: ABC, 3: DEF, 4: GHI, 5: JKL, 6: MNO, 7: PRS, 8: TUV, 9: WXY이다. 대문자만 입력 된다고 가정하고 알파벳 이외의 글자들은 그대로 출력한다. 예를 들어 1-041-FAST-CALL이라고 입력받으면 1-041-3278-2255라고 출력한다.

8. 위 문제를 배열이나 문자열을 사용하지 말고 작성하시오.

9. SCRABBLE라는 게임은 영어 알파벳과 점수가 적힌 자그마한 타일들을 참가자들이 나누어 가진 다음 가로 세로로 번갈아 연결하며 단어를 만드는 게임이다. 하나의 단어를 만들면 점수를 얻는데 점수는 그 단어를 이루는 타일들에 적힌 점수들의 합이다. 각 알파벳에 대한 점수는 1: AEILNORSTU, 2:DG, 3: BCMP, 4: FHVWY, 5: K, 8: JX, 10: QZ이다. 알파벳으로 된 하나의 단어를 입력받은 뒤 그 단어에 해당하는 점수를 출력하는 프로그램을 작성하시오. 단어에는 대문자와 소문자가 섞여 있을 수 있다.

10. 위 문제를 배열이나 문자열을 사용하지 말고 작성하시오.

11. 한 문장을 입력받은 뒤 그 문장에 들어 있는 단어의 개수를 출력하시오. 단어와 단어의 구분은 빈 칸이나 '.',',','로 한다.

12. 한 개의 문자열을 입력받은 뒤, 그 문자열을 역순으로 출력하시오.

13. 한 개의 문자열과 두 개의 양수를 입력받은 뒤, 문자열에서 두 개의 양수로 표시되는 구간만 출력하시오. 예를 들어, "ABCDEFG"라는 문자열과 2와 4라는 수를 입력받으면, 2번째에서 4번째까지인 BCD를 출력한다.

14. 두 개의 문자 a, b와 하나의 문자열을 입력받은 뒤, 문자열에서 a와 같은 문자를 골라서 b로 치환하시오.

15. 한 개의 문자열을 입력받은 뒤, 이 문자열에서 소문자, 대문자, 숫자가 몇 개 들어 있는지 출력하시오.

16. 하나의 문자와 문자열을 입력받은 뒤, 문자열에서 그 문자를 제외한 나머지를 출력하는 프로그램을 작성하시오.

17. (카이사르의 암호) 영문으로 된 한 줄의 문장과 절댓값이 26보다 작은 정수 n를 하나 입력받으시오. 문장의 알파벳들을 n만큼 이후의 알파벳들로 바꾸어서 출력하시오. 알파벳 이외의 문자들은 그대로 출력하시오. 알파벳은 소문자만 입력받는다고 가정하시오.
    예1: abc wxyz와 3을 입력받으면 def zabc를 출력
    예2: abc wxyz와 -3을 입력받으면 xyz tuvw를 출력

18. 두 개의 문자열 s1, s2와 하나의 양수 p를 입력받은 뒤, 첫 번째 문자열 s1의 위치 p에 s2를 삽입하여 출력하시오. 예를 들어 "I want bed."과 "to go ", 7을 입력받으면 첫 번째 문자열에서 일곱 개 글자 다음에 두 번째 문자열을 삽입하여 "I want to ge bed."를 출력한다.

19. 한 문장을 입력받은 뒤 그 문장에 들어 있는 단어의 평균 길이를 계산해서 출력하시오. 단어와 단어의 구분은 빈 칸이나 '.', ','로 한다.

20. 한 문장을 입력받은 뒤 그 문장에 들어 있는 단어들을 역순으로 출력하시오. 단어와 단어의 구분은 빈 칸이나 '.', ','로 한다.

21. 문자열들을 입력받다가 길이가 0인 문자열을 입력받으면 중지하고, 그 동안 받은 문자열들 중에서 사전 순으로 가장 앞에 있는 것과 가장 나중에 있는 것을 출력하시오.

22. 한 개의 문자열을 입력받은 뒤, 이 문자열이 숫자로만 이루어져 있으면, 한 개의 수로 바꾸시오. 예를 들어, 문자열 "1234"를 받으면 정수 1234로 바꾸어 출력한다.

23. 문자열 함수 strcat와 동일한 동작을 하는 함수 my_strcat를 작성하시오. 인자는 strcat와 동일해야 하며, my_strcat의 반환값은 없다.

24. 위 문제에서 my_strcat 함수를 배열 첨자 연산이 아니라 포인터 연산을 이용하여 작성하시오.

25. 한 개의 문자열을 인자로 받은 뒤, 이 문자열이 앞이나 뒤로 읽어도 동일한 문자열인지 검사하여 그런 문자열이면 1을, 그렇지 않으면 0을 반환하는 함수 is_sym를 작성하시오. 한 개의 문자열을 입력받은 뒤, 이 함수를 이용해서 앞이나 뒤로 읽어도 동일한지 검사하시오.

26. 하나의 문자열을 입력받은 뒤, 다음의 예와 같이 출력하시오. 단, gets와 puts 외의 다른 함수들(문자열 함수나 입출력 함수)을 사용하면 안 되며, 반복문은 한 번만 사용할 수 있다. 힌트: 위 연습 문제 22번을 참조하시오.

문자열이 "program" 인 경우

```
program
rogram
ogram
gram
ram
am
m
```

27. 숫자로 이루어진 문자열을 입력받은 뒤, 그 숫자들만큼 *를 출력하시오. 예를 들어 문자열 "5918" 을 입력받으면, 다음과 같이 출력한다.

```
*****
*********
*
********
```

28. 한 개의 문자열 s와 한 개의 문자 c를 받아서 s에서 c가 몇 번째 위치에 있는지 반환하는 함수르 작성하시오. 문자열 s의 첫글자가 0번 위치이고, c 문자가 여러 개 들어 있으면 처음 있는 위치를 반환하며, s에 c가 없으면 s의 길이를 반환한다. 한 개의 문자와 문자열을 입력받아서 문자열에서 문자의 위치를 출력하는 프로그램을 작성하시오.

29. 앞 문제를 조금 수정하여 입력받은 문자열에서 문자가 여러 개 들어 있으면 그 위치들을 모두 출력하고, 문자가 없으면 아무 것도 출력하지 않는 프로그램을 작성하시오. 단, 앞 문제에서 만든 함수를 그대로 이용해야 하며 다른 함수는 만들지 않아야 한다.

CHAPTER **15**

구조체

구조체는 학습하기에 그리 쉽지 않습니다. 문법이 어려운 것은 아닙니다. 문법은 아주 간단합니다. 다만, 아직 구조체가 왜 필요한지 느끼지 못하실 것입니다. 구조체를 제대로 사용하게 되는 것은 꽤 복잡한 프로그램을 작성하기 시작할 때이고, 그 전에는 구조체를 사용하지 않아도 별로 불편하지 않을 것입니다. 그런데 일단 구조체의 필요성을 느끼고 사용하기 시작하면 이것이 얼마나 중요한지를 깨닫게 됩니다. 아마 아직 이런 느낌을 가지시기에는 조금 이릅니다만, 우선 문법적으로라도 익혀 두시기 바랍니다. 나중에 반드시 쓰입니다.

15.1 구조체 기초

구조체라는 것은 여러 종류의 변수를 모아서 한 번에 만들거나 다룰 수 있도록 만든 묶음입니다. 배열과 조금 비슷하다고 느끼실 수도 있겠습니다만, 배열은 같은 종류(자료형)의 변수를 여러 개 만들 때 쓰는 것입니다. 예를 들어 학생 100명의 수학 점수를 저장하고 싶다면 크기가 100인 배열을 만들어서 저장하고 다루는 것이 좋겠지요. 그런데 만일 학생 한 명의 여러 가지 정보들, 이름이나 학번, 수학 점수, 국어 점수, 학점 평균 등을 저장하고 싶다면 이것은 배열로 안 될 것입니다. 이름은 문자열이니 문자 배열이 필요하고, 학번이나 점수들은 정수형 변수, 평균은 실수형 변수 등 서로 다른 자료형의 여러 변수들이 필요하기 때문입니다. 이런 경우에 적합한 것이 바로 구조체입니다.

구조체가 적합한 예를 들려면 여러 가지를 들 수 있겠습니다만, 이 장에서는 비교적 간단한 예를 들어 보겠습니다. 예만 보시면 '꼭 구조체를 사용해야 하나?'라고 의문이 드시겠지만, 이것은 어디까지나 처음 구조체 사용법을 익히기 위해 만든 간단하 예제인 것이고, 실제로는 더 복잡한 예, 꼭 필요한 곳에 사용됨을 미리 말씀드립니다.

15.1.1 구조체 선언하기

평면 위의 한 점에 대해 생각해 보겠습니다. 중학교 수학에서 배운 것을 생각해 보시면 평면 위의 한 점은 **x**축 좌표와 **y**축 좌표, 두 개의 실수로 나타낼 수 있습니다. 그럼 한 번, 두 개의 점 **a**와 **b**를 프로그램에서 표현해 봅시다. 구조체를 사용하지 않는다면 그림

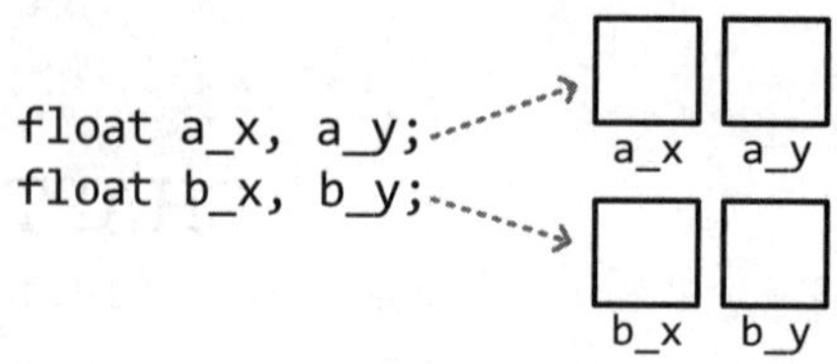

그림 15.1 구조체를 사용하지 않고 좌표 표현하기

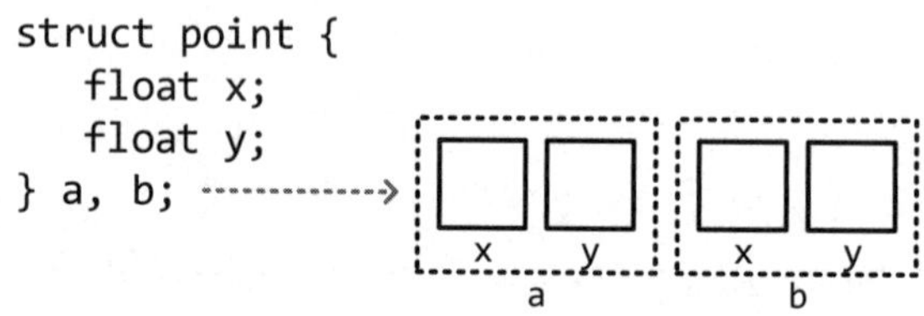

그림 15.2 구조체를 사용해서 좌표 표현하기

15.1과 같이 해야 할 것입니다. 한 개의 점 **a**를 표현하기 위해 **a**의 **x** 좌표를 저장할 변수 **a_x**와 **y** 좌표를 저장할 변수 **a_y**가 필요할 것입니다. 점 **b**에 대해서도 역시 **b_x**와 **b_y**, 두 개의 변수가 필요합니다. 물론 이렇게 각 점당 두 개의 변수를 만들면서 프로그램을 작성해도 문제가 있는 것은 아닙니다. 다만 이렇게 만들어진 변수들 사이에 어떤 관계가 있는지 좀 명확하지 않은 것 같습니다. 예를 들어 변수 **a_x**와 **a_y**가 서로 연관되어 있는 값인지 아니면 별개의 값인지 명확하지 않습니다. 그리고 점 하나를 추가할 때마다 매 번 두 개의 변수를 타이핑 하기도 조금 껄끄럽지요. 실수할 가능성도 많고요.

이와 같이 서로 연관된 변수들을 만들 때는 그림 15.2와 같이 구조체를 사용하면 더 보기가 좋습니다. 그림 15.2를 보시면 **struct point**라고 되어 있고 중괄호를 씌운 다음에 두 개의 변수 **x**와 **y**를 넣었습니다. 그리고 그 다음에 **a**와 **b**를 두었네요. 이렇게 하면 우선 변수 **x**와 **y**가 묶이게 되고 그 묶음을 **point**라고 이름짓는 것입니다. 그리고 그런 묶음에 대해 변수 **a**와 **b**가 만들어집니다. 제대로된 용어로는 구조체 **point**형 변수 **a**와 **b**가 만들어졌다고 합니다. 이렇게 되면 그림 15.2의 아래에 있는 것처럼 변수 **a**와 **b**가 만들어지는데 이 **a**와 **b** 안에는 각각 변수 **x**와 **y**가 묶여서 들어 있습니다. 즉 변수 **a** 하나를 만들면 실제로는 **a** 안에 변수 두 개가 만들어지는 것입니다.

이렇게 구조체를 사용하면 **x**와 **y**가 연관되어 있는 변수라는 점이 명확히 보인다는 장점이 있습니다. 물론 다른 장점도 많이 있습니다만 우선은 이런 장점이 보이네요.

그럼, 구조체를 선언하는 방법에 대해 좀 더 구체적으로 설명해 보겠습니다. 그림 15.3에서 구조체를 만드는 것을 보시면 우선 처음에 **struct**라고 적어 줘야 합니다. 이 **struct**는 그 다음에 구조체가 선언됨을 의미합니다. 그리고 그 다음에 **point**가 있는데 이것은 구조체의 이름입니다. 구조체도 여러 개를 선언할 수 있으니 이름으로 구별해야겠지요. 이러한 구조체의 이름을 구조체 태그(**tag**)라고 부릅니다. 그리고 그 다음에 중괄호를 넣고 구조체 안에 넣을 변수들을 나열합니다. 이렇게 구조체 안에 들어 있는 변수들을 그 구조체의 멤버라고 부릅니다. 여기까지는 구조체의 틀을 선언하는 부분입니다. 여기까

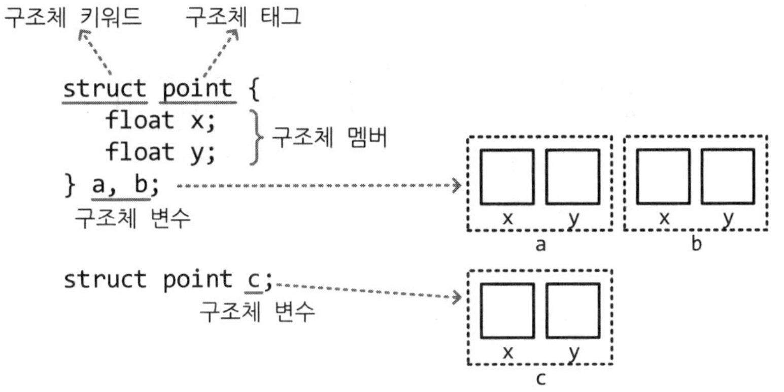

그림 15.3 구조체의 선언와 구조체 변수의 선언

지만 하고 바로 ;을 적으면 구조체의 틀만 선언해 놓는 것입니다.

구조체의 틀만 선언할 수도 있고 틀을 선언하면서 그 틀에 대한 변수를 바로 선언할 수도 있습니다. 그림 15.3에서는 struct point { ... } 뒤에 a와 b를 적었습니다. 이렇게 하면 struct point의 틀을 가지는 변수 a와 b가 만들어지는데, struct point의 틀에서 멤버를 x와 y, 두 개라고 선언하고 있으므로, 변수 a와 b 안에는 각각 구조체 멤버 변수 x와 y가 만들어집니다. 참고로 말씀드리면, 변수 a와 b의 자료형은 구조체 point형이 되며, 만일 구조체 point형의 다른 변수를 만들 일이 없다면 구조체 태그는 생략가능합니다.

일단 구조체 태그를 이용해서 구조체가 선언되면 이후에 그 구조체의 틀을 가지는 변수를 선언할 수 있습니다. 그림 15.3의 아래를 보시면 struct point c;를 통해 구조체 point형 변수 c를 선언하고 있습니다.

15.1.2 구조체 사용하기

구조체에서 실제로 공간을 차지하고 값을 저장할 수 있는 것은 멤버 변수들입니다. 그러므로 값을 저장할 때 멤버 변수에 저장해야 하고, 값을 읽을 때도 멤버 변수로부터 읽습니다. 구조체에서 멤버 변수의 접근은 구조체 멤버 연산자 .를 이용합니다. 그림 15.4를 보시면 a.x라고 되어 있습니다. 이것의 의미는 구조체 변수 a의 멤버 x라는 의미입니다. 그러므로 a.x = 3.0;이라는 문장이 실행되면 구조체 변수 a 안에 있는 멤버 x에 3.0이 저장되는 것입니다.

그 다음 문장을 보시면 b.y = a.x * 2;입니다. 구조체 변수 a의 멤버 x에 있는 값에 2를 곱한 뒤에 구조체 변수 b의 멤버 y에 저장하라는 의미입니다. 그러므로 구조체 변수 b의 멤버 y에는 6.0이 저장될 것입니다.

구조체의 멤버들을 개별적으로 접근하지 않고 구조체 변수의 멤버 전체에 어떤 값들을 저장할 수 있는 경우가 두 가지 있습니다. 하나는 구조체를 초기화할 때입니다. 구조체 변수도 처음 선언할 때 초기화할 수 있습니다. 다만 멤버들이 여러 개이니 초기화 값들도 여러 개여서, 배열에서와 마찬가지로 {}로 둘러싸 줘야 합니다. 그림 15.5를 보시면 구조체

```
struct point {
    float x;
    float y;
} a, b;

a.x = 3.0;
b.y = a.x * 2;
```

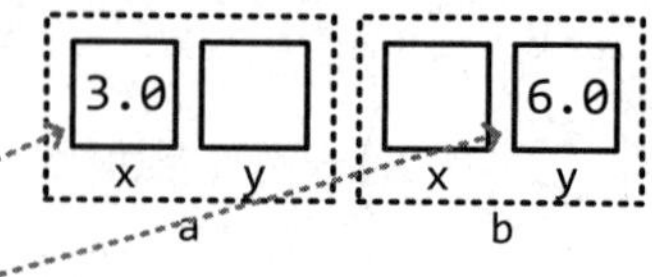

그림 **15.4** 구조체 멤버 접근

```
struct point {
    float x;
    float y;
};

struct point a = {2.0, 3.0};
struct point b;
b = a;
```

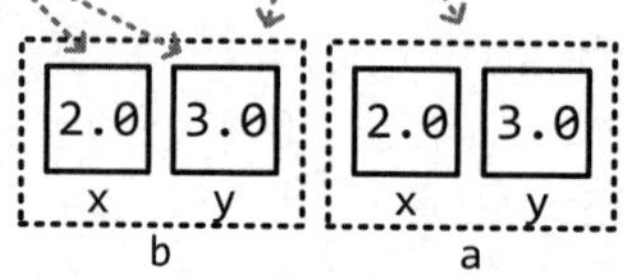

그림 **15.5** 구조체 대입

변수 **a**를 선언할 때 2.0과 3.0으로 초기화하고 있습니다. 이 두개의 값은 각각 **a**의 멤버 **x**와 **y**에 저장될 것입니다.

멤버 전체에 값을 한 번에 저장하는 다른 경우는 구조체 변수끼리 대입할 때입니다. 그림 15.5에서 구조체 변수 **b**를 선언한 다음에 **b = a;**라는 문장을 실행합니다. 그러면 구조체 변수 **a**의 각 멤버에 있는 값들이 구조체 변수 **b**의 각 멤버들로 하나씩 복사가 됩니다. 물론 이것은 구조체 변수 **a**와 **b**의 자료형이 구조체 **point**형으로 서로 같기때문에 가능한 것입니다.

그림 15.5에서 하나 더 눈여겨보실 것이 처음 네 줄 동안은 구조체 **point**만 선언하고 있지 실제로 변수를 선언하고 있지는 않다는 것입니다. 구조체만 선언하면 그 구조체의 모양이 어떻게 생겼는지만 기술하는 것이지 실제로 메모리에 공간이 잡히는 것은 아닙니다. 메모리에 공간이 생기는 것은 선언된 구조체 **point**로 변수를 선언할 때입니다.

그럼, 구조체를 사용한 프로그램의 예로 두 점의 좌표를 입력받아서 그 두 점 사이의 거리를 계산하는 프로그램을 작성해 봅시다. 프로그램 15.1을 보시면 1~3번 줄에서 **point**라는 구조체를 선언합니다. 보시면 멤버 **x**와 **y**를 한 줄에 선언하고 있는데, 이렇게 해도 괜찮습니다. 그리고 그 다음 줄에서 구조체 **point**형의 변수 **a**와 **b**를 선언하지요.

그 다음에 조금 밑으로 내려가면 **scanf**를 네 번 사용해서 네 개의 값을 입력받으며 각각 **a**의 멤버 **x**와 **y**, **b**의 멤버 **x**와 **y**에 저장합니다. 보시면 **scanf**도 멤버 변수 단위로

프로그램 15.1 구조체 예제 프로그램 1

```
01: struct point {
02:     float    x, y;
03: };
04: struct point a, b;
05: float    d;
06:
07: scanf("%f", &a.x);
08: scanf("%f", &a.y);
09: scanf("%f", &b.x);
10: scanf("%f", &b.y);
11: d = (a.x-b.x)*(a.x-b.x) + (a.y-b.y)*(a.y-b.y);
12: d = sqrt(d);
13: printf("%f\n", d);
```

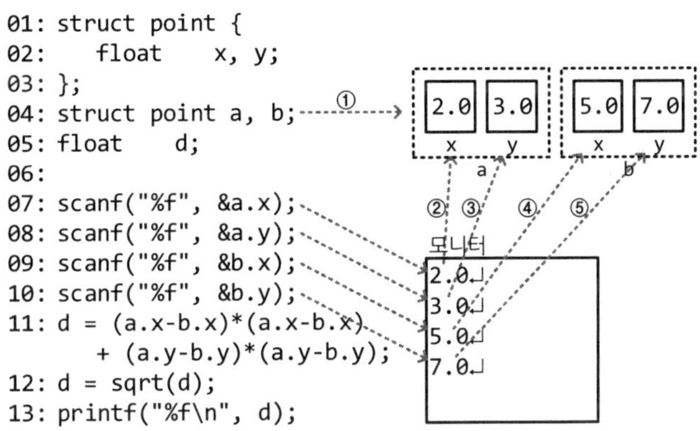

그림 15.6 프로그램 15.1의 진행

실행함을 알 수 있습니다. 주소 연산자인 &를 **a.x** 같은 멤버 앞에 붙이면 입력받은 값이 그 멤버에 저장되겠지요.

네 개의 수를 입력받은 다음에는 11,12번 줄에서 거리를 계산한 다음에 출력합니다. 두 점 사이의 거리는 아시겠지만 아래와 같이 계산됩니다.

$$\mathbf{a}\text{와 } \mathbf{b}\text{ 사이의 거리} = \sqrt{(\mathbf{a}\text{의 } \mathbf{x}\text{ 좌표} - \mathbf{b}\text{의 } \mathbf{x}\text{ 좌표})^2 + (\mathbf{a}\text{의 } \mathbf{y}\text{ 좌표} - \mathbf{b}\text{의 } \mathbf{y}\text{ 좌표})^2}$$

그림 15.6은 프로그램 15.1이 진행되는 과정 중 중요한 부분만 설명해 놓은 것입니다. 앞에서도 말했듯이 처음 세 줄에서는 구조체 **point**의 형태만 잡아 놓는 것이고, 실제 메모리의 할당은 그 다음 줄에서 변수를 선언하면서 이루어집니다. 구조체 변수 **a**와 **b**가 메모리에 할당되는데, 변수 **a**와 **b** 안에는 각각 멤버 **x**와 **y**가 있습니다①.

그 다음에 있는 네 번의 **scanf**에 의해 사용자가 네 개의 수를 입력 하는데, 그 수들은 **scanf** 함수에서 인자에 기술되어 있는 변수들, 즉 **a.x, a.y, b.x, b.y**에 저장될 것입니다. 프로그램 15.6의 예에서는 두 좌표 (2.0, 3.0)과 (5.0, 7.0)을 입력해 보았습니다. 그리고 그

```
struct point {
   float x;
   float y;
};
struct point b[5];
b[2].x = 1.0;
b[3].y = b[2].x * 3;
```

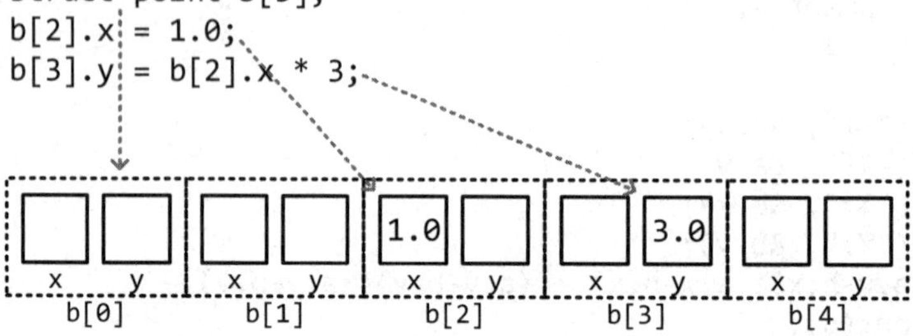

그림 15.7 구조체 배열

다음 문장들을 거치면 d에는 두 점 사이의 거리, 즉 $\sqrt{(2.0-5.0)^2+(3.0-7.0)^2}=5.0$ 이 저장되고 출력될 것입니다.

15.2 구조체 배열과 구조체 포인터

구조체는 일종의 새로운 자료형을 정의하는 것과 같습니다. 구조체 point를 한 번 선언하면 이후에 struct point a;와 같이 구조체 point형의 변수를 만들 수 있는데, 가만히 보시면 변수 선언에서 자료형이 있는 자리에 struct point가 들어 있습니다. 즉 struct point가 일종의 자료형이라는 의미입니다. 그러므로, 일반적인 자료형인 int나 double에 대해 int a[5]나 double *b와 같이 배열과 포인터를 선언하듯이, 구조체에 대해서도 배열과 포인터를 선언할 수 있습니다.

15.2.1 구조체 배열

그림 15.7이 구조체 배열의 예입니다. 일반적인 배열을 선언하듯이 struct point b[5]와 같이 하면 됩니다. 그러면 구조체 point형의 변수가 다섯 개 만들어 지고 각각은 b[0]~b[4]의 이름이 붙습니다. 물론 각각의 배열 요소들 안에는 멤버 x와 y가 들어 있습니다.

그리고 각 배열 요소들은 하나의 구조체 변수인 것처럼 사용하면 됩니다. 그림에서 b[2].x = 1.0;이라고 하면 b[2] 배열 요소의 멤버 x에 1.0을 저장하는 식입니다.

15.2.2 구조체 포인터

구조체 포인터 역시 비슷하게 사용하시면 됩니다. 그림 15.8의 여섯 번째 줄에서 구조체 point형 포인터 c를 선언하고 있습니다. 그리고 그 다음 문장에서 c에는 구조체 변수의 a의 주소를 저장합니다. 이렇게 하면 포인터 c가 a를 가리키게 되고, *c는 c가 가리키는 그 공간이니 바로 구조체 변수 a가 됩니다. 그러면 다음 문장들도 이해되실 것 같습니다.

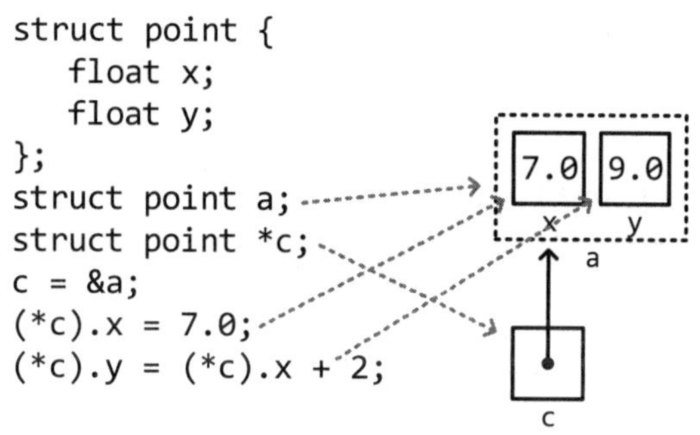

그림 15.8 구조체 포인터

밑에서 두 번째 문장인 (*c).x = 7.0을 하면 구조체 변수 a의 멤버 x에 7.0이 저장되고 가장 밑에 있는 문장에서는 구조체 변수 a의 멤버 x에 2를 더한 값이 멤버 y에 저장됩니다.

'구조체는 아직 감이 잘 안 잡히고 포인터는 어려운데, 구조체 포인터라니. 이런 건 도대체 써 먹을 데는 있는건가?'라고 생각하시는 분들도 계실 것 같은데, 이게 의외로 많이 쓰입니다. 특히 나중에 배울 연결 리스트는 구조체 포인터가 핵심입니다. 구조체 포인터가 많이 쓰이다 보니 (*c).x라고 멤버를 접근하는 것이 귀찮아서 c->x라고 간결하게 접근할 수 있는 연산자도 만들어 놓았습니다. 구조체 포인터 연산자 ->는 간접지정 연산자 *와 구조체 멤버 연산자 .가 결합된 것이며, c->x와 (*c).x는 컴파일러가 같게 취급합니다. 이런 구조체 포인터 연산자를 보실 때 *와 .의 결합으로 변환한 뒤에 해석하셔도 좋고, c->x를 c가 가리키는 구조체의 멤버 x로 바로 해석하셔도 좋을 것 같습니다.

15.2.3 구조체 배열과 구조체 포인터

구조체 배열도 했고 포인터도 했습니다. 그런데 이전 장들에서 포인터와 배열에 관해 다룰 때 포인터와 배열을 혼용해서 사용하는 것도 했습니다. 이것은 구조체일 때도 똑같이 적용됩니다. 그림 15.9가 그 예입니다.

그림을 보시면 구조체 배열 b와 구조체 포인터 c를 선언한 다음에 c = b;를 실행합니다. 이전에도 말했지만 배열명은 배열의 첫 번째 요소를 가리키는 주소입니다. 그러므로 b는 b[0]을 가리키는 주소이고 따라서 이 문장을 실행하면 포인터 c는 b[0]을 가리킵니다.

이때 c+1이 무엇인지 생각해 봅시다. 이전에 포인터에 정수를 더할 때는, 포인터가 가리키는 대상의 크기를 정수에 곱한 후에 더한다고 했습니다. 그러므로 c+1에서도 1을 그냥 더하는 것이 아니라, c가 가리키는 대상인 b[0]의 크기를 곱해서 더합니다. 그런데 b[0]의 자료형은 무엇이고 크기는 얼마일까요? 네, b[0]의 자료형은 구조체 point형이고 크기는 float형 두 개 크기입니다. 그러므로 c+1이 가리키는 것은 현재 c가 가리키고 있는 b[0]에서 구조체 point 하나만큼 이동한 것입니다. 바로 b[1]이겠지요. 비슷하게 c+2는 2에 구조체 point형의 크기를 곱한 뒤 더하므로, b[0]에서 구조체 point형 두 개만큼 옮긴 b[2]를 가리키고, c+3은 b[3]을, c+4는 b[4]를 가리킵니다.

```
struct point {
   float x;
   float y;
};
struct point b[5];
struct point *c;
c = b;
c[1].x = 2.0;
(c+2)->y = *(c+1).x + (b+1)->x;
```

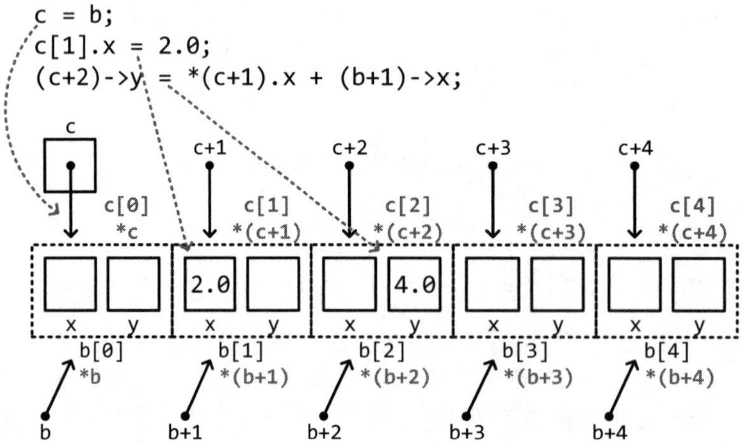

그림 15.9 구조체 배열과 포인터

그럼, *(c+1)이 무엇인지도 알 수 있을 것입니다. 주소 c+1이 가리키는 그 공간이므로 바로 b[1]입니다. 비슷하게 *(c+2)는 b[2], *(c+3)은 b[3], *(c+4)는 b[4]입니다. 그리고 포인터와 정수에 있어서 *(□+△)과 □[△]이 동일하다는 원칙에 의해 *(c+1)과 c[1]이 서로 동일하고, 따라서 c[1]은 b[1]와, c[2]는 b[2]와, c[3]은 b[3]과, c[4]는 b[4]와 서로 같을 것입니다. 덧붙여 말하면 b[i]와 *(b+i)가 서로 동일한 성질도 여전하겠지요.

이제 그림 15.9의 밑에서 두 번째 문장을 봅시다. 그 문장에서는 c[1].x에 2.0을 저장합니다. 앞에서 말했지만 c[1]은 바로 b[1]입니다. 그러므로 2.0은 b[1]의 멤버 x에 저장될 것입니다. 다음 문장은 같은 의미를 가지는 서로 다른 표현법들을 익히기 위해 일부러 약간 복잡하게 만들어 놓았습니다. 우선 중간에 있는 *(c+1).x부터 봅시다. 여기서 *(c+1)은 c+1이 가리키는 공간인데, 현재 c+1은 b[1]을 가리키고 있습니다. 그러므로 *(c+1)은 바로 b[1]이고, *(c+1).x는 b[1]의 멤버 x를 말합니다. 다음으로 오른쪽에 (b+1)->x가 있습니다. 앞에서 구조체 포인터 연산자 ->는 간접지정 연산자 *와 구조체 멤버 연산자 .가 결합한 것이라고 했습니다. 그러므로 (b+1)->x는 *(b+1).x와 같고, *(b+1)은 바로 b[1]이므로, (b+1)->x는 b[1].x입니다. 마찬가지로 왼쪽의 (c+2)->y는 c+2가 가리키는 구조체의 멤버 y인데, 현재 c+2가 b[2]를 가리키므로 (c+2)->y는 b[2]의 멤버 y입니다. 종합하면 그림 15.9의 마지막 문장은 b[1].x와 b[1].x를 더해서 b[2].y에 저장하라는 의미입니다. 4.0이 b[2].y에 저장되겠지요.

```
struct point {
   float x;
   float y;
};
struct rect {
   struct point   a;
   struct point   b;
};
struct some {
   char      a;
   int       b[10];
   double    *c;
};
```

그림 15.10 구조체 멤버

15.3 구조체와 관련된 기타 문법

구조체와 관련된 몇 가지 기타 사항들을 살펴보겠습니다.

15.3.1 구조체 멤버

우선 구조체의 멤버로는 여러분이 변수와 비슷하게 선언할 수 있는 거의 모든 것이 가능합니다. 일반 변수들 모두 가능하고요, 배열도 가능하고, 포인터도 가능합니다. 심지어는 다른 구조체 변수도 가능합니다.

그림 15.10에 몇 가지 예를 만들어 놓았습니다. 그림 15.10에서 구조체 **rect**를 보시면 구조체 **point**형의 변수 **a**와 **b**를 멤버로 하고 있습니다. 그리고 구조체 **some**을 보시면 안에 배열, 포인터 등이 멤버로 들어 있는 것을 보실 수 있습니다 모두 문법적으로 타당한 것들입니다.

방금 구조체의 멤버로 다른 구조체 변수를 사용할 수 있다고 했는데 혹시 자신과 같은 구조체의 변수를 멤버로 사용할 수는 있을까요? 이에 대해서는 이 장의 마지막에 다루도록 하겠습니다.

15.3.2 typedef

앞에서 구조체를 하나 선언하면 그 구조체는 새로운 자료형으로 볼 수 있다고 했습니다. 예로 계속 들고 있는 **struct point**를 보더라도 **struct point a, b, c;**와 같이 자료형 자리에 넣어서 변수들을 선언할 수 있습니다. 그런데 이렇게 구조체 자료형을 쓰다 보면 늘 **struct**를 적어야 해서 타이핑을 많이 해야 합니다. 실수할 가능성도 높고요. 이런 경우에 사용하면 좋은 것이 **typedef**입니다.

이 **typedef**는 기존의 자료형에 사용자가 새로운 이름을 또 붙이고 싶을 때 사용하는 것입니다. 그림 15.11을 보시면 **typedef int my_int;**라고 했습니다. 이렇게 하면 기존의

```
typedef  int  my_int;   ----> int의 또 다른 이름
...
my_int a, b, c;  ----> 실제로는 int형 변수
                       a, b, c가 선언됨
```

그림 15.11 typedef의 사용

```
typedef struct point {
    float x;
    float y;
} t_point;  ----> struct point의 또 다른 이름
...
t_point a, b;  ----> 실제로는 struct point형 변수
                     a, b가 선언됨
```

그림 15.12 typedef와 구조체

int형에 my_int라는 이름이 하나 더 생기는 것입니다. 그래서 이후에 자료형이 들어가는 자리에 my_int를 넣으면 그 자리에 int가 있는 효과가 생깁니다.

구조체에 대해서도 비슷하게 typedef를 사용하는 것입니다. 그림 15.12에서 처음 네 문장과 같이 하면 struct point에 새로운 이름인 t_point가 생깁니다. 이 후에는 struct point를 쓸 자리에 t_point를 사용해도 되는 것이지요. 마지막 문장에서 t_point a, b; 라고 하면 실제로는 struct point형 변수 a와 b가 선언됩니다.

15.4 구조체와 함수

구조체를 선언하면 새로운 자료형이 생기는 것이므로 이 구조체는 자료형이 들어가는 자리에는 어디에나 들어갈 수 있습니다. 함수에서 반환값 자료형 자리에 들어갈 수도 있고 매개 변수가 구조체 변수일 수도 있습니다.

15.4.1 매개 변수가 구조체인 함수

매개 변수가 구조체인 함수의 예를 들기 위해 평면 위의 두 점을 받아서 그 사이의 거리를 반환하는 함수를 만들어 보겠습니다. 이 장에서 평면 위의 한 점을 표현하기 위해 struct point를 선언해서 사용하고 있으므로, 두 점을 받으려면 매개 변수가 struct point형 변수 두 개이면 되겠습니다. 그리고 반환값은 두 점 사이의 거리이므로 자료형은 float일 것입니다. 함수의 이름을 dist라 짓고 함수의 내부를 적절히 구성하면 프로그램 15.2와 같습니다.

프로그램 15.2의 1~3번 줄에서 struct point를 선언합니다. 이 구조체를 여기서 선언해야 하는 것은 struct point를 main 함수와 dist 함수, 모두가 볼 수 있어야 하기 때문입니다. 만일 어느 함수 내에서 선언하면 그 함수 내에서만 사용할 수 있습니다.

다음으로 5~10번 줄에 함수 dist가 선언되어 있습니다. 매개 변수 자리에 struct point a와 struct point b가 있으므로 구조체 매개 변수입니다. 그리고 반환값의 자료

프로그램 15.2 매개 변수가 구조체인 함수

```
01: struct point {
02:     float    x, y;
03: };
04:
05: float dist(struct point a, struct point b) {
06:     float d;
07:     d = (a.x-b.x)*(a.x-b.x) + (a.y-b.y)*(a.y-b.y);
08:     d = sqrt(d);
09:     return d;
10: }
11: int main(void) {
12:     struct point e = {2.0, 3.0};
13:     struct point f = {5.0, 7.0};
14:     float    d;
15:     d = dist(e, f);
16:     printf("%f\n", d);
17: }
```

main 함수와 dist 함수, 모두에게 보이기 위해 밖에서 정의

구조체 매개 변수 a와 b

인자도 struct point형

형은 float이네요.

마지막으로 main 함수에서는 struct point형 변수 e와 f를 선언하면서 초기화를 한 다음에, 15번 줄에서 dist 함수를 호출합니다. 이때 인자로 e와 f를 넘겨 주네요. 그럼 e와 f 사이의 거리가 계산되어 반환될 테고, d에 저장된 뒤에 출력되겠지요.

그럼 프로그램 15.2가 어떻게 진행되는지 분석해 보겠습니다. 그림 15.13a를 보시면 처음에 구조체 변수 e와 f가 만들어 지고 초기화되며, 진행하다 보면 dist 함수를 만납니다. 여기서 인자에 구조체 변수 e와 f가 있음을 기억하십시오. 함수를 만났으니 ③과 같이 dist 함수로 이동하겠지요. 함수 dist의 매개 변수를 보니 struct point형 변수 a와 b입니다. 그러면 ④와 같이 struct point형 변수 a와 b가 만들어질 것입니다.

매개 변수를 만들었으면 인자를 매개 변수에 복사할 것입니다. 이 예제에서 인자는 struct point형 변수 e와 f이고 매개 변수는 struct point형 변수 a와 b입니다. 그러면 이들 사이에, 마치 구조체 변수 사이에 대입을 하듯이 값의 복사가 이루어집니다(그림 15.13b). 즉 첫 번째 인자인 e의 각 멤버에 있는 값들이 첫 번째 매개 변수인 a의 각 멤버에 복사가 되고, 두 번째 인자 f의 각 멤버에 있는 값들이 두 번째 매개 변수인 b의 각 멤버에 복사되는 것입니다.

그 이후에는 그림 15.13c의 ①과 같이 함수 내부를 실행해서 두 점 (2.0,3.0)과 (5.0, 7.0) 사이의 거리인 5.0을 계산해서 d에 저장한 뒤 반환합니다.

여기서 여러분이 주목해야 할 것은 인자에 있는 구조체 변수의 멤버 값들이 매개 변수의 멤버들에 하나씩 복사가 된다는 것입니다. 물론 이것은 C언어에 있어 값에 의한 호출이라는 개념과 맞는 것입니다. 그리고 약간 의외일 수도 있겠습니다만 만일 구조체 안에 배열이 있다면 그 배열의 요소들도 하나씩 복사가 됩니다. 매개 변수가 배열인

```c
struct point {
    float    x, y;
};

float dist(struct point a,
               struct point b) {
    float d;
    d = (a.x-b.x)*(a.x-b.x) +
         (a.y-b.y)*(a.y-b.y);
    d = sqrt(d);
    return d;
}
int main(void) {
    struct point e = {2.0, 3.0};
    struct point f = {5.0, 7.0};
    float    d;
    d = dist(e, f);
    printf("%f\n", d);
}
```

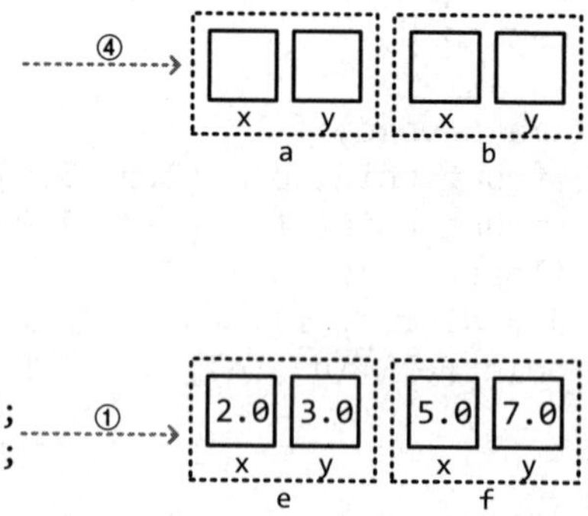

(a)

```c
struct point {
    float    x, y;
};

float dist(struct point a,
               struct point b) {
    float d;
    d = (a.x-b.x)*(a.x-b.x) +
         (a.y-b.y)*(a.y-b.y);
    d = sqrt(d);
    return d;
}
int main(void) {
    struct point e = {2.0, 3.0};
    struct point f = {5.0, 7.0};
    float    d;
    d = dist(e, f);
    printf("%f\n", d);
}
```

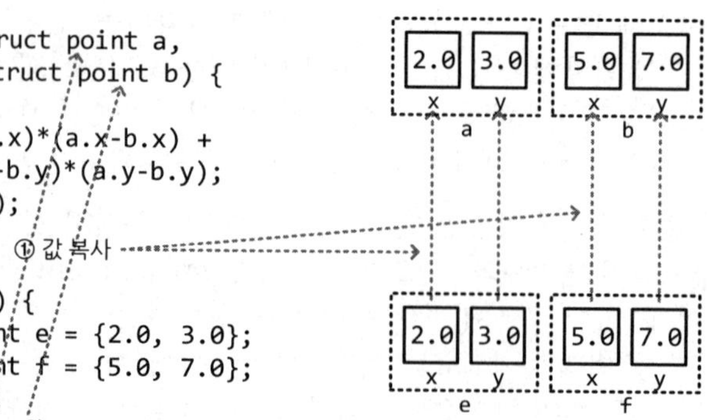

(b)

```
01: struct point {
02:    float    x, y;
03: };
04:
05: float dist(struct point a,
               struct point b) {
06:    float d;
07:    d = (a.x-b.x)*(a.x-b.x) +
           (a.y-b.y)*(a.y-b.y);
08:    d = sqrt(d);
09:    return d;
10: }
11: int main(void) {
12:    struct point e = {2.0, 3.0};
13:    struct point f = {5.0, 7.0};
14:    float    d;
15:    d = dist(e, f);
16:    printf("%f\n", d);
17: }
```

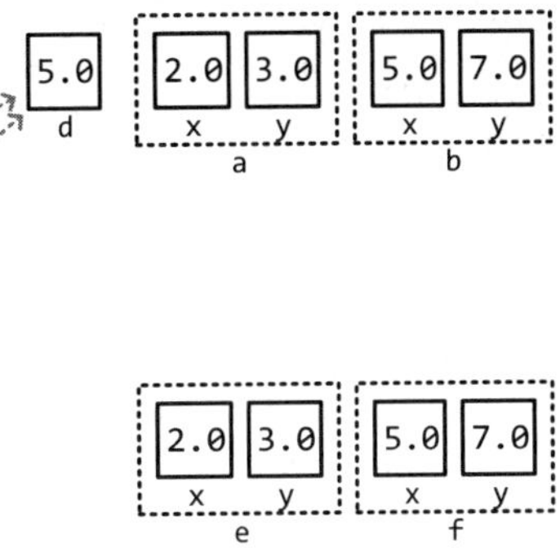

(c)

그림 15.13 프로그램 15.2의 진행

경우와는 다릅니다. 배열이 구조체 안에 들어 있게 되면 구조체 매개 변수를 생성할 때 그 구조체 변수 안에 배열이 새로 만들어지고, 인자의 멤버에 있는 배열의 값들이 하나씩 복사되는 것입니다.

물론 이 개념은 값에 의한 호출이라는 개념과 부합되는 것이므로, 보통의 배열 매개 변수에 비해 오히려 이해하기가 쉬운 면이 있습니다. 그러나 이러한 동작이 때로는 성능의 저하를 가져옵니다. 예를 들어 구조체 안에 크기가 100인 배열이 들어 있다면 그 100개의 값들이 하나씩 복사됩니다. 크기가 1000인 배열이라면 1000개의 값이 복사되겠지요. 이렇게 되면 함수를 호출하는데 시간이 오래 걸리게 됩니다. 그래서 프로그램 15.2와 같이 구조체 자체를 매개 변수로 사용하기 보다는 구조체 포인터를 매개 변수로 사용하는 일이 더 많습니다.

15.4.2 매개 변수가 구조체 포인터인 함수

프로그램 15.2의 프로그램에서 dist 함수를 구조체 포인터 매개 변수를 이용하도록 수정한 것이 프로그램 15.3입니다. 보시면 우선 매개 변수가 struct point *a와 struct point *b, 즉 포인터로 바뀌었습니다. 그리고 a와 b가 구조체 변수가 아니라 구조체 포인터이므로 멤버를 접근할 때도 a.x가 아니라 a->x처럼 하도록 7번 줄을 수정하였습니다. 마지막으로 15번 줄에서 구조체 변수 e와 f의 주소를 인자로 넘겨야 할 것입니다.

프로그램의 처음 진행은 프로그램 15.2와 거의 같습니다. 그림 15.14a와 같이 struct point 변수 e와 f를 만들고 초기화한 뒤 진행하다 dist 함수를 만나면 dist 함수로 이동합니다. 그런데 이동해 보니 매개 변수가 포인터입니다. 그러므로 포인터 a와 b가 만들어집니다④.

프로그램 15.3 매개 변수가 구조체 포인터인 함수

```
struct point {
    float    x, y;
};

float dist(struct point *a, struct point *b) {
    float d;
    d = (a->x-b->x)*(a->x-b->x) + (a->y-b->y)*(a->y-b->y);
    d = sqrt(d);
    return d;
}
int main(void) {
    struct point e = {2.0, 3.0};
    struct point f = {5.0, 7.0};
    float    d;
    d = dist(&e, &f);
    printf("%f\n", d);
}
```

구조체 포인터 매개 변수 a와 b

인자는 e와 f의 주소

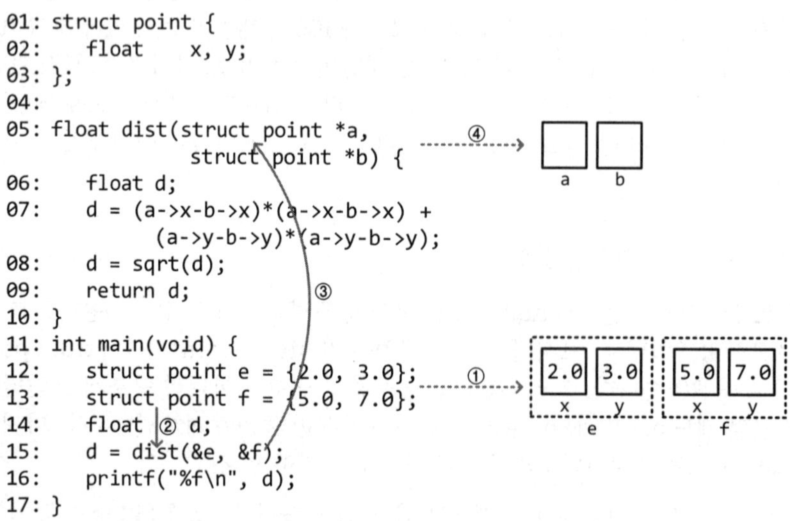

(a)

```
struct point {
    float    x, y;
};

float dist(struct point *a,
                struct point *b) {
    float d;
    d = (a->x-b->x)*(a->x-b->x) +
          (a->y-b->y)*(a->y-b->y);
    d = sqrt(d);
    return d;
}
int main(void) {
    struct point e = {2.0, 3.0};
    struct point f = {5.0, 7.0};
    float    d;
    d = dist(&e, &f);
    printf("%f\n", d);
}
```

① 값 복사

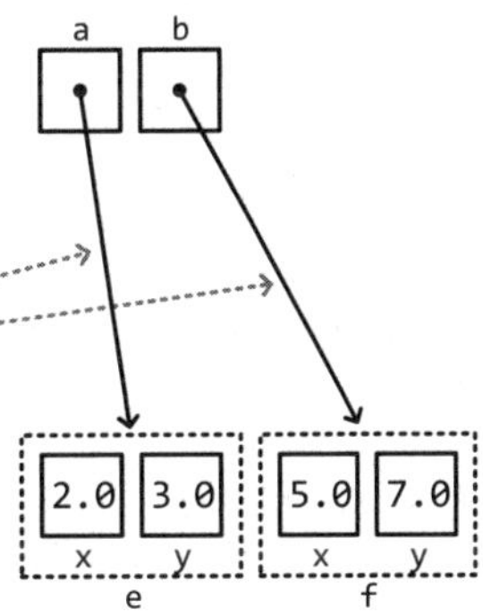

(b)

```
struct point {
    float    x, y;
};

float dist(struct point *a,
                struct point *b) {
    float d;
    d = (a->x-b->x)*(a->x-b->x) +
          (a->y-b->y)*(a->y-b->y);
    d = sqrt(d);
    return d;
}
int main(void) {
    struct point e = {2.0, 3.0};
    struct point f = {5.0, 7.0};
    float    d;
    d = dist(&e, &f);
    printf("%f\n", d);
}
```

① ② ③

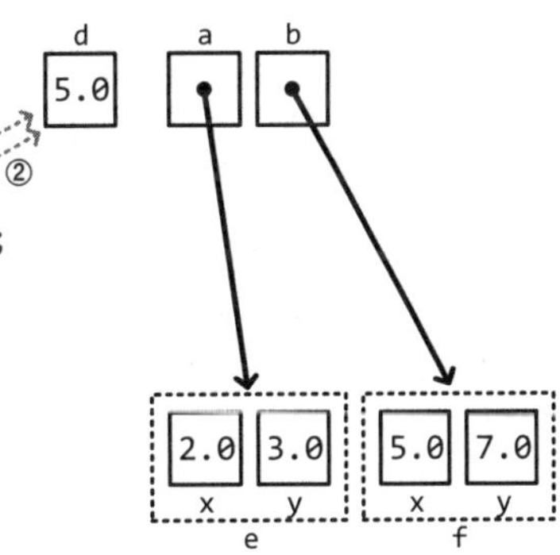

(c)

그림 **15.14** 프로그램 15.3의 진행

프로그램 15.4 반환값이 구조체인 함수

```
struct point {
    float    x, y;
};

struct point shift(struct point a)
{
    struct point b;
    b.x = a.x + 5;
    b.y = a.y + 5;
    return b;
}
int main(void) {
    struct point e, f;
    e.x = 2.0;
    e.y = 3.0;
    f = shift(e);
    printf("%f, %f\n", f.x, f.y);
}
```

그리고 그림 15.14b와 같이 인자가 매개 변수로 복사됩니다. 이때 인자는 e와 f의 주소이며, 이 주소들이 포인터 a와 b에 복사되는 것입니다. 그러면 매개 변수 a와 b는 각각 구조체 e와 f를 가리킬 것입니다.

다음에는 그림 15.14c에서와 같이 함수 내부가 실행되면서 거리를 계산하여 d에 저장하고 반환할 것입니다. 이때 멤버들의 접근이 a->x와 같이 이루어지는데 a->x는 a가 가리키는 구조체의 멤버 x이므로 실은 구조체 변수 e의 멤버 x입니다. 비슷하게 a->y, b->x, b->y는 각각 e의 멤버 y, f의 멤버 x, f의 멤버 y입니다. 그림 15.13c에서와는 조금 구별하셔야 합니다. 그림 15.13c에서는 구조체 변수 a가 e와는 별도로 존재해서 a.x라고 하면 정말로 변수 a의 멤버 x였습니다. 그러나 지금은 a가 구조체 변수가 아니라 구조체 포인터이고 현재 e를 가리키고 있으므로 a->x는 변수 e의 멤버 x인 것입니다.

15.4.3 반환값이 구조체인 함수

앞에서 매개 변수가 구조체이면 인자에 있는 구조체 변수의 멤버들 값이 하나씩 복사가 된다고 했습니다. 반환값이 구조체인 경우도 역시 마찬가지입니다.

예를 들어 한 점의 좌표를 받아서 x축으로 5, y축으로 5만큼 움직인 좌표를 반환하는 함수 shift를 만들어 보겠습니다. 한 점의 좌표를 받아야 하니 매개 변수는 struct point 형 변수 한 개이면 될 것 같습니다. 반환값 자료형을 생각해 보면 이동한 점의 좌표가 반환값이므로 반환값의 자료형도 struct point형이어야 되겠습니다. 그리고 받은 좌표에서 x, y 멤버의 값을 각각 5씩 증가시킨 것을 반환하면 되겠습니다. 이렇게 만든 함수가 프로그램 15.4입니다.

프로그램을 시작하면 struct point 변수 e와 f를 만들고 e의 멤버들에는 2.0과 3.0

```
struct point {
    float   x, y;
};

struct point shift(struct point a)
{
    struct point b;
    b.x = a.x + 5;
    b.y = a.y + 5;
    return b;
}
int main(void) {
    struct point e, f;
    e.x = 2.0;
    e.y = 3.0;
    f = shift(e);
    printf("%f, %f\n", f.x, f.y);
}
```

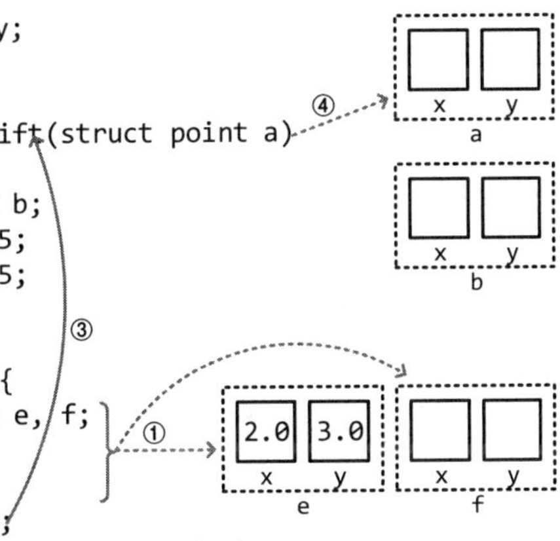

(a)

```
struct point {
    float   x, y;
};

struct point shift(struct point a)
{
    struct point b;
    b.x = a.x + 5;
    b.y = a.y + 5;
    return b;
}
int main(void) {
    struct point e, f;
    e.x = 2.0;
    e.y = 3.0;
    f = shift(e);
    printf("%f, %f\n", f.x, f.y);
}
```

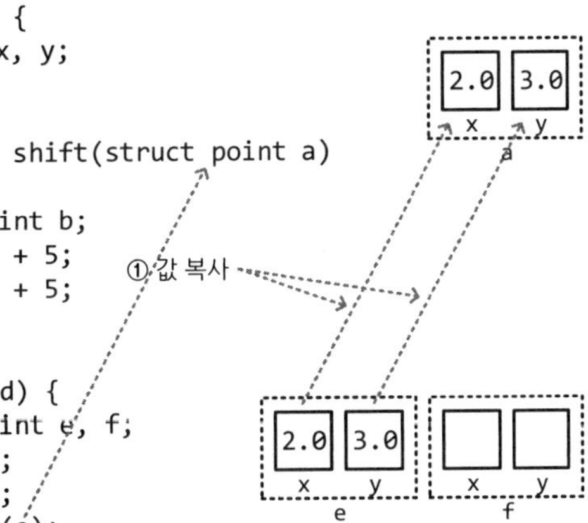

(b)

그림 15.15 프로그램 15.4의 진행(다음 페이지에 계속)

```
struct point {
   float    x, y;
};

struct point shift(struct point a)
{
   struct point b;
   b.x = a.x + 5;
   b.y = a.y + 5;
   return b;
}
int main(void) {
   struct point e, f;
   e.x = 2.0;
   e.y = 3.0;
   f = shift(e);
   printf("%f, %f\n", f.x, f.y);
}
```

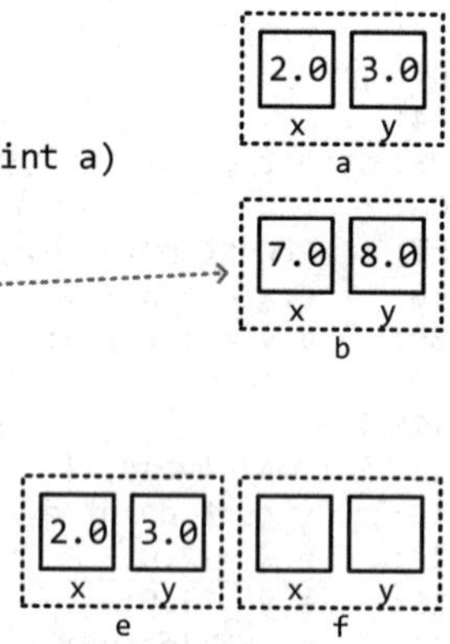

(c)

```
struct point {
   float    x, y;
};

struct point shift(struct point a)
{
   struct point b;
   b.x = a.x + 5;
   b.y = a.y + 5;
   return b;
}
int main(void) {
   struct point e, f;
   e.x = 2.0;
   e.y = 3.0;
   f = shift(e);
   printf("%f, %f\n", f.x, f.y);
}
```

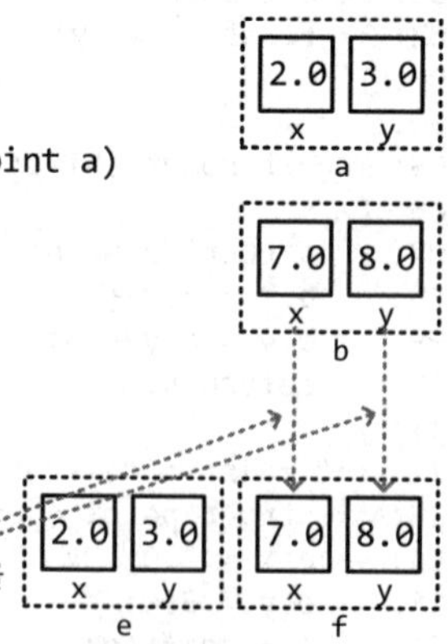

(d)

그림 **15.15** 프로그램 15.4의 진행

프로그램 15.5 프로그램 15.4의 변형

```
struct point {
    float    x, y;
};

struct point shift(struct point a) {
    a.x = a.x + 5;
    a.y = a.y + 5;
    return a;
}
int main(void) {
    struct point e, f;
    e.x = 2.0;
    e.y = 3.0;
    f = shift(e);
    printf("%f, %f\n", f.x, f.y);
}
```

a의 멤버를 수정해도 main의 e는 바뀌지 않음

을 저장합니다(그림 15.15a의 ①). 그 다음에 shift 함수를 만나서 이동합니다. 매개 변수 struct point형 변수 a를 만들고 인자에 있는 e의 멤버에 있는 값들을 a의 멤버들로 복사합니다(그림 15.15b). 그리고 함수 안으로 들어가면 struct point 변수 b를 만든 뒤, a의 멤버 x에 있는 값에 5를 더해서 b의 x에 저장하고, a의 멤버 y에 있는 값에 5를 더해서 b의 y에 저장합니다(그림 15.15c).

다음에 return을 만났는데 반환값이 b입니다. 이와 같이 반환값이 구조체이면, 그 구조체의 멤버들에 저장되어 있던 값들과 함께 함수를 부른 자리로 돌아갑니다(그림 15.15d의 ①). 돌아와 보니 shift 함수의 반환값을 f에 저장합니다. 그러므로 결과적으로는 마치 f = b라는 문장이 있는 것처럼 (실제로는 불가능하죠.) b의 각 멤버들에 있는 값이 f의 각 멤버들로 복사가 됩니다②. 그 아래의 printf를 실행하면 7.0과 8.0이 출력될 것입니다.

프로그램 15.4의 shift 함수는 프로그램 15.5처럼 작성해도 괜찮습니다. 달라진 점은 함수 내에서 새로 struct point 변수 b를 만든 것이 아니라 매개 변수 a의 멤버들에 바로 5씩 더한 뒤 a를 반환하는 것입니다. 동작은 동일하며, 이렇게 하더라도 인자에 있던 e의 값들이 변하는 것은 아님에 유의하시기 바랍니다.

만일 인자에 있는 e의 멤버들 값을 수정해서 e의 멤버들에 5씩 더하고 싶다면 프로그램 15.6처럼 구조체 포인터를 이용하면 됩니다. 어차피 e의 멤버들을 수정하는 것이므로 반환값은 없습니다.

프로그램 15.6이 진행되는 과정 중 중요한 부분만 발췌해 보면 shift 함수를 호출해서 매개 변수 포인터 a를 만든 다음에 인자에 있는 e의 주소를 복사합니다. 그러면 그림 15.16a와 같이 a가 e를 가리킬 것입니다. 다음으로 함수 안에서 a->x와 a->y를 5씩 증가시키는데, a가 현재 e를 가리키고 있으므로 실제로는 e의 멤버 x와 y가 5씩 증가합니다

프로그램 15.6 구조체 포인터를 이용한 프로그램 15.5의 변형

```
struct point {
    float    x, y;
};

void shift(struct point *a) {
    a->x += 5;            } 구조체 포인터 a를 통해
    a->y += 5;            } main의 e를 수정함
    return;
}
int main(void) {
    struct point e;
    e.x = 2.0;
    e.y = 3.0;
    shift(&e);
    printf("%f, %f\n", e.x, e.y);
}
```

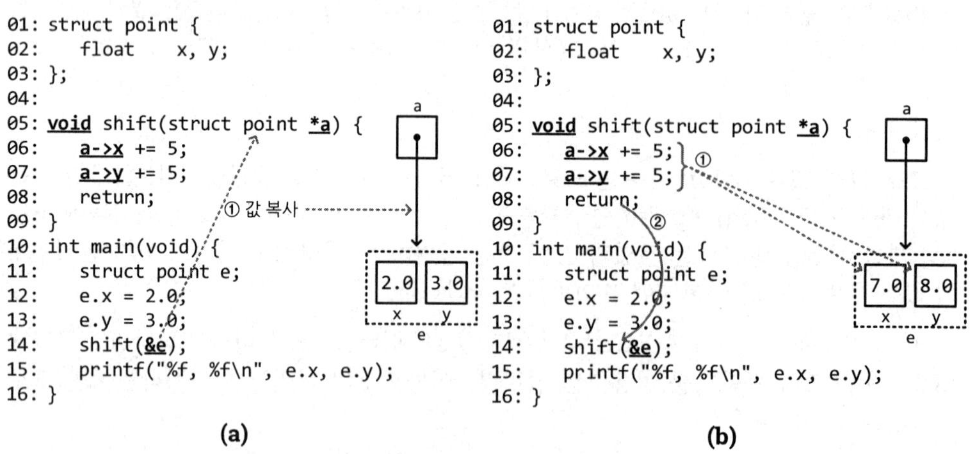

그림 15.16 프로그램 15.6의 진행

```
struct self1 {
   int   a;
   struct self1 b;
} c;
```

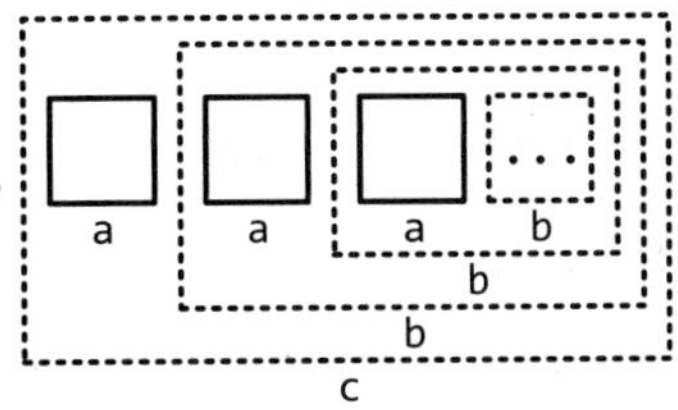

그림 15.17 자신을 포함하는 구조체

```
struct self2 {
   int   a;
   struct self2 *b;
} c;
```

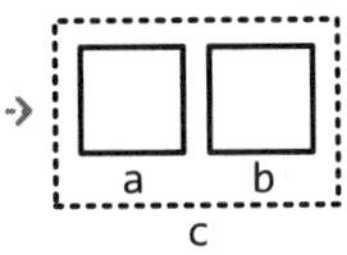

그림 15.18 자기 참조 구조체

(그림 15.16b의 ①). 함수에서 돌아와 다음에 있는 printf에서 e.x와 e.y를 실행하면 7.0과 8.0이 출력될 것입니다.

15.5 자기 참조 구조체

앞에서 구조체 멤버에 대해 얘기할 때 구조체 멤버로는 변수나 배열, 포인터 모두 가능하다고 했습니다. 심지어는 다른 구조체의 변수도 가능합니다. 그런데 어떤 구조체가 자신과 같은 구조체의 변수를 가지는 것은 가능할까요? 예를 들면 그림 15.17과 같은 경우입니다. 보시면 struct self1 구조체의 멤버로 같은 구조체 struct self1 구조체 변수가 들어 있습니다. 이게 과연 가능할까요? 아마 짐작하셨겠지만 불가능합니다. 만일 그림과 같이 struct self1 변수 c를 선언했다고 생각해 보겠습니다. 그러면 c 안에는 int형 변수 a와 struct self1형 변수 b가 들어 있어야겠지요. 그런데 이 struct self1형 변수 b 안에는 다시 int형 변수 a와 struct self1형 변수 b가 들어 있어야 하고, 그 b 안에는 다시 a와 b가 있어야 하는 등 끝도 없이 들어갈 것입니다. 이런 것이 만들어질 리가 없을 것입니다.

이렇게 자신을 직접 포함하는 구조체는 안 됩니다만 그림 15.18과 같이 자신에 대한 포인터는 포함하는 것이 가능합니다. 보시면 struct self2 구조체 안에 struct self2 포인터가 포함되어 있습니다. 이것이 가능한 것은 멤버로 포함된 것이 구조체 자체가 아니라 포인터이기 때문입니다. 포인터는 그냥 주소를 저장하는 변수일 뿐이니, struct self2형 변수 c를 선언하면 int형 변수 a와 포인터 b만 포함되면 되는 것입니다.

이와 같이 구조체 안에 자신에 대한 포인터가 포함되어 있는 것을 자기 참조 구조체라고 부릅니다. 아직 자기 참조 구조체를 쓸 일은 없을 것입니다만 나중에 연결 리스트 같은 것을 배우면 정말 많이 사용할 것입니다.

연습 문제

1. 구조체들 사이에서 서로를 구별하는 구조체 자체의 이름을 ____ 라고 부른다.
2. 구조체에서 멤버를 접근하는 연산자는 ____ 이다.
3. 구조체 포인터에서 구조체 멤버를 바로 접근하는 연산자는 ____ 이다.
4. C 언어에서 새로운 자료형 이름을 붙일 때 사용하는 명령은 ____ 이다.
5. 멤버 중의 하나가 자기 자신의 구조체 포인터인 구조체를 ____ 라고 부른다.
6. 다음과 같은 문장들을 차례로 작성하시오.
   a) 멤버로 float형 real과 imag를 가지는 구조체 변수 a, b, c를 선언하시오. 변수 a는 1.0, 1.0으로 초기화하고 b는 2.0, -1.0으로 초기화하시오.
   b) 변수 a의 각 멤버에 있는 값을 변수 c의 각 멤버로 복사하시오.
   c) 변수 a와 b의 대응하는 멤버에 있는 값을 더해서 c에 저장하시오.
7. 위 6번 문제의 a)번을 하는데 아래와 같이 변형하시오.
   a) 구조체 태그 complex를 이용하여 우선 struct complex를 정의하고 그 이후에 변수 a, b, c를 선언하시오.
   b) 이 구조체를 Complex라는 자료형으로 typedef한 뒤 이 Complex 자료형으로 변수 a, b, c를 선언하시오.
8. 위 7번 문제의 a)와 같이 struct complex가 정의되었을 때, 두 개의 float형 실수를 인자로 받아서 이들 인자로 구조체 complex를 구성하여 반환하는 함수 gen_comp를 작성하시오.
9. 위 문제에서 반환값이 없도록 gen_comp 함수를 수정하시오. 새로 구성한 구조체 complex를 저장할 구조체 변수의 주소를 포인터 매개 변수로 받아서 사용하시오.
10. 위 7번 문제의 b)와 같이 Complex 자료형이 정의되었을 때, 두 개의 Complex형 인자를 받아서 대응하는 멤버들을 더한 결과 구조체를 반환하는 함수 add_comp를 작성하시오.
11. 위 문제의 add_comp 함수에서 반환값을 없도록 하고 매개 변수는 모두 포인터로 바꾸시오. 결과를 저장할 구조체 변수의 주소도 포인터 매개 변수로 받아서 사용하시오.
12. 그림 15.10에서 정의한 struct point와 struct rect에 대해 struct point는 평면 위의 한 점의 좌표를, struct rect는 평면 위의 한 직사각형을 나타낸다고 생각했을 때 다음 함수들을 작성하시오.
    a) 하나의 직사각형을 받아서 그 면적을 반환하는 함수 area

b) 하나의 직사각형을 받아서 그 중심점을 반환하는 함수 center (반환값의 자료형은 struct point로 한다.)

c) 하나의 직사각형과 하나의 좌표를 받아서 받은 좌표의 x, y 값만큼 직사각형의 위치를 옮기는 함수 move

d) 하나의 직사각형과 하나의 좌표를 받아서 그 좌표가 직사각형 안에 있으면 1을, 그렇지 않으면 0을 반환하는 함수 check

실습 문제

1. 세 개의 정수 h, m, s로 시간을 나타내는 구조체 time을 만드시오. 이 구조체에서 h, m, s는 각각 시, 분, 초를 나타낸다. 두 시간에 대해 시, 분, 초를 입력받은 뒤 이 두 시간을 더한 결과를 출력하시오. 초와 분은 60 이상이 될 수 없음에 유의하시오.

2. 그림 15.2와 같이 struct point를 정의하시오. 두 점의 좌표를 입력받아 struct point형 변수에 저장한 뒤, 이 두 점의 좌표가 같은 사분면에 있으면 "In the same quadrant", 그렇지 않으면 "In different quadrants"라고 출력하시오.

3. 그림 15.10에서와 같이 struct rect를 정의하시오. 이 구조체는 하나의 직사각형을 나타내며, a는 왼쪽 아래, b는 오른쪽 위 꼭지점의 좌표이다. 두 점의 좌표 a, b를 입력받아서 struct rect형 변수에 저장한 뒤, 이 직사각형의 면적과 둘레 길이를 출력하시오.

4. 복소수를 나타내는 구조체 complex를 만드시오. 이 구조체의 멤버는 double형 real과 image이다. 두 개의 struct complex 변수를 받아서 복소수 덧셈을 한 뒤 반환하는 add_complex 함수를 작성하시오. 두 개의 복소수(즉, 네 개의 실수)를 입력받아서, add_complext 함수를 이용하여 그 합을 구한 뒤 출력하시오. 입력 순서는 한 복소수의 실수부, 허수부를 입력받은 뒤 다음 복소수의 실수부, 허수부를 입력받는다.

5. 하나의 분수를 표현하는 struct frac을 만드시오. 이 구조체는 두 개의 정수형 멤버(num과 den)가 있으며 각각 분자와 분모에 해당한다. 이 구조체를 이용하여 다음과 같은 함수들을 만드시오.

   a) 하나의 분수를 받아서 기약 분수로 만들어서 반환하는 함수 reduce

   b) 두 개의 분수를 받아서 그 합을 반환하는 함수 add

   c) 두 개의 분수를 받아서 앞 분수에서 뒤 분수를 뺀 뒤 그 결과를 반환하는 함수 sub

   d) 두 개의 분수를 받아서 그 곱을 반환하는 함수 mul

   e) 두 개의 분수를 받아서 앞 분수에서 뒤 분수를 나눈 뒤 그 결과를 반환하는 함수 div

위에서 reduce를 제외한 나머지 함수들의 결과는 기약 분수로 만든 뒤 반환해야 한다. (add~div 함수에서 reduce 함수를 호출하면 된다.) 두 개의 분수(즉, 네 개의 정수) f1, f2를 입력받은 뒤 위 함수들을 이용하여 f1+f2, f1-f2, f1*f2, f1/f2를 기약 분수로 구하여 출력하시오.

6. 위 문제의 함수들을 반환값이 없고(즉 결과를 저장할 구조체의 주소를 인자로 받아서 사용하고) 매개 변수도 모두 구조체 포인터가 되도록 수정하시오.

7. 트럼프 카드에서 무늬에 대한 문자를 입력받으면 그 무늬가 무엇인지 출력하는 프로그램을 작성하시오. 즉 s를 입력받으면 Spade, c를 입력받으면 Club, d를 입력받으면 Diamond, h를 입력받으면 Heart를 출력하시오. 구조체 배열을 적절히 이용해서 반복문과 if문 한 개로 작성하시오.
힌트: 문자형 변수 한 개와 문자형 포인터 한 개로 이루어진 구조체를 선언하고, 크기가 4인 구조체 배열을 선언하며 각 무늬에 대한 문자와 그 이름 문자열로 초기화한다. 그리고 문자를 입력받은 뒤 반복문을 돌면서 각 구조체 배열 요소들의 문자형 멤버가 입력받은 문자와 같은지 검사하여, 문자가 같은 구조체 배열 요소에 대해 문자열 멤버를 출력하면 된다.

8. 몇 개 나라의 국제 전화 번호는 다음과 같다.

나라 이름	국제 전화 번호	나라 이름	국제 전화 번호
Argentina	54	Brazil	55
China	86	Egypt	20
France	33	Germany	49
India	91	Indonesia	62
Italy	39	Japan	81
Korea	82	Mexico	52
Philippines	63	Russia	7
Spain	34	Thailand	66
Turkey	90	United Kingdom	44
United States	1	Vietnam	84

이 정보를 저장할 구조체로, 나라 이름을 가리킬 문자형 포인터와 전화 번호를 저장할 정수형 변수를 멤버로 가지는 struct int_dial을 정의하시오. 이 구조체의 배열을 선언하면서 위 표의 정보대로 초기화하시오. 나라 이름을 문자열로 입력받은 뒤 저장된 나라 이름들과 비교하여 해당 나라의 전화 번호를 출력하시오.

CHAPTER 16

연산자

지금까지 이 책의 여러 곳에서 여러 가지 연산자들에 대해 개별적으로 다루어 왔습니다. 첫 장에서 +, - 같은 산술 연산자를 다루었었고, 조건문에서는 관계 연산자와 논리 연산자를, 반복문을 배울 때는 증감 연산자를 설명했습니다. 이 장에서는 지금까지 배운 연산자들을 정리하고 새로운 비트 연산자에 대해 배우겠습니다.

사실 이 장의 내용을 지금 꼭 아실 필요는 없습니다. 연산자에 대해서는 지금까지 배운 내용과 여러분의 직관으로 충분합니다. 그 것을 넘어서는 것들은 사용하지 않으면 됩니다. 예를 들어 연산자의 우선 순위에 대해 설명을 할 텐데, 여러분의 직관에 비추어 잘 모르겠으면 그냥 괄호를 사용하면 됩니다. 오히려, 우선 순위에 대한 정확한 지식이 있어야만 제대로 해석할 수 있는 수식은 사용하지 않는 편이 더 좋습니다.

그러나 여러분이 나중에 C언어에 대해 정말로 잘 이해하고 싶거나, 일반적인 PC 환경에서가 아닌 환경에서 프로그래밍을 하거나 (비트 연산자에 대한 설명을 참조하십시오.) 다른 사람이 작성한 복잡한 프로그램을 해석해야 할 때는 이 장에서 배울 지식이 좀 필요하실 것입니다. 그래서 그냥 한 번 쓱 훑어 보시면서, '이런 것도 있구나'하고 넘어갔다가 나중에 궁금해 지면 다시 찾아보시기 바랍니다.

16.1 기본 용어

연산자(operator)란 +나 - 같은 것을 말합니다. C언어에서는 십여 종류의 연산자를 사용합니다. 각 종류의 연산자에 대해 앞으로 하나씩 다룰 예정입니다. 연산자의 대상이 되는 것을 피연산자(operand)라고 부릅니다. 예를 들어서 a + 2에서 +는 연산자이고 a와 2는 피연산자인 것입니다. 그리고 연산자와 피연산자로 이루어진 것을 수식(expression)이라고 부릅니다.

이렇게 연산자와 피연산자가 모여 만들어진 모든 수식은 결과값을 가집니다. 예를 들어 2 + 3은 수식이고 결과값은 5입니다. 여기서 제가 모든 수식이라고 말했음을 기억하십시오. 이 원칙을 따르다 보면 여러분이 생각도 못한 일들이 벌어집니다.

연산자에 따라 피연산자의 개수는 다릅니다. 우리가 보통 알고 있는 +(더하기)나 -(빼기)는 피연산자가 두 개입니다. 이런 연산자를 이항 연산자라고 부릅니다. 그런데 -를 빼기가 아닌 음수로 만드는 부호 연산자로 사용한다면 -a와 같이 피연산자가 한 개입니다. 이렇게 피연산자가 한 개인 연산자는 단항 연산자라고 부릅니다. 피연산자 세 개인 삼항 연산자도 있는데 뒤에 소개하겠습니다.

그리고 연산자에는 결합순서(associativity)라는 것이 정해져 있습니다. 결합순서란 같은 연산자가 연속으로 있는 수식에서 어떤 순서로 계산을 하는지를 정하는 규칙입니다. 예를 들어 **1 + 2 + 3**과 같이 **+** 연산자가 연속으로 있을 때, 왼쪽에 있는 **1 + 2**를 먼저 계산한 다음에 그 결과와 **+ 3**을 계산하는 것을 결합순서가 왼쪽에서 오른쪽(left-to-right)이라고 말하며, 반대로 오른쪽에 있는 **2 + 3**을 먼저 계산한 뒤 그 결과와 **1**을 더하는 것을 결합순서가 오른쪽에서 왼쪽(right-to-left)라고 말합니다. 이 책에서는 결합순서가 왼쪽에서 오른쪽이면 →로, 오른쪽에서 왼쪽이면 ←로 표시하겠습니다. 우리가 알고 있는 대부분의 이항 연산자들은 결합순서가 →이며, 단항 연산자는 보통 ←입니다.

연산자에 따라서는 피연산자의 종류가 제한되는 것도 있습니다. 예를 들어 **%** 연산자는 피연산자가 반드시 정수여야 하는 것과 같이 피연산자의 자료형이 제한 되는 경우도 있고, 증감 연산자 **++**와 같이 피연산자가 상수 같은 것이어서는 안 되는 것도 있습니다. 증감 연산자는 증가시킨 후 저장을 해야 하는데 **++3**라고 적는다면 증가된 값 **4**를 저장할 곳이 없겠지요. 이 장에서는 연산자를 설명하면서 이러한 제약사항도 같이 설명하겠습니다.

덧붙여 말씀드리면, 변수와 같이 값을 저장할 수 있는 것을 좌변값(lvalue)이라고 부릅니다. 연산의 결과가 좌변값이 되기도 하며 조금 후에 설명할 ***, [], ., ->**의 결과는 좌변값이 될 수 있습니다.

16.2 산술 연산자

연산자	결합 순서	피연산자 개수	피연산자 제한
+	→	2	정수형과 실수형 가능 한 피연산자가 포인터형이면 다른 피연산자는 정수형이어야 함
-	→	2	정수형과 실수형 가능 한 피연산자가 포인터형이면 다른 피연산자는 같은 포인터형이어야 함
* /	→	2	정수형과 실수형 가능
%	→	2	두 피연산자 모두 정수형이어야 함

우리가 일반적으로 알고 있는 덧셈(+), 뺄셈(-), 곱셈(*), 나눗셈(/) 연산입니다. 곱셈 연산자가 *인 이유는, 우리가 보통 쓰는 ×는 영문자 **X**와 혼동될 수 있기 때문이고, 나눗셈 연산자가 /인 이유는 ÷가 키보드에 없어서 사용하기 불편하기 때문입니다. 기본적으로는 정수형과 실수형 모두에 사용할 수 있으나 나머지 연산자 **%**는 두 피연산자가 모두 정수형이어야 합니다. 나머지라는 말 자체가 정수에서만 성립하겠지요.

덧셈과 뺄셈의 경우에는 포인터형에 대해서도 사용할 수 있습니다. 앞에서 포인터를 설명할 때 했었는데요, 포인터형+정수형을 하면 정수형에 포인터형이 가리키는 대상체의 크기를 곱한 다음에 더한다고 했습니다. 결과는 포인터가 가리키는 대상에서 정수 개수만큼 옮겨간 대상을 가리키겠지요. 뺄셈의 경우에는 두 피연산자가 같은 포인터형일 때 성립하며, 두 피연산자가 가리키는 대상 사이에 그 대상의 크기만한 변수가 몇개나 들어가는지를 계산한다고 했습니다.

16.3 부호 연산자

연산자	결합 순서	피연산자 개수	피연산자 제한
+, −	←	1	정수형과 실수형 가능

부호 연산자는 피연산자의 부호를 지정하거나 바꿀 때 사용합니다. 예를 들어 -2라고 하면 부호 연산자 -에 의해 음수가 되는 것이고, -a의 부호는 a에 저장된 값의 부호와 반대가 되겠지요.

16.4 대입 연산자

연산자	결합 순서	피연산자 개수	피연산자 제한
= += −= *= /= %= <<= >>= &= ^= |=	→	2	정수형, 실수형, 포인터형 가능 왼쪽 피연산자는 좌변값이어야 함 (구조체는 =에서만 가능)

약간 의외일 수도 있겠습니다만, C언어에서는 우리가 알고 있는 a = 3; 같은 문장의 =도 연산자로 분류하며 a = 3을 하나의 수식으로 생각합니다. 피연산자는 a와 3, 두 개이지요. 다만 위 표에 기술하였듯이 왼쪽의 피연산자는 반드시 좌변값, 즉 값을 저장할 수 있는 변수 같은 것이어야 합니다.

위 표의 = 아래에 복합 대입 연산자 10개가 적혀 있습니다. 반복문에서 설명하였듯이 a += 3;은 a = a + 3;과 같은 의미입니다. 좀 더 정확히 기술한다면 E1 *op* = E2는 E1 = E1 *op* (E2)와 같습니다. (E1이 한 번만 실행된다는 차이점이 있습니다만 아직은 모르셔도 될 것 같습니다.) 복합 대입 연산자 중 윗 줄의 다섯 개는 금방 아실 텐데, 아랫줄의 다섯 개는 아직 안 배운 것들입니다. 나중에 비트 연산자를 배우시면 무엇인지 아실 것입니다.

그리고 정말 뜻밖인 말을 하자면, 대입 연산자로 이루어진 수식(대입식이라고 합시다.)도 결과값이 있습니다. 산술 연산자 같은 것으로 이루어진 수식인 2 + 3이 결과값이 있다는

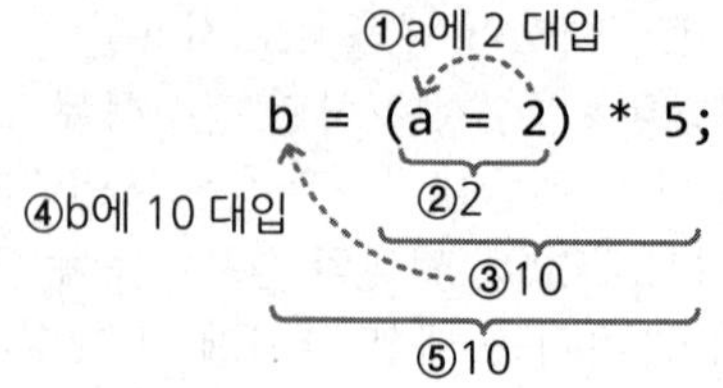

그림 16.1 b = (a = 2) * 5;의 실행

(a) **(b)**

그림 16.2 a = b = c = 3;의 실행

것은 금방 이해하실 테지만, 대입 연산자로 이루어진 **a = 3**과 같은 대입식이 결과값이 있다는 것은 조금 이상하게 보일 수도 있습니다. 그러나 앞에서 말했듯이 C언어에서 모든 수식은 결과값을 가지는 것이 원칙이어서 대입식도 결과값을 가져야 하며, 왼쪽 피연산자에 대입되는 값을 대입식의 결과값으로 정의하고 있습니다. 즉 **a = 3** 수식의 결과는 **a**에 저장되는 값인 **3**입니다.

이런 대입식의 결과값을 이용하면 조금 이상해 보이는 수식도 만들 수 있습니다. 예를 들어 **b = (a = 2) * 5;** 같은 문장도 C언어에서는 타당한 문장입니다. 이 문장의 처리과정은 그림 16.1과 같습니다. 우선 **a = 2** 대입식이 괄호 안에 있으니 먼저 실행되어서 **a**에 **2**가 저장되고① 결과값은 **2**입니다②. 그리고 다음에 이 **2**와 **5**를 곱해서 **10**이 되고③ 이 값이 **b**에 저장됩니다④. 마지막으로 **b**에 저장하는 식도 역시 대입식이니 결과값이 있을 테고, 결과값은 **b**에 저장되는 **10**입니다⑤.

이렇게 대입식이 결과값을 가진다는 사실을 이용하면 그림 16.2a와 같이 **a = b = c = 3;**과 같은 문장도 가능합니다. 이 문장을 해석하려고 보니 **=** 연산자가 여러 개 연속해서 있습니다. 이럴 경우에는 결합 순서에 따라 실행 순서가 결정된다고 했습니다. 앞의 표에서 대입 연산자 **=**의 결합 순서는 ←이므로 오른쪽의 **c = 3**부터 실행됩니다. 그러면 우선 **c**에 **3**이 저장되고① 그 결과값은 **3**입니다②. 그럼 그 결과값 **3**이 이번에는 **b**에 저장되겠지요③. 그런데 **b**에 저장하는 것도 대입식이니 결과값이 있고, 그 값은 **b**에 저장되는 **3**입니다(그림 16.2b의 ①). 이 대입식의 결과 **3**은 다시 **a**에 저장될 테고② **a**에 저장하는 대입식의 결과는 **3**일 것입니다③. 결과적으로 그림 16.2a와 그림 16.2b의 문장은 **a**와 **b**, **c**에 모두 같은 값인 **3**을 저장하는 문장인 것입니다.

복합 대입 연산자도 대입 연산자이므로, 복합 대입 연산자로 이루어진 식도 결과값을 가지며 그 값은 대입 연산자와 마찬가지로 왼쪽에 있는 변수에 저장되는 값입니다. 예를 들어 **a**에 **5**가 저장되어 있을 때 **a *= 2**를 실행하면 **a**에는 **10**이 저장되고, 따라서 이 식의 결과값은 **10**인 것입니다.

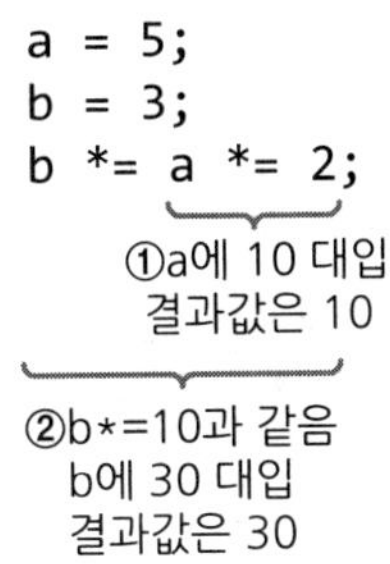

그림 16.3 b *= a *= 2의 실행

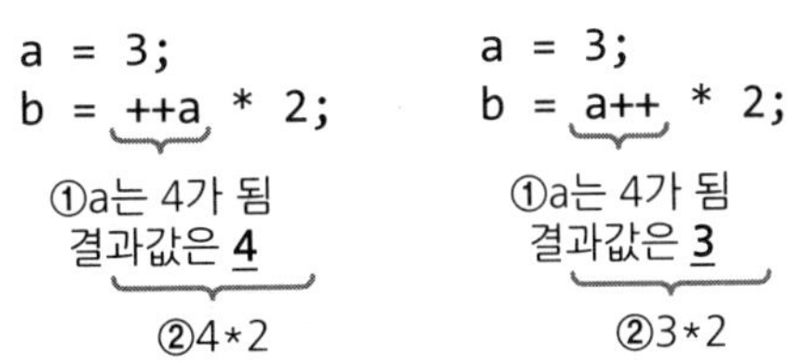

그림 16.4 증감 연산자에서 전위와 후위의 차이

그림 16.3은 복합 대입 연산자를 이용한 약간 복잡한 식입니다. 복합 대입 연산자도 결합 순서가 ← 이므로 오른쪽의 **a *= 2**부터 실행됩니다. 그러면 **a**에는 **10**이 저장되면서 대입식의 결과값은 **10**이 됩니다①. 그러면 이제 **b *= 10**처럼 되어서 **b**에는 **30**이 저장되고 이 대입식의 결과값은 **30**이 될 것입니다②.

16.5 증감 연산자

연산자	결합 순서	피연산자 개수	피연산자 제한
++ --	전위: ← 후위: →	1	피연산자는 좌변값이어야 함 (구조체는 안 됨)

증감 연산자도 반복에서 다루었었습니다. 동작은 대상이 되는 변수를 1 증가시키거나 감소시키는 것이었습니다. 증가하거나 감소시킨 값을 다시 저장해야 하므로 위 표에 써 놓았듯이 피연산자는 반드시 좌변값이어야 합니다. 이전에 설명할 때 **++**나 **--**를 변수의 앞이나 뒤에 붙이면 된다고 했는데 그 차이에 대해서는 설명을 하지 않았었습니다.

증감 연산자를 변수의 앞에 붙이는 것을 전위, 뒤에 붙이는 것을 후위라고 부릅니다. 이 둘의 차이는 바로 결과값입니다. 변수의 값이 1 증가/감소하는 것은 같습니다. 그런데 앞에서 말했듯이 모든 연산식은 결과값을 가지므로 **++x** 같은 식도 결과값을 가지며 전위와 후위에 따라 그 결과값이 다릅니다. 전위 방식을 취했을 때는 결과값이 1 증가/감소한 후의 값이고 후위 방식을 취했을 때는 결과값이 1 증가/감소하기 이전의 값입니다.

예를 들어 a에 3이 저장되어 있을 때 ++a를 하면 a가 1 증가해서 4가 되며, ++a 자체의 결과값도 4입니다. 그런데 a++라고 했다면 a가 1 증가해서 4가 되는 것은 같으나, a++의 결과값은 3입니다. 이러한 차이를 그린 것이 그림 16.4입니다.

그림의 왼쪽에서는 a가 1 증가하는데 전위 방식이므로 식의 결과값은 4입니다. 그러므로 b에는 4*2인 8이 저장됩니다. 그에 반해 오른쪽에서는, a가 1 증가해서 4가 되는 것은 같은데 후위 방식이므로 식의 결과값은 3이고, 따라서 b에는 3*2인 6이 저장됩니다.

참고로 하나 더 말씀드리면 앞의 표에 결합 순서를 적어 놓긴 했습니다만, 증감 연산자를 연속으로 적는 것은 문법에 어긋납니다. 예를 들어 ++ --a라고 하면 a가 1 감소했다가 증가하는 것으로 보일 수도 있습니다만, 이것을 실행하려 하시면 에러가 발생할 것입니다. 이유는 --a의 결과에 ++를 하는 것인데, --a의 결과는 감소한 이후의 값이지 a라는 변수가 아닙니다. 그러므로 ++의 피연산자가 좌변값이 아니게 되어서 문법에 어긋나는 것입니다. 그런데도 결합순서를 적어 놓은 것은, 나중에 설명할 우선 순위에서 같은 우선 순위를 가지는 연산자들끼리도 결합 순서를 따지기 때문입니다. 이에 대해서는 이후의 우선 순위 절에서 설명하겠습니다.

16.6 관계 연산자

연산자	결합 순서	피연산자 개수	피연산자 제한
< > <= >= == !=	→	2	정수형과 실수형 가능 한 피연산자가 포인터형이면 다른 피연산자는 같은 포인터형이어야 함

조건문 등에서 사용되는 관계 연산자입니다. 관계 연산자에서 여러분이 주목할 것은 역시 결과값입니다. 관계 연산자에서 두 수를 비교한 결과는 맞다, 틀리다가 아니라 1과 0입니다. 관계를 비교한 결과가 맞으면 결과값이 1이고 틀리면 0인 것입니다. 예를 들어 3 > 2의 결과값은 1이고 2 > 3의 결과값은 0입니다. 그래서 a = (3 > 2) * 4;와 같은 이상한 문장도 가능합니다. 여기서 (3 > 2)는 결과값이 1이므로 a에는 1 * 4, 즉 4가 저장될 것입니다.

그렇다면 if문 같은 곳에서 if(a > 0)과 같이 관계 연산자를 사용한 것은 어떻게 해석해야 할까요? 사실 if문에서 조건을 적는 ( ) 안에 반드시 관계 연산자를 이용한 조건이 들어가야 하는 것은 아닙니다. 이 ( ) 안에는 어떤 식도 들어 갈 수 있으며 그 결과값에 따라 if문에 있는 블록이나 문장을 실행할지 결정합니다. 만일 ( ) 안에 있는 식의 결과값이 0이면 if문의 블록은 실행하지 않으며, else가 있었다면 else문의 블록을 실행합니다. 반대로 ( ) 안에 있는 식의 결과값이 0 이외의 값이면 if문의 블록을 실행합니다.

이러한 개념으로 해석해 보면, a가 3일 때 if(a > 0)를 만나면 우선 a > 0을 실행합니다. 지금은 a가 0 보다 크므로 a > 0의 결과값은 1입니다. 그러면 if의 ( )에 있는 식의 결과가 0이 아니므로 if 문에 있는 문장이나 블록이 실행됩니다. 만일 a에 저장되어 있던 값이

프로그램 16.1 if문에서 조건의 해석

```
01: a = -3;
02: if(a+3) {
03:    printf("Yes\n");
04: } else {
05:    printf("No\n");
06: }
```

-3이었다면 a > 0의 결과값은 0이고, ( ) 안의 값이 0이므로 if 문에 있는 문장이나 블록을 실행하지 않는 것입니다.

그럼 프로그램 16.1과 같은 프로그램을 실행하면 무엇이 출력될까요? 우선 if의 ( ) 안에 있는 식을 계산해 볼 것입니다. 현재 a에 -3이 저장되어 있는데 a+3을 계산하므로 결과는 0입니다. 앞에서 말했지만 if의 ( ) 안에 있는 식의 결과값이 0이면 if 다음의 문장을 실행하지 않고 else로 갑니다. 모니터에는 No라고 출력될 것입니다. 만일 a에 -3 대신 3이 저장되어 있다면 어떨까요? 2번 줄의 if문에서 ( ) 안을 계산하면 결과값이 6입니다. 이 값은 0이 아니므로 if의 문장이 실행되어서 Yes라고 출력될 것입니다.

이렇게 if 문에서 조건 자리에 있는 식을 해석하는 방법은 반복문이나 조건 연산자에서 사용하는 조건식에도 똑같이 적용됩니다. 예를 들어 while문에서 while 다음의 ( ) 안에 적는 조건식도 꼭 관계 연산자를 이용한 조건이 올 필요는 없고 어떤 식도 올 수 있으며, 그 결과가 0이면 조건이 틀린 것으로, 0이 아니면 맞는 것으로 취급합니다. 무한 반복문을 만들 때 while(1)과 같이 하면 되는 것도, ( ) 안의 값이 1이므로 조건이 항상 맞는 것으로 해석되기 때문입니다.

16.7 논리 연산자

연산자	결합 순서	피연산자 개수	피연산자 제한
&& ||	→	2	정수형과 실수형, 포인터형 가능
!	←	1	정수형과 실수형, 포인터형 가능

논리 연산자의 원래 목적은 2장에서 기술했듯이 두 개 이상의 조건을 묶는 것입니다. 그러나 조건식에 일반적인 수식이 모두 올 수 있다고 했으므로 사실 논리 연산자도 더 이상 조건을 묶는다는 개념을 적용할 수는 없을 것 같습니다. 그냥 표 16.1과 같은 결과를 내는 연산자로 보아야 할 것 같습니다.

표 16.1을 정리해 보면 &&(AND) 연산자는 두 피연산자가 모두 0이 아니면 결과가 1이고, 둘 중 어느 하나라도 0이면 결과가 0입니다. 이에 반해 ||(OR) 연산자는 두 피연산자가 모두 0이면 결과가 0이고, 어느 하나라도 0이 아니면 결과가 1입니다. 마지막으로 !(NOT) 연산자는 피연산자가 한 개이며, 그 피연산자가 0이 아니면 결과가 0이고 피연산자가

표 16.1 논리 연산자의 결과

A	B	A && B	A || B	!A
0	0	0	0	1
0	0이 아님	0	1	1
0이 아님	0	0	1	0
0이 아님	0이 아님	1	1	0

0이면 결과가 1입니다. 예를 들어 3 && 0의 결과는 0이고 3 || 0의 결과는 1이며, !3의 결과는 0입니다.

여기까지만 하면 간단한데 && 연산자와 || 연산자에는 단축 계산이라는 개념이 더 있습니다. 일반적인 이항 연산자의 경우 왼쪽과 오른쪽의 피연산자 중 어느 것을 먼저 계산할지 정해져 있지 않습니다. 그런데 이 두 논리 연산자에 대해서는 항상 왼쪽의 피연산자부터 계산한다고 정해져 있습니다. 그리고 만일 왼쪽의 피연산자의 결과만으로도 전체의 결과를 알 수 있다면 오른쪽 피연산자는 계산하지 않습니다. 예를 들어 (3 < 2) && (++a < 0)이라는 식에서 && 연산자의 왼쪽에 있는 (3 < 2)를 먼저 계산합니다. 그러면 결과가 0입니다. 그런데 && 연산자의 경우 한 쪽 피연산자가 0이면 결과가 0입니다. 그러므로 다른 하나의 피연산자인 (++a < 0)을 실행해 볼 필요도 없이 전체의 결과인 0을 알 수 있게 되고, (++a < 0)은 아예 실행을 안 하는 것입니다. 식에서는 ++a가 있으나 실제로는 a가 증가하지 않는 것입니다.

16.8 조건 연산자

연산자	결합 순서	피연산자 개수	피연산자 제한
? :	←	3	? 앞의 피연산자는 정수형, 실수형, 포인터형 가능 나머지 두 연산자는 제한 없음

조건 연산자는 보기 드물게 피연산자를 세 개 취하는 연산자입니다. 2장에서 다루었으며 간단한 조건문을 대체하는 용도로 많이 이용됩니다. 문법은 '식1 ? 식2 : 식3'이며 식1을 계산해서 그 값이 0이 아니면 식2를 계산한 뒤 그 결과가 전체의 결과가 되며, 식1의 결과가 0이면 식3을 계산한 뒤 그 결과가 전체의 결과가 됩니다. 앞에서 관계 연산자를 다루면서 언급했듯이 ? 앞에 오는 식이 반드시 관계 연산자로 이루어진 조건식일 필요는 없습니다. 어떤 식이라도 가능합니다.

조건 연산자에서 조금 복잡한 경우는 조건 연산자 안에 조건 연산자가 들어간 형태가 아닐까 싶습니다. 예를 들어 a > 0 ? 1 : b > 0 ? -1 : 0 같은 식입니다. 이 식을 괄호를 사용해서 좀 더 명확히 적어 보면 a > 0 ? 2 : (b > 0 ? -2 : 0)이 됩니다. 우선 a가 0 보다 큰 지를 비교하고 맞으면 결과가 1이어서 전체 식의 결과는 ?와 : 사이에 있는 2입니다.

그렇지 않고 a가 0 이하이면 b > 0 ? -2 : 0을 계산합니다. 만일 b가 0 보다 크다면 전체 결과가 -2이고 그렇지 않다면 0일 것입니다.

16.9 쉼표 연산자

연산자	결합 순서	피연산자 개수	피연산자 제한
,	→	2	제한 없음

쉼표 연산자는 5장에서도 설명했습니다만, 왼쪽의 피연산자를 실행하고 다음에 오른쪽의 피연산자를 실행하는 기능만 있습니다. 결과값은 오른쪽 피연산자를 계산한 결과입니다. 예를 들어 a = 2, a + 3 이라는 식이 있으면 왼쪽의 식을 실행해서 a에 2를 대입하고 다음에 오른쪽의 a + 3을 실행해서 5를 계산합니다. 전체의 결과는 a + 3의 결과인 5입니다.

16.10 sizeof 연산자

연산자	결합 순서	피연산자 개수	피연산자 제한
`sizeof`	←	1	정수형, 실수형, 포인터형 , 구조체형 가능

6장에서 언급했던 sizeof 연산자는 피연산자의 크기를 바이트 단위로 계산하는 연산자입니다. 자료형의 크기는 sizeof(자료형)의 형태로 계산했고, 변수 등의 크기도 계산이 가능했습니다. 예를 들어 sizeof a와 같이 하면 변수 a의 크기가 결과값입니다. 피연산자로는 무엇이든 올 수 있어서 sizeof 3이라고 해도 됩니다. 이 경우에 3의 자료형이 int 형이고 차지하는 공간의 크기는 4 바이트이므로 sizeof 3의 결과는 4입니다. 피연산자에 자료형의 이름을 적을 때는 sizeof(int)라고 괄호를 적어야 하지만 변수 이름이나 값을 바로 적을 때는 괄호를 생략하셔도 됩니다. 다만 sizeof 2+3 이라고 하면 조금 후에 배울 우선순위에 의해, sizeof 2를 먼저 계산한 4에 +3을 하여 결과가 7이 되는 것은 유념하셔야 합니다.

피연산자로 이런 식들 뿐만 아니라 배열명이나 구조체도 올 수 있습니다. 예를 들어 int a[5]에 대해 sizeof a라고 하면 이 배열이 차지하는 전체 공간의 바이트수, 5*4=20 이 계산됩니다. 이를 이용하여 배열의 크기(배열요소의 개수)를 sizeof a / sizeof a[0] 과 같이 구해도 됩니다. 배열 전체 공간의 바이트 수를 요소 한 개 a[0]의 바이트 수로 나누니 배열 요소의 개수가 나오는 것입니다.

구조체에 대해서도 동일하게 적용됩니다. 만일 15장에서 예로 들었던 구조체 point 형에서 구조체 point형 변수 c에 대해 sizeof c라고 하면 구조체 point형의 크기(float 변수가 두 개이므로 총 크기는 8 바이트)인 8이 결과가 됩니다. 물론 자료형을 적어서 sizeof(struct point)라고 하셔도 같은 결과를 얻으실 것입니다.

16.11 형변환 연산자

연산자	결합 순서	피연산자 개수	피연산자 제한
(자료형)	←	1	정수형, 실수형, 포인터형 가능

형변환(cast) 연산자는 6장에서 설명했듯이 어떤 값의 자료형을 바꾸는 연산자이며, 자세한 설명은 이전에 했으므로 넘어가겠습니다.

16.12 포인터 관련 연산자

연산자	결합 순서	피연산자 개수	피연산자 제한
&	←	1	좌변값이나 함수만 가능
*	←	1	포인터형만 가능
[ ]	←	2	두 피연산자 중 하나는 포인터형 다른 하나는 정수형이어야 함

주소 연산자 &는 피연산자가 차지하고 있는 공간이 있는 주소를 구하는 연산자입니다. 그러므로 피연산자는 뭔가를 저장할 수 있는 좌변값이어야 할 것입니다. 위 표에서는 좌변값 외에 함수도 피연산자로 가능하다고 썼는데요, 이것은 함수의 포인터라고 정말 어려운 개념입니다. 그래서 우선은 넘어가도록 하겠습니다.

포인터형에 대해 간접지정 연산자 *를 적용하면 그 주소가 가리키는 그 공간이 된다고 했습니다. 그러므로 * 연산자의 피연산자는 포인터형이어야 합니다.

배열 요소를 참조하는 연산자인 [ ]는 보통 배열 a에 대해 a[2]와 같이 사용합니다. 그런데 앞에서 포인터를 배울 때 포인터 b에 대해서도 b[2]와 같이 사용할 수 있다고 했습니다. 이것은 [ ] 연산자를 이용한 식, E1[E2]은 내부적으로 *((E1)+(E2))와 같이 변형이 된 뒤에 실행되기 때문입니다. 그러므로 [ ] 연산자의 두 피연산자, E1과 E2에서 하나는 (배열명을 포함한) 포인터형이어야 하고 다른 하나는 정수형이어야 합니다.

그런데 방금 설명에서 E1이 꼭 포인터형이어야 한다고 규정하지는 않았음에 유의하십시오. *((E1)+(E2))을 보면 덧셈은 교환법칙이 성립하므로 *((E2)+(E1))도 같은 식이고 그러므로 E2[E1]도 문법적으로 타당한 식입니다. 예를 들어 배열 a에 대해 조금 이상하지만 2[a]라고 적어도 a[2]와 같은 것입니다.

간접지정 연산자 *와 배열 참조 연산자 [ ]의 결과는, 지금까지 배운 범위 내에서는 좌변값입니다. 나중에 다차원 배열과 포인터의 관계나 함수 포인터에 대해 학습한 뒤에는 좌변값이 되지 않는 때가 언제인지 알 수 있을 것입니다.

16.13 구조체 관련 연산자

연산자	결합 순서	피연산자 개수	피연산자 제한
.	→	1	왼쪽 피연산자는 구조체만 가능 오른쪽 피연산자는 구조체의 멤버만 가능
->	→	1	왼쪽 피연산자는 구조체 포인터형만 가능 오른쪽 피연산자는 구조체의 멤버만 가능

15장에서 다루었던 구조체 관련 연산자들입니다. 구조체 멤버 연산자 .는 구조체 안에 있는 멤버를 참조하는 연산자입니다. 예를 들어 구조체 변수 a에 대해 a.b라고 하면 a 안에 있는 멤버 b를 참조하는 것입니다. 구조체 포인터 연산자 ->는 간접지정 연산자 *와 구조체 멤버 연산자 .의 조합이라고 했었습니다. 정확히는 E1->MOS와 (*E1).MOS가 같습니다. 물론 여기서 MOS는 구조체의 멤버 이름을 의미합니다. 마지막으로 연산자 .나 ->의 결과는 좌변값이 될 수 있습니다.

16.14 비트 연산자

연산자	결합 순서	피연산자 개수	피연산자 제한
& | >> <<	→	2	정수형만 가능
~	←	1	정수형만 가능

여러분이 일반적인 PC 환경에서만 프로그래밍을 하신다면 사실 이 절의 내용은 필요 없을 것입니다. 아마 사용하실 일이 거의 없을 것 같습니다. 그러나 만일 임베디드 프로그래밍이나 마이크로프로세서 프로그래밍 같이 하드웨어를 제어하는 용도의 프로그래밍을 하신다면 꼭 공부하셔야 되는 내용입니다. 아직 기초를 닦고 계신다면 우선은 건너뛰었다가 프로그래밍에 조금 익숙해지신 다음에 공부해도 괜찮습니다.

비트 연산자를 공부하기 전에 우선 알아야 하는 것이, 6장에서도 언급했지만 컴퓨터에서 어떤 값을 저장할 때는 항상 0과 1로만 저장한다는 것입니다. 그리고 0 또는 1을 저장할 수 있는 작은 공간을 비트(bit)라고 부릅니다. 여덟 개의 비트가 모이면 바이트(byte)가 되지요. 예를 들어 정수 19를 크기가 2 바이트인 short형의 변수에 저장하면 총 16개의 자리(비트)에 0000 0000 0001 0011이 저장됩니다. (중간의 빈 칸은 보기에 좋도록 넣은 것이지 실제로 의미가 있는 것은 아닙니다.) 만일 4 바이트인 int형의 변수에 19를 저장하면 32개의 비트에 0000 0000 0000 0000 0000 0000 0001 0011이 저장됩니다.

비트 연산자는 어떤 자료를 구성하는 비트들을 개별적으로 다루는 연산자들입니다. 지금까지 여러분이 접해 온, 정수이면 정수, 실수이면 실수 등 자료 자체를 다루는 연산자들과는 조금 성격이 다르지요. 그럼, 비트 연산자들을 하나씩 설명해 보겠습니다.

표 16.2 비트 연산자의 결과

a	b	a&b	a|b	a^b	~a
0	0	0	0	0	1
0	1	0	1	1	1
1	0	0	1	1	0
1	1	1	1	0	0

```
short a, b, c;
a = 29;-------------> a: 0000 0000 0001 1101
                         &&&& &&&& &&&& &&&&
b = 22;-------------> b: 0000 0000 0001 0110
                         ↓↓↓↓ ↓↓↓↓ ↓↓↓↓ ↓↓↓↓
c = a & b;----------> c: 0000 0000 0001 0100
                         \_________________/
                                 20
```

그림 16.5 비트 연산자 &의 동작

비트 연산자 &(AND)는 각 비트 자리마다 표 16.2의 세 번째 열에 있는 계산을 합니다. 표에서 a와 b는 피연산자의 각 비트 자리에 있는 0 또는 1을 가리킵니다. 가령 & 연산자의 한 피연산자에서 어떤 비트 자리에 1이 있고 다른 피연산자에서 같은 자리에 1이 있으면, 결과값의 그 비트 자리는 1이 됩니다. 반대로 두 피연산자에 대해 그 비트 자리에 있는 값이 어느 한 쪽이라도 0이면 결과의 그 비트 자리는 0이 됩니다.

그림 16.5는 & 연산자로 계산하는 예입니다. 변수 a에 29를 저장하면 16비트 0000 0000 0001 1101으로 저장되고 b에 22를 저장하면 0000 0000 0001 0110으로 저장됩니다. 이 a와 b에 대해 & 연산자를 적용했습니다. 그러면 각 비트 자리마다 계산을 하는 것입니다. 제일 오른쪽 끝자리를 보면 a에 있는 값은 1이고 b에 있는 값은 0입니다. 그러면 표 16.2에서 1 & 0이어서 결과는 0입니다. 이 0이 최종 결과값의 오른쪽 끝자리가 되는 것입니다. 그 다음 비트 자리에는 a와 b에 0과 1이 있습니다. 그러면 0 & 1이 0이므로 결과값의 오른쪽에서 두 번째 자리는 0이 됩니다. 그 다음 비트 자리에는 a와 b에 1과 1이 있으므로, 그 자리의 결과는 1 & 1해서 1이 되고, 이 1이 결과값의 세 번째 자리에 옵니다. 이렇게 각 자리에 대해 표 16.2를 적용하면 최종 결과는 0000 0000 0001 0100이 되어 이것이 변수 c에 저장됩니다. 저장되는 값을 10진수로 보면 20이겠지요.

비트 연산자 |(OR)와 ^(XOR)도 비슷하게 동작합니다. 다만 각 비트에 대한 계산만 조금 다르게 할 뿐입니다. 표 16.2를 보시면 | 연산자는, 대상이 되는 두 비트가 모두 0이면 결과도 0이고 어느 하나라도 1이면 결과가 1입니다. 다섯 번째 열에 있는 ^ 연산자의 경우에는, 대상이 되는 두 비트가 둘 다 0이거나 둘 다 1이면 결과가 0이고, 하나는 0이고 다른 하나는 1이면 결과가 1입니다. 이 두 연산자에 대한 실행 예가 그림 16.6과 그림 16.7입니다.

비트 연산자 ~(NOT)은 피연산자가 한 개이며, 그 피연산자의 각 비트에 대해 0이

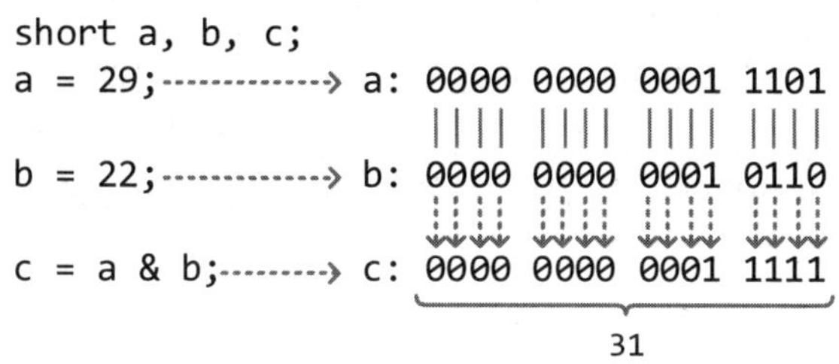

그림 16.6 비트 연산자 |의 동작

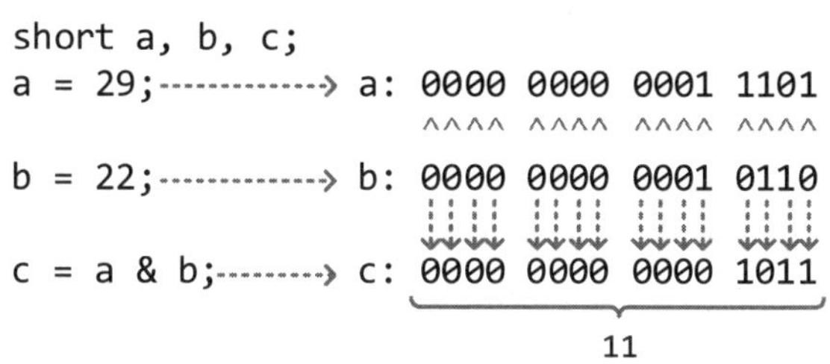

그림 16.7 비트 연산자 ^의 동작

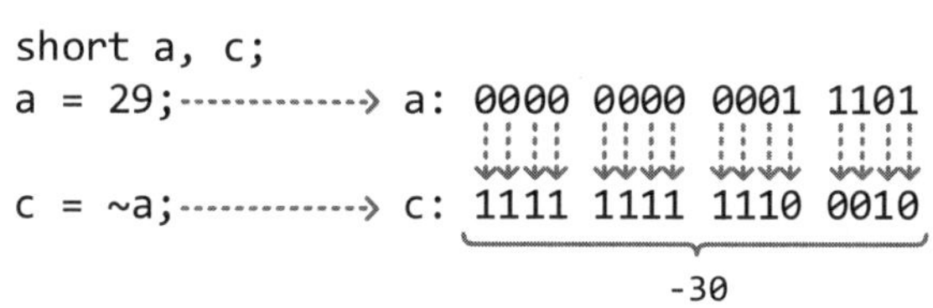

그림 16.8 비트 연산자 ~의 동작

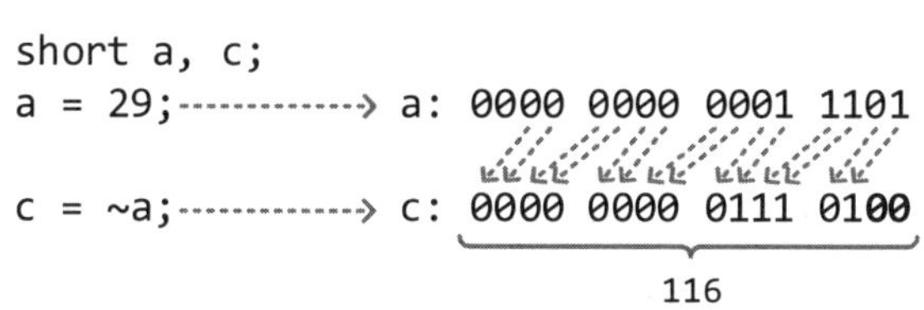

그림 16.9 비트 연산자 <<의 동작

있으면 1로, 1은 0으로 바꾼 것이 결과값입니다. 그림 16.8이 그 예입니다. 변수 c에 저장되는 값을 보시면 a에 있던 값과 비교해서 0은 1로, 1은 0으로 바뀐 것을 보실 수 있습니다. 그런데 그 아래에 10진수로 표현된 값을 보니 -30이라고 되어 있습니다. 약간 의외일 수도 있겠습니다만, 보통 컴퓨터에서 정수를 표기할 때 사용하는 2의 보수라는 체계에서는 제일 왼쪽 비트에 있는 값이 0이면 양수이고 1이면 음수로 취급합니다. 방금 ~ 연산에 의해 제일 왼쪽 비트 자리에 있는 값이 1로 바뀌었으므로 음수가 되는 것입니다. 그러나 사실 비트 연산자를 사용할 때는 음수인지 양수인지가 무의미한 경우가 많아서 보통은 unsigned 계열의 자료형을 많이 사용합니다.

마지막으로 비트 이동(shift) 연산자인 <<와 >>가 있습니다. 이 연산자는 피연산자를 비트 단위로 왼쪽(<<)이나 오른쪽(>>)으로 옮기는 기능을 합니다. 예를 들어 a<<2라고 하면 a에 있는 비트들을 왼쪽으로 2칸 움직인 것이 결과가 됩니다. 이때 비어있는 자리가 생기는데 그 자리들은 0으로 채웁니다. 그림 16.9에 예를 하나 들어 놓았습니다. 보시면 a에 있던 비트들이 왼쪽으로 두 비트씩 옮겨가고 끝에 두 자리는 0으로 채운 것이 결과임을 보실 수 있습니다.

오른쪽으로 이동할 경우 비게 되는 자리를 채우는 규칙은 조금 까다롭습니다. 만일 이동하는 대상의 자료형이 unsigned이면 0으로 채워지고, signed이면 제일 왼쪽 끝 비트에 있던 값이 복사되어서 채워집니다.

비트 이동 연산자의 동작이 조금 어려우시다면 이렇게 이해하셔도 괜찮습니다. 일반적으로 >>b라고 하면 앞 피연산자를 2^b로 나누는 효과가 있으며 <<b라고 하면 앞 피연산자에 2^b를 곱하는 효과가 있습니다.

16.15 연산자 우선 순위

연산자에는 우선 순위라는 것이 있습니다. 인접한 연산 사이에서 어느 것을 먼저 계산할지 정해 놓은 순서입니다. 예를 들어 2 + 3 * 4라고 했을 때 2 + 3을 먼저 계산할지, 아니면 3 * 4를 먼저 계산할지에 대한 순서입니다. 이 경우에 우리는 보통 3 * 4를 먼저 계산하며, 이것을 '* 연산자가 + 연산자 보다 우선 순위가 높다'라고 말합니다.

C언어에서도 비슷하게 연산자들 사이에 우선순위가 정해져 있으며 그 순위는 표 16.3과 같습니다. 우선 순위 열에 있는 숫자가 적을 수록 먼저 계산되는 것입니다. 물론 괄호로 둘러 싼 것이 제일 우선 순위가 높은 것은 우리가 알고 있는 수학과 같습니다. 참고로 말씀드리면 표의 세 번째 행에 있는 ()는, 수식 등에서 사용되는 괄호가 아니라 함수 호출에서 인자를 둘러싸는 괄호를 의미합니다.

그런데 보시면 같은 우선 순위를 가진 연산자들이 여러 개 있는 경우도 있습니다. 이럴 경우에는 결합 순서에 따라 순서가 결정됩니다. 예를 들어 - ++a의 경우에는 부호 연산자 -와 전위 증감 연산자 ++이 같이 있는데, 이들의 결합순서에 따라 오른쪽에 있는 것을 먼저 해서 a를 1 증가 시킨 후에 부호를 바꿉니다.

다음은 우선 순위와 관련되어 혼란이 있을 수 있는 몇 가지 예입니다.

표 16.3 연산자 우선 순위

우선 순위	연산자	결합 순서
1	배열 요소 참조 [ ]	→
1	함수 호출 ( )	→
1	구조체 멤버 . ->	→
1	후위 증감 ++ --	→
2	전위 증감 ++ --	←
2	주소 &	←
2	간접지정 *	←
2	부호 + -	←
2	비트 ~	←
2	논리 !	←
2	sizeof	←
3	형변환 ( )	←
4	곱셈 * / %	→
5	덧셈 + -	→
6	비트 << >>	→
7	관계 < > <= >=	→
8	관계 == !=	→
9	비트 &	→
10	비트 ^	→
11	비트 |	→
12	논리 &&	→
13	논리 ||	→
14	조건 ? :	←
15	대입 = *= /= %= += -= <<= >>= &= ^= |=	←
16	쉼표 ,	→

1. a *= 2 + 1과 a = a * 2 + 1. 복합 대입 연산자에 대해 보통 a *= 2가 a = a * 2와 같다고 생각해서 a *= 2 + 1과 a = a * 2 + 1이 서로 같다고 생각하면 안 됩니다. 우선 순위를 보시면 대입 연산자는 거의 마지막에 있습니다. 그러므로 *= 보다는 +를 먼저 계산해서 2 + 1이 먼저 계산되고 그 다음에 *=이 적용됩니다. 그러므로 a *= 2 + 1과 같은 식은 a = a * (2 + 1) 입니다.

2. b = (a = 2) * 5와 b = a = 2 * 5. 이 둘의 차이점은 무엇일까요? 왼쪽 식의 경우, a = 2를 실행해서 a에 2를 대입한 다음에 결과는 2가 됩니다. 그러면 그 2에 5가 곱해진 뒤 결과인 10이 b에 대입되겠지요. 그에 반해 오른쪽 식은 우선 순위가 높은 *가 먼저 계산됩니다. 그러면 2 * 5 결과인 10이 a에 저장되고, 그 대입식의 결과인 10이 다시 b에 저장됩니다. 즉 왼쪽 식을 실행하면 a에는 2, b에는 10이 저장되며, 오른쪽 식을 실행하면 a와 b 모두 10이 저장됩니다.

3. *a++ 과 (*a)++. 상당히 어려운 예입니다. 우선 왼쪽 식을 보시면 * 연산자와 후위 ++ 연산자가 있습니다. 우선 순위를 따지면 후위 ++ 연산자가 높습니다. 그러므로 a++을 먼저 실행하는데, a++은 결과가 현재의 a에 저장된 값이고 이 후에 a가 1 증가합니다. 그러므로 a++에 * 연산자를 적용한 *a++의 결과는 현재 a에 저장된 주소가 가리키는 그 공간이고, 이후에 a의 값이 증가할 것입니다.

   이에 반해 (*a)++는 * 연산자를 먼저 적용합니다. 그러면 *a의 결과는 현재 a가 가리키는 공간이고 그 공간에 ++을 하므로, a가 가리키는 공간에 저장된 값을 1 증가시키게 됩니다. 정리하면 *a++의 결과는 현재 a가 가리키는 공간이고 이후에 a가 1 증가하며, (*a)++의 결과는 현재 a가 가리키는 공간에 저장된 값이며 이후에 a가 가리키는 공간에 저장된 값이 1 증가할 것입니다.

   예를 들어, a가 현재 b[1]을 가리키고 있다면, *a++의 결과는 b[1]이고 a는 1 증가해서 b[2]를 가리키게 됩니다. 그에 반해 (*a)++의 결과는 b[1]에 저장된 값이고 b[1]이 1 증가합니다.

4. *++a와 ++*a. 앞에서 설명한 것과 비슷한데 이것이 조금 더 쉬운 것 같습니다. 간접지정 연산자 *와 전위 증감 연산자 ++은 서로 우선 순위가 같습니다. 그러므로 결합 순서를 따져 봐야 합니다. 결합 순서가 오른쪽에서 왼쪽이므로 *++a는 ++를 먼저 적용해서 a를 1 증가시킵니다. 그리고 ++a의 결과인 1 증가된 a의 값에 *를 적용해서 1 증가된 a가 가리키는 공간이 최종 결과가 됩니다. 그에 반해 ++*a는 *를 먼저 적용해서 a가 가리키는 공간을 먼저 구하고, 거기에 ++를 가해서 1을 증가시킵니다.

   예를 들어 a가 현재 b[1]을 가리키고 있다면 *++a의 결과는 a가 1 증가된 뒤에 가리키는 공간이므로 b[2]이고 a는 1 증가됩니다. 이에 반해 ++*a는 a가 가리키는 변수인 b[1]을 1 증가시키고 결과값도 1 증가된 b[1]의 값입니다.

어떠신가요? 혹시 헷갈리시지는 않으신가요? 하나 조언을 드린다면 시험에 대비하는 목적 외에는 표 16.3을 외우지 마십시오. 대부분의 것들은 여러분이 이미 알고 있는 사실들에 비추어 알 수 있는 것들입니다. 그리고 여러분이 잘 모르겠는 것은 그냥 괄호를 사용해서 명확히 하시면 됩니다. 예를 들어 앞에 세 번째 비교의 *a++에서 *와 ++ 중 어느 것이 먼저 적용될지 잘 모르시겠다면, *a++을 사용하지 마시고 여러분의 의도에 따라 *(a++)이나 (*a)++을 사용하십시오. 이것이 더 명확하고 좋은 프로그램입니다. 읽는 사람이 우선 순위에 정통해야 겨우 이해할 수 있는 프로그램은 그리 좋은 프로그램이 아닙니다. 물론 다른 사람이 작성한 프로그램에서 *a++과 같은 것이 보이면 표 16.3을 보셔서 어떤 순서로 계산되는지 확인하는 것은 필요할 것입니다.

16.16 연산 순서가 정해져 있지 않은 경우들

많은 경우에 있어 어떤 순서로 계산해야 하는지가 명확히 정해져 있으나, 순서가 정해져 있지 않은 것도 몇 가지가 있습니다. 그 중 하나가 이항 연산자에 있어 양 쪽의 피연산자 중 어느 것을 먼저 계산하느냐입니다. 예를 들어 2 * 3 + 4 * 5에서 두 곱셈이 덧셈 보다 먼저 하는 것은 정해져 있습니다만 두 곱셈 중 어느 것을 먼저 할지는 정해져 있지 않습니다. 물론 이 경우에는 어느 것을 먼저 해도 결과가 달라지지 않습니다. 그리고 대부분의 경우에 이런 순서를 신경 쓰지 않아도 됩니다.

그런데 c = (b = a * 2) + (a = 1); 같은 문장은 어떨까요? 이 문장 이전에 a에 2가 저장되어 있었다고 가정해 봅시다. 만일 왼쪽의 b = a * 2를 먼저 실행하면 b에는 4가 저장되고 결과도 4가 됩니다. 그리고 오른쪽을 실행하면 a에는 1이 저장되고 결과는 1이 됩니다. 그리고 덧셈은 4 + 1이 되어서 c에는 5가 저장될 것입니다. 그런데 오른쪽을 먼저 계산하면 a에 1이 저장된 후에 b = a * 2가 계산되므로 b에 2가 저장되고 덧셈은 2 + 1이 됩니다. 변수 c에는 3이 저장되겠지요. (사실 b = a * 2가 계산되기 전에 a의 값이 바뀔 지도 정해져 있지 않습니다.) 즉 연산 순서에 따라 c에 저장되는 값이 바뀔 수 있는 것입니다.

이것은 증감 연산자가 있을 때 더 심각해 지기도 합니다. 예를 들어 a가 3일 때, a * a++의 결과는 9일까요, 아니면 12일까요? 이것도 정해져 있지 않습니다.

순서가 정해져 있지 않으니 어떻게 해야 하는지 당황하셨을 수도 있을 텐데요, 조언을 드리자면 이런 문장들은 사용하지 마십시오. 순서가 정해져 있지 않으니 시험에도 나오지 않을 것입니다. 여러분이 프로그래밍하실 때는, 복잡하게 한 문장에 여러 연산을 구겨 넣으려 하지 마시고 순서가 명확하도록 여러 문장으로 적으시면 됩니다.

연습 문제

1. 조건문에서 조건에 있는 식의 결과값이 ____이면 조건이 맞는 것으로 보고 ____이면 조건이 틀린 것으로 본다.

2. 쉬프트 연산자를 이용하여 << 1을 적용하면 2를 ____효과가 있고 >> 1를 적용하면 2를 ____효과가 있다.

3. 다음 프로그램의 실행 결과는 무엇인가?
```
printf("%d %d %d", 10 > 5, 10 < 5, 4 && 1);
```

4. 다음 프로그램의 실행 결과는 무엇인가?
```
int a, b;
b = (a = 10) * 3;
printf("\%d \%d", a, b);
```

5. 다음 프로그램의 실행 결과는 무엇인가?
```
#include <stdio.h>

int main(void) {
    int a=3, b, c, d, e;
```

```
        b = a++ * 4;
        c = ++a * 4;
        d = a-- * 4;
        e = --a * 4;
        printf("%d %d %d %d %d", a++, b, c, d, e);
    }
```

6. 다음 프로그램의 실행 결과는 무엇인가?

```
#include <stdio.h>

int main(void) {
    int a, b, c;

    a = 2;
    printf("%d ", a++ - 1);
    printf("%d\n", a);

    b = 5;
    printf("%d ", a++ - ++b);
    printf("%d %d\n", a, b);

    a = 7;
    b = 3;
    printf("%d ", ++a - --b);
    printf("%d %d\n", a, b);

    c = 6;
    printf("%d ", ++a - b++ + --c);
    printf("%d %d %d\n", a, b, c);

}
```

7. 다음 프로그램의 실행 결과는 무엇인가?

```
#include <stdio.h>

int main(void) {
    int a, b;

    a = 3;
    b = a++ * 2 - 1;
    printf("%d %d\n", a, b);

    b = 5 - 3 * ++a;
    printf("%d %d\n", a, b);

    b = 5 * --a + 1;
    printf("%d %d\n", a, b);
```

```
    b = 2 + a-- * 3;
    printf("%d %d\n", a, b);

}
```

8. ++a와 a++중에서 (a += 1)과 정확하게 동일한 것은 하나이다. 어느 것이 동일한가?

9. 다음 프로그램의 실행 결과는 무엇인가?

```
#include <stdio.h>

int main(void) {
    int a, b, c;

    a = b = c = 2;
    a += b += c;
    printf("%d %d %d\n", a, b, c);

    a -= b -= c;
    printf("%d %d %d\n", a, b, c);

    a *= b *= c;
    printf("%d %d %d\n", a, b, c);
}
```

10. 다음 프로그램의 실행 결과는 무엇인가?

```
#include <stdio.h>

int main(void) {
    int a, b;

    a = 4;
    b = a += a;
    printf("%d %d\n", a, b);

    b = (a -= 3) + 1;
    printf("%d %d\n", a, b);

    b = 7 + (a = 3);
    printf("%d %d\n", a, b);
}
```

11. 다음 프로그램의 실행 결과는 무엇인가?

```
#include <stdio.h>

int main(void) {
    int a, b, c;
```

```
    a = 1;
    b = 2;
    c = b * (a == 3);
    printf("%d ", c);
    c = 5;
    printf("%d ", b > a < c);
    printf("%d ", b > a == c > a);
    printf("%d", c%b + a < b);

    return 0;
}
```

12. 다음 프로그램의 실행 결과는 무엇인가?

```
#include <stdio.h>

int main(void) {
    int a = 1, b = 0, c = 3;

    printf("%d ", !b < c);
    printf("%d ", !!c);
    printf("%d ", b && a || -c);
    printf("%d", a < b || c);

    return 0;
}
```

13. 다음 프로그램의 실행 결과는 무엇인가?

```
#include <stdio.h>

int main(void) {
    int a = 1, b = 2, c = 3;

    printf("%d ", a < b || ++b < c);
    printf("%d %d %d\n", a, b, c);

    printf("%d ", a - 1 && b++ < c);
    printf("%d %d %d\n", a, b, c);

    printf("%d ", (a = b) || (c = a));
    printf("%d %d %d\n", a, b, c);

    printf("%d ", ++a || ++b && ++c);
    printf("%d %d %d\n", a, b, c);

    return 0;
}
```

14. 변수 a와 b에 대해 a가 b 보다 작거나, 같거나, 큰 지에 따라 각각 -1, 0, +1이 결과가 되는 식을 적으시오.

15. 다음 프로그램의 실행 결과는 무엇인가?
```
int x = 8;
if(2 < x < 5) printf("OK");
else printf("Not OK");
```

16. 다음 프로그램의 실행 결과는 무엇인가?
```
int a = 5, b = 3;
printf("%d", a && b);
```

17. 다음 프로그램의 실행 결과는 무엇인가?
```
int a = 10, b = 6;
printf("%d %d %d %d", a&b, a|b, a^b);
```

18. 일반적으로 컴퓨터에서는 음수를 표현하기 위해 2의 보수 체계를 사용한다. 이 체계에서는 a라는 양수에 대해 -a를 ~a+1로 표현한다. 예를 들어 ~4+1을 하면 -4가 되는 것이다. 이것을 고려했을 때 다음 프로그램의 실행 결과는 무엇인가?
```
int a = 10;
printf("%d", ~a);
```

19. 다음 프로그램의 실행 결과는 무엇인가?
```
int a = 10, b = 6;
printf("%d %d", a << 3, b >> 2);
```

20. 다음 프로그램의 실행 결과는 무엇인가?
```
#include <stdio.h>

int main(void) {
    int i, sum;

    for(i=1;i<=100;) sum += i++;
    printf("%d ", sum);

    for(i=1;i<=100;) sum += ++i;
    printf("%d ", sum);

    for(i=0;i<100;) sum += i++;
    printf("%d ", sum);

    for(i=0;i<100;) sum += ++i;
    printf("%d ", sum);

    return 0;
}
```

21. 다음 문장은 올바른 문장인가?

```
(a = b) = c;
```

22. 다음 프로그램의 실행 결과는 무엇인가?

```
#include <stdio.h>

int main(void) {
    int a = 5, b = 4, c = 3;

    x = (a>b) ? a : (b>c) ? b : c;
    y = ((a>b) ? a : (b>c)) ? b : c;
    z = (a>b) ? a : ((b>c) ? b : c);

    printf("%d %d %d", x, y, z);
}
```

23. 반복문 몸체가 서로 같다고 할 때 나머지 두 개와 다른 것은 어느 것인가?

a) `for(i=0;i<5;i++) ...`

b) `for(i=0;++i<5;) ...`

c) `for(i=0;i++<5;) ...`

24. 다음 프로그램의 출력 결과를 적으시오.

```
#include <stdio.h>

int main(void) {
    int i;

    for(i=20;i>=1;i/=3) {
        printf("%d ", i++);
    }

    return 0;
}
```

25. 다음 프로그램의 출력 결과를 적으시오.

```
int a = 0;
if(a) a--;
else a++;
printf("%d", a);
```

26. 다음 프로그램의 출력 결과를 적으시오.

```
int a = 0;
if(a = 0) printf("OK");
else printf("not OK");
```

27. 다음 프로그램의 출력 결과를 적으시오.

```
int a = 0;
if(a) a++;
else a--;
printf("%d", a);
```

28. 아래 프로그램을 실행한 결과를 적으시오.

```
#include <stdio.h>

int main(void) {
    int a[5] = {0, 10, 20, 30, 40};
    int *b, i;

    b = a;
    printf("%d ", *b++);
    printf("%d ", (*b)++);
    printf("%d ", (*b));
    printf("%d ", *++b);
    printf("%d ", ++(*b));
}
```

29. 아래 프로그램을 실행한 결과를 적으시오.

```
#include <stdio.h>

void print_num(int n) {
    printf("%d ", n);
}

int main(void) {
    int m = 5;
    print_num(++m);
    print_num(m++);
    print_num(--m);
    print_num(m--);
}
```

30. 아래 프로그램을 실행한 결과를 적으시오.

```
#include <stdio.h>

int main(void) {
    unsigned short  a, b, c;

    a = 5; b = 4; c = 3;
    printf("%d ", a<<2 + b>>1);
    printf("%d ", a & ~a);
```

```
    printf("%d ", b ^ a & ~c);
}
```

31. 변수 a(unsigned short형)에서 4번 비트(최하위 비트가 0번 비트)만 다음과 같이 바꾸어서 변수 b에 저장하는 문장을 적으시오.

   a) 0으로

   b) 1로

   c) 토글(0이면 1로, 1이면 0으로)

   힌트: 차례대로 &, |, ^을 사용하면 된다.

32. 변수 a, b에 대해 a ^= b, b ^=a, a ^= b;를 실행하면 어떻게 될까? 힌트: ^ 연산은 교환법칙이 성립하며 A ^ A = 0, A ^ 0 = A이다.

33. 아래 프로그램을 실행한 결과를 적으시오.

```
#include <stdio.h>

int main(void) {
    unsigned short a;

    a = (0x12 << 8) | 0x34;
    printf("%#x ", a);
    a = a & 0x0FF0;
    printf("%#x ", a);
    a = ((a & 0x00F0) << 8) | 0x56;
    printf("%#x ", a);
}
```

34. 위 문제에 있는 각 문장의 결과를 생각하며 다음을 차례로 실행하는 문장을 적으시오. 다음에서 모든 변수들은 unsigned형이며, 각 문장의 결과는 다음 문장에 영향을 미친다.

   a) red 변수에서 하위 8비트만 남기고 나머지 비트들은 모두 0으로 만들기

   b) green 변수에서 하위 8비트만 남기고 나머지 비트들은 모두 0으로 만들기

   c) blue 변수에서 하위 8비트만 남기고 나머지 비트들은 모두 0으로 만들기

   d) color 변수에 red, green, blue 변수에 저장된 값들을 모다 저장하는데, red 변수의 하위 8비트는 color 변수의 23~16번 비트에, green 변수의 하위 8비트는 color 변수의 15~8번 비트에, blue 변수의 하위 8비트는 color 변수의 7~0번 비트에 저장하기

   참고로 색을 표현하기 위해 한 변수를 8비트씩 나누어 red, green, blue 값을 각각 저장하는 방식은 많이 이용되는 방식 중 하나이다.

35. 아래는 두 개의 8비트 값을 받아서 연결하여 하나의 16비트 값으로 만든 뒤 반환하는 함수이다. 잘못된 부분을 지적하고 수정하시오.

```
unsigned short make_short(unsigned char high,
                          unsigned char low) {
    return high << 8 + low;
}
```

36. 아래 프로그램의 출력 결과를 적으시오.

```
#include <stdio.h>
#include <string.h>

int main(void) {
    char s1[] = "abcd";
    char s2[] = "abcd";

    if(strcmp(s1, s2)) {
        printf("Identical strings");
    } else {
        printf("Different strings");
    }
}
```

CHAPTER 17

전처리

전처리(preprocess)는 컴파일을 하기 이전에 처리하는 것을 말합니다. 컴파일을 해서 실행을 하기 이전에, 불필요하다고 표시된 것은 없애고 어떤 것은 치환하기도 하는 것입니다. 사실 아직 이런 과정이 왜 필요하냐고 생각하실 수도 있겠습니다만 프로그램이 좀 복잡해지기 시작하면 1절이나 2절의 내용은 매우 유용하니 학습해 두시기 바랍니다. 3절 이후의 내용은 지금 꼭 아실 필요는 없을 것 같고, 프로그램에 어느 정도 숙달이 되신 다음에 공부하셔도 무방할 것 같습니다.

참고로 전처리에서 어떤 일을 할 지 지시하는 것을 전처리 지시자라 부릅니다. 이 장에서 다룰 전처리 지시자에는 #define, #undef, #include, #if, #else, #endif 등이 있습니다.

17.1 주석

주석(comment)은 프로그램에서 실행이 되지 않는다고 표시된 부분을 말합니다. 주석으로 표시된 부분은 컴퓨터가 컴파일하기 전에 없애 버립니다. 원래 주석은 전처리에 속한다고 보기 어려운데요, 주석을 없애서 공백처럼 만드는 과정이 전처리에서 이루어지기도 하므로 이 책에서는 주석을 이 장에 넣었습니다.

실행도 하지 않을 것을 뭐하러 써 놓는지 잘 이해가 안 될 수도 있습니다만, 프로그래밍을 하다 보면 주석이 상당히 중요함을 알게 될 것입니다. 주석의 용도는 몇 가지 있습니다. 첫 번째는 프로그램에 설명을 달기 위해서입니다. 프로그램에서 동작을 하는 부분만 기술해 놓으면 다른 사람이 봤을 때 어떻게 동작하고 목적이 무엇인지 잘 모를 때가 많습니다. 이럴 때 그 사람에게 도움을 주고자 프로그램에 대한 설명을 하는 것입니다. 그런데 이 설명은 실제로 동작을 하는 것은 아니므로 주석으로 처리하는 것입니다. 프로그램 17.1에서 굵은 글씨로 표시된 부분들이 이런 주석입니다.

주석은 프로그램의 일부분을 잠시 실행하고 싶지 않을 때도 사용합니다. 프로그램을 작성해서 실행하다 보면 가끔 어떤 부분을 실행하고 싶지 않을 때가 있습니다. 물론 이때 그 부분을 지워버려도 좋겠습니다만, 그랬다가는 나중에 그 부분을 복구하기가 어려울 것입니다. 이럴 때 그 부분을 주석으로 만들어 놓아서 실행이 안 되게 해 놓았다가 나중에

프로그램 17.1 주석의 예

```
01: /* This program explains
02: how to use comments
03:       over many lines or in a line. */
04:
05: int main(void) {
06:    int   i; // This variable counts the iterations.
07:
08:    // Here is the iteration.
09:    for(i=0;i<10;i++)
10:       printf("%d ", i);
11:
12: /* Can you understand
13:          this program? */
14:
15:    return 0;
16: }
```

혹시 실행하고 싶어지면 다시 주석을 해지하는 것입니다. 프로그램을 작성하시다 보면 이런 경우가 의외로 많이 발생합니다.

이제 주석을 어떻게 만드는지, 그 문법에 대해 알아보겠습니다. C언어에서 주석은 크게 두 가지 방법으로 만들 수 있습니다. 첫 번째 방법은 주석으로 만들어서 실행하고 싶지 않은 부분을 /*와 */로 둘러싸는 것입니다. 프로그램 17.1을 보시면 1번 줄~3번 줄에서 /*와 */로 둘러싸인 부분이 바로 주석입니다. 컴퓨터가 컴파일하기 전에 이 부분은 없애 버리는 것입니다. 주석을 /* */로 표시한 다른 예는 12번, 13번 줄에 있습니다. 이와 같이 주석은 프로그램의 어느 부분에도 들어갈 수 있습니다.

만일 주석을 한 줄로만 적고 싶을 때는 //로 표시하는 것이 더 간단합니다. 어떤 줄의 중간에 //가 있으면 그 곳부터 그 줄이 끝날 때까지가 주석이 됩니다. 프로그램 17.1에서 6번 줄과 8번 줄이 // 주석의 예입니다. 줄 중간의 //에서부터 줄이 바뀔 때까지 주석임을 보실 수 있습니다.

마지막으로 주석에 대해 조금 말을 덧붙이면, 프로그램을 작성할 때 보통은 주석을 많이 넣으라고 합니다. 그런데 또 주석을 너무 많이 넣는 것은 안 좋습니다. 우선 주석 자체는 프로그램의 동작에 영향을 미치지 않으므로 주석의 사용은 코딩 스타일의 문제, 즉 프로그래머의 기호입니다. 프로그래머가 프로그램을 읽는 다른 사람을 위해 주석을 만드는 것이지, 꼭 있어야 하는 것은 아닙니다.

사실 제일 좋은 프로그램은 주석이 없는 프로그램입니다. 아니, 정확히 말하면 주석이 없어도 이해하기 쉬운 프로그램입니다. 프로그램에서 변수명이나 함수명 등이 적절히 지어져 있고 프로그램의 구성 등이 논리적이고 직관적이어서 주석의 도움이 없어도 이해할 수 있는 프로그램을 말합니다. 그런데 이런 프로그램을 작성하는 것은 매우 어려우므로 주석을 넣어서 프로그램에 대한 이해를 도와야 하는 것입니다. 아마, 제일 안 좋은 프로그램은 이해하기도 어려우면서 주석도 없는 프로그램이라고 할 수 있겠습니다.

프로그램 17.2 매크로를 사용하지 않은 예

```
#include <stdio.h>

int main(void) {
   int   a[10], i, sum;

   for(i=0;i<10;i++)
      scanf("%d", a[i]);

   for(sum=0,i=0;i<10;i++)
      sum += a[i];

   for(i=0;i<10;i++)
      printf("%d ", a[i]);

   printf("\n%d\n", sum);
}
```

그렇지만 아무 데라도 주석을 많이 넣는 것도 그리 좋지 않습니다. 불필요한 주석은 오히려 프로그램의 이해를 방해하기 때문입니다. 조언을 드리자면, 처음에 너무 주석을 넣기 위해 애쓰실 필요는 없을 것 같고, 대략 지금부터 조금씩 쓸 생각을 해 보시면 좋을 것 같습니다. 주석을 어디에 넣을지도 중요한데요, 이런 방법을 사용해 보십시오. 여러분이 작성했던 프로그램을 한 달이나 두 달 뒤에 다시 보는데, 뭐하는 프로그램이었는지에 대한 설명을 보지 않고 그냥 보십시오. 그렇게 봐서 그 프로그램이 뭐하는 것인지 바로 이해가 되시면 주석이 그리 필요하지는 않은 프로그램입니다. 딱 봤는데 잘 이해가 되지 않는 부분이 있다면, 바로 그 부분이 주석이 필요한 부분입니다. 이런 과정을 몇 번 거치시면 어느 부분에 주석을 넣어야 할 지 감이 오기 시작할 것입니다.

17.2 매크로

매크로(macro)는 자주 쓰이는 형대를 미리 지정해서 간단한 형태로 바꿔 쓰게 하거나, 나중에 수정하기 편하도록 만들어 주는 기능입니다. 크게 매크로 상수와 매크로 함수로 나눌 수 있습니다.

17.2.1 매크로 상수

프로그램 17.2를 보시기 바랍니다. 이 프로그램을 10명 학생의 수학 점수를 입력받아서 합을 구하고, 점수들과 평균을 출력하는 프로그램입니다. 아마 프로그램 자체는 큰 어려움 없이 이해하실 수 있을 것이고, 여기서 여러분이 눈여겨보셔야 하는 것이 10이라는 수가 여러번 사용되고 있다는 것입니다. 10명 학생에 대한 점수를 처리하니 10이라는 수가 여러 번 사용되겠지요.

그런데 만약 이 프로그램을 수정해서 20명 학생의 점수를 처리하고 싶으면 어떻게

프로그램 17.3 프로그램 17.3에서 매크로를 사용한 예

```
#include <stdio.h>

#define NUM_STU 10

int main(void) {
   int   a[NUM_STU], i, sum;

   for(i=0;i<NUM_STU;i++)
      scanf("%d", a[i]);

   for(sum=0,i=0;i<NUM_STU;i++)
      sum += a[i];

   for(i=0;i<NUM_STU;i++)
      printf("%d ", a[i]);

   printf("\n%d\n", sum);
}
```

해야 할까요? 10이 있는 네 군데를 모두 20으로 고쳐야 할 것입니다. 100명 학생의 점수를 처리하고 싶으면 또 모두 100으로 고쳐야 할 것입니다. 이게 별로 힘들지 않은 작업으로 보입니다만, 만일 프로그램이 정말 길어지고 10이라는 수가 열 군데, 스무 군데 넘게 있다면 이 모든 10을 20이나 100으로 하나 하나 고치는 것이 지겹고 귀찮은 일일 것입니다. 이럴 때 사용하면 좋은 것이 바로 매크로(macro)입니다.

프로그램 17.3이 매크로를 이용해서 다시 작성한 프로그램입니다. 프로그램 17.2와 다른 점은 처음에 #define이라는 문장이 있고, 그 아래에는 10이 있던 자리에 NUM_STU가 있다는 점입니다. 우선 #define은 그 뒤에 오는 이름을 그 뒤의 텍스트로 치환하라는 의미입니다. 여기서는 #define NUM_STU 10이라고 되어 있으니 프로그램에서 NUM_STU라고 되어 있는 곳은 전처리 과정에서 모두 10으로 바뀌는 것입니다. 그럼 전처리 과정을 거친 후의 프로그램은 프로그램 17.2와 같아질 것입니다.

이와 같이 #define로 정의되어서 다른 것으로 치환될 이름을 매크로라고 부릅니다. 프로그램 17.3에서는 매크로 NUM_STU를 10으로 정의하고 있어서, 전처리 과정에서 NUM_STU를 모두 10으로 치환하는 것입니다. 이렇게 매크로를 사용하면 좋은 점이 몇 가지가 있는데 그 중 두 가지만 말씀드리면, 첫 번째로 수정하는 것이 편리합니다. 앞에서 말씀드렸듯이 만일 20명의 학생으로 바꾸고 싶다면 #define NUM_STU 20이라고 바꾸면 될 것입니다. 전처리 과정에서 NUM_STU가 20으로 바뀔 테니 그 이후의 프로그램을 사람이 수정할 필요는 없을 것입니다. 물론 프로그램이 간단할 때는 이게 큰 장점은 아니겠습니다만, 프로그램이 천 줄, 만 줄 쯤 되고 10이 들어 있는 곳이 열 군데, 스무 군데를 넘는다면 이것은 큰 장점일 것입니다.

두 번째로 프로그램의 이해를 돕습니다. 프로그램 17.2처럼 프로그램을 작성하면 다른

```
#define PI      3.141592
#define TWOPI  (2*PI)
…                            치환
              치환
a = TWOPI * 10;  ⇒  a = (2*PI) * 10;  ⇒  a = (2*3.141592) * 10;
```

그림 17.1 매크로 안의 매크로

```
#define NUM_STU   = 10
                 치환
int a[NUM_STU]   ⇒  int a[= 10];
```

그림 17.2 매크로 정의에서의 흔한 실수 1

```
#define NUM_STU   10;
                 치환
int a[NUM_STU]   ⇒  int a[10;];
```

그림 17.3 매크로 정의에서의 흔한 실수 2

사람이 프로그램을 볼 때 10이라는 수가 어떤 의미인지 궁금해 할 것입니다. 프로그램을 작성하는 사람이야 10이 학생의 수라는 것을 알겠지만, 그런 것을 미리 알지 못한 사람이 본다면 궁금해 하겠지요. 그런데 프로그램 17.3을 보시면 매크로를 **NUM_STU**라고 지어 놓아서 이 이름을 통해 학생의 수라는 것을 짐작할 수 있습니다. 즉 상수들에 이름을 부여함으로써 그 상수의 의미를 파악할 수 있게 도움을 주는 것입니다. 이런 이점 때문에 프로그램의 상수들은 모두 매크로로 정의해서 사용하는 것을 보통 권장합니다.

매크로 정의의 예를 더 들어 보면 그림 17.1은 다른 매크로를 이용해서 정의된 매크로로써 이렇게 하셔도 문제없습니다. 매크로 TWOPI가 (2*PI)로 치환된 뒤 PI가 3.141592로 치환되어서 결국 (2*3.141592)가 됩니다.

그런데 매크로를 정의할 때 많이 실수하는 것이 변수에 값을 저장하는 것과 헷갈려서 그림 17.2와 같이 =를 넣는 것입니다. 이렇게 하면 =도 같이 치환되어 들어 갑니다. 물론 이것을 의도하셨을 수도 있을테고, 그렇다면 치환된 이후에 문법이 틀리지 않도록 주의하셔야겠지요.

그리고 매크로는 한 줄에 정의하는 것이 기본입니다. 그래서 끝을 나타내는 ;을 붙일 필요가 없습니다. 만일 매크로 정의 문장의 끝에 ;를 넣으시면 그림 17.3과 같이 ;까지 같이 치환되어 들어 갑니다. 이것도 역시 주의하실 부분입니다. 만일 치환 텍스트를 여러 줄에 걸쳐서 써 넣고 싶으시면 그림 17.4와 같이 줄 바꿈을 하기 전에 \를 넣으시면 됩니다. 그림에서 원래는 매크로 치환이 두 단계로 이루어져야 하는데 간단히 보여드리기 위해 한꺼번에 치환되는 것으로 그렸습니다.

매크로 정의할 때 저지르는 흔한 실수 중에 나른 하나는 그림 17.5의 **#define TWOPI 2*PI**와 같이 매크로가 치환될 텍스트인 **2*PI**를 괄호로 둘러싸지 않는 경우입니다. 물론 이 부분이 하나의 상수라면 괄호로 둘러 쌀 필요가 없습니다만, 이 경우처럼 수식이라면

```
#define NUM_STU_1    29
#define NUM_STU_2    25
#define NUM_STU_3    31
#define NUM_STU_4    30
#define NUM_STU     (NUM_STU_1 + \
                     NUM_STU_2 + \
                     NUM_STU_3 + \
                     NUM_STU_4)

                치환

int a[NUM_STU]    ⇒   int a[(29 + 25 + 31 + 30)];
```

그림 17.4 여러 줄에 걸치 매크로 정의

```
#define PI      3.141592
#define TWOPI   2*PI
...
                치환
a = 10/TWOPI;     ⇒   a = 10/2*3.141592;
```

그림 17.5 매크로 정의에서의 흔한 실수 3

꼭 괄호로 둘러싸야 합니다. 그림의 예처럼 10/TWOPI라고 했을 때 치환이 되고 나면 10/2*3.141592가 되어서 10을 2π로 나누는 것이 아니라 10을 2로 나눈후에 π를 곱하는 식이 되어 버립니다. 물론 이것을 의도하셨을 수도 있겠습니다만 일반적으로는 그렇지 않겠지요. 이런 상황을 예방하시려면 치환되는 텍스트가 수식 등일 경우에 꼭 괄호로 둘러싸는 것을 잊지 마십시오.

매크로 정의는 프로그램의 어디에서나 할 수 있으며 정의된 줄부터 그 파일의 끝까지 유효합니다. 만일 파일의 중간에 매크로 정의한 것을 더 이상 사용하기 싫지 않으면 #undef PI와 같이 하시면 되고, 그 문장 이후로는 매크로가 적용되지 않습니다.

17.2.2 유용한 매크로

C 언어에서는 몇 가지 매크로들을 정의하고 있습니다. 유용한 것들 몇 가지만 정리하면 표 17.1과 같습니다. 이 매크로들은 어떤 헤더 파일들에 정의되어 있어서 그 헤더 파일을 #include하면 해당 매크로를 사용할 수 있습니다.

표에서 SHRT_MAX에서 LONG_MIN까지는 각 자료형에서 표현할 것 있는 최대값과 최소값입니다. 앞의 11장에서 주어진 배열 중 최대값이나 최소값을 구하는 프로그램을 작성할 때 이런 값들을 알 수 있으면 좋을 것이라고 했던 말을 기억하시지요? 그런 경우에 limits.h를 #include한 후에 해당 매크로를 사용하시면 됩니다.

그 아래에서 네 번째 줄에 있는 RAND_MAX는 난수 발생 함수인 rand()로 발생되는 난수 중 최대값입니다. 컴퓨터에 따라 32767일 수도 있고 INT_MAX나 다른 값일 수도

표 17.1 유용한 매크로들

매크로	헤더 파일	의미
SHRT_MAX	limits.h	short형의 최대값
SHRT_MIN	limits.h	short형의 최소값
INT_MAX	limits.h	int형의 최대값
INT_MIN	limits.h	int형의 최소값
LONG_MAX	limits.h	long형의 최대값
LONG_MIN	limits.h	long형의 최소값
RAND_MAX	stdlib.h	rand()에서 반환되는 값의 최대값
NULL	stdio.h 등	그 값이 보통 0인 포인터 상수
__FILE__		현재 파일의 이름
__LINE__		현재 파일에서 현재 줄의 줄 번호

프로그램 17.4 표 17.1의 매크로들을 사용한 예

```
#include <stdio.h>
#include <limits.h>
#include <stdlib.h>

int main(void) {
   printf("%d %d\n", SHRT_MAX, SHRT_MIN);
   printf("%d %d\n", INT_MAX, INT_MIN);
   printf("%ld %ld\n", LONG_MAX, LONG_MIN);
   printf("%d\n", RAND_MAX);
   printf("%d\n", (int)NULL);
   printf("%s %d\n", __FILE__, __LINE__);
}
```

있습니다. 그 다음에 있는 NULL은 자료형이 포인터형인 상수 0입니다. 이 자체가 어떤 의미를 가지지는 않고요, 사람들이 의미를 부여해서 사용하는 값입니다. 일반적으로 어떤 경우에 사용되는지는 다음에 연결 리스트 같은 것을 보시면 아실 수 있습니다.

그 밑에 있는 __FILE__과 __LINE__은 C언어 내부에서 정의하는 매크로여서 따로 헤더 파일을 #include하지 않아도 사용할 수 있습니다. 이들은 그 매크로가 사용된 파일과 그 파일 내에서의 줄 번호로 치환됩니다. 당연히 __FILE__은 문자열로 __LINE__은 정수로 치환될 것입니다. 프로그램 17.4는 표 17.1을 모두 사용해 본 프로그램입니다. 여러분의 컴퓨터에서도 한 번 실행해 보셔서 어떤 결과가 나오는지 확인해 보십시오.

17.2.3 매크로 함수

앞에서 #define으로 정의된 것을 매크로라고 했는데요, 마치 함수처럼 생긴 매크로도 있습니다. 이 함수처럼 생긴 매크로를 매크로 함수(macro with arguments)라고 부르며, 매크로 함수에 대비하여 앞 절에서 배운 일반적인 매크로를 매크로 상수라고 부르기도

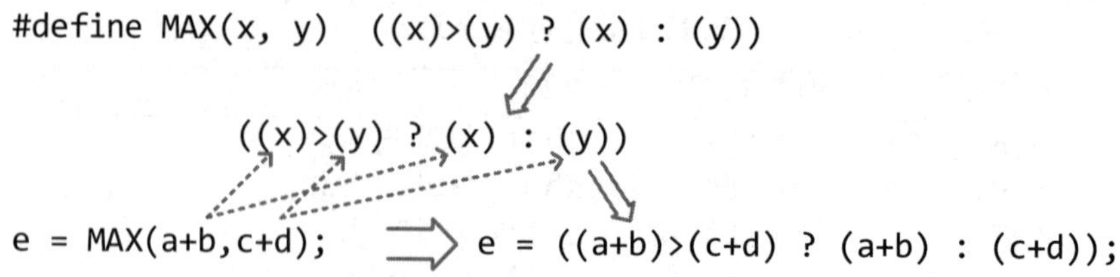

그림 17.6 매크로 함수의 사용예

합니다. 매크로 함수는 그림 17.6과 같이 #define을 하는데 매크로 이름 MAX 뒤에 함수처럼 괄호와 이름들(매개 변수라고 부르겠습니다.)을 넣으면 됩니다. 그리고 그 뒤의 치환할 텍스트를 쓰는데, 치환할 텍스트에 매개 변수 **x**와 **y**가 포함되어 있습니다.

이 매크로를 사용할 때도 마치 함수를 부르는 것처럼 매크로 이름을 쓰고 괄호를 한 다음에 인자들을 적어 줍니다. 그러면 매크로가 치환될 때 매개 변수가 쓰인 곳에는 그에 해당하는 인자가 들어갑니다. 그림 17.6에서는 MAX(a+b, c+d)을 치환하는데 매개 변수 **x**의 위치에 **a+b**가 있고 **y**의 위치에 **c+d**가 있으므로, 치환할 텍스트 ((x)>(y) ? (x) : (y))에서 **x** 자리에는 **a+b**를, **y** 자리에는 **c+d**를 넣어서 ((a+b)>(c+d) ? (a+b) : (c+d))가 되는 것입니다.

매크로 함수도 익숙해지면 매우 유용하게 사용하실 수 있습니다. 예를 들어 그림 17.6과 같은 기능을 하도록 만든 함수로 8장의 프로그램 8.3에 있는 max_int 함수가 있습니다. 그런데 이 함수는 정수형에 대해서만 작동하는 함수입니다. 만일 **float**형이나 **double**에 대해서 더 큰 값을 구하는 함수가 필요하다면 그 자료형에 대해 새로 함수를 만들어야 할 것입니다. 그러나 그림 17.6의 MAX 매크로 함수는 어느 자료형에 대해서도 사용할 수 있습니다. 이것은 MAX 매크로 함수가 실제 함수가 아니라 매크로, 즉 단순 치환만을 하기 때문입니다. 함수에서는 매개 변수와 인자 사이에 그리고 반환값에서 값의 대입이 이루어지므로 그들 사이에 자료형이 서로 맞아야만 합니다. 그러나 매크로 함수에서는 단순 치환이 발생하므로 자료형이 맞거나 할 필요가 없는 것입니다. 그래서 다양한 자료형에 대해 동작해야 하는 간단한 함수를 만들 때는 일반 함수 보다 매크로를 이용하시는 것이 더 나을 때도 있습니다.

그러나 매크로 함수에 장점만 있는 것은 아닙니다. 매개 변수와 인자 사이의 값 대입이 아니라 단순 치환이므로 주의를 기울이셔야 합니다. 첫 번째로 주의하실 점은 괄호의 사용입니다. 치환할 텍스트 안에 있는 모든 매개 변수 주위와 그리고 치환 텍스트 전체를 항상 괄호로 쌀 것을 권장합니다. 치환 텍스트 전체를 괄호로 싸야 하는 이유는 앞의 그림 17.5에서 했었습니다. 단순 치환에 의해 원치 않는 계산이 이루어질 수 있기 때문이었습니다.

괄호를 사용해야 기대하는 결과가 나오는 것은 각 매개 변수에 대해서도 적용됩니다. 그림 17.7a에 한 예가 있습니다. 두 수를 곱하는 MULT 매크로 함수를 정의하는데 매개 변수 **x**와 **y** 주변에 괄호를 두르지 않았습니다. 이때 MULT(2+1,3+2)라고 하면, 보이는 대로 해석한다면 2+1인 3과 3+2인 5를 곱한 15가 계산될 것 같습니다. 그러나 매크로는

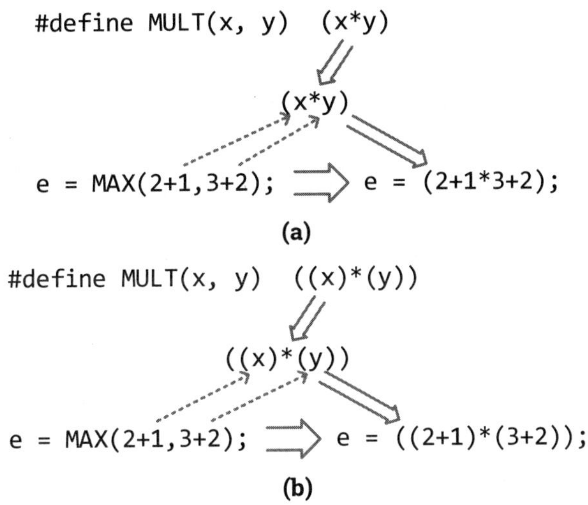

그림 17.7 매개 변수 주변 괄호의 중요성

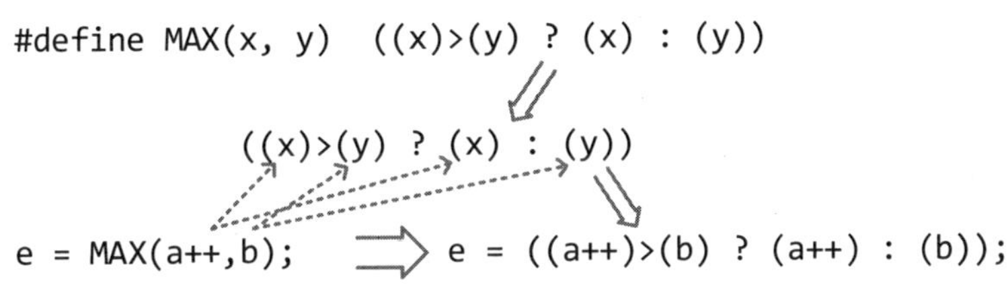

그림 17.8 매크로로 인해 보이는 것과 다르게 동작하는 예

단순 치환이므로 치환 결과는 2+1*3+2 입니다. 이것을 계산하면 7이 되겠지요. 즉 보이는 대로 계산되지 않고 다른 계산 결과가 나올 수 있는 것입니다. 그림 17.7b와 같이 매개 변수 주변에 괄호를 싸 주어야 (2+1)*(3+2)로 치환되어서 원하는 결과가 나올 것입니다.

매크로 함수에서 보이는 것과 다른 결과가 나오는 경우는 또 있습니다. 그림 17.8을 보시면 MAX 매크로 함수의 한 인자로 a++을 사용하고 있습니다. 겉으로 보기에는 a++이 한 번만 있으므로 이 문장을 실행한 후에는 a의 값이 1 증가할 것으로 보입니다. 그러나 실제로 MAX 함수를 치환하고 나면 a++이 이 문장에 두 번 들어가 있습니다. 따라서 이 문장을 실행하면 a가 2 증가할 수도 있는 것입니다. 물론 이것을 확실하게 알고 2가 증가할 수도 있음을 고려하고 작성했다면 괜찮겠습니다만, 보통은 a++이 한 개만 있으니 1만 증가한다고 생각할 것입니다. 더군다나 프로그램을 작성한 사람이 아닌 다른 사람이 이 프로그램을 본다면 그렇게 잘못 생각할 가능성이 더 높겠지요.

그리고 매크로를 정의하실 때 주의하실 점을 하나 더 말씀드리면 매크로 이름과 매개 변수가 들어 있는 괄호 사이를 띄우시면 안 됩니다. 예를 들어 #define MULT (x,y) ((x)*(y))라고 하시면 매크로 MULT를 (x,y) ((x)*(y))로 치환하도록 정의한 것이 됩니다.

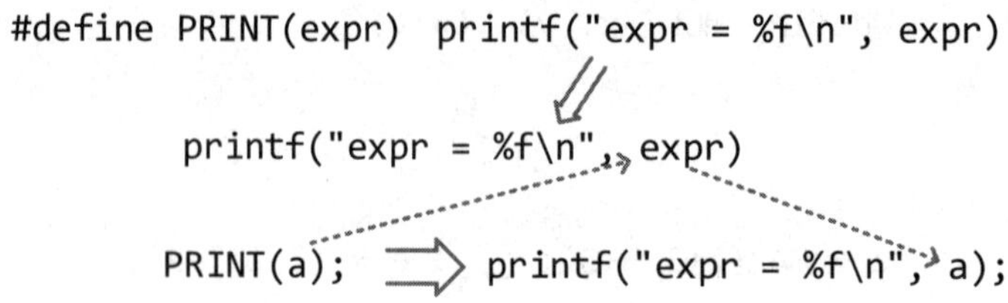

그림 17.9 치환 텍스트 안의 문자열에 매개 변수가 들어 있는 경우

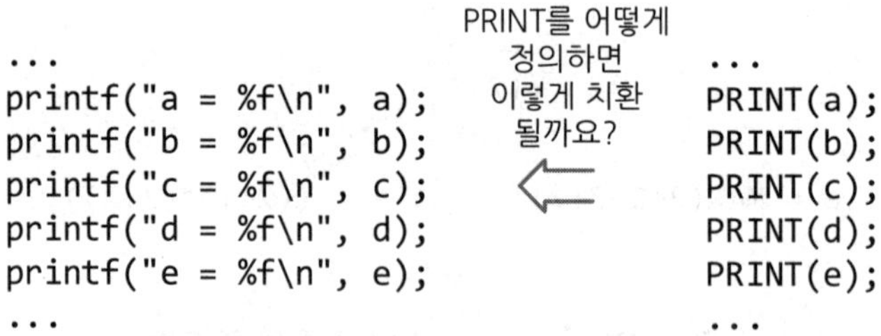

그림 17.10 매크로 문자열 치환이 필요한 경우의 예

17.2.4 문자열 치환 매크로 함수

매크로로 정의된 것은 프로그램 내에서 치환이 되지만 문자열 내에 있는 것, 즉 " " 안에 있는 것은 예외입니다. 즉 **#define PI 3.141592**라고 했을 때, **printf("PI");**라고 해도 " " 안의 **PI**는 **3.141592**로 치환되지 않습니다. 이 경우에는 문자열 용으로 따로 **#define SPI "3.141592"** 같이 정의하거나 **printf("%f", PI);**라고 하시면 되겠습니다.

문자열 내에서 치환이 안 되는 것은 매크로 함수에서 매개 변수와 치환 텍스트 사이에도 적용됩니다. 치환 텍스트에 문자열이 있을 경우, 그 안에 있는 매개 변수는 그대로 남습니다. 그 예가 그림 17.9입니다. 치환 텍스트에 있는 매개 변수 **expr**이 인자 **a**로 바뀌는데 **printf**의 " " 문자열 안에 있는 **expr**은 바뀌지 않습니다.

그런데 그림 17.9에서 " " 안의 **expr**이 인자로 바뀌면 좋은 경우가 많이 있습니다. 특히 프로그램을 작성하시다 보면 그림 17.10과 같이 여러 개의 변수의 값들을 차례로 출력하는데 변수명도 같이 출력하고 싶을 때가 많습니다. 이럴 때 그림의 오른쪽과 같이 변수명과 값을 같이 출력해 주는 매크로 함수가 있다면 좋겠지요.

이런 경우에 사용하는 것이 **#**입니다. 치환 텍스트에서 매개 변수 이름 앞에 **#**을 붙여 주면 인자에 오는 것을 문자열로 변환해서 치환합니다. 그 예가 그림 17.11입니다. 보시면 매크로 **PRINT(expr)**의 정의에서 치환 텍스트에 **#expr**이 있는데 이 부분이, 인자 **a**를 문자열로 만든 **"a"**로 바뀜을 보실 수 있습니다. 매크로 **PRINT**를 이렇게 정의하면 프로그램 17.10에와 같은 변환이 가능합니다.

이 외에도 **##**을 매크로 치환 텍스트에 사용할 수도 있는데요, 이것은 인자와 기타 다른 글자들을 붙여주는 역할을 합니다. 예를 들어 **#define VNAME(n) a##n**이라고 정의한 다음에 **VNAME(3) = 10;**이라고 사용하면 **a**와 인자 **3**이 붙어서 **a3 = 10;**으로 치환됩니다.

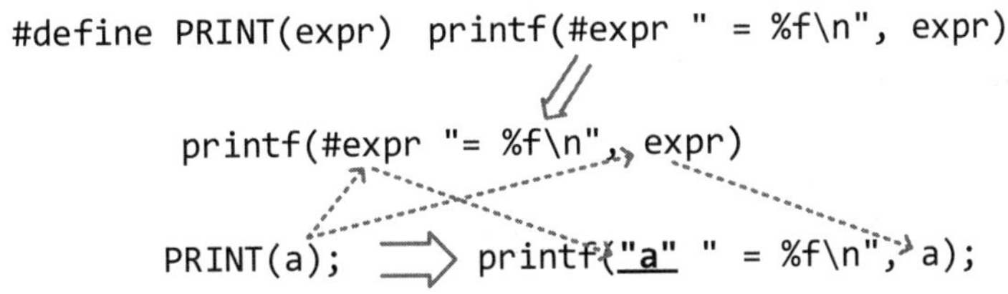

그림 17.11 #을 이용한 문자열 치환

문법에는 있습니다만 잘 쓰이지는 않으니 여러분도 이런 게 있나 보다 하며 넘어 가셔도 되겠습니다.

17.3 파일 포함

8장에서 시스템 라이브러리 함수에 대해 설명하면서 함수가 선언된 헤더 파일을 **#include**를 통해서 가져온다고 말했었습니다. 이때의 **#include**도 역시 전처리 지시자이며 파일을 가져와서 포함시키는 작업이 전처리 과정에서 처리됩니다. 예를 들어 **#include <stdio.h>**라고 하시면 전처리 과정에서 **stdio.h** 파일의 내용이 **#include <stdio.h>** 자리에 들어가는 것입니다.

그런데 **#include**에서 파일 이름을 적는 것은 두 가지 방법이 있습니다. 하나는 **#include <stdio.h>**처럼 **< >**를 사용하는 것이고 다른 하나는 **#include "my_ihead.h"**와 같이 **" "**을 사용하는 것입니다. 이 둘의 가장 큰 차이는 포함시킬 파일을 어디에서 찾느냐입니다. 파일 이름을 **< >**으로 둘러싸면 컴퓨터는 포함시킬 파일이 시스템에 의해서 제공된다고 생각해서 컴파일러나 운영 체제가 제공하는 헤더 파일들 중에서 같은 이름이 있는지를 찾습니다. 그에 반해 **" "**로 둘러싸면 사용자가 작성한 헤더 파일이라고 생각해서 사용자가 작성하는 프로그램들이 있는 폴더에서 헤더 파일을 찾습니다.

사용자가 헤더 파일을 작성할 일이 있는지 궁금해 하실 수도 있겠습니다만, 프로그램이 좀 커지면 이런 일이 거의 항상 발생합니다. 이에 대해서는 24.4절에서 좀 더 자세히 설명하겠으니 우선은 이런 차이가 있나고만 아시기 바랍니다.

17.4 조건부 컴파일

프로그램을 작성하다 보면 같은 프로그램인데 조금씩 기능을 다르게 하면서 컴파일하고 싶을 때가 있습니다. 예를 들어 어떤 프로그램의 실행 파일을 파는데 간단한 기능들만 되는 것과 모든 기능들이 되는 것, 두 가지 버전을 서로 다른 가격으로 팔고 싶을 때가 있을 것입니다. (우리가 구매하는 소프트웨어의 대부분이 이런 형식이지요.)

지금까지 배운 것만 가지고 어떻게 할지 생각해 보면 우선은 **if**문을 잘 이용하면 될 것도 같습니다. 조건문이 하는 일이 경우에 따라 프로그램의 어떤 부분을 실행하지 않도록 하는 것이니까요. 그러나 이 경우에는 **if**문을 사용하는 것이 그리 좋지 않습니다. 왜냐하면 **if**문에 의해 실행할지 말지가 결정되는 것은 프로그램이 실행되는 동안, 즉

프로그램 17.5 조건부 컴파일에 의해 컴파일이 되는 경우

```
#define  LEVEL 1
...
#if LEVEL==1
    // Complex operations
    ...
#endif
...
```

치환

1==1이 됨

컴파일 됨

사용자에게 판 다음입니다. 이러면 사용자는 싼 값에 산 다음에 복잡한 기능을 이용하는 것이 가능해져 버리겠지요. 우리가 원하는 것은 사용자에게 팔기 전에, 즉 컴파일을 할 때 어떤 부분이 실행될 지 말지를 아예 결정하고 싶은 것입니다.

처음부터 프로그램을 두 개 만들 수도 있을 것입니다. 간단한 기능만 가진 프로그램도 따로 만들고 모든 기능을 가진 것도 따로 만드는 것이지요. 그러나 이렇게 비슷한 프로그램 두 개를 유지하는 것을 프로그래머들은 매우 싫어합니다. 만일 한 쪽에 수정사항이 생기면 다른 쪽에도 똑 같이 수정해줘야 하는데 그 때 실수가 발생할 가능성이 높기 때문입니다.

이렇게 약간 다른 프로그램을 여러 개 만드는데 컴파일 과정에서 어느 부분을 포함시킬지 결정하고 싶은 경우에 사용하는 것이 조건부 컴파일(conditional compilation)입니다. 조건부 컴파일을 위해 사용하는 전처리 지시자로는 **#if, #endif, #else, #elif, #ifdef, #ifndef**가 있습니다. 하나씩 배워 봅시다.

17.4.1 #if와 #endif

전처리 지시자 **#if**에서는, **#if** 다음의 조건식이 맞으면 **#if**와 **#endif** 사이의 문장들을 컴파일하고 그렇지 않으면 그 사이의 문장들을 컴파일하지 않습니다. 조건문 **if**와의 가장 큰 차이점은, 조건문 **if**에서는 블록 내의 문장들이 컴파일은 되어 있는 상태에서, 프로그램이 동작할 때 그 부분을 실행할지 말지 결정하는 반면에, **#if**에서는 아예 컴파일 자체를 할지 말지 결정한다는 것입니다. 따라서 **#if** 다음의 조건식은 컴파일 과정에서 맞고 틀린지를 결정할 수 있는 상수식이어야 합니다.

예를 들어 프로그램 17.5를 보시면 **#if** 다음에 조건식이 있는데 조건식의 내용이 **LEVEL == 1**입니다. 여기서 **LEVEL**은 위의 **#define**에 의해 결정되는 매크로 상수입니다. 매크로 상수는 전처리 과정에서 치환되므로 매크로 치환을 거치면 **#if 1==1**이 됩니다. 이 조건은 맞는 조건식이고 따라서 **#if**와 **#endif** 사이의 문장들은 컴파일 됩니다. 만일 프로그램 17.6과 같이 **LEVEL**의 정의를 **0**으로 바꾸면 매크로 치환을 거쳤을 때 **#if 0==1**이 되고 조건식은 틀리게 됩니다. 그러면 **#if**와 **#endif** 사이에 있는 부분은 컴파일이 되지 않을 것입니다.

프로그램 17.5와 프로그램 17.6에서 **#if**와 **#endif** 사이에 이 프로그램의 복잡한 기능을 구현하는 부분이 들어 있다고 생각해 봅시다. 그러면 **LEVEL**을 **1**로 정의하고 컴파일하면 복잡한 기능이 들어가는 것이고 그렇지 않으면 복잡한 기능이 빠지는 것입니다. 단 한

프로그램 17.6 조건부 컴파일에 의해 컴파일이 되는 안 경우

```
#define  LEVEL 0
...
#if LEVEL==1
    // Complex operations
    ...
#endif
...
```

치환

0==1이 됨

컴파일 안 됨

프로그램 17.7 #elif와 #else의 사용 예

```
01: #define  LEVEL 2
02: ...
03: #if LEVEL==0
04:     // Some operations
05:     ...
06: #elif LEVEL==1
07:     // Other operations
08:     ...
09: #elif LEVEL==2
10:     // Other operations
11:     ...
12: #else
13:     // The other operations
14:     ...
15: #endif
16: ...
```

LEVEL을 0으로 정의했을 때 컴파일 됨

LEVEL을 1로 정의했을 때 컴파일 됨

LEVEL을 2로 정의했을 때 컴파일 됨

위의 조건들이 모두 틀렸을 때 컴파일 됨

줄을 수정하는 것 만으로도 이렇게 두 가지의 서로 약간 다른 프로그램을 만들어 낼 수 있는 것이 바로 조건부 컴파일의 장점입니다.

조건부 컴파일의 **#if**도 조건문의 **if**처럼 중첩해서 사용할 수 있으며, **#if** 다음에 올 수 있는 조건식에도 여러분이 **if**문의 조건에서 사용할 수 있는 연산자들, 관계 연산자나 논리 연신자 등이 모두 올 수 있습니다. 다만 주의하실 점은, 앞에서도 말했지만 컴파일해서 실행하기 전에 맞고 틀린지를 판별할 수 있어야 한다는 것입니다. 예를 들어 어떤 변수의 값과 비교하는 조건식은, 프로그램을 실행해 봐야 그 변수에 저장된 값이 무엇인지 알 수 있으므로 **#if**의 조건으로 맞지 않습니다.

17.4.2 #else와 #elif

조건문 **if**에서 **else**가 있듯이 **#if**에도 **#else**가 있어서 **#if**의 조건이 틀렸을 때 컴파일할 부분을 지시할 수 있습니다. 그리고 **if**문에서 **else if**와 같은 기능은 **#elif**가 합니다. 이를 이용한 예제가 프로그램 17.7입니다. 보시면 매크로 상수 **LEVEL**이 어느 값으로 치환되는지에 따라 어느 부분이 컴파일 되고 인 되는지가 결정됩니다. 예에서는 **LEVEL**이 2로 정의되어 있으므로 11번 줄에 있는 내용이 컴파일 될 것입니다.

```
#define  LEVEL                //#define   LEVEL
...                           ...
#if defined(LEVEL)            #if defined(LEVEL)
    ...                           ...
             } 컴파일 됨    ⟺                } 컴파일 안 됨
    ...                           ...
#endif                        #endif
...                           ...
```

그림 **17.12** defined 연산자의 사용

```
#define  LEVEL                //#define   LEVEL
...                           ...
#ifdef LEVEL                  #ifdef LEVEL
    ...                           ...
             } 컴파일 됨                     } 컴파일 안 됨
    ...                           ...
#endif                  ⟺     #endif
...                           ...
#ifndef LEVEL                 #ifndef LEVEL
    ...                           ...
             } 컴파일 안 됨                  } 컴파일 됨
    ...                           ...
#endif                        #endif
...                           ...
```

그림 **17.13** #ifdef와 #ifndef의 사용

17.4.3 #ifdef와 #ifndef

일반적인 if문에서는 사용하지 못하고 **#if**에서만 사용할 수 있는 것이 **defined**라는 연산자입니다. 이 **defined**는 **defined(LEVEL)**이나 **define LEVEL**과 같이 사용하며, **LEVEL**이 매크로 정의가 되어 있으면 맞는 조건이 되고 정의되어 있지 않으면 틀린 조건이 됩니다. 좀 더 정확히 말하면 매크로 정의가 되어 있으면 결과값이 1이고 그렇지 않으면 0입니다. 이 연산자를 이용하면 그림 17.12와 같이 단순히 매크로를 정의하느냐 마느냐에 따라 조건부 컴파일을 할 수 있습니다. 그림에서 **#define LEVEL**을 하면 **#if defined(LEVEL)**부터 **#endif**까지가 컴파일되지만 **#define LEVEL**을 주석처리해서 **LEVEL**이 정의되지 않으면 그 부분이 컴파일되지 않습니다. 매크로를 무엇으로 정의하냐는 상관이 없어서 이때에는 보통 그림과 같이 치환 텍스트를 비워 놓는 경우가 많습니다.

이와 같이 매크로가 정의되었느냐 그렇지 않느냐에 따라 조건부 컴파일을 하는 경우가 많아서 아예 그런 경우를 위한 **#if**를 따로 만들어 놓았습니다. 바로 **#ifdef**와 **#ifndef**입니다. 보시면 바로 아실 수 있듯이 **#ifdef ~**는 **#if defined(~)**과 같으며 **#ifndef ~**는 **#if !defined(~)**과 같습니다. 이들을 사용한 예가 그림 17.13입니다. 그림에서는 **LEVEL**이 정의되어 있을 때 **#ifdef**와 **#endif**로 둘러싸인 부분은 컴파일이 되지만 **#ifndef**와 **#endif**로 둘러싸인 부분은 컴파일 되지 않습니다. 만일 **#define LEVEL**을 주석처리한다면 반대가 되겠지요.

연습 문제

1. 프로그램의 동작과는 상관없이 설명을 넣거나 프로그램의 일부를 동작하지 않게 하고 싶을 때 사용하는 것이 ____ 이며, ____ 나 ____ 로 표시한다.

2. 프로그램이 컴파일되기 전에 **#include**나 **#define** 등을 처리하는 과정을 ____ 라고 한다.

3. C언어에서 다른 파일을 덧 붙이고 싶을 때 사용하는 지시자는 ____ 이다.

4. C언어에서 매크로를 정의하는 지시자는 ____ 이다.

5. 함수처럼 매개 변수를 가지고 있는 매크로를 ____ 라고 한다.

6. 어떤 매크로가 정의되어 있을 경우에만 프로그램의 특정 부분을 컴파일하고 싶으면 ____ 를 사용하면 된다.

7. 매크로 함수에서 매개 변수 앞에 ____ 를 붙이면 매개 변수를 문자열로 변환하여 치환한다.

8. 매크로 상수 NUM을 100으로 정의하는 문장을 작성하시오.

9. #define SQUARE(x) ((x)*(x))로 정의된 매크로 함수 SQUARE에 대해 아래 식의 결과를 적으시오.

   a) `SQUARE(3)`

   b) `SQUAER(3.1)`

   이 문제에서 알 수 있는, 매크로 함수가 일반 함수에 비해 좋은 점을 기술하시오.

10. 두 개의 매개 변수 중에서 더 큰 값을 구하는 매크로 MAX(x,y)를 정의하시오.

11. 위에서 정의한 MAX(x,y)를 이용하여 세 개의 매개 변수 중에서 제일 큰 값을 구하는 매크로 MAX3(x,y,z)를 정의하시오.

12. 다음 프로그램의 결과를 적으시오.

```
#define ONE      1
#define THREE    ONE+2

int main(void) {
    int a;
    a = THREE * 3;
    printf("%d", a);
}
```

13. 다음 프로그램의 결과를 적으시오.

```
#define ADD(a,b)    a+b

int main(void) {
    int a;
    a = ADD(1,2) * 3;
    printf("%d", a);
}
```

14. 다음 프로그램의 결과를 적으시오.

```
#define MUL(a,b)    a*b

int main(void) {
    int a;
    a = MUL(1+2,3+4);
    printf("%d", a);
}
```

15. 주어진 1차원 배열의 크기를 구하는 매크로 함수 NUM_ELE(x)를 작성하시오.

16. 함수명과 인자를 받아서, 함수명과 함수의 결과를 출력하는 printf문으로 치환되는 매크로 함수 PRINT(f, x)를 작성하시오. 예를 들어 PRINT(sin, 0.1)이 printf("sin(%f) = %f\n", 0.1, sin(0.1));과 같은 기능을 하도록 바뀌어야 한다.

17. 프로그램에서 #define A 20이라고 매크로가 정의되어 있을 때 다음 중 조건이 틀리는 것을 모두 고르시오.

    a) `#if defined(A)`

    b) `#if !defined(A)`

    c) `#ifdef A`

    d) `#ifndef A`

    e) `#if A`

18. 아래 프로그램의 결과를 적으시오.

```
#include <stdio.h>

#define KOREAN  0
#define ENGLISH 1
#define CHINESE 2
#define LANGUAGE    KOREAN

int main(void) {
#if LANGUAGE == KOREAN
    printf("This is Korean.\n");
#elif LANGUAGE == ENGLISH
```

```
    printf("This is English.\n");
#elif LANGUAGE == CHINESE
    printf("This is Chinese.\n");
#else
    printf("No language is defiend.\n");
#endif
}
```

19. 전처리 지시자 #include의 뒤에 오는 헤더파일을 기술할 때 <헤더파일>과 "헤더파일"의 차이는 무엇인가?

실습 문제

전처리

1. 두 수를 곱하는 매크로를 정의하시오. 두 개의 정수를 입력받은 뒤 그 매크로를 이용하여 두 수를 곱하여 출력하시오.
2. 한 개의 문자에 대해 그 문자가 알파벳 소문자이면 1이 되고 그렇지 않으면 0이 되는 매크로 함수 IS_SMALL을 정의하시오. 하나의 문자를 입력받은 뒤, 이 매크로 함수를 이용하여 만일 소문자이면 "This is small."이라고, 그렇지 않으면 "This is not small."이라고 출력하시오.
3. 14장의 실습 문제 17번은 카이사르의 암호에 대한 문제였다. 이 문제에서 문자를 변환하는 기능을 매크로 함수 CONVERT(c,d)로 치환하시오. 이 매크로 함수의 결과는 알파벳 c를 d 이후의 알파벳으로 바꾼 것이다. 이 매크로 함수를 이용하여 14장에 있는 카이사르의 암호 문제를 다시 푸시오.

CHAPTER 18

동적 할당

이전 장에서 포인터에 대해 열심히 배웠었는데요, C언어에서 포인터를 익혀야 하는 가장 큰 이유 중의 하나가 바로 동적 할당(dynamic allocation)을 제대로 이해하고 다루기 위해서입니다. 동적 할당은 중급이나 고급 프로그래머로 나아가는 단계 중의 하나이며, 자료 구조 등을 다룰 때 긴요하게 사용됩니다. 처음에는 잘 와 닿지 않을 수도 있으나 찬찬히 보시면서 잘 익히시기 바랍니다.

18.1 포인터에 주소를 직접 저장하기

동적 할당에 들어가기 전에 이전에 배웠던 포인터의 조금 다른 면모를 보여 드리겠습니다. 그림 **18.1**을 보시기 바랍니다. 기존의 포인터 사용과 조금 다른 점은 바로 **p = 1000;** 이라는 문장입니다. 예전에는 포인터에 주소를 저장할 때 **p = &a;**와 같이 이미 할당받은 변수의 주소를 저장했습니다. 그런데 여기서는 포인터에 직접적으로 어떤 값을 저장하고 있습니다. 이렇게 하는 것이 문법적으로는 가능합니다만, 실제로 이렇게 하시면 안 됩니다. 왜 안 되는지는 좀 있다 설명할 것이며, 지금은 동적 할당으로 가는 중간 단계 예제로만 봐 주시기 바랍니다.

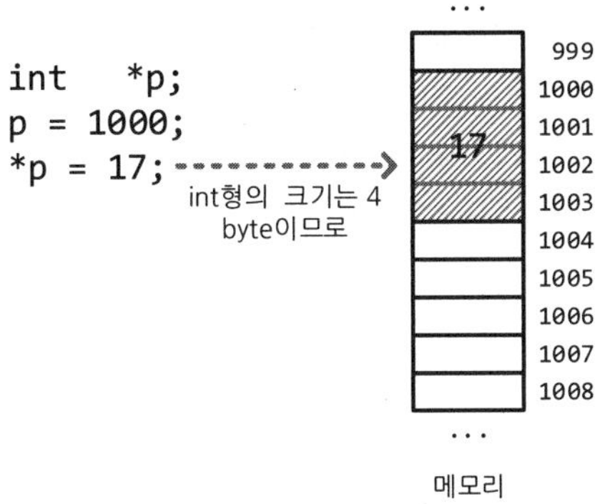

그림 18.1 int *형 포인터에 주소를 직접 저장하는 예 1

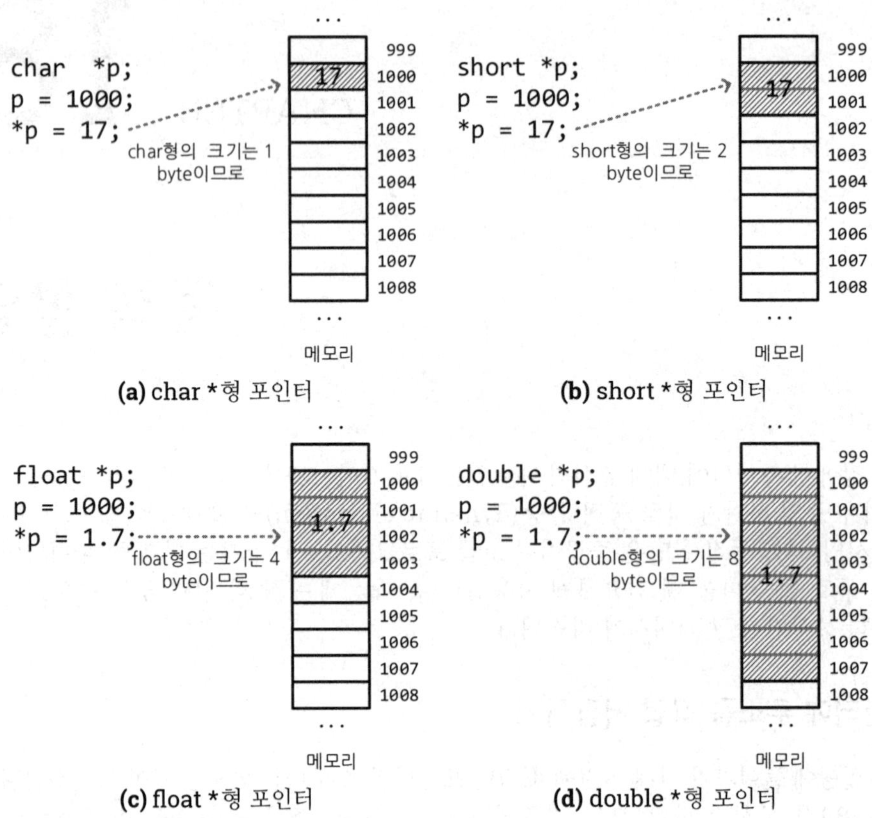

그림 18.2 포인터에 직접 주소를 저장하는 예 2

그 다음 문장은 *p = 17; 입니다. 여기서 질문입니다. 이 17은 어느 번지의 공간에 저장이 될까요? 우선 간접지정 연산자 *의 기능은 아실 것입니다. 간접지정 연산자의 기능은 피연산자 주소가 가리키는 그 공간입니다. 현재 p에 저장된 값은 1000이므로 *p는 1000번지 공간일 것입니다. 그러면 17은 1000번지 공간에 저장될 텐데 문제는 저장되는 공간의 크기입니다. 현재 p의 자료형은 int *입니다. 이 경우 컴퓨터는 p에 들어 있는 주소가 int형 변수의 주소라고 보고, p가 가리키는 공간, *p는 int형 변수라고 봅니다. 아시겠지만 이 책에서는 int형의 크기를 4 바이트로 보고 있고 따라서 *p는 4 바이트 공간을 차지한다고 봅니다. 이런 사항들을 고려해 보면, *p에 17을 저장할 때 17은 그냥 1000번지 공간에 저장되는 것이 아니라 1000번지에서 시작하는 4 바이트 크기의 공간, 즉 1000번지에서 1003번지에 걸쳐 있는 공간에 저장되는 것입니다. 물론 이 4 바이트의 공간에 17이 어떻게 저장되는지도 흥미있는 주제입니다만 이 장에서는 이런 크기의 공간에 저장된다는 것이 중요합니다.

이와 비슷한 예제 몇 개를 그림 18.2에 제시해 보았습니다. 그림 18.2a와 그림 18.2b는 p가 각각 char *형과 short *형일 때입니다. 크기로 보면 char형은 1 바이트, short형은 2 바이트이므로 17이 저장되는 공간도 그림 18.2a에서는 1000번지 공간 하나에, 그림

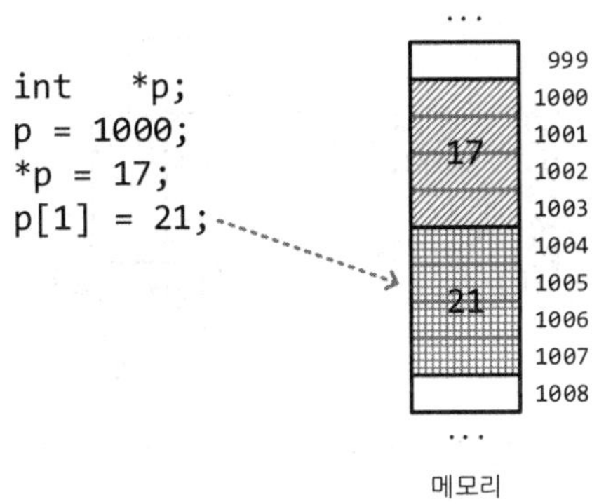

그림 **18.3** int *형 포인터에 주소를 직접 저장하는 예 3

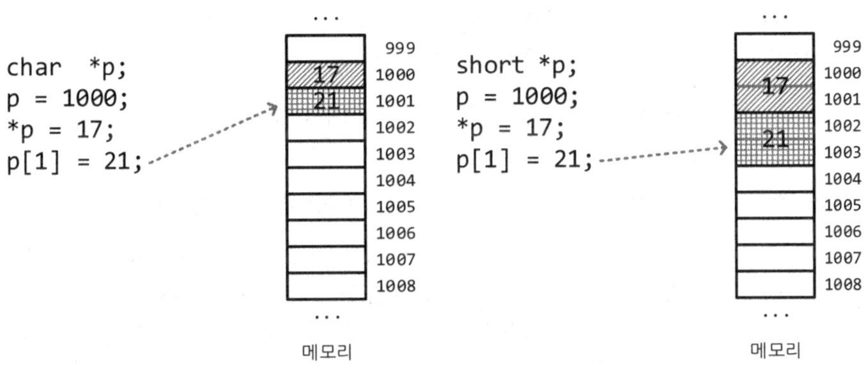

(a) char *형 포인터 **(b)** short *형 포인터

그림 **18.4** 포인터에 직접 주소를 저장하는 예 4

18.2b에서는 1000번지에서 1001번지에 걸친 공간에 저장이 되는 것입니다. 실수형에 대해서도 마찬가지여서, p가 float *형이면 *p = 1.7;에서 1.7은 1000번지에서 1003번지에 걸친 공간에 저장이 되고(그림 18.2c), double *형이면 1000번지에서 10007번지에 걸친 공간에 저장될 것입니다(그림 18.2d).

다음으로 이번에는 그림 18.3과 같이 int형 포인터 p에 1000을 대입한 후 p[1]에 21을 저장하면 21이 어디에 저장될지 생각해 봅시다. 앞에서도 다루었지만 p[1]은 *(p+1)과 같습니다. 그리고 p+1에서 +1은 p가 가리키는 대상의 크기만큼 곱한 다음에 더하고요. 따라서 p+1은 1004가 될 것이고 역시 int형을 가리키고 있다고 볼 것이므로, *(p+1)은 1004번지에서 1007번지에 걸친 공간이 됩니다. 그러므로 21은 1004번지에서 1007번지에 걸친 공간에 저장될 것입니다.

이 예제를 p가 char *형일 때와 short *형일 때에 대해 적용한 것이 그림 18.4입니다. 포인터 p가 가리키는 대상의 크기가 다르므로 p+1이 가리키는 주소도 1001번지와 1002번지로 달라집니다. 그리고 그 주소에서 1 바이트와 2 바이트에 걸쳐 저장이 되므로 그림 18.4와 같이 되는 것입니다. 그림에서는 공간 상의 이유로 float *형일 때와 double *

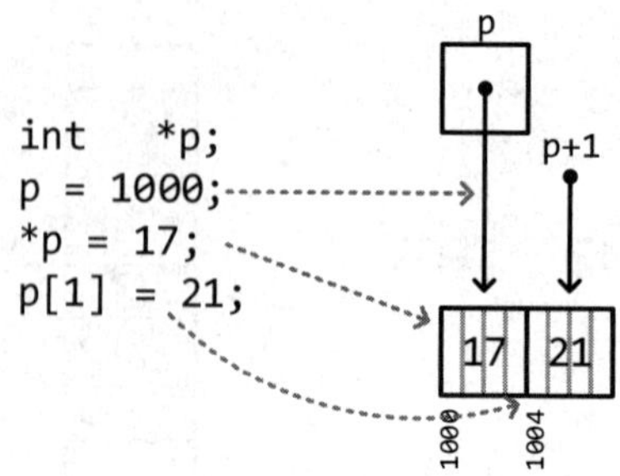

그림 18.5 그림 18.3을 포인터 그림 표기에 따라 다시 그림

```
int   *p;
p = (int *)1000;
*p = 17;
```

(a) int *형 포인터

```
char  *p;
p = (char *)1000;
*p = 17;
```

(b) char *형 포인터

```
short *p;
p = (short *)1000;
*p = 17;
```

(c) short *형 포인터

그림 18.6 형변환 연산자를 이용한 포인터형으로의 변환

형일 때를 생략했습니다만 비슷하게 동작할 것임을 예상할 수 있습니다.

이 장의 이 후 예제들에서 사용할 그림과 일관성을 갖추고 일반적인 포인터 그림 표기를 따르기 위해 그림 18.3을 다시 그린 그림이 그림 18.5입니다. 포인터 p가 int *형이고 1000이 저장되어 있으므로 p는 1000번지에서 시작하는 4 바이트 공간을 가리킵니다. 이때 *p에 17을 저장하면 1000에서 시작하는 4 바이트의 공간에 17이 저장되겠지요. 그리고 p+1은 1000번지에서 int형 변수 하나 크기만큼 옮겨간 1004번지를 가리키는데 역시 int *형이므로 1004번지에서 1007번지에 걸친 공간을 가리킵니다. 그러므로 p[1]에 21을 저장하면 1004번지에서 1007번지에 걸친 공간에 21이 저장됩니다.

그런데 이 절의 예제들을 실행하려고 하시면 컴파일할 때 warning이 발생하고 실행할 때 'Segmentation fault'라는 에러가 발생할 것입니다. 컴파일 할 때 warning이 발생하는 이유는 자료형이 맞지 않기 때문입니다. 포인터 p에 1000을 저장하는 문장을 보시면 p는 int *와 같은 포인터형인데 1000은 그냥 정수형입니다. 정수형 값을 포인터에 저장하려니 서로 자료형이 맞지 않다고 알려 주는 것입니다. 이를 피하려면 1000의 자료형을 포인터형으로 바꿔 줘야 할 것입니다. 자료형을 의도적으로 바꾸는 연산자가 형변환 연산자였지요? 우리는 int *형으로 바꾸고 싶으므로 형변환 연산자 (int *)를 1000 앞에 붙여 줘야 합니다. 몇 가지 경우에 대해 형변환 연산자를 사용한 예가 그림 18.6입니다.

형변환 연산자를 이용하면 컴파일 할 때의 warning은 해결할 수 있는데, 실행할 때의 에러 'Segmentation fault'는 해결할 수 없습니다. 이 문제는 근본적으로 해결이 안 되는 문제입니다.

18.2 주소를 직접 저장하면 안 되는 이유

이 장의 주제와는 조금 어긋나지만 왜 'Segmentation fault' 같은 에러가 나는지 설명을 하고 넘어가야 할 것 같습니다. 이전 절의 예제들에서는 포인터 p에 1000이라는 주소를 저장한 후, *p를 통해 1000번지에 값을 저장하고 있습니다. 그런데 이 걸 생각해 봅시다. 1000번지에 다른 변수가 할당되어 있을 가능성은 없을까요? 즉 좀 더 복잡한 프로그램이라고 생각해 봤을 때 다른 많은 변수들이 메모리에 공간을 할당받았을 것입니다. 그 중 어떤 변수가 1000번지의 공간을 할당받았을 가능성도 분명히 있을 것입니다. 이런 경우에 *p를 통해 값을 저장해 버리면 의도치 않게 그 변수의 값을 바꿔 버리게 됩니다.

물론 일부러 p = &a;와 같은 문장을 통해 p에 어떤 변수의 주소를 저장하고 *p를 통해 그 변수가 차지하고 있는 공간을 접근합니다만, 그 것은 *p가 어느 변수인지를 명확히 알고 있으니 괜찮은 것입니다. 그냥 p = 1000;이라고 하면 1000번지에 어느 변수가 있을지 모르니 *p를 했을 때 어느 변수의 공간이 될지도 알 수가 없습니다. 이렇게 불확실한 프로그램을 작성하면 안 되겠지요.

더 안 좋은 상황은 1000번지가 컴퓨터 시스템의 동작에 있어 중요한 정보를 저장하고 있는 곳일 수도 있다는 것입니다. 그러면 *p를 통해 1000번지의 값을 바꿔 버리면 컴퓨터가 오동작할 수도 있습니다.

이런 이유로 일반적인 PC 환경의(!) 프로그래밍에서는 p = 1000;과 같이 직접적으로 주소를 p에 저장하고 *p를 통해 그 주소를 접근하는 것을 지양하고 있으며, 프로그램이 실행되다 허락되지 않는 주소를 접근하면 'Segmentation fault'라는 에러를 발생시킵니다. 그래서 여러분이 앞 절의 프로그램을 실행하시면 이 에러가 발생하는 것입니다.

그런데 앞에서 PC 환경의 프로그래밍으로 제한을 둔 이유는, 임베디드 프로그래밍과 같이 하드웨어와 메모리 구조에 대한 깊은 지식을 가지고 작성하는 프로그램에서는 오히려 이렇게 직접적으로 주소를 접근하는 일이 많이 발생하며, 이것을 할 수 있기에 C언어를 선호합니다. 이에 대해서는 나중에 마이크로프로세서 제어나 임베디드 프로그래밍 같은 책이나 강의를 통해 익히시기 바랍니다.

18.3 동적 할당

다시 이 장의 주제인 동적 할당으로 돌아와서 동적 할당이 무엇이고 어떻게 하는지 설명해 보겠습니다. 우선 동적 할당이라는 말을 생각해 보면, 할당이라는 말은 변수 같은 것에 메모리 공간을 할당한다고 할 때 나왔던 말입니다. 그리고 동적이라는 말이 있는데 이쪽 분야에서 동적이라는 말은 '실행을 하는 도중'이라는 정도로 이해하시면 됩니다. 즉 동적 할당은 실행을 하는 도중에 메모리를 할당하는 것을 말합니다.

일반적인 변수의 경우에는 프로그램에서 변수가 몇 개인지, 그 크기들은 얼마인지 미리 나와있습니다. 그래서 컴파일러가 그 변수들을 보고 메모리들을 할당할 계획을 세웁니다. 물론 실제로 변수들이 할당되는 것은, 외부 변수나 정적 변수는 프로그램이 시작될 때, 내부 변수는 해당 블록이 시작할 때입니다만, 어떤 변수를 어떤 크기로 할당할지는 미리

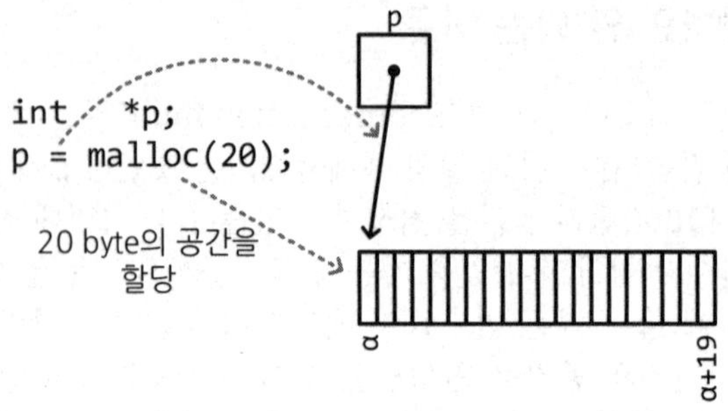

그림 18.7 동적 할당 기초 예제

계획이 되어 있는 것이지요. 그에 반해 동적 할당은 말 그대로, 그 때 그 때 미리 정해진 크기가 아니라 경우에 따라 다르게 할당되는 것을 의미합니다. 이렇게 말로만 하면 잘 모르실 수 있으니 예제로 설명해 보겠습니다.

우선 동적 할당 방식으로 메모리를 할당받으려면 **malloc**이라는 함수를 사용해야 합니다. 이 함수는 **stdlib.h**에 선언되어 있으며 그 역할은 어느 정도 크기의 메모리 공간을 할당해 달라고 컴퓨터에(좀 더 정확히는 운영체제에) 요청하는 것입니다. 예를 들어 **malloc(20)**하면 컴퓨터에 **20** 바이트 크기의 공간을 사용하게 해 달라고 요청하는 것입니다. 그러면 컴퓨터는 어디인지는 모르겠으나 사용하지 않고 있는 그 크기의 공간을 할당해 주게 되고, **malloc** 함수는 반환값으로 할당된 곳의 주소를 반환합니다. 사용자는 이 반환된 주소값을 가지고 그 할당된 공간을 사용하는 것입니다.

그림 **18.7**이 예입니다. 두 번째 줄과 같이 **malloc(20)**을 호출하면 컴퓨터에서는 **20** 바이트의 공간(그림에서는 α번지부터 α**+19**번지까지)을 할당해 주고 그 공간의 첫 번째 주소, α가 반환되어 옵니다. 물론 이 주소값이 얼마인지는 알 수가 없고, 그래서 그림에서는 α로 표기하였습니다. 그리고 이 주소값 α는 **p**에 저장됩니다.

여기서 그림 **18.1**의 예를 상기해 봅시다. 그 예제에서 **int ***형 포인터 **p**에 **1000**을 저장했을 때 **p**가 가리키는 것은 **1000**번지 공간 하나였나요, 아니면 **1000**번지에서 **1003**번지까지 크기가 **4** 바이트인 공간이었나요? 네, **p**의 자료형이 **int ***형이므로 **p**가 가리키는 대상은 크기가 **4**인 **int**형이어야 합니다. 그러므로 **p**는 **1000**번지에서 **1003**번지까지, **4** 바이트의 공간을 가리킵니다. 그림 **18.7**에서도 마찬가지입니다. 그림에서 **p**에 α가 저장되는데 **p**는 **int ***형 포인터입니다. 그러므로 **p**가 가리키는 대상은 **4** 바이트 크기인 **int**형이어야 하고 따라서 **p**는 α번지에서 α**+3**번지까지 **4** 바이트 공간을 가리킵니다. 이 개념을 반영하여 새로 그린 그림이 그림 **18.8**입니다.

이제 여기서 그림 **18.9**와 같이 ***p = 17;**을 실행해 봅시다. 앞에서 말했지만 **p**가 가리키는 공간은 α번지에서 α**+3**번지까지의 공간입니다. 그러므로 ***p**에 **17**을 저장하면 α번지에서 α**+3**번지의, **4** 바이트 공간에 **17**이 저장될 것입니다. 다음 문장으로 그림과 같이 **p[1]**에 **21**을 저장해 봅시다. 우선 **p+1**이 무엇을 가리키는지 생각해 봐야 할텐데요, **p**에는 α번지가 저장되어 있고, **p**의 자료형은 **int ***형이므로 **p**가 가리키는 대상은 **4** 바이트 크기의 **int**형으로 보고 있습니다. 그러므로 **p+1**은 **p**에 **4**를 더한 α**+4**번지부터

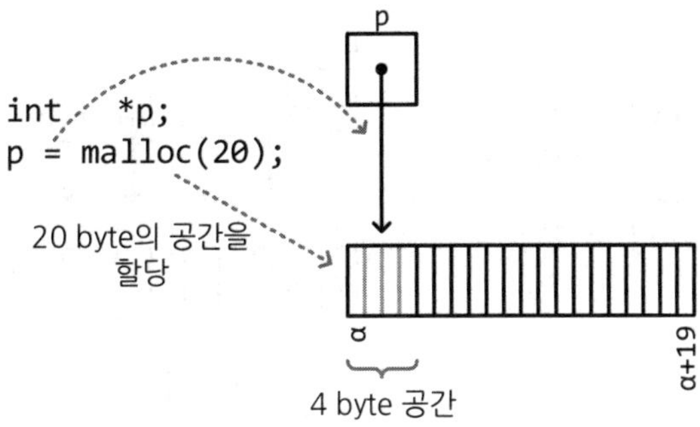

그림 18.8 동적 할당 기초 예제의 좀 더 정확한 그림

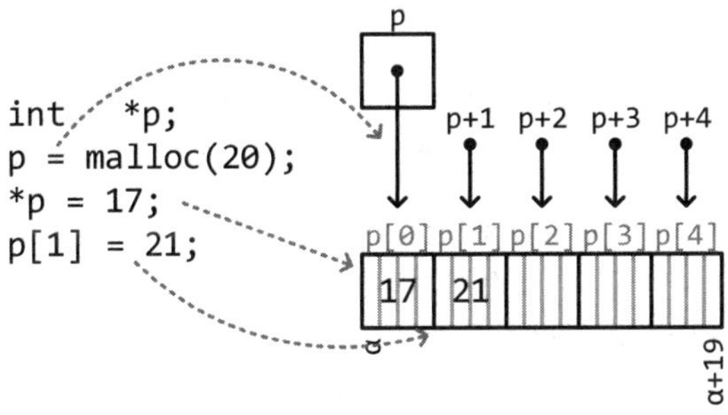

그림 18.9 동적 할당 기초 예제의 활용

크기가 **4** 바이트인 공간을 가리키게 됩니다. 그리고 이전에 배운 **p[1]↔*(p+1)** 변환에 의해 **p[1]**은 **p+1**이 가리키는 공간이므로, **p[1]**에 **21**을 저장하면 **p+1**이 가리키는 공간인 α**+4**번지부터 α**+7**번지까지의 공간에 **21**이 저장됩니다.

비슷하게 생각하면 **p+2**는 α**+8**번지에서 α**+11**번지까지의 공간을, **p+3**는 α**+12**번지에서 α**+15**번지까지의 공간을, **p+4**는 α**+16**번지에서 α**+19**번지까지의 공간을 가리키게 되고, 만일 **p[2], p[3], p[4]**에 값을 저장하면 각각 그 해당 공간에 저장될 것입니다. 즉 **malloc**을 통해 할당받은 **20** 바이트의 공간을 **p[0]~p[4]**라는 이름을 통해 일반 변수 혹은 배열처럼 사용할 수 있는 것입니다.

그런데 그림 18.9와 같이 사용하는 것은 **p**의 자료형이 **int ***일 때입니다. 만일 **p**의 자료형이 그림 18.10과 같이 **short ***형이면 조금 달라집니다. 자료형이 **short ***이므로 **p**가 가리키는 공간도 **2** 바이트 크기의 **short**형으로 보아서 **17**은 α 번지~α**+1**번지의 공간에, **21**은 α**+2**번지~α**+3**번지의 공간에 저장됩니다. 그리고 할당받은 **20** 바이트 공간을, **p[0]~p[9]**라는 이름을 통해 사용하게 될 것입니다. 이때 **p[0]~p[9]**는 각각 **2** 바이트 크기의 변수 혹은 배열 요소로 보면 될 것입니다.

정리하면 이렇습니다. 함수 **malloc**을 통해 프로그래머가 원하는 크기만큼의 공간을 할당빋을 수 있습니다. 이때 반환되는 주소값을 포인터에 저장하면, 이전에 배열과 포인터에서 포인터를 마치 배열처럼 사용했듯이, 할당받은 공간이 마치 배열인 것처럼 사용할 수 있는 것입니다. 다만 포인터의 자료형에 따라 할당받은 공간을 사용하는 구성이

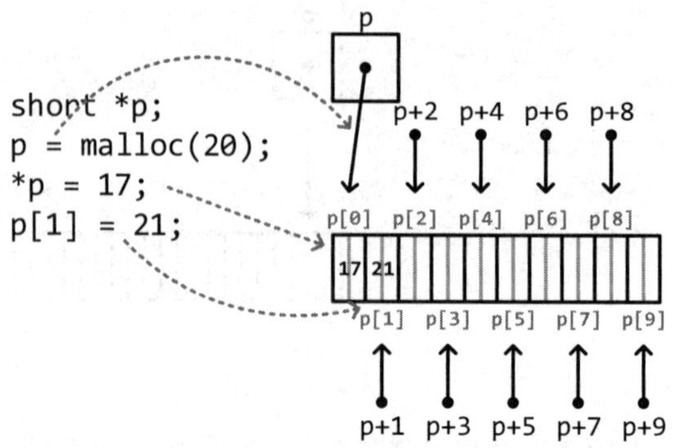

그림 18.10 포인터형이 short *형일 때

달라집니다. 앞의 예에서는 20 바이트 공간을 int형 변수(또는 배열 요소) 다섯 개로 사용할 수도 있고 short형 변수 (또는 배열 요소) 열 개로 사용할 수도 있는 것입니다.

다음 절로 넘어가기 전에 p = malloc(20);이라는 문장에 대해 몇 가지 생각해 보겠습니다. 이전에 p = 1000;과 같이 저장하려면 형변환 연산자를 써서 p = (int *)1000;으로 해야 한다고 했는데 malloc 앞에서는 이런 형변환 연산자가 없습니다. 이유는 malloc에서 반환되는 값의 자료형은 void *형이기 때문입니다. 처음 보는 자료형이긴 합니다만 void *형은 어느 자료형의 포인터에도 저장이 가능한 자료형이라고 보시면 됩니다. 그러므로 이 문장을 컴파일 하실 때, 자료형 불일치 때문에 warning 등이 발생할 일이 없는 것입니다. 다만 예전에는 malloc 함수의 반환값이 char *형이어서 항상 형변환을 해 줘야 했고, 그런 습관이 내려오다 보니 필요가 없어진 요즘도 형변환을 하는 분들이 많습니다. 그리고 C++에서는 아직 malloc에서 형변환이 필요하다고도 하네요. 여러분도 p = (int *)malloc(20);과 같이 형변환을 하도록 기술해도 상관 없습니다만 C에서는 더 이상 필요가 없음을 말씀드립니다.

다음으로 malloc을 통해 20 바이트 크기의 공간을 요구하는데 우리가 실제로 사용하는 것을 보면 4 바이트 크기의 int 형 변수 다섯 개로 사용하고 있습니다. 이러한 의도를 명확히 보여 주기 위해 malloc(4*5)라고 하는 것이 더 좋습니다. 그리고 만일 요구하는 크기가 int 형 변수 다섯 개의 크기라면, 시스템에 따라 int형의 크기가 2 바이트, 4 바이트, 8 바이트로 달라질 수 있으므로, 이런 경우들에 대처하기 위해 malloc(sizeof(int)*5)라고 하는 것이 좋습니다 이렇게 하면 정확하게 int형 변수 다섯 개의 크기를 요청하는 것이 됩니다. 이러한 사항들을 반영해서 그림 18.9와 그림 18.10의 프로그램 부분을 좀 더 보기 좋게 작성한 것이 그림 18.11입니다. 물론 20 바이트 크기를 할당받아 이용한다는 것은 변함이 없습니다만, int형 다섯 개의 크기와 short형 열 개의 크기를 할당받음을 좀 더 명확히 보여주고 있습니다.

```
int   *p;
p = malloc(sizeof(int)*5);
*p = 17;
p[1] = 21;
```

(a)

```
short *p;
p = malloc(sizeof(short)*10);
*p = 17;
p[1] = 21;
```

(b)

그림 18.11 좀 더 명확한 malloc의 사용

프로그램 18.1 개수가 변하는 자료의 처리 - 기존 배열의 한계

```
01: #include <stdio.h>
02:
03: int main(void) {
04:    int   n, i, sum;
05:    int   s[100];
06:
07:    scanf("%d", &n);
08:
09:    for(i=0;i<n;i++) {
10:       scanf("%d", &s[i]);
11:    }
12:
13:    for(sum=0,i=0;i<n;i++) {
14:       sum += s[i];
15:    }
16:    ...
17: }
```

n이 100보다 크면?

18.4 동적 할당을 이용한 가변 크기 배열 모사

이런 프로그램을 생각해 봅시다. 학생들의 점수를 입력받아서 저장한 다음에 총합, 평균 등등을 구하는 프로그램인데, 학생의 수가 미리 정해져 있는 것이 아니라 프로그램이 실행된 다음에 입력받는 프로그램입니다. 즉 프로그램이 시작되면 처음에 학생 수를 입력받게 되고, 만일 10을 입력받으면 10명 학생의 점수를 입력받아서 저장한 다음에 처리하고, 만일 처음에 100을 입력받으면 100명 학생의 점수를 입력받아서 저장한 다음에 처리하는 것입니다.

여러 명 학생의 점수를 입력받아서 저장해야 하니 배열을 선언하면 될 것 같은데 문제는 배열의 크기입니다. 프로그램에서 배열의 크기를 정해 버리면 입력받을 수 있는 학생의 수가 제한되어 버리는 것입니다. 예를 들어 프로그램 18.1을 보시면 5번 줄에서 int s[100];이라고 배열을 만든 다음에, 7번 줄에서 학생 수를 입력받아 변수 n에 저장합니다. 다음으로 n 번 반복하면서 점수들을 입력받아 s[i]에 저장하고 있습니다. 7번 줄에서 n을 입력받을 때 100 이하의 값을 입력받았으면 괜찮습니다. 그러면 반복문에서 s[0]~s[n-1]에 값을 저장할 때 배열 s의 첨자 범위인 0~99를 넘지 않을 것입니다. 그런데 만약 n에 100 보다 큰 값이 입력되면 어떻게 될까요? 그러면 그 아래 반복문에서 s의 첨자가 99

프로그램 18.2 개수가 변하는 자료의 처리 - 동적 할당을 이용한 해결

```
#include <stdio.h>
#include <stdlib.h.>

int main(void) {
    int   n, i, sum;
    int   *s;

    scanf("%d", &n);
    s = malloc(sizeof(int)*n);

    for(i=0;i<n;i++) {
       scanf("%d", &s[i]);
    }

    for(sum=0,i=0;i<n;i++) {
       sum += s[i];
    }
    ...
    free(s);
}
```

n이 결정된 다음에 공간을 할당 받음

마치 크기가 n인 배열인 것처럼 사용

를 넘어가서, 배열에 할당된 메모리 구역을 넘어설 것입니다. 저장해야 할 점수의 개수, 즉 우리가 원하는 배열의 크기는 n인데, 프로그램에서 배열의 크기가 100으로 정해져 있어서 발생하는 문제입니다.

물론 배열의 크기를 더 크게 잡으면 되겠습니다만, 이렇게 해도 학생 수 제한이 좀 완화되는 것이지 없어지는 것은 아닙니다. 그리고 배열을 너무 크게 잡아 버리면, 학생의 수가 의외로 적을 때 대부분의 배열 요소들이 아무 것도 안 하고 있게 될 것입니다. 메모리가 낭비되는 것이지요.

이 문제의 근본 원인은, 원하는 배열의 크기 n은 프로그램이 동작한 후에야 알 수 있는데 반해, 배열의 크기(와 그에 해당하는 메모리 공간 크기)는 그 전에, 즉 컴파일할 때 미리 정해 놓아야 하기 때문입니다. 그리고 이 문제를 해소할 수 있는 방법이 바로 동적 할당입니다. 앞에서 설명했듯이 동적 할당이란 프로그램이 실행되는 도중에 메모리를 할당받는 것입니다. 즉 우리에게 필요한 배열의 크기 n이 얼마인지 알게 된 다음에 그 크기에 맞는 메모리 공간을 할당받을 수 있는 것입니다.

이렇게 동적 할당을 이용해서 프로그램 18.1을 다시 작성한 것이 프로그램 18.2입니다. 달라진 점은 s를 배열로 선언한 것이 아니라 포인터로 선언하였고, scanf를 통해 n 값이 결정된 다음에 malloc으로 메모리를 할당받고 그 주소를 s에 저장했다는 것입니다. 이 프로그램이 어떻게 진행되는지 그림으로 그려 보겠습니다.

그림 18.12a는 scanf로 n의 값을 입력받은 때까지의 진행입니다. 변수 i, n, sum을 만들고(정확히는 할당받고)① 포인터 s도 만듭니다②. 다음으로 scanf문을 실행하는데

이때 사용자가 200을 입력했다고 가정하겠습니다. 그러면 200이라는 값이 n에 저장될 것입니다.

다음 문장을 보니 malloc이 있고 인자는 sizeof(int)*n입니다. 해석하면 int형 변수 n개만큼의 크기가 되겠습니다. 여기서 sizeof(int)는 4이고 n에 200이 저장되어 있으므로 malloc에 인자로 넘기는 값은 800(int형 변수 200개의 크기)입니다. 즉 컴퓨터에 800 바이트의 공간을 할당해 주기를 요청하는 것입니다. 그러면 컴퓨터는 그림 18.12b의 ①과 같이 800 바이트의 공간을 할당해 주고, 그 시작 주소를 반환합니다. 물론 이 공간이 어디에 있는지는 알 수 없으므로 그림에서는 α번지부터 α+799번지까지 할당되었다고 그렸습니다. 그러면 malloc의 반환값은 α이고 이 값은 포인터 s에 저장됩니다.

포인터 s의 자료형은 int *형이므로 s가 가리키는 것은 int형 변수, 즉 α번지에서 α+3번지까지의 공간으로 해석됩니다②. 그리고 s+1, s+2, ... 등은 각각 int형 변수 크기인 4 바이트 크기의 연속된 공간들을 가리키고 마지막으로 s+199는 α+796번지에서 α+799번지까지의 4 바이트 공간을 가리킬 것입니다. 이렇게 되면 아까 할당받은 800 바이트의 공간은 s[0]~s[199]를 통해 값을 저장하거나 값을 읽는 것이 가능해집니다. 그림 18.12c와 같이 반복문을 통해 scanf로 s[0]~s[199]에 값을 저장하면 할당받은 800 바이트의 공간에 차례로 저장될 것입니다. 마치 입력받은 200에 따라 크기가 200인 배열이 생긴 것 같은 효과가 나타나는 것입니다.

이렇게 프로그램을 작성하면 n에 어떤 값이 오더라도 그 개수만큼의 점수를 입력받아 저장할 수 있습니다. (사실 malloc으로 할당받을 수 있는 최대 크기가 정해져 있어서 n이 너무 커지면 안 됩니다만 아직 그 것을 걱정할 때는 아닙니다.) 만일 n에 300을 입력받았다면 malloc을 통해 1200 바이트, 즉 int형 300개 분량의 메모리 공간을 할당받아서 s[0]~s[299]로 사용하면 되고, n에 15를 입력받았다면 malloc을 통해 int형 15개 분량인 60 바이트를 할당받아서 s[0]~s[14]로 사용하면 되는 것입니다. 이것은 마치 배열의 크기가 마음대로 변하는, 즉 프로그램이 실행되는 중간에 크기가 결정되는 배열인 것처럼 보입니다.

이와 같이 프로그램이 실행되는 중간에 크기가 결정되는 배열을 가변 크기 배열(variable length array)이라고 부르며 이 절의 예제는 동적 할당을 이용하여 이런 가변 크기 배열처럼 동작하도록 만든 예제입니다. 그런데, 사실은 가변 크기 배열을 문법적으로 지원해 주는 프로그래밍 언어도 있고, C언어의 경우에도 99년도에 개정된 C99 표준부터는 일반 내부 변수인 배열에 대해서 가변 크기 배열을 허용하고 있습니다. 그러나 아직 C언어에서 가변 크기 배열을 사용하는 것이 일반화되지는 않았으며, 많은 C언어 프로그램들이 앞의 예제들과 같이 동적 할당을 이용하여 가변 크기 배열을 모사하고 있으므로 이와 같은 사용법을 익혀 두시기 바랍니다.

예제들을 int형 기준으로만 만들어서 short형의 경우에는 어떻게 되는지도 그림 18.13에 그려 놓았습니다. 점수들을 short형 변수에 저장한다고 생각하였고, 그에 따라 포인터 s의 자료형을 short *형으로 바꾸고, malloc으로 할당받을 때도 short형 변수 n개 크기를 할당받기 위해 sizeof(short)*n으로 인자를 바꾸었습니다. 이 상태에서 앞에서와 같이 n에 200을 입력받으면, malloc으로 할당받는 크기는 2*200으로 400

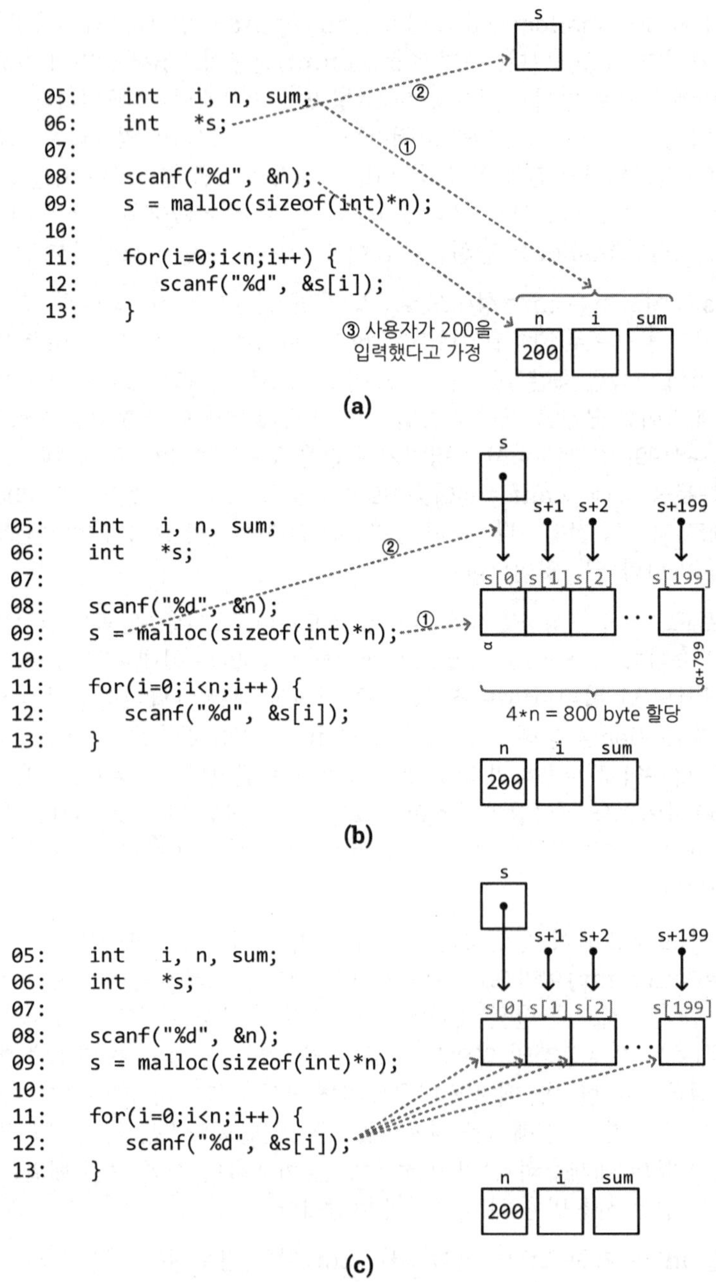

그림 18.12 프로그램 18.2의 진행

```
#include <stdio.h>
#include <stdlib.h.>

int main(void) {
   int   i, n, sum;
   short *s;

   scanf("%d", &n);
   s = malloc(sizeof(short)*n);

   for(i=0;i<n;i++) {
      scanf("%d", &s[i]);
   }

   for(sum=0,i=0;i<n;i++) {
      sum += s[i];
   }
   ...
   free(s);
}
```

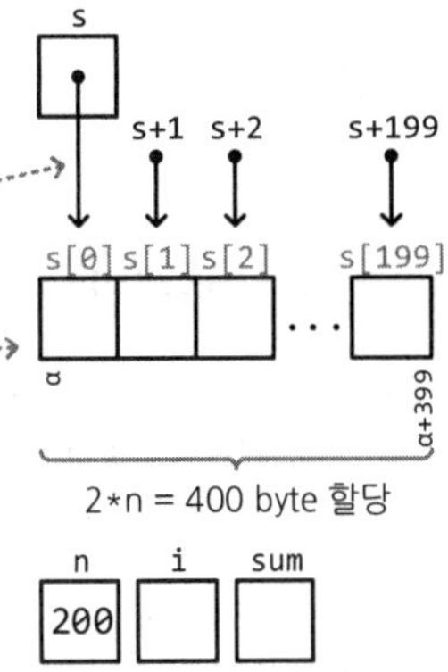

그림 18.13 프로그램 18.2에서 short형을 사용했을 때의 진행

바이트가 되며, 이를 2 바이트 short형 변수들이 모여 있는 것으로 보아서, short형 배열 요소 s[0]~s[199]가 생긴 것처럼 동작하게 됩니다.

18.5 동적 할당 해제

일반적인 내부 변수는 그 변수가 선언된 블록이 시작될 때 생성되고, 그 블록이 끝나면 소멸됩니다. 정적 변수나 외부 변수의 경우에는 프로그램이 시작될 때 생성되고 끝날 때 소멸됩니다. 메모리 할당으로 말한다면 어떤 메모리 공간을 사용하도록 할당받았다가, 할당받은 공간을 반납하여 더 이상 사용하지 않게 되는 것이겠지요. 그런데 동적 할당은 언제 공간을 할당받았다가 반납하게 되는 것일까요?

메모리의 공간을 할당받는 때는 분명해 보입니다. 바로 malloc을 실행할 때일 것입니다. 그럼, 할당받은 것을 반납하는 것은 언제일까요? 바로 free라는 함수를 호출할 때입니다. 프로그램 18.2를 보시면 프로그램의 마지막에 free(s);라고 해 놓은 것을 보실 수 있습니다. 현재 s 안에는 앞서 malloc으로 할당받은 공간의 주소가 있는데, 이 할당받은 공간의 주소를 free 함수의 인자로 넘기면서 호출하면, 그 주소에 해당하는 공간을 반납하게 됩니다. 즉 이 이후로는 이전에 할당받았던 공간을 사용하지 못하는 것이지요.

동적 할당에서 할당받은 공간의 반납은 매우 중요합니다. 일반 변수의 경우에는 블록이 끝나거나 프로그램이 끝날 때 자동으로 반납됩니다만 동적 할당으로 할당받은 메모리 공간은 반드시 free를 통해 명시적으로 반납을 해 줘야 합니다. 할당은 받아 놓고 쓰지도 않으면서 반납도 하지 않는 것을 메모리 누수(leakage)라고 부르는데요, 명시적으로 반납을 하지 않았으니 컴퓨터는 이 공간을 여전히 사용하는 것으로 생각하고 나머지 공간에서만 동작합니다. 만일 메모리 누수가 쌓여서 너무 커지면 컴퓨터의 다른

프로그램 18.3 2차원 배열 동적 할당

```
01: int   (*a)[3]; ------> a는 열의 개수가 3인 2차원 배열에 상응하는 포인터
02: int   (*b)[4]; ------> b는 열의 개수가 4인 2차원 배열에 상응하는 포인터
03:
04: a = malloc(sizeof(int)*2*3); ┐
05: b = malloc(sizeof(int)*5*4); ┘ 적당한 크기의 공간을 할당 받음
06:
07: for(i=0;i<2;i++)             ┐
08:     for(j=0;j<3;j++)         │ a를 2x3 2차원 배열인 것처럼 사용
09:         a[i][j] = i*30+j*10; ┘
10:
11: for(i=0;i<5;i++)             ┐
12:     for(j=0;j<4;j++)         │ b를 5x4 2차원 배열인 것처럼 사용
13:         b[i][j] = 0;         ┘
```

프로그램들이 사용할 메모리가 작아지겠지요. 이런 메모리 누수 문제는 중요하면서도 해결하기도 어려운 문제이니 처음부터 이 문제가 생기지 않도록 주의해서 프로그램을 작성하시는 것이 중요합니다.

18.6 2차원 배열의 동적 할당

지금까지는 동적 할당 받은 공간을 1차원 배열로만 활용했는데, 할당받은 공간의 주소를 저장하는 포인터에 따라 2차원 배열로 활용하는 것이 가능합니다. 다만 포인터의 자료형에 유의하셔야 합니다. 프로그램 18.3이 그 예입니다. 1번 줄과 2번 줄에 포인터 a와 b를 선언하고 있는데 이 둘의 자료형은 서로 다릅니다. 1번 줄의 포인터 a는 열의 개수가 3인 2차원 배열에 상응하는 포인터이고, 2번 줄의 포인터 b는 열의 개수가 4인 2차원 배열에 대응하는 포인터입니다.

이 포인터들에 동적 할당 받은 공간의 주소를 저장하면 포인터의 자료형에 맞는 2차원 배열인 것처럼 사용할 수 있습니다. 4번 줄에서는 int형 변수가 6개 들어갈 수 있는 공간을 할당받아 그 주소를 a 저장합니다. 포인터 a는 열의 개수가 3인 2차원 배열에 상응하므로, 이 할당받은 공간은 행의 개수가 2이고 열의 개수가 3인 2×3 2차원 배열로 사용되는 것입니다. 이에 반해 5번 줄에서는 int형 변수가 20개 들어가는 공간을 할당받는데, 주소를 저장하는 포인터 b가 열의 개수가 4인 2차원 배열에 상응하므로, 이 공간은 5×4 2차원 배열로 사용할 수 있게 됩니다. 프로그램 18.3의 7~13번 줄은 할당받은 두 공간을 알맞은 2차원 배열의 형태로 사용하는 예입니다.

여기서 여러분이 주의하실 점은 malloc 함수는 요청한 크기의 공간을 할당하는 기능만 할 뿐이지, 그 공간을 어떻게 사용할 지에 대해서는 관여하지 않는다는 것입니다. 앞서 그림 18.9와 그림 18.10의 예에서도, 똑같이 malloc(20)으로 20 바이트를 할당받은 다음에 그 공간을 int형 변수 다섯 개로 사용하기도 하고 short형 변수 열 개로 사용하기도 했습니다. 프로그램 18.3에서도 malloc의 인자로는 원하는 크기만 적어 주면

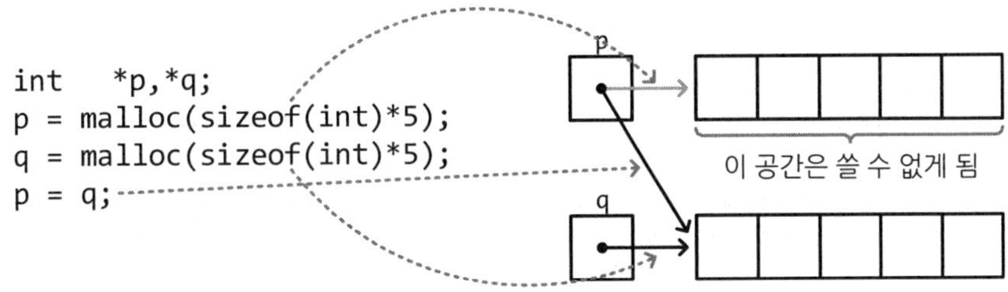

그림 **18.14** 가비지가 만들어지는 예

되며 실제로 어떤 의미로 사용할지는, **malloc**에서 반환되는 주소를 저장하는 포인터의 자료형에 의해 결정됩니다.

18.7 주의 사항

동적 할당에서는 포인터를 주로 사용하는데, 포인터는 메모리를 직접적으로 접근하는 것이어서 주의해서 사용해야 합니다. 이 절에서는 몇 가지 주의 사항들을 다루겠습니다.

18.7.1 malloc 반환값 검사

이 책에서는 프로그램을 좀 더 간단하게 하기 위해 **malloc**으로 요청하면 항상 메모리 공간이 할당된다고 가정하고 있습니다만, 이게 항상 되는 것은 아닙니다. 요청한 만큼의 공간이 남아 있지 않을 수도 있고 다른 이유로 할당을 못 해주는 경우도 생깁니다. 이런 경우에 할당을 제대로 받았다고 생각하고 값을 저장하거나 하면 안 되겠지요.

다행인 것은 **malloc** 함수로 공간을 제대로 할당받았는지 반환값을 보면 알 수 있다는 것입니다. 보통 제대로 할당을 받으면 **malloc** 함수는 그 할당받은 공간의 주소를 반환합니다. 그러나 만일 어떤 문제로 인해 할당을 받지 못했으면 **NULL**(0번지 주소로 정의되어 있는 매크로 상수)을 반환합니다. 그러므로 반환값이 **NULL**인지를 보면 할당을 제대로 받았는지 알 수 있는 것입니다. 이런 점을 고려해서 동적 할당을 제대로 활용하려면, **p = malloc(...)**과 같이 할당을 받을 때 항상 **if(p == NULL)**과 같이 제대로 받았는지 확인해 보고 그렇지 않으면(즉 **p**에 **NULL**이 저장되어 있으면) 메시지를 출력하거나 프로그램을 종료하는 등의 처리를 해야 합니다.

18.7.2 가비지와 댕글링 포인터

동적 할당을 하다 보면 실수로 가비지(**garbage**)나 댕글링 포인터(**dangling poin-ter**)를 만들 때가 있습니다. 이것들은 메모리를 낭비하기도 하고 다른 데이터를 파괴할 수도 있으니 이런 일이 발생하지 않도록 주의하셔야 합니다.

가비지는 영어로 쓰레기라는 의미인데, 동적 할당으로 할당받은 메모리 공간이 쓰레기처럼 사용할 수 없는 공간이 되어버리는 것을 의미합니다. 예로 그림 **18.14**와 같은 상황이 있습니다. 보시면 **malloc**을 두 번 받아서 각각의 주소를 **p**와 **q**에 저장했는데

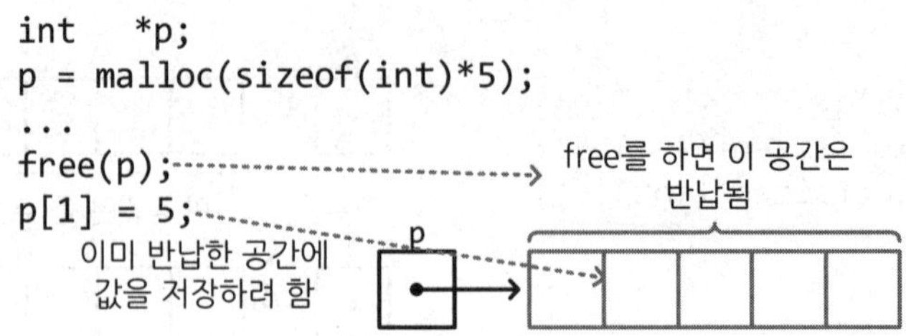

그림 18.15 댕글링 포인터의 예

그 다음에 **p = q;**를 실행했습니다. 이렇게 되면 그림에서 **p**와 **q**는 모두 아래에 있는 **int** 형 다섯 개의 공간을 가리키게 되고, 원래 **p**가 가리키고 있던 공간은 아무도 가리키고 있지 않게 됩니다. 이렇게 되면 위의 **int**형 다섯 개의 공간은 그 주소를 누구도 모르므로 사용할 수 없게 됩니다. 즉 가비지가 되는 것입니다.

이렇게 가비지가 발생하면 공간은 할당받은 채로 있는데 사용은 하지 않으므로 공간을 낭비하게 됩니다. 이 가비지와 반대(?)가 되는 것이 댕글링 포인터입니다. 댕글링 포인터는 포인터가 가리키는 공간이 더 이상 사용하지 않도록 되었음에도 계속 사용하려 하는 것을 말합니다.

그림 18.15가 댕글링 포인터의 예입니다. 보시면 동적 할당을 받아서 그 주소를 **p**에 저장한 뒤 잘 사용하고 **free(p)**를 했습니다. 함수 **free**를 호출하면 할당받았던 공간을 반납하게 되고, 그 공간은 운영체제가 다른 용도로 사용할 수도 있게 될 것입니다. 그런데 그 후에 **p[1]**에 어떤 값을 저장하려고 합니다. 말했듯이 **p**가 가리키는 공간은 이미 반납되어서 다른 용도로 사용될 수도 있는 공간입니다. 이 공간에 이렇게 **p[1]** 같이 해서 어떤 값을 저장하면 다른 용도로 사용하고 있는 쪽에서는 갑자기 값이 바뀌어 버리는 것처럼 보일 것입니다. 이렇게 되면 안 되겠지요. 이와 같이 더 이상 사용하면 안 되는 공간을 가리키고 있는 포인터를 댕글링 포인터라고 부르며 댕글링 포인터를 이용해서 어떤 공간을 접근하는 것은 위험한 일이니 주의하셔야 합니다.

18.7.3 포인터 반환

댕글링 포인터와 비슷한 일이 발생하는 경우가 함수에서 내부 변수나 배열의 주소를 반환할 때입니다. 프로그램 18.4에 한 가지 예를 들어 놓았습니다. 17번 줄에서 함수 **f**를 호출하는데 함수 **f**에서는 배열 **a**를 만들어서 사용한 후 4번 줄에서 배열명 **a**, 즉 **a[0]**의 주소를 반환하고 있습니다. 그리고 그 주소가 17번 줄에서 **p**에 저장됩니다. 문제는 배열 **a**가 함수 **f**의 내부 변수라는데 있습니다. 앞에서 변수 범위를 다루며, 내부 변수는 그 변수가 선언된 블록이 끝나면 없어진다고 했습니다. 이것은 배열 **a**에도 적용되어서 함수 **f**가 끝나면 배열 **a**도 사라져 버립니다. 즉 함수 **f**가 끝나고 17번 줄로 돌아오면 **p**에는 있지도 않은 배열의 주소가 저장되는 것입니다. 이후에 **p[2]** 등을 통해 값을 저장하는 동작은 안 되겠지요.

그에 반해 함수 **g**와 같이 동적 할당을 받은 공간의 주소는 반환해도 괜찮습니다. 동적 할당을 받으면 그 공간은 **free**를 통해 명시적으로 반납할 때까지 공간이 남아 있습니다.

프로그램 18.4 포인터 반환의 주의점

```
01: int *f(...) {
02:     int   a[5]; ------> 함수 f가 끝나면 배열 a는 사라짐
03:     ...
04:     return a;   ------> 이제 곧 사라질 공간의 주소를 반환
05: }
06:
07: int *g(...) {
08:     int   *a;
09:     a = malloc(sizeof(int)*5);------> 함수 g가 끝나도 할당 받은
                                          공간은 남아 있음
10:     ...
11:     return a;   ------> 남아 있을 공간의 주소를 반환
12: }
13:
14: int main(void)
15:     int   *p, *q;
16:     ...
17:     p = f(...); ------> p는 이미 사라진 공간을 가리키게 됨
18:     q = g(...); ------> q는 유효한 공간을 가리키게 됨
19:     ...
20: }
```

그러므로 함수 g가 끝난 후에도 할당받은 공간은 유효하며 18번 줄에서는 유효한 공간의 주소가 q에 저장되는 것입니다

연습 문제

1. 함수 malloc으로 동적 할당을 받을 때 요청하는 메모리 크기의 단위는 ____ 이다.

2. 동적 할당을 위한 malloc 함수나 free 함수를 이용하려면 이 함수들이 선언되어 있는 ____ 를 include해야 한다.

3. 다음과 같이 했을 때 p[3]이 의미하는 공간은 몇 번지에서 몇 번지까지인가?

   a) `char *p = 2000;`

   b) `float *p = 2000;`

   c) `double *p = 2000;`

4. 동적 할당을 이용해서 크기가 a인 float형 배열처럼 사용할 수 있는 공간을 할당받고 싶다. 적절한 포인터 q를 선언하고 그 포인터에 동적 할당을 받으시오. 답에서 숫자가 들어 있으면 안 되고 자료형이 잘 드러나도록 해야 한다.

5. 정수형 1차원 배열을 할당받고 초기값을 채워 주는 함수 new_array를 작성하시오. 이 함수의 원형은 int *new_array(int n, int v)이며 크기가 n인 1차원 배열을

할당받은 뒤 배열 요소들의 값을 **v**로 초기화한다. 이 함수의 반환값은 할당받은 공간의 주소이다.

6. 하나의 문자열에 대해 그 문자열을 복사하는 함수 **dup**를 만드시오. 이 함수 안에서는 인자로 준 문자열의 길이를 구한 뒤 그 문자열이 들어갈 수 있는 공간을 동적 할당받는다. 할당받은 공간에 문자열을 복사하고 할당받은 공간의 주소를 반환한다. 예를 들어 **s2 = dup(s1);**이라고 호출하면 **s2**는 **s1**과 같은 문자열이 저장된 새로운 공간을 가리키게 된다.

7. 아래는 어떤 프로그램의 일부분이다. 이후에 **struct rect**를 새로 할당받아서 **a**가 가리키도록 한 뒤, 그 구조체의 **lower_left**에는 **(5,6)**을, **upper_right**에는 **(10,12)**를 저장하려 한다. 알맞은 문장들을 적으시오.

```
struct point {
    float   x, y;
};
struct rect {
    struct point    lower_left;
    struct point    upper_right;
};
struct rect *p;
```

실습 문제

1. 학생 수 **n**을 입력받은 뒤, **n**개의 점수를 저장할 수 있는 **int**형 공간을 동적 할당받으시오. 학생들의 점수를 입력받은 뒤, 학생들의 등수를 출력하시오.

2. 학생 수 **n**을 입력받은 뒤, **n**개의 점수를 저장할 수 있는 **int**형 공간을 동적 할당받으시오. 학생들의 점수를 입력받은 뒤, 점수를 오름차순으로 정렬하여 출력하시오.

3. 양수 **n**을 입력받은 뒤, **n**개의 **double**형 값을 저장할 수 있는 공간을 동적 할당받으시오. 그 다음에 **n**개의 **double**형 값을 입력받아 저장한 뒤, 이 값들을 역순으로 출력하시오.

4. 복소수에 대한 구조체 **struct complex{ float real, imag; }**를 저장할 수 있는 공간을 세 개 할당받아 각각의 주소를 **ca, cb, cc**에 저장하시오. 네 개의 실수를 입력받아 이것을 두 복소수의 실수부와 허수부로 생각하여 **ca, cb**가 가리키는 구조체에 저장하시오. 이 두 복소수의 합을 구하여 **cc**가 가리키는 구조체에 저장한 뒤 출력하시오.

CHAPTER 19

연결 리스트 1

앞에서 배운 동적 할당을 이용하는 대표적인 예 중에 연결 리스트(linked list)와 트리(tree)가 있습니다. 연결 리스트와 트리는 그 원래 형태 뿐만 아니라 약간의 변형을 가한 형태로도 매우 많이 이용되어서 중요한 구조인데, 이들을 다루려면 포인터와 구조체에 대한 이해가 필요합니다. 여러분이 여기까지 공부하시면서 실습문제를 충분히 풀어 오셨다면 포인터와 구조체를 잘 이해하고 계실 것 같아서 연결 리스트 개념을 한 번 다루어 보겠습니다.

19.1 예제 소개

동적 할당을 다룰 때, 학생 수가 미리 정해진 것이 아니라 프로그램이 실행된 뒤에 입력받는 경우, 일반적인 배열을 사용하기 보다는 동적 할당을 이용하여 가변 크기 배열을 모사하는 것이 좋다고 했습니다. 그런데 이것도 학생의 수가 그들의 점수를 입력받기 전에 정해져 있다고 가정했을 때입니다. 만일 점수를 입력해 봐야 학생의 수를 알 수 있다면 어떻게 할까요? 예를 들어 점수를 죽 입력하다가 점수로 음수를 입력하면 점수를 다 입력한 것이고 그 때까지 입력한 점수의 개수가 바로 학생의 수인 것입니다.

이런 경우는 우리 실생활에서도 찾아 볼 수 있습니다. 학생들의 점수를 입력하는데 미리 학생들의 수가 몇 명인지 세기 귀찮아서 죽 입력하다가 다 입력했으면 그 때 중단하고 싶을 수도 있을 것입니다. 아니면 원하는 학생들의 점수만을 입력해서 처리하려는데 원하는 학생들이 누구 누구인지 미리 모를 수도 있겠지요. 어쨌든 학생의 수를 미리 알 수 없고 점수를 다 입력해 봐야 알 수 있다고 가정해 보겠습니다. 약속은 점수로 음수를 입력할 때가 점수 입력이 끝나는 때입니다.

프로그램 19.1은 배열을 이용한 예입니다. 학생 수가 몇 명인지 모르므로 배열 scores의 크기는 대략 크게 100으로 잡았습니다. 만일 학생 수가 더 많을 것이라 예상된다면 더 크게 잡아야 할 것입니다. 그리고 반복문을 돌면서 점수를 입력받아 배열 요소에 차례로 저장하다가 입력받은 점수가 0 보다 작으면 점수 입력을 중단하는 것입니다. 이때까지 입력받은 점수의 개수, 즉 학생의 수는 11번 줄과 같이 중단했을 때의 i입니다. 예를 들어 scores[11]에 입력받은 점수가 음수이면, 지금까지 입력받은 점수는

프로그램 19.1 미리 지정되지 않은 개수의 점수 저장하기

```
01: #include <stdio.h>
02:
03: int main(void) {
04:     int   n, i;
05:     int   scores[100];
06:
07:     for(i=0;;i++) {
08:         scanf("%d", &scores[i]);  <-------- 점수를 입력 받다가
09:         if(scores[i] < 0) break;  <-------- 음수를 입력 받으면 종료
10:     }
11:     n = i;  <-------- 종료할 때의 i 값이
                          입력된 점수의 개수
12:
13:     for(i=0;i<n;i++) {
14:         printf("%d\n", scores[i]);
15:     }
16:     ...
17: }
```

이런 형태도 가능

```
for(i=0;scores[i]>=0;i++) {
    printf("%d\n", scores[i]);
}
```

scores[0]~scores[10]에 저장되어 있으므로 총 11개인 것입니다. 만일 이 점수들을 하나씩 출력하고 싶으면 13번 줄에서 15번 줄과 같이 반복문을 돌면서 출력해 나가면 될 것입니다. 이때 학생 수를 n에 저장해 놓았으므로 반복 조건은 i<n입니다.

잠깐 흐름에서 벗어난 이야기를 해 보면 (잠시 후에 필요해지는 내용이긴 합니다만) 13번 줄에서 15번 줄에 있는 반복문에서 조건을 약간 수정할 수 있습니다. 9번 줄을 보시면 마지막에 입력된 음수가 어느 배열 요소에 저장되어 있고 그 앞 요소까지는 (0 이상인) 유효한 점수를 저장하고 있는 배열 요소들입니다. 그러므로 배열 s의 요소들에 저장된 값을 하나씩 읽다가 음수가 나오면 점수들을 다 읽은 것이므로 종료하면 되는 것입니다. 예를 들어 scores[0]~scores[10]에는 0 이상인 값을 입력받아서 저장하였고 scores[11]에는 음수를 입력받아서 입력이 중단되었다고 가정해 보겠습니다. 반복문에서 scores[i]들을 차례로 더할 때, i가 11이 되기 전까지는 scores[i]들이 모두 0 이상, 즉 유효한 점수들일 것입니다. 이 경우에는 scores[i]를 더하면서 반복을 계속합니다. 그러다가 i가 11이 되면 scores[i]가 음수일 것이고 이것은 점수 입력이 끝났었음을 의미하므로, 이때 반복을 멈추면 되는 것입니다.

이런 개념으로 작성한 반복문도 프로그램 19.1의 오른쪽에 같이 적어 놓았습니다. 보시면 반복문 조건에 scores[i]>=0이 있어서, scores[i]에 저장된 값이 0 이상이면 유효한 점수이므로 printf로 출력하면서 반복을 계속하고, 그렇지 않으면 유효한 점수들을 모두 출력한 것이므로 끝내도록 되어 있습니다.

다시 원래의 이야기로 돌아와서 프로그램 19.1의 문제는 두 가지입니다. 첫째는 학생 수가 100명이 넘어서면 처리할 수 없다는 것이고, 둘째는 만일 학생 수가 적으면 배열 요소들을 낭비한다는 것입니다. 예를 들어 학생 수가 10명이었다면 100개의 배열 요소 중 90개는 아무 역할도 못 하고 있는 것이겠지요. 그리고 이 문제는 앞 장에서 한 가변 크기

프로그램 19.2 공간을 할당받으며 저장하기

```
01: while(1) {
02:     scanf("%d", &a);
03:     if(a<0) break;
04:     p = malloc(sizeof(int));
05:     *p = a;
06: }
```

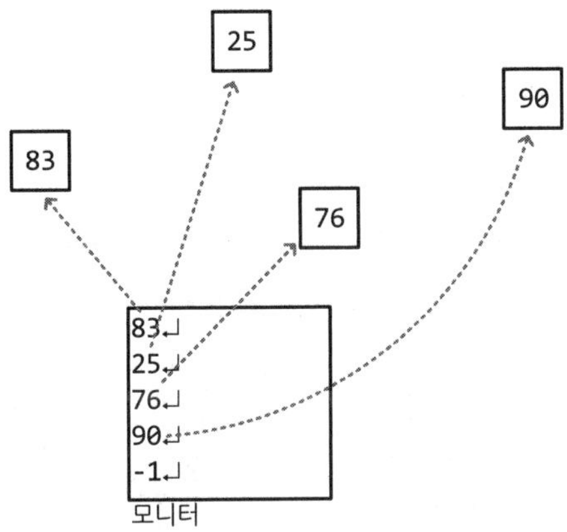

그림 19.1 연결 리스트의 구성 1

배열 개념으로도 해결할 수 없습니다. 왜냐하면 점수를 저장할 공간을 동적 할당 받으려면 점수를 입력받기 전에는 학생의 수를 알아야 하는데, 현재의 예제에서는 점수를 입력받아 봐야 알 수 있기 때문입니다. 이런 경우에 생각해 볼 만한 기법이 연결 리스트입니다.

19.2 연결 리스트의 개념

연결 리스트의 기본은 필요할 때마다 저장 공간을 새로 추가한다는 것입니다. 예제로 설명한다면 점수를 하나 입력받을 때마다 변수를 하나씩 새로 할당받는 것입니다. 물론 동적 할당을 이용해야겠지요. 그런데 이것이 그리 간단하지만은 않습니다. 우선은 개념적인 모양을 설명하고 그 다음에 그런 개념을 구현한 프로그램을 보여드리겠습니다.

프로그램 19.2는 연결 리스트의 아주 기본적인 개념, 즉 필요할 때마다 저장 공간을 새로 할당받는다는 생각으로 간단히 만든 프로그램이고, 그림 19.1은 이 프로그램이 실행되는 모습을 개념적으로 그린 그림입니다. 프로그램 19.2의 2번 줄에서 점수를 하나씩 입력받을 때마다 4번 줄에서 변수 하나를 할당받아서 5번 줄과 같이 입력받은 점수를 저장합니다. 그림에서도 입력받은 83, 25, 76, 90이 할당받은 공간들에 저장되어 있습니다. 다만 동적 할당을 이용하면 메모리의 어디에 할당받을지 모르므로 아무렇게나 배치를 했습니다.

그림 19.1의 문제는 그렇게 저장한 데이터들을 이후에 접근할 방법이 없다는 것입니다.

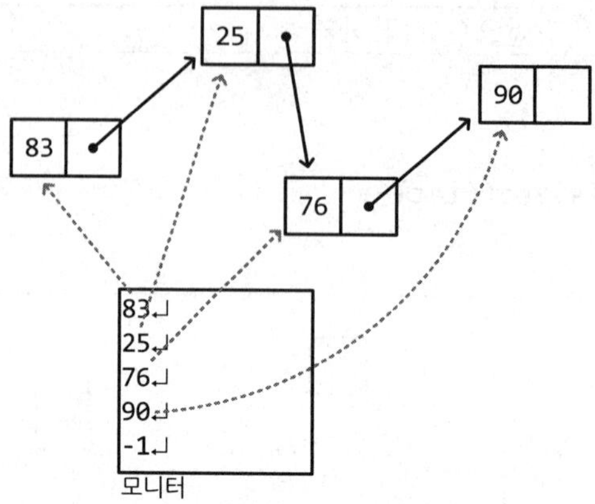

그림 19.2 연결 리스트의 구성 2

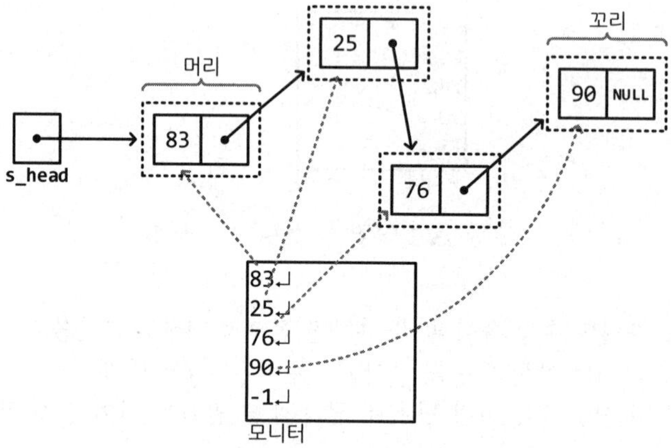

그림 19.3 연결 리스트의 구성 3

프로그램 19.2를 보시면 malloc으로 변수 한 개를 할당받은 뒤 그 주소를 p에 저장하는데, 다음 반복에서 p의 값은 다른 변수의 주소로 바뀝니다. 그러면 이전에 할당받은 주소는 없어져 버리지요. 이렇게 되면 그림에서 83, 25, 76, 90이 어디에 저장되어 있는지 알 수 있는 방법이 없습니다.

이를 해결하기 위해 이들 변수의 주소들을 모두 저장하려면 값을 저장하는 공간들의 개수만큼이나 많은 포인터들이 필요할 것입니다. 그래서 사람들이 생각한 것이 그림 19.2와 같이 할당받은 변수들을 서로 연결하는 것입니다. 물론 연결이라는 말은 개념적인 말이고 실제로는 이렇습니다. 변수를 할당받을 때 자료를 저장할 변수만 할당받는 것이 아니라 그 뒤에 할당받을 변수를 가리킬 포인터(로 쓰일 공간)도 같이 할당받는 것입니다. 그림 19.2를 보시면 83, 25, 76, 90이 저장된 변수 옆에 주소를 저장하는 포인터를 하나 더 할당받아서 다음에 할당받는 변수를 가리키도록 하고 있습니다. 이렇게 하면 할당받은 변수의 주소들이 저장되어 있으니 그 변수들을 접근할 수 있을 것입니다.

그런데 그림 19.2를 보시면 데이터를 저장할 변수 한 개와 포인터 한 개가 짝을 지어

다닙니다. 이렇게 옆에 붙어 있어야 변수를 접근한 다음에 그 옆에 있는 포인터도 같이 볼 수 있겠지요. 다만, 변수와 포인터를 따로 할당받으면 이 둘이 서로 붙어 있는 것이 보장되지 않습니다. 그래서 이들을 묶어서 처리해야 하고, 이렇게 서로 다른 변수들을 묶어서 처리하는 것은 구조체를 사용하는 것이 좋다고 했습니다. 이런 생각으로 구조체를 사용하여 그린 그림이 그림 19.3입니다. 그림에서 보시면 변수와 포인터가 묶여서 하나의 구조체가 되어 있습니다. 그리고 이젠 포인터가 값이 저장된 변수가 아닌 구조체를 가리키는 것에도 주목하십시오. 어차피 구조체가 어디있는지를 알면 그 멤버는 접근할 수 있으므로 구조체를 가리키도록 하는 것이 더 나은 것입니다. 이렇게 데이터를 저장할 공간과 그 뒤를 가리킬 포인터를 묶어서 구조체로 만든 뒤 서로 연결시킨 구조를 연결 리스트라 부릅니다. 그리고 연결 리스트를 구성하는 각각의 구조체를 노드(node)라고 부릅니다

그림 19.3에서 여러분이 눈여겨봐야 하는 것이 두 가지 더 있습니다. 바로 이런 연결의 처음과 끝입니다. 그림에서 네 개의 노드들이 서로를 가리키며 연결되어 있는데, 연결의 중간에 있는 노드는 그 앞에 있는 노드가 가리켜 주면 됩니다. 그러나 연결 리스트의 머리(head)라고 불리는 제일 앞에 있는 노드는 다른 노드가 가리켜 주고 있지 않습니다. 그래서 보통은 이 머리를 가리키는 포인터를 따로 하나 두며 이 포인터를 머리 포인터(head pointer)라고 부릅니다. 그림에서는 s_head라고 이름 지은 포인터가 바로 이 연결 리스트의 머리 포인터로써 연결 리스트의 머리를 가리키고 있습니다. 머리 포인터는 연결 리스트마다 하나씩 있으며 연결 리스트를 접근할 때는 거의 항상 그 연결 리스트의 머리 포인터에서 시작하여 접근합니다.

그리고 연결 리스트에서 연결이 되다 보면 그 끝을 표시할 필요가 있을 것입니다. 그림에서 90이 저장된 노드는 그 뒤에 더 연결할 것이 없어서 연결 리스트의 끝입니다 이와 같이 연결 리스트의 끝에 있는 것을 꼬리(tail)라고 부르며, 꼬리의 포인터에는 저장할 주소가 없으므로 관례적으로 NULL이라는 값을 저장합니다. 이 NULL은 0번지 주소로 정의된 매크로이고 이와 같이 특수한 의미를 가지는 값으로 많이 사용됩니다.

19.3 연결 리스트의 생성

연결 리스트의 개념을 보셨으니 이제 실제로 값을 입력받아서 연결 리스트 구조를 만들며 저장하는, 다시 말하면 연결 리스트를 생성하는 프로그램을 보여 드리겠습니다. 프로그램 19.3입니다. 처음 네 줄은 변수와 포인터를 묶는 구조체의 선언입니다. 구조체의 이름은 ln으로 하였고 (linked list node의 첫 자를 땄습니다.) 멤버를 보시면 점수를 저장할 멤버인 int score가 있고 다음 구조체를 가리킬 포인터 struct ln *next가 있습니다. 가리킬 구조체도 struct ln이므로 next의 자료형이 struct ln *인 것입니다.

다음으로 직접적으로 상관없는 문장들을 생략하고 6번 문장을 보시면 struct ln형 포인터 s_head, s_tail, p를 선언하였습니다. 여기서 s_head가 앞으로 만들 연결 리스트의 머리, 즉 연결 리스트 첫 번째 노드를 가리킬 포인터이고, s_tail은 연결 리스트의 꼬리를 가리킬 포인터이며 p는 연결 리스트 생성의 중간 단계에서 임시로 주소를 저장할 포인터입니다. 처음에는 아직 연결 리스트가 생성이 안 되었으므로 7번 줄과 같이 s_head에는

프로그램 19.3 연결 리스트의 생성

```
01: struct ln{
02:     int   score;
03:     struct ln   *next;
04: };
05: ...
06: struct ln   *s_head, *s_tail, *p;
07: s_head = NULL;
08: while(1) {
09:     scanf("%d", &a);
10:     if(a<0) break;
11:
12:     p = malloc(sizeof(struct ln));
13:     p->score = a;
14:     p->next = NULL;
15:
16:     if(s_head == NULL) {
17:         s_head = p;
18:     } else {
19:         s_tail->next = p;
20:     }
21:     s_tail = p;
22: }
23: ...
```

점수를 입력 받아서 a에 임시로 저장
음수이면 중단

struct ln을 할당 받고
멤버 score에 입력 받은 점수 저장

연결 리스트의 끝에 연결

NULL을 저장합니다. 안 해도 됩니다만, 보통 아무 것도 가리키지 않고 있는 포인터에는 NULL을 저장하는 것이 관례입니다. 아직은 연결 리스트가 만들어지지 않아서 머리도 없으므로 **s_head**는 아직 가리킬 것이 없습니다. 그래서 아무것도 가리키고 있지 않음을 명확히 나타내기 위해 NULL을 저장하였습니다.

그 다음 8번 문장에서 시작하는 반복문이 실제로 점수를 입력받고 연결 리스트를 생성하며 저장하는 부분입니다 대략적으로 기능을 나누어 보면 9, 10번 줄에서 점수를 입력받고, 12~14번 줄에서 입력받은 점수를 저장할 **struct ln**을 생성하고 (정확히는 그에 맞는 공간을 할당받고) 점수를 저장합니다. 다음 16~22번 줄에서는 새로 만든 **struct ln**을 연결 리스트의 꼬리에 연결합니다.

프로그램 19.3의 정확한 파악을 위해 한 문장씩 따라가 보겠습니다. 우선 그림 19.4a에서는 **s_head**, **s_tail**, **p** 포인터들을 만들고 **s_head**에는 NULL을 저장합니다. 다음으로 반복문에 들어와서 그림 19.4b의 ①과 같이 **scanf**를 실행하여 점수를 입력받습니다. 그림에서는 사용자가 83을 입력했다고 가정했으며 이 값은 변수 **a**에 저장될 것입니다. 다음으로 12번 줄에서 **malloc**이 실행되는데 요청하는 공간의 크기가 **struct ln**의 크기입니다. 그러면 **struct ln**이 들어갈 만한 공간이 할당되며② 그 공간을 가리키는 주소가 반환되어 **p**에 저장됩니다. 즉 **p**가 방금 만든 공간을 가리키게 되는 것이지요③. 이렇게 되면 **p**가 가리키는 공간을 마치 **struct ln** 변수인 것처럼 사용할 수 있습니다. 그 다음 두 문장에서 **p**가 가리키는 **struct ln**(즉 방금 생성한 그 공간)의 멤버 **score**에는 입력받은

```
struct ln{
    int   score;
    struct ln   *next;
};
...
struct ln   *s_head, *s_tail, *p;
s_head = NULL;
while(1) {
    scanf("%d", &a);
    if(a<0) break;

    p = malloc(sizeof(struct ln));
    p->score = a;
    p->next = NULL;

    if(s_head == NULL) {
       s_head = p;
    } else {
       s_tail->next = p;
    }
    s_tail = p;
}
...
```

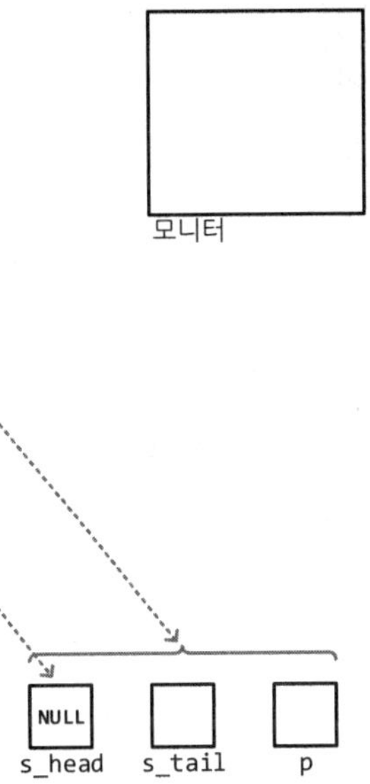

(a)

```
struct ln{
    int   score;
    struct ln   *next;
};
...
struct ln   *s_head, *s_tail, *p;
s_head = NULL;
while(1) {
    scanf("%d", &a);
    if(a<0) break;

    p = malloc(sizeof(struct ln));
    p->score = a;
    p->next = NULL;

    if(s_head == NULL) {
       s_head = p;
    } else {
       s_tail->next = p;
    }
    s_tail = p;
}
...
```

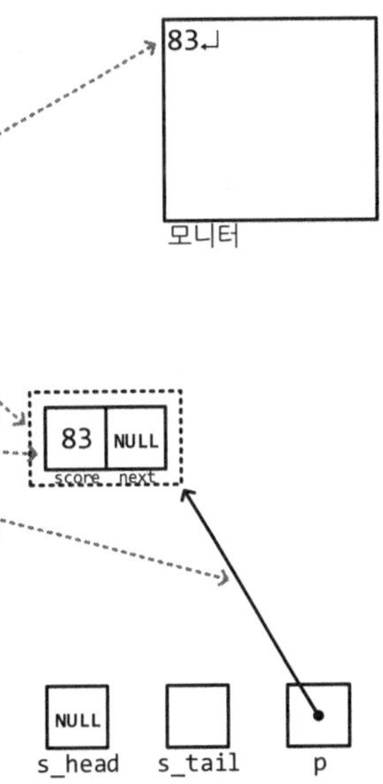

(b)

```c
struct ln{
   int   score;
   struct ln   *next;
};
...
struct ln   *s_head, *s_tail, *p;
s_head = NULL;
while(1) {
   scanf("%d", &a);
   if(a<0) break;

   p = malloc(sizeof(struct ln));
   p->score = a;
   p->next = NULL;

   if(s_head == NULL) {
      s_head = p;
   } else {
      s_tail->next = p;
   }
   s_tail = p;
}
...
```

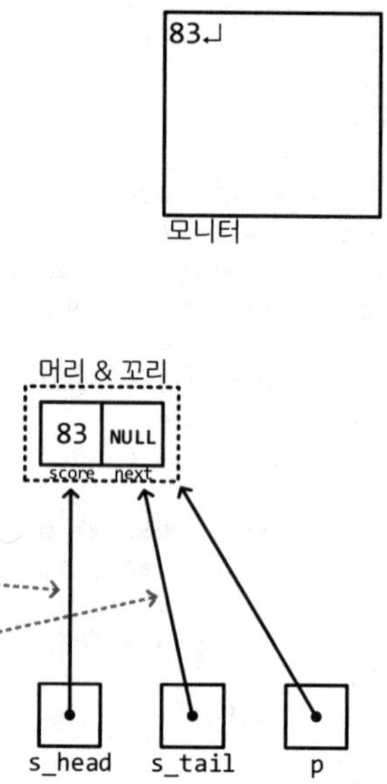

(c)

```c
struct ln{
   int   score;
   struct ln   *next;
};
...
struct ln   *s_head, *s_tail, *p;
s_head = NULL;
while(1) {
   scanf("%d", &a);
   if(a<0) break;

   p = malloc(sizeof(struct ln));
   p->score = a;
   p->next = NULL;

   if(s_head == NULL) {
      s_head = p;
   } else {
      s_tail->next = p;
   }
   s_tail = p;
}
...
```

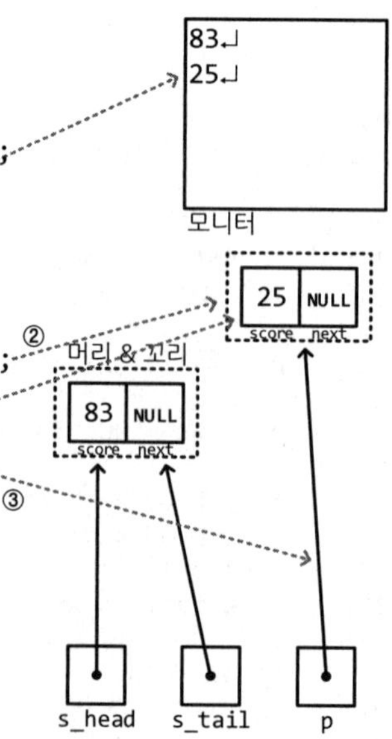

(d)

```
struct ln{
   int   score;
   struct ln   *next;
};
...
struct ln   *s_head, *s_tail, *p;
s_head = NULL;
while(1) {
   scanf("%d", &a);
   if(a<0) break;

   p = malloc(sizeof(struct ln));
   p->score = a;
   p->next = NULL;

   if(s_head == NULL) {
      s_head = p;
   } else {
      s_tail->next = p;
   }
   s_tail = p;
}
...
```

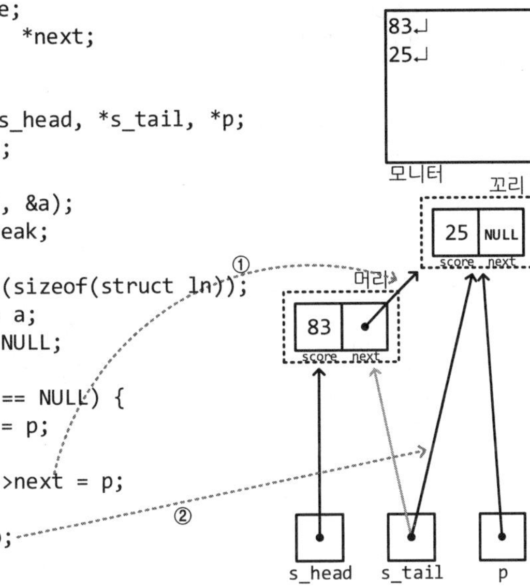

(e)

```
struct ln{
   int   score;
   struct ln   *next;
};
...
struct ln   *s_head, *s_tail, *p;
s_head = NULL;
while(1) {
   scanf("%d", &a);
   if(a<0) break;

   p = malloc(sizeof(struct ln));
   p->score = a;
   p->next = NULL;

   if(s_head == NULL) {
      s_head = p;
   } else {
      s_tail->next = p;
   }
   s_tail = p;
}
...
```

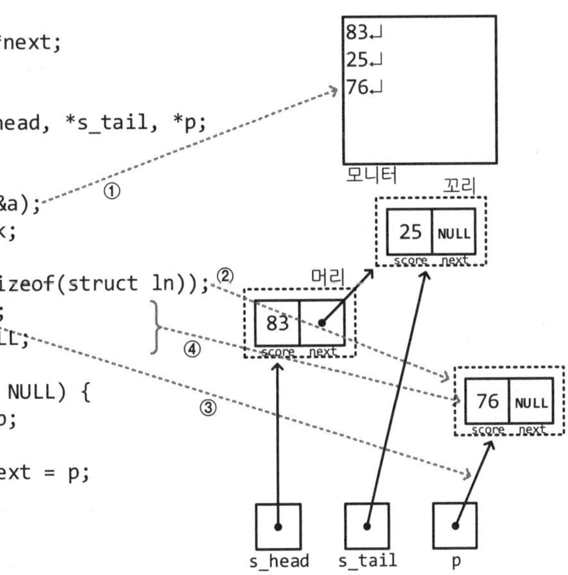

(f)

```
struct ln{
   int   score;
   struct ln   *next;
};
...
struct ln   *s_head, *s_tail, *p;
s_head = NULL;
while(1) {
   scanf("%d", &a);
   if(a<0) break;

   p = malloc(sizeof(struct ln));
   p->score = a;
   p->next = NULL;

   if(s_head == NULL) {
      s_head = p;
   } else {
      s_tail->next = p;
   }
   s_tail = p;
}
...
```

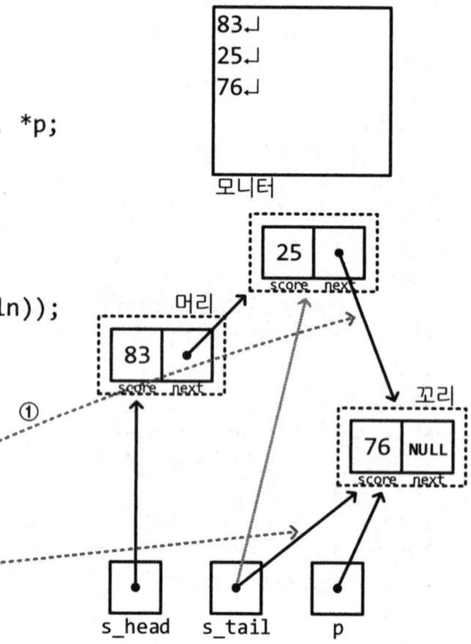

(g)

```
struct ln{
   int   score;
   struct ln   *next;
};
...
struct ln   *s_head, *s_tail, *p;
s_head = NULL;
while(1) {
   scanf("%d", &a);
   if(a<0) break;

   p = malloc(sizeof(struct ln));
   p->score = a;
   p->next = NULL;

   if(s_head == NULL) {
      s_head = p;
   } else {
      s_tail->next = p;
   }
   s_tail = p;
}
...
```

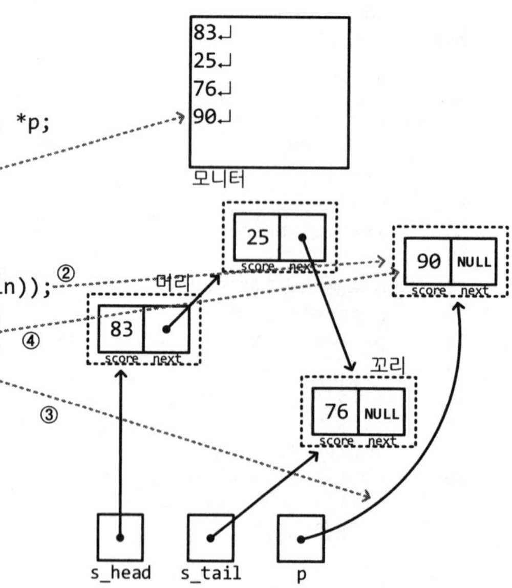

(h)

```
struct ln{
    int   score;
    struct ln   *next;
};
...
struct ln   *s_head, *s_tail, *p;
s_head = NULL;
while(1) {
    scanf("%d", &a);
    if(a<0) break;

    p = malloc(sizeof(struct ln));
    p->score = a;
    p->next = NULL;

    if(s_head == NULL) {
       s_head = p;
    } else {
       s_tail->next = p;
    }
    s_tail = p;
}
...
```

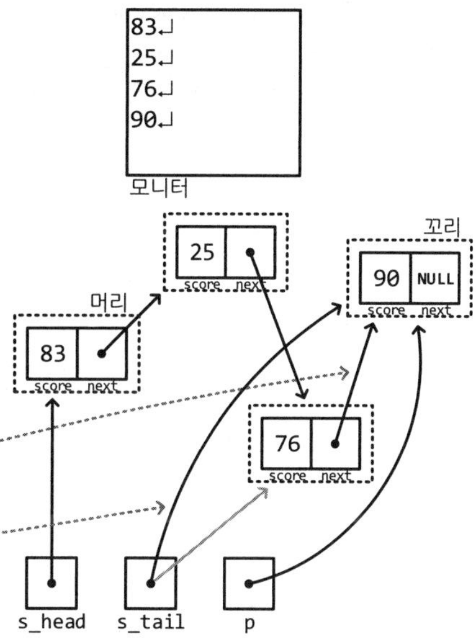

(i)

```
struct ln{
    int   score;
    struct ln   *next;
};
...
struct ln   *s_head, *s_tail, *p;
s_head = NULL;
while(1) {
    scanf("%d", &a);
    if(a<0) break;

    p = malloc(sizeof(struct ln));
    p->score = a;
    p->next = NULL;

    if(s_head == NULL) {
       s_head = p;
    } else {
       s_tail->next = p;
    }
    s_tail = p;
}
...
```

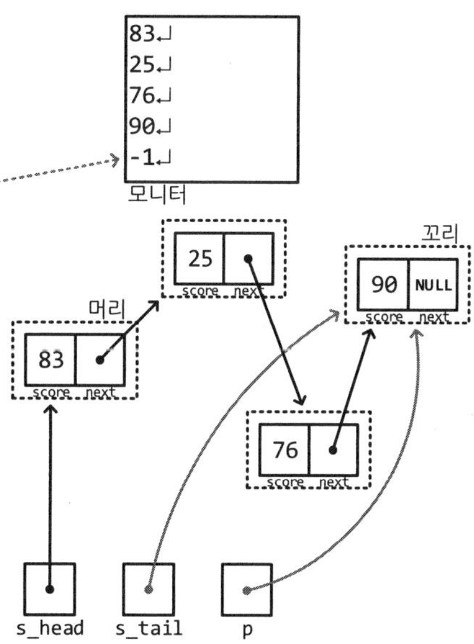

(j)

그림 **19.4** 프로그램 19.3의 진행

점수를 저장하고 next에는 NULL을 저장합니다④.

입력받은 점수를 새로 할당된 구조체에 저장했으니 이제 이 구조체를 연결 리스트에 연결합니다. 16번 문장에서 s_head가 NULL인지 비교하는데, 앞에서도 말했지만 s_head에 NULL이 저장되어 있으면 아직 연결 리스트가 하나도 만들어지지 않은 것입니다. 현재는 s_head가 NULL이므로 17번 줄을 실행합니다. 이 줄에서는 그림 19.4c의 ①과 같이 방금 생성한 구조체의 주소를 s_head에 저장합니다. 새로 생성한 구조체는 이제 막 만들어진 연결 리스트의 첫 번째 노드, 즉 머리가 되므로 s_head가 가리키도록 하는 것입니다. 그리고 이 구조체는 현재까지 만든 연결 리스트의 꼬리이기도 하므로 21번 줄과 같이 s_tail 포인터가 이 구조체를 가리키도록 합니다②.

다음으로 반복문을 올라가서 다시 scanf를 통해 점수를 입력받습니다. 이번에는 그림 19.4d와 같이 25를 입력받아서 a에 저장했다고 가정하겠습니다①. 그러면 12번 문장에서 새로 struct ln을 할당받고② 그 주소를 p에 저장한 다음③, 13, 14번 문장에서 그 새 구조체의 멤버 score에는 방금 입력받은 점수를, 멤버 next에는 NULL을 저장합니다④.

그 다음으로 16번 문장의 조건을 검사합니다. 이제는 s_head가 NULL이 아닙니다. 다시 말하면 이미 만들고 있는 연결 리스트가 있는 것입니다. 그렇다면 새로 만든 struct ln은 현재 존재하는 연결 리스트의 꼬리에 연결해야 할 것입니다. 꼬리는 현재 s_tail 포인터가 가리키고 있으므로 s_tail 포인터가 가리키는 노드의 next에 새로 생성한 구조체의 주소를 저장합니다(그림 19.4e의 ①). 다른 말로 하면 기존 꼬리의 next 포인터가 새로운 구조체를 가리키도록 해서 새로운 구조체를 연결하는 것입니다. 그리고 새로 만든 노드가 이제 새로운 꼬리가 되었으니 s_tail이 이 새로 만든 노드를 가리키도록 합니다②. 그럼 현재 s_head에서 시작해서 struct ln 두 개가 연결되었고, 각각에는 83과 25가 저장되어 있습니다.

그 다음 과정은 비슷한 동작의 연속입니다. 그림 19.4f의 ①과 같이 점수를 입력받은 뒤, 새로운 struct ln을 할당받아서②, 그 것의 멤버 score에는 입력받은 점수 76을, 멤버 next에는 NULL을 저장합니다④. 그 다음 그림 19.4g의 ①과 같이 기존 연결 리스트의 꼬리에 새로 만든 구조체를 연결하고 (다시 말하면 기존 꼬리의 멤버 next에 새로 만든 구조체의 주소를 저장하고), 꼬리가 이젠 바뀌었으므로 s_tail 포인터가 새로 만든 구조체를 가리키도록 합니다②.

여기서 왜 14번 문장처럼 새로 만든 구조체의 next 멤버에 NULL을 저장하는지 아실 수 있으실 것입니다. 새로 만든 구조체는 연결 리스트의 새로운 꼬리가 되는데, 꼬리의 next에는 NULL을 저장해 놓기로 약속을 했으므로 새로 만든 구조체의 next에는 NULL을 저장해 놓는 것입니다.

반복문을 다시 돌아 그림 19.4h와 같이 새로운 점수 90을 입력받으면, 역시 같은 과정을 통해 새로운 구조체를 할당받고② 점수를 저장한 뒤④, 그림 19.4i와 같이 기존의 꼬리 뒤에 연결하고① s_tail 포인터를 조정합니다②.

그림 19.4j와 같이 입력받은 점수가 음수이면 반복문을 종료하며 그 동안 입력받은 네 개의 점수가 차례로 연결되어 있음을 보실 수 있습니다.

프로그램 19.4 연결 리스트의 방문

```
01: struct ln{
02:     int   score;
03:     struct ln    *next;
04: };
05: ...
06: struct ln    *s_head, *s_tail, *p;
07: struct ln    *cur;
08: ...
09: cur = s_head;
10: while(1) {
11:     if(cur == NULL) break;
12:
13:     printf("%d\n", cur->score);
14:     cur = cur->next;
15: }
16: ...
```

현재 방문 중인 노드를 가리키는 포인터

연결 리스트의 머리에서 부터 노드들을 하나 씩 방문하며 출력

현재 방문 중인 노드에 저장된 값을 출력하고 다음 노드로

19.4 연결 리스트의 방문

앞 절에서 설명한 프로그램 19.3에서 만들어진 연결 리스트에 대해 저장된 값들을 모두 출력해 봅시다. 보시면 아시겠지만 연결 리스트의 노드들을 하나씩 들어가 보면서 진행하기 때문에 이런 과정을 방문이라고 보통 부릅니다. 그럼 설명해 보겠습니다.

연결 리스트의 노드들을 방문해서 저장된 값들을 출력하는 프로그램이 프로그램 19.4입니다. 프로그램 19.3에 비해 7번 줄에서 포인터 cur을 하나 더 선언했고, 7번 줄과 9번 줄 사이에 값을 입력받아 연결 리스트를 생성하는 부분이 들어 있다고 가정했습니다. 포인터 cur의 역할은 현재 방문 중인 노드를 가리키는 것이며, 영단어 current에서 이름을 따왔습니다. 그리고 9번 줄부터 15번 줄까지가 연결 리스트의 노드들을 하나씩 방문하며 저장된 값들을 출력하는 부분입니다. 여기서 13번 줄과 14번 줄이 중요하다고 볼 수 있는데요, 13번 줄은 현재 방문중인 노드에 저장된 값을 출력하는 문장이고 14번 줄은 그 다음 노드로 옮겨가는 문장입니다.

그럼 한 줄씩 따라가 보겠습니다. 이전 절과 같이 연결 리스트가 만들어져 있다고 가정한 다음에 9번 줄을 실행하면, s_head에 저장된 주소가 cur에 저장됩니다. 포인터 s_head는 생성된 연결 리스트의 머리, 즉 첫 번째 노드를 가리키고 있으므로 그림 19.5a와 같이 cur도 연결 리스트의 머리를 가리키게 됩니다. 그리고 반복문에 들어가게 되지요. 반복문에서 우선 cur에 저장된 값이 NULL인지 보는데 NULL이 아니므로 그냥 진행합니다.

다음 문장을 보니 cur이 가리키는 구조체의 멤버 score의 값을 출력하라고 합니다. 현재 cur는 83이 저장된 노드를 가리키고 있으므로 그림 19.5b의 ①과 같이 83이 출력될 것입니다. 그 다음 문장은 14번 줄의 cur = cur->next;입니다. 이 문장은 현재 cur가 가리키는 구조체의 next에 저장된 값을 cur에 저장하라는 의미입니다. 그런데 현재

```
struct ln{
   int   score;
   struct ln   *next;
};
...
struct ln   *s_head, *s_tail, *p;
struct ln   *cur;
...
cur = s_head;
while(1) {
   if(cur == NULL) break;

   printf("%d\n", cur->score);
   cur = cur->next;
}
...
```

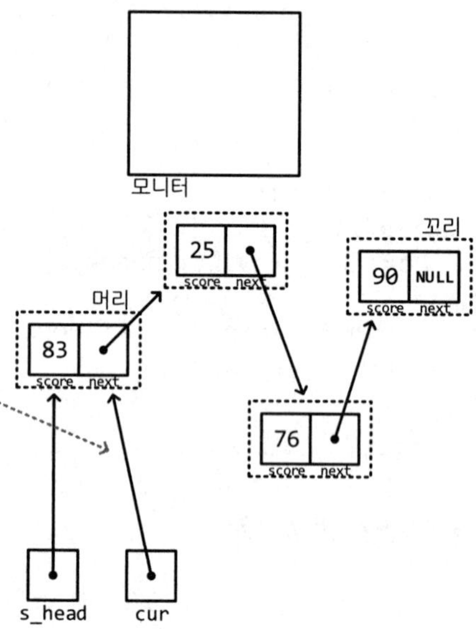

(a)

```
struct ln{
   int   score;
   struct ln   *next;
};
...
struct ln   *s_head, *s_tail, *p;
struct ln   *cur;
...
cur = s_head;
while(1) {
   if(cur == NULL) break;

   printf("%d\n", cur->score);
   cur = cur->next;
}
...
```

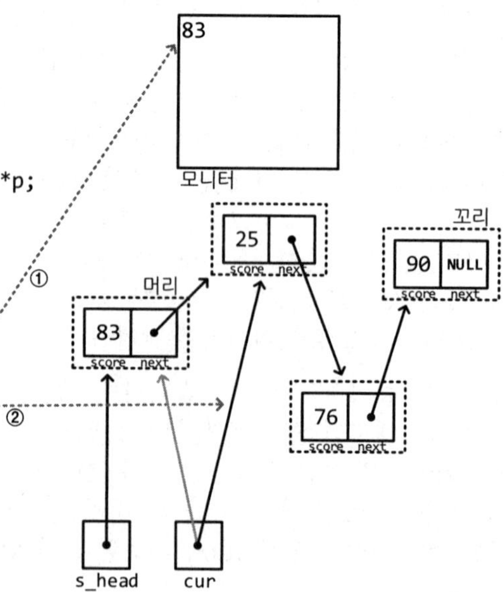

(b)

```
struct ln{
    int   score;
    struct ln   *next;
};
...
struct ln   *s_head, *s_tail, *p;
struct ln   *cur;
...
cur = s_head;
while(1) {
    if(cur == NULL) break;

    printf("%d\n", cur->score);
    cur = cur->next;
}
...
```

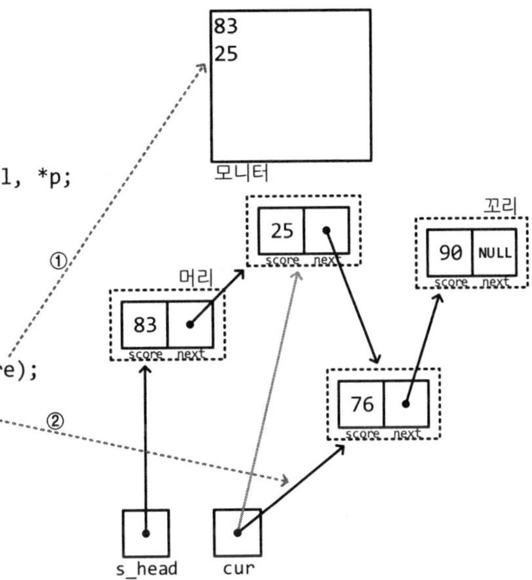

(c)

```
struct ln{
    int   score;
    struct ln   *next;
};
...
struct ln   *s_head, *s_tail, *p;
struct ln   *cur;
...
cur = s_head;
while(1) {
    if(cur == NULL) break;

    printf("%d\n", cur->score);
    cur = cur->next;
}
...
```

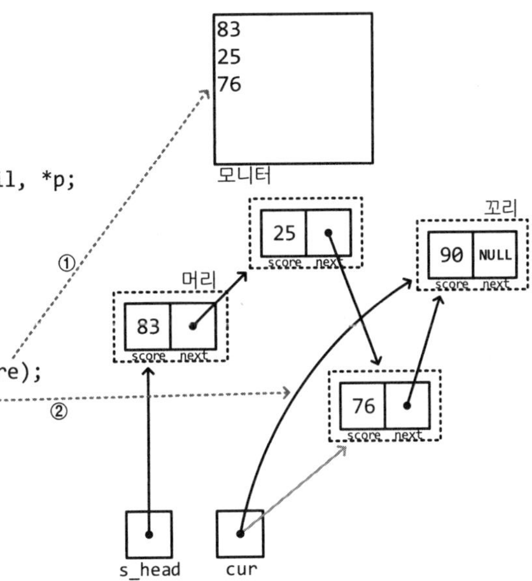

(d)

```c
struct ln{
    int   score;
    struct ln   *next;
};
...
struct ln   *s_head, *s_tail, *p;
struct ln   *cur;
...
cur = s_head;
while(1) {
    if(cur == NULL) break;

    printf("%d\n", cur->score);
    cur = cur->next;
}
...
```

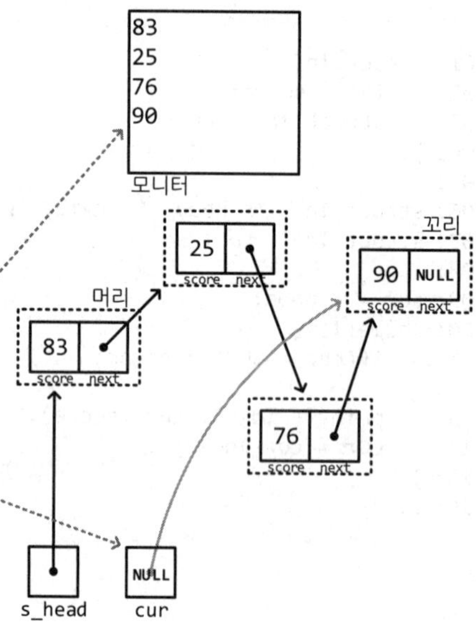

(e)

```c
struct ln{
    int   score;
    struct ln   *next;
};
...
struct ln   *s_head, *s_tail, *p;
struct ln   *cur;
...
cur = s_head;
while(1) {
    if(cur == NULL) break;

    printf("%d\n", cur->score);
    cur = cur->next;
}
...
```

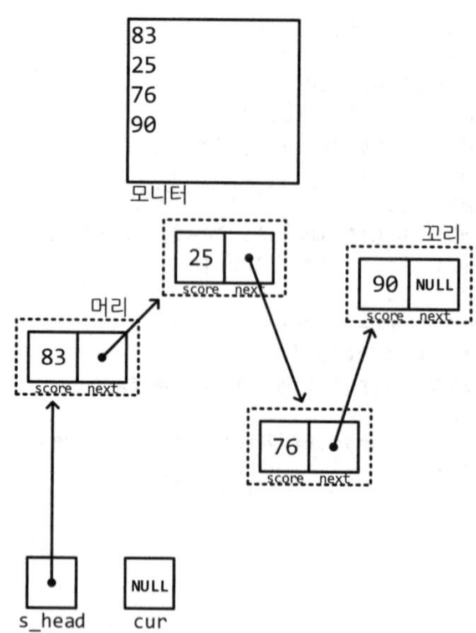

(f)

그림 **19.5** 프로그램 19.4의 진행

cur가 가리키는 구조체의 next는 25가 저장되어 있는 구조체를 가리키고 있습니다. 그러므로 14번 줄을 실행하면 ②와 같이 cur는 25가 저장되어 있는 구조체를 가리키게 됩니다. 14번 줄의 효과를 보시면 cur가 이전에 가리키던 노드에서 그 다음 노드를 가리키도록 옮겨지게 됨을 아실 수 있습니다.

이 후의 진행은 비슷합니다. 반복문을 돌아서 다시 13번 줄에 오게 되면 현재 cur가 가리키고 있는 구조체의 멤버 score의 값 25를 출력하고(그림 19.5c의 ①) 14번 줄에 의해 멤버 next에 있는 값을 cur에 대입함으로써 cur는 그 옆의 노드를 가리키게 됩니다②. 이제 cur는 76이 저장되어 있는 노드를 가리키고 있겠지요. 계속해서 그림 19.5d와 그림 19.5e와 같이 cur가 현재 가리키고 있는 노드의 멤버 score의 값을 출력하고 next에 저장된 값을 이용하여 옆 노드로 이동하는 것을 계속합니다.

그러다가 그림 19.5e의 14번 줄에 가게 되면 상황이 조금 달라집니다. 그림에서 현재 cur가 가리키고 있는 것은 연결 리스트의 꼬리, 즉 마지막 노드입니다. 그리고 꼬리의 next에는 NULL을 저장하기록 약속했었습니다. 그러므로 14번 줄을 실행해서 cur 가 가리키는 노드(현재는 꼬리 노드)의 멤버 next에 있는 값을 cur에 저장하면, 결국 cur에는 NULL이 저장됩니다②. 즉 cur는 아무 것도 가리키지 않는 것처럼 됩니다. 이는 당연것이겠죠. 연결 리스트의 마지막 노드를 지났으니 더 이상 가리킬 노드가 없는 것입니다. 이 상태에서 반복문을 올라가서 11번 줄의 조건문에 가 보면, 이번에는 cur == NULL이라는 조건을 만족하게 됩니다. 그러므로 break가 실행되어서 반복문을 빠져나올 것입니다(그림 19.5f). 즉 연결 리스트의 방문을 마치게 되는 것입니다.

이 장의 첫 부분에서 배열을 이용해 점수들을 저장한 뒤 출력하는 프로그램인 프로그램 19.1과 잠시 비교해 보는 것도 의미가 있을 것 같습니다. 프로그램 19.1의 13~15번 줄에서 출력할 때 배열의 첨자로 사용되는(즉 각 배열 요소를 참조하기 위해 사용될) 변수 i가 있고 이 i에 처음에는 0을 대입하는데 이것은 첫 번째 배열 요소의 첨자를 의미할 것입니다. 프로그램 19.4도 생각해 보면 각 노드들을 가리킬 변수 cur가 있고 이 cur에 처음에 s_head의 값을 대입함으로써 연결 리스트의 첫 번째 노드를 가리키도록 하는 것입니다. 다음으로 프로그램 19.1에서는 배열 요소 scores[i]를 출력한 뒤 i를 1 증가시켜서(풀어쓰면 i = i + 1이 되겠지요) 다음 배열 요소의 첨자가 되게 합니다. 비슷하게 프로그램 19.4에서는 cur = cur->next 문장을 통해 cur가 다음 노드를 가리키게 합니다.

마지막으로 프로그램 19.1에서는 i가 증가하다가 배열 요소의 개수가 되면 반복을 마치게했는데, 프로그램 19.4에서는 cur가 NULL일 때 다시 말하면 연결 리스트의 마지막 노드를 지났을 때 반복을 마칩니다. 이것은 배열과 연결 리스트의 특성에 따라 이렇게 작성하였으나, 사실은 서로 같아지도록 프로그램을 작성할 수도 있습니다. 배열을 사용한 프로그램 프로그램 19.1처럼 프로그램 19.4를 수정해 보면 연결 리스트를 만들 때 노드의 개수를 세었다가, 노드들을 방문할 때 그 개수만큼만 반복시키면 될 것입니다. 그런데 연결 리스트에서 이 방법은 잘 쓰이지 않습니다.

연결 리스트를 사용한 프로그램 프로그램 19.4와 비슷한 개념으로 반복문의 계속/종료 조건을 구성한 것을 프로그램 19.1에 제시했었습니다. 프로그램 19.1의 오른쪽에 따로 작성한 부분을 보시면 i와 요소 개수의 비교를 통해서가 아니라, 배열 요소에 저장된

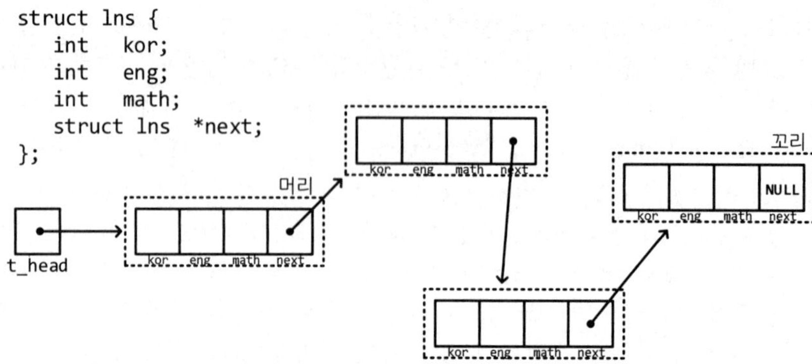

그림 19.6 데이터 필드가 여러 개의 변수로 구성된 경우

값을 통해 모든 요소를 출력했는지를 판별합니다. 즉, 유효한 배열 요소들이 끝난 다음에 특정한 값(여기서는 음수)을 저장하기로 약속하고 이 특정한 값을 가지는 요소를 만나면 반복을 끝내는 것입니다. 연결 리스트의 반복 종료도 비슷합니다. 연결 리스트의 마지막 노드, 즉 꼬리의 멤버 **next**에는 **NULL**이라는 특정한 값을 저장하도록 약속하고, **cur**가 꼬리를 지나쳐서 **NULL**이라는 값을 가지게 되는지를 보고 반복을 종료할지 판단하는 것입니다. 생각해 보면 배열을 통해 저장하나 연결 리스트를 통해 저장하나 개념적인 프로그램의 진행은 사실 동일한 것입니다.

19.5 연결 리스트에 대한 추가 설명

사실 연결 리스트 이전에 리스트(list)라는 것도 있습니다. 리스트는 프로그래밍에서 자주 사용하는 용어 중 하나로써 데이터들이 나열 되어 있는 것을 의미합니다. 이런 리스트를 구현하는 방법이 여러 가지 있는데, 그 중 배열과 연결 리스트가 대표적인 방법입니다. 배열에서는 각각의 배열 요소들에 데이터들을 저장하면 되고, 연결 리스트에서는 노드들을 연결해 가면서 노드에 데이터를 저장하면 될 것입니다.

이렇게 배열과 연결 리스트는 같은 목적으로 사용할 수 있으나 그 특성은 다릅니다. 이 둘의 장단점을 잘 이해하여 적절한 구조를 채택하여 사용하는 것이 중요할 것입니다.

연결 리스트에 사용되는 용어를 정리해 보면, 앞에서 말했지만 연결 리스트를 구성하는 각 공간들을 노드라고 부릅니다. 이 노드 안에는 크게 두 가지의 변수 혹은 저장 공간이 있습니다. 하나는 값을 저장하는 공간이 다른 하나는 다음 노드를 가리키는 공간입니다. 앞에서 예를 들었던 연결 리스트의 노드들을 보시면 각 노드에는 두 개의 멤버가 있는데 **83**이나 **25**와 같은 값을 저장하는 멤버 **score**와 다음 노드를 가리키는 포인터 멤버 **next**가 있습니다. 한 노드에서 멤버 **score**와 같이 실제 데이터를 저장하는 부분을 그 노드의 데이터 필드(data field)라 부르고, **next**와 같이 다음 노드와의 연결을 저장하는 부분을 그 노드의 링크 필드(link field)라고 부릅니다.

지금까지는 데이터 필드가 변수 하나였으나 데이터 필드는 여러 개의 변수로 구성될 수도 있고 배열 같은 것이 될 수도 있습니다. 예를 들어 국어, 영어, 수학, 세 과목의

```
struct lna {
   int   a[5];
   struct lns  *next;
};
```

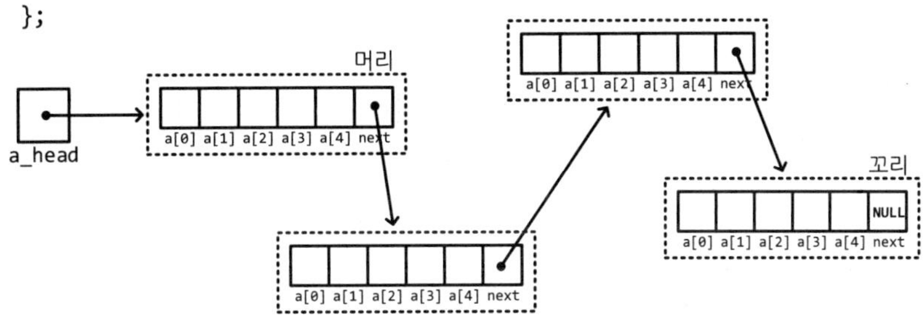

그림 19.7 데이터 필드가 배열로 구성된 경우

점수를 입력받아 저장하는데, 앞에서처럼 연결 리스트를 사용한다면 구조체를 그림 19.6의 위에 있는 **struct lns**와 같이 정의하면 될 것입니다. 이렇게 하면 한 노드에 국어, 영어, 수학, 세 점수가 저장되어 그림의 아래와 같은 연결 리스트가 만들어 질 것입니다. 데이터 필드가 배열인 경우는 그림 19.7에서 보실 수 있습니다. 이렇게 데이터 필드는 여러분이 필요한 만큼 자유롭게 구성하시면 됩니다.

19.6 연결 리스트의 생성 2

앞절에서 연결 리스트를 어떻게 생성하는지 다루었었는데, 사실 그 방법보다 더 간단한 방법이 있습니다. 다만 앞절에서 설명한 방법이 여러분이 직관적으로 이해하시기에는 좀 더 편할 것 같아서 사용했었습니다. 그러면 좀 더 널리 사용되는 연결 리스트 생성법을 설명해 보겠습니다.

프로그램 19.3의 12~22번 줄에 소개한 프로그램의 기본 개념은 새로 만들어진 노드는 만들고 있는 연결 리스트의 꼬리 다음에 연결한다는 것입니다. 예를 들어 그림 19.8a와 같이 연결 리스트가 있는 상태에서 새로운 노드가 생성되면, 그림 19.8b와 같이 기존의 꼬리가 새 노드를 가리키게 하고, 새 노드는 꼬리가 될 것이므로 NULL을 저장했던 것입니다. 이에 반해 더 많이 쓰이는 방식은 새로 만들어진 노드가 새로운 머리가 되게 하는 것입니다. 그림 19.8c를 보시면 꼬리는 그대로 있고 새로 만든 노드는 새로운 머리가 되었습니다. 이를 위해 머리 포인터인 **head**는 새로 만든 노드를 가리키고, 새로 만든 노드는 이전의 머리를 가리키도록 했습니다.

그림 19.8c에 따라 작성한 프로그램이 프로그램 19.5이고, 이 중 새로 만든 노드를 새로운 머리가 되게 하는 부분이 9, 10번 줄입니다. 프로그램 19.3에 비해 프로그램이 많이 간소화되었음을 알 수 있습니다.

그럼 프로그램 19.5의 진행을 하나씩 살펴보겠습니다. 처음에 그림 19.9a와 같이 1, 2번 줄에서 포인터 **s_head**와 p를 생성하고 **s_head**에는 NULL을 저장합니다. 프로그램 19.3에 비해 **s_tail** 포인터를 만들지 않았는데 보시면 아시겠지만 필요 없습니다.

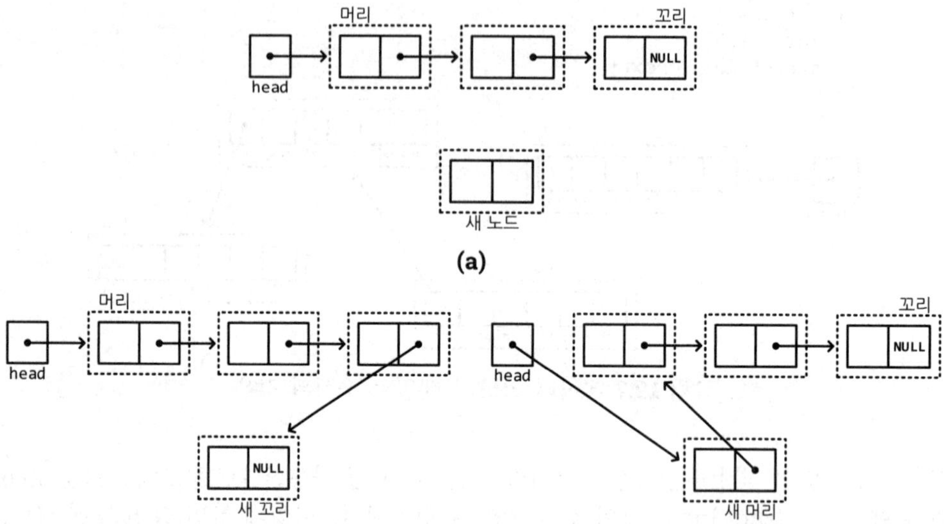

(b) 방법 1: 새 노드를 꼬리 뒤에 추가 **(c)** 방법 2: 새 노드를 머리 앞에 추가

그림 19.8 연결 리스트 생성의 두 가지 방법

프로그램 19.5 연결 리스트의 생성 2

```
01: struct ln   *s_head, *p;
02: s_head = NULL;
03: while(1) {
04:     scanf("%d", &a);                  } 점수를 입력 받아서 a에 임시로 저장
05:     if(a<0) break;                    } 음수이면 중단
06:
07:     p = malloc(sizeof(struct ln));    } struct ln을 할당 받고
08:     p->score = a;                     } 멤버 score에 입력 받은 점수 저장
09:     p->next = s_head;                 } 새 노드가 연결 리스트의 머리가 됨
10:     s_head = p;
11: }
```

반복문에 들어와서 scanf가 실행되는데 그림 19.9b의 ①과 같이 83이 입력되었다고 가정하겠습니다. 그리고 조건문을 지나치면 malloc으로 노드를 새로 할당받게 되고 그 주소를 p에 저장한 다음③ 새 노드의 score 멤버에 입력받은 83을 저장합니다④. 다음으로 그림 19.9c와 같이 9번 줄과 10번 줄을 실행하는데요, 새 노드의 next 멤버에는 s_head에 저장되어 있던 주소 NULL을 저장하고 s_head에는 새 노드의 주소를 저장합니다. 이 두 문장의 의미에 대해서는 잠시 후에 논의하고, 여기서는 이 두 문장에 의해 새 노드가 연결 리스트의 머리가 되었음을 봐 주십시오.

반복문을 올라가서 scanf를 다시 실행했을 때 그림 19.9d에서는 25가 입력되었다고 가정했으며, 그 다음에 조건문을 지나가게 됩니다. 그리고 다시 새 노드를 할당받고 입력받은 값 25를 저장합니다④. 그리고 9, 10번 줄을 실행하면 그림 19.9e와 같이 25가

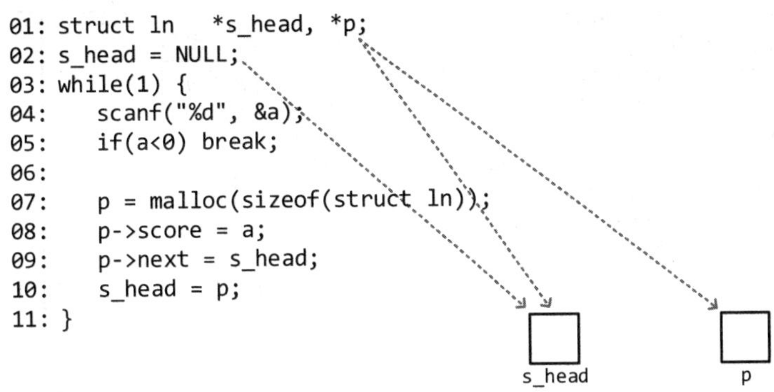
01: struct ln *s_head, *p;
02: s_head = NULL;
03: while(1) {
04: scanf("%d", &a);
05: if(a<0) break;
06:
07: p = malloc(sizeof(struct ln));
08: p->score = a;
09: p->next = s_head;
10: s_head = p;
11: }
s_head
p

(a)

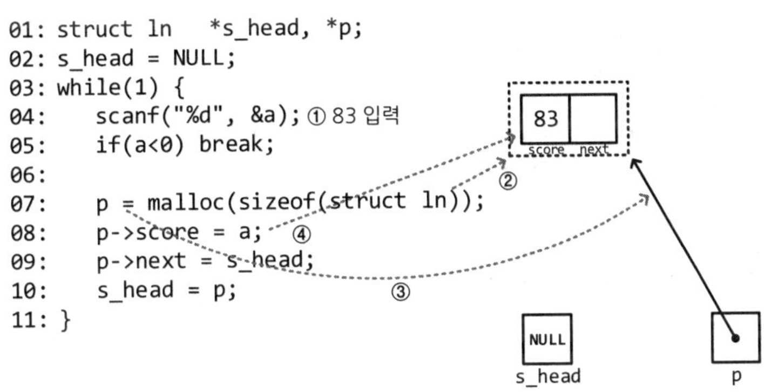
01: struct ln *s_head, *p;
02: s_head = NULL;
03: while(1) {
04: scanf("%d", &a); ① 83 입력
05: if(a<0) break;
06:
07: p = malloc(sizeof(struct ln));
08: p->score = a; ④
09: p->next = s_head;
10: s_head = p; ③
11: }
②
83
score
next
NULL
s_head
p

(b)

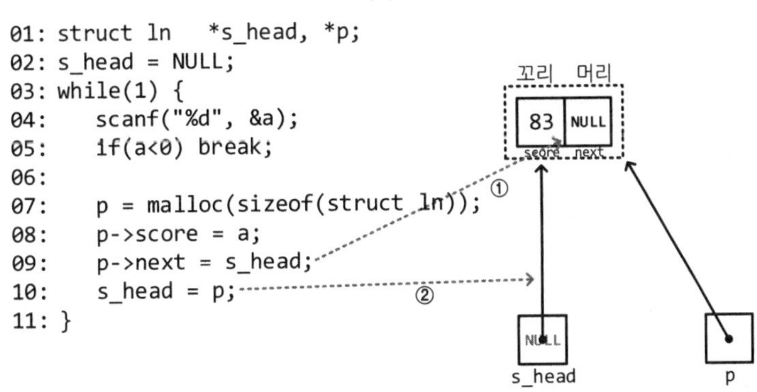
01: struct ln *s_head, *p;
02: s_head = NULL;
03: while(1) {
04: scanf("%d", &a);
05: if(a<0) break;
06:
07: p = malloc(sizeof(struct ln));
08: p->score = a;
09: p->next = s_head;
10: s_head = p;
11: }
꼬리
머리
83
NULL
score
next
①
②
NULL
s_head
p

(c)

```
struct ln   *s_head, *p;
s_head = NULL;
while(1) {
    scanf("%d", &a); ① 25 입력
    if(a<0) break;

    p = malloc(sizeof(struct ln));
    p->score = a; ④
    p->next = s_head;
    s_head = p;          ③
}
```

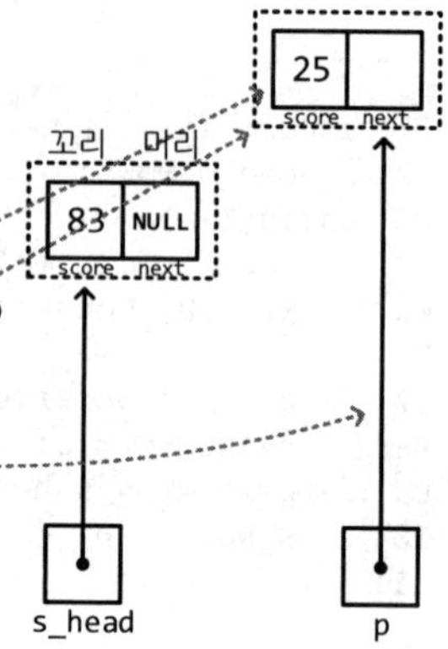

(d)

```
struct ln   *s_head, *p;
s_head = NULL;
while(1) {
    scanf("%d", &a);
    if(a<0) break;

    p = malloc(sizeof(struct ln));
    p->score = a;
    p->next = s_head;
    s_head = p;          ②
}
```

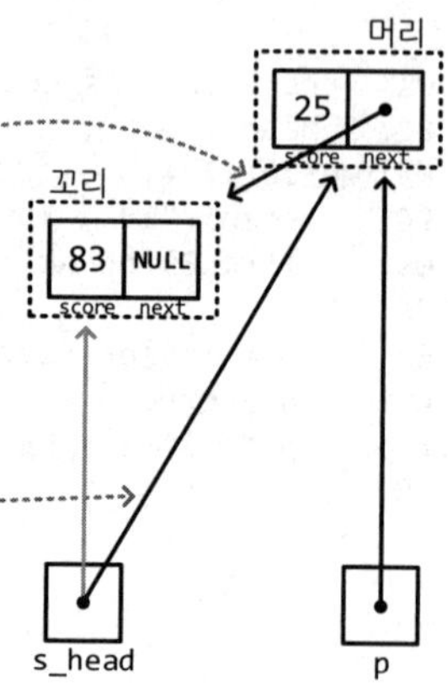

(e)

```
struct ln   *s_head, *p;
s_head = NULL;
while(1) {
    scanf("%d", &a); ① 76 입력
    if(a<0) break;
                  ②
    p = malloc(sizeof(struct ln));
    p->score = a;
    p->next = s_head;  ④
    s_head = p;          ③
}
```

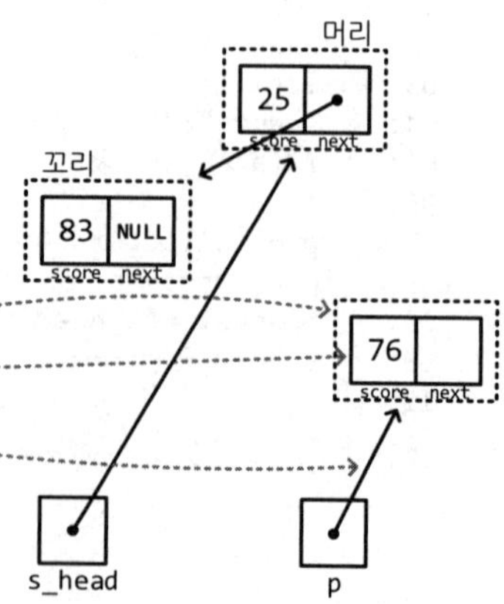

(f)

```
struct ln   *s_head, *p;
s_head = NULL;
while(1) {
   scanf("%d", &a);
   if(a<0) break;

   p = malloc(sizeof(struct ln));
   p->score = a;
   p->next = s_head;
   s_head = p;
}
```

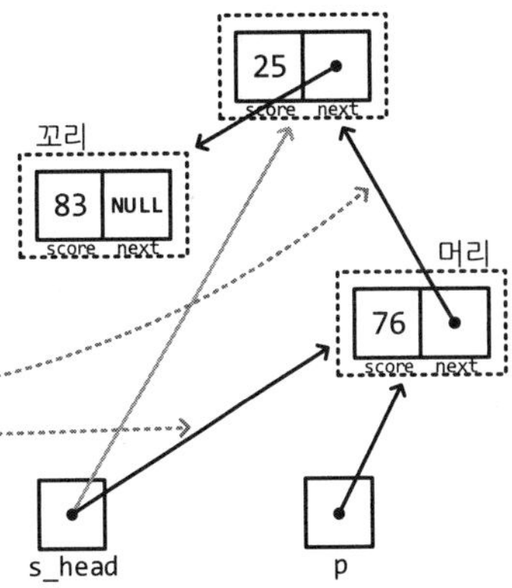

(g)

```
struct ln   *s_head, *p;
s_head = NULL;
while(1) {
   scanf("%d", &a); ① 90 입력
   if(a<0) break;

   p = malloc(sizeof(struct ln));
   p->score = a;
   p->next = s_head;
   s_head = p;
}
```

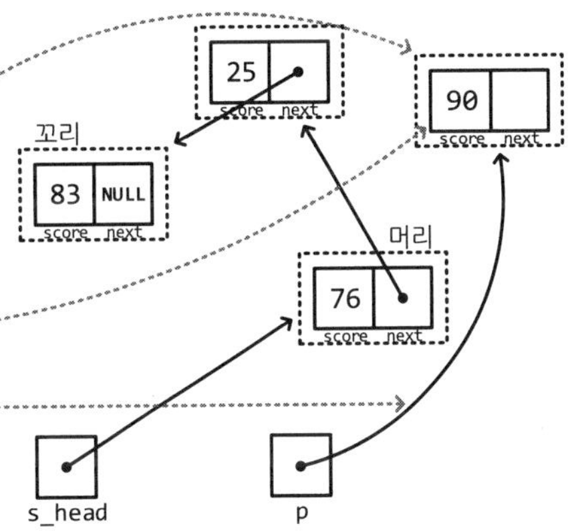

(h)

```
struct ln   *s_head, *p;
s_head = NULL;
while(1) {
   scanf("%d", &a);
   if(a<0) break;

   p = malloc(sizeof(struct ln));
   p->score = a;
   p->next = s_head;
   s_head = p;
}
```

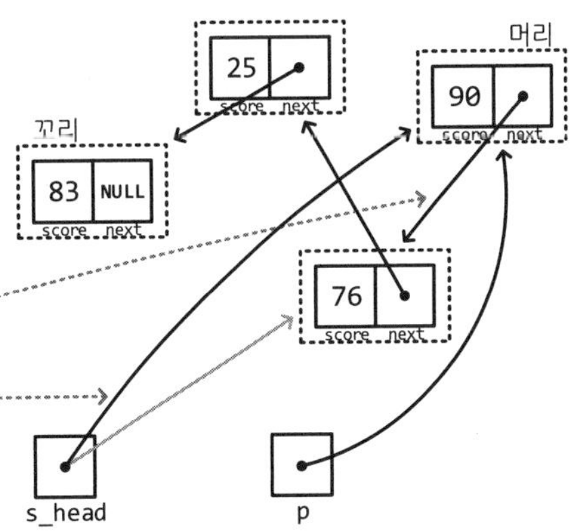

(i)

```
01: struct ln   *s_head, *p;
02: s_head = NULL;
03: while(1) {
04:     scanf("%d", &a); ① -1 입력
05:     if(a<0) break;
06:
07:     p = malloc(sizeof(struct ln));
08:     p->score = a;
09:     p->next = s_head;         ②
10:     s_head = p;
11: }
```

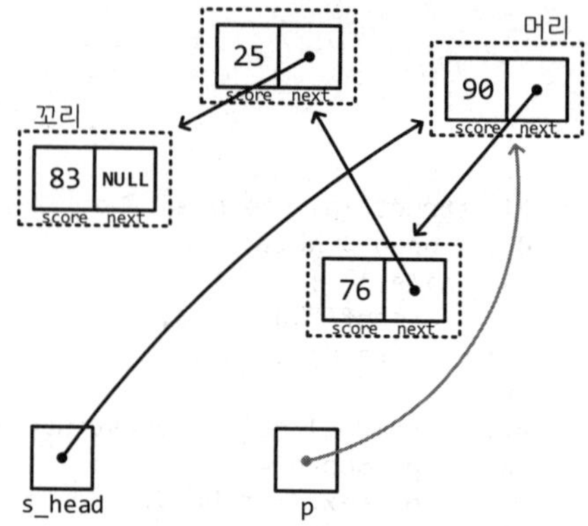

(j)

그림 19.9 프로그램 19.5의 진행

저장되어 있는 새 노드의 **next** 멤버는 기존의 **83**이 저장된 노드를 가리키게 되고 **s_head**는 새 노드를 가리키게 됩니다. 결과만 보면 새로 만든 노드가 새로운 머리가 되었지요.

이제 **9, 10**번 줄의 의미를 다시 생각해 봅시다. 우선 앞에서도 말했지만 현재 설명하는 방법에서는 새로 들어오는 노드가 기존 연결 리스트의 머리 보다 앞에 연결되어서 새로운 머리가 되도록 합니다. 그러므로 새로 만든 노드의 **next**는 기존의 머리를 가리키면 될 것입니다. 기존의 머리는 **s_head**가 가리키고 있으므로 **s_head**에 저장된 주소를 새 노드의 **next**에 저장하면, 원하는 대로 새 노드가 기존의 머리를 가리키게 될 것입니다. 그래서 **9**번 줄 **p->next = s_head**를 넣은 것입니다. 그 다음에는 연결 리스트의 머리가 바뀌었으므로 **s_head**가 새 머리를 가리키도록 해야 할 것입니다. 새로 만든 노드는 **p**가 가리키고 있으므로 **10**번 줄과 같이 **p**에 저장되어 있는 주소를 **s_head**에 저장하면 되는 것입니다. 이렇게 하면 새로 만든 노드가 새로운 머리가 됩니다.

이후의 진행은 앞의 진행과 거의 같습니다. 그림 **19.9f**와 같이 **scanf**로 **76**을 입력받은 뒤 새로 노드를 생성해서 **76**을 저장하고, 이 노드를 그림 **19.9g**와 같이 새로운 머리가 되게 합니다. 새로운 머리가 되는 방식은, 앞에서도 설명했듯이 **14**번 줄에서 기존의 머리를 새 노드가 가리키도록 하고 **15**번 줄에서 **s_head**가 새 노드를 가리키도록 하면 됩니다.

다음으로 그림 **19.9h**와 같이 새로 **90**을 입력받고 새로 만든 노드에 저장한 다음, 그림 **19.9i**와 같이 이 새 노드가 새로운 머리가 되도록 합니다. 그리고 다음에 **scanf**로 **-1** 같은 음수를 입력받으면 반복문이 종료될 것입니다(그림 **19.9j**). 그림에서 보이는 연결 리스트가 만들어져 있겠지요.

그런데 그림 **19.9j**에 만들어져 있는 연결 리스트를 보시면 그림 **19.4j**에 만들어져 있던 것과 조금 다름을 알 수 있습니다. 바로 노드들이 연결된 순서가 반대입니다. 그림 **19.4j**에서는 **83**이 저장된 노드가 머리이고 그 다음으로 **25, 76, 90**이 저장된 노드가 연결되어 있는데, 그림 **19.9j**에서는 **90**이 저장된 노드가 머리이고 그 다음으로 **76, 25, 83**이 저장된

프로그램 19.6 add_first 함수

```
01: struct ln *add_first(struct ln *head, struct ln *new) {
02:     new->next = head;          <-------- 머리 앞에 새 노드 연결
03:     return new;                <-------- 새 머리의 주소를 반환
04: }
05:
06: int main(void) {
07:     struct ln   *s_head, *p;
08:     ...
09:     s_head = NULL;
10:     while(1) {
11:        scanf("%d", &a);
12:        if(a<0) break;
13:
14:        p = malloc(sizeof(struct ln));
15:        p->score = a;
16:        s_head = add_first(s_head, p);
17:     }            반환받은 새 머리의 주소를 s_head에 저장
18:     ...
19: }
```

노드가 연결 되어 있습니다. 이 차이는 새 노드를 기존의 꼬리 끝에 연결하느냐, 아니면 머리 앞에 연결하느냐의 차이에서 기인한 것입니다.

19.7 연결 리스트 처리 함수 1

이 장에서 소개한 연결 리스트를 다루는 프로그램들을 함수로 만들어 보겠습니다.

19.7.1 add_first 함수

처음 만들 함수는 **add_first(struct ln *head, struct ln *new)**로써 **head**가 가리키는 노드에서 시작하는 연결 리스트의 처음에 **new**가 가리키는 노드를 추가하는 함수입니다. 19.6절에서 연결 리스트를 생성할 때 새로 만든 노드를 머리 앞에 연결한 것을 생각하시면 됩니다.

함수를 만들기 전에 이 함수의 반환값을 생각해 봐야 하는데요, 노드를 새로 추가하고 나면 함수의 머리가 바뀔 것입니다. 그러므로 머리 포인터가 가리키는 노드가 바뀌어야 하고 따라서 바뀐 머리의 주소를 반환해 주어야 할 것입니다. 그래서 이 함수의 반환값은 새로운 머리의 주소이고 반환값 자료형은 **struct ln ***입니다.

프로그램 19.5에서 노드를 추가하는 부분을 분리하여 **add_first** 함수로 만든 것이 프로그램 19.6입니다. 보시면 14번 줄에서 함수를 호출할 때 **add_first(s_head, p)**와 같이 머리 포인터, 즉 연결 리스트의 현재 머리의 주소와 새로 만든 노드의 주소를 인자로 넘겨 줍니다. 함수 **add_first**에서는 2번 줄과 같이 새로 만든 노드를 연결 리스트의 머리

앞에 연결하고(새로 만든 노드가 새로운 머리가 되게 하고) 3번 줄에서 이 노드의 주소를 반환합니다. 함수 **add_first**에서 돌아오면 반환값으로 받은 주소를 머리 포인터 **s_head**에 저장하여 머리 포인터가 새로운 머리를 가리키게 됩니다.

19.7.2 add_last 함수

다음에 만들어 볼 함수는 **add_last** 함수입니다. 이 함수는 앞서 설명한 **add_first** 함수와는 반대로 주어진 연결 리스트의 꼬리에 노드를 추가하는 함수입니다. 프로그램 19.3에서 노드를 꼬리에 추가하는 것을 생각하시면 될 것입니다. 우선 이 함수의 매개 변수에 뭐가 필요한지 알아봅시다. 이 함수도 연결 리스트를 다루므로 연결 리스트의 머리 포인터는 받아야 할 것입니다. 그래서 **struct ln *head** 같은 매개 변수가 하나 필요합니다. 그리고 새로운 노드를 추가하는 것이므로 그 노드의 주소도 필요할 것이고 이것은 **struct ln *new** 같은 매개 변수로 받읍시다.

사실 이 두 개의 매개 변수로도 충분한데, 함수의 효율성을 위해 **struct ln *tail** 매개 변수도 추가하겠습니다. 이 매개 변수의 역할은 현재 연결 리스트의 꼬리의 주소를 받는 것입니다. 꼬리에 새 노드를 연결하는 것이므로 꼬리의 주소가 필요한데, 만일 꼬리의 주소를 따로 받지 않는다면, 이 함수를 호출할 때마다 머리에서부터 꼬리까지 방문하는 과정을 수행해야 할 것이므로 동작의 효율성이 떨어집니다.

다음으로 이 함수의 반환값도 생각해 봅시다. 이 함수로 인해 바뀔 수 있는 값은 두 개입니다. 첫 번째는 해당 연결 리스트의 머리 포인터로써, 비어있는 연결 리스트에 처음 노드가 추가될 경우 머리 포인터의 값이 바뀔 수 있습니다. 두 번째는 꼬리의 주소로써 새로운 노드가 꼬리가 되는 것이므로 주소도 당연히 바뀌어야 할 것입니다. 함수의 동작으로 인해 바뀌어야 하는 값이 두 가지이므로 반환값도 두 개여야 하는데 문제는 함수의 반환값은 한 개만 가능하다는 것입니다.

물론 앞에서 함수와 포인터에 대해 다룰 때 포인터를 이용하면 반환값이 여러 개인 함수를 모사할 수 있다고 배웠습니다만, 머리 포인터와 꼬리를 가리키는 포인터는 자체가 이미 포인터이므로 이들에 그런 방법을 적용하려면 포인터의 포인터라는 개념을 아셔야 합니다. 이는 조금 어려운 개념이어서 이 방법은 다음에 포인터의 포인터를 배운 다음에 소개하겠습니다.

그래서 이 장에서는 반환값은 한 개만 받고 다른 하나는 함수를 호출한 쪽에서 직접 수정하는 프로그램을 보여 드리겠습니다. 머리와 꼬리 중 어느 쪽을 선택해도 되는데 여기서는 새로운 머리를 반환값으로 받고 꼬리를 가리키는 포인터는 함수를 호출한 부분에서 수정하겠습니다. 이러한 생각을 통해 프로그램 19.3의 노드 추가 부분을 **add_last** 함수로 분리한 것이 프로그램 19.7입니다.

프로그램 19.7을 보시면 함수를 호출할 때 **s_head**와 **s_tail**, **p**를 인자로 주어서, 함수 내에서 새 노드 **p**를 꼬리에 연결합니다. 그리고 반환값은 머리 노드의 주소인데, 만일 머리 포인터 **s_head**의 값이 **NULL**이었다면, 즉 연결 리스트가 비어 있었다면 새로 추가된 노드의 주소가 반환되고(4번 줄), 그렇지 않았다면 머리가 바뀌지 않으므로 기존의 **s_head**의 값이 그대로 반환됩니다(7번 줄). 반환된 머리 노드의 주소는 **s_head**에 다시

프로그램 19.7 add_last함수

```
01: struct ln *add_last(struct ln *head, struct ln *tail,
          struct ln *new) {
02:    new->next = NULL;
03:    if(head == NULL) {
04:       return new;
05:    } else {
06:       tail->next = new;
07:       return head;
08:    }
09: }
10:
11: int main(void) {
12:    struct ln   *s_head, *s_tail, *p;
13:    ...
14:    s_head = NULL;
15:    while(1) {
16:       scanf("%d", &a);
17:       if(a<0) break;
18:
19:       p = malloc(sizeof(struct ln));
20:       p->score = a;
21:       s_head = add_last(s_head, s_tail, p);
22:       s_tail = p;
23:    }
24: }
25: ...
```

(03~04줄) 연결 리스트가 비어 있으면 new가 머리가 됨 → new 반환

(06~07줄) 그렇지 않으면 new를 꼬리에 연결 → 기존 머리를 그대로 반환

(21줄) 반환된 주소를 s_head에 저장: 연결 리스트가 비어 있었으면 새 노드의 주소, 그렇지 않으면 기존 머리의 주소

(22줄) 새로 만든 노드가 새로운 꼬리임

저장됩니다. 그리고 새 노드가 새로운 꼬리가 되므로 22번 줄에서 s_tail에 새 노드의 주소를 저장합니다.

19.7.3 방문 함수

이 번에는 모든 노드들을 방문해서 데이터를 출력하는 함수를 작성해 봅시다. 매개 변수는 머리 포인터 값만 받으면 될 것입니다. 머리의 주소만 알면 머리부터 시작해서 모든 노드를 방문할 수 있겠지요. 반환값은 없어도 될 것 같고 이름은 visit으로 하면 함수 원형은 void visit(struct ln *head)이 되겠습니다. 그리고 함수 안에는 프로그램 19.4에서 각 노드를 방문하는 반복문인 10~15번 줄의 while문을 넣습니다. 이렇게 작성한 프로그램이 프로그램 19.8입니다.

프로그램 19.8에서는 함수를 호출하는 것과 직접적인 관련이 없는 것은 제외했습니다. 보시면 13번 줄에서 visit 함수를 호출하며 머리 포인터 s_head를 인자로 넘겨 주면, s_head에 저장되어 있던 머리의 주소가 매개 변수 p로 복사될 것입니다. 그러면 매개 변수 p는 연결 리스트의 머리를 가리키겠지요. 그 때부터 반복문을 돌면서 5번 줄처럼 현재 노드의 데이터 필드, 멤버 score에 있는 값을 출력하고 6번 줄처럼 다음 노드로

프로그램 19.8 visit함수

```
01: void visit(struct ln *p) {
02:     while(1) {
03:         if(p == NULL) return;         <-------- 꼬리를 지나면 중지
04:
05:         printf("%d\n", p->score);  <-------- 데이터를 출력하고
06:         p = p->next;                  <-------- 다음 노드로 이동
07:     }
08: }
09:
10: int main(void) {
11:     struct ln   *s_head;
12:     ...
13:     visit(s_head);           <-------- 머리 노드의 주소를 인자로 넘겨 줌
14:     ...
15: }
```

이동합니다. 그러다가 3번 줄처럼 꼬리를 넘게 되면 함수를 끝내고 돌아옵니다. 보시면 특이한 점이 매개 변수 p를 수정하면서, 즉 다음 노드를 가리키게 하면서 동작한다는 것입니다. 아시겠지만 매개 변수에는 값을 복사할 뿐이므로 p 자체를 수정하는 것은 함수를 호출한 쪽의 변수 값에 아무런 영향도 미치지 않습니다.

연습 문제

1. 연결 리스트의 노드는 _____ 필드와 _____ 필드로 이루어져 있다.
2. 연결 리스트 노드의 구조가 프로그램 19.3의 **struct ln**일 때, **struct ln *p**에 대해 **p**가 현재 가리키는 노드에서 다음 노드를 가리키게 하는 문장을 적으시오.
3. 연결 리스트 노드의 구조가 프로그램 19.3의 **struct ln**일 때, 꼬리 노드의 멤버 **next**에는 보통 어떤 값을 저장하는가?
4. 연결 리스트에서 아래와 같은 상태일 때 **p->next->next**가 가리키는 노드는 어느 것인가?

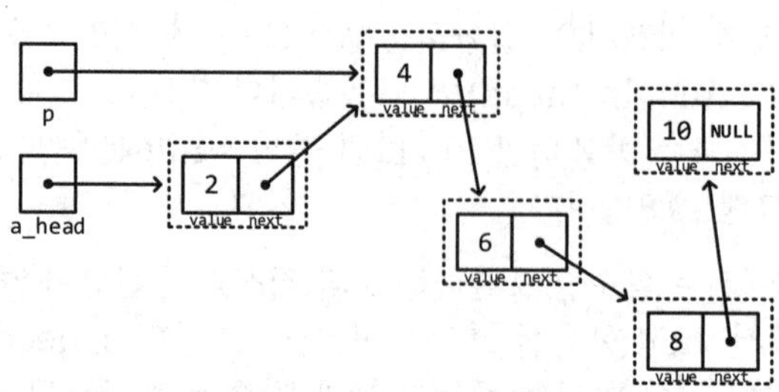

5. 머리 포인터가 **b_head**인 어떤 연결 리스트에 대해 아래와 같은 프로그램을 실행하였다. 반복문을 마쳤을 때 **cur**이 가리키는 노드는 무엇인가?

```
cur = b_head;
while(cur->next != NULL)
    cur = cur->next;
```

6. 연결 리스트에서 저장된 데이터를 더한 합을 구하는 함수 **int sum(struct ln *)**을 작성하시오. 연결 리스트 노드의 구조는 프로그램 19.3의 **struct ln**을 사용한다.

7. 연결 리스트에서 주어진 값과 같은 값을 가지는 노드의 개수를 반환하는 함수 **cnt**를 작성하시오. 이 함수의 원형은 **int cnt(sturct ln *, int)**이다. 연결 리스트 노드의 구조는 프로그램 19.3의 **struct ln**을 사용한다.

8. 연결 리스트에서 주어진 값과 같은 값을 가지는 마지막 노드의 주소를 반환하는 함수 **find**를 작성하시오. 이 함수의 원형은 **struct ln *find(sturct ln *, int)**이다. 연결 리스트 노드의 구조는 프로그램 19.3의 **struct ln**을 사용한다.

9. 두 개의 연결 리스트를 받아서 두 연결 리스트의 노드들을 번갈아 연결하여 새로운 연결 리스트를 만드는 함수 **alternate**를 만드시오. 한쪽 연결 리스트의 노드를 먼저 소모하면 다른쪽 연결 리스트의 노드들만으로 연결 리스트의 구성을 계속한다. 이 함수의 원형은 **struct ln *alternate(struct ln *, struct ln *)**이며, 반환값은 새 연결 리스트의 머리 포인터이다.

실습 문제

1. 정수로 된 점수들을 입력받아 연결 리스트에 저장하다가 음수를 입력받으면 입력을 멈추고, 생성된 연결 리스트를 방문하며 노드의 개수와 점수의 합을 구하여 출력하시오.

2. 여러 줄의 문장을 입력받은 뒤 이 문장을 연결 리스트에 저장하시오. 연결 리스트의 한 노드는 한 줄의 문장이 저장되며 **add_first** 방식으로 저장한다. 노드의 내부 구조는 문장을 저장할 문자 배열 한 개와 다음 노드를 가리킬 링크 필드로 구성된다. 문장들은 길이가 80 이하라고 가정한다. 저장이 끝나면 각 노드에 저장된 단어들을 출력하시오.

3. 위 문제에서 **add_last** 방식으로 저장하고 출력하시오.

4. 위의 2문제에서 노드의 내부 구조를 문자 배열 대신 문자형 포인터로 바꾸고 각 문장에 대해 그 문장의 길이에 맞는 공간을 동적 할당 받는 방식으로 바꾸시오.

5. 나라 이름과 그 나라에 해당하는 국제 전화 번호를 입력받아 연결 리스트에 저장하시오. 연결 리스트의 한 노드에는 한 나라의 이름(문자열)과 그 나라의 국제 전화 번호(정수)를 저장한다. 나라 이름으로 빈 문자열을 입력하면 입력을 중지하고 지금까지 입력받은 나라 이름과 국제 전화 번호를 출력하시오.

6. 위 문제와 같이 나라 이름과 국제 전화 번호를 입력받고 출력한 뒤, 나라 이름을 하나 입력받아서 그 나라의 국제 전화 번호를 출력하시오.

CHAPTER 20

연결 리스트 2

배열과 연결 리스트는 둘 다 대량의 데이터를 다루기에 적합한 구조들입니다. 그러나 그 특성은 서로 다릅니다. 프로그래머의 입장에서는 둘의 장단점을 잘 파악해서 적재적소에 사용해야 할 것입니다. 이 장에서는 연결 리스트와 배열을 비교하며 삽입, 제거, 탐색의 과정에 대해 다루겠습니다. 연결 리스트의 사용법도 익히고 연결 리스트와 배열의 특성도 비교해 보십시오.

20.1 배열과 연결 리스트의 비교

연결 리스트의 최대 장점은 앞 장의 처음 부분에서 설명했듯이 데이터의 개수를 미리 알지 못하더라도 괜찮다는 것입니다. 배열의 경우에는 데이터의 개수를 알아야 그 개수만큼의 배열 요소들을 선언할 수 있습니다. 동적 할당으로 할당받더라도 데이터를 입력받기 전에 개수를 미리 알아야 한다는 것은 마찬가지입니다. 물론 배열을 대략 크게 잡아 놓고 해도 됩니다만 이렇게 되면 공간의 낭비가 생길 뿐 아니라 데이터의 개수가 제한된다는 것은 여전히 단점으로 남습니다. 이에 반해 연결 리스트는 데이터를 받으면서 계속 할당을 새로 받는 구조이므로 데이터의 개수를 미리 알 필요는 없습니다.

연결 리스트의 다른 장점으로 배열에 비해 중간에 데이터를 삽입하거나 중간에 있는 데이터를 제거하는 것이 편리하다는 장점도 있습니다. 이 장점도 중요하므로 나중에 자세히 설명하겠습니다.

이에 반해 연결 리스트의 단점으로는 우선 배열에 비해 더 많은 저장 공간이 필요하다는 점이 될 것입니다. 배열에는 데이터만 저장하면 되는 반면에 연결 리스트에서는 각 노드에 데이터 뿐만 아니라 다음 노드를 가리키는 연결도 저장해야 합니다. 그러므로 만일 배열이 정확한 크기로 만들어지기만 한다면 배열이 연결 리스트에 비해 항상 더 적은 공간을 소모합니다. 앞에서 예로 들었던 연결 리스트를 보시면 한 노드에 항상 변수 score와 포인터 next가 들어 있으므로, 만일 20명의 점수를 저장한다면 배열에서는 int형 변수 20개만큼의 공간만 필요하지만 연결 리스트에서는 int형 변수 20개와 포인터 20개만큼의 공간이 필요할 것입니다.

이러한 연결 리스트의 단점을 완화하는 방법으로 한 노드에 한 데이터만 저장하는 것이 아니라 여러 개의 데이터를 저장하는 방법도 있습니다. 즉 그림 19.7과 같은 구조체에서 한 노드에 다섯 명의 점수를 저장하는 것입니다. 이렇게 되면 20명의 점수를 저장하기 위해 4개의 노드가 필요하고 메모리 공간의 크기로 따지면 int형 변수 20개와 포인터 4개만큼의 공간이 필요하게 됩니다. 링크 필드를 위해 소모되는 공간이 적어졌지요.

연결 리스트의 다른 단점으로는 다루기가 쉽지 않다는 것입니다. 배열은 여러분이 앞에서 했듯이 반복문과 잘 결합시키면 다루기가 쉽습니다. 그에 반해 연결 리스트는 포인터를 잘 이해해야 하고, 다음 노드로 가는 것도 cur = cur->next와 같이 조금 어려운 문장을 써야 합니다. 그리고 여러분이 어렵게 느끼는 만큼 컴퓨터가 실행하기에도, 배열을 다루는 문장들에 비해 연결 리스트를 다루는 문장들이 좀 더 시간이 많이 걸립니다.

20.2 배열과 연결 리스트에서의 삽입 과정 비교

연결 리스트의 장점 중 하나가 삽입과 제거가 쉽다고 했습니다. 우선 삽입 과정의 차이를 보여드리기 위해 이런 예제 프로그램을 작성해 봅시다. 학생들의 점수를 입력받아서 저장하는데, 이번에는 정렬을 하면서 저장을 하도록 해 봅시다. 즉 점수를 새로 입력받으면 제일 끝이나 처음에 들어가는 것이 아니라 자신 보다 작은 점수와 큰 점수가 있는 자리의 중간에 들어가서 작은 점수에서 큰 점수로 정렬이 되어 있도록 하는 것입니다.

예를 들어 처음에 83을 입력받으면 83을 저장하고 다음에 25를 입력받으면 83 보다 작으므로 83의 앞에 저장해서 25, 83의 순서가 되게 합니다. 다음에 76을 입력받으면 76은 25와 83 사이이므로 25, 76, 83의 순서로 저장되게 하고, 다음에 90을 입력받으면 제일 크므로 25, 76, 83, 90의 순서로 저장합니다. 이 상태에서 80을 새로 입력받으면 76과 83의 사이에 저장해서 25, 76, 80, 83, 90으로 순서를 맞추어 저장합니다. 이와 같이 입력받은 값을 보고 정렬 순서에 맞춰 적절한 자리를 찾아 중간에 들어가도록 하려는 것입니다.

20.2.1 배열에서의 삽입 과정

방금의 예제에서 점수들을 배열 저장한다면 그림 20.1과 같이 동작을 하도록 프로그램을 작성해야 합니다. 그림 20.1의 위 그림은 25, 76, 83, 90의 순서로 저장되어 있는데 새로 80이 들어온 상황입니다. 이때 우리의 목표는 배열에 25, 76, 80, 83, 90의 순서로 저장시키는 것이므로 80은 s[2]에 들어가야 합니다. 그런데 문제는 s[2]에 이미 83이 저장되어 있다는 것입니다. 83이라는 점수가 지워지지 않으려면 83은 뒤로 미뤄서 s[3]에 저장해 놓아야 합니다. 그런데 s[3]에는 90이 이미 있으니 이 90도 하나 뒤 칸인 s[4]에 저장해야 합니다. 정리하면 s[3]에 있던 90을 s[4]에 저장하고①, s[2]에 있던 83은 s[3]에 저장하고② 이렇게 한 후에 s[2]에 80을 저장하는 것입니다③. 그러면 그림 20.1의 아래와 같이 정렬되어서 저장되는 것입니다.

이 동작을 프로그램으로 작성한 것이 프로그램 20.1입니다. 1번에서 3번 줄은 필요한 점수를 저장할 배열과 점수의 개수를 저장할 변수를 선언하고 처음에 점수의 개수를 0으로 저장하는 부분입니다. 다음으로 반복문에 들어가면 점수를 하나씩 입력받으면서 점수가 음수이면 반복을 종료합니다. 11번 줄부터가 새로 입력받은 점수를 적절한 위치에

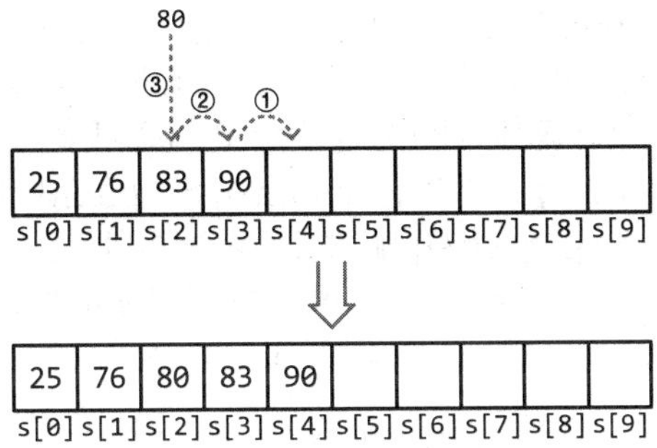

그림 20.1 배열에서 정렬하며 저장하는 과정

프로그램 20.1 배열에서 정렬하며 저장하기

```
01: int   s[10];              <--------- 점수를 저장할 배열
02: int   num;                <--------- 점수의 개수를 저장하는 변수
03: num = 0;                  <--------- 처음에는 0개
04: while(1) {
05:    scanf("%d", &a);
06:    if(a<0) {              <--------- 음수이면 종료
07:       s[num] = a;
08:       break;
09:    }
10:
11:    for(i=0;i<num;i++)        } 새로 입력받은 점수가 들어갈 자리를 찾음
12:       if(s[i] > a) break;    } s[i-1]<=a<s[i] 일 때 a는 s[i]에 들어가야 함
13:
14:    for(j=num-1;j>=i;j--)     } s[i]~s[num-1]에 있던 점수들을 하나 씩 뒤로 이동
15:       s[j+1] = s[j];         }
16:
17:    s[i] = a;              <--------- s[i]에 입력받은 점수 저장
18:    num++;                 <--------- 점수 개수 하나 증가
19: }
20: ...
```

저장하는 부분인데요, 우선 11, 12번 줄에서 입력받은 점수가 들어갈 자리를 찾습니다. 새로 들어갈 자리의 조건은 새로 입력받은 점수 보다 작은 점수와 더 큰 점수의 사이가 되겠지요. 기존에 저장된 점수들도 정렬이 되어 있으므로 12번 줄과 같이 새로 입력받은 점수 보다 더 큰 점수가 저장된 첫 번째 배열 요소를 찾으면 됩니다. 그러면 그 배열 요소는 입력 점수 보다 크고, 하나 앞에 있는 배열 요소는 입력 점수 보다 작을 것입니다. 11,12번 줄에서 a 보다 더 큰 첫 번째 배열 요소 s[i]를 찾으면 break를 통해 반복을 종료하게 되어 있고, 이렇게 반복이 종료될 때 i의 값은, s[i]는 a 보다 크고 s[i-1]은 a 보다 작게 되는 첨자가 될 것입니다.

그럼 이제 s[i]가 바로 새로 입력받은 점수 a가 들어갈 자리인데 뒤에 있는 점수들을 모두 하나씩 옮겨야 들어갈 자리가 생길 것입니다. 그래서 14,15번 줄에서 s[i]~s[num-1]을 하나씩 뒤로, 즉 s[i+1]~s[num]으로 옮깁니다. 이때 옮기는 순서에 주의하셔야 하는데요, 뒤로 한 칸씩 옮겨 가므로 제일 뒤에 있는 것부터 옮겨야 할 것입니다. 그래서 반복문을 보시면 j가 num-1에서 시작해서 j가 1씩 감소하고 있습니다. 그리고 각각의 j에 대해 s[j]를 s[j+1]에 저장하지요. 이렇게 하면 s[num-1]은 s[num]에, 그 다음엔 s[num-2]을 s[num-1]에, ... 다음엔 s[i]를 s[i+1]에 저장하는 것입니다. 그러면 s[i]~s[num-1]이 모두 한 칸씩 뒤로 옮겨간 것이므로 이제 17번 줄과 같이 s[i]에 a를 저장할 수 있습니다. 점수의 개수가 하나 늘었으니 18번 줄과 같이 num을 증가시켜야겠지요.

그림 프로그램 20.1의 이해를 돕기 위해 11번 줄에서 17번 줄까지의 과정을 그림으로 보여드리겠습니다. 상황은 그림 20.2a와 같이 배열 s에 25, 76, 83, 90 이 저장되어 있는데 80이 새로 입력되어서 a에 저장되어 있다고 가정하겠습니다. 네 개의 점수가 저장되어 있으니 num에 저장되어 있는 값도 4이겠지요.

이때 11, 12번 줄에 있는 반복문을 실행하고 나면 그림 20.2b와 같이 i에 2가 저장됩니다. 이유는 i가 0일 때 s[0]과 a를 비교하면 s[0]이 작으므로 break가 실행되지 않고, i가 1일 때도 s[1]이 a 보다 작으므로 break가 실행되지 않습니다. 다음에 i가 2가 되면 s[2]는 a 보다 크므로 break가 실행되어서 반복문이 종료되고, 이때 i의 값은 2인 것입니다. 여기서 이 i의 의미를 생각해 보면 이 i는 a<s[i]인 첫 번째 i이므로 s[i-1]<=a<s[i]가 성립합니다. 따라서 이 s[i] 자리에 a가 저장되어야 합니다.

그래서 s[i] 자리에 a를 저장하기 위해 14,15번 줄에서 s[i] 이후의 값들을 하나씩 뒤로 미룹니다. 첫 번째 반복, 즉 j가 num-1일 때 s[3]의 값인 90을 s[4]에 저장합니다(그림 20.2c). 그리고 j를 1 감소시킨 그 다음 반복에서는 s[2]를 s[3]에 저장합니다(그림 20.2d). 다음에 j를 1 더 감소시키면 j가 1이 되어서 i 보다 작아지므로 반복을 종료합니다(그림 20.2e). 보시면 a가 들어갈 자리인 s[2] 이후에 있는 s[2]와 s[3]이 각각 s[3]과 s[4]로 복사되어 이동해 있음을 보실 수 있습니다. 마지막으로 그림 20.2e와 같이 a를 s[2]에 저장하면 25, 76, 80, 83, 90의 순서로 저장되었습니다.

프로그램을 작성하는 것 자체가 많이 어렵지는 않습니다. 그림 20.1의 그림을 잘 이해하신 뒤 하나씩 작성해 보시면 이해하실 수 있으시리라 생각됩니다. 그러나 이 프로그램이 효율적인지는 조금 따져 봐야 합니다. 제일 마음에 걸리는 것이 아마 새로 입력받은 점수가 들어갈 자리 이후에 있는 값들을 모두 하나씩 뒤로 복사시키는 부분일 것입니다. 예제에서야 두 개만 복사하면 되므로 금방 되었습니다만, 복사할 배열 요소의 수가 100개, 200개로 늘어나는 상황도 생각해 봐야 할 것입니다. 평균적으로 봐서, 저장되어 있는 점수 개수의 절반 정도는 복사해야 한다고 보시면 될 것 같으며, 이런 동작은 효율이 좋은 편이 아닙니다.

20.2.2 연결 리스트에서의 삽입 과정

배열에서는 데이터들의 중간에 다른 데이터를 삽입하는 것이 효율적이지 않은 반면에 연결 리스트에서는 매우 효율적으로 처리할 수 있습니다. 우선 연결 리스트에서 어떤 과정으로 데이터를 추가하게 되는지 개념적으로 그린 것이 그림 20.3입니다.

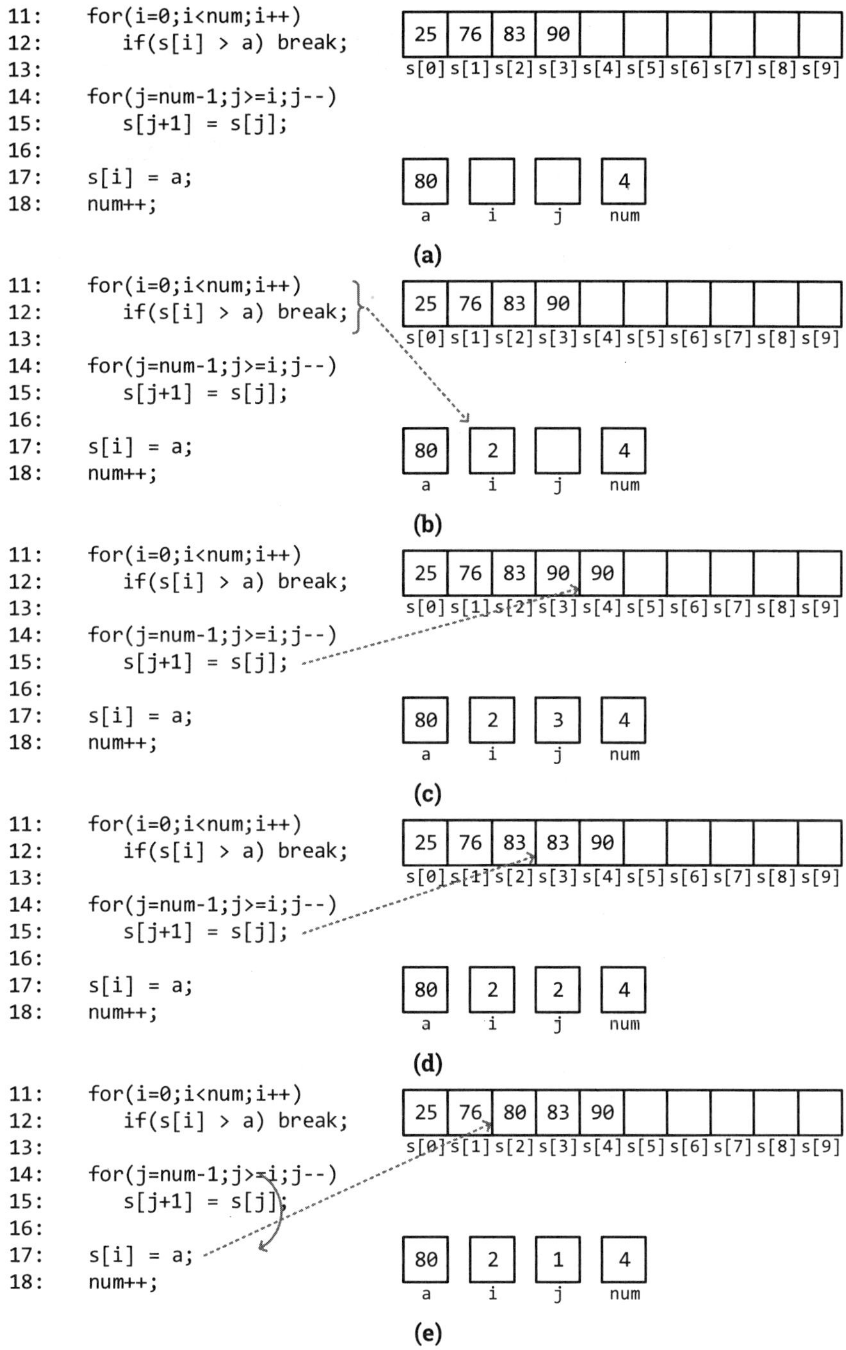

그림 **20.2** 프로그램 20.1의 진행

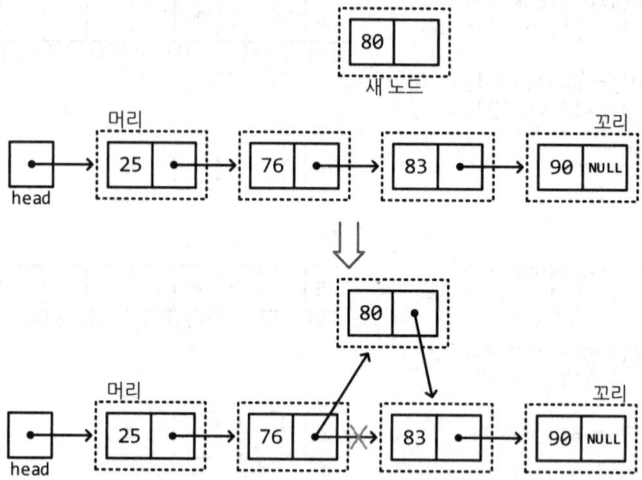

그림 20.3 연결 리스트에서 정렬하며 저장하는 과정

프로그램 20.2 연결 리스트에서 정렬하며 저장하기

```
struct ln   *s_head, *p, *cur, *pre;
s_head = NULL;
while(1) {
   scanf("%d", &a);
   if(a<0) break;
   p = malloc(sizeof(struct ln));
   p->score = a;

   pre = NULL;
   cur = s_head;
   while(cur!=NULL) {
      if(cur->score > p->score) break;
      pre = cur;
      cur = cur->next;
   }

   if(pre == NULL) s_head = p;
   else pre->next = p;
   p->next = cur;
}
...
```

새 노드를 할당 받고 입력받은 점수를 저장

노드들을 하나 씩 방문하며 입력받은 점수 보다 더 큰 첫 번째 노드를 찾음
cur: 현재 방문 중인 노드를 가리킴
pre: 바로 이전에 방문했던 노드를 가리킴

pre와 cur 사이에 새 노드를 연결
즉 pre → 새 노드 → cur이 되도록 연결

이미 25, 76, 83, 90이 정렬되어서 저장된 연결 리스트가 있을 때, 80을 새로 입력받아서 80의 노드를 새로 추가하려는 상황입니다. 연결 리스트에서 좋은 점은 노드들 간의 연결이 명시적으로 표현되어 있으므로 이 연결만 잘 조절하면 된다는 것입니다. 우선 76이 있는 노드 다음에 80이 있는 새 노드가 연결되어야 하므로 76이 있는 노드의 링크 필드는 80이 있는 노드를 가리키면 됩니다. 그리고 80이 있는 노드 다음에는 83이 있는 노드가 연결되면 되므로 80이 있는 노드의 링크 필드는 90이 있는 노드를 가리키면 됩니다. 그러면 그림 20.3의 아래에 있는 그림과 같이 되어서 25, 76 80, 83, 90의 순서로 정렬되어서 연결되는 것입니다.

이 개념에 따라 작성한 프로그램이 그림 20.2입니다. 점수를 입력받고 음수인지 검사한 다음에 6번과 7번 줄에서 새 노드를 할당받고 그 노드에 입력받은 점수를 저장합니다. 그 다음에 있는 9번~15번 줄은 연결 리스트의 노드를 하나씩 방문하면서 방금 입력받아 저장된 점수 보다 더 큰 점수가 저장된 첫 번째 노드를 찾는 과정입니다. 이때 cur 포인터는 현재 방문중인 노드를 가리키고 pre 포인터는 바로 이전에 방문한 노드를 가리킵니다.

이 반복문이 끝나게 되면 cur는 입력 점수 보다 더 큰 점수를 가지는 첫 번째 노드를, 그리고 pre는 그 바로 앞의 노드를 가리키게 됩니다. 그러면 새 노드가 들어갈 곳은 pre와 cur의 사이가 되므로, 17~19번 줄에서 이 위치에 새로운 노드를 삽입합니다. 즉 pre가 가리키는 노드의 링크 필드는 새 노드를 가리키고, 새 노드의 링크 필드는 cur가 가리키는 노드를 가리키도록 하는 것입니다.

이 프로그램의 진행과정 중 9~19번 줄의 진행 과정을 한 번 살펴보겠습니다. 상황은 앞의 배열의 예와 같이 25, 76, 83, 90이 이미 저장되어 있고 80이 새로 들어 왔다고 하겠습니다. 80을 입력받아서 새 노드를 생성한 것까지가 그림 20.4a입니다. 그리고 그림 20.4b에서 pre와 cur를 각각 NULL과 s_head로 초기화합니다. 처음 방문할 노드가 연결 리스트의 머리이므로 cur가 머리를 가리키게 하고 아직 이전에 방문한 노드는 없으므로 pre에는 NULL을 대입하는 것입니다.

그리고 입력 점수 보다 더 큰 점수를 찾는 11번 줄의 반복문에 들어 갑니다. 반복문 몸체에서 처음 하는 일이 그림 20.4c의 ①과 같이 현재 방문중인 노드에 저장된 값과 새로 생성된 노드에 서장된 값을 비교하는 일입니다. 현재는 각각 25와 80이므로 조건문의 조건은 틀리게 됩니다. 그럼 현재 방문 중인 노드에서 할 일은 다 했으므로 13, 14번 줄에서 다음 노드로 이동합니다. 14번 줄에서 cur가 다음에 위치한 노드를 가리키도록 하고, 그 이전에 13번 줄에서 pre에 이동하기 전의 cur를 저장합니다. 이렇게 하면 cur는 다음 방문할 노드를③, pre는 지금 막 방문했던 노드를 가리키게 됩니다②.

반복문을 올라간 뒤, 현재 방문하고 있는 노드에 저장된 점수를 비교합니다(그림 20.4d의 ①). 현재 방문 중인, 즉 cur가 가리키고 있는 노드에 저장된 점수가 76이므로 아직 새 노드의 점수인 80보다 작습니다. 그러면 13, 14번 줄과 같이 방금 방문 했던 노드는 pre가 가리키도록 하고 cur는 다음 방문할 노드를 가리키게 합니다(②와 ③).

다시 반복문을 올라가서 조건을 비교하면(그림 20.4e의 ①), 이번에는 현재 방문 중인 노드에 저장된 점수 83이 새 노드의 점수 80 보다 큽니다. 입력받은 점수 보다 더 큰

```
    pre = NULL;
    cur = s_head;
    while(cur!=NULL) {
       if(cur->score > p->score) break;
       pre = cur;
       cur = cur->next;
    }

    if(pre == NULL) s_head = p;
    else pre->next = p;
    p->next = cur;
```

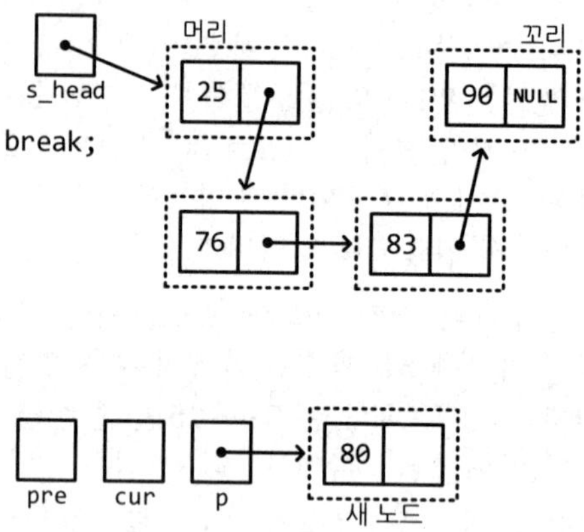

(a)

```
    pre = NULL;
    cur = s_head;
    while(cur!=NULL) {
       if(cur->score > p->score) break;
       pre = cur;
       cur = cur->next;
    }

    if(pre == NULL) s_head = p;
    else pre->next = p;
    p->next = cur;
```

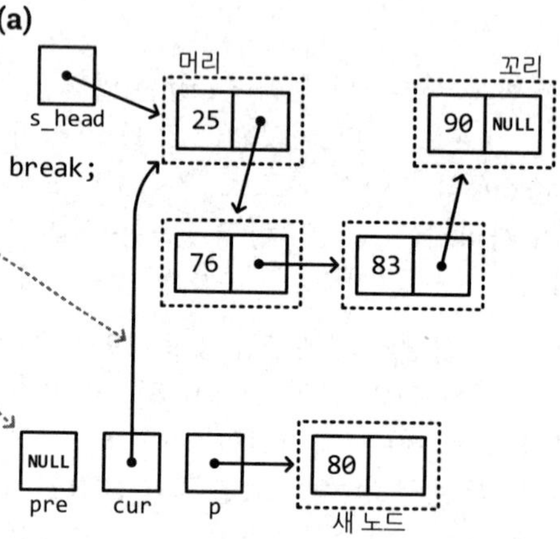

(b)

```
    pre = NULL;
    cur = s_head;
    while(cur!=NULL) {
       if(cur->score > p->score) break;
       pre = cur; ①25 > 80 ?
       cur = cur->next; ③
    }
                ②
    if(pre == NULL) s_head = p;
    else pre->next = p;
    p->next = cur;
```

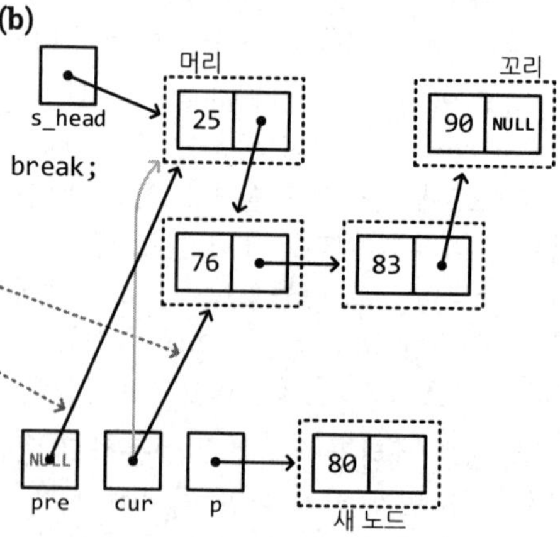

(c)

```
pre = NULL;
cur = s_head;
while(cur!=NULL) {
   if(cur->score > p->score) break;
   pre = cur;
   cur = cur->next;
}

if(pre == NULL) s_head = p;
else pre->next = p;
p->next = cur;
```

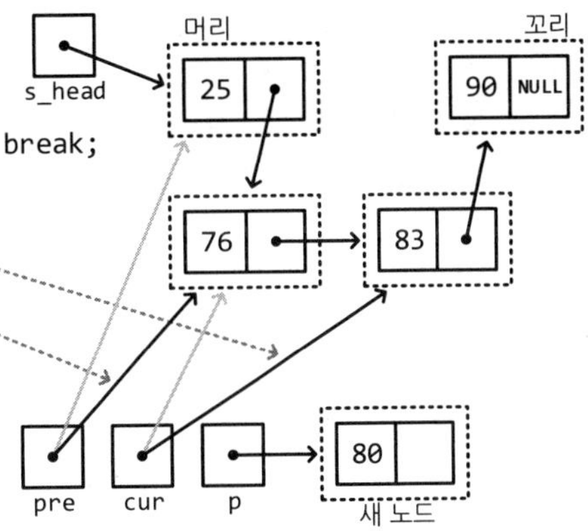

(d)

```
pre = NULL;
cur = s_head;
while(cur!=NULL) {
   if(cur->score > p->score) break;
   pre = cur;
   cur = cur->next;
}

if(pre == NULL) s_head = p;
else pre->next = p;
p->next = cur;
```

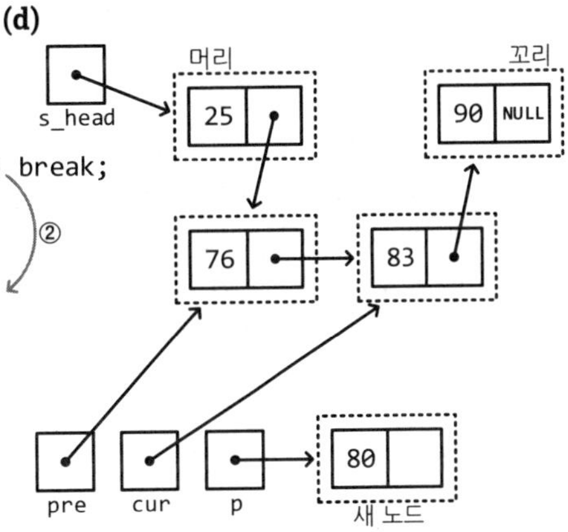

(e)

```
pre = NULL;
cur = s_head;
while(cur!=NULL) {
   if(cur->score > p->score) break;
   pre = cur;
   cur = cur->next;
}

if(pre == NULL) s_head = p;
else pre->next = p;
p->next = cur;
```

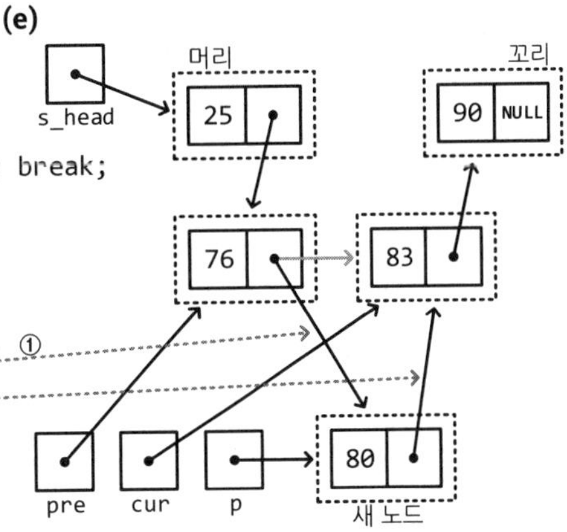

(f)

```
09:     pre = NULL;
10:     cur = s_head;
11:     while(cur!=NULL) {
12:         if(cur->score > p->score) break;
13:         pre = cur;
14:         cur = cur->next;
15:     }
16:
17:     if(pre == NULL) s_head = p;
18:     else pre->next = p;
19:     p->next = cur;
```

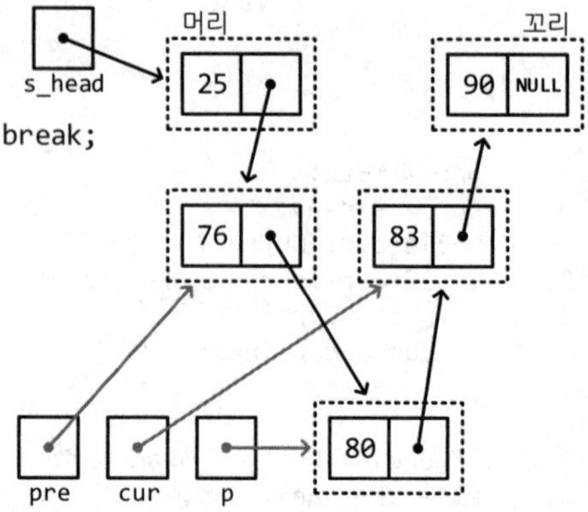

(g)

그림 **20.4** 프로그램 20.2의 진행

점수의 노드를 발견했으므로 **break**에 의해 반복문을 종료합니다②. 지금 잠깐 **cur**와 **pre**가 가리키고 있는 노드들을 보십시오. 현재 **cur**가 가리키고 있는 노드에 저장된 점수는 **83**으로써 입력 점수 **80** 보다 더 큰 점수의 노드들 중 첫 노드이고, **pre**는 그 앞에 있는 노드입니다. 다른 말로 **pre**는 입력 점수 보다 더 작은 점수의 노드들 중 가장 마지막 노드라고도 할 수 있습니다. 그러므로 이제 새 노드가 들어갈 자리는 **pre**와 **cur**가 가리키는 노드들의 사이가 되는 것입니다. 연결의 관점에서 보면 **pre**가 가리키는 노드의 링크 필드가 새 노드를, 새 노드의 링크 필드가 **cur**가 가리키는 노드를 가리키면 되는 것입니다.

이렇게 연결을 수정하는 문장이 **17~19**번 문장들입니다. 조건문에 대한 설명은 잠시 넘어가고 현재 **pre**는 **NULL**이 아니므로 **18**번 줄의 **else**가 실행됩니다. 그러면 **pre->next = p**에 의해 **pre**가 가리키는 노드의 **next**에는 **p**에 저장된 주소, 즉 새 노드의 주소가 저장됩니다. 다른 말로 **pre**가 가리키는 노드의 링크 필드는 새 노드를 가리키게 되죠(그림 **20.4f**의 ①). 다음으로 **19**번 문장에서 **p->next = cur**에 의해 **p**가 가리키는 노드의 **next**에는 **cur**에 저장된 주소가 저장됩니다. 즉 **p**가 가리키는 노드의 링크 필드는 **cur**가 가리키는 노드를 가리키게 됩니다(그림 **20.4f**의 ②).

19번 문장까지 실행된 결과인 그림 **20.4g**를 보시면 노드들이 **25, 76, 80, 83, 90**의 순서로 연결되어 있음을 보실 수 있습니다.

20.2.3 프로그램 20.1과 프로그램 20.2에 대한 추가 설명

이 절에서 제시하고 있는 두 예제 프로그램인 프로그램 **20.1**과 프로그램 **20.2**를 공부하실 때 생각해야 하는 것을 몇 가지 말씀드리겠습니다. 첫 번째로 여러분이 연결 리스트나 배열을 다루는 과정을 공부하실 때는 프로그램 자체를 들여다보시기 이전에 그림 **20.1**나 그림 **20.3**과 같은 그림을 먼저 보고 이해하셔야 합니다. 이런 그림들은 프로그램이 어떻게 동작하는지를 개념적으로 간략하게 보여주는 것이므로 이 그림 대로 동작할 때 원하는 것을 얻을 수 있다고 이해해야만 프로그램을 작성할 수 있습니다.

이렇게 그림을 이해하고 그릴 수 있게 된 다음에 하는 것이 그림에 있는 과정을 프로그램 20.1나 프로그램 20.2와 같은 프로그램으로 옮기는 것입니다. 그리고 프로그램을 작성한 다음에 여러분이 해야 할 일은 그림 20.2나 그림 20.4와 같이 프로그램의 진행을 머리속이나 공책 위에 그려보는 것입니다. 이렇게 한 문장 한 문장 따라가며 그리면서, 프로그램을 작성하기 이전에 그렸던 그림과 비교해서 그대로 진행되는지 검사해야 할 것입니다. 만일 다르다면 어디엔가 문제가 있었던 거지요.

마지막으로 작성한 프로그램에 혹시 문제가 없는지 살펴 봐야 합니다. 이런 종류의 프로그램에서 문제가 되는 경우는 보통 처음이나 마지막, 혹은 끝에 걸리는 경우들입니다. 즉, 제일 처음 입력받은 점수는 잘 저장되는가? 입력받은 점수가 기존에 받은 모든 점수들보다 더 작아서 제일 앞 자리에 들어가야 하는 경우에는 문제가 없는가? 반대로 다른 점수들 보다 더 커서 가장 마지막 자리에 들어야가 하는 경우는 어떤가? 이런 질문들을 생각하고 그런 예제를 만든 뒤에 프로그램을 한 문장씩 따라가며 문제가 없음을 확인해야 합니다. 이런 경우들을 처리하기 위해 조건문을 추가해야 하는 경우가 많이 발생합니다. 예를 들어 프로그램 20.2의 17번 문장에 있는 조건문은 입력받은 점수를 제일 앞 자리에 넣어야 하는 경우를 대비한 조건문입니다. 왜 이 조건이 그런 기능을 하는지는 잘 생각해 보시기 바랍니다.

이런 생각들을 하면서 프로그램에 있는 한 문장 한 문장의 의미를 완전히 이해해야 여러분의 실력이 향상되는 것입니다. 그렇지 않으면 프로그램을 짜긴 짜는데 어딘가 엉성하고 문제도 많은 프로그램을 작성하는 프로그래머가 되는 것입니다.

20.3 배열과 연결 리스트에서의 제거 과정 비교

이번에는 배열과 연결 리스트에서의 제거 과정을 비교하기 위해 이런 기능을 추가해 봅시다. 점수를 저장해 놓은 상태에서 (즉 점수의 입력이 모두 끝났다고 가정하고) 새로 점수를 하나 입력받은 뒤 그 점수와 같은 점수의 노드를 제거하는 것입니다. 즉 앞 예제들의 결과와 같이 25, 76, 80, 83, 90이 저장되어 있는데 80을 입력받으면 80을 제거하고 25, 76, 83, 90만 순서대로 남겨 놓는 것입니다.

20.3.1 배열에서의 제거 과정

배열에서 중간에 삽입을 하면 이후 요소들을 이동 복사해야 했듯이 배열의 중간에 있는 요소를 제거하게 되면 역시 이후 요소들을 이동 복사해야 합니다. 그림 20.5에 처리 과정의 개념을 그려 놓았습니다. 80을 제거하고 나면 83은 s[2]에 들어 있어야 하므로 83은 s[2]로 옮기고①, 90은 s[3]에 들어 있어야 하므로 90을 s[3]으로 옮깁니다. 그러면 그림 20.5의 아래 그림과 같이 25, 76, 83, 90의 순서로 저장되게 됩니다. 80을 따로 제거하는 과정은 필요 없는데, 이유는 83으로 덮어 쓰면 자연스럽게 없어지기 때문입니다. 그림에서는 s[4]에 90이 남아 있는데 별 상관 없으며, 만일 유효한 점수들의 끝에 음수를 넣어 놓는 규칙을 따른다면 s[5]에 있던 음수노 s[4]로 복사해야 할 것입니다.

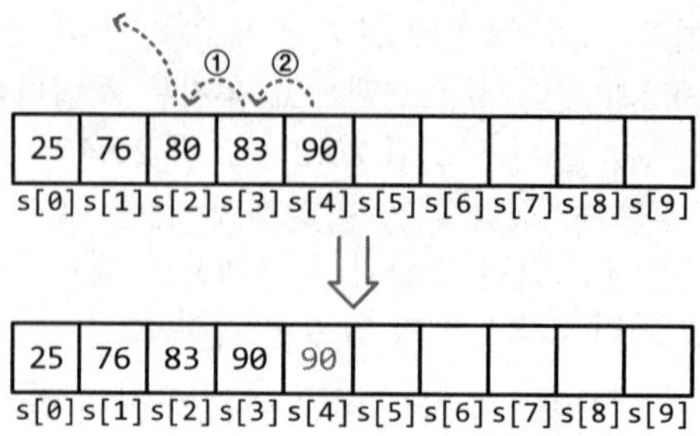

그림 20.5 배열에서 한 요소를 제거하는 과정

프로그램 20.3 배열에서 한 요소를 제거하기

```
01: scanf("%d", &a);
02:
03: for(i=0;i<num;i++)            } 입력받은 점수와 같은 배열 요소를 찾아서
04:     if(s[i] == a) break;      }
05:
06: for(j=i;j<num-1;j++)          } 그 이후의 요소들을 한 칸씩 앞으로 복사
07:     s[j] = s[j+1];            }
08: num--;
```

그림 20.5의 개념에 따라 작성한 프로그램이 프로그램 20.3입니다. 점수를 입력받은 뒤 3, 4번 줄에서 그 점수와 같은 점수를 가지는 배열 요소를 찾습니다. 4번 줄의 조건문에서 break가 실행되어 반복문이 종료될 때 s[i]가 바로 그런 배열 요소입니다. 그리고 6, 7번 줄에서 그 배열 요소 이후의 배열 요소들을 하나씩 앞으로 복사합니다. 그러면 이전의 s[i]에는 다른 값이 써져서 없어지고, 나머지 값들은 연속적으로 남아있게 되는 것입니다.

그럼 프로그램 20.3을 한 줄씩 실행해 봅시다. 그림 20.6a는 배열 s에 25, 76, 80, 83, 90이 차례로 저장되어 있는데 1번 줄의 scanf를 통해 80이 입력된 상황입니다. 즉 80을 제거하고 싶은 것입니다. 그러면 우선 3, 4번 줄의 반복문을 통해 80이라는 점수를 찾을 것이고, s[2]에 저장된 점수가 80이므로 반복문의 결과로 그림 20.6b와 같이 i에 2가 저장될 것입니다. 그러면 6, 7번 줄의 반복문에서 s[3]부터 하나씩 앞으로 복사합니다. 첫 반복에서는 j가 2이므로 s[3]을 s[2]에 복사하고(그림 20.6c) 다음에는 j가 3이므로 s[4]를 s[3]에 복사합니다(그림 20.6d). 반복이 끝난 뒤에 보면 s[0]~s[3]에 25, 76, 83, 90이 저장되어서 80이 제거되었음을 확인하실 수 있습니다(그림 20.6e). 그림에서 s[4] 자리에 90이 남아 있습니다만 8번 줄에서 num을 1 감소시키면 s[0]~s[3]만 유효한 점수로 생각할 것입니다. 만일 유효한 점수의 끝에 음수를 저장한다고 약속을 정했다면 (프로그램 19.1에 대한 설명 참조) s[5]에 있을 음수도 s[4]로 복사해 주어야 합니다.

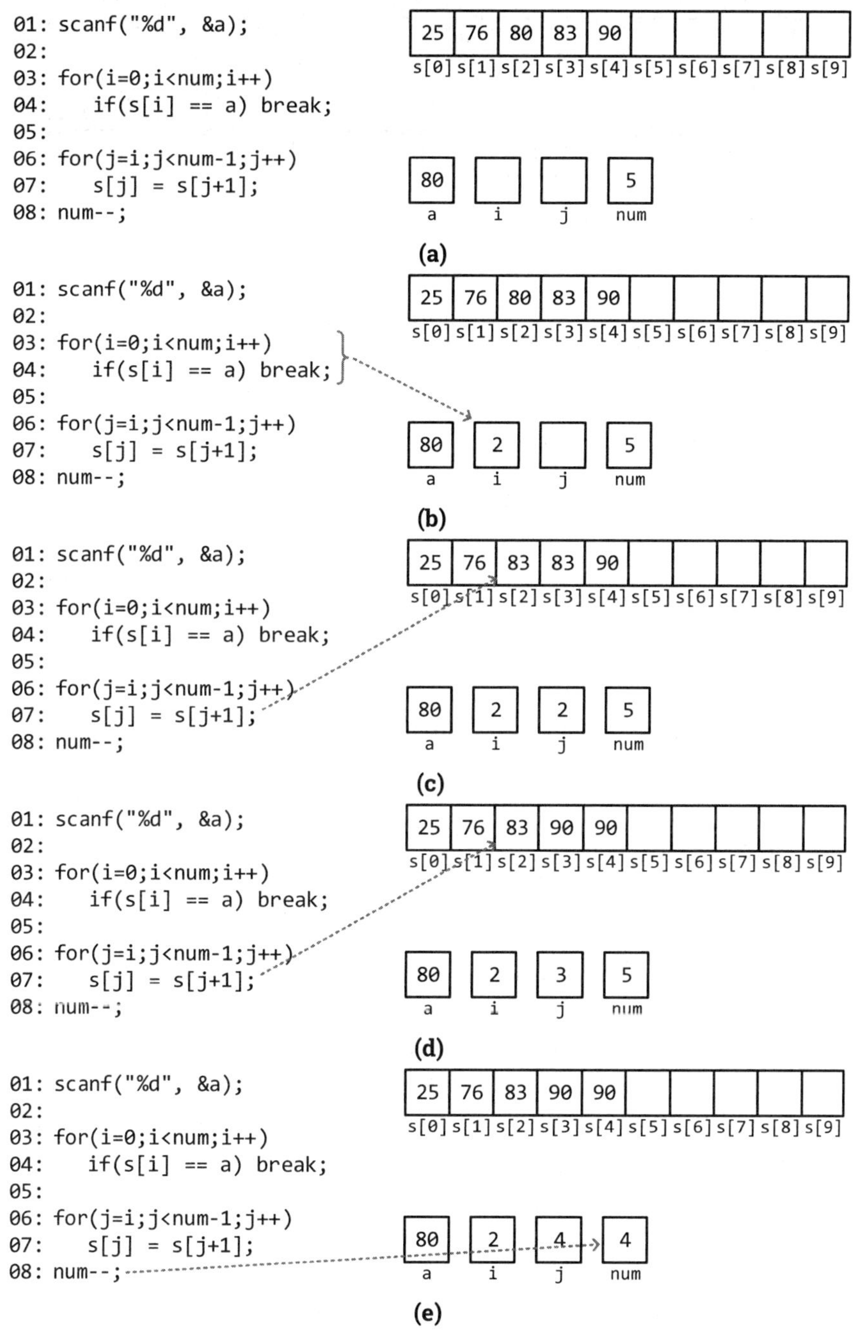

그림 20.6 프로그램 20.3의 진행

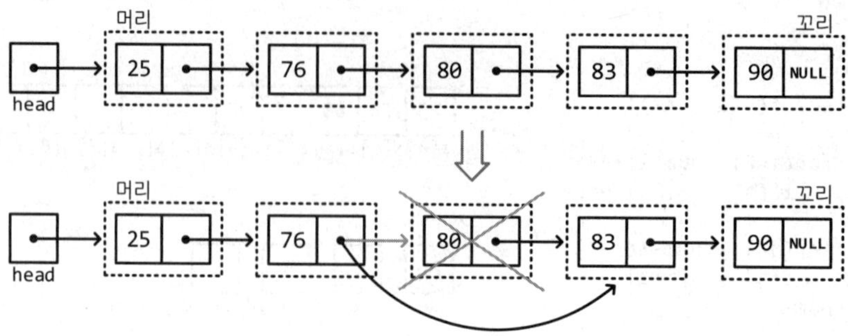

그림 20.7 연결 리스트에서 노드 제거하는 과정

프로그램 20.4 연결 리스트에서 노드 제거하기

```
01: scanf("%d", &a);
02:
03: pre = NULL;
04: cur = s_head;
05: while(cur!=NULL) {
06:    if(cur->score == a) break;
07:    pre = cur;
08:    cur = cur->next;
09: }
10:
11: if(cur != NULL) {
12:    if(pre == NULL) s_head = cur->next;
13:    else pre->next = cur->next;
14:    free(cur);
15: }
```

(3~9번 줄) 노드들을 하나 씩 방문하며 입력받은 점수와 같은 노드를 찾음
cur: 현재 방문 중인 노드를 가리킴
pre: 바로 이전에 방문했던 노드를 가리킴

(11~15번 줄) pre가 가리키는 노드는 cur가 가리키는 노드의 다음 노드를 가리키게 함
cur가 가리키는 노드는 제거

20.3.2 연결 리스트에서의 제거 과정

연결 리스트에서 노드를 중간에 삽입할 때 하나씩 뒤로 밀 필요 없이 연결만 바꾸면 되었듯이, 한 노드를 제거할 때도 그 주변 노드에 대해 연결만 바꿔주면 됩니다. 그림 20.7에 그 개념을 그려 보았습니다. 만일 80이 저장된 세 번째 노드를 제거하려고 한다면, 76이 저장된 두 번째 노드의 링크 필드가 83이 저장된 네 번째 노드를 가리키도록 하면 됩니다. 이렇게 되면 머리에서 시작하여 25, 76, 83, 90의 순서로 노드들에 저장되어 있게 되어서 80이 제외됩니다. 그리고 80이 있는 노드는 이제 더 이상 필요 없으니 메모리에서도 지워 버리며, 그림에서는 X로 표시했습니다.

이 개념을 프로그램으로 작성한 것이 프로그램 20.4입니다. 처음에 점수를 입력받은뒤 3~9번 줄에서 그 점수와 같은 점수를 가지고 있는 노드를 찾습니다. 이 반복문이 끝나면 cur는 입력받은 점수와 같은 점수를 가지는 노드를, pre는 그 바로 앞의 노드를 가리키게 됩니다. 그러면 11~14번 줄에서 원하는 대로 연결을 바꾸고 노드를 제거합니다.

정말로 그렇게 되는지 한 줄씩 따라가 보겠습니다. 처음에 그림 20.8a와 같이 25,

76, 80, 83, 90을 저장하는 노드들이 연결된 연결 리스트가 있고 그 머리를 s_head가 가리키고 있는 상황에서 80을 입력받아서 a에 저장했다고 가정하겠습니다. 3, 4번 줄에서 pre와 cur 포인터를 각각 NULL과 s_head로 초기화하면 cur는 머리 노드를 가리키게 됩니다(그림 20.8b).

반복문에 들어와서 현재 방문 중인 노드인 cur가 가리키는 노드에 저장된 점수를 80과 비교해서 다르니 다음 문장으로 갑니다. 7, 8번 문장에서는 pre에 cur를 저장하고 cur는 다음 노드로 이동합니다. 즉 25가 저장된 노드에 대한 방문을 마쳤으니 이제 cur는 다음 노드인 76이 저장된 노드를 가리키고(그림 20.8c의 ③), pre는 방금 방문을 마친 25가 저장된 노드를 가리키도록 하는 것입니다(그림 20.8c의 ②).

다시 반복문을 올라와서 cur가 가리키는 노드에 저장된 값이 80인지 비교하고 7, 8번 문장으로 가서 cur가 가리키던 노드는 pre가 가리키도록 하고, cur는 다음 노드를 가리키도록 합니다(그림 20.8d). 반복문을 올라 가서 cur가 가리키는 노드의 점수를 80과 비교하니 서로 같습니다. 그러므로 조건문의 조건이 만족되어 break가 실행되고 반복은 종료됩니다(그림 20.8e의 ②). 이 상황을 나타낸 그림 20.8e를 보시면 현재 cur는 80이 저장된 노드, 즉 입력받은 점수와 같은 점수가 저장되어 있어서 제거할 노드를 가리키고 있고, pre는 그 바로 앞 노드를 가리키고 있음을 알 수 있습니다.

제거할 노드를 찾았으니 11~17번 줄에서 그 노드를 제거합니다. 조건문이 두 개 있는데 설명은 나중에 하고 우선 조건을 따라 가면 13번 줄이 실행될 것입니다. 13번 줄, pre->next = cur->next에서는 cur가 가리키는 노드의 next에 저장되어 있는 주소를 pre가 가리키는 노드의 next에 저장합니다. 다른 말로 하면 cur 노드의 next가 가리키는 노드를, 이제는 pre 노드의 next가 가리키는 것입니다. 연결의 입장에서는 cur 노드를 건너뛰고 pre 노드에 cur 노드의 다음 노드를 연결하는 것입니다. 그 효과는 그림 20.8f의 ①과 제거할 노드의 앞에 있는 노드의 링크 필드가 제거할 노드의 다음 노드를 가리키게 되어서, 제거할 노드를 건너 뛴 연결이 만들어지는 것입니다. 그리고 이제 80이 저장되어 있는 노드는 필요가 없으니 14번 줄에서 free 함수르 이용하여 반환합니다. 물론, 나중에 80이 저장된 노드를 이용하려 한다면 반환하지 말아야겠지요.

이와 같은 과정을 거친 결과는 그림 20.8g와 같습니다. 80이 들어 있던 노드는 없어졌고 나머지 노드들만으로 연결 리스트가 구성되어 있습니다.

프로그램 20.4에서 11번 줄과 12번 줄에 있는 두 조건문에 대하 설명은 건너뛰었었는데요, 입력받은 점수와 같은 점수를 저장하고 있는 노드가 없는 경우와 제거할 노드가 머리 노드인 경우를 대비한 조건문들입니다. 그런 경우들을 어떻게 이 조건들로 검사할 수 있는지, 그리고 그 경우들에 대해 프로그램과 같이 하면 되는지는 여러분이 생각해서 이해해 보십시오. 그리고 더불어 왜 배열을 다룬 프로그램 20.3에서는 이런 조건문들을 사용하지 않아도 되었는지에 대해서도 생각해 보시기 바랍니다.

```
scanf("%d", &a);

pre = NULL;
cur = s_head;
while(cur!=NULL) {
   if(cur->score == a) break;
   pre = cur;
   cur = cur->next;
}

if(cur != NULL) {
   if(pre == NULL) s_head = cur->next;
   else pre->next = cur->next;
   free(cur);
}
```

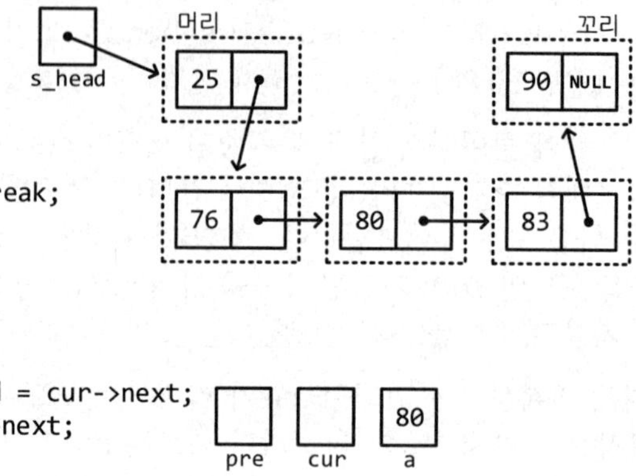

(a)

```
scanf("%d", &a);

pre = NULL;
cur = s_head;
while(cur!=NULL) {
   if(cur->score == a) break;
   pre = cur;
   cur = cur->next;
}

if(cur != NULL) {
   if(pre == NULL) s_head = cur->next;
   else pre->next = cur->next;
   free(cur);
}
```

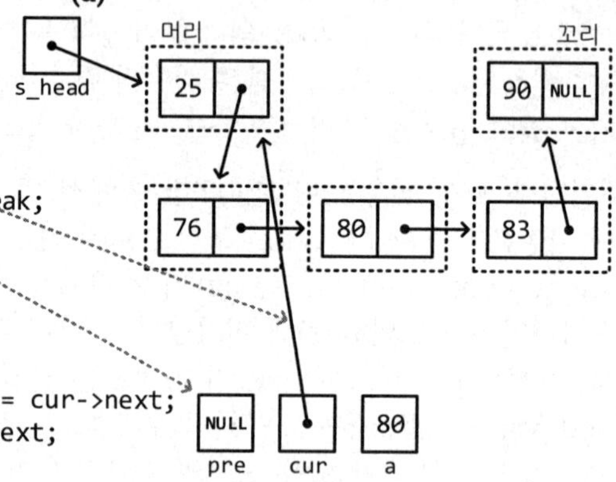

(b)

```
scanf("%d", &a);

pre = NULL;
cur = s_head;
while(cur!=NULL) {
   if(cur->score == a) break;
   pre = cur;
   cur = cur->next;
}

if(cur != NULL) {
   if(pre == NULL) s_head = cur->next;
   else pre->next = cur->next;
   free(cur);
}
```

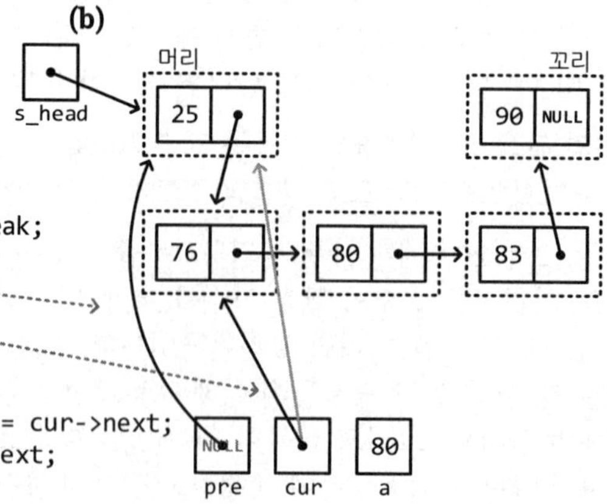

(c)

```
scanf("%d", &a);

pre = NULL;
cur = s_head;
while(cur!=NULL) {
    if(cur->score == a) break;
    pre = cur;
    cur = cur->next;
}

if(cur != NULL) {
    if(pre == NULL) s_head = cur->next;
    else pre->next = cur->next;
    free(cur);
}
```

①76 == 80 ? ② ③

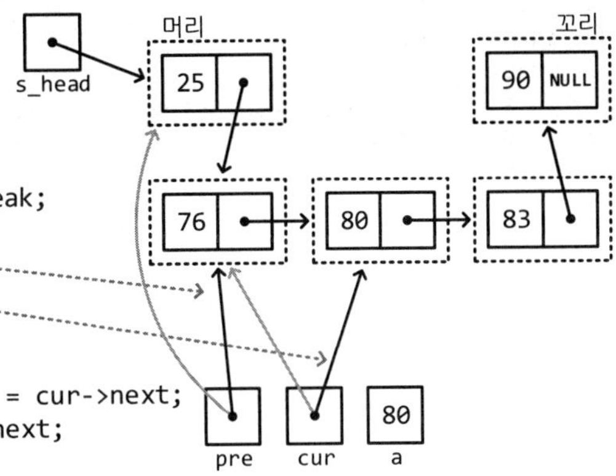

(d)

```
scanf("%d", &a);

pre = NULL;
cur = s_head;
while(cur!=NULL) {
    if(cur->score == a) break;
    pre = cur;
    cur = cur->next;
}

if(cur != NULL) {
    if(pre == NULL) s_head = cur->next;
    else pre->next = cur->next;
    free(cur);
}
```

①80 == 80 ? ②

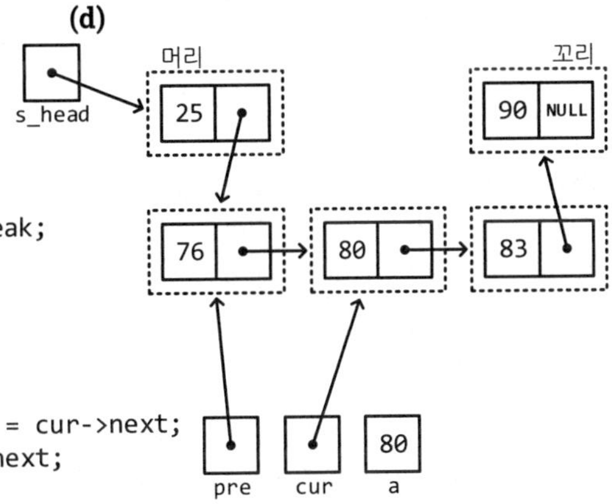

(e)

```
scanf("%d", &a);

pre = NULL;
cur = s_head;
while(cur!=NULL) {
    if(cur->score == a) break;
    pre = cur;
    cur = cur->next;
}

if(cur != NULL) {
    if(pre == NULL) s_head = cur->next;
    else pre->next = cur->next;
    free(cur);
}
```

① ②

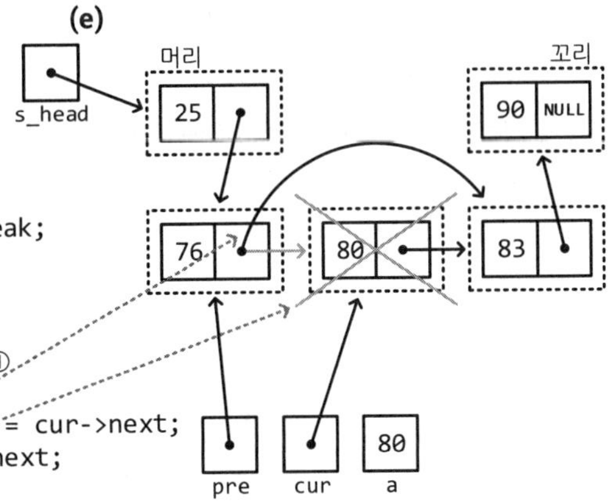

(f)

```
01: scanf("%d", &a);
02:
03: pre = NULL;
04: cur = s_head;
05: while(cur!=NULL) {
06:     if(cur->score == a) break;
07:     pre = cur;
08:     cur = cur->next;
09: }
10:
11: if(cur != NULL) {
12:     if(pre == NULL) s_head = cur->next;
13:     else pre->next = cur->next;
14:     free(cur);
15: }
```

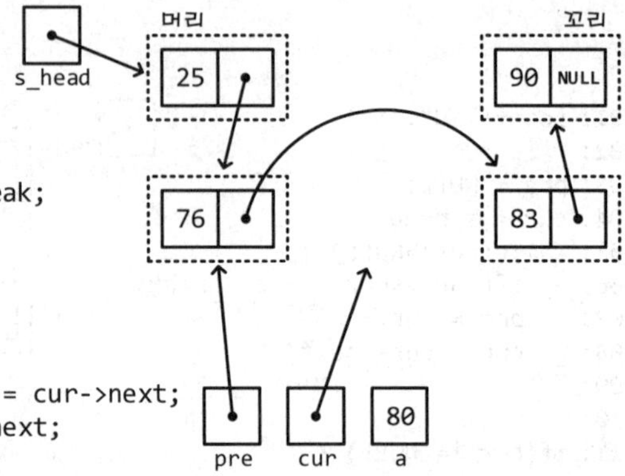

(g)

그림 **20.8** 프로그램 20.4의 진행

20.4 배열과 연결 리스트에서의 탐색

탐색(search)이라는 것은 저장된 데이터들 중에 어떤 특정한 조건을 만족하는 것을 찾아내는 과정을 말합니다. 프로그램 20.1의 11,12 번 줄과 프로그램 20.2의 9~15번 줄에서는 특정한 값보다 더 큰 배열 요소나 노드를, 프로그램 20.3의 3, 4번 줄과 프로그램 20.4의 3~9번 줄에서는 특정한 값과 같은 배열 요소나 노드를 찾고 있습니다. 이러한 과정을 탐색이라고 부릅니다.

일반적으로 탐색을 하는 방법은 처음부터 하나 하나 값을 검사하는 것입니다. 그러면 저장하고 있는 데이터의 개수에 비례해서 탐색에 걸리는 시간이 늘어날 것입니다. N개의 데이터가 저장되어 있으면 평균 N/2개 정도의 데이터를 검색해야 원하는 데이터를 찾을 수 있겠지요. 그런데 만일 데이터가 순서대로 정렬이 되어 있다면 배열에서는 더 빨리 찾을 수도 있습니다.

술자리에서 하는 게임 중에 up&down 게임있죠? 병 뚜껑 뒤에 1~50 사이의 수가 적혀 있는데, 한 사람(A)만 그 것을 본 다음에 나머지 사람들이 맞추는(사실은 맞추지 말아야 하는) 게임입니다. A를 제외한 나머지 사람들이 돌아가면서 하나의 수를 말하면 A는 자신이 알고 있는 수와 비교해서 자신이 알고 있는 수가 더 작으면 up, 더 크면 down이라고 말합니다. 이 과정을 반복해서 결국 맞추는 사람이 술을 마시게 되지요?

이 게임에서 만일 최소의 횟수로 수를 맞추고 싶으면 처음에 어느 수를 말하는 것이 유리할까요? 네, 직관적으로 생각해 보면 1~50의 절반인 25를 말해 보는 것이 좋을 것입니다. 그러면 이제 찾아야할 수의 범위가 절반으로 줄어들겠지요. 예를 들어 25를 말했는데 up이라는 반응이 온다면 이제 찾아야 할 수의 범위는 26~50, 절반으로 줄어드는 것입니다. 다음에는 26~50의 중간인 38을 말하는 것이 좋겠지요? 만일 그에 대한 반응이 down이라면 이제 수의 범위는 26~37로 됩니다. 처음에는 1~50으로 50가지의 수가 가능했는데, 단 두 번 물어본 것만으로 26~37, 12가지의 수로 범위가 줄어든

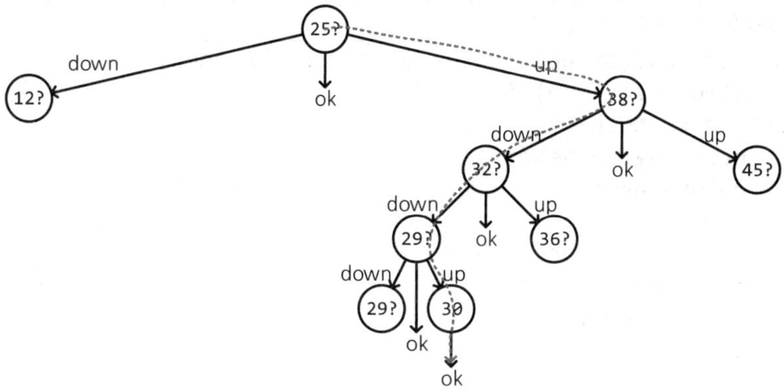

그림 20.9 이진 탐색으로 수 맞추기

것입니다. 이렇게 현재 추정되는 범위의 중간을 말하면 범위를 대략 절반으로 줄일 수 있어서 1~50이라면 여섯 번 이내로 맞출 수 있습니다.

그림 20.9는 이러한 과정을 통해 30을 맞추는 경우를 그린 것입니다. 처음에 25를 물어보면 **up**, 다음에 38을 물어보니 **down**, 32를 물어보니 **down**, 다음은 29에 **up**, 마지막으로 30을 맞추었습니다.

이 방법을 탐색에도 이용하는 것입니다. 예를 들어 N개의 데이터가 배열 a에 정렬되어 저장되어 있는데 데이터 b와 같은 것이 있는지를 탐색한다면, a[0]부터 순서대로 뒤지는 것이 아니라 a[N/2]부터 보는 것입니다. 만일 b가 a[N/2]보다 더 크면 b와 같은 배열 요소는 a[N/2+1]~a[N-1]에 있을 것이고, 그렇지 않다면 a[0]~a[N/2-1]에 있을 것입니다. 즉 찾아야하는 범위가 반으로 줄어드는 것이지요. 이와 같이 중간을 비교해서 범위를 절반씩 줄이는 탐색 방법을 이진 탐색(binary search)라고 부릅니다. 이진 탐색을 사용하면 N개의 데이터를 탐색하는 시간이 평균 $\log_2 N$으로 줄어들어서 매우 빨리 찾을 수 있습니다. 다만 데이터가 정렬되어 있어야 적용할 수 있고, 연결 리스트에는 적용할 수 없다는 단점이 있습니다.

20.5 연결 리스트 처리 함수 2

앞 장에서와 같이 이 장에서도 연결 리스트를 다루는 동작들을 함수로 만들어 보겠습니다.

20.5.1 삽입 함수

연결 리스트의 중간에 다른 노드를 삽입하는 함수를 만들어 보겠습니다. 동작으로 본다면 그림 20.3의 동작을 취하는 함수가 되겠습니다. 매개 변수를 생각해 보면 우선 삽입할 노드를 가리킬 포인터가 필요하고, 다음으로 삽입할 위치에 대한 정보도 받아야 할 것입니다. 삽입할 위치는 삽입 위치보다 앞에 위치할 노드나 뒤에 위치할 노드를 받으면 위치를 구별할 수 있을 것 같습니다. 그림 20.3에서는 80이 저장된 노드의 앞에 있을 76이 저장된 노드나, 그 뒤에 있을 83이 저장된 노드를 받으면 될 것입니다. 그런데

프로그램 20.5 연결 리스트 삽입 함수

```
01: struct ln *add(struct ln *head, struct ln *new,
          struct ln *pre) {
02:    if(pre == NULL) {
03:       new->next = head;
04:       return new;
05:    } else {
06:       new->next = pre->next;
07:       pre->next = new;
08:       return head;
09:    }
10: }
11:
12: int main(void) {
13:    struct ln   *s_head, *p, *cur, *pre;
14:    s_head = NULL;
15:    while(1) {
16:       scanf("%d", &a);
17:       if(a<0) break;
18:       p = malloc(sizeof(struct ln));
19:       p->score = a;
20:
21:       pre = NULL;
22:       cur = s_head;
23:       while(cur!=NULL) {
24:          if(cur->score > p->score) break;
25:          pre = cur;
26:          cur = cur->next;
27:       }
28:
29:       s_head = add(s_head, p, pre);
30:    }
31:    ...
32: }
```

연결 리스트에 대해 감을 좀 잡으셨을 수도 있겠습니다만, 연결 리스트에서는 한 번 뒷 노드로 가 버리면 다시 앞으로 되돌아오기 힘들기 때문에 삽입되는 노드 보다 하나 앞에 있을 노드를 받는 것이 좋을 것입니다. 즉 그림 20.3의 예를 본다면 76이 저장되어 있는 노드를 가리키는 주소를 받아 저장할 포인터가 필요한 것입니다. 그리고 매개 변수로 머리 포인터도 받아야 하는데 이유는 잠시 후에 설명하겠습니다.

이렇게 머리 노드와 삽입할 노드, 삽입할 위치의 바로 앞에 있는 노드의 주소를 저장할 포인터 세 개를 매개 변수로 가지는 함수를 만들고 함수의 내용은 프로그램 20.2의 17~19 번 줄을 가져와서 작성한 프로그램이 프로그램 20.5입니다.

보시면 29번 줄에서 삽입 함수인 add 함수를 호출할 때 인자로 머리 포인터 s_head,

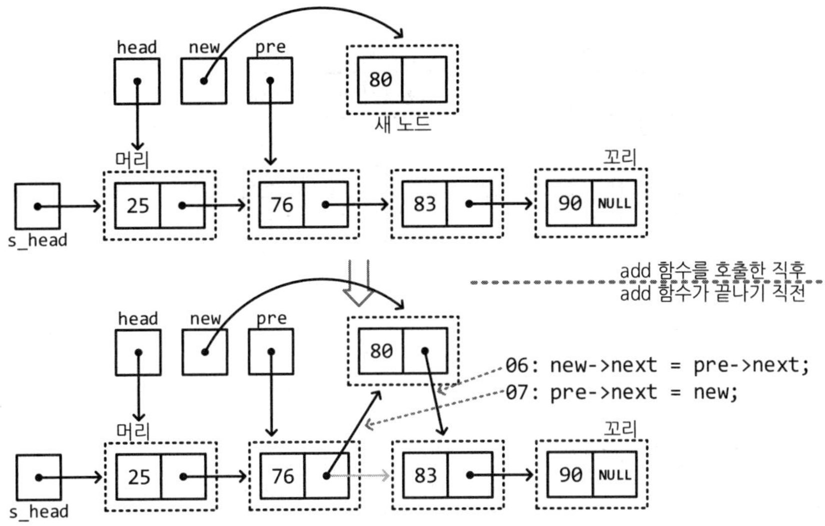

그림 20.10 삽입 함수의 동작(일반적인 경우)

새로 만든 노드를 가리키는 포인터 p, 삽입할 위치 바로 앞의 노드를 가리키는 포인터 pre의 주소값들을 넘겨 주고 있습니다. 이것을 매개 변수 head, new, pre로 받아서 add 함수의 2~9번 줄에서 삽입 동작을 하는 것입니다. 조건문에 대한 설명은 잠시 놔두고 일반적인 삽입 과정인 5번 줄의 else문으로 가 보면 new가 가리키는 새 노드의 next에는 pre가 가리키는 노드의 next 값을 저장합니다. 그리고 pre가 가리키는 노드의 next에는 new에 저장된 주소를 저장합니다. 이렇게 하면 (pre가 가리키는 노드)→(new가 가리키는 노드)→(pre의 next가 가리켰던 노드)의 연결이 이루어지는 것입니다. 그림 20.10에 이 동작을 그려 놓았으니 참조하시기 바랍니다.

그럼, add 함수에서의 조건문은 무엇일까요? 이것은 새 노드가 들어갈 자리가 머리보다 앞인 경우입니다. 이 경우에는 pre가 가리킬 노드가 없으므로 pre에는 NULL이 저장되어 있다고 약속을 하고 프로그램을 작성했습니다. 그래서 2번 줄에서 pre와 NULL을 비교하고 만일 같다면 3, 4번 줄을 수행합니다. 우선 새 노드의 next는 기존의 머리 노드를 가리켜야 할 것입니다. 그래서 3번 줄에서 new->next = head를 실행하여 new가 가리키는 노드의 next에는 head로 받은 기존 머리 노드의 주소를 저장합니다. 그리고 이제 새 노드가 새로운 머리가 되어야 하므로 머리 포인터 s_head를 수정해야 합니다. 매개 변수 포인터 head를 수정해 봐야 main으로 돌아갔을 때 s_head의 값은 수정되어 있지 않음을 잘 아실 것이라 생각합니다. 그러므로 4번 줄과 같이 새로운 머리의 주소를 반환해 주어서 29번 줄과 같이 반환값을 s_head에 저장하면 되도록 해 주어야 합니다. 이 동작은 그림 20.11에 그려 놓았습니다.

그런데 머리 앞에 삽입하지 않는 경우에도 비록 s_head를 수정하지 않습니다만 어떤 값을 반환해야 하고 그 값을 29번 줄에서 s_head에 저장해야 합니다. 그래서 8번 줄을 보시면 head 매개 변수로 받은 값을 그대로 반환해서 s_head의 값이 변하지 않도록

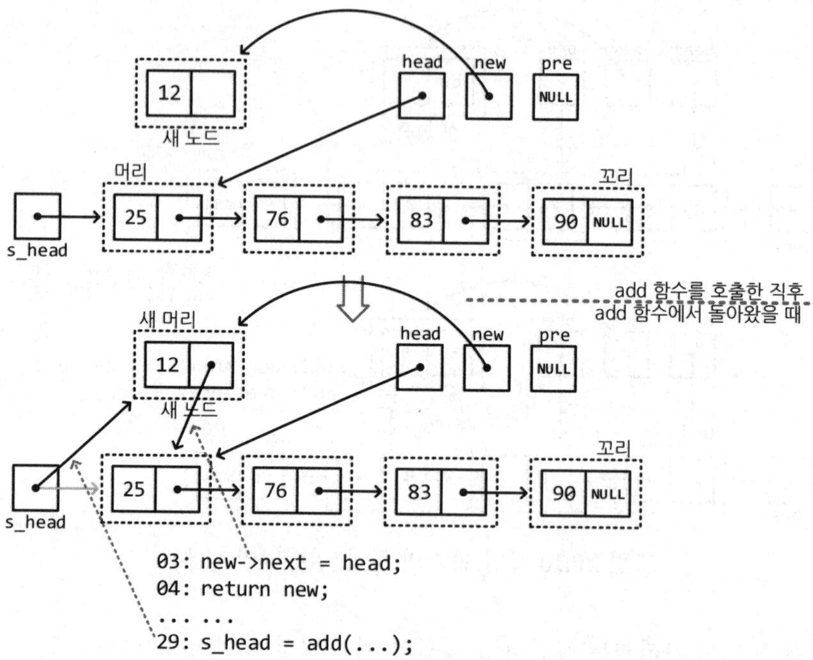

그림 20.11 삽입 함수의 동작(머리 앞에 삽입하는 경우)

하였습니다.

지금까지 연결 리스트에 어떤 노드를 추가하는 **add** 함수를 만들어 봤는데요, 이 함수를 이용하면 앞장의 프로그램 19.6과 프로그램 19.7에서 소개한 **add_first** 함수와 **add_last** 함수를 따로 만들 필요가 없습니다. 만일 **add_first** 함수의 기능을 하고 싶다면 **add** 함수를 호출하면서 **pre** 매개 변수 자리에 인자로 **NULL**을 주면되고, **add_last** 함수의 기능을 하고 싶다면 같은 자리에 꼬리의 주소를 주면 됩니다. 즉 이 장에서 소개한 **add** 함수는 앞서 소개한 **add_first** 함수나 **add_last** 함수를 일반화시킨 것이 되겠습니다.

20.5.2 제거 함수

이번에는 연결 리스트의 중간에 있는 노드를 제거하는 함수를 만들어 보겠습니다. 프로그램 **20.4**에서 다루었던 동작을 수행하는 함수입니다. 앞에서 삽입 함수를 만들 때와 같이 어떤 매개 변수가 필요할지부터 생각해 보겠습니다. 우선 제거할 노드를 가리키는 주소를 받아야 할 것입니다. 그런데 프로그램 **20.4**의 **12~14**번 줄을 보시면 제거할 노드를 가리키는 **cur** 뿐만 아니라 그 이전 노드를 가리키는 **pre**도 필요합니다. 그리고 머리 포인터도 일단은 받겠습니다. 왜 필요한지는 함수 작성한 것을 보시면 아실 수 있습니다. 그래서 머리 노드, 제거할 노드, 그 이전 노드, 이렇게 세 노드의 주소를 받아서 저장할 매개 변수 포인터가 세 개 필요합니다. 다음으로 반환값을 생각해 보면 프로그램 **20.4**의 **12**번 줄에서 **s_head** 값을 수정하고 있으므로 새로운 머리 노드의 주소를 반환할 필요가 있을 것입니다.

프로그램 20.6 연결 리스트 제거 함수

```
01: struct ln *remove(struct ln *head, struct ln *pre
02:         struct ln *cur) {
03:     struct ln   *post = cur->next;
04:     free(cur);
05:
06:     if(pre == NULL) {
07:         return post;
08:     } else {
09:         pre->next = post;
10:         return head;
11:     }
12: }
13:
14: int main(void) {
15:     ...
16:     scanf("%d", &a);
17:
18:     pre = NULL;
19:     cur = s_head;
20:     while(cur!=NULL) {
21:         if(cur->score == a) break;
22:         pre = cur;
23:         cur = cur->next;
24:     }
25:
26:     if(cur != NULL) {
27:         s_head = remove(s_head, pre, cur);
28:     }
29:     ...
30: }
```

(03~04) 제거할 노드의 다음 노드 주소를 post에 저장하고 cur가 가리키는 노드는 제거

(06~07) 머리를 제거한 경우 새로운 머리의 주소를 반환

(09~10) 일반적인 경우 기존 머리의 주소를 그대로 반환

이와 같은 생각을 정리해서 작성한 함수가 프로그램 20.6에 있습니다. 이 함수의 매개변수는 연결 리스트의 머리를 가리키는 주소를 받는 포인터 **head**와 제거할 노드의 이전 노드를 가리키는 주소를 받는 포인터 **pre**, 그리고 제거할 노드를 가리키는 주소를 받는 포인터 **cur**입니다. 함수 내부를 보시면 3번 줄에서 포인터 **post**를 새로 만들고 제거할 노드의 다음 노드를 가리키게 합니다. 그리고 다음에 있는 4번 줄에서 **cur**가 가리키는 노드를 제거합니다.

노드를 하나 제거했으니 이제 그 주변의 연결을 바꿔야 할 것입니다. 6번 줄의 조건문은 제거한 노드가 기존의 머리 노드였는지를 검사하는 것입니다. 프로그램 20.4의 설명을 보시면 제거할 노드가 머리 노드이면 **pre**가 **NULL**을 가지게 된다고 설명했었습니다. 만일 **pre**가 **NULL**이면 머리 노드를 제거한 것이므로 제거할 노드의 다음 노드(**post**가 가리키고 있죠)가 새로운 머리 노드가 될 것입니다. 그래서 7번 줄과 같이 **post**를 반환해서 27번 줄과 같이 머리 포인터 **s_head**가 새로운 머리 노드를 가리키도록 하는

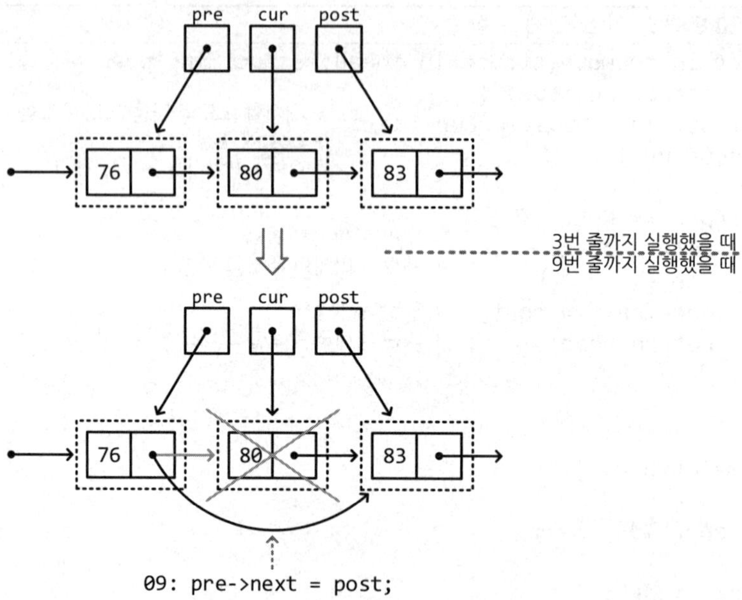

그림 20.12 제거 함수의 동작

것입니다.

만일 **pre**가 **NULL**이 아니었다면 제거한 노드가 머리 노드가 아니었으므로, 제거한 노드의 이전 노드가 제거한 노드의 다음 노드를 가리키도록 합니다. 9번 문장에서 **pre**가 가리키는 노드의 **next**에 **post**, 즉 **cur**의 **next**가 가리켰던 노드의 주소를 저장하고 있습니다. 이렇게 하면 (**pre**가 가리키는 노드)→(**post**가 가리키는 노드)로 연결이 바뀌는 것입니다. 그림 20.12가 이 동작이니 참조하기 바랍니다. 마지막으로 이 경우에 머리 노드가 바뀐 것은 아니므로 매개 변수 **head**로 받은 머리 노드의 주소를 그대로 반환하여 **s_head**의 값이 바뀌지 않도록 합니다.

20.5.3 탐색 함수

이번에는 연결 리스트를 탐색하는 함수를 작성해 보겠습니다. 이 함수의 목적은 프로그램 20.4의 3~9번 줄이나 프로그램 20.6의 18~24번 줄과 같이 연결 리스트에서 어떤 특정한 데이터가 들어 있는 노드를 찾는 것입니다. 물론 프로그램 20.2의 9~15번 줄에서 어떤 값 보다 더 큰 값을 가지는 노드를 찾았듯이 특정한 조건을 만족하는 노드를 찾는 과정은 모두 탐색이라 불립니다만, 설명을 간단히 하기 위해 특정한 값과 같은 값이 들어 있는 노드를 찾는 함수만 만들어 보겠습니다.

먼저 매개 변수를 생각해 보면, 프로그램 19.8의 연결 리스트 방문 함수에서와 같이 연결 리스트는 머리 노드의 주소만 알면 나머지 노드들은 모두 조사할 수 있으므로 머리 노드의 주소를 받을 포인터 하나만 있으면 될 것입니다. 그리고 탐색할 때 비교할 값도 받아야겠지요.

프로그램 20.7 연결 리스트 탐색 함수

```
01: struct ln *search(struct ln *cur, int value) {
02:     struct ln *pre = NULL;
03:     while(cur != NULL) {
04:         if(cur->score == value) break;
05:         pre = cur;
06:         cur = cur->next;
07:     }
08:     return pre;
09: }
10:
11: int main(void) {
12:     ...
13:     scanf("%d", &a);
14:
15:     pre = search(s_head, a);
16:     if(pre == NULL) cur = s_head;
17:     else cur = pre->next;
18:
19:     if(cur != NULL) {
20:         s_head = remove(s_head, pre, cur);
21:     }
22:     ...
23: }
```

- 04번 줄 → 원하는 노드를 찾으면 중지
- 05~06번 줄: cur는 다음 노드로 pre는 방금 탐색했던 노드로
- 08번 줄 → 찾은 노드의 이전 노드 주소를 반환
- 16번 줄 → search 함수에서 찾은 노드가 머리 노드인 경우
- 17번 줄 → 일반적인 경우, pre의 다음 노드가 search 함수에서 찾은 노드

다음으로 반환값은 탐색의 결과로 찾은 노드의 주소가 될 것입니다. 그런데 이 장의 프로그램들을 보시면 탐색의 결과로 찾은 노드와 함께 그 이전 노드의 주소도 중요합니다. 두 노드의 주소를 모두 반환할 수는 없으므로 어느 하나를 선택해서 반환해야 합니다. 여기서 생각하셔야 하는 것이 연결 리스트에서는 이전 노드에서 다음 노드로 연결을 쫓아가는 것은 쉬운 반면에, 연결을 역으로 쫓아 가는 것은 어렵다는 것입니다. 예를 들어 **a** 노드가 찾은 노드이고 **b** 노드가 그 이전 노드일 때, **b** 노드를 알고 있으면 **b->next**를 이용하여 **a** 노드를 알아 낼 수 있으나, **a** 노드만 알고 있으면 이를 통해 **b** 노드를 알아내기는 어려운 것입니다. 그래서 탐색의 결과로 찾은 노드의 이전 노드 주소를 반환하는 것이 더 나을 것입니다.

지금까지의 생각들을 정리하여 작성한 탐색 함수가 프로그램 20.7의 **search** 함수입니다. 15번 줄에서 **search** 함수를 호출하며 머리 포인터 **s_head**의 값, 즉 머리 노드의 주소와 **a**에 저장된 값을 인자로 넘겨 줍니다. 그러면 이 두 개의 값은 매개 변수인 **cur**와 **value**에 복사되겠지요. 즉, **cur**는 연결 리스트의 머리 노드의 주소가, **value**에는 연결 리스트에서 찾고자 하는 값이 저장되는 것입니다.

다음으로 함수 내에 들어가서 2번 줄에서 **pre** 포인터를 만들고 반복문을 실행합니다. 반복문에서는 4번 줄과 같이 현재 가리키고 있는 노드의 **score**에 저장된 값이 매개 변수 **value**와 같은지를 비교합니다. 만일 같으면 반복문을 종료하고, 그렇지 않으면 6번 줄과

```
01: struct ln *search(struct ln *cur, int value) {
02:     struct ln *pre = NULL;
03:     while(cur != NULL) {
04:        if(cur->score == value) break;
05:        pre = cur;
06:        cur = cur->next;
07:     }
08:     return pre;
09: }
10:
11: int main(void) {
12:     ...
13:     scanf("%d", &a);
14:
15:     pre = search(s_head, a);
16:     if(pre == NULL) cur = s_head;
17:     else cur = pre->next;
18:
19:     if(cur != NULL) {
20:        s_head = remove(s_head, pre, cur);
21:     }
22:     ...
23: }
```

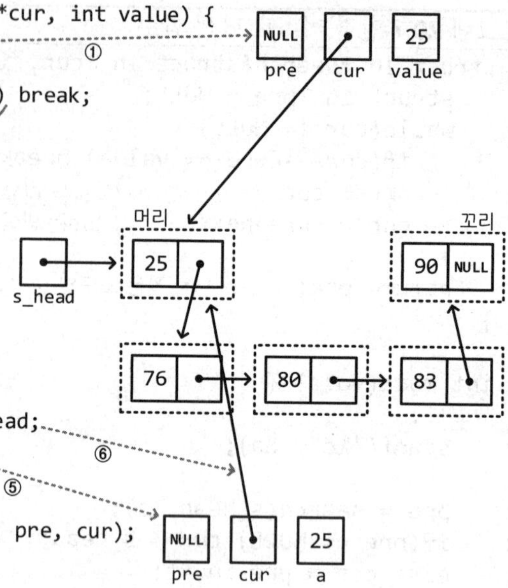

그림 20.13 탐색 함수에서 찾은 노드가 머리인 경우

같이 cur가 다음 노드를 가리키도록 수정, 다른 말로 하면 다음 노드로 이동합니다. 5번 줄에서는 cur가 가리키고 있던 노드를 pre가 가리키도록 해서, cur가 가리키고 있는 노드의 이전 노드를 pre가 가리키는 관계가 유지되도록 합니다. 반복문을 종료하면 함수가 끝나며 반환값은 pre에 저장된 주소입니다.

만일 4번 조건문의 조건이 맞는 경우가 있어서 반복문이 중간에 종료되었다면 우리가 원하는 노드, 즉 value와 같은 값을 가지는 노드를 찾은 것이 되겠지요. 이때 pre는 방금 찾은 노드의 바로 이전 노드를 가리키고 있을 것이고, 반환값도 이전 노드 주소이겠지요. 이 값을 15번 줄에서 받아서 main 함수의 pre에 저장하고, 17번 줄에서 pre의 다음 노드를 구합니다. 바로 이 pre의 다음 노드가 search 함수에서 찾은, value와 같은 값을 가지고 있는 노드이지요.

이런 프로그램을 작성하면 극단적인 경우에도 잘 동작하는지 생각해 봐야 한다고 했습니다. 이 프로그램에서는 찾은 노드가 머리인 경우와 찾은 노드가 꼬리인 경우, 그리고 원하는 노드가 없는 경우, 이 정도를 생각해 봐야 할 것 같습니다. 첫 번째로 찾은 노드가 머리인 경우에는 그림 20.13과 같이 동작하는데, 3번 줄의 반복문의 첫 번째 반복에서 cur가 머리를 가리키고 있으므로 4번 줄의 조건이 바로 맞는 조건이 됩니다 그러면 반복문이 종료되어서 8번 줄로 가게 되고③ pre는 2번 줄에서 초기화한 NULL 값을 그대로 가지고 있습니다. 즉 함수의 반환값이 NULL입니다. 그러면 15번 줄에서 main의 pre에 저장되는 값도 NULL이고⑤ 16번 줄의 조건문을 통해 main의 cur에는 머리 포인터 s_head의 값, 즉 머리의 주소가 저장됩니다⑥. 찾은 노드가 머리이고 cur는 머리를 가리키므로 잘 동작할 것입니다.

```
01: struct ln *search(struct ln *cur, int value) {
02:     struct ln *pre = NULL;
03:     while(cur != NULL) {
04:        if(cur->score = value) break;
05:        pre = cur;
06:        cur = cur->next;
07:     }
08:     return pre;
09: }
10:
11: int main(void) {
12:     ...
13:     scanf("%d", &a);
14:
15:     pre = search(s_head, a);
16:     if(pre == NULL) cur = s_head;
17:     else cur = pre->next;
18:
19:     if(cur != NULL) {
20:        s_head = remove(s_head, pre, cur);
21:     }
22:     ...
23: }
```

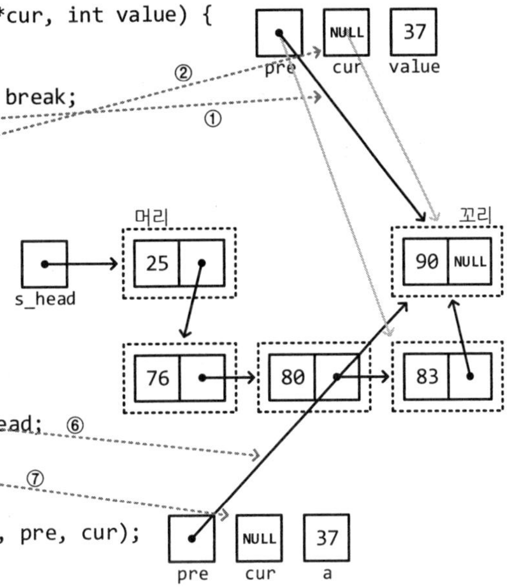

그림 20.14 탐색 함수에서 원하는 노드가 없는 경우

다음으로 찾은 노드가 꼬리인 경우를 생각해 보면 함수의 반환값이 꼬리 이전 노드의 주소가 될 것이므로 15, 17번 줄을 통해 main의 cur는 꼬리 노드를 가리킬 것입니다. 역시 문제없이 동작할 것입니다.

마지막으로 원하는 노드가 없는 경우를 생각해 봅시다. 이 경우에는 3~7번 줄의 반복문이 4번 줄의 break에 의해서 종료되지 않을 것입니다. 계속 진행해서 cur가 노드들을 모두 탐색한 뒤 꼬리까지 값을 비교했다고 생각해 봅시다. 그림 20.14가 이때의 동작을 그린 것입니다. 꼬리에서도 4번 줄의 조건은 맞지 않을 것이므로 5, 6번 줄을 실행하는데 5번 줄에서 pre는 꼬리를 가리키게 되고① 6번 줄에서 cur에는 꼬리의 next 값이 저장됩니다. 그런데 꼬리의 next 값은 NULL로 약속하고 있으니 cur에는 NULL이 저장됩니다②. 그러면 3번 줄의 반복 조건이 틀리게 되어서 반복이 종료될 것입니다(③과 ④). 반복이 종료되고 8번 줄이 실행되면 pre에 저장되어 있는 꼬리의 주소가 반환됩니다.

이 반환값은 15번 줄에서 main의 pre에 저장되고⑥ 17번 줄에서 main의 cur에는 pre의 next, 즉 꼬리의 next가 저장됩니다. 역시 NULL이 저장되겠지요⑦. 즉 만일 원하는 노드가 없어서 찾지 못했을 경우에는 17번 줄까지 실행했을 때 cur에 NULL이 저장되는 것입니다. 그러므로 19번 줄과 같이 cur에 저장된 값을 NULL과 비교함으로써 원하는 노드를 찾았는지 알아낼 수가 있습니다. 19번 줄의 경우에는 원하는 노드를 찾았을 때만 20번 줄이 실행되어 해당 노드를 제거하고 있습니다.

지금까지 연결 리스트를 탐색하는 함수를 만들어 보았는데요, 문제는 이 탐색 함수는 주어진 값과 같은 값을 저장하는 노드를 찾을 때만 사용할 수 있다는 것입니다. 그런데 탐색할 때는 다른 조건을 만족하는 노드를 찾을 수도 있을 것입니다. 예를 들어 프로그램

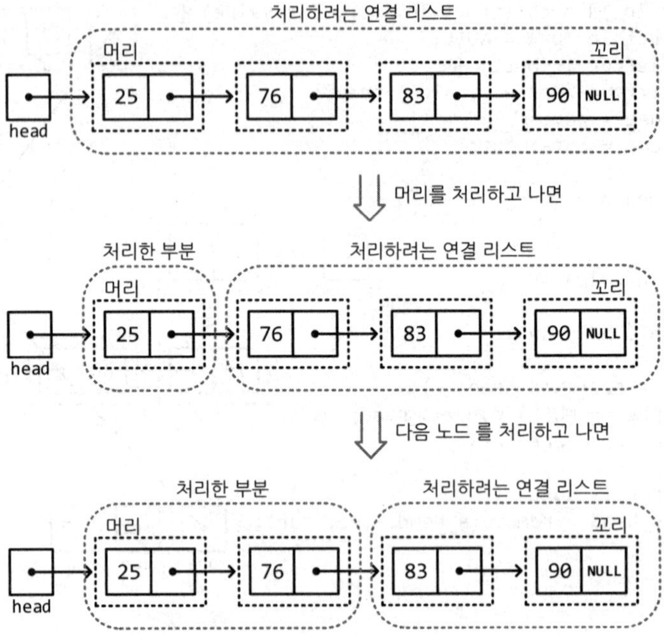

그림 20.15 연결 리스트의 재귀적 동작

20.2의 9~15번 줄에서는 주어진 값보다 더 큰 값을 가지는 노드를 탐색하고 있습니다. 이런 부분도 함수로 만들고 싶다면 이를 위한 탐색 함수를 따로 만들어야 할 것입니다.

그런데 이렇게 탐색 조건마다 서로 다른 탐색 함수를 만드는 것은 많이 중복되는 일일 것입니다. 이것을 좀 더 깔끔하고 일관성 있게 해결할 수 있는 방법도 있습니다만 아직은 설명할 단계가 아니어서 나중에 함수 포인터(?)라는 것을 소개한 다음에 설명하겠습니다.

20.6 재귀 함수를 이용한 연결 리스트의 처리

이전에 함수를 설명하면서 재귀 함수에 대해 소개했었습니다. 주어진 문제를 같은 형태인데 조금 더 작은 문제로 바꾸거나 혹은 분할할 수 있으면 자기 자신을 다시 호출하면서 문제를 해결하는 것이 가능했습니다. 그런데 연결 리스트를 보면 이러한 재귀 함수를 적용하기에 적합한 구조임을 알 수 있습니다.

연결 리스트라는 것은 머리에서 시작해서 꼬리까지 노드들이 줄줄이 연결되어 있는 형태입니다. 만일 그림 20.15와 같이 어떤 연결 리스트에 대해 특정한 작업을 한다고 생각해 보겠습니다. 그러면 머리부터 하나씩 그 작업을 수행하겠지요. 그런데 머리를 처리한 뒤 머리를 살짝 가리고 보면 나머지 부분만으로도 하나의 연결 리스트로 보입니다. 그림 20.15의 중간을 보시면 76, 83, 90을 저장한 노드들이 연결되어 있어서 마치 76 노드를 머리로 하는 하나의 연결 리스트인 것처럼 보입니다. 그러면 이제 남은 일은 76, 83, 90으로 이루어진 연결 리스트에 그 원하는 작업을 하는 것으로 볼 수 있습니다. 즉

프로그램 20.8 재귀적인 연결 리스트 방문 함수

```
01: void visit(struct ln *p) {
02:     if(p != NULL) {
03:         printf("%d\n", p->score);
04:         visit(p->next);
05:     }
06:     return;
07: }
08:
09: int main(void) {
10:     struct ln   *s_head;
11:     ...
12:     visit(s_head);
13:     ...
14: }
```

일이 두 개로 분할된 것입니다. 머리(25가 저장된 노드)에 작업을 하는 것과 그 다음에 남은 연결 리스트에 작업을 하는 것입니다.

남은 연결 리스트에 작업을 할 때도 머리에 해당하는 노드부터 할 것입니다. 76이 저장된 노드를 먼저 처리했을 때 남은 부분을 보면 역시 83이 저장된 노드를 머리로 하는 연결 리스트로 보입니다. 그러면 일이 또 이렇게 분할 된 것입니다. 머리에 해당하는 노드(76이 저장된 노드)에 작업을 하는 것과 그 다음에 남은 연결 리스트에 작업을 하는 것입니다.

이런 생각을 계속 적용해 보면 연결 리스트 전체에 대한 작업은 항상 분할 될 수 있음을 알 수 있습니다. 첫 번째로 머리에 대해 그 일을 하고, 다음으로 나머지 연결 리스트에 대해 그 작업을 하는 것입니다. 이렇게 어떤 작업을 분할할 수 있으면 재귀 함수를 적용할 수 있다고 앞에서 말했었습니다. 즉 연결 리스트는 구조 자체가 재귀 함수와 잘 어울리는 구조를 가지고 있습니다. (그렇다고 재귀 함수로 하는 것이 더 효율적이라는 말은 아니고, 프로그램을 작성하기에 더 쉬울 수 있다는 말입니다.)

실례를 들기 위해 어떤 연결 리스트를 받아서 그 연결 리스트의 노드들을 모두 방문하며 데이터들을 출력하는 함수를 작성해 봅시다. 연결 리스트를 받는다는 말은 머리를 가리키는 주소를 받는다는 말입니다. 연결 리스트는 머리만 어디인지 알면 나머지 노드들은 차례 차례 접근할 수 있기 때문입니다. 이러한 함수를 반복문으로 만들었던 것이 프로그램 19.8의 visit 함수 입니다. 이번에는 같은 기능을 하는데 재귀적인 방법으로 작성된 함수를 보여드리겠습니다. 바로 프로그램 20.8입니다.

보시면 이 함수에서는 어떤 노드의 주소를 매개 변수로 받습니다. 그리고 3번 줄에서 그 노드에 저장된 값을 출력한 뒤 4번 줄에서 자신을 다시 호출하는데, 이때의 인자는 바로 다음 노드입니다. 그러면 다음 노드의 주소가 넘어가서 다시 함수가 실행될 것입니다.

이 프로그램의 진행 과정을 하나씩 따라가 봅시다. 말을 간단히 하기 위해 **p->next**, 즉 **p**가 가리키는 노드의 **next**를 **p**의 **next**라고 표현하겠습니다. 그림 20.16a의 12번

줄에서 visit 함수를 호출할 때 매개 변수 p가 생성되고 복사되는 값은 인자인 s_head의 값입니다. 그러므로 이때 p는 연결 리스트의 머리를 가리키겠지요. 함수 내에서 3번 줄을 실행하면 p가 가리키는 노드에 저장된 25가 출력되고 4번 줄에서 다시 visit 함수를 호출합니다⑤. 이때의 인자는 현재 p의 next입니다. 이 p의 next는 76이 저장된 노드를 가리키고 있습니다.

함수가 호출되어서 visit으로 가면 그림 20.16b의 ①과 ②와 같이 매개 변수 p를 또 만들고 인자를 복사합니다. 앞에서 인자는 첫 번째로 만들어진 p의 next이었으므로 매개 변수 p에 복사된 값은 76이 저장된 노드의 주소입니다②. 함수 내부가 실행되면 3번 줄에서 76이 출력되고 4번 줄에서 다시 visit 함수를 호출합니다. 이번에는 인자가 두 번째 p의 next, 즉 83이 저장된 노드의 주소이네요.

함수 vist으로 다시 가서 그림 20.16c와 같이 매개 변수 p를 또 만들고 인자를 복사하는데, 이번에 복사되는 값은 두 번째 p의 next이었으므로 세 번째로 만들어지는 매개 변수 p는 83이 있는 노드를 가리키게 됩니다②. 3번 줄에서는 83이 출력되고 다시 vist 함수를 호출합니다. 인자는 세 번째 p의 next입니다.

다시 함수 vist으로 가면 매개 변수 p를 또 만들고 인자였던 세 번째 p의 next를 새로 만든 p에 복사합니다. 네 번째 p는 90이 있는 노드를 가리키네요(그림 20.16d의 ②). 3번 줄에서 90을 출력하고 4번 줄에서 visit 함수를 호출합니다. 이번에도 인자가 p의 next여서 네 번째 p의 next입니다. 그런데 네 번째 p가 가리키고 있는 노드는 꼬리이므로 네 번째 p의 next는 NULL이 되겠습니다. 그래서 이번에 visit 함수로 올라가서 매개 변수 p를 만든 후 복사되는 값은 그림 20.16e의 ②와 같이 NULL입니다. 그러면 2번 줄의 조건문에서 조건이 틀리고 바로 6번 줄의 return으로 갑니다③. 함수를 호출한 자리로 돌아가겠지요.

이 함수를 호출했던 자리는 그림 20.16d의 4번 줄이었으니 이 4번 줄로 돌아갈 것입니다. 그러면 조건문의 블록이 끝났으니 6번 줄의 return을 만나 돌아갈 테고, 이번에 돌아가는 자리는 그림 20.16c의 4번 줄입니다. 역시 블록이 끝나서 return을 만날테니 돌아갈테고, 비슷한 과정으로 return을 반복하며 결국 그림 20.16a의 12번 줄로 돌아가게 될 것입니다. 실행 결과만 보면 모니터에 25, 76, 83, 90이 차례로 출력되어 있을 것입니다.

예전에 재귀 함수를 소개할 때도 마찬가지였습니다만, 재귀 함수를 공부하실 때는 하나하나 따라가 보는 것이 중요합니다. 앞의 그림 20.16에서도 프로그램의 흐름을 따라가 보면서 어떻게 동작하는지 익히시기 바랍니다.

마지막으로 프로그램 20.8의 3번 줄과 4번 줄을 바꾸면 어떻게 될까요? 한 번 제가 그림 20.16의 그림을 그렸듯이 여러분도 직접 공책에 그림을 그려 가면서 따라가 보십시오. 아마 연결 리스트의 값들이 역순으로, 즉 90, 83, 76, 25의 순서로 출력됨을 아실 수 있으실 것입니다. 프로그램을 실행해 보지 않고 연필과 종이, 그리고 여러분의 머리만으로 이 결과를 예측하실 수 있으시다면 연결 리스트를 재귀 함수로 다루는 방법은 거의 다 익혔다고 봐도 좋을 것 같습니다.

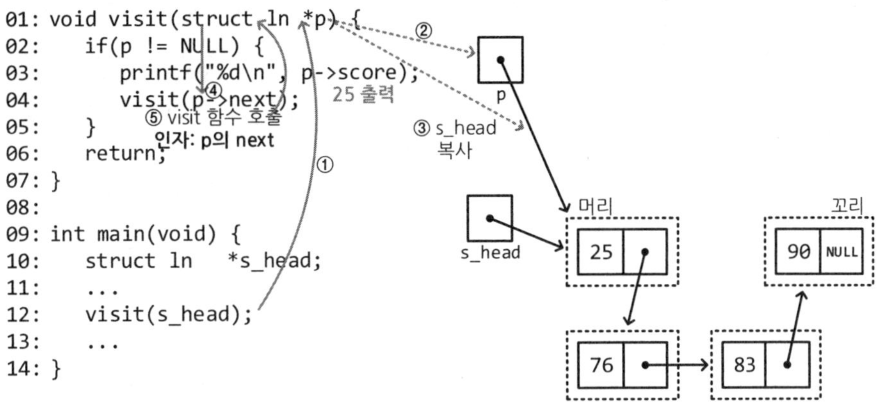
void visit(struct ln *p) {
if(p != NULL) {
printf("%d\n", p->score);
visit(p->next);
}
return;
}
int main(void) {
struct ln *s_head;
...
visit(s_head);
...
}
① ② ③ s_head 복사
25 출력
④
⑤ visit 함수 호출
인자: p의 next
p
s_head
머리
꼬리
25
76
83
90
NULL

(a)

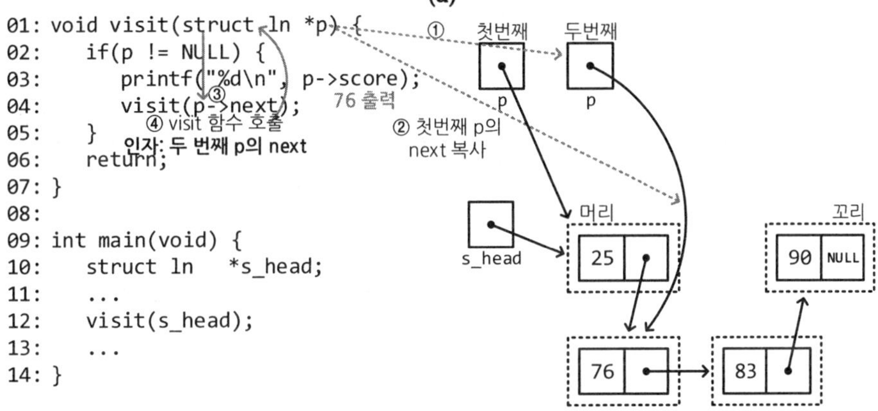
void visit(struct ln *p) {
if(p != NULL) {
printf("%d\n", p->score);
visit(p->next);
}
return;
}
int main(void) {
struct ln *s_head;
...
visit(s_head);
...
}
①
첫번째
두번째
76 출력
② 첫번째 p의 next 복사
③
④ visit 함수 호출
인자: 두 번째 p의 next
p
s_head
머리
꼬리
25
76
83
90
NULL

(b)

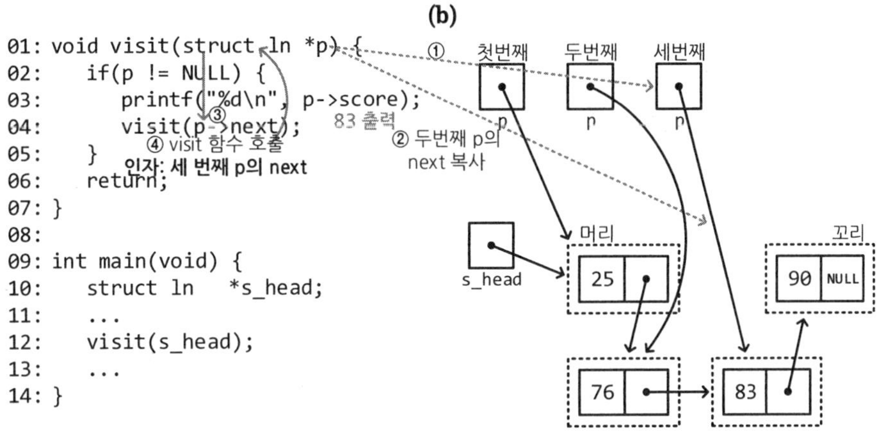
void visit(struct ln *p) {
if(p != NULL) {
printf("%d\n", p->score);
visit(p->next);
}
return;
}
int main(void) {
struct ln *s_head;
...
visit(s_head);
...
}
①
첫번째
두번째
세번째
83 출력
② 두번째 p의 next 복사
③
④ visit 함수 호출
인자: 세 번째 p의 next
p
s_head
머리
꼬리
25
76
83
90
NULL

(c)

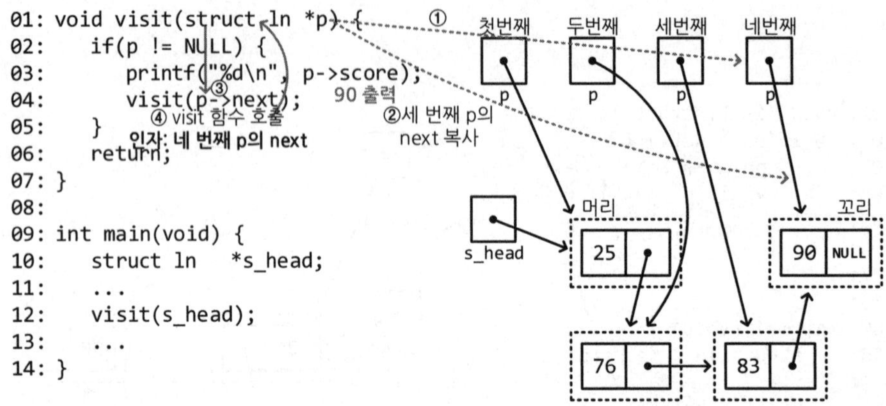

(d)

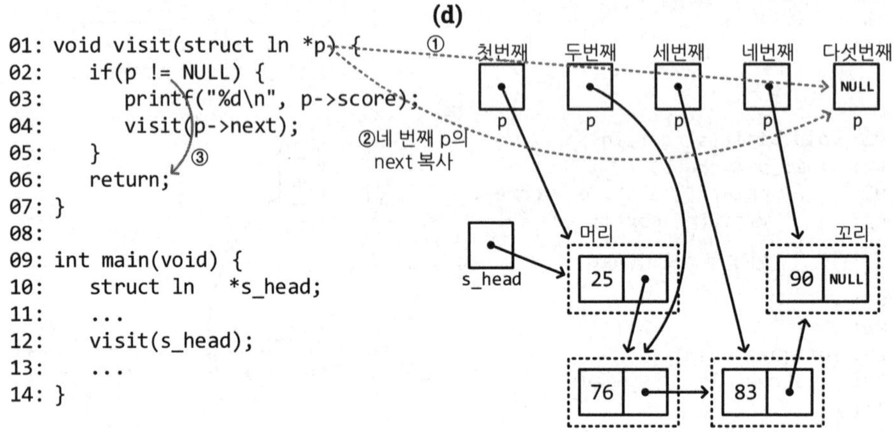

(e)

그림 **20.16** 프로그램 20.8의 진행

연습 문제

1. 다음은 어떤 **a_head**가 머리 포인터인 어떤 연결 리스트에 대해 노드들을 모두 제거하는 프로그램이다. 잘못된 부분을 지적하고 수정하시오.

```
for(p=a_head;p!=NULL;p=p->next)
    free(p);
```

2. 프로그램 20.4는 입력한 점수와 같은 점수가 저장된 노드를 한 개만 제거하는 프로그램이다. 이 프로그램을 수정하여, 입력한 점수와 같은 점수가 저장된 노드를 모두 제거하는 프로그램 부분을 작성하시오.

3. 연결 리스트의 머리 포인터를 받아서 그 연결 리스트의 노드들을 거꾸로 연결하는 함수 void reverse(struct ln *head)를 작성하시오.

실습 문제

1. 만 개의 정수를 난수로 발생시켜 배열에 저장하시오. 한 개의 정수를 입력받아 이 정수가 배열에 있으면 **"Yes"**를, 없으면 **"No"**를 출력하시오.

2. 앞 문제에서 배열에 저장된 수를 먼저 오름차순으로 정렬하시오. 그리고 한 개의 정수를 입력받은 뒤, 이진 탐색을 이용하여 그 정수가 배열에 있는지 검사하시오.

3. 앞 문제에서 만 개의 수를 모두 저장한 다음에 정렬하지 말고, 배열에 정렬하며 저장하시오.

4. 위 1번 문제에서 연결 리스트에 오름차순으로 정렬하며 저장하시오.

5. 단어들을 차례로 입력받으면서 연결 리스트에 정렬하며 저장하시오. 단어의 길이는 20 이하라고 가정하며 노드의 데이터 필드는 문자형 배열을 사용하면 된다. 연결 리스트에 저장할 때 순서를 비교하여 정렬하며 저장하시오. 빈 단어가 입력되면 종료하며 연결 리스트에 저장된 단어들을 차례로 출력하시오.

CHAPTER 21

입출력 심화

입출력에 대해서는 지금까지 많이 다루었었고 여러분도 계속 사용해왔습니다. 첫 장에서 **printf**와 **scanf**에 대해 다루었고 자료형을 설명하면서 **printf**에 대해 좀 더 깊게 설명했습니다. 그리고 문자열에서 문자열 입출력 함수인 **gets**와 **puts**를 다루었습니다. 이 장에서는 우선 **scanf**에 대해 좀 더 깊게 다루어 본 뒤, 파일 입출력에 대해 설명하겠습니다.

21.1 scanf 다시 보기

입력 함수 **scanf**에 대해 좀 더 정확히 이해하기 위해 먼저 아셔야 하는 것을 적어 보겠습니다.

1. 여러분이 키보드로 입력을 한 뒤 엔터키를 치면 입력한 글자들이 바로 **scanf**를 통해 변수에 저장되는 것이 아니라 문자의 형태로 버퍼라는 것에 저장된다는 것입니다. 그러면 **scanf**는 버퍼에 담겨 있는 것들을 하나씩 읽어 가면서 적절히 변환하여 변수에 저장합니다.

2. 공백 글자는 ' '와 같이 띄어 쓴 것과 줄 바꿈('\n'), 탭 등을 통칭합니다. 그리고 **scanf**에서 공백 글자는 값과 값 사이를 구별하는 기능만 하며 여러 개의 공백 글자가 붙어 있는 것은 한 개만 있는 것과 같습니다. 다만 문자를 읽을 때는 공백 글자가 의미가 있을 때도 있습니다.

3. 입력된 값을 읽을 때는 의미가 통하는 범위 내에서 최대한 많이 읽으려 합니다.

4. 한 **scanf**에서 여러 개의 변수를 읽을 수 있습니다.

약간 어렵게 느껴지시나요? 하나 하나 예를 들어가면서 설명해 보겠습니다.

21.1.1 scanf와 버퍼

우선 그림 21.1을 봐 주십시오. 왼쪽에 보시면 **scanf**가 세 개 있고 오른쪽과 같이 입력했다고 가정하겠습니다. 입력에서 빈 칸은 ␣, 줄 바꿈은 ↵, 탭은 →로 표시하였습니다.

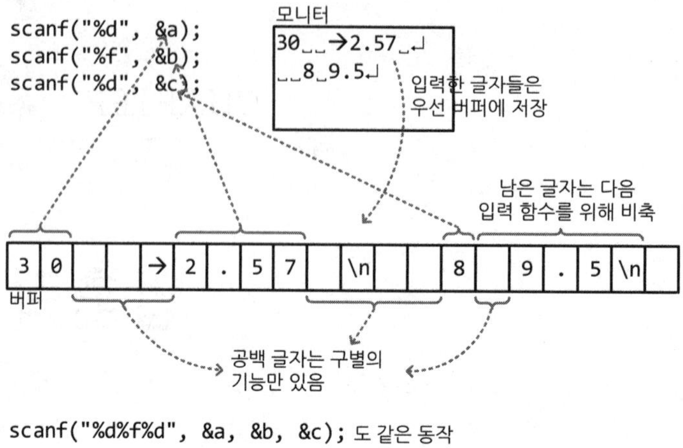

그림 21.1 scanf의 기본 동작

그러면 입력한 글자들은 그림의 아래와 같이 버퍼에 모입니다. 그리고 이 버퍼에 있는 글자들을 하나씩 모아서 조합해 가며 변수에 저장할 값을 만듭니다.

그림에서는 처음에 입력한 글자가 '3'이고 그 다음에 '0', 그 다음에 빈 칸입니다. 공백이 값과 값을 구별하는 역할을 하므로 공백 앞의 '3'과 '0'을 모아서 30을 만든 뒤 이 값을 scanf에서 기술한 변수 a에 저장합니다. 첫 줄의 scanf가 끝났으므로 그 다음 줄을 실행해 보니 다시 scanf입니다. 그러면 우선 버퍼에 남은 글자가 있는지 봅니다. 현재 남은 글자가 있으니 버퍼에서 글자들을 가져오려고 시도합니다. 앞에서 '3'과 '0'을 가져다 사용했으니 다음에 있는 것은 빈 칸 두 개와 탭입니다. 그런데 이것들은 모두 공백 글자여서 건너뛰고, 그 다음에 있는 글자들을 모읍니다. 다시 공백이 나오기 전까지 글자들을 모으면 2.57이 되어서 이 값을 두 번째 줄의 scanf에 있는 변수 b에 저장합니다. 그리고 다음 줄로 향합니다.

다음 줄도 역시 scanf이므로 이번에도 버퍼에 남은 글자가 있는 지 확인합니다. 남은 글자가 있으니 버퍼에서 값을 읽으려고 시도하고, 앞서 사용했던 2.57까지 제외하고 남은 글자들 중 빈 칸이나 '\n' 같은 공백 글자는 건너뛰고 그 다음에 있는 8을 변수 c에 저장합니다. 8까지 저장하면 scanf를 모두 수행하였습니다. 버퍼에 남아 있는 글자들은 다음 scanf에서 사용됩니다. 결과적으로 a에는 30, b에는 2.57, c에는 8 이 저장되었습니다.

그림 21.1에서는 scanf 문장을 세 개 사용해서 변수 a, b, c의 값을 읽어 저장했는데, 사실 scanf를 하나만 사용해도 됩니다. 그림에서 scanf의 " "에 있는 변환 명세들을 모아서 "%d%f%d"라고 한 뒤 그 뒤에 세 변수를 &a, &b, &c라고 해 주면 됩니다. 완전하게 적으면 그림의 아래에 적혀 있듯이 scanf("%d%f%d", &a, &b, &c);라고 하는 것입니다. 그러면 scanf를 세 개 사용할 때와 동일하게 동작합니다.

그림 21.1에 대한 설명에서 약간 부실했던 것을 보충하자면, 여러분이 키보드로 쳐 넣은 글자들이 버퍼로 옮겨지는 것은 여러분이 엔터키를 눌렀을 때입니다. 그리고 scanf는 버퍼에 남은 글자가 있으면 버퍼에 있는 글자들을 읽고 그 것으로 모자라면 사용자가

입력해서 버퍼가 다시 차기를 기다립니다. 그래서 그림 21.1의 정확한 흐름은 다음과 같습니다.

1. 첫 번째 scanf가 실행되어서 컴퓨터는 키보드 입력을 기다립니다.
2. 사용자가 30␣␣→2.57␣을 입력하고 엔터키를 누릅니다.
3. 30␣␣→2.57␣↵이 버퍼에 저장됩니다. (↵는 '\n'로 저장됩니다.)
4. 30이 a에 저장됩니다.
5. 두 번째 scanf가 실행되고 버퍼에 남아 있는 빈 칸 두개와 탭을 제외한 뒤 2.57을 읽어 b에 저장합니다.
6. 세 번째 scanf가 실행됩니다. 버퍼에 남아 있는 빈 칸과 줄 바꿈을 제외하니 버퍼에 남은 글자가 없습니다. 사용자의 입력을 기다립니다.
7. 사용자가 ␣␣8␣9.5를 입력하고 엔터키를 누릅니다.
8. ␣␣8␣9.5↵이 버퍼에 저장됩니다.
9. 두 개의 빈 칸을 건너뛰고 8을 읽어 c에 저장합니다.
10. 다음 줄의 문장을 실행합니다.

21.1.2 입력 폭

입력을 할 때 공백으로 구분을 해 주면 좋겠으나 공백 구분 없이 입력되면 어딘가에서는 끊어서 저장할 값을 만들어야 할 것입니다. 이렇게 입력된 글자들을 적절히 끊는 규칙이 있습니다. 그 것은 현재 저장할 값의 자료형에 대해 타당한 범위 내에서 최대한 많은 입력 글자들을 포함한다는 것입니다. 그림 21.2에 예를 그려 놓았습니다.

이전 예제와 같이 정수형 a, 실수형 b, 정수형 c의 값을 입력받는데 사용자가 302.57-89a5라고 입력한 뒤 엔터키를 눌렀습니다. 그러면 버퍼에는 302.57-89a5↵이 저장됩니다. 그리고 scanf에서 버퍼의 글자들을 읽기 시작합니다. 첫 번째 scanf는 변환 명세가 %d로써 정수형의 값을 10진수 형태로 읽는 것입니다. 그러면 첫 글자부터 시작해서 10진수 형태로 읽을 수 있는 것은 최대한 읽어들입니다. 첫 글자 '3', 다음 글자 '0', 다음 글자 '2'까지는 10진수 형태에 맞는 글자들입니다. 그런데 그 다음 글자인 '.'은 10진수 정수에서는 사용하지 않는 글자입니다. 그러면 '.' 앞에서 끊어서 '3', '0', '2'까지를 모은 뒤 302로 변환하여 a에 저장하는 것입니다.

다음으로 두 번째 scanf를 가 보니 이번에는 실수형으로 값을 읽습니다. 버퍼에 남아 있는 글자를 보니 첫 번째 글자가 '.'입니다. 실수형에서는 '.'이 값의 중간에 있을 수 있으니 '.'도 유효한 글자입니다. 그리고 그 다음에 오는 '5'와 '7'도 실수형 값에 있을 수 있는 글자들입니다. 그런데 그 다음에 있는 '-'의 경우에는, 실수형 값의 제일 처음에는 있을

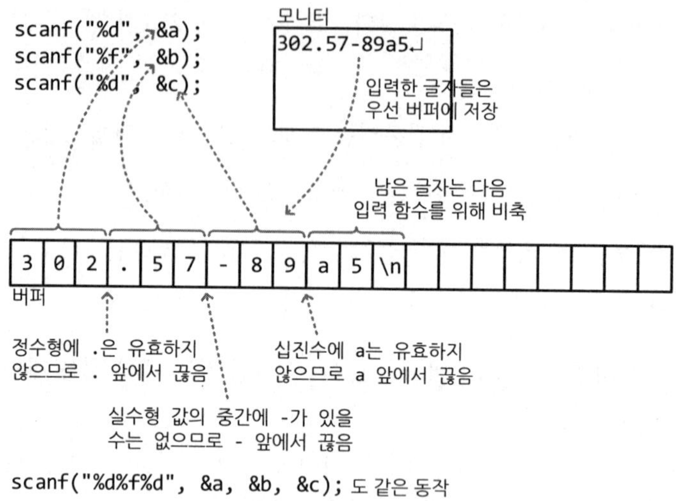

그림 21.2 scanf에서 입력폭의 결정

수 있으나 값의 중간에는 올 수 없는 글자입니다. 그러므로 '-' 앞에서 끊어서 '.', '5', '7'을 모은 뒤 .57로 변환하여 b에 저장합니다.

다음 문장은 10진수 정수를 읽어서 변수 c에 저장하는 scanf입니다. 남아 있는 글자 중에서 첫 글자는 '-'입니다. 이 '-'는 정수의 처음에 올 수 있는 글자이니 유효합니다. 그리고 그 다음에 있는 '8'과 '9'도 10진수에서 사용하는 글자들입니다. 그런데 그 다음에 있는 'a'의 경우에는 10진수로 표현할 때 사용하는 글자가 아닙니다. 그러므로 글자 'a' 앞에서 끊어서 -89를 c에 저장합니다. 만일 %d를 사용해서 10진수로 읽는 것이 아니라 %x를 사용해서 16진수로 읽었다면 'a'도 유효한 글자이니 '-', '8', '9', 'a', '5'까지 읽어서 -89a5를 c에 저장할 것입니다.

그러면 이런 생각도 드실 것입니다. 만일 처음부터 유효한 글자가 아니면 어떻게 될까요? 예를 들어 정수형 값을 읽어야 하는데 버퍼의 첫 번째 글자가 '.'인 경우를 생각할 수 있을 것입니다. 이러한 경우에 scanf는 값을 읽는 것을 포기하고 끝나 버리며 해당 변수에 어떤 값이 저장될지는 보장이 되지 않습니다. 그러므로 이에 대해서는 주의해서 입력해야 하며, 프로그램을 작성하는 입장에서 제대로 입력받았는지는 조금 후에 설명할 scanf의 반환값을 이용하여 검사할 수 있습니다.

21.1.3 입력폭 지정

앞에서는 입력폭이 입력 글자들을 보고 결정되었는데, 프로그래머가 몇 개의 글자들을 조합해서 입력받 지 지정하는 방법도 있습니다. 변환 명세와 % 기호 사이에 그 폭을 넣으면 됩니다. 그림 21.3을 보시면 %d 대신에 %2d를, %f 대신에 %3f를 적어 보았습니다. 이렇게 하면 정수를 읽는데 두 글자만 읽어서 정수로 변환하고 실수를 읽는데 세 글자만 읽어서 실수로 변환합니다.

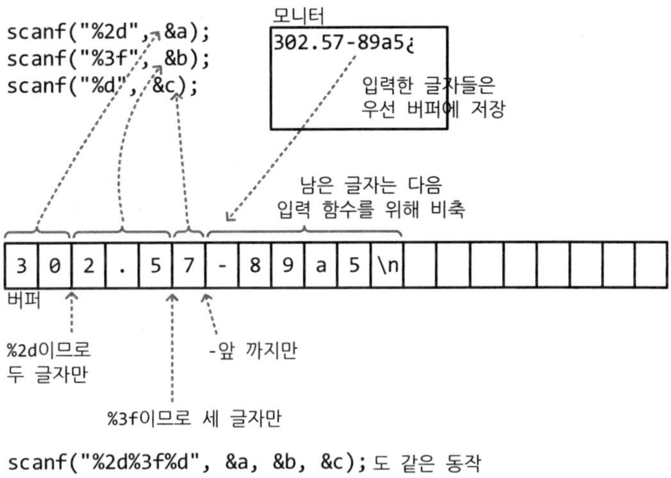

그림 21.3 scanf에서 입력폭 지정

그림 21.3과 같이 입력을 받았다면 처음 두 글자인 '3'과 '0'을 모아서 30을 a에 저장하고, 그 다음 세 글자인 '2', '.', '5'를 모아서 2.5를 b에 저장합니다. 다음에 있는 scanf에서는 정수를 입력받으므로 '-' 앞에서 끊어서 7을 c에 저장합니다.

참고로 말씀드리면 만일 지정한 글자수 이전에 유효하지 않은 글자가 나오면 거기서 끊습니다. 예를 들어 그림 21.3의 두 번째 scanf에서 %6f라고 했을 경우 여섯 글자를 모으면 '2', '.', '5', '7', '-', '8' 입니다. 그런데 실수의 중간에 '-'가 들어갈 수는 없으므로 '-' 앞에서 끊어서 '2', '.', '5', '7'을 모아 2.57을 b에 저장합니다. 그 다음 c에는 '-' 이후의 글자들을 조합하여 -89를 저장하겠지요.

21.1.4 문자형 입력

문자형을 입력받는 변환 명세는 %c이고 기본적으로는 앞 절에서 설명한 규칙들대로 동작합니다. 다만, 하나 달라지는 점이 입력한 공백의 해석입니다. 공백 글자인 빈 칸, 탭, 줄 바꿈 등은 정수나 실수의 입장에서는 필요하지 않은 글자들입니다. 그래서 정수나 실수를 입력받을 때는 값들을 구별하는, 즉 끊어 읽는 경계로 해석을 했습니다. 그러나 문자의 입장에서는 공백 글자들도 유효한 글자들입니다. 그래서 문자형을 읽게 되면 이러한 공백 글자들도 하나의 문자형 값으로 읽어 들입니다. 그림 21.4에 몇 가지 예를 들어 놓았습니다. 다양한 예를 비교하기 위해 조금 다르게 표현하였습니다.

그림을 보시면 변수 a, b, c를 입력받는데 각각이 정수형, 문자형, 정수형입니다. 그래서 변환 명세를 %d, %c, %d로 사용하였습니다. 이에 대해 모니터①에서 표현했듯이 302g57이라고 입력을 했다면 a에는 글자 'g' 앞에서 끊어서 302를, b에는 한 개의 글자인 'g'를(문자형 변수에는 한 개의 문자만 저장가능하므로 글자 한 개로 끊어서 저장), c에는 그 다음에 있는 값인 57을 저장합니다. 이는 의도한 것과 같은 동작으로 보입니다.

그런데 모니터②를 보시면 이번에는 302와 g와 57을 모두 빈 칸으로 구별해서 입력

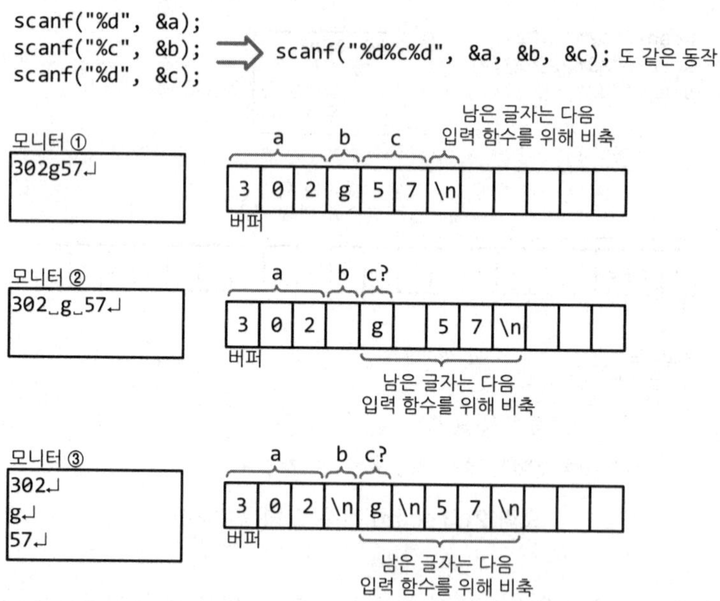

그림 21.4 scanf에서 문자형의 입력

하였습니다. 이전에 했던 것과 같이 해석을 한다면 공백은 구별의 기능이 있으므로 a, b, c에 역시 302, 'g', 57가 저장될 것 같습니다만, 그렇지 않습니다. 처음에 빈 칸 앞까지 '3', '0', '2'를 모아서 302를 a에 저장하면 버퍼에 남아 있는 첫 번째 글자는 빈 칸입니다. 그런데 빈 칸도 유효한 문자형 값이므로 이 빈 칸이 b에 저장되는 것입니다. 즉 문자형에 대해서는 빈 칸도 유효한 데이터이므로, 문자형 변환 명세 앞에서는 빈 칸이 구별의 기능으로 동작하지 않는 것입니다. 변수 b에 빈 칸이 저장된 후에 버퍼에 남은 첫 번째 글자는 'g' 입니다. 그런데 다음 scanf는 정수형 값을 읽어서 c에 저장하는 것입니다. 글자 g는 유효한 정수형 값이 될 수 없으므로 세 번째 scanf는 아무 것도 못하고 반환되어 버립니다.

그런데 더 심각한 경우는 모니터③과 같이 입력한 경우입니다. 이번에는 302, g, 57을 매번 엔터키를 눌러가며 입력했습니다. 이렇게 하면 값들이 잘 구별 되어서 변수 b에 글자 'g'가 입력될까요? 이 경우에도 그렇지 않습니다. 버퍼에 저장된 것을 보시면 그림과 같이 '3', '0', '2' 다음에 줄 바꿈 문자가 저장되고 그 다음에 'g', '\n', '5' 등으로 저장됩니다. 그리고 '\n'도 역시 하나의 문자이므로 302가 a에 저장된 다음에 '\n'이 b에 저장됩니다. 역시 c에는 정상적인 값이 저장되지 않을 것입니다.

이와 같이 공백 글자를 문자형 데이터로 해석해서 문자형 변수에 저장하는 것은 문제일 수도 있고 아닐 수도 있습니다. 일부러 공백 글자도 입력받고 싶은 경우가 있을 것입니다. 그런데 공백 글자를 입력받고 싶지 않는다면 이러한 동작은 문제가 될 것입니다. 이를 해결하는 방법이 다음에 기술할 변환 명세 사이의 공백 삽입입니다.

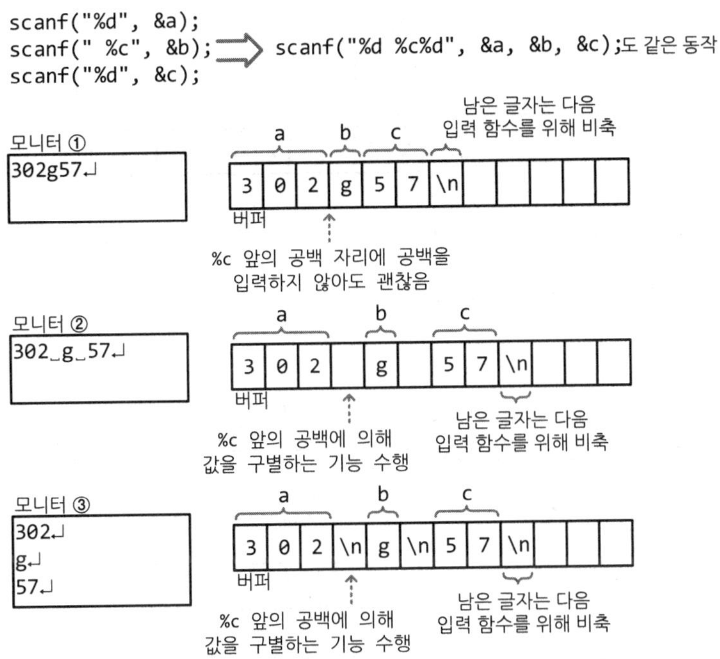

그림 21.5 scanf의 변환 명세 사이에 있는 공백

21.1.5 변환 명세 사이에 있는 공백

변환 명세 사이에, 즉 scanf에서 " " 안에 공백을 넣는 경우가 있습니다. 연속한 공백은 하나의 공백과 같이 취급되며, 그 의미는 해당 위치에서 사용자가 입력한 공백을 개수에 상관없이(없을 수도 있습니다.) 값을 구별하는 용도로만 이용하는 것입니다. 물론 정수형과 실수형 값을 입력받을 때는 입력받은 공백이 구별의 기능만 하므로 상관없습니다만, 그림 21.4의 예와 같이 문자형 값을 받는다면 이는 중요한 차이가 됩니다.

앞에서 얘기했듯이 정수형이나 실수형에 있어서는 공백 글자들이 유효하지 않으므로 뛰어 넘지만, 문자형에 있어서는 공백 글자가 유효한 글자이므로 하나의 문자로 읽어들입니다. 이것을 원할 수도 있고 원하지 않을 수도 있는데, 만일 원하지 않을 경우 문자형 변환 명세인 %c의 앞에 공백을 두는 것입니다. 이렇게 되면 공백 글자를 값을 구별하는 용도로만 사용함을 의미하므로 사용자가 입력한 공백 글자들을 건너 뛴 뒤 나오는 첫 번째 공백 아닌 글자가 해당 문자형 변수에 저장되는 것입니다. 그림 21.5가 그 예입니다.

그림 21.5는 그림 21.4와 동일한데, 다른 점은 두 번째 scanf의 %c 앞에 공백을 하나 두었다는 것입니다. 이때 모니터②와 같이 입력하면 어떻게 되는지 봅시다. 첫 번째 scanf에 의해 302가 a에 저장된 뒤 버퍼에 남아 있는 첫 번째 글자는 공백입니다. 그런데 그 다음 scanf에서 변환 명세 %c 앞에 공백이 하나 있습니다. 그러면 버퍼에 남아 있는 공백들은 구별의 기능을 수행하는 것으로 해석하고 다음에 나오는 공백 아닌 글자인 'g'를 찾아서 이 글자를 b에 저장하는 것입니다. 이것은 302와 g를 입력할 때 그 사이에 몇 개의 빈 칸을 넣어도 마찬가지이며, 모니터③에서와 같이 줄 바꿈을 (여러 번) 하더라도,

```
scanf("%d+%d", &a, &c);
```

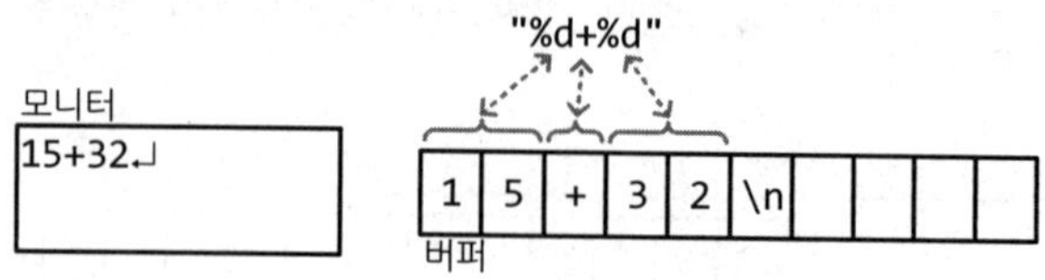

그림 21.6 scanf의 변환 명세 사이에 공백 이외의 글자가 있는 경우 1

```
scanf("%d+%d", &a, &c);
```

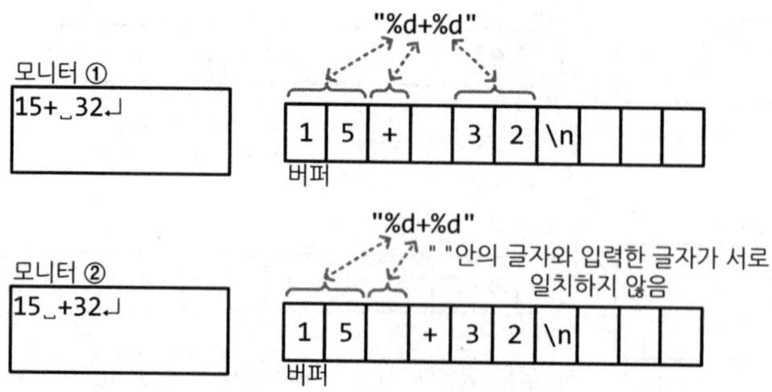

그림 21.7 scanf의 변환 명세 사이에 공백 이외의 글자가 있는 경우 2

혹은 모니터①에서와 같이 아예 공백이 없더라도, b에는 문자 'g'가 저장됩니다.

21.1.6 변환 명세 사이에 있는 공백이 아닌 다른 글자

이번에는 함수 scanf에서 " " 안에 변환 명세 이외에 다른 글자들이 있는 경우로 일반화시켜 보겠습니다. 컴퓨터가 scanf의 " " 안에서 변환 명세 이외의 글자를 만나게 되면, 우선 사용자도 해당 위치에 같은 글자를 입력할 것이라고 기대합니다. 그리고 만일 기대대로 입력 된다면 그 글자를 버리고 다음 글자로 진행합니다. 만일 " " 안에 있는 글자가 공백일 경우에는 앞에서 설명한 대로 사용자가 공백(탭이나 줄 바꿈 포함)을 한 개 입력할 수도 있고 여러 개 입력할 수도 있고 입력하지 않을 수도 있다고 가정합니다. 그림 21.6을 봐 주십시오.

그림의 scanf에서 %d와 %d 사이에 +를 넣었습니다. 그리고 프로그램이 실행된 뒤에 모니터와 같이 사용자가 15+32라고 입력했다고 가정하겠습니다. 그러면 컴퓨터는 버퍼에 들어 있는 '1', '5', '+', '3', '2'를 scanf의 " " 안에 들어 있는 문자들과 비교해 가면서 값을 저장합니다. 함수 scanf의 " "에서 처음에 있는 것은 %d입니다. 그러면 버퍼에서 정수로 읽을 수 있는 최대 길이의 글자들을 읽어 냅니다. 여기서는 '1'과 '5'를 읽어서 15를 만든 뒤 a에 저장합니다. 다음에 " "에 있는 글자는 '+'입니다. 이때 컴퓨터는 버퍼에도 '+'가 있기를 기대하며 그림을 보니 버퍼에 남아 있는 첫 번째 글자가 기대대로 '+'입니다. 그러면 컴퓨터는 '+'를 건너뛰고 다음에 있는 변환 명세 %d를 봅니다. 버퍼에 남아 있는 글자들로 정수를 조합하며 그림에서는 '3', '2'를 모아서 32를 c에 저장합니다.

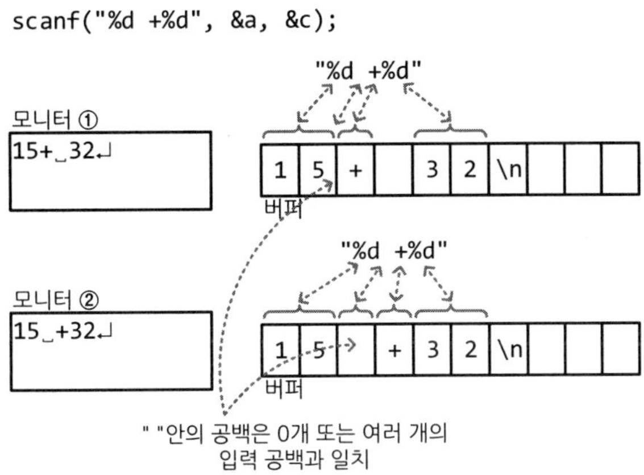

그림 21.8 scanf의 변환 명세 사이에 공백 이외의 글자가 있는 경우 3

그런데 사용자가 입력하면서 빈 칸을 넣으면 좀 생각할 필요가 있습니다. 그림 21.7의 모니터①에서는 15+␣32를 입력했습니다. 이것은 괜찮은 것이 15를 a에 저장한 뒤 버퍼에는 '+'가 있어서 " " 안의 '+'와 일치합니다. 버퍼에 '+' 다음에 있는 빈 칸은 다음 %d에 의해 값을 구별하는 기능이 되어서 건너뛰게 됩니다. 즉 a와 c에 15와 32가 잘 저장됩니다.

그러나 아래의 모니터②와 같이 15␣+32를 입력하면 안 됩니다. 15가 a에 저장된 뒤에 버퍼에 남은 첫 번째 글자는 빈 칸입니다. 그런데 scanf의 " "에서는 '+'가 와야 합니다. 이 두 글자는 서로 같지 않으므로 사용자가 제대로 입력하지 않은 것으로 컴퓨터는 판단하고 scanf를 종료해 버립니다. 변수 c에는 32가 저장되지 않는 것입니다.

이러한 문제를 막기 위해서는 scanf의 " " 안에 공백을 적절히 삽입해야 합니다. 앞에서 설명했듯이 " " 안에서의 공백은 사용자가 입력할 때 여러 개의 공백(0개도 포함)을 넣을 수 있도록 해 줍니다. 그림 21.8에서는 scanf에서 "%d␣+%d"라고 기술한 예입니다. 컴퓨터는 '+' 앞에 있는 빈 칸의 자리에 사용자가 여러 개의 공백을 입력할 수도 있고 안 할 수도 있다고 가정하게 됩니다. 그래서 모니터②처럼 입력했을 때, 15 다음에 입력한 빈 칸은, " "에서 '+' 앞에 있는 빈 칸에 일치한다고 보고 그 다음에 있는 공백 아닌 글자들인 '+'들을 서로 비교하는 것입니다. 사용자가 공백을 입력하지 않은 경우에도 모니터①의 예와 같이 " " 안의 공백과 일치한다고 판단합니다.

21.1.7 scanf의 반환값

지금까지 설명했듯이 scanf에서는 " " 안에 기술한 내용과 사용자가 입력한 글자들이 서로 잘 맞아야 합니다. 변환 명세에서 기술한 자료형에 대해 유효한 글자들을 입력해야 하고 변환 명세 이외의 글자들은 잘 일치를 시켜 줘야 합니다. 그렇지 않으면 scanf가 도중에 끝나 버립니다. 그런데 프로그래머의 입장에서는 사용자가 제대로 입력했는지 검사해서 제대로 입력하지 않았다면 다시 입력받는 등의 동작을 하도록 프로그램을 작성해야 할 것입니다. 제대로 입력받지 못한 값을 이후에 계속 이용한다면 프로그램이 이상하게 동작하겠지요.

함수 scanf에서 제대로 값을 입력받았는지, 아니면 입력 글자가 이상해서 중간에 그만둔 것인지는 반환값을 통해 알 수 있습니다. 함수 scanf도 함수이므로 반환값이 있을 수 있으며 반환값은 입력받아서 변수에 저장한 값의 개수입니다. 예를 들어 그림 21.4의 오른쪽 위와 같이 scanf("%d%c%d", &a, &b, &c);라는 문장이 있다고 생각해 봅시다. 그림의 모니터①과 같이 302g57을 입력했다면 세 개의 변수에 각각 302, 'g', 57, 세 개의 값이 저장되므로 이때 scanf의 반환값은 3입니다. 그러나 모니터②와 같이 302␣g57이라고 입력했다면 a와 b에만 값이 저장된 뒤에 scanf가 종료됩니다. 그러므로 scanf의 반환값은 2입니다. 이것을 적절히 이용해서 d = scanf("%d%c%d", &a, &b, &c);와 같이 반환값을 저장한 뒤 비교하거나 아니면 바로 if(scanf("%d%c%d", &a, &b, &c) != 3)과 같이 비교해서 반환값이 3이 아닌 경우에는 다시 입력받도록 하면 될 것입니다. (while(scanf(~)!=3)와 같이 반복문의 조건으로 사용하는 것이 더 나을 것 같군요.)

21.2 제어 문자 출력

모니터에 출력할 때 printf를 사용하는데 일반적인 문자들 외에 제어 문자라는 것들도 출력할 수 있습니다. 이 제어 문자는 문자라기 보다는 출력 위치 등을 조절하는 역할을 합니다. 제어 문자에 대표적인 것이 지금까지 많이 사용해 온 '\n'이 있습니다. 문자로 보이지는 않으나 문자로 분류되며 이 문자의 기능은 다음 줄로 이동하는 것입니다. 즉 어떤 문자를 출력하지는 않으나 다음 줄로 출력 위치를 조절하는 역할을 하는 것입니다. 이와 비슷한 기능을 하는 제어 문자들 몇 개를 표 21.1에 모아 보았습니다.

표 21.1의 처음 여덟개가 대표적인 제어 문자들입니다. 중간에 보시면 LF라는 문자가 바로 줄 바꿈 문자인 '\n'입니다. 그런데 제어 문자는 키보드에 해당 문자가 없으므로 프로그램에 넣으려면 \를 넣은 다음에 지정된 글자를 기입하는 것으로 표현합니다. 예를 들어 줄 바꿈 문자 LF는 \와 글자 n을 넣는 것이지요. 이와 같은 표기법을 escape sequence라고 부릅니다.

표를 보시면 줄 바꿈 문자 외에도, 문자열의 끝을 나타내는 널 문자, 경고음을 내는 문자, 백스페이스, 수평탭, 수직탭 등이 있습니다. 설명에서 커서란 모니터에서 깜빡깜빡하고 있는 것으로써 다음 출력할 위치를 나타냅니다. 이들 중 '\a', '\b', '\t', '\r'을 넣어서 프로그램 21.1을 작성한 뒤 실행해 보시면 재미있는 결과를 얻으 실수 있습니다. 수직탭과 폼피드는 잘 안 쓰여서 제외하였습니다.

첫 printf를 실행하면 제어 문자 BEL('\a')이 있습니다. 그러면 컴퓨터는 삐하는 경고음을 한 번 냅니다. 다음 printf문에서는 ab를 출력한 후에 BS('\b'), 즉 백 스페이스가 있네요. 그러면 ab를 출력한 후 b 다음에 있어야할 커서가 하나 이전으로 움직여서 b로 갑니다. 여기에 cd를 출력하니 b가 없어지고 acd가 보이는 것입니다. 세 번째 printf에서는 ab를 출력한 후에 탭만큼 떨어져서 cd가 출력되었습니다. 마지막 printf에서는 ab를 출력한 후에 CR('\r') 제어 문자에 의해 커서가 처음으로 이동합니다. 즉 a

표 21.1 제어 문자

제어 문자	escape sequence 8진법	16진법	문자	설명
NUL	\0	\x00	\0	널 문자, 문자열의 끝을 나타내기 위해 사용됨
BEL	\7	\x07	\a	경고음, 삐하는 소리가 남
BS	\10	\x08	\b	백스페이스, 커서를 한 글자 이전으로 옮김
HT	\11	\x09	\t	수평탭, 커서를 현재 줄의 다음 탭 위치로 옮김
LF	\12	\x0a	\n	줄 바꿈, 커서를 다음 줄의 처음 위치로 옮김
VT	\13	\x0b	\v	수직탭, 커서를 다음 수직탭 위치로 옮김
FF	\14	\x0c	\f	폼피드, 프린터에서는 페이지 바꿈 기능을 함
CR	\15	\x0d	\r	캐리지 리턴, 커서를 현재 줄의 처음 위치로 옮김
"	\42	\x22	\"	큰따옴표
'	\47	\x27	\'	작은따옴표
?	\77	\x3f	\?	물음표, 일반적으로는 ?로 충분하나 ??는 특수한 의미가 있으므로 ?\?로 바꾸어야 함
\	\135	\x5c	\\	역 슬래쉬
%			%%	나머지 기호

프로그램 21.1 제어 문자 예제

```
#include <stdio.h>

int main(void) {
    printf("\aabcd\n");
    printf("ab\bcd\n");
    printf("ab\tcd\n");
    printf("ab\rcd\n");
}
```

모니터

```
abcd
acd
ab      cd
cd
```

를 출력한 위치로 커서가 이동하고 그 후에 cd가 출력되니 ab 위에 cd가 덧 씌어져서 cd만 보입니다.

제어 문자를 표현하는 escape sequence에는 \ 후에 글자를 기입하는 방법 외에 \ 후에 제어 문자의 ASCII 코드 값을 넣는 방법도 있습니다. 예전에 ASCII 코드를 설명하면서 보여드린 표 6.11에서 0~31은 제어 문자로 분류해 놓아습니다. 이 영역에 위의 제어 문자들이 할당되어 있으며 할당된 ASCII 코드를 적어 주는 것으로도 표현할 수 있는 것입니다. 그런데 ASCII 코드를 적을 때는 8진수나 16진수로만 적어야 해서, 예를 들어 \n의 경우 ASCII 코드 값이 10이어서 8진수를 사용하면 \12, 16진수를 사용하면 \x0a라고 표현합니다. 표 21.1에 8진수와 16진수를 사용한 escape sequence도 같이 적어 놓았으며, 보시면 8진수로 표현할 때는 \ 후에 8진수 값을 바로 넣으면 되고, 16진수로 표현할 때는 \x라고 한 후에 16진수 값을 넣으면 됨을 아실 수 있습니다.

표 21.1의 아래에 있는 글자들은 제어 문자는 아닌데 그 문자들이 특수한 기능을

하고 있어서 escape sequence 같은 표현법이 필요한 경우입니다. 예를 들어 큰따옴표 "의 경우에는 문자열을 처음과 끝을 나타내는 기능을 하고 있습니다. 그래서 만일 " 자체를 출력하고 싶을 때 "를 그대로 사용하면 안 됩니다. 예를 들어 printf("I said "I am happy"."); 라고 쓴다면 I said에서 문자열이 끝나 버려서 제대로 컴파일이 안 되는 것입니다. 이렇게 "를 출력하거나 하나의 문자로 인식하고 싶으면 \"라고 해 주어야 합니다.

비슷하게 문자를 둘러싸는 ', 그리고 escape sequence 자체를 나타내는 \도 표에 보이는 방법대로 표현해야 제대로 출력됩니다. 그리고 보시면 물음표 ?도 있는데요, ?가 단독으로 사용될 때는 문제가 없으나 ??와 같이 연속되어 있으면 이것도 특수한 의미를 가집니다. 그래서 ??를 출력하고 싶으면 ?\?라고 해 주어야 합니다. 마지막으로 변환 명세를 나타내는 %의 경우 escape sequence는 아니지만 %%라고 해 주어야 출력됩니다.

21.3 텍스트 파일 입출력

지금까지는 키보드로 입력받고 모니터로 출력하는 프로그램만 작성해 왔습니다. 이 절과 다음 절에서는 파일에서 입력받고 파일로 출력하는 방법을 설명하겠습니다. 파일이라는 것은 컴퓨터에서 데이터를 저장하는 기본 단위이고 여러분이 평소에 다루는 문서 파일이나 그림 파일들을 말합니다. 이러한 파일은 크게 텍스트(text) 파일과 이진(binary) 파일로 나눌 수 있습니다.

텍스트 파일의 대표적인 예는 여러분이 메모장에서 만들어서 .txt라는 확장자로 주로 저장하는 파일들입니다. 그리고 여러분이 프로그래밍 실습을 하면서 만드는 .c 소스 파일들도 역시 텍스트 파일들입니다. 이 파일들의 특징은 문자로 저장된다는 것입니다. 예를 들어 프로그램 21.1과 같은 프로그램을 작성한 뒤 저장하면 파일에는 '#', 'i', 'n', 'c', 'l', 'u' 등의 문자가 저장됩니다. 실제로는 문자 자체가 아니라 그에 해당하는 ASCII 코드(요즘은 유니코드)값이 저장됩니다만 문자가 저장된다고 보셔도 무방할 것 같습니다.

파일에서 데이터를 읽거나 쓸 때는 우선 해당 파일을 열어야 합니다. 그리고 그 파일에 데이터를 읽거나 쓴 뒤에 마지막으로 그 파일을 닫아줘야 합니다. 이제부터 이런 기능들을 하나씩 배워보겠습니다.

21.3.1 파일 열기

파일을 여는 함수는 fopen이며 사용 예가 프로그램 21.2의 7번 줄입니다. 함수 fopen의 첫 인자는 문자열로서 열고자 하는 파일의 이름을 적어 줍니다. 경로명을 같이 적어 주면 그 경로에서, 아니면 프로그램을 실행하는 곳에서 해당 파일이 있는지 찾아서 엽니다. Visual Studio 계열을 사용하신다면 프로젝트 폴더 아래에 있는 파일들에서 찾고 리눅스 등의 텍스트 창에서 GCC 같은 것을 사용하신다면 현재 위치에 있는 파일들에서 찾습니다.

그리고 파일을 열 때는 그 파일에서 값을 읽을 지, 쓸 지를 같이 알려 주어야 합니다. 7번 줄에서 fopen 함수의 두 번째 인자로 "r"을 주고 있습니다. 이것은 첫 번째 인자로 기술한 이름의 파일을 읽기 모드로 열겠다는 의미입니다. 만일 두 번째 인자로 "w"를 쓰면

프로그램 21.2 파일 열기와 읽기 예제

```
01: #include <stdio.h>
02:
03: int main(void) {
04:     FILE  *inf;
05:     int   a;
06:
07:     inf = fopen("test1.txt", "r");
08:
09:     while(fscanf(inf, "%d", &a) != EOF) {
10:        printf("%d\n", a);
11:     }
12:
13:     fclose(inf);
14: }
```

(7번 줄) test1.txt 파일을 텍스트 파일, 읽기 모드로 열고 그 포인터 값을 inf에 저장

(9번 줄) inf가 지칭하는 파일에서 정수를 하나 읽어서 a에 저장
파일의 끝에 도달하면 EOF 반환

쓰기 모드로 열어서 해당 파일에 새로운 데이터를 저장하며, "a"로 열면 추가 모드라고 해서 현재 파일에 있는 내용은 보존하고 그 뒤에 이어서 값들을 저장하겠다는 의미입니다.

파일을 열고 나면 그에 대한 정보가 FILE이라는 구조체에 저장되고 그에 대한 포인터가 반환됩니다. 특별히 심화된 프로그램을 작성하지 않는다면 프로그래머가 그 구조체가 어떻게 생겼는지 알 필요는 없으며 다만 4번 줄과 같이 FILE *형의 포인터를 만들고 fopen의 반환값을 7번 줄과 같이 저장해 두어야 합니다. 각각의 열려진 파일에 대해 하나의 포인터가 필요하며 이들 포인터를 파일 포인터라고 부릅니다. 파일 포인터를 사용해서 이 열어 놓은 파일들을 이후에 사용할 수 있습니다.

21.3.2 파일 읽기와 쓰기

파일을 읽고 쓰는 함수는 지금까지 여러분이 배운 읽고 쓰는 함수의 앞에 f를 붙여 주면 됩니다. 즉 scanf, printf, gets, puts 대신 fscanf, fprintf, fgets, fputs입니다. 문자 입출력 함수는 이름이 조금 달라서 fgetc, fputc를 사용하시면 됩니다. 그리고 항상 추가적인 인자로 파일 포인터를 적어 주어야 합니다. 프로그램 21.2의 9번 줄을 보시면 fscanf 함수가 있습니다. 이 함수의 첫 번째 인자로 앞에서 fopen의 반환값을 저장한 포인터 inf를 두었습니다. 그러면 fscanf 함수는 scanf와 동일하게 동작하는데, 키보드로 입력받는 대신 파일에서 입력받으며 동작하는 것입니다. 그 외는 scanf와 동일합니다.

프로그램 21.2의 fscanf에서는 변환 명세로 %d가 있으므로 inf가 지칭하는 파일에서 글자들을 (마치 키보드로 입력받은 듯이) 읽어서 그 글자들을 정수형 값으로 변환한 뒤 a에 저장하는 것입니다. 그림 21.9와 같이 test1.txt 파일에 12 34 56이 저장되어 있다면 처음에 있는 12를 fscanf가 읽어서 a에 저장합니다. 그러면 반복문 안의 printf에서 a에 저장된 값인 12를 출력합니다. 다시 반복해서 fscanf를 실행하면 test1.txt에서 다음에 저장되어 있는 34가 a에 저장되고 반복문 안에서 모니터에 출력됩니다. 다시 반복하면 이번에는 56이 a에 저장된 뒤 출력되겠지요.

```
#include <stdio.h>

int main(void) {
    FILE  *inf;
    int   a;

    inf = fopen("test1.txt", "r");

    while(fscanf(inf, "%d", &a) != EOF) {
       printf("%d\n", a);
    }

    fclose(inf);
}
```

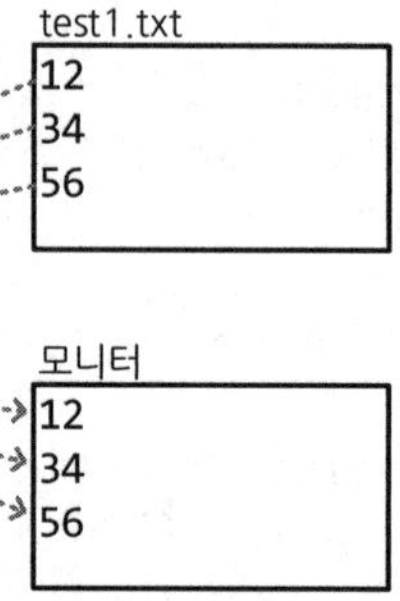

그림 21.9 프로그램 21.2의 동작

다시 반복문을 올라가서 fscanf를 실행하면 이번에는 파일 안에 있는 글자들을 모두 읽었습니다. 그러면 fscanf는 파일의 끝에 도달했다는 의미로 EOF(end of file)라는 값을 반환합니다. 이 EOF 값은 보통 -1이지만 다른 음수값일 수도 있습니다. 그림 21.9에서는 fscanf의 반환값이 EOF이면 반복문이 종료됩니다.

반대로 키보드로부터 입력받은 값을 파일에 저장하는 예제가 프로그램 21.3입니다. 이번에는 파일에 값을 써야 하므로 7번 줄에서 파일을 열 때 두 번째 인자로 "w"를 주었습니다. 그리고 9번 줄에서 scanf를 이용하여 키보드로부터 값을 입력받아 a에 저장한 뒤 그 값을 fprintf를 통해 방금 연 파일에 저장하고 있습니다. 앞에서 fscanf에서와 같이 fprintf에서도 처음에 outf 포인터를 인자로 기술하는 것을 제외하면 printf의 사용법과 동일합니다.

그림 21.10과 같이 키보드로 10을 입력하면 a에 저장된 뒤 파일에 써 지고, 20, 30도 역시 파일에 써 진 뒤에, '.'을 입력하면 이것은 정수형 값이 아니므로 a에 적절한 값이 저장되지 못해서 scanf의 반환값이 0이 됩니다. 그러면 반복문이 마쳐지겠지요. 이 프로그램을 실행해 보시면 이 프로그램을 실행한 위치에(Visual Studio에서는 프로젝트 폴더 아래에) test2.txt라는 파일이 생겨 있고 파일을 메모장으로 열어 보면 10, 20, 30이 적혀 있음을 볼 수 있습니다.

좀 더 심화된 예제로 파일의 내용을 복사하는 예제를 만들어 보겠습니다. 두 개의 파일을 연 뒤에 한 파일의 내용을 다른 파일로 복사하는 것입니다. 한 개의 파일은 읽고 다른 파일은 쓰게 되므로 프로그램 21.4의 7, 8번 줄과 같이 한 개의 파일은 읽기 모드로 다른 한 개의 파일은 쓰기 모드로 엽니다. 각각의 반환값은 파일 포인터 inf와 outf에 저장했습니다. 그리고 10번 줄의 반복문에서 fgets 함수로 inf가 가리키는 파일에서 한 줄의 문자열을 읽어서 문자 배열 b에 저장한 뒤, 11번 줄에서 b에 저장된 문자열을 outf가 가리키는 파일에 저장하는 것을 반복합니다. 반복하다가 파일의 끝에 도다하면 fgets는 NULL을 반환해서 반복문을 마치게 됩니다.

10번 줄의 fgets는 인자가 세 개로써, 마지막의 파일 포인터 외에도 gets보다 인자가 하나 더 있습니다. 100이 있는 위치의 인자인데, 이 수는 한 번에 최대로 읽어들이는

프로그램 21.3 파일 쓰기 예제

```c
#include <stdio.h>

int main(void) {
   FILE  *outf;
   int   a;

   outf = fopen("test2.txt", "w");

   while(scanf("%d", &a) == 1) {
      fprintf(outf, "%d\n", a);
   }

   fclose(outf);
}
```

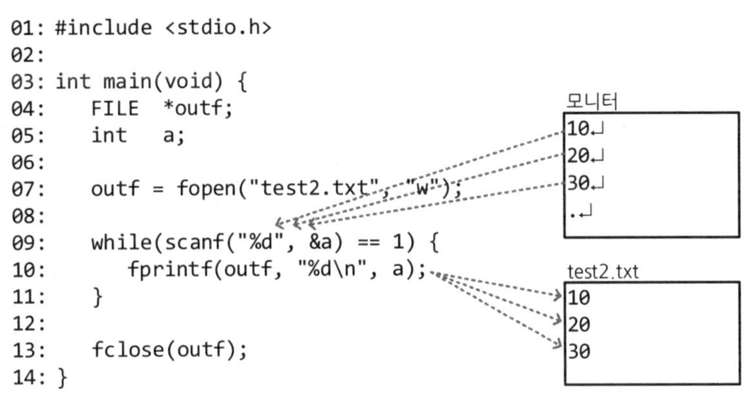

그림 **21.10** 프로그램 21.3의 동작

프로그램 21.4 텍스트 파일 복사 예제

```c
#include <stdio.h>

int main(void) {
   FILE  *inf, *outf;
   char  b[100];

   inf = fopen("test1.txt", "r");
   outf = fopen("test2.txt", "w");

   while(fgets(b, 100, inf) != NULL) {
      fputs(b, outf);
   }

   fclose(inf);
   fclose(outf);
}
```

- 100 → 한 번에 읽어들일 최대 문자 개수 + 1
- NULL → 끝에 도달하면 NULL 반환
- b → 첫번째 인자는 문자 배열

문자의 개수를 의미하며, 예제와 같이 100이라고 적으면 그 보다 하나 적은 99개의 문자를 읽을 수 있습니다. 즉 파일에 있는 어떤 줄의 길이가 99보다 크게 되면 그 줄은 99개의 문자씩 끊어서 읽는 것입니다. 이렇게 인자를 하나 더 받게 한 것은 fgets로 읽는 한 줄의 길이가 너무 긴 경우를 대비한 것입니다. 5번 줄을 보시면 배열 b의 크기가 100인데 만일 읽은 한 줄의 길이가 99 보다 크면(문자열의 마지막에 있을 '\0' 도 고려해서 1을 빼 줌) 제대로 저장되지 않거나 주변의 다른 변수들의 값을 침범해 버립니다. 10번 줄과 같이 100이라고 적어 주면 최대 99개의 문자까지만 저장될 것이므로 이러한 문제가 발생하지 않는 것입니다.

21.3.3 파일 닫기

프로그램에서 파일을 읽거나 쓰는 작업을 다 하면 항상 파일을 닫아 주어야 합니다. 프로그램 21.2, 프로그램 21.3, 프로그램 21.4를 보시면 모두 프로그램의 마지막에 fclose 함수를 두었음으로 보실 수 있습니다. 이 함수가 바로 파일을 닫는 함수입니다.

21.3.4 수정 모드

만일 하나의 파일에 읽기와 쓰기를 모두 하고 싶다면 fopen으로 열면서 두 번째 인자로 "r+", "w+", "a+"를 적으시면 됩니다. 열고 난 직후에는 + 앞에 기술한 글자에 해당하는 모드가 되며 파일을 읽는 함수들인 fscanf나 fgets 등을 사용할 때는 읽기 모드가 되고 파일에 쓰는 함수들인 fpritnf나 fputs 등을 사용할 때는 쓰기 모드가 됩니다. 다만 서로 다른 모드를 사용하는 함수들 사이에는 조금 후에 설명할 fflush 같은 함수를 호출해 주어야 합니다.

21.3.5 파일 열 때의 주의사항

파일을 읽기 모드로 열 때 만일 fopen의 첫 번째 인자로 기술된 이름의 파일을 찾지 못하면 이후에 fscanf 등을 통해 파일의 내용을 읽는 것이 불가능할 것입니다. 그러므로 꼭 파일을 연 다음에는 정상적으로 파일이 열렸는지 검사해 보아야 합니다. 함수 fopen의 경우에 파일이 정상적으로 열리지 않았으면 NULL을 반환합니다. 그러므로 항상 fopen으로 파일을 연 다음에는 반환값(예제의 프로그램들에서는 파일 포인터인 inf나 outf에 저장된 값)이 NULL인지 꼭 확인해야 합니다.

파일을 쓰기 모드나 추가 모드로 열 때 파일을 못 찾으면 새로운 파일을 생성합니다. 만일 같은 이름의 파일이 존재하면 쓰기 모드에서는 기존 파일의 내용을 지워 버리고 새로 만들며, 추가 모드에서는 기존 파일의 내용을 보존하고 그 뒤에 내용을 덧 붙입니다. 쓰기 모드나 추가 모드에서도 파일이 정상적으로 열리지 않는 경우가 있으며 역시 반환값이 NULL인지 확인해 보아야 합니다.

21.4 스트림

지금까지의 내용을 보시면 키보드/모니터로 입출력하는 것이나 파일로 입출력하는 것이나 거의 다름없음을 아실 수 있습니다. 이것은 C언어에서 데이터를 입출력할 때 스트림(stream)이라는 단일한 개념을 사용하기 때문입니다. 스트림이란 입력과 출력을 바이트들의 흐름으로 생각하는 개념으로써 키보드를 예로 든다면 키보드로 입력하는 글자들을 하나의 흐름으로 보는 것이고 파일이라면 파일의 내용을 하나의 흐름으로 파악하는 것입니다. 이렇게 하면 대상이 무엇이든 동일하게 처리할 수 있어서 입출력을 구성하기 쉬워지는 장점이 있습니다.

21.4.1 표준 스트림

키보드/모니터와 파일을 같은 방식으로 취급하므로 파일에 입출력할 때 파일 포인터로 다루듯이 키보드/모니터도 파일 포인터 같은 것으로 다룰 수 있습니다. 다만 키보드와 모니터는 기본적으로 달려 있는 것이므로 따로 열 필요는 없고 그 파일 포인터도 **stdin**과 **stdout**으로 정해져 있습니다. 예를 들어 **fscanf(stdin, "...", ...)**이라고 하면 키보드로 입력받으므로 **scanf**와 동일하며, **fprintf(stdout, "...", ...)**이라고 하면 모니터에 출력하므로 **printf**와 동일합니다.

이 **stdin**과 **stdout**을 각각 표준 입력 스트림과 표준 출력 스트림이라고 부릅니다. 요즘은 키보드와 모니터에 해당하지만 옛날에는 천공 카드 같은 입력 장치와 프린터 같은 출력장치에 해당했었습니다. 표준 스트림에는 표준 오류 스트림이라고 해서 **stderr**도 있으며 이것은 프로그램의 실행 중에 발생하는 오류를 별도로 출력하고 싶을 때 사용합니다. 기본적으로는 **stderr**도 모니터에 연결되어 있습니다.

21.4.2 버퍼 비우기

앞에서 스트림이라는 개념을 설명했는데요, 스트림은 보통 버퍼를 가정합니다. 즉 입력 스트림의 경우 버퍼에 저장된 뒤에서 입력 함수들에서 사용하고 출력 스트림의 경우에는 버퍼에 저장된 뒤에 출력으로 스트림되며 나가는 것입니다. 그런데 가끔 이 버퍼에 있는 것을 비우고 싶을 때가 있으며 그 때는 **fflush** 함수를 사용하면 됩니다. 이 함수의 인자로는 파일 포인터나 **stdout** 등을 적으면 되며, 출력 스트림의 경우에는 버퍼에 있는 내용을 출력 스트림으로 내보냅니다. 입력 스트림에 대해서는 어떤 일이 발생할지 정해져 있지 않다고 합니다.

이 **fflush**를 많이 사용하는 경우 중의 하나가 출력 함수와 입력 함수를 번갈아 사용할 때입니다. 이렇게 번갈아 있으면 가끔 한쪽 스트림이 버퍼에 남아 있는 상태로 다른 쪽 스트림에 대한 동작이 이루어지기도 합니다. 프로그램 **21.5**의 예를 보시면 **6**번 줄에서 **printf**를 실행한 뒤 **scanf**를 실행하고 있습니다. 이 프로그램을 작성한 사람의 의도는 모니터에 **"How many students?"**라고 출력된 뒤 그 옆에 학생 수를 입력받는 것이었을 것입니다. 그러나 만일 **7**번 줄의 **fflush**가 없다면 어떤 경우에는 그렇게 동작하지 않습니다. **6**번 줄에서 **printf**로 출력하면 출력하는 문장이 우선 버퍼에 저장됩니다. 이

프로그램 21.5 fflush를 이용한 버퍼 비우기 예제

```
01: #include <stdio.h>
02:
03: int main(void) {
04:     int   a;
05:
06:     printf("How many students? ");
07:     fflush(stdout);
08:     scanf("%d", &a);
09:     ...
10: }
```

버퍼의 내용이 바로 모니터에 출력되면 좋겠으나 그렇지 않은 경우도 있고, 그렇게 되면 8번 줄의 scanf가 실행될 때 모니터에 아무 것도 보이지 않게 됩니다.

이런 현상을 방지하기 위해 프로그램 21.5에서는 7번 줄에 fflush(stdout)을 넣었습니다. 이렇게 하면 scanf를 실행하기 전에 stdout의 버퍼를 비워서 모두 출력합니다. 즉 scanf가 실행되기 전에 "How many students?"가 출력되는 것입니다.

사실 Visual Studio와 Mac의 명령줄 창과 같은 환경에서는 프로그램 21.5에서 7번 줄이 없어도 scanf가 실행되기 전에 "How many students?"가 먼저 출력됩니다. 다만 eclipse에서는 scanf가 출력보다 먼저 실행되어서 fflush가 필요합니다. 매번 fflush를 하기 귀찮으시면 프로그램의 처음에 setbuf(stdout, NULL);과 같이 하셔서 stdout 스트림에는 버퍼를 사용하지 않도록 하셔도 됩니다만 이에 대해서는 여러분이 따로 조사해 보십시오.

21.5 이진 파일 입출력

앞에서 다루었던 fscanf나 fprintf로 파일에 입출력하는 것은 텍스트 파일에 대한 것입니다. C언어에서 다룰 수 있는 파일에는 텍스트 파일 외에 이진 파일도 있습니다. 이진 파일은 텍스트 문자들로 저장된 파일이 아닌 파일들을 말합니다. 이진 파일의 대표적인 예로 그림 파일들이나 동영상 파일 같은 것이 있습니다. 이런 파일들을 읽거나 쓰려면 우선 fopen을 할 때 프로그램 21.6의 8, 9번 줄과 같이 두 번째 인자의 뒤에 b를 붙여 줍니다.

다음으로 이진 파일을 읽고 쓰는 함수는 fread와 fwrite입니다. 이 함수들이 fscanf나 fprintf와 다른 점은, fscanf나 fprintf에서는 문자와의 변환이 발생하는데 반해 fread와 fwrite에서는 그런 변환이 없다는 것입니다. 예를 들어 변수 a에 12 저장되어 있는데 fprintf(outf,"%d", a);라고 하면 파일에 저장되기 전에 12라는 값은 '1'이라는 문자와 '2'라는 문자로 변형되며 실제로 저장되는 값은 문자 '1'에 해당하는 ASCII 코드인 49와 '2'에 해당하는 50입니다. 그에 반해 fwrite로 a의 값을 저장하면 정말로 12라는 값이 4바이트의 공간에 저장됩니다.

프로그램 21.6 이진 파일의 복사 예제

```
01: #include <stdio.h>
02:
03: int main(void) {
04:    FILE  *inf, *outf;
05:    char  b[100];
06:    int   cnt;
07:
08:    inf = fopen("test1.png", "rb");
09:    outf = fopen("test2.png", "wb");
10:
11:    while((cnt=fread(b, sizeof(char), 100, inf)) > 0) {
12:       fwrite(b, sizeof(char), cnt, outf);
13:    }
14:
15:    fclose(inf);
16:    fclose(outf);
17: }
```

이와 같이 변수의 값이 바로 저장되므로 여러 값을 동시에 읽거나 쓰기 위해 변수들의 모임인 배열을 이용하는 것이 일반적입니다. 프로그램 21.6의 11번 줄을 보시면 fread 함수에서 배열 b를 이용함을 아실 수 있습니다. 그럼, 11번 줄의 fread 함수를 좀 더 자세히 설명하겠습니다. 함수 fread의 첫 번째 인자는 파일에서 읽은 내용을 저장할 배열이며 두 번째와 세 번째 인자는 읽어들일 데이터의 양을 결정합니다. 두 번째 인자가 읽을 데이터의 단위 크기이고 세 번째 인자는 그 단위로 몇개나 읽을지를 가리킵니다. 프로그램 21.6에서는 char 크기 단위로 100개를 읽으니 100 바이트를 읽습니다. 그리고 마지막 인자는 읽을 파일의 파일 포인터입니다. 종합하면 11번 줄에서는 inf가 가리키는 파일에서 char 크기 단위로 100개, 즉 100 바이트를 읽어서 배열 b에 저장합니다. 참고로 말씀드리면 배열 b가 문자형 배열인 것은 배열 요소의 크기가 1 바이트인 배열을 잡으려고 문자형을 사용한 것이지 문자열과는 아무 상관이 없습니다.

다음으로 12번 줄의 fwrite 함수에서도 첫 인자인 배열 b에 저장된 값을 두 번째와 세 번째 인자로 결정되는 크기만큼, 마지막 인자인 outf가 가리키는 파일에 저장합니다. 그런데 세 번째 인자가 100이 아니라 cnt 변수입니다. 이것은 파일의 끝에 도달해서 11번 줄의 fread가 100 바이트를 모두 읽지 못한 경우를 대비한 것입니다. 파일의 끝에 도달하면 fread에서 읽으려 했던 1 바이트 단위 100개를 모두 읽지 못하는 경우가 생길 것입니다. 함수 fread의 반환값은 읽은 단위의 개수여서 이 값을 cnt 변수에 저장해 두었다가 그 개수만큼만 fwrite에서 저장하는 것입니다.

그리고 이진 파일의 경우 파일의 끝을 의미하는 EOF가 없습니다. 그래서 파일을 다 읽었는지 알려면, 11번 줄에서와 같이 fread의 반환값을 보아야 합니다. 파일을 다 읽으면 더 이상 읽기 못해서 fread의 반환값이 0일 것이므로 반환되어서 cnt에 저장되는 값이 0 보다 큰 지를 보면 파일이 끝났는지 알 수 있습니다.

프로그램 21.6은 test1.png 파일의 내용을 읽어서 test2.png 파일로 복사하는 프로그램으로써, PNG 형식의 그림 파일 하나를 test1.png라 이름 붙인 뒤 이 프로그램을 실행해 보시면 똑같은 그림의 test2.png 파일이 생성된 것을 보실 수 있습니다. 이진 파일을 다루는 다른 예제도 만들고 싶었으나 너무 복잡해 질 것 같아 이 정도로 마무리하겠습니다.

21.6 임의 위치 접근

파일을 입출력할 때는 기본적으로 순차 접근을 합니다. 즉 파일을 읽을 때는 처음부터 한 바이트씩 읽고 파일을 쓸 때도 처음부터 한 바이트씩 씁니다. 그런데 파일의 중간에서 읽거나 쓰고 싶을 때도 있을 것입니다. 파일을 처음부터 하나씩 접근하는 방법을 순차 접근(sequential access)이라고 부르고, 원하는 중간 위치로 마음대로 이동하며 접근하는 방법을 임의 접근(random access)이라고 부릅니다.

임의 접근을 하기 위해서는 파일 위치(file position)라는 개념을 알아야 합니다. 이때의 위치는 파일의 어느 폴더에 위치하는지를 말하는 것이 아니라 한 파일 내에서 어느 위치를 읽거나 쓰고 있는지를 나타내는 바이트 단위의 값입니다. 파일을 처음 열면 파일 위치는 파일의 처음에 위치합니다. 순차 접근으로 fscanf나 fprintf, fread, fwrite 등을 실행하면 이 파일 위치가 하나씩 뒤로 움직이며 파일을 읽거나 쓰는 것입니다. 예를 들어 프로그램 21.6에서 fread가 처음 실행된 후의 파일 위치는 파일의 처음에서 100 바이트만큼 떨어진 곳이고 두 번째 실행되면 그 위치 보다 100 바이트만큼 더 뒤로 이동합니다.

이 파일 위치를 원하는 위치로 옮기는 함수가 fseek입니다. 이 함수의 인자는 세 개로써, 첫 번째 인자로는 파일 포인터를, 두 번째 인자로는 오프셋 값을, 마지막 인자로는 기준점을 적어 줍니다. 파일 포인터는 앞에서 했던 fopen의 반환값을 저장한 포인터를 의미합니다. 마지막 인자인 기준점으로는 SEEK_SET, SEEK_CUR, SEEK_END 중 하나를 적는데 각각은 파일의 처음, 현재 위치, 파일의 끝을 의미합니다. 만일 기준점으로 SEEK_SET을 적으면 파일의 처음에서 두 번째 인자 오프셋만큼 이동한 곳으로 파일 위치를 옮깁니다. 기준점으로 SEEK_CUR을 적으면 현재 파일 위치에서 오프셋만큼 이동한 곳으로, SEEK_END를 적으면 파일 끝에서 오프셋만큼 이동한 곳으로 파일 위치를 옮깁니다. 오프셋 값을 양수로 적으면 기준점에서 파일의 끝 방향으로 이동하며 음수로 적으면 기준점에서 파일의 처음 방향으로 이동합니다.

몇 가지 예를 들어 보면 fseek(inf, 100, SEEK_SET)이라고 하면 파일의 처음에서 100 바이트만큼 떨어진 곳으로 파일 위치를 옮깁니다. 만일 fseek(inf, -50, SEEK_CUR)이라고 했다면 현재 파일 위치에서 이전 방향으로 50 바이트만큼 파일 위치를 옮기며, fseek(inf, -30, SEEK_END)라고 하면 파일의 끝에서 30 바이트만큼 이전으로 파일 위치를 옮깁니다. 이렇게 파일 위치를 옮기는 것이 성공하면 fseek 함수는 0을 반환하며 그렇지 않으면 0 이외의 값을 반환합니다.

이렇게 fseek를 이용해서 파일 위치를 정할 수도 있고 ftell 함수를 이용하면 현재 파일 위치를 알아 낼 수도 있습니다. 이 ftell 함수에 인자로 파일 포인터를 주면 그 파일에 대해 현재의 파일 위치를 반환해 줍니다. 이렇게 현재 파일 위치를 **ftell** 함수로 알아낼 수도 있고 **fseek** 함수로 파일 위치를 옮길 수도 있습니다만 이들의 동작이 여러분의 예상과 완전히 일치하는 것은 아닙니다.

1. 이진 파일의 경우 기준점이 SEEK_END이면 **fseek** 함수가 제대로 동작하지 않을 수도 있습니다. 예를 들어 fseek(inf, 0, SEEK_END)도 파일의 끝으로 파일 위치를 이동시킨다는 보장이 없습니다.
2. 텍스트 파일의 경우 **fseek** 함수는 두 가지 경우에만 사용할 수 있습니다. 첫 번째는 오프셋이 0인 경우이고, 두 번째는 기준점이 SEEK_SET이고 오프셋이 이전의 **ftell** 함수에서 반환된 값인 경우입니다.
3. 텍스트 파일의 경우 두 번의 **ftell** 함수 호출에서 얻은 두 반환값의 차이가 그 사이에 읽거나 쓴 바이트의 수와 일치한다는 보장이 없습니다.

이와 같이 불분명한 동작을 하는 이유는 파일의 구조가 단순하지 않기 때문입니다. 이진 파일의 경우 파일의 끝에 몇 개의 의도하지 않은 문자가 들어 있을 수 있고 텍스트 파일의 경우 한 개의 문자가 여러 바이트를 차지하는 경우도 있는 등 파일 구조를 깊이 알아야만 이해할 수 있는 것들이 있습니다. 그래서 위의 주의 사항을 잘 고려해야 문제없는 프로그램이 될 수 있습니다.

21.7 문자열에 입출력하기

마지막으로 문자열에 입출력하는 함수인 **sscanf**와 **sprintf**를 배워 보겠습니다. 이 함수들은 특이하게도 문자열에 입출력을 수행합니다. 앞에서 **scanf**를 설명하면서 버퍼에 글자들이 들어 있고 그 버퍼에 있는 글자들을 하나씩 읽으며 값을 구성한다고 했습니다. 그런데 보시면 버퍼를 문자 배열로도 볼 수 있으며, 그 문자 배열에 저장된 문자열에서 문자를 하나씩 읽으며 값을 읽는다고 볼 수도 있을 것입니다. 이런 개념으로 보면 문자열에 입출력을 하는 것이 그리 황당한 말만은 아닌 것 같습니다.

그림 21.11에 몇 가지 예를 들어 놓았습니다. 그림에서 문자 배열 **s1**과 **s2**를 선언하며 **s1**에는 "12 34"으로 초기화합니다. 그 후에 5번 줄에 **sscanf**가 있는데 첫 번째 인자로 배열명 **s1**이 있습니다. 그러면 **s1**을 버퍼라고 생각하고 **s1**에 저장되어 있는 문자열에서 문자를 하나씩 읽으며 **scanf**처럼 동작하는 것입니다. 배열 **s1**의 처음에 들어 있는 문자가 '1', '2'이고 그 다음에 공백이니 공백에서 끊어서 '1', '2' 문자를 조합하여 12라는 값을 **a**에 저장하고 그 다음에 있는 '3', '4' 문자를 모아서 34를 **b**에 저장합니다. 그 아래에 있는 7번 줄에서는 문자 배열 **s2**에 **printf**를 실행합니다. 즉 모니터에 출력될 문자들이 **sprintf**의 첫 번째 인자인 배열 **s2**에 저장되는 것이지요. 그림의 예에서 **printf**였다면 화면에 "12+34=46"이라고 출력되었을 것이므로 배열 **s2**에 "12+34=46"이라는 문자열로 저장되었습니다.

이 **sscanf**와 **sprintf**를 어디에 쓸지 궁금해 하실 수도 있을텐데요, 의외로 가끔 쓰일 때가 있으며 재미있는 예제를 하나 만든 것이 프로그램 21.7입니다. 프로그램을 보시면

```
char  s1[10] = "12 34";
char  s2[10];
int   a, b;

sscanf(s1, "%d %d", &a, &b);                  -----> a, b에 12, 34 저장

sprintf(s2, "%d+%d=%d", a, b, a+b);  -----> 배열 s2에 "12 + 34 = 46" 저장
```

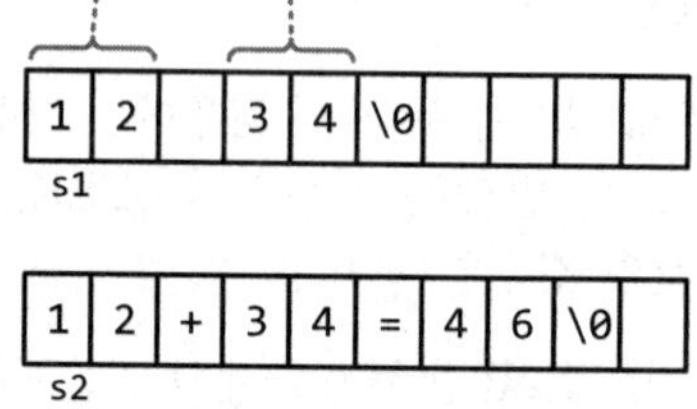

그림 **21.11** sscanf와 sprintf 예제

프로그램 21.7 sprintf를 이용한 변환 명세 생성하기

```
01: #include <stdio.h>
02:
03: int main(void) {
04:    char  sc[10];
05:    int   i;
06:
07:    for(i=4;i<14;i++) {
08:       sprintf(sc, "%%%dd\n", i);
09:       printf(sc, 1234);
10:    }  -----> printf의 첫번째 인자가 "%4d\n", "%5d\n",
11: }           "%6d\n", … , "%13d\n"으로 변함
```

8번 줄에서 배열 sc에 저장하고 9번 줄에서 그 배열을 printf의 첫 번째 인자로 주고 있습니다. 원래 printf의 첫 번째 인자가 " "로 둘러싼 문자열이므로 이렇게 문자 배열을 주어도 괜찮다고 14장에서 말했었습니다. 관건은 이 문자 배열 sc 안에 무엇이 들어 있느냐인데요, 8번 줄의 sprintf에서 처음에는 '%'가, 다음에는 %d를 통해 i의 값(현재 4)이, 그 다음에는 문자 'd'가, 그 다음에는 '\n'이 문자 배열 sc에 저장되어서 저장되는 문자열은 "%4d\n"입니다. 이전의 특수 문자 출력에서 %%를 적으면 화면에 %가 출력됨을 기억해 주십시오.

이 문자 배열이 9번 줄 printf의 첫 번째 인자이므로 마치 printf("%4d\n", 1234);인 것처럼 동작하며 화면에는 1234가 출력될 것입니다. 그 다음 반복에서 sc에는 "%5d\n"가 저장될 것이므로 9번 줄에서는 마치 printf("%5d\n", 1234);인 것처럼 동작해서 한 칸 띄우고 1234가 출력됩니다. 그 다음 반복에서는 sc에 "%6d\n"가 저장되어 두 칸 띄우고 1234가 출력됩니다. 같은 방법으로 점점 한 칸씩 더 띄우고 1234가 출력되며 마지막 반복에서는 sc에 "%13d\n"가 저장되어 아홉 칸 띄우고 1234가 출력됩니다. 이와 같이 반복문에서 변환 명세 자체를 조금씩 수정하면서 출력하는 것도 가능해지는 것입니다.

연습 문제

1. 파일 입출력을 하기 전에 파일을 여는 함수는 ____ 이다.
2. 파일을 여는 함수의 반환값 자료형은 ____ 이다.
3. 파일 포인터의 위치를 원하는 위치로 이동시키는 함수는 ____ 이다.
4. 표준입력 장치에 대한 파일 포인터는 ____ 이고 표준출력 장치에 대한 파일 포인터는 ____ 이다.
5. 열린 파일을 닫는 함수는 ____ 이다.
6. 스트림의 버퍼를 비우는 함수는 ____ 이다.
7. 다음 printf문을 fprintf문으로 고치시오.
   `printf("%d", i);`
8. 다음을 출력하거나 해당 동작을 원할 때 사용하는 서식문자를 적으시오.
   a) 큰따옴표
   b) 줄 바꾸기
   c) 다음 탭 위치로 이동하기
9. 다음 서식 문자의 의미를 쓰시오.
   a) \b
   b) \r
10. 다음 서식 문자들에 대해 동일한 16진수 형태의 서식문자를 적으시오.
    a) \n
    b) \b
    c) \t
    d) \r
11. 아래 프로그램에 대해 다음과 같이 입력했을 때 출력결과를 적으시오. 입력에서 ␣ 는 빈 칸을 의미한다.

```
#include <stdio.h>

int main(void) {
    char    a, b, c;

    scanf("%c%c %c", &a, &b, &c);
    printf("%c%c%c", a, b, c);

    return 0;
}
```

a) abc

b) ab␣c

c) a␣bc

d) ␣abc

12. 다음의 변환 명세들은 scanf에서 이용될 것들이다. 두 변환 명세가 서로 동일한 지 비교하고, 동일하지 않다면 어떻게 다른지 기술하시오.

    a) "%d"와 " %d "

    b) "%d+ %d"와 "%d+%d"

    c) "%f"와 " %f"

    d) "%f-%f"와 " %f - %f"

13. 정수 등을 입력받을 때 scanf()로 입력받고 나면 버퍼에 줄 바꿈 문자가 남아 있다. 다음 scanf()에서 문자형 값을 입력받으려 할 때, 이 줄 바꿈 문자를 제거하고 입력받는 방법을 기수하시오.

14. 정수형 변수 a, b와 실수형 변수 f에 대해 scanf("%d%f%d", a, f, b);를 실행했을 때, 21.57␣9␣8↵라고 입력하면 각 변수에 저장되는 값은 무엇인가?

15. 정수형 변수 a와 실수형 변수 f, g에 대해 scanf("%f%d%f", f, a, g);를 실행했을 때, 3.14␣15.92␣6535↵라고 입력하면 각 변수에 저장되는 값은 무엇인가?

16. 정수형 변수 a와 b, 그리고 문자형 배열 c에 대해 scanf("%d%s%d", &a, c, &b)를 실행했을 때, 123abc456␣789def012라고 입력하면 각 변수와 배열에 저장되는 값은 무엇인가?

17. 다음과 같이 파일을 열려고 한다. 적절한 문장을 작성하시오. 파일 포인터는 모두 fp를 사용한다.

    a) 파일 "file1.dat"를 텍스트 읽기 모드로

    b) 파일 "file2.dat"를 이진 쓰기 모드로

    c) 파일 "file3.dat"를 텍스트 쓰기 모드인데 읽기도 가능하도록

18. 다음은 "test.txt" 파일을 열고 파일 내에 있는 'A'의 개수를 세는 프로그램이다. 프로그램의 문제점을 지적하고 정정하시오.

```
#include <stdio.h>

int main(void) {
    FILE    *inf;
    int     n;
    inf = fopen("test.txt", "r");
```

```
    n = 0;
    while(fgetc(inf) != EOF) {
        if(fgetc(inf) == 'A') n++;
    }
    fclose(inf);

    printf("There are %d As.\n", n);
}
```

19. 데이터들이 int형 다섯 개로 구성된 그룹들로 묶여서 저장되어 있는 파일이 있다. 즉 처음에 0번 그룹(int형 다섯 개)이 저장되어 있고 그 다음에 1번 그룹, 그 다음에 2번 그룹, ... 이 저장되어 있다. 이때 다음의 위치들로 파일 위치를 옮기도록 fseek 함수를 호출하시오. 파일 포인터는 inf로 하시오.

    a) 6번 그룹의 처음
    b) 현재보다 1개 그룹 이후
    c) 현재보다 2개 그룹 이전

20. 다음 프로그램의 출력 결과를 적으시오.

```
#include <stdio.h>

int main(void) {
    FILE    *fp;
    int     i, a[10], b;

    for(i=0;i<10;i++) a[i] = i;

    fp = fopen("test.bin", "wb");
    fwrite(a, sizeof(int), 10, fp);
    fclose(fp);

    fp = fopen("test.bin", "rb");
    fseek(fp, 8, SEEK_SET);
    fread(&b, sizeof(int), 1, fp);
    printf("%d", b);
}
```

실습 문제

1. 하나의 계산기를 만드는데 정수 연산자 정수의 순서로 한 줄에 입력 받도록 만드시오. 연산자는 +, -, *, /이며 정수와 연산자 사이에는 공백이 없을 수도 있고 여러 개 있을 수도 있다.

2. 앞 문제를 확장하여 수식을 입력받은 뒤 그 식의 값을 계산하시오. 피연산자들은 실수형이며 사용가능한 연산자는 +, -, *, /이다. 수식은 왼쪽에서 오른쪽으로 계산하며 연산자 사이에 우선 순위는 없다. 예를 들어 2+1.2*3을 입력받으면 9.6을 출력한다.

3. 14장의 14.5.3절에서 만든 my_gets함수를 수정하여 scanf("%s", ...)처럼 동작하도록 만드시오. 즉 처음에 있는 공백 문자들은 건너뛰며, 공백 문자를 만나면 중지하도록 하시오. 함수의 이름과 매개 변수는 그대로 이용하시오.

4. 12시간 단위의 시간을 입력받아서 24시간 단위의 시간으로 출력하시오. 시간을 입력받는 형식은 9:11 PM과 같은 형식이며 오전과 오후의 구별은 AM과 PM으로 한다. 시와 분, 그리고 : 사이에는 공백이 없으며 분과 AM/PM 사이에는 공백이 있을 수도 있고 없을 수도 있다.

5. 문자열로 된 파일명 하나와 양수 n을 입력받은 뒤, 그 파일을 열고, 그 파일의 n 번째 줄을 출력하시오.

6. 문자열로 된 파일명 하나를 입력받은 뒤, 그 파일을 열고, 그 파일의 안의 소문자들을 모두 대문자로 바꾸면서 모니터에 출력하시오.

7. 이름이 score.txt인 텍스트 파일에 점수들이 저장되어 있다. 점수 이외의 다른 데이터는 들어 있지 않으며 점수들은 줄 바꿈으로 구별되어 있다. 이 파일에서 점수들을 읽은 뒤 그 합과 평균을 출력하시오.

8. 문자열로 된 파일명 세 개를 입력받은 뒤, 그 파일들의 내용을 차례로 연결해서 모니터에 출력하시오.

9. 텍스트 파일을 간단히 암호화하는 프로그램을 작성해 보자. 문자열로 된 입력 파일명과 출력 파일명을 입력받은 뒤, 문자 c를 하나 더 입력받는다. 입력 파일에서 문자들을 하나씩 입력받은 뒤, 그 문자와 c를 xor한 결과를 출력 파일에 출력한다. 만일 파일에서 읽은 문자가 '\n'이면 출력 파일에 그대로 출력한다.

10. 문자열로 된 파일명 하나를 입력받은 뒤, 그 파일의 줄 수, 단어 수, 문자 수를 출력하시오. 여기서, 단어는 공백(빈 칸, 줄 바꿈, 탭 등 포함)과 공백 사이에 있는 공백이 아닌 글자들의 연속된 모임을 말한다.

11. 이름이 time.dat인 텍스트 파일에 여러 기차 시간이 적혀 있다. 한 줄에는 출발 시각과 도착 시각이 하나 이상의 빈 칸으로 구별되어 적혀 있다. 시간은 24시간 형식으로 표현되어 있으며 다음은 파일 내용의 한 예이다.

```
6:35 7:25
7:30 8:20
9:20 10:10
11:50 12:40
16:00 16:50
16:30 17:20
```

```
18:05 18:55
18:50 19:40
21:00 21:50
```

입력된 시각과 비교하여 파일에서 가장 가까운 출발 시각을 찾아서 출발 시각과 도착 시각을 출력하시오.

12. 14장의 실습 문제 17에서 카이사르의 암호를 풀어 보았다. 이를 파일로 확장하여 파일 이름을 문자열로 받고 26 보다 작은 정수 n을 하나 입력받은 뒤, 파일의 내용을 n으로 암호화하여 모니터에 출력하시오.

13. 문자열로 된 두 개의 텍스트 파일 이름을 입력받아서, 두 개의 파일이 서로 일치하면 아무 것도 출력하지 않고, 만일 일치하지 않을 경우 서로 다른 첫 번째 줄을 출력하시오.

14. 문자열로 된 텍스트 파일 이름을 입력받은 뒤, 그 다음부터 입력받는 문자열들을 그 파일에 저장하시오. 입력받은 문자열이 비어 있으면(즉 그냥 엔터키를 치면) 파일 저장을 중지하고 프로그램을 종료하시오.

15. 문자열로 된 텍스트 파일 이름을 입력받은 뒤, 그 파일의 내용을 줄번호와 같이 출력하시오. 줄번호의 형식은 세 자리의 오른쪽으로 맞춰진 번호 다음에 콜론(:)과 빈 칸 한 개가 온다.

16. 기본적인 파일 압축 기법 중에 run-length 부호화가 있다. 이 기법에서는 연속된 동일한 바이트 단위 값을 반복 횟수와 반복되는 값으로 치환한다. 예를 들어 어떤 파일에 바이트 단위로 2B 5C 5C F7 F7 F7 20 37 25 20 20 20 20이 저장되어 있다면 처음에 2B가 한 개이므로 01 2B로, 그 다음에는 5C가 두 개 연속으로 있으므로 02 5C로, 다음에는 F7이 세 개이므로 03 F7으로 바꾸어서, 최종적으로는 01 2B 02 5C 03 F7 01 20 01 37 01 25 04 20으로 파일 내용을 바꾸는 것이다. 물론, 이 기법을 쓴다고 항상 파일의 크기가 줄어드는 것은 아니다. 동일한 값들이 여러 번 반복되는 경우가 많아야 파일이 압축되고, 그렇지 않으면 오히려 파일의 크기가 늘어날 수 있다.

    문자열로 된 입력 파일명과 출력 파일명을 입력받은 뒤, 입력 파일을 run-length 부호화하여 출력 파일에 저장하고, 입력 파일과 출력 파일의 크기(바이트 수)를 출력하시오.

17. 위 문제와는 반대로 run-length 부호화가 된 파일을 원래 파일로 복원하는 프로그램을 작성하시오. 즉, 문자열로 된 입력 파일명과 출력 파일명을 입력받은 뒤, 입력 파일이 run-length 부호화되어 있다고 가정하고 원래 데이터를 복원하여 출력 파일에 저장하시오.

CHAPTER 22

간단한 자료 구조-집합의 표현과 처리

전산쪽 과목 중에 자료 구조라는 과목이 있습니다. 이 과목에서는 자료들이 있을 때 이것을 어떻게 구성하여 저장하고 다루는 것이 좋을 지를 배웁니다. 예를 들어 학생들의 점수들이 있으면 이 점수들을 배열에 저장할 것인가, 아니면 연결 리스트에 저장할 것인가? 각각의 경우에 점수의 평균 같은 것은 어떻게 구하는가? 만일 학생마다 점수가 여러 개 있으면 구조체를 이용해야 할까? 이런 생각들에 대한 해법들을 배우는 과목인 것입니다.

이 장에서는 이 자료 구조라는 과목에서 배울 내용을 조금 단순화시키고 바꿔서 소개해 보겠습니다. 겉 보기에는 어려울 수도 있습니다만 결국 지금까지 배운 내용들을 정리해서 응용하는 것입니다. 어떻게 보면 좀 더 현실에 가까운 프로그래밍을 해 보는 것이니 따라와 보시기 바랍니다.

22.1 집합

이 장에서 다룰 내용은 집합의 표현과 처리입니다. 여러분들이 중고등학교 수학시간에 배운 그 집합입니다. 갑자기 웬 집합이냐고 하실 수 있겠는데요, 중고등학교 때 배우는 것이니 그 개념을 따로 설명할 필요도 없고 앞에서 배운 배열이나 연결 리스트 구조를 적용하기에도 편하고, 무엇보다 전산학 같은 것을 전공하신다면 이산 수학 같은 과목에서 다룰 내용이기 때문에 집합을 선택해 보았습니다. 그리고 그래프 같은 다른 자료 구조 주제로 발전시키기에 용이하다는 장점도 있습니다.

본격적으로 집합을 다루기 전에 집합에 관련된 수학이론부터 간단히 소개하겠습니다. 이 장의 내용과 관련이 있는 것만 간단히 소개하는 것이므로 집합에 대한 자세한 내용은 중고등학교 수학책이나 이산 수학 교재 같은 책을 참고하시기 바랍니다. 집합이라는 것은 어떤 객체들을 모아 놓은 것이며, 집합에 속하는 객체와 그렇지 않은 객체를 명확히 구분할 수 있어야 합니다. 예를 들어 한글 자음들의 집합 같은 것도 가능하며 이 집합에는 ㄱ이나 ㄴ은 속하지만, a나 b 같은 알파벳이나 9나 10 같은 정수는 속하지 않을 것입니다.

집합을 표시할 때는 그 집합에 속한 원소들을 { } 사이에 나열하면 되며 앞에서 소개한 한글 자음들의 집합 A는 $A = \{ㄱ, ㄴ, ㄷ, ..., ㅍ, ㅎ\}$과 같이 표현할 수 있습니다.

방금처럼 집합에 어떤 원소들이 있는지 표시할 때 {} 내부에 원소들을 나열하는 방법을 원소나열법이라고 부릅니다. 집합을 표시하는 다른 방법으로는 조건제시법도 있습니다. 조건제시법에서는 {x|x는 한글 자음}과 같이 그 집합의 원소가 되는 조건을 써 놓음으로써 집합을 표시하는 방법입니다. 다른 예를 든다면 집합 $A = \{x|0 \leqslant x < 10\text{인 정수}\}$를 원소 나열법으로 표현하면 $A = \{0, 1, 2, ..., 9\}$가 되겠지요.

한 집합에 속하는 객체를 그 집합의 원소라고 부르며 기호로는 ∈을 사용합니다. 예를 들어 한글 자음들의 집합 A에 대해 $ㄱ \in A$가 성립하지만 $\text{a} \in A$는 잘못된 것입니다. 속하지 않는다는 의미로 $\text{a} \notin A$라고 표현하기도 합니다. 그리고 한 집합에 대해 그 집합에 속하는 원소의 개수를 그 집합의 크기라고 부르며 $|A|$로 표시합니다. 한글 자음들의 집합 A에 대해 생각하면 $|A| = 14$일 것입니다.

두 집합 사이의 연산으로 교집합과 합집합이 있습니다. 두 집합 A와 B에 대해 A와 B의 교집합은, 두 집합 모두에 속하는 원소들로 이루어진 집합이며 $A \cap B$로 표시합니다. 그리고 A와 B의 교집합은, 두 집합 중 어느 하나에라도 속하는 원소들로 이루어진 집합이며 $A \cup B$로 표시합니다. 예를 들어 $A = \{1, 2, 3\}$이고 $B = \{2, 3, 4, 5\}$라면 $A \cap B = \{2, 3\}$이고 $A \cup B = \{1, 2, 3, 4, 5\}$가 되는 것입니다. 교집합과 합집합을 조건제시법으로 표현하면 $A \cap B = \{x|x \in A \text{ 그리고 } x \in B\}$이고 $A \cup B = \{x|x \in A \text{ 또는 } x \in B\}$입니다.

두 집합 사이의 관계로 부분집합 관계가 있습니다. 두 집합 A와 B에 대해 A의 모든 원소가 B에도 속하면 A를 B의 부분집합이라고 부르고 $A \subseteq B$라고 표기합니다. 좀 더 수학적으로 표기한다면 $x \in A$인 모든 x에 대해 $x \in B$가 성립하면 $A \subseteq B$입니다. 그런데 A와 B가 서로 같을 때는 A도 B의 부분집합이며 B도 A의 부분집합입니다. 만일 서로 같은 경우를 제외한 부분집합을 표현하기 싶으면 $A \subset B$와 같이 표시하면 됩니다. 이것은 A는 B의 부분집합인데 A와 B가 서로 같지는 않다는 의미이며, A는 B의 진부분집합이라고 부릅니다.

집합의 원소는 어떤 것도 될 수 있으나 원소가 어떤 제한된 범위에 있다고 생각하는 경우도 많이 있습니다. 현재 고려 중인 원소들 전체의 집합을 보통 전체 집합 U로 표시하는 경우가 많습니다. 전체 집합 U가 정해지면 어떤 집합 A에 대해 A의 여집합이 정의됩니다. 집합 A에 대해 A의 여집합은 A에 속하지 않는 원소들의 집합이며 기호는 A^C입니다. 조건제시법으로 표현한다면 $A^C = \{x|x \notin A\}$와 같습니다. 예를 들어 전체 집합 $U = \{x|0 \leqslant x < 10\text{인 정수}\}$에 대해 집합 $A = \{1, 3, 4, 7, 8, 9\}$의 여집합은 $A^C = \{0, 2, 5, 6\}$입니다.

22.2 배열을 이용한 집합의 표현과 처리 1

이제 집합을 어떻게 프로그램에서 표현하고 처리하는지 다루어 보겠습니다. 우선 컴퓨터에서 집합을 다룰 때에는 어떤 전체 집합을 가정하고 그 안에 있는 객체들만을 대상으로

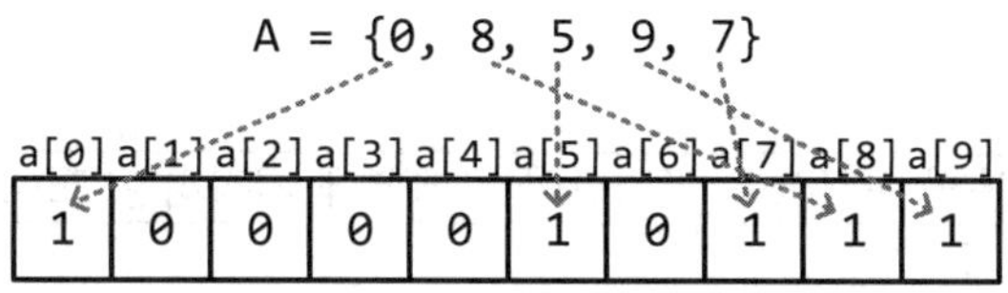

그림 22.1 배열을 이용한 집합의 표현 1

합니다. 그리고 그 객체들에 대해 번호를 임의로 부여하는 것을 선호합니다. 왜냐하면 컴퓨터는 우리가 사용하는 일반적인 언어 보다 번호 같은 수를 더 잘 다루기 때문입니다.

예를 들어 어떤 과목을 듣는 학생들의 집합을 표현하고 처리하려 한다면 우선 전체 학생의 집합을 생각하고 각 학생들에게 번호를 부여합니다. 이 장의 예에서는 전체 학생이 열명인 전체 집합에서 각 학생에게 0번에서 9번까지의 번호를 부여했다고 생각해 보겠습니다. 만일 C 프로그래밍 과목을 수강하는 학생들의 집합 A가 {0, 8, 5, 9, 7}이라면, 각 번호에 해당하는 학생들 다섯 명이 C 프로그래밍 과목을 수강하고 있는 것입니다.

이런 집합을 표현하는 가장 간단한 방법은 배열을 이용하는 것입니다. 하나의 집합을 표현하기 위해 하나의 배열을 선언해서 사용하며, 이 배열의 크기는 전체 집합의 크기 10으로 합니다. 이 배열의 각 배열 요소들은 그 번호에 해당하는 전체 집합의 원소에 대응하며 만일 그 원소가 집합에 속해 있으면 배열 요소에는 1을 그렇지 않으면 0을 저장합니다. 예를 들어 집합 $A = \{0, 8, 5, 9, 7\}$을 표현하고 싶으면 그림 22.1과 같이 크기가 10인 배열 a에서 a[0], a[5], a[8], a[7], a[9]에는 1을 저장하고 나머지 배열 요소들에는 0을 저장하는 것입니다. 그리고 프로그램에서는 이 배열을 집합 A를 위해 사용하는 것입니다.

그런데 이 방법에서는 각 학생에 대한 정보는 생략되어 있습니다. 예를 들어 학생의 이름 같은 것은 표시되어 있지 않습니다. 여기서 중요한 것은 총 열 명의 학생이 있고 그 학생들 중에 현재 C 프로그래밍 과목을 수강하고 있는 학생, 즉 집합 A에 속하는 학생이 누구인지만 중요한 것입니다. 이를 위해 학생의 이름 같은 정보는 없애고 각 학생에게 추상적인 번호를 부여한 뒤 이 번호만 가지고 집합을 다루는 것입니다. 물론 각 번호에 해당하는 학생의 정보를 따로 저장해 놓고 이용할 수도 있겠습니다만, 그에 관해서는 생략하겠습니다.

그럼 두 개의 과목에 대해 각 과목을 수강하는 학생들의 번호를 입력받아서 표현하는 프로그램인 프로그램 22.1을 설명해 보겠습니다. 두 집합을 표현해야 하므로 배열도 cp와 ds, 두 개를 선언했습니다. 그리고 우선은 7번 줄과 같이 모든 배열 요소에 0을 대입합니다. 다음으로 10~15번 줄의 반복문을 돌면서 C 프로그래밍을 수강하는 학생을 입력받습니다. 이때 음수를 입력받으면 입력을 중단하는 것으로 가정하고 프로그램을 작성했습니다. 그래서 12번 줄에서 우선 입력받은 수가 음수인지 검사합니다. 다음으로 13번 줄에서는 입력받은 수가 정상적인 범위에 있는지 검사합니다. 학생이 10명이고 번호가 0에서 9까지이므로 9 이내의 수를 입력해야 합니다. 만일 정상적인 수이면 13번 줄과 같이 해당하는 cp 배열의 배열 요소에 1을 저장합니다. 그렇지 않으면 14번 줄과 같이 잘못된 번호라고 표시해 주지요. 17~23번 줄에서도 같은 방법으로 자료 구조 과목을 수강하는 학생을 입력받습니다.

프로그램 22.1 두 과목의 수강생을 입력받아서 배열에 저장하는 프로그램 1

```
#include <stdio.h>

int main(void) {
   int   cp[10], ds[10];
   int   i, a;

   for(i=0;i<10;++i) cp[i] = ds[i] = 0;

   printf("Enter the students studying C Programming\n");
   while(1) {
      scanf("%d", &a);
      if(a<0) break;
      if(a<=9) cp[a] = 1;
      else printf("Wrong student number!!\n");
   }

   printf("Enter the students studying Data Structure\n");
   while(1) {
      scanf("%d", &a);
      if(a<0) break;
      if(a<=9) ds[a] = 1;
      else printf("Wrong student number!!\n");
   }
   ...
}
```

모든 배열 요소들은 0으로 초기화

음수를 입력 하면 입력 중지

정상적인 번호가 입력 되면 해당 배열 요소에 1 저장

입력 번호가 9를 초과하면 잘못된 번호임

프로그램 22.2 두 과목의 수강생을 출력하는 프로그램 1

```
   ...
   printf("The students studying C Programming\n");
   for(i=0;i<10;i++)
      if(cp[i] == 1) printf("%d ", i);
   printf("\n");

   printf("The students studying Data Structure\n");
   for(i=0;i<10;i++)
      if(ds[i] == 1) printf("%d ", i);
   printf("\n");
   ...
```

cp[i]가 1이면 i번 학생은 C 프로그래밍을 수강함

ds[i]가 1이면 i번 학생은 자료 구조를 수강함

프로그램 22.3 두 집합의 교집합을 구해서 출력하는 프로그램 1

```
01:    int   inter[10];
02:    ...
03:    for(i=0;i<10;i++) {
04:       if((cp[i] == 1) && (ds[i] == 1)) inter[i] = 1;
05:       else inter[i] = 0;
06:    }
07:
08:    printf("The students studying C Programming"
            " and Data Structure\n");
09:    for(i=0;i<10;i++)
10:       if(inter[i] == 1) printf("%d ", i);
11:    printf("\n");
12:    ...
```

cp[i]가 1이고 ds[i]가 1이면 i번 학생은 두 집합에 모두 속함
즉 i번 학생은 두 집합의 교집합에 속함

```
Enter the students studying C Programming
5 2 8 1 0 -1↲
Enter the students studying Data Structure
4 6 9 5 1 -1↲
The students studying C Programming
0 1 2 5 8
The students studying Data Structure
1 4 5 6 9
The students studying C Programming and Data Structure
1 5
```

모니터

그림 22.2 프로그램 22.1~ 프로그램 22.3을 실행한 예

다음으로 두 집합에 속하는 학생들, 즉 두 과목을 수강하는 학생들을 각각 출력해 봅시다. 프로그램은 프로그램 22.2와 같습니다. 3, 4번 줄과 같이 반복문을 돌면서 배열 cp의 각 요소들의 값을 검사합니다. 만일 cp[i]의 값이 1이라면 i번 학생은 이 집합의 원소이므로 (즉 C 프로그래밍 과목을 수강하므로) 4번 줄에서 i를 출력합니다. 8, 9번 줄의 반복문에서도 역시 비슷한 방법으로 자료 구조를 수강하는 학생들을 출력합니다.

다음으로 두 집합의 교집합, 즉 두 과목을 모두 수강하는 학생들을 구해서 출력해 봅시다. 우선 두 집합의 교집합도 역시 집합이므로 배열을 이용해서 표현해야 할 것입니다. 교집합을 표현하기 위한 배열을 inter[10]이라고 이름 붙여 봅시다. 그리고 inter[i]가 1이라는 말은 i번 학생이 교집합에 속한다, 즉 두 과목을 모두 수강한다는 말입니다. 이렇게 되기 위해서는 어느 inter[i]에 1을 저장해야 하는지를 잘 따져 보아야 합니다.

교집합이라는 특성에 맞게 inter[i]에 저장할 값을 결정하는 문장이 그림 22.3의 4, 5번 줄입니다. 만일 4번 줄의 조건대로 cp[i]도 1이고 ds[i]도 1이면 i번 학생은 cp가 나타내는 집합에도 속하고 ds가 나타내는 집합에도 속하는 것입니다. 즉 i번 학생의 두 집합의 교집합에 속하는 것이지요. 따라서 inter[i]에는 1을 저장할 수 있는 것입니다. 그러나 만일 cp[i]와 ds[i], 둘 중 하나라도 1이 아니면 i번 학생은 교집합에 속하는 것이 아니므로 5번 줄과 같이 inter[i]에는 0을 저장합니다. 0번 학생부터 9번 학생까지 이

A = {0, 8, 5, 9, 7}

a[0]	a[1]	a[2]	a[3]	a[4]	a[5]	a[6]	a[7]	a[8]	a[9]	a[10]
0	8	5	9	7	-1					

그림 22.3 배열을 이용한 집합의 표현 2

과정을 반복하게 되면 교집합에 해당하는 배열 inter의 각 배열 요소에 0이나 1을 적절하게 저장할 수 있습니다. 그 뒤에 이어지는 8~11번 문장은 교집합에 속하는 학생들을 차례로 출력하는 부분입니다.

그림 22.2는 프로그램 22.1~ 프로그램 22.3을 실행한 예입니다. 그림에서 ↵이 표시된 줄은 사용자가 입력한 부분입니다. 각 집합에 대해 학생 번호를 입력하면, 그 집합의 원소들을 출력하고 다음으로 교집합의 원소들도 출력함을 보실 수 있습니다.

22.3 배열을 이용한 집합의 표현과 처리 2

배열을 이용하여 집합을 표현하는 방법에는 다른 방법도 있습니다. 프로그램 22.1에서 사용한 방법에서는 i번 학생이 집합의 원소이면 배열의 i번 배열 요소에 1을 저장하였는데, 이제 소개할 방법에서는 배열에 바로 i를 저장하는 것입니다. 그림 22.3에 예를 하나 그려 놓았습니다. 집합의 원소가 0, 8, 5, 9, 7이면 이 값들을 그대로 배열에 저장하는 것입니다. 다만 이 방법에서는 배열 요소 중에서 어느 것까지가 원소를 나타내는지 명확하지 않다는 문제가 있습니다. 그림 22.3에서 a[6]에는 아무 값도 표시가 안 되어 있으나 사실은 어떤 알 수 없는 값이 저장되어 있을 것이고, 이 값이 유효한 원소를 나타내는 것인지 명확하지 않다는 것입니다.

이런 문제에 대한 해결책은 크게 두 가지가 있습니다. 첫 번째 방법은 원소의 개수, 즉 집합의 크기를 따로 저장해 놓는 것입니다. 만일 크기가 5이면 a[0]~a[4]까지만 유효한 원소들을 저장한 배열 요소가 될 것입니다. 나머지 배열 요소들의 값들은 집합에 속한 원소들을 나타내는 값이 아닌 것이지요. 다른 방법은 유효한 원소들이 저장된 마지막 배열 요소의 다음 요소에 특정한 값을 저장해 놓는 것입니다. 이 특정한 값은 유효한 원소들에 해당하는 값을 제외한 아무 값이나 정하면 됩니다. 현재 유효한 원소들은 0~9이므로 이 외의 아무 값이나 정하면 되는데 이 장에서는 음수로 정해서 사용하겠습니다. 그림 22.3에서도 유효한 원소들이 저장된 a[0]~a[4]의 다음인 a[5]에 -1을 저장해 놓았습니다. 참고로 말씀드리면 19장의 프로그램 19.1에서도 역시 비슷한 개념을 사용했었습니다.

이 장에서는 두 번째 방법, 즉 특정한 값을 저장하는 방법을 사용하겠습니다. 이 방법을 사용하실 때 주의하실 점은 배열의 크기를 전체 가능 원소의 개수 보다 1 크게 잡아야 한다는 것입니다. 그림 22.3을 보시면, 가능한 원소의 개수는 10개인데 배열의 크기는 a[0]~a[10]으로 11입니다. 이것은 모든 원소가 집합에 속해 있을 경우 a[0]~a[9]가 모두 유효한 원소들로 채워질 테고, 이때 유효한 원소의 끝을 나타내는 음수를 저장할 공간이 하나 더 필요하기 때문입니다.

프로그램 22.4 수강생을 입력받아서 배열에 저장하는 프로그램 2

```
01: #include <stdio.h>
02:
03: int main(void) {
04:    int   cp[11], ds[11];
05:    int   i, j, a, included;
06:
07:    printf("Enter the students studying C Programming\n");
08:    i = 0;
09:    while(1) {
10:       scanf("%d", &a);
11:       if(a<0) {
12:          cp[i] = a;                         입력 받은 수가 음수이면 입력 종료
13:          break;
14:       }
15:       if(a<=9) {
16:          included = 0;
17:          for(j=0;j<i;j++)
18:             if(cp[j] == a) {                 같은 원소가 이미 포함되어 있는지 검사
19:                included = 1;
20:                break;
21:             }
22:          if(included == 0) cp[i++] = a; -----> 포함되어 있지 않으면 저장
23:       } else printf("Wrong student number!!\n");
24:    }
25:    ...
26: }
```

이러한 개념에 따라 프로그램 22.1을 수정한 프로그램이 프로그램 22.4입니다. 공간 문제로 인해 C 프로그래밍을 수강하는 학생의 집합을 입력받아 저장하는 부분만 작성해 놓았습니다만 배열 **cp**를 배열 **ds**로 바꾸기만 하면 자료 구조를 수강하는 학생의 집합을 입력받는 프로그램이 됩니다.

프로그램 22.4에서 우선 주목하실 부분은 22번 문장에 있는 **cp[i++] = a;**입니다. 즉 현재의 i에 대해 **cp[i]**에 **a**를 저장하고 i를 1 증가시키는 것입니다. 이 문장을 반복해서 실행하면 배열 **cp**에는 입력받은 학생 번호가 차례로 저장될 것입니다. 그런데 22번 문장을 보시면 조건문이 있습니다. 여기에 조건문이 있어야 하는 이유는, 같은 학생 번호를 여러 번 입력하는 경우에 대비하기 위해서입니다. 집합에서는 같은 원소가 두 번 이상 있는 것은 한 번 있는 것과 같이 취급합니다 그러므로 집합을 표현할 때도 같은 원소는 한 번만 기입해야 합니다. 만일 사용자가 이미 저장된 원소와 같은 원소를 또 입력하면 그 입력은 무시해야 하는 것입니다.

프로그램 22.4에서는 16~21번 줄에서 같은 원소를 입력받아 저장한 적이 있는지 검사해서 같은 원소가 없을 때만 **cp[i++] = a;**를 합니다. 구체적으로 설명하면 17번 줄의 반복문에서 지금까지 입력된 원소들을 하나씩 검사하여 18번 줄과 같이 입력받은

프로그램 22.5 두 과목의 수강생을 출력하는 프로그램 2

```
01:    ...
02:    printf("The students studying C Programming\n");
03:    for(i=0;cp[i]>=0;i++)
04:       printf("%d ", cp[i]);
05:    printf("\n");
06:
07:    printf("The students studying Data Structure\n");
08:    for(i=0;ds[i]>=0;i++)
09:       printf("%d ", ds[i]);
10:    printf("\n");
11:    ...
```

음수가 저장되어 있으면 유효한 원소의 끝

번호와 같은 원소가 이미 있으면 19번 줄에서 included라는 변수에 1을 적어서 표시해 놓습니다. 17~21번 줄의 반복문이 마칠 때를 생각해 보면, 만일 이전에 저장된 적이 없는 새로운 번호를 입력받았다면 18번 줄의 조건이 한 번도 맞지 않았을 것이므로 included의 값은 16번 줄에서 대입한 0을 유지하고 있을 것입니다. 반대로 이미 저장된 번호를 또 입력받았다면 18번 줄의 조건이 맞는 경우가 발생할 테고 그러면 included의 값은 1로 바뀌었을 것입니다. 즉 반복문이 마쳤을 때 included의 값을 보면 같은 번호를 이전에 입력받은 적이 있었는지 알아낼 수 있는 것입니다. 그래서 22번 줄을 보시면 included의 값이 0인지 비교해서, 0이면, 즉 같은 번호가 저장되어 있지 않으면 cp[i++] = a를 실행하는 것입니다. 참고로 여기서 included라는 변수를 이용해서 어떤 특정한 일이 있었는지 정보를 얻는 과정은 5장의 프로그램 5.8에서 소수 판별 프로그램을 작성할 때도 사용했던 기법입니다.

이렇게 원소들을 하나씩 저장하다가 음수를 입력받으면 유효한 원소들의 끝을 표시하기 위해 그 음수를 저장하고(12번 줄) 입력을 마칩니다.

현재 설명하고 있는 배열을 이용한 집합의 표현법에서는 원소들을 입력받아 저장하는 것이 약간 복잡했습니다. 그런데 원소들을 출력하는 것은 프로그램 22.5와 같이 간단합니다. 기본적으로는 4번 줄과 같이 배열에 저장된 값들을 그냥 출력하면 됩니다. 모든 배열 요소에 유효한 원소들이 저장되어 있는 것은 아니므로 3번 줄과 같이 저장된 값이 양수인 동안에만 반복을 수행하고, 음수가 되면 바로 반복을 마칩니다.

이제 두 집합의 교집합을 구해 봅시다. 집합 A와 B의 교집합은 두 집합에 모두 속하는 원소들의 집합입니다. 물론 모든 원소들에 대해 A와 B에 속하는지 검사하는 방법도 괜찮을 것이며 앞 절의 프로그램 22.3은 그런 방법으로 작성되었습니다. 0~9번 학생들 모두에 대해 A와 B에 속하는지 검사해본 것입니다. 그런데 이 절에서 설명하고 있는 표현법에서는 다른 방법이 더 효율적입니다. 집합 A와 B에 모두 속해야 하므로, 교집합에 속하려면 기본적으로 집합 A의 원소여야 할 것입니다. 그러므로 모든 원소에 대해 검사하기 보다는 집합 A의 원소들에 대해서만 검사해봐도 괜찮을 것입니다. 집합 A의 원소가 아니라면 교집합에도 속하지 않을 것이니까요.

집합 A의 각 원소들에 대해 검사해 봐야 할 것은 그 원소가 집합 B의 원소이기도

프로그램 22.6 두 집합의 교집합을 구해서 출력하는 프로그램 2

```
01:    int   inter[11];
02:    ...
03:    k = 0;
04:    for(i=0;cp[i]>=0;i++) {  ------> cp의 각 원소에 대해
05:       included = 0;                    ┐
06:       for(j=0;ds[j]>=0;j++)            │
07:          if(ds[j] == cp[i]) {          │ ds에도 속해 있는지 검사
08:             included = 1;              │
09:             break;                     │
10:          }                             ┘
11:       if(included == 1) inter[k++] = cp[i];
12:    }               ------> ds에도 속해 있다면 교집합의 원소가 됨
13:    inter[k] = -1;
14:
15:    printf("The students studying C Programming"
             " and Data Structure\n");
16:    for(i=0;inter[i]>=0;i++)           ┐ 교집합의 원소들을 출력
17:       printf("%d ", inter[i]);        ┘
18:    printf("\n");
19:    ...
```

하나일 것입니다. 만일 집합 A의 어떤 원소가 집합 B에도 속한다면 그 원소는 교집합의 원소이기도 할 것입니다. 이런 개념으로 작성한 프로그램이 프로그램 22.6입니다.

프로그램 22.6에서 4번 줄의 반복문은 배열 cp의 배열 요소들을 하나씩 보는 반복문입니다. 보시면 유효한 원소들의 끝에는 음수가 저장되어 있으므로 반복 조건은 배열 요소 cp[i]가 0 이상인 동안입니다. 그리고 각각의 배열 요소 cp[i]에 대해 할 일은, cp[i]에 저장된 원소, 즉 학생 번호가 배열 ds에도 저장되어 있는지 검사하는 것입니다.

이 검사하는 과정이 5~10번 줄입니다. 6번 줄의 반복문은 배열 ds의 각 배열요소들을 보는 반복문이고 각 ds[j]에 대해 7번 조건문에서 cp[i]와 같은 지 검사합니다. 만일 같다면 cp[i]와 같은 원소가 배열 ds에도 저장되어 있는 것이므로 included 변수에 1을 저장하여 표시하고 반복문을 종료합니다. 만일 배열 ds에 cp[i]와 같은 원소가 없다면 7번 줄의 조건은 맞는 일이 없을 테고 그러면 included 변수의 값은 5번 줄에서 저장한 0을 유지할 것입니다.

내부 반복문을 마치고 11번 줄에 오게 되면 included는 0 또는 1의 값을 가지게 됩니다. 만일 7번 줄의 조건이 맞은 적이 있다면, 즉 cp[i]가 배열 ds에도 있다면 included의 값이 1로 변해 있을 테고, 그런 적이 없다면 5번 줄에서 저장한 0을 유지합니다. 따라서 included의 값이 1이면 cp[i]가 ds에도 속한다고 결론 내릴 수 있습니다. 집합 cp의 원소 cp[i]가 집합 ds에도 속하므로 cp[i]는 교집합의 원소입니다. 그래서 11번 줄에서 이 원소를 inter 배열에 추가합니다. 배열 inter에 원소를 추가할 때는 변수 k를 첨자로 하는 배열 요소에 저장하며 다음 번 저장을 위해 k는 1 증가시킵니다.

```
Enter the students studying C Programming
5 2 8 1 0 -1↵
Enter the students studying Data Structure
4 6 9 5 1 -1↵
The students studying C Programming
5 2 8 1 0
The students studying Data Structure
4 6 9 5 1
The students studying C Programming and Data Structure
5 1
```
모니터

그림 22.4 프로그램 22.4~ 프로그램 22.6을 실행한 예

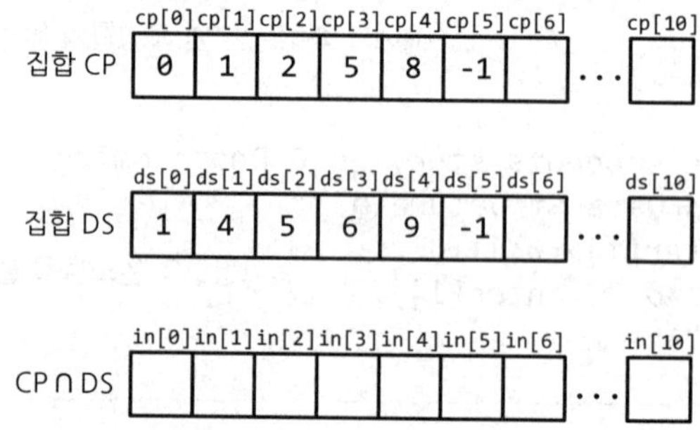

그림 22.5 배열에 원소들이 정렬 되어 있을 경우

이렇게 모든 cp[i]에 대해 배열 ds에도 같은 원소가 있는지 검사하고 나면 교집합의 모든 원소들을 구해서 inter 배열에 저장할 수 있습니다. 그리고 반복문이 끝나면 inter 배열에 교집합 원소들이 모두 저장되어 있으므로, 유효한 원소들의 끝에는 음수를 저장한다는 약속에 따라 13번 줄과 같이 그 끝에 음수를 하나 저장합니다. 그 아래에 있는 프로그램은 교집합에 저장된 원소들을 출력하는 부분입니다.

이 절에서 소개한 프로그램 22.4~ 프로그램 22.6을 실행한 예가 그림 22.4입니다. 앞서 보여 드렸던 그림 22.2와 비교하면 원소들이 출력되는 순서가 바뀐 것 이외에는 다른 것이 없음을 아실 수 있습니다.

그런데 이 절에서 사용하고 있는 표현법은 그림 22.1에서 사용했던 0과 1을 사용한 집합의 표현법에 비해 프로그램이 많이 복잡해졌음을 알 수 있습니다. 그런데 왜 이런 표현법이 나왔을까요? 이 표현법의 장점은 가능한 원소의 개수, 즉 전체 집합의 크기는 큰데 각 집합의 크기는 작을 때 유용합니다. 그림 22.1은 집합의 크기에 상관없이 항상 전체 집합 크기의 배열을 사용해야 합니다. 그에 반해 이 절에서 사용하는 방법은, 만일 집합의 크기를 미리 알 수만 있으면 그만한 크기의 배열을 동적 할당 받아서 사용할 수도 있습니다. 그러면 집합의 크기만큼만 공간을 사용하겠지요.

그리고 만일 집합 내에서 원소들이 정렬되어 있다면 프로그램 22.6의 교집합 구하는 프로그램을 좀 더 효율적으로 수정할 수 있습니다. 어떻게 하면 되는지 먼저 그림으로 설명해 보겠습니다. 그림 22.5와 같은 두 집합 사이에 교집합을 구한다고 생각해

보겠습니다. 두 집합 CP와 DS는 각각 배열 cp와 ds로 표현되며 각 집합의 원소들은 오름차순으로 정렬되어 배열에 저장되어 있습니다. 두 집합의 교집합을 계산하려고 하며 교집합을 표현할 배열의 이름은 (inter가 그림에서 쓰기에는 너무 길어서) in입니다.

지금부터 설명할 방법에서는 항상 두 집합의 원소 한 개씩만 비교하며, 앞에서부터 차례대로 비교 과정을 진행합니다. 그림 22.6a에서 배열 cp와 ds의 첫 번째 요소를 서로 비교하고 있습니다. 보시면 cp[0]의 원소가 0으로써 더 작습니다. 이때 과연 0이 교집합의 원소일 가능성이 있을까요? 네, 없습니다. 왜냐하면 현재 정렬이 되어 있으므로 배열 ds에서 ds[0] 다음에는 1보다 큰 원소들만이 들어 있을 것이며, 따라서 0이 배열 ds에 저장되어 있을 일은 없는 것입니다. 그러므로 원소 0은 집합 DS의 원소가 아니고 교집합의 원소가 될 수 없습니다.

이제 cp[0]은 더 이상 생각할 필요가 없으므로 배열 cp에서는 다음 배열 요소 cp[1]을 봅니다. 그림 22.6b와 같이 cp[1]과 ds[0]을 비교해 보니 서로 같습니다. 그럼 두 배열 요소에 저장되어 있는 원소 1은 두 집합에 모두 속하는 것이므로 교집합의 원소입니다. 따라서 원소 1을 배열 in에 저장합니다. 그리고 cp[1]과 ds[0]을 모두 처리했으므로 두 배열에서 모두 다음 배열 요소로 이동합니다.

다음 배열 요소들인 cp[2]와 ds[1]을 비교하면 그림 22.6c와 같이 cp[2]가 더 작습니다. 그러면 앞에서와 동일한 이유로 cp[2]에 저장된 원소 2는 교집합의 원소가 될 수 없습니다. 배열 ds에서 ds[1] 다음에는 4보다 큰 원소만 있겠지요. 이제 cp[2]를 더 이상 생각할 필요가 없으므로 다음 배열 요소로 이동합니다. 다음 순서로 그림 22.6d와 같이 cp[3]과 ds[1]을 비교하게 되고 더 작은 쪽인 원소 4는 교집합의 원소가 될 수 없으므로 ds[1]의 다음 배열 요소로 이동합니다.

그림 22.6e처럼 cp[3]과 ds[2]를 비교하는데 이번에는 서로 같습니다. 그럼 cp[3]과 ds[2]에 저장되어 있는 원소 5는 교집합의 원소가 되므로 배열 in에 저장합니다. 그리고 배열 cp와 ds에서는 각각 다음 배열 요소로 이동합니다.

다음 배열 요소는 그림 22.6f와 같이 cp[4]와 ds[3]이고 이들 중 ds[3]에 저장되어 있는 원소 6이 더 작으므로 원소 6은 교집합의 원소가 될 수 없습니다. 그러므로 배열 ds에서 다음 배열 요소로 이동하면 그림 22.6g와 같이 cp[4]와 ds[4]를 비교하게 됩니다. 이번에는 cp[4]에 저장되어 있는 원소 8이 더 작으므로 cp 배열에서 다음 배열 요소로 이동합니다. 배열 cp의 다음 요소는 cp[5]인데 그림 22.6h와 같이 저장된 값이 음수입니다. 즉 집합 CP의 모든 원소들을 다 검사한 것입니다. 이렇게 되면 집합 DS의 남은 원소들과 같은지 비교할 집합 CP의 원소가 남아 있지 않은 것이고 집합 DS의 남은 원소들은 교집합의 원소가 될 수 없습니다. 교집합의 원소가 더 이상 없는 것이므로 교집합 구하는 과정을 종료할 수 있습니다.

지금까지 설명한 과정을 정리하면 이와 같습니다.

1. i=0, j=0부터 시작한다.
2. cp[i]와 ds[j]를 비교한다.

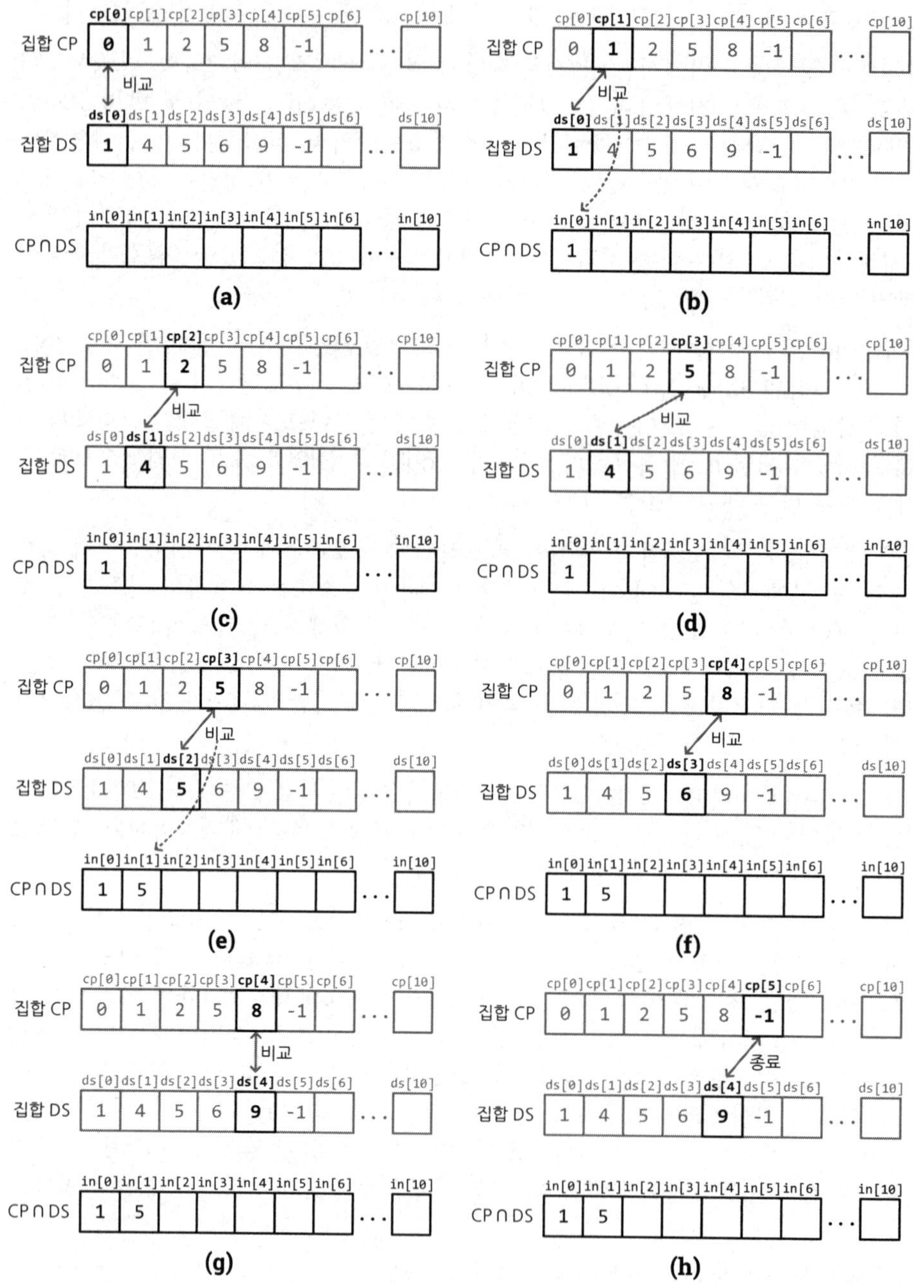

그림 22.6 배열에 원소들이 정렬 되어 있을 경우 교집합을 구하는 과정

프로그램 22.7 배열에 원소들이 정렬되어 있을 경우 교집합을 구하는 프로그램

```
01:    int   inter[11];
02:    ...
03:    i = j = k = 0;
04:    while((cp[i]>=0) && (ds[j]>=0)) {
05:       if(cp[i] == ds[j]) {
06:          inter[k++] = cp[i];
07:          i++; j++;
08:       } else if(cp[i] < ds[j]) {
09:          i++;
10:       } else {     //if cp[i] > ds[j]
11:          j++;
12:       }
13:    }
14:    inter[k] = -1;
15:
16:    printf("The students studying C Programming"
             " and Data Structure\n");
17:    for(i=0;inter[i]>=0;i++)
18:       printf("%d ", inter[i]);
19:    printf("\n");
20:    ...
```

cp와 ds 중 어느 한 쪽에서 음수에 도달하면 종료

cp[i]와 ds[j]가 같으면 그 원소는 교집합의 원소

cp[i]가 ds[j] 보다 작으면 cp 배열의 다음 배열 요소로

ds[j]가 cp[i] 보다 작으면 ds 배열의 다음 배열 요소로

3. **cp[i]** 와 **ds[j]** 가 같으면 이것은 교집합의 원소이므로 배열 **in**에 저장한다. 다음 배열 요소로 이동하기 위해 **i**와 **j**는 각각 **1**씩 증가시킨다.

4. **cp[i]** 가 **ds[j]** 보다 작으면 **cp[i]** 에 저장된 원소는 교집합의 원소가 될 수 없다. 배열 **cp** 의 다음 요소로 이동하기 위해 **i**를 **1** 증가시킨다.

5. **ds[j]** 가 **cp[i]** 보다 작으면 **ds[j]** 에 저장된 원소는 교집합의 원소가 될 수 없다. 배열 **ds** 의 다음 요소로 이동하기 위해 **j**를 **1** 증가시킨다.

6. 만일 **cp[i]** 와 **ds[j]** 중에 음수인 것이 있으면 한쪽 집합의 원소는 모두 본 것이고 교집합의 원소는 더 이상 없으므로 종료한다.

7. **2**번으로 돌아간다.

이렇게 정리한 것을 프로그램으로 옮기면 프로그램 **22.7**과 같습니다. **3**번에서 초기화하고 있는 변수 **i, j, k**는 각각 배열 **cp, ds, inter** 의 첨자로 사용할 것입니다. 처음에는 모두 **0**으로 초기화했습니다. **4~13**번 줄에 있는 반복문에 앞에서 정리한 과정입니다. **5~7**번 줄은 **cp[i]** 와 **ds[j]** 가 같은 경우입니다. 이렇게 되면 이 배열 요소들에 저장되어 있는 원소는 교집합의 원소이며 따라서 **inter[k]** 에 저장합니다. 동시에 **k**의 값은 다음 번 저장을 위해 **1** 증가시킵니다. 그리고 **cp[i]** 와 **ds[j]** 는 더 이상 볼 필요가 없으므로 **7**번 줄에서와 같이 **i**와 **j**를 각각 **1**씩 증가시킵니다.

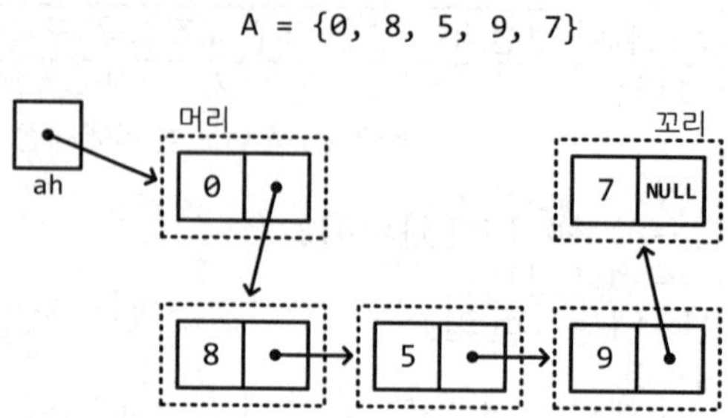

그림 22.7 연결 리스트를 이용한 집합의 표현

8, 9번 줄은 cp[i]가 ds[j] 보다 작은 경우입니다. 이 경우에는 cp[i]에 저장된 원소가 교집합에 속할 가능성이 없습니다. 그러므로 i를 1 증가시켜서 배열 cp의 다음 요소를 봅니다. 10, 11번 줄은 따로 조건이 적혀 있지는 않으나 5번 줄과 8번 줄의 조건들이 모두 아닌 경우를 생각해 보면, 주석에 적은 것과 같이 ds[j]가 cp[i] 보다 작은 경우입니다 이 경우에는 ds[j]에 저장된 원소가 교집합에 속할 가능성이 없으므로 j를 1 증가시켜서 배열 ds의 다음 원소를 봅니다.

이렇게 진행하다가 cp[i]나 ds[j] 중 어느 하나라도 음수가 되면 한쪽 집합의 원소들을 모두 본 것입니다. 그러면 더 이상 교집합 원소들이 없는 것이겠지요. 4번 줄의 while 조건을 보면 cp[i]와 ds[j]가 모두 0 이상일 때만 반복을 계속하는 것이므로 어느 한쪽이라도 음수가 되면 반복이 종료되며, 14번 줄에서 교집합의 끝에 음수를 추가합니다.

22.4 연결 리스트를 이용한 집합의 표현과 처리

연결 리스트를 이용해서 집합을 표현하는 것은 그림 22.3과 거의 비슷합니다. 원소들을 직접 저장하는 것이지요. 배열에서와 다른 점은 배열 요소에 저장하는 것이 아니라 연결 리스트의 노드를 생성하고 연결하면서 저장하는 것이 되겠습니다. 그림 22.7이 그 예입니다. 집합에서는 원소의 나열 순서는 상관없으므로 연결 리스트에서도 나열 순서는 어떻게 되어도 상관없습니다.

이렇게 연결 리스트를 이용해서 집합을 저장하고 처리하는 것은 앞의 19장과 20장에서 배운 것을 그대로 이용하면 됩니다. 19장의 프로그램 19.3과 같이 연결 리스트를 생성하며 집합을 저장하면 되고 프로그램 19.4와 같이 노드들을 방문하며 원소들을 출력하면 될 것입니다. 다만 원소들을 저장할 때 이미 저장된 원소를 중복해서 저장하면 안 되므로, 노드들을 탐색하여 같은 원소가 이미 있으면 새로 추가하지 말아야 할 것입니다.

그럼, 중복되지 않게 원소들을 입력받아 저장하는 프로그램부터 보여 드리겠습니다. 프로그램 22.8입니다. 연결 리스트의 노드를 이룰 구조체는 2~5번 줄에 정의하였습니다. 데이터 필드로 학생 번호를 저장할 변수 ele가 있고, 링크 필드로 다음 노드를 가리킬 포인터 next가 있습니다. 8번 줄에서 선언하는 포인터는 머리 포인터들로써, cph는 C 프로그래밍을 수강하는 학생들의 집합 CP를 표현할 연결 리스트의 머리 포인터이고 dsh

프로그램 22.8 수강생을 입력받아서 연결 리스트에 저장하는 프로그램

```
#include <stdio.h>
struct ln {
   int   ele;
   struct ln   *next;
};

int main(void) {
   struct ln   *cph, *dsh;
   struct ln   *p, *cur;
   int   included;

   printf("Enter the students studying C Programming\n");
   cph = NULL;
   while(1) {
      scanf("%d", &a);
      if(a<0) break;
      if(a<=9) {
         included = 0;
         for(cur=cph;cur!=NULL;cur=cur->next)
            if(cur->ele == a) {
               included = 1;
               break;
            }
         if(included == 0) {
            p = malloc(sizeof(struct ln));
            p->ele = a;
            p->next = cph;
            cph = p;
         }
      } else printf("Wrong student number!!\n");
   }
   ...
}
```

- `struct ln *cph, *dsh;` → 집합 CP와 DS에 대한 연결 리스트의 머리 포인터
- `if(a<0) break;` → 입력 받은 수가 음수이면 입력 종료
- `included = 0;` ~ `}` (for 문) : 같은 원소가 이미 포함되어 있는지 검사
- `if(included == 0) {` ~ `}` : 포함되어 있지 않으면 새로 노드를 만들고 머리 앞에 연결 추가

는 자료 구조를 수강하는 학생들의 집합 DS를 표현할 연결 리스트의 머리 포인터입니다. 9,10번 줄의 포인터와 변수들을 프로그램을 실행할 때 임시로 필요한 것들입니다.

아직 연결 리스트가 만들어지지 않았으므로 13번 줄에서 cph에 NULL을 저장한 뒤 반복문에 들어갑니다. 15번 줄에서 학생 번호를 입력받고 음수이면 16번 줄에서 반복문을 종료합니다. 17번 줄에서 유효한 번호인지 확인한 뒤 올바른 번호이면, 18~23번 줄에서 이미 저장된 적이 있는지 검사합니다. 19번 줄의 반복문에서는 공간을 줄이기 위해 while이 아니라 for문을 사용했는데 이렇게도 많이 사용합니다. 초기화 자리를 보시면 cur에 cph, 즉 연결 리스트의 머리 주소를 저장합니다. 그리고 반복문에서 하는 일은 cur가 현재 가리키는 노드의 ele 값이 입력받은 번호와 같은지 보는 것입니다. 만일 같다면 included 변수에 1을 저장해서 표시하고 반복문을 종료합니다. 그렇지 않으면 for문의 증감 연산 자리로 가서 cur가 다음 노드를 가리키게 합니다. 반복 조건은 cur가 NULL이 아닐 때 반복하는 것입니다. 연결 리스트의 노드들을 모두 검사해서 꼬리를 지나면 cur에는 꼬리의 next인 NULL이 저장될 것이므로 반복이 종료될 것입니다.

만일 19~23번 줄의 반복문에서 20번 줄의 조건이 한 번도 맞지 않았다면, 즉 24번 줄의 조건이 맞다면 같은 원소가 저장되어 있는 것이 아니므로, 새로 노드를 생성하여 입력받은 번호를 저장합니다. 25번 줄에서 새로 노드를 할당받고26~28번 줄에서 새 노드를 연결 리스트에 연결합니다. 연결 방식은 19장의 프로그램 19.5에서와 같이 새로 만든 노드를 머리 앞에 연결하는 방식을 취했습니다.

이렇게 저장된 원소들을 모두 출력하는 것은 19장의 프로그램 19.4와 같으므로 생략하고, 교집합을 구하는 프로그램으로 넘어가겠습니다. 교집합을 구하는 프로그램의 기본 생각은 프로그램 22.6과 같습니다. 집합 CP의 각 원소들에 대해 집합 DS에도 속하는지 검사해서 속하면 교집합의 원소가 되는 것입니다. 다만 연결 리스트로 표현하고 있으므로 그에 맞게 수정해야 할 것입니다. 프로그램 22.9가 연결 리스트에 맞게 수정한 교집합을 구하는 프로그램입니다.

1번 줄에서 선언한 포인터 중에서, inh는 교집합을 표현할 연결 리스트의 머리 포인터로 사용할 것이며, cur1과 cur2는 프로그램의 중간에 필요한 포인터들입니다. 우선 아직 교집합을 구하지 못했으므로 3번 줄과 같이 inh에는 NULL을 저장합니다. 다음으로 4번 줄과 같이 반복문을 도는데, cur1에 cph를 대입해서 머리를 가리키게 한 뒤 증감 연산 자리에 있는 cur1 = cur1->next를 통해 다음 노드를 차례로 가리키면서 cur1가 NULL이 아닌 동안, 즉 아직 꼬리를 지나지 않은 동안 반복합니다. 다시 말하면 cph로 시작하는 연결 리스트의 각 노드를 차례로 방문하는 것입니다.

각 노드에서 할 일은 그 노드에 저장된 원소, 즉 학생 번호와 같은 원소가 dsh로 시작하는 연결 리스트에도 있는지 확인하는 것입니다. 이 작업은 5~10번 줄에 기술되어 있습니다. 포인터 cur2에 dsh를 저장한 뒤 역시 다음 노드로 이동하면서 꼬리를 지날 때까지 반복합니다. 반복할 내용은 cur2가 가리키는 노드에 저장된 원소(집합 DS에 속하는 원소)와 cur1이 가리키는 노드에 저장된 원소(집합 CP에 있는 원소 중에서 현재 검사 중인 원소)를 비교하는 것입니다. 만일 같다면 included에 표시하고 반복을 종료합니다. 그렇지 않다면 6번 줄의 for문을 계속 수행하겠지요.

프로그램 22.9 연결 리스트로 표현된 두 집합의 교집합을 구하는 프로그램

```
01:    struct ln   *inh, *cur1, *cur2;
02:    ...
03:    inh = NULL;
04:    for(cur1=cph;cur1!=NULL;cur1=cur1->next) {
05:       included = 0;
06:       for(cur2=dsh;cur2!=NULL;cur2=cur2->next)
07:          if(cur2->ele == cur1->ele) {
08:             included = 1;
09:             break;
10:          }
11:       if(included == 1) {
12:          p = malloc(sizeof(struct ln));
13:          p->ele = cur1->ele;
14:          p->next = inh;
15:          inh = p;
16:       }
17:    }
```

cph에서 시작하는 연결 리스트의 각 노드에 대해

dsh에서 시작하는 연결 리스트에도 같은 원소의 노드가 있는지 검사

dsh에서 시작하는 연결 리스트에도 있다면 교집합의 원소가 됨.
그 원소를 저장할 노드를 새로 할당받고 inh에서 시작하는 연결 리스트에 연결.

```
Enter the students studying C Programming
5 2 8 1 0 -1↲
Enter the students studying Data Structure
4 6 9 5 1 -1↲
The students studying C Programming
0 1 8 2 5
The students studying Data Structure
1 5 9 6 4
The students studying C Programming and Data Structure
5 1
```
모니터

그림 22.8 프로그램 22.8과 프로그램 22.9를 실행한 예

6~10번 줄의 반복이 끝나서 11번 줄에 오면 **included**는 0과 1중 하나의 값을 가집니다. 7번 줄의 조건이 맞은 적이 있다면 1, 그런 적이 없다면 0일 것입니다. 해석하면 현재 **cur1**이 가리키는 노드에 저장된 원소와 같은 원소가 **dsh**로 시작하는 연결 리스트에 있었다면 1, 그렇지 않다면 0인 것입니다. 그래서 **included**가 1이면 **cur1**이 가리키는 노드에 저장된 원소는 교집합의 원소가 되고 12~15번 줄에서 이 원소를 교집합을 표현하는 연결 리스트에 추가합니다. 12번 줄과 같이 새로 노드를 할당받고 13번 줄에서 원소를 저장한 뒤 14, 15번 줄에서 기존의 머리 앞에 새 노드를 연결합니다. 이렇게 해서 **cph** 연결 리스트의 노드들을 모두 검사하면 교집합을 표현하는 연결 리스트를 구할 수 있습니다.

프로그램 22.8에 자료 구조를 수강하는 학생들을 입력받는 부분을 추가하고 프로그램 22.9를 연결한 뒤, 각 연결 리스트를 방문하여 출력하는 프로그램을 덧 붙여서 실행해 보십시오. 아마 그림 22.8과 같이 출력될 것입니다. 물론 ↲으로 표시된 줄은 여러분이

입력하는 줄입니다.

만일 연결 리스트에 저장할 때 정렬하여 저장하였다면 프로그램 22.7과 같은 기법을 적용할 수 있습니다. 연결 리스트에 적용한 것은 여러분이 한 번 작성해 보십시오.

연습 문제

1. 프로그램 22.9에서 교집합을 구하는 부분을 떼어내어 함수 **intersection**을 만드시오. 이 함수의 원형은 **struct ln *intersection(struct ln *, struct ln *)** 이며 반환값은 교집합을 나타내는 연결 리스트의 머리 포인터이다.
2. 위 문제에서 두 입력 연결 리스트가 오름차순으로 정렬되어 있다고 가정하고 그림 22.5의 개념을 적용하여 함수를 작성하시오.

실습 문제

1. 전체 집합이 U = {0, 1, ..., 19}일 때 그림 22.1의 방식으로 집합을 표시하시오. 집합을 입력받을 때는 원소들을 차례로 입력받다가 음수를 입력받으면 하나의 집합을 모두 입력받았다고 간주한다. 한 집합에 대해 같은 원소를 여러 번 입력받아도 한 번 입력받은 것으로 생각한다. 두 개의 집합 A와 B를 입력받은 뒤 다음을 출력하시오.
   a) A와 B의 합집합을 출력하시오. 출력할 때 같은 원소를 두 번 이상 출력해서는 안 된다.
   b) A와 B의 관계를 출력하시오.
      i. A와 B가 같으면 "A is equal to B."라고 출력한다.
      ii. A가 B의 진부분집합이면 "A is a subset of B."라고 출력한다.
      iii. B가 A의 진부분집합이면 "B is a subset of A."라고 출력한다.
      iv. 어느 것도 아니면 아무 것도 출력하지 않는다.
2. 1번을 그림 22.3의 방식으로 집합을 표현하여 구현하시오.
3. 1번을 그림 22.3의 방식으로 집합을 표현하는데, 집합 원소들을 입력받으면서 오름차순으로 정렬하며 저장한 뒤 처리하시오. 정렬이 된 상태에서 합집합과 부분집합 관계를 효율적으로 처리하시오.
4. 1번을 그림 22.7의 방식으로 집합을 표현하여 구현하시오.
5. 1번을 그림 22.7의 방식으로 집합을 표현하는데, 집합 원소들을 입력받으면서 오름차순으로 정렬하며 저장한 뒤 처리하시오. 정렬이 된 상태에서 합집합과 부분집합 관계를 효율적으로 처리하시오.

6. 10차 이내의 두 개의 다항식을 입력받아서 그 합을 출력하는 프로그램을 작성하시오. 한 개의 다항식은 하나의 1차원 배열로 표현할 수 있다. 예를 들어 $3x^5 - 2x^3 + 7x^2 + x - 10$은 1차원 배열 a에 대해 a[0]에는 -10, a[1]에는 1, a[2]에는 7, a[3]에는 -2, a[5]에는 3을 저장하고 나머지 요소들에는 0을 저장한다. 일반적으로 말하면 다항식에서 $c_k x^k$를 a[k]에 c_k를 저장하여 표현하는 것이다. 입력은 차수, 계수의 순서로 입력받다가 차수가 -1이면 하나의 다항식을 모두 입력한 것으로 간주한다. 다음은 실행의 한 예이다.

```
2 7 1 1 3 -2 5 3 0 -10 -1↲
3 2 2 -3 5 1 1 4 0 7 6 2 -1↲
2x^6 + 4x^5 +5x^2 + 5x - 3
```

위에서 처음 두 줄은 입력이고 마지막 줄은 출력이다. 첫 두 줄에서 $3x^5 - 2x^3 + 7x^2 + x - 10$과 $2x^6 + x^5 + 2x^3 - 3x^2 + 4x + 7$을 입력하여 결과로 둘의 합인 $2x^6 + 4x^5 + 5x^2 + 5x - 3$이 출력된 모습이다.

7. 위 문제에서 다항식 표현법을 바꾸어서 하나의 다항식을 struct term{ int degree; float coeff;}의 1차원 배열에 저장하시오. 이 배열의 한 요소는 다항식에 속한 하나의 항을 나타내며 구조체에서 멤버 degree는 그 항에서 x의 차수를, 멤버 coeff는 계수를 나타낸다. 배열의 앞에서부터 항들이 저장되며, 다항식의 끝을 나타내기 위해 유효한 마지막 배열 요소의 다음 요소에는 차수에 -1을 저장한다. 배열 내에서 항들의 순서는 상관없으나 계수가 0인 요소는 제거해야 하며 차수가 같은 요소가 존재해서는 안 된다.

8. 위 다항식 문제에서 다항식을 연결 리스트로 표현하시오. 연결 리스트의 한 노드는 다항식의 하나의 항을 표현하며, 노드의 구조체는 위 문제의 struct term에 링크 필드를 추가해서 구성한다. 차수가 -1인 노드를 넣을 필요는 없다.

CHAPTER 23

포인터 고급

이전 장들에서 포인터도 다루었었고 포인터를 많이 활용하는 동적 할당이나 연결 리스트 구조에 대해서도 배워 보았습니다. 이렇게 많이 배웠는데 아직 포인터에 대해 배울 것이 남아 있나 싶으시겠지만, 포인터라는 것이 C언어의 근간이 되는 개념이어서 배울 내용이 좀 많습니다.

미리 말씀드리지만 이 장의 내용은 좀 어려울 수 있습니다. 포인터의 개념에 대해 여러 번 곱씹으며 생각에 생각을 해 보셔야 이해되고 와 닿는 내용들이 많을 것입니다. 그러나 한 번 이해하시면 C언어를 다루는 수준을 몇 단계는 올리실 수 있습니다. 중간에 이해 안 된다고 포기하지 마시고 하나 하나 차근 차근 따라오시기 바랍니다.

23.1 2차원 배열을 1차원 배열처럼 다루기

배열에서 1차원 배열을 비롯하여 2, 3차원 같은 다차원 배열도 배웠습니다. 그런데 다차원 배열의 경우 포인터를 이용하면 마치 1차원 배열인 것처럼 다룰 수도 있습니다. 쓸데없는 기법으로 보일 수도 있습니다만 임의 크기 2차원 배열을 매개 변수로 가지는 함수를 만들기 위해서는 꼭 필요한 개념입니다.

23.1.1 2차원 배열의 메모리 배치

이전에 1차원 배열의 요소들은 메모리에 연속되어서 배치된다고 했었습니다. 그렇다면 2차원 배열의 요소들은 어떻게 배치될까요? 1차원 배열과 비슷하게 연속적으로 배치될 것이라고 예상할 수는 있을 것입니다. 그렇다면 같은 행에 있는 요소들이 서로 인접해 있을까요, 아니면 같은 열에 있는 것들이 서로 인접해 있을까요? C언어의 2차원 배열에서는 같은 행에 있는 배열 요소들이 서로 인접하도록 메모리에 배치합니다.

그림 23.1에 int a[2][3] 배열이 메모리에 배치되는 예를 그려 놓았습니다. 보시면 0번 행에 있는 a[0][0], a[0][1], a[0][2]가 메모리에 나란히 배치된 다음에 1번 행에 있는 a[1][0], a[1][1], a[1][2]가 메모리에 배치됩니다. 예를 들어 a[0][0]이 7200번지에서 시작하는 4 바이트 공간에 할당되었다면, a[0][1]은 4 바이트 간격의 7204번지에, a[0][2]는 7208 번지에, 그리고 그 다음에 1번 행의 a[1][0]이 7212번지에 배치되는 식입니다.

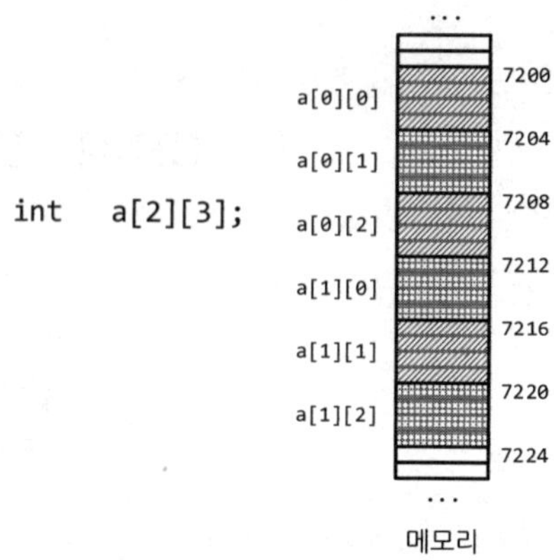

그림 23.1 2차원 배열의 메모리 배치

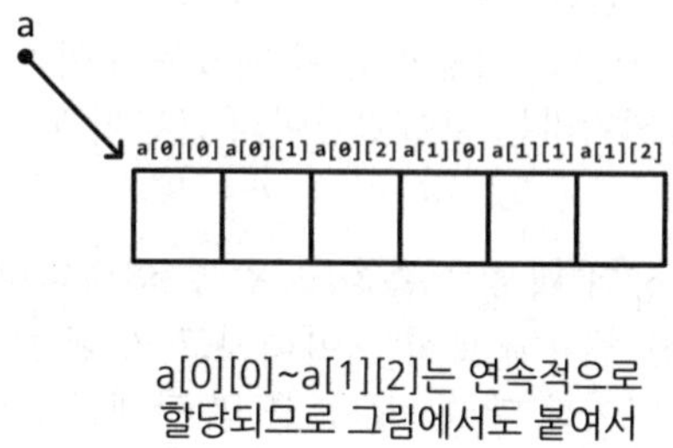

그림 23.2 메모리 배치를 고려한 2차원 배열의 그림 표기

그런데 실제로 어느 번지에 할당될지는 알 수 없으므로 연속된 배치의 개념만 살려서 그림 23.2와 같은 그림을 더 많이 사용하겠습니다. 그림을 보시면 배열명 **a**가 마치 배열 요소 **a[0][0]**를 가리키고 있는 것처럼 보이지만 이것의 실제 의미는 잠시 후에 설명하겠습니다.

23.1.2 2차원 배열을 1차원 배열처럼 다루기

그럼 이제 그림 23.3의 왼쪽과 같이 포인터 **b**를 선언한 뒤 **a**를 대입했다고 생각하겠습니다. 배열명 **a**는 첫 번째 요소를 가리키므로 (사실은 조금 잘못된 말입니다.) **b**에는 **a[0][0]**의 주소가 저장될 것입니다. 만일 **a[0][0]**이 **7200**번지에 할당되었다면 포인터 **b**에 저장된 값은 **7200**이겠지요. 그러면 포인터 **b**는 배열 **a**의 첫 번째 요소인 **a[0][0]**을 가리킬 것입니다.

다음으로 **b+1**이 가리키는 것을 생각해 봅시다. 포인터에 정수를 더하면, 그 정수에 포인터가 가리키는 대상의 크기를 곱한 다음에 더해진다고 했습니다. 즉 **+1**을 하지만 실제로는 **b**가 가리키는 대상, 즉 **int**형 변수(**b**가 **int** *형 포인터임을 확인하십시오.)의 크기인 **4**를 곱한 **4**가 더해지는 것입니다. 만일 **a[0][0]**이 **7200**번지에 할당되어 있다면 **b+1**은 **7204**번지가 될 것이고 이것은 **a[0][1]**이 할당된 곳입니다. 그러므로 **b+1**이 가리키는 대상은 **b**가 가리키는 대상에서 하나 옆에 있는 **a[0][1]**이 될 것입니다. 비슷하게

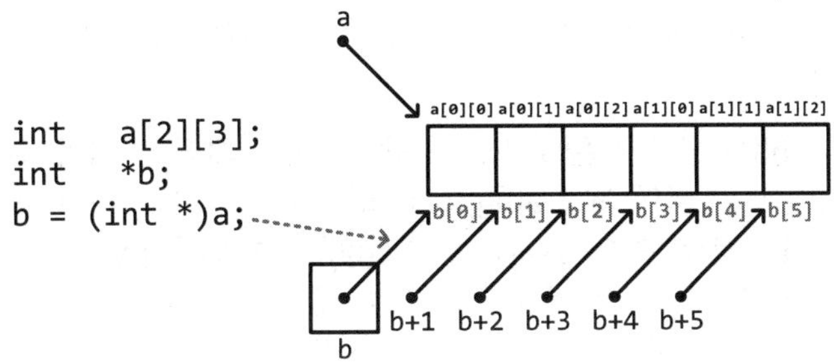

그림 23.3 2차원 배열을 1차원 배열처럼 보이도록 만든 예제

프로그램 23.1 2차원 배열을 1차원 배열처럼 사용하는 예

```
#include <stdio.h>

int main(void) {
    int   a[2][3];
    int   *b;
    int   i, j, sum1, sum2;

    b = (int *)a;
    for(i=0;i<6;i++) {
       b[i] = i*10;
    }
    sum1 = 0;
    sum2 = 0;
    for(i=0;i<2;i++) {
       for(j=0;j<3;j++) {
          sum1 += a[i][j];
          sum2 += b[i*3+j];
       }
    }
    printf("%d %d\n", sum1, sum2);

    return 0;
}
```

2차원 배열 a를 1차원 배열처럼 다루고 있음

sum1과 sum2는 같은 합을 계산함

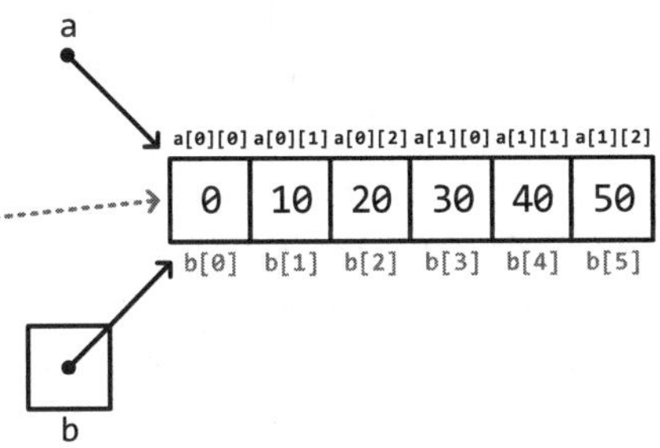

생각하면 b+2는 a[0][2]를, b+3은 그 옆에 있는 a[1][0]을, b+4는 a[1][1]을, b+5는 a[1][2]를 가리킵니다. 일반적인 수식으로 써 본다면 b+(i*3+j)는 a[i][j]를 가리킵니다.

이제 b[1]을 생각해 봅시다. 이전에 포인터를 설명하면서 b[1]은 *(b+1)과 같다고 했습니다. 즉 b[1]은 b+1이 가리키는 대상이지요. 그러데 방금 b+1은 a[0][1]을 가리키고 있다고 했으니 b[1]은 바로 a[0][1]이 됩니다. 역시 같은 방법으로 생각하면 b[2]는 a[0][2], b[3]은 a[1][0], b[4]는 a[1][1], b[5]는 a[1][2]가 됩니다. 다시 말하면 a는 2차원 배열인데 포인터에 값을 대입하고 나니 각 요소들을 마치 1차원 배열 b의 요소인 것처럼 접근할 수 있는 것입니다. 둘 사이의 첨자 관계를 수식으로 적어 보면 a[i][j]는 b[i*3+j]와 동등합니다. 프로그램 23.1은 이렇게 포인터를 이용하여 2차원 배열을 1차원 배열인 것처럼 사용한 예입니다.

방금 a[i][j]가 b[i*3+j]가 같은 요소라고 말했었는데 왜 이런 첨자 수식이 나왔는지 간단히 생각해 봅시다. 배열 요소 a[i][j]가 a[0][0]에서 몇 개의 배열 요소만큼 떨어져 있는지를 생각하면 금방 알 수 있습니다. 우선 a[i][j]는 행 번호가 i입니다 한 행의 크기가 3이므로 i번 행의 첫 번째 요소인 a[i][0]은 a[0][0]에서 i*3만큼 떨어져 있습니다. 그리고 a[i][j]는 다시 a[i][0]으로부터 j개의 요소만큼 떨어져 있으므로 a[i][j]는 a[0][0]에서 i*3+j 개의 요소만큼 떨어져 있습니다. 따라서 b[0]에서 생각하면 b[0]에서 i*3+j개 요소만큼 떨어져 있는 b[i*3+j]가 a[i][j]와 같은 위치의 요소가 되는 것입니다. 여기서 3은 한 행의 크기, 즉 열 개수임을 눈여겨봐 두십시오.

프로그램 23.1에서 여러분이 주의하실 점이 하나 있는데요, 배열 int a[2][3]에 대응하는 포인터는 사실 프로그램의 b처럼(즉 int *b와 같이) 선언해서는 안 된다는 것입니다. 2차원 배열 int a[2][3]에 상응하는 포인터는 int (*c)[3]과 같이 선언해야 합니다. 이렇게 해야 c = a;와 같이 대입할 수 있습니다. (다만 이렇게 하면 c는 2차원 배열인 것처럼만 사용할 수 있습니다.) 프로그램 23.1의 포인터 b는 사실 1차원 배열에 대응하는 포인터이고 1차원 배열의 배열명을 대입하는 것이 맞습니다. 그러나 여기서는 2차원 배열을 마치 1차원 배열인것처럼 이용하기 위해 약간은 억지로 2차원 배열의 배열명 a를 1차원 배열에 상응하는 포인터 b에 저장한 것입니다. 그리고 이것을 원활히 하기 위해서는 배열명 a의 자료형을 포인터 b에 맞게 바꿔 줘야 해서, 그림 23.3에서 형변환 연산자를 이용한 것을 보실 수 있습니다. 이 방법 외에도 b에는 a[0][0]의 주소를 저장하면 되므로 b = &a[0][0]; 이라고 해도 괜찮습니다.

23.1.3 임의 크기 2차원 배열 인자

우선 간단히 복습하면 함수에서 2차원 배열을 매개 변수로 사용할 때 첫 번째 크기는 인자와 같을 필요가 없다고 했습니다. 예를 들어 2차원 배열의 합을 구하는 array_sum(int a[][3], int s)와 같은 함수가 있다면 배열 int b[2][3]이나 int c[3][3] 모두 인자가 될 수 있어서 array_sum(b, 2)나 array_sum(c, 3)처럼 호출할 수 있는 것입니다. 다만 첫 번째 크기가 정해져 있지 않으므로 함수에서는 그 첫 번째 크기를 따로 받아서 사용하는 경우가 많다고 했었지요. 그리고 첫 번째 크기만 서로 다를 수 있지 두 번째 크기는 매개 변수와 인자가 서로 같아야 된다고 했습니다. 만일 int d[2][4]와 같은 두 번째 크기가 4인 2차원 배열의 합을 구하고 싶다고 array_sum(d, 2)와 같이 호출해서는 안 되는 것입니다. 두 번째 크기가 4인 2차원 배열을 위해서는 array_sum2(int a[][4], int s)와 같이 따로 만들어야 하는 것입니다. 혹시 잘 모르시겠다면 9장을 복습하시기 바랍니다.

그리고 포인터와 다차원 배열의 관계를 설명하면서 int b[][3]과 같은 2차원 배열 매개 변수가 사실은 포인터라고 했었습니다. 포인터 형태 int (*b)[3]으로 적어도 같은 의미라고 했었습니다.

복습은 여기까지이고 이제 이 절에서 하려는 것은, 2차원 배열의 합을 구하는 함수인데 첫 번째 크기와 두 번째 크기가 정해져 있지 않은, 즉 어떤 크기의 2차원 배열에 대해서도

프로그램 23.2 임의 크기 2차원 배열 인자에 대한 예제

```
01: #include <stdio.h>
02:
03: int array_sum(int *a, int rows, int cols) {
04:    int   i, j, sum;
05:    sum = 0;
06:    for(i=0;i<rows;i++) {
07:       for(j=0;j<cols;j++) {
08:          sum += a[i*cols+j];
09:       }
10:    }
11:    return sum;
12: }
13:
14: int main(void) {
15:    int   b[2][4] = { {1,5,2,8}, {2,3,9,1} };
16:    int   c[2][3] = { {3,2,3}, {2,3,4} };
17:    printf("%d\n", array_sum((int *)b,2,4));
18:    printf("%d\n", array_sum((int *)c,2,3));
19: }
```

(6~10번 줄 ⇒) 이렇게 해도 괜찮음

```
for(i=0;i<rows*cols;i++) {
   sum = sum + a[i];
}
```

그 합을 구할 수 있는 함수를 작성하는 것입니다. 예를 들어 int c[2][3]의 합도 구할 수 있고 int e[2][4]의 합도 구할 수 있는 함수입니다.

우선 C언어에서 2차원 배열 매개 변수를 이용하면 이와 같이 배열의 두 크기가 모두 자유로운 함수를 만들 수 없습니다. 이걸 해결하는 방법은 방금 앞에서 설명했던 기법을 이용하는 것입니다. 즉 2차원 배열을 마치 1차원 배열인 것처럼 바꾸어서 다루는 것입니다. 실제로 보여 드리면 프로그램 23.2의 array_sum 함수입니다. 보시면 우선 매개 변수가 2차원 배열 매개 변수가 아니라 포인터입니다. 그 것도 2차원 배열에 대한 포인터인 int (*b)[3] 같은 것이 아니라 1차원 배열에 상응하는 포인터인 int *a입니다.

이 프로그램이 어떻게 동작하는지 살펴봅시다. 15, 16번 줄에서 배열이 만들어 지고 초기화되는 것은 다 아실 테니 넘어가고 17번 줄에서 array_sum 함수가 호출되어서 인자의 복사가 완료된 시점의 상태에 초점을 맞춰 보겠습니다. 그 때의 상태를 그린 그림이 그림 23.4입니다.

17번 줄에서 array_sum 함수로 이동할 때 인자를 보시면 (int *)b와 2, 4입니다. 그러면 이 각각의 값은 매개 변수 a, rows, cols에 복사될 것입니다. 배열명 b가 a에 복사되므로 a는 배열 b의 첫 번째 요소인 b[0][0]을 가리킵니다. 그리고 앞 절에서 설명했듯이 a+1은 b[0][1]을, a+2는 b[0][2]를 가리키는 식이 되어서 a[0], a[1], ..., a[7]은 각각 b[0][0], b[0][1], ..., b[1][3]의 다른 이름인 것처럼 됩니다. 이런 상황에서 6~10번 줄의 반복문이 실행되면 a[0]~a[7]의 합을 구하게 되고 이 합은 바로 배열 b의 합이 되는 것입니다. 이때 같이 보셔야 하는 것이 배열 b의 행 개수 2와 열 개수 4도 인자로 같이 주고 매개 변수 rows와 cols에 복사한 뒤 반복문에서 반복 횟수를 제어하기 위해

```
01: #include <stdio.h>
02:
03: int array_sum(int *a, int rows, int cols) {
04:    int   i, j, sum;
05:    sum = 0;
06:    for(i=0;i<rows;i++) {
07:       for(j=0;j<cols;j++) {
08:          sum += a[i*cols+j];
09:       }        a[0]~a[7]까지 더함
10:    }
11:    return sum;
12: }
13:
14: int main(void) {
15:    int   b[2][4] = { {1,5,2,8}, {2,3,9,1} };
16:    int   c[2][3] = { {3,2,3}, {2,3,4} };
17:    printf("%d\n", array_sum((int *)b,2,4));
18:    printf("%d\n", array_sum((int *)c,2,3));
19: }
```

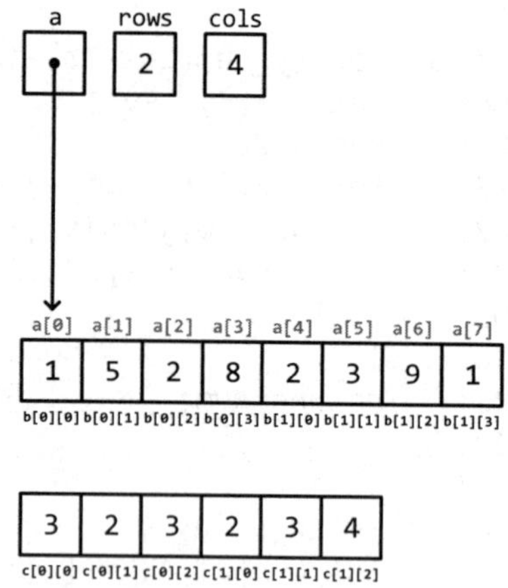

그림 **23.4** 프로그램 23.2의 진행 1

```
01: #include <stdio.h>
02:
03: int array_sum(int *a, int rows, int cols) {
04:    int   i, j, sum;
05:    sum = 0;
06:    for(i=0;i<rows;i++) {
07:       for(j=0;j<cols;j++) {
08:          sum += a[i*cols+j];
09:       }        a[0]~a[5]까지 더함
10:    }
11:    return sum;
12: }
13:
14: int main(void) {
15:    int   b[2][4] = { {1,5,2,8}, {2,3,9,1} };
16:    int   c[2][3] = { {3,2,3}, {2,3,4} };
17:    printf("%d\n", array_sum((int *)b,2,4));
18:    printf("%d\n", array_sum((int *)c,2,3));
19: }
```

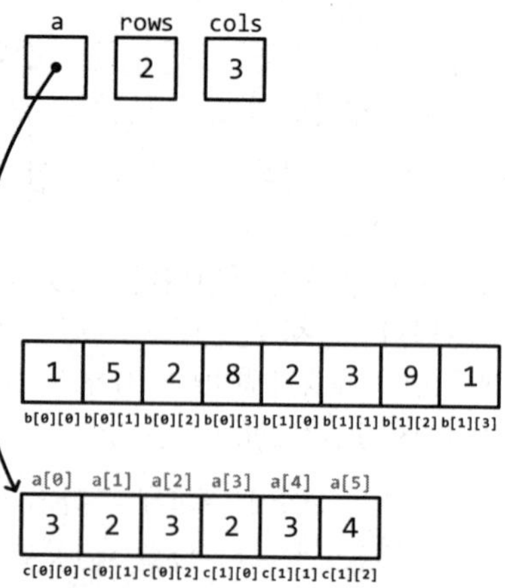

그림 **23.5** 프로그램 23.2의 진행 2

사용하고 있다는 점입니다. 외부 반복문은 2회, 내부 반복문은 4회 반복될 것입니다. 8번 줄에서 **a[i*cols+j]**와 같이 하면 반복문을 수행하면서 **a[0]~a[7]**이 됨을 직접 계산하여 확인해 보십시오.

17번 줄에서 호출된 함수에서 돌아오면 배열 **b**의 합이 반환되어 같이 올 것입니다. 그리고 이 값을 출력한 뒤 다음 줄로 가 보면 다시 **array_sum** 함수를 호출하는데 이번에는 인자가 **(int *)c**와 2, 3입니다. 이렇게 호출되어서 인자가 매개 변수에 복사된 그림이 그림 23.5입니다. 배열명 **c**가 포인터 **a**에 복사되니 **a**는 **c[0][0]**을 가리킵니다.

그리고 그에 따라 a[0], a[1], ..., a[5]는 각각 c[0][0], c[0][1], ..., c[1][2]가 되겠지요. 배열 c의 행 개수 2와 열 개수 3도 각각 rows와 cols에 복사됩니다. 이 다음에 6~10번 줄의 반복문을 실행한다면 외부 반복문은 2회, 내부 반복문은 3회 반복이 될 테고, 이 동안 a[i*cols+j]는 a[0]~a[5]로 변할 것입니다. 즉 배열 a의 합을 구하는데, 실제로는 배열 c의 합을 구하는 것이겠지요.

이제 프로그램 23.2의 array_sum 함수를 다시 보겠습니다. 이 함수는 어떤 크기의 2차원 배열에 대해서 그 합을 구해주는 함수입니다. 첫 번째 배열 요소의 주소를 포인터 매개 변수 a로 받고 행 개수와 열 개수는 매개 변수 rows와 cols로 받아서, 반복문을 돌면서 배열의 합을 구하지요. 이 함수는 어떤 크기의 2차원 배열에 대해서도 적용이 가능해서 예를 들어 int d[20][30] 같은 배열에 대해서도 array_sum(d, 20, 30)이라고 호출하면 배열 d의 총합이 반환되어 올 것입니다.

이 array_sum 함수에서 사용된 기법은 바로 2차원 배열을 직접적으로 다룬 것이 아니라 1차원 배열로 바꾸어 다룬 것입니다. 매개 변수를 보시면 int *a로, 이것은 1차원 배열에 대응하는 포인터입니다. 즉 2차원 배열을 그대로 받는 것이 아니라 1차원 배열에 상응하는 포인터로 받아서 마치 1차원 배열인 것처럼 다루었던 것입니다. 이렇게 해야 2차원 배열의 두 크기 모두에서 자유로운 함수를 만들 수 있습니다. 물론 6~10번 줄과 같이 첨자를 잘 다루어서 원하는 배열 요소를 제대로 접근하는 것에 유의해야 하며, 반복 횟수도 매개 변수 rows와 cols를 이용해서 적절히 제어해야 합니다. 마지막으로 2차원 배열의 배열명 b, c와 매개 변수 int *a의 자료형은 서로 다르므로 17, 18번 줄에서와 같이 형변환 연산자를 사용해 주어야 합니다. 형변환 연산자를 사용하기 싫다면 각 배열의 첫 번째 요소, 즉 b[0][0]이나 c[0][0]의 주소를 복사해 주면 되므로 &b[0][0]이나 &c[0][0]을 인자로 사용해도 괜찮습니다.

23.2 2차원 배열의 올바른 해석

7장에서부터 지금까지 2차원 배열 같은 다차원 배열에 대해 많이 다루어 왔습니다. 이 절에서는 이 2차원 배열을 좀 더 정확히 해석해 보겠습니다.

23.2.1 배열의 기본 원리

이제부터 모든 설명은 다음의 기본 원리에서 출발합니다.

1. 배열명은 배열의 첫 번째 요소의 주소값을 나타낸다.
2. C언어에는 1차원 배열만 존재한다. 다만, 배열 요소에는 제한이 없다.

두 번째가 조금 이상할 것입니다. 1차원 배열만 존재한다니… 지금까지 2차원 배열, 3차원 배열, … 등을 열심히 말해 놓고는 무슨 말일까?

다시 한 번 말하지만 C언어에는 1차원 배열만 있습니다. 그런데 위의 두 번째 원리를 보면 단서 조항이 하나 붙어 있습니다. 배열 요소에는 제한이 없다는 말입니다. 이 말을 잘

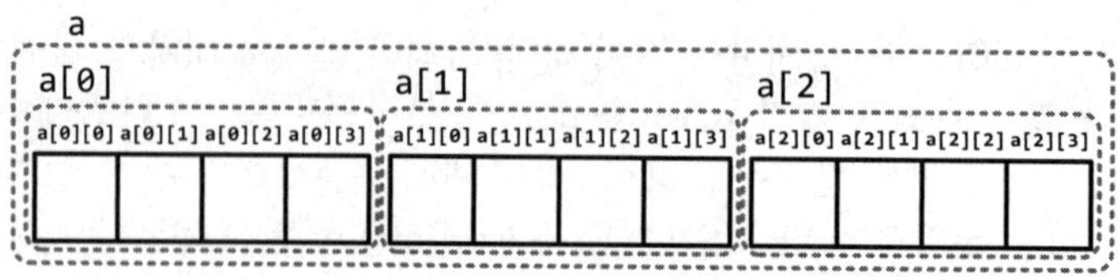

그림 **23.6** C언어에서 바라본 2차원 배열

생각해 보면, 우리가 익히 알고 있듯이 변수들을 모아 배열을 만들 수도 있지만, 배열들을 모아서 배열을 만들 수도 있다는 말이 됩니다. 이상하게 들릴지 모르지만 이것이 실제 C 언어에서 2차원 배열을 다루는 방법입니다. 즉 C언어에서 2차원 배열은 1차원 배열을 모아서 더 큰 1차원 배열을 만든 것으로 생각합니다. 예를 들어, **int a[3][4]**와 같은 2차원 배열에 대해 통째로 크기가 3×4인 배열이라고 볼 수도 있지만, C언어에서는 크기가 4인 1차원 배열이 다시 3개가 모여서 배열을 이룬다고 봅니다. 그림으로 나타내면 그림 23.6과 같습니다.

그림에서 배열 **a**라는 것은 무언가가 3개 모여서 이루어진 배열이며 그 배열 요소들이 **a[0], a[1], a[2]** 입니다. 그런데, 이 배열 요소 **a[0], a[1], a[2]** 각각이 다시 크기가 4인 1차원 배열인 것입니다. 정리하면 이와 같습니다.

1. **a**는 크기가 3인 1차원 배열의 배열명입니다.
2. **a[0]**은 배열 **a**의 첫 번째 요소이며, 동시에 크기가 4인 1차원 배열입니다. 즉, 그림 23.6에서 왼쪽에 있는 1차원 배열의 배열명입니다.
3. **a[1]**은 배열 **a**의 두 번째 요소이며, 동시에 크기가 4인 1차원 배열입니다. 즉, 그림 23.6에서 중간에 있는 1차원 배열의 배열명입니다.
4. **a[2]**은 배열 **a**의 세 번째 요소이며, 동시에 크기가 4인 1차원 배열입니다. 즉, 그림 23.6에서 오른쪽에 있는 1차원 배열의 배열명입니다.

그러면, 이제 **a[0][0]**이 왜 **a[0][0]**라고 이름이 붙어 있는지 해석해 보겠습니다. 일반적으로 어떤 1차원 배열이 있을 때 그 배열의 첫 번째 요소는 배열명**[0]**입니다. 그래서 배열 **a**의 첫 번째 요소는 **a[0]**이라고 부르는 것입니다. 그런데 **a[0]**이 또 배열이므로 이 배열의 첫 번째 요소도 있을 것입니다. 그 요소의 이름은 배열명 **a[0]**에 첫 번째 요소임을 뜻하는 **[0]**을 붙여서 **a[0][0]**이 되는 것입니다. 확장하면 **a[0][1]**은 **a[0]**이라는 배열의 두 번째 요소이고 **a[0][2]**는 **a[0]**이라는 배열의 세 번째 요소여서 그렇게 이름이 붙은 것입니다.

23.2.2 배열명과 주소값들

다음으로 배열명은 배열의 첫 번째 요소를 가리키는 주소값이라고 했습니다. 이를 2차원 배열에 적용해 보면, 다음과 같아집니다.

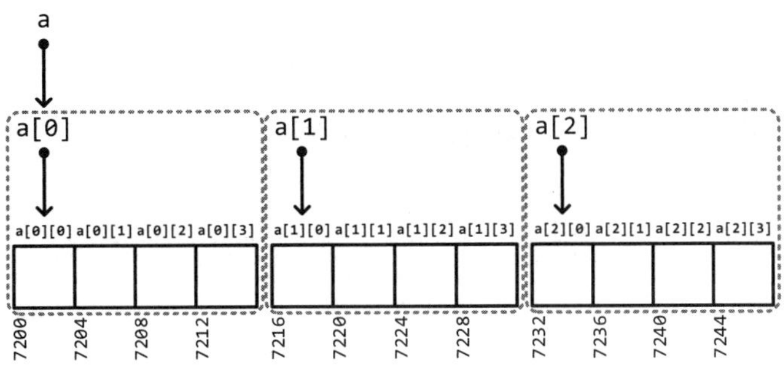

그림 23.7 2차원 배열에서의 배열명들

1. a는 크기가 3인 1차원 배열의 배열명입니다. 따라서, a는 a 배열의 첫 번째 요소인 a[0]을 가리키는 주소값입니다.

2. a[0]은 배열 a의 첫 번째 요소이며, 동시에 크기가 4인 1차원 배열의 배열명입니다. 따라서 a[0]은 a[0] 배열의 첫 번째 요소인 a[0][0]을 가리키는 주소값입니다.

3. a[1]은 배열 a의 두 번째 요소이며, 동시에 크기가 4인 1차원 배열의 배열명입니다. 따라서 a[1]은 a[1] 배열의 첫 번째 요소인 a[1][0]을 가리키는 주소값입니다.

4. a[2]은 배열 a의 세 번째 요소이며, 동시에 크기가 4인 2차원 배열의 배열명입니다. 따라서 a[2]은 a[2] 배열의 첫 번째 요소인 a[2][0]을 가리키는 주소값입니다.

이것을 그림으로 표현하면 그림 23.7과 같고 연산자를 이용해 표현하면 아래와 같습니다.

a ↔ &a[0]

a[0] ↔ &a[0][0]

a[1] ↔ &a[1][0]

a[2] ↔ &a[2][0]

이해를 돕기 위해 그림 23.7의 아래에 적혀 있는 실제 주소값을 가지고 따져 봅시다. 예를 들어, a[0][0]은 7200번지에, a[0][1]은 7204번지에, a[0][2]는 7208번지에, a[0][3]은 7212번지에, a[1][0]은 7216번지에, ... a[2][3]은 7244번지에 배정되어 있다고 가정하겠습니다. 배열명 a는 a 배열의 첫 번째 요소인 a[0]의 주소값인데, a[0]는 7200번지에서 7215번지까지 차지하고 있습니다. 어떤 대상체에 대한 주소는 그 대상체가 차지하고 있는 주소들 중 가장 작은 주소값입니다. 배열명 a가 가리키는 대상체가 a[0]이므로 a[0]이 차지하고 있는 주소들 중 가장 작은 값인 7200이 바로 a가 나타내는 주소값입니다.

이번에는 a[0]은 얼마인지 생각해 봅시다. 여기서 a[0]은 배열 a의 첫 번째 요소이기도 하지만 자체가 한 배열의 배열명입니다. 배열 a[0]의 첫 번째 요소는 a[0][0]이므로 배열명 a[0]은 a[0][0]의 주소입니다. 현재 a[0][0]이 7200번지를 차지하고 있다고 가정하고 있으므로 a[0]의 주소값은 7200이 됩니다. 비슷하게 a[1]을 생각해 보면 a[1] 배열의

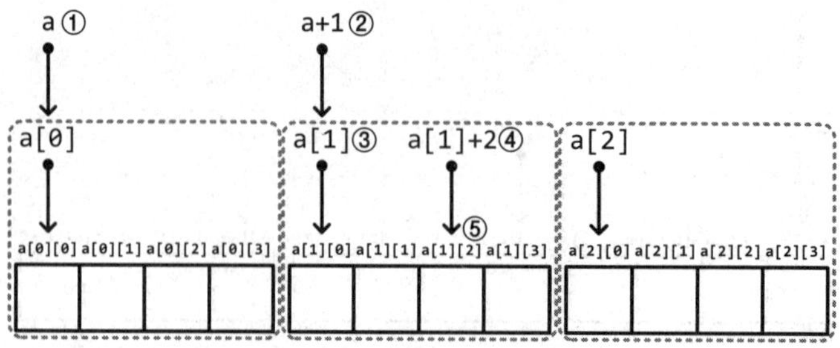

그림 23.8 a[1][2]를 접근하는 과정

첫 번째 요소인 **a[1][0]**의 주소값이므로 **a[1]**은 7216번지를 나타내고, **a[2]**는 **a[2][0]**의 주소인 7232번지를 나타냅니다.

여기까지로 일단 머릿속을 정리한 후, 이제 이 문제를 생각해 봅시다. 앞에서 말했듯이 **a**는 값이 7200입니다. 그런데 **&a[0]**도 **a[0]**을 가리키는 주소값이므로 그 값이 7200일 것입니다. 더불어 **a[0]**은 **a[0][0]**을 가리키는 주소값이므로 7200이고, **&a[0][0]**은 7200입니다. 즉, **a, &a[0], a[0], &a[0][0]**은 모두 그 값이 7200입니다. 그렇다면, 이 네 개를 서로의 자리에 대신해서 쓸 수 있을까요? 그 것은 아닙니다. 여기서 **a**와 **&a[0]**은 서로를 대신할 수 있고, **a[0]**과 **&a[0][0]**도 서로를 대신할 수 있지만, 이 두 그룹은 서로 구별해서 써야 합니다. 왜냐하면, 값은 같지만 가리키는 대상이 다르기 때문입니다. 즉, **a**와 **&a[0]**은 가리키는 대상이 1차원 배열인 **a[0]**인데 반해 **a[0]**과 **&a[0][0]**은 가리키는 대상이 정수형 변수인 **a[0][0]**입니다. 포인터에서 가리키는 대상이 다르면 서로 혼용해서 사용할 수 없으며 그 가장 큰 이유는 바로 **+**정수 연산 때문입니다. 다음 절에서 좀 더 자세히 설명하겠습니다.

23.2.3 a[i][j]의 동작

포인터에서 가리키는 대상이 무슨 상관인지 궁금해 하실 텐데 **a[i][j]**의 의미를 파악하시고 나면 왜 그런지 아실 수 있습니다. 우선 2차원 배열 **a**에서 **a[i][j]**를 *****와 **+** 연산자로 바꾸어 보겠습니다. 이전에 포인터에에서 *(□+△)과 □[△]은 동일하며 여러분이 □[△]라고 적어 놓아도 컴파일러가 컴퓨터에 친숙한 *(□+△)로 바꾸어 버린다고 했습니다.

이 관계를 **a[i][j]**에 적용해 보겠습니다. 우선 바깥쪽의 **[j]**에 적용해 보면 **a[i][j]** ↔ *(a[i] + j)입니다. 즉 □가 **a[i]**이고 △이 j인 경우입니다. 그 다음에 괄호 안의 **a[i]**에도 다시 적용하면 **a[i][j]** ↔ *(a[i] + j) ↔ *(*(a + i) + j)가 나옵니다. 만일 **a[i][j]**에서 안쪽의 **[i]**에 대해 먼저 적용해 보면 **a[i][j]** ↔ (*(a + i))[j]도 얻을 수 있습니다. 아래 네 개의 표현식은 모두 동일하며 여러분이 어느 것을 적든지 컴파일러는 *(*(a + i) + j)를 사용합니다.

a[i][j] ↔ *(a[i] + j) ↔ (*(a + i))[j] ↔ *(*(a + i) + j)

그럼 배열 요소 **a[1][2]**를 컴퓨터가 어떻게 접근하는지 그 과정을 보겠습니다. 우선 컴파일러는 이것을 *(*(a+1) + 2)로 변형합니다. 그 다음으로, a, a+1, *(a+1), *(a+1) + 2, *(*(a+1) +2)의 순서로 찾아갑니다.

1. 우선 a를 봅니다. a는 말했다시피 a[0]을 가리키는 주소값입니다. (그림 23.8의 ①)

2. a+1을 계산합니다. 이전에도 말했지만, 주소값에 1을 더하는 것은 가리키는 대상 한 개만큼 움직이라는 뜻입니다. 여기서 a가 가리키는 대상은 크기가 4인 1차원 배열이므로, 크기가 4인 1차원 배열 한 개만큼(바이트로는 16 바이트만큼) 움직입니다. 결과적으로, a+1은 a[1]을 가리킵니다. (그림 23.8의 ②)

3. *(a+1)을 수행합니다. 연산자 *는 주소값이 가리키는 대상체를 찾아 가는 연산자이고 a+1은 a[1]을 가리키므로 *(a+1)는 a[1]입니다. 그리고 a[1]은 a[1][0]을 가리키는 주소값이므로, 결국 *(a+1)까지 실행하면 a[1][0]을 가리키고 있는 상태가 됩니다. (그림 23.8의 ③)

4. *(a+1) + 2를 계산합니다. 여기서 *(a+1)은 a[1][0]을 가리키는 주소값이고, 주소값에 2를 더한다는 것은, 가리키는 대상체 두 개만큼 움직이라는 뜻입니다. 여기서 *(a+1)이 가리키는 대상체는 정수형 변수인 a[1][0]이므로 정수형 변수 두 개만큼(바이트로는 8 바이트) 움직이며, *(a+1) + 2는 a[1][2]를 가리킵니다. (그림 23.8의 ④)

5. 마지막으로 *(*(a+1) + 2)를 실행하면 *(a+1) + 2가 가리키는 대상체를 찾아 가서, 결국 a[1][2]에 도달합니다. (그림 23.8의 ⑤)

이와 같이 배열 요소를 접근한다는 것은 결국 포인터 덧셈 연산과 포인터 간접지정 연산의 연속인 것입니다.

그럼 이제 왜 a, &a[0], a[0], &a[0][0]는 모두 같은 주소값을 나타내는데, 앞의 두 개와 뒤의 두 개만 서로 동일하고 이 두 그룹은 서로 구별해야 하는지 설명하겠습니다. 이 두 그룹을 구별해야 하는 이유는 주소값이 가리키는 대상체가 서로 다르기 때문입니다. 배열명 a와 &a[0]이 가리키는 것은 a[0]으로써 a[0]은 크기가 4인 배열입니다. 그에 반해 a[0]과 &a[0][0]이 가리키는 것은 a[0][0]으로써 int형 변수입니다. 대상체가 다르면 + 정수 연산의 결과가 달라집니다. 예를 들어 a가 7200일 때 a+1을 하면 a가 가리키는 대상체인 a[0]의 크기에 따라 16을 곱해서 a+1의 값은 7216이 됩니다. 이에 반해 a[0]+1을 하면 a[0]이 가리키는 대상체인 a[0][0]의 크기에 따라 4를 곱해서 a[0]+1의 값은 7204가 됩니다. 즉 a(&a[0])와 a[0](&a[0][0])은 서로 현재의 값은 같으나 +정수 연산의 결과가 서로 달라지므로 서로 바꿔 써서는 안 되는 것입니다. 포인터에서는 이를 포인터 자료형이 서로 다르다고 말하며, 말이 나온 김에 포인터 자료형에 대해 다시 한 번 짚고 넘어가며 정리해 보겠습니다.

23.2.4 포인터 자료형

C에서 모든 값들은 자료형이 있으며, 그 자료형이 맞을 때에만 연산이 가능합니다. 가령 예를 들어서 정수형(int) 값인 5는 정수형(int) 변수인 int a;에 저장이 가능합니다. 마찬가지로 주소값과 포인터들도 자료형이 있으며, 그 자료형에 맞추어서 연산을 해야 한다. 주소값의 자료형은 그 주소값이 가리키는 대상체에 의해 결정됩니다. 가리키는 대상체가

표 23.1 이차원 배열 주소값의 대상체와 자료형

	값의 종류	대상체	자료형
a, &a[0]	주소값	a[0]	int (*)[4]
a+1, &a[1]	주소값	a[1]	int (*)[4]
*a, a[0], &a[0][0]	주소값	a[0][0]	int *
*(a+1), a[1], &a[1][0]	주소값	a[1][0]	int *
*(a[0]), a[0][0]	정수값	–	int
*(a[0]+1), a[0][1]	정수값	–	int

정수형(int) 변수인 주소값은 자료형이 int *이고, 가리키는 대상체가 실수형(double) 변수인 주소값은 자료형이 double *입니다.

C에서 어떤 자료형의 값을 저장할 수 있는 변수는 '자료형 변수명' 으로 선언할 수 있습니다. 마찬가지로 주소값을 저장하는 포인터 변수도 선언해서, 예를 들어 정수형 변수의 주소값은 자료형이 int *이므로 정수형 변수를 가리키는 주소값을 저장하는 포인터 변수는 int *a와 같은 형태로 선언합니다.

사족이지만, 왜 C언어를 만들 때, 정수형 변수를 가리키는 주소값이나 포인터의 자료형이 int *로 정했는지 간단히 보겠습니다. 알고 나면, 포인터 자료형을 보는 것이 조금 더 편해질 것입니다. 자료형 int *에서 *는 간접지정 연산자 * 를 의미합니다. 이 연산자는 그 다음에 오는 주소값이 가리키는 대상을 찾아 가는 연산자입니다. 주소값의 자료형이 int *이라는 의미는, 그 주소값에 * 연산자를 가하면 int 형 변수가 나온다는 의미입니다. 주소값이 double * 자료형이라면, 그 주소값에 * 연산자를 행하면 double 형 변수가 나올 것입니다. 그래서, C에서는 어떤 T 자료형의 대상체를 가리키는 주소값은, 그 자료형을 T *로 나타내기로 한 것입니다.

그렇다면, 2차원 배열 int a[3][4]에서 배열명 a가 나타내는 주소값의 자료형은 무엇일까요? 배열명 a는 a 배열의 첫 번째 요소인 a[0]를 가리키는데, a[0]는 크기가 4인 정수형 1차원 배열입니다. 배열명 a가 가리키는 대상체가 크기가 4인 정수형 1차원 배열이므로, a에 *연산자를 행하면 정수형 1차원 배열이 될 것입니다. 따라서 a 주소값의 자료형은 int (*)[4] 입니다. 즉, *를 거치면, 정수형 1차원 배열 int [4]가 된다는 의미입니다. 따라서, a 주소값을 저장할 수 있는 포인터 변수는, 자료형 int (*)[4]에 변수명을 붙여서 int (*b)[4]와 같이 선언합니다. 표 23.1은 int a[3][4] 배열을 예로 가리키는 대상체와 그 자료형을 정리한 것입니다.

이와 같은 포인터 자료형을 생각하면 왜 int a[3][4]와 int (*b)[3]에 대해 b = a;라고 대입할 수 없는지도 알 수 있습니다. 이유는 대상체가 다르기 때문입니다. 배열명 a는 크기가 4인 배열 a[0]을 가리키는 주소값인데 반해 b는 크기가 3 배열을 가리키는 포인터입니다. 그러므로 서로 자료형이 맞지 않는 것입니다.

프로그램 23.3 2차원 배열의 각 행을 1차원 배열로 이용한 예제

```
int array_sum_1d(int b[], int n)    -----> 1차원 배열의 합을 구하는 함수
{
    int  i, sum = 0;
    for(i=0;i<n;i++)
        sum += b[i];
    return sum;
}

int main(void)
{
    int  a[3][4] = { ... };
    int  hsum[3];
    int  i;
    ...
    for(i=0;i<3;i++)
        hsum[i] = array_sum_1d(a[i], 4);
    ...
}
```

- 15–16행: 2차원 배열 a[3][4]의 각 행의 합을 구하여 hsum에 저장
- a[i]: a[3][4]의 한 행인 a[i]는 1차원 배열

23.2.5 2차원 배열에서 부분 1차원 배열을 활용하기

C언어처럼 다차원 배열을 배열의 배열로 해석하면, 비록 이해하기는 힘들지만, 몇 가지 좋은 점도 있습니다. 그 중 하나는 다차원 배열의 부분 배열들을 독립된 배열인 것처럼 사용할 수 있다는 점입니다. 예를 들어, **int a[3][4]**라는 2차원 배열이 있다면, **a[0], a[1], a[2]**는 모두 1차원 배열이므로 각각을 1차원 배열로 사용할 수도 있다는 것입니다.

프로그램 23.3은 2차원 배열의 각 행의 합을 구하는 프로그램입니다. 그런데 이 프로그램에서 이용하는 함수 **array_sum_1d**는 1차원 배열의 합을 구하는 함수입니다. 이 프로그램에서 **array_sum_1d** 함수를 호출할 때, 문제가 발생하지는 않을까 생각되겠지만, 문제없습니다. 이 함수의 첫 번째 인자는 1차원 배열인데, 함수를 호출할 때 건네는 인자도 **a[0], a[1], a[2]**로 1차원 배열들입니다. 즉 2차원 배열 **a**의 각 부분 배열인 **a[0], a[1], a[2]**를 각각의 1차원 배열로 볼 수 있으므로, 각각에 대해 **array_sum_1d** 함수를 호출하여 그 합을 구한 것입니다. 이러한 프로그램 기법은 상당히 유용하니, 잘 알아두도록 하십시오.

23.3 포인터 배열

앞에서 배열의 대상은 어떤 것도 가능하다고 했습니다. 배열 요소가 다른 배열이어도 되고, 이전에 구조체의 배열도 배웠었습니다. 그리고 포인터도 역시 배열의 대상이 될 수 있습니다. 바로 포인터 배열입니다. 예를 들어 **int *a[5];**라고 한다면 배열 요소가 다섯 개인 배열이 만들어지는데 각각의 배열 요소들이 포인터들인 것입니다.

그림 23.9에 간단한 몇 가지 사용예를 적어 보았습니다. 각각의 요소들이 포인터이므로

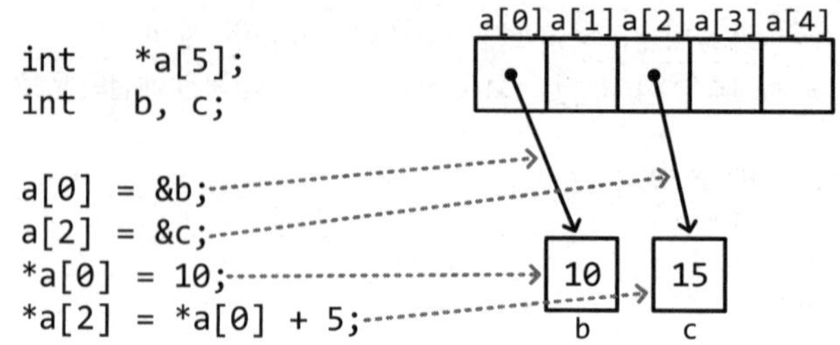

그림 23.9 포인터 배열의 간단한 사용 예제

프로그램 23.4 포인터 배열로 여러 개의 문자열 상수 다루기

```
01: char  *a[] = { "January",
02:                "February",
03:                "March",
04:                "April",
05:                "May",
06:                "June" };
07:
08: for(i=0;i<sizeof(a)/sizeof(a[0]);i++) {
09:    printf("%s\n", a[i]);
10: }
```

다른 변수의 주소를 저장하고 간접지정 연산자 *를 통해 그 변수를 접근할 수 있습니다. 그림에서는 a[0]에 변수 b의 주소를, a[2]에 변수 c의 주소를 저장했습니다. 이렇게 하고 나면 *a[0]은 a[0]이 가리키는 대상이므로 바로 변수 b가 되어서 *a[0] = 10;을 실행하면 변수 b에 10을 저장하는 것입니다. 같은 이유로 *a[2]는 변수 c이고 *a[2]에 어떤 값을 저장하면 변수 c에 저장됩니다.

이러한 포인터 배열을 많이 이용하는 경우 중의 하나가 여러 개의 문자열 상수를 사용할 때입니다. 프로그램 23.4를 보시면 1~6번 줄에서 포인터 배열 char *a[]를 선언하고 있습니다. 중괄호 부분이 배열을 초기화하는 곳인데 조금 특이하게도 문자열들이 여러 개 나열 되어 있습니다. 여기서 예전에 14장에서 했던 말을 떠올려 보겠습니다. 프로그램의 중간에 "January"와 같은 문자열이 있으면 컴퓨터는 이 문자열을 메모리의 어딘가에 저장해 놓은 뒤 그 문자열을 저장한 주소로 문자열을 치환해 버립니다. 기억이 잘 안나신다면 14장의 그림 14.5에 대한 설명을 다시 읽어 보십시오.

이 설명을 따른다면 1~6번 줄에서 컴퓨터는 6개의 문자열들을 메모리의 어딘가에 저장한 다음에 그 주소들로 문자열들을 치환해 버립니다. 따라서 1~6번 줄은 char *a[] = {주소1, 주소2, 주소3, 주소4, 주소5, 주소6};으로 바뀌는 것입니다. 현재 배열 a는 포인터 배열이고 각각의 요소들에는 주소를 저장할 수 있으므로 이렇게 주소들로 초기화하는 것은 타당할 것입니다. 이렇게 포인터 배열 a가 초기화된 상태를 그린 그림이 그림 23.10입니다. 보시면 문자열 여섯 개가 메모리의 어딘가에 저장되어 있고 포인터 배열 a의 각 요소들은 각각의 문자열들을 가리키고 있습니다. 1번 줄에서 배열의 크기가 지정되어

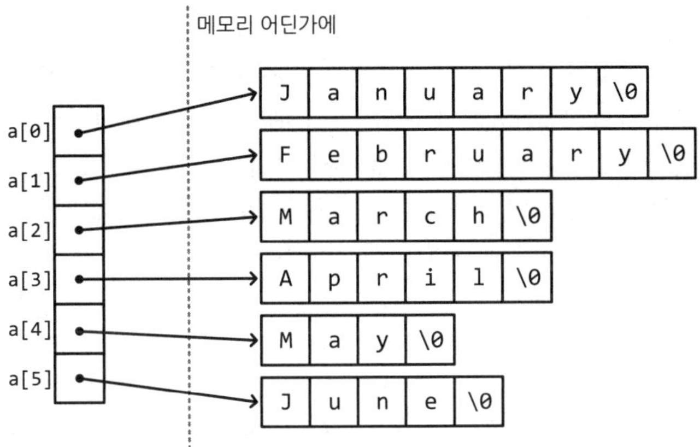

그림 **23.10** 프로그램 23.4의 포인터 배열 a가 초기화된 상태

프로그램 23.5 2차원 배열로 여러 개의 문자열 상수 다루기

```
char  a[][9] = { "January",
                 "February",
                 "March",
                 "April",
                 "May",
                 "June" };

for(i=0;i<sizeof(a)/sizeof(a[0]);i++) {
   printf("%s\n", a[i]);
}
```

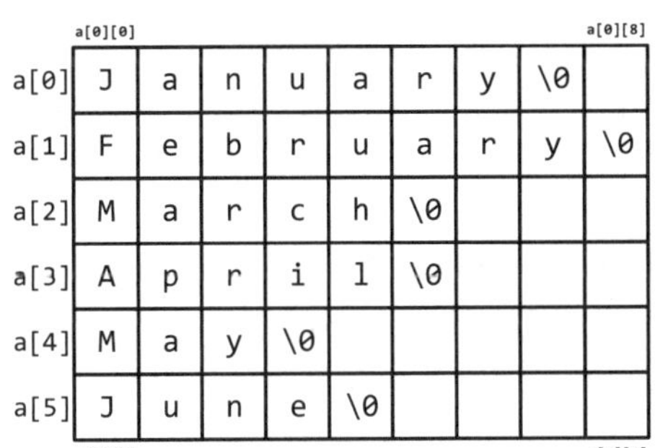

그림 **23.11** 프로그램 23.5의 2차원 배열 a가 초기화된 상태

있지 않은 것도 유의해 보십시오. 1차원 배열을 초기화할 때 크기를 지정하지 않으면 초기화 값 개수에 맞게 크기가 결정된다고 했었습니다. 이 경우에는 초기화 값이 여섯 개이므로 배열 a의 크기는 6이 될 것입니다.

포인터 배열 a의 각 요소들이 문자열을 가리키는 포인터이므로 프로그램 23.4의 8~10번 줄과 같이 각 요소들을 문자열을 출력하듯이 출력하면 각 요소가 가리키는 문자열이 출력될 것입니다. 반복문에서 배열 a의 크기를 sizeof 연산자로 계산하고 있습니다. 이렇게 배열의 크기를 계산할 수 있는 것은 16장에서 sizeof를 설명하면서 언급했었습니다.

사실 여러 개의 문자열을 다룰 때 꼭 포인터 배열을 사용해야 하는 것은 아닙니다. 문자열 한 개는 문자형 1차원 배열이므로, 문자열 여러 개는 문자형 1차원 배열의 배열, 즉 문자형 2차원 배열로 다룰 수 있습니다. 프로그램 23.5는 앞서 예제와 똑같은 문자열들을 문자형 2차원 배열에 저장해서 출력하는 예입니다.

프로그램 23.5에서 문자형의 2차원 배열 a가 선언되고 있으며 초기화에서 문자열이 있는 것은 (이전처럼 주소로 바뀌는 것이 아니라) 각 배열 요소에 들어가는 문자들을 간략하게 모아서 기술한 것입니다. 예를 들어, 문자 배열의 초기화에서 "January"는 {'J', 'a', 'n', 'u', 'a', 'r', 'y', '\0'}의 간략화된 표현입니다. 그러므로 2차원 배열 a가 초기화되면 그림 23.11과 같이 됩니다. 2차원 배열 a는 행이 6개, 열이 9개이며 각각의 행에 문자열이 하나씩 저장되어 있습니다. 앞에서도 이야기했지만 C언어에서 2차원 배열은 배열의 배열이므로 각각의 행 a[0], a[1], ... a[5]도 각각 하나의 1차원 배열로 생각할 수 있어서 그림의 왼쪽에 a[0], a[1], ... a[5]라고 표시해 두었습니다. 더불어, 프로그램 23.5의 1번 줄에서 2차원 배열의 첫 번째 크기를 생략하면 초기화 값들의 개수에 따라 자동으로 정해지지만, 두 번째 크기는 생략할 수 없음을 상기하시기 바랍니다.

이렇게 2차원 배열을 여러 개의 문자열로 초기화한 뒤 이를 출력하는 프로그램 23.5를 보시면 프로그램 23.4에서 char *a[]을 char a[][9]로 바꾼 것 이외에는 동일합니다. 즉 문자열 상수들을 포인터 배열로 다루는 것이나 2차원 배열로 다루는 것이나 프로그램은 거의 동일합니다. 그 이유는 2차원 배열이 배열의 배열이라는 개념으로 구성되기 때문입니다. 9번 줄에서 a[i]는 앞에서 얘기했듯이 2차원 배열 a의 각 행의 이름들이면서 또한 1차원 배열들이기도 합니다. 이와 같이 a[i]가 문자형 1차원 배열로 해석될 수 있으므로 문자열을 출력하듯이 출력할 수 있는 것입니다.

그런데 프로그램 23.4와 프로그램 23.5가 비록 프로그램의 형태는 비슷해 보이나 문자열들이 저장되는 방식은 전혀 다름을 이해하셔야 합니다. 프로그램 23.4에서는 배열 a에 문자열들이 저장되는 것이 아니라 문자열은 메모리의 어딘가에 저장되어 있고 배열 a에는 그 주소만이 저장됩니다. 보통 이렇게 문자열이 저장된 곳은 프로그래머가 수정해서는 안 되는 영역이므로 프로그램 23.4에서는 문자열을 수정하려고 해서는 안 됩니다. 그에 반해 프로그램 23.5에서는 문자열들이 프로그램에서 선언한 2차원 배열 안에 저장되므로 문자열들을 수정할 수 있습니다.

그러나 프로그램 23.5와 같이 저장하는 것의 단점은 메모리에 낭비가 생긴다는 것입니다. 2차원 배열에서 모든 행에 대해 열의 개수는 같습니다. 그러므로 2차원 배열의 크기를 정할 때는 가장 긴 문자열에 맞춰서 정해야 합니다. 그림 23.11에서는 가장 긴 문자열인 "February"에 맞추어서 열의 개수가 9입니다. 그런데 이렇게 되면 짧은 문자열을 저장하는 행의 경우에는 배열 요소들 중 일부가 쓰이지 않게 됩니다. 그리에서 4번 행을 보시면 "May"라는 짧은 문자열을 저장하므로 뒷부분에 다섯개의 배열 요소들은 아무 역할도 안 하고 있습니다. 이러한 낭비는 저장하는 문자열의 길이들이 편차가 클수록 더 심해질 것입니다.

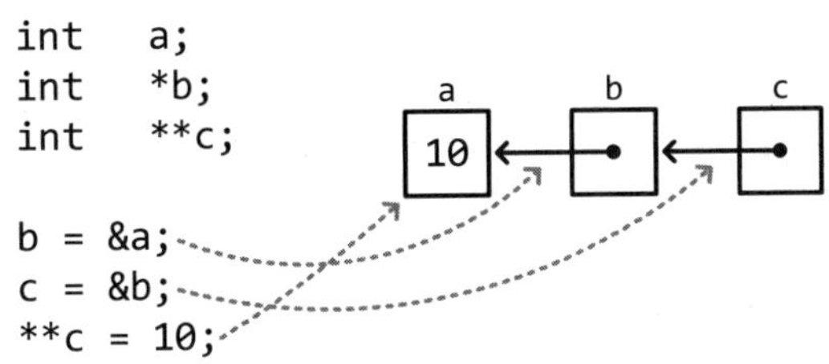

그림 **23.12** 이중 포인터 사용 예

그림 23.10의 저장 방식을 보면 마치 서로 다른 크기의 행들이 모인 2차원 배열 같아 보입니다. 이렇게 행들의 크기가 서로 다른 배열을 래그드 배열(ragged array)이라고 하고 우리가 알고 있는 모든 행들의 크기가 같은 배열을 렉탱귤러 배열(retacgular array)이라고 합니다. C언어에서는 렉탱귤러 배열만을 지원하고 있으나 포인터 배열을 이용하여 래그드 배열 방식을 모사할 수 있도록 해 주는 것입니다.

포인터 배열을 선언할 때 주의하실 점 하나를 말씀드리겠습니다. 사실은 2차원 배열에 상응하는 포인터를 선언할 때의 주의점이라고 하는 편이 더 정확한데요, 바로 int *a[5]와 int (*a)[5]를 구별해야 한다는 것입니다. 앞의 int *a[5]는 크기가 5인 포인터 배열입니다. 즉 크기가 5인 1차원 배열인데, 그 각각의 배열 요소들이 int *형, 즉 포인터들인 것입니다. 그에 반해 int (*a)[5]는 크기가 5인 1차원 배열을 가리킬 수 있는 포인터입니다. 즉 포인터는 한 개만 선언되는 것이며 그 포인터가 가리키는 것이 크기가 5인 1차원 배열인 것입니다.

둘의 차이를 좀 더 문법적으로 설명 드려 보겠습니다. 연산자 입장에서 *와 [] 중에 []의 우선 순위가 높습니다. 그러므로 int *a[5]를 해석할 때 * 보다 []를 먼저 해석 해야 합니다. 즉, 이렇게 해석됩니다. 이름이 a인 뭔가가 있는데, 이것은 [5], 즉 크기가 5인 배열인 것입니다. 그런데 그 배열은 int *, 즉 int형 포인터들의 배열입니다. 이에 반해 int (*a)[5]는 ()를 먼저 해석해야 하므로 이렇게 해석됩니다. 이름이 a인 뭔가가 있는데 이것에 *를 적용하면 int [5]가 되는 것입니다. 그러므로 a는 포인터인 것이고 a가 가리키는 대상이 int [5], 즉 크기가 5인 1차원 배열인 것입니다.

23.4 포인터의 포인터

포인터는 어떤 변수의 주소를 저장할 수 있는 변수입니다. 그리고 포인터의 자료형은 가리키는 변수의 자료형에 따라 결정됩니다. 예를 들어 int형 변수의 주소를 저장하는 포인터의 자료형은 int *입니다. 그런데 정의에서 알 수 있듯이 포인터 자체도 변수입니다. 포인터가 변수이므로 이 포인터의 주소를 저장하는 다른 포인터를 생각할 수 있습니다. 포인터의 포인터 또는 이중 포인터입니다.

그림 23.12에 간단한 예를 들어 보았습니다. 변수 a는 일반적인 int형 변수이고 포인터 b는 int *형입니다. 그러므로 b = &a와 같이 b에 a의 주소를 저장할 수 있습니다. 그런데 포인터 c의 자료형은 int **입니다. 자료형이 int *인 포인터에 int형 변수의 주소를

저장할 수 있으니, 똑같이 확장하면 자료형이 int **인 포인터에는 int *형 포인터의 주소를 저장할 수 있을 것입니다. 그러므로 c = &b와 같이 c에는 b의 주소를 저장할 수 있습니다. 이 상황을 그림의 오른쪽에 표현해 놓았습니다. 문장 b = &a에 의해 b는 a를 가리키고 c = &b를 실행하면 c는 b를 가리키는 것이지요.

다음 문장을 보시면 **c = 10;입니다. 포인터 c에 간접지정 연산자 *가 두 번 적용되는 것입니다. 간접지정 연산자가 한 번 적용되면, 즉 *c는 c가 가리키는 대상이므로 바로 b입니다. 여기서 다시 * 연산자를 적용하면 이번에는 *c, 즉 b가 가리키는 대상이므로 a가 됩니다. 변수 a에 10이 저장되겠지요. 그림으로 생각해 본다면 * 연산자를 한 번할 때마다 화살표를 따라 간다고 보시면 될 것 같습니다. 그림에서 c에서 시작하여 * 연산자를 두 번 적용하면, 화살표를 두 번 따라가므로 a가 됨을 보실 수 있습니다.

포인터도 어려운데 이중 포인터라니, 도대체 왜 이런 게 필요한거냐고 생각하실 수도 있으실 텐데요, 이중 포인터가 필요한 가장 큰 이유 중의 하나는 함수에 건네 준 포인터 인자를 함수 내에서 수정하기 위해서입니다. C언어에서 함수는 값에 의한 호출이라는 개념에 의해 동작하므로 함수 내에서 매개 변수를 아무리 수정해도 인자에 기술한 변수의 값이 바뀌지는 않습니다. 이러한 한계를 극복하기 위해 포인터를 이용해서 참조에 의한 호출을 모사했었지요. 예를 들어 함수 f에서 변수 a의 값을 수정하도록 하고 싶다면 f(&a,...)와 같이 a의 주소를 건네주고 f에서는 포인터 매개 변수로 받아서 그 포인터에 간접지정 연산자를 적용하면 바로 a에 접근할 수 있었습니다. 그런데 만일 함수 f에서 포인터 a의 값을 수정하도록 하고 싶다면 어떻게 해야 할까요? 똑같이 f(&a,...)라고 a의 주소를 건네주어야 하는데 이것은 포인터의 주소이므로, f에서 이 주소를 받아 저장할 매개 변수의 자료형은 이중 포인터가 되어야 하는 것입니다.

실례를 들기 위해 19장의 프로그램 19.7에서 만들었던 add_last 함수를 생각해 보겠습니다. 이 함수의 결과로 수정해야 하는 것은 s_head와 s_tail로써 둘 다 포인터입니다. 19장에서는 아직 이중 포인터 개념을 배우지 않았으므로 s_head는 반환값을 저장하는 것으로, s_tail은 함수를 마친 후에 따로 수정하는 것으로 프로그램을 작성하였습니다만, 이제 이중 포인터를 배웠으니 함수 add_last 안에서 s_head와 s_tail을 모두 수정하는 프로그램인 프로그램 23.6을 이해하실 수 있으실 것입니다.

프로그램을 보시면 프로그램 19.7에 비해 add_last 함수에서 매개 변수 phead와 ptail의 자료형이 바뀌었습니다. 이전에는 단순 포인터 struct ln *이었는데 여기서는 이중 포인터 struct ln **인 것입니다. 이중 포인터임을 더 명확하 보여 드리기 위해 이름도 앞에 p자를 덧붙였습니다. 포인터 phead와 ptail가 이중 포인터이므로 21번 줄에서 add_last 함수를 호출할 때도 s_head와 s_tail의 주소를 전달하며, 이 s_head와 s_tail을 add_last 안에서 접근하기 위해 3, 4, 6, 8 번 줄을 보시면 phead나 ptail에 간접지정 연산자 *를 적용하고 있습니다.

이 프로그램의 더 상세한 설명을 위해 연결 리스트에 노드가 추가되는 상황을 하나 보여드리겠습니다. 그림 23.13a는 연결 리스트를 생성하는 중에, 새 노드(76 저장)가 생성된 뒤 21번 줄에서 add_last 함수를 만나 add_last로 이동하는 상황입니다. 함수 add_last로 이동해서 처음 하는 일은 매개 변수들을 만드는 것이므로 그림 23.13b의

프로그램 23.6 이중 포인터를 이용한 add_last 함수

```
01: void add_last(struct ln **phead, struct ln **ptail,
           struct ln *new) {
02:    new->next = NULL;
03:    if(*phead == NULL) {
04:       *phead = new;
05:    } else {
06:       (*ptail)->next = new;
07:    }
08:    *ptail = new;
09: }
10:
11: int main(void) {
12:    struct ln   *s_head, *s_tail, *p;
13:    ...
14:    s_head = NULL;
15:    while(1) {
16:       scanf("%d", &a);
17:       if(a<0) break;
18:
19:       p = (struct ln *)malloc(sizeof(struct ln));
20:       p->score = a;
21:       add_last(&s_head, &s_tail, p);
22:    }
23: }
24: ...
```

①과 같이 매개 변수 **phead, ptail, new**를 만듭니다. 그리고 인자들을 매개 변수에 복사하지요. 첫 번째 인자는 **&s_head**로써 포인터 **s_head**의 주소입니다. 이 주소가 매개 변수 **phead**에 복사 되므로 **phead**는 **s_head**를 가리키게 됩니다②. 비슷하게 두 번째 인자가 **&s_tail**로써 포인터 **s_tail**의 주소이므로 이 주소고 매개 변수 **ptail**에 복사되어서 **ptail**은 **s_tail**을 가리키게 됩니다. 마지막으로 세 번째 인자인 **p**는 새로 만든 노드를 가리키고 있는데 **p**에 저장된 새 노드의 주소값이 복사되어서 매개 변수 **new**에 저장되므로 **new**는 새 노드를 가리키게 됩니다.

이제 **add_last** 함수 내부를 실행합니다. 2번 줄에는 **new**가 가리키는 구조체의 **next**에 **NULL**을 저장하는 문장입니다. 현재 **new**는 76이 저장되어 있는 노드를 가리키고 있으므로 이 노드의 **next**에 **NULL**을 저장합니다(그림 23.13c의 ①). 다음으로 3번 문장에서 ***phead == NULL**의 조건을 검사합니다. 여기서 ***phead**는 바로 **phead**가 가리키는 대상체이므로 바로 **s_head**입니다. 따라서 이 조건은 **s_head**에 저장된 값이 **NULL**인지 검사하는 것이고, 현재 **s_head**에 저장된 값이 **NULL**이 아니므로 이 조건은 틀리게 되어 5번 줄의 **else**로 이동합니다.

5번 줄로 가서 6번 줄을 실행하면 좀 더 복잡한 문장이 나옵니다. 바로 **(*ptail)->next = new;**입니다. 하나씩 생각해 보면, 우선 ***ptail**은 **ptail**이 가리키는 대상이고, **(A)->next**

```
void add_last(struct ln **phead, struct ln **ptail,
        struct ln *new) {
    new->next = NULL;
    if(*phead == NULL) {
        *phead = new;
    } else {
        (*ptail)->next = new;
    }
    *ptail = new;
}

int main(void) {
    struct ln   *s_head, *s_tail, *p;
    ...
    s_head = NULL;
    while(1) {
        scanf("%d", &a);
        if(a<0) break;

        p = (struct ln *)malloc(sizeof(struct ln));
        p->score = a;
        add_last(&s_head, &s_tail, p);
    }
}
...
```

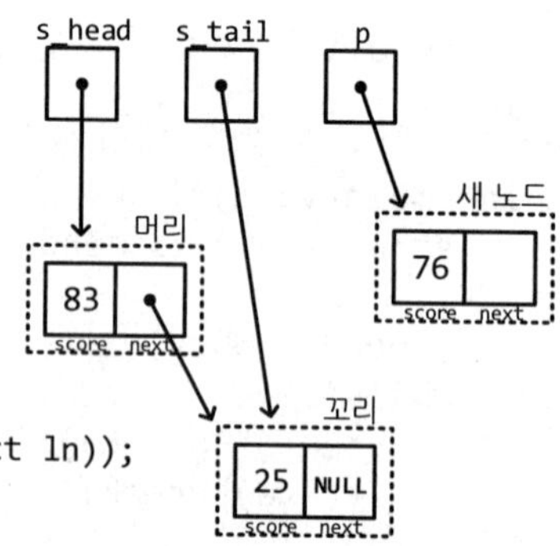

(a)

```
void add_last(struct ln **phead, struct ln **ptail,
        struct ln *new) {
    new->next = NULL;
    if(*phead == NULL) {
        *phead = new;
    } else {
        (*ptail)->next = new;
    }
    *ptail = new;
}

int main(void) {
    struct ln   *s_head, *s_tail, *p;
    ...
    s_head = NULL;
    while(1) {
        scanf("%d", &a);
        if(a<0) break;

        p = (struct ln *)malloc(sizeof(struct ln));
        p->score = a;
        add_last(&s_head, &s_tail, p);
    }
}
...
```

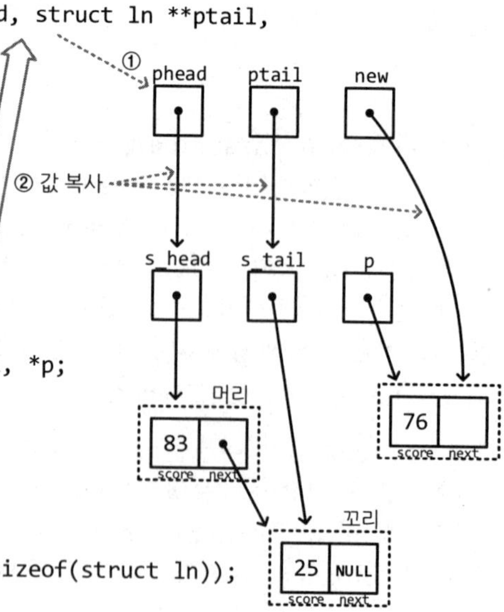

(b)

```
void add_last(struct ln **phead, struct ln **ptail,
        struct ln *new) {
    new->next = NULL;
    if(*phead == NULL) {
        *phead = new;
    } else {
        (*ptail)->next = new;
    }
    *ptail = new;
}

int main(void) {
    struct ln   *s_head, *s_tail, *p;
    ...
    s_head = NULL;
    while(1) {
        scanf("%d", &a);
        if(a<0) break;

        p = (struct ln *)malloc(sizeof(struct ln));
        p->score = a;
        add_last(&s_head, &s_tail, p);
    }
}
...
```

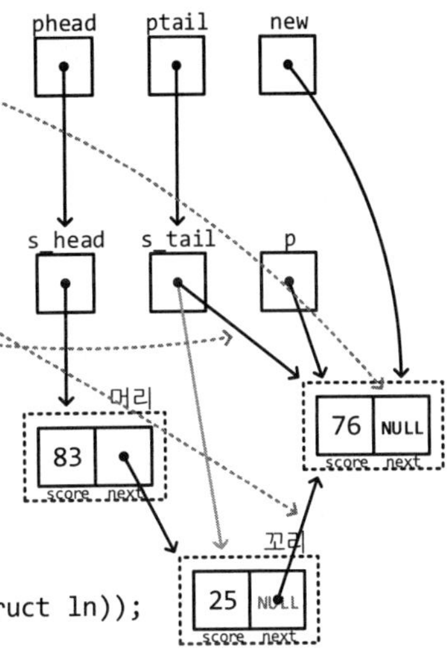

(c)

```
void add_last(struct ln **phead, struct ln **ptail,
        struct ln *new) {
    new->next = NULL;
    if(*phead == NULL) {
        *phead = new;
    } else {
        (*ptail)->next = new;
    }
    *ptail = new;
}

int main(void) {
    struct ln   *s_head, *s_tail, *p;
    ...
    s_head = NULL;
    while(1) {
        scanf("%d", &a);
        if(a<0) break;

        p = (struct ln *)malloc(sizeof(struct ln));
        p->score = a;
        add_last(&s_head, &s_tail, p);
    }
}
...
```

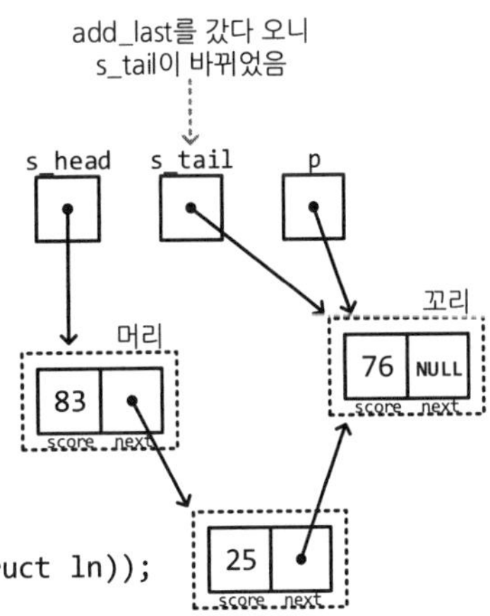

(d)

그림 **23.13** 프로그램 23.6의 진행

는 A가 가리키는 구조체의 멤버 next입니다. 현재 ptail은 s_tail을 가리키고 있으므로 *ptail은 s_tail이 되고, ->next를 적용하면 s_tail이 가리키는 구조체의 멤버 next가 됩니다. 현재 s_tail이 가리키고 있는 노드는 25가 저장되어 있는 노드이므로 이 노드의 next에 new에 저장되어 있는 주소값을 대입하게 됩니다. 즉 ②와 같이 25가 저장되어 있는 노드의 next가 새 노드를 가리키게 됩니다. 여기서 (*ptail)->next를 다르게 보면, A->B는 (*A).B이므로 (*ptail)->next는 (*(*ptail)).next입니다. 간접지정 연산자 *를 한 번 적용하는 것은 화살표를 따라 한 번 움직이는 것이라고 했으니, (*(*ptail))은 ptail에서 화살표를 따라 두 번 움직인 것이고 따라서 바로 76이 저장된 노드입니다. 그러면 (*(*ptail)).next는 76이 저장된 노드의 멤버 next가 되겠지요.

다음 문장은 8번 줄의 *ptail = new; 입니다. 즉 ptail이 가리키는 대상에 new에 저장되어 있는 값을 저장하라는 의미입니다. 현재 ptail이 s_tail을 가리키고 있으므로 s_tail에 new가 저장됩니다. 즉 s_tail이 새 노드를 가리키게 됩니다③. 그리고 add_last 함수의 내용을 다 실행했으니 그림 23.13d와 같이 되돌아 옵니다. 되돌아 오면 그림에서와 같이 함수 내에서 생성했던 매개 변수들은 다 소멸됩니다.

이제 add_last 함수를 호출하기 전인 그림 23.13a에 비해 그림 23.13d가 어떻게 달라졌는지 봅시다. 물론 연결 리스트의 노드 연결이 달라진 것도 있습니다마 이 절에서 봐야할 부분은 바로 s_tail입니다. 함수를 호출하기 전에는 25가 저장되어 있는 노드를 가리키고 있었는데, 돌아온 뒤에는 76이 저장되어 있는 노드를 가리키고 있습니다. 즉 함수를 다녀 오니 그 값이 바뀌어 있는 것입니다. 이것은 원래의 값에 의한 호출 개념에서는 불가능한 것이지만 포인터를 이용해서 참조에 의한 호출을 모사하면 가능해집니다. 그런데 값을 바꾸려는 변수 s_tail 자체가 이미 포인터이므로 이중 포인터를 이용해야 했던 것입니다.

사실 add_last 함수에서는 s_head도 주소를 받아서 이중 포인터인 phead에 저장하므로 s_head도 수정할 수 있습니다. 만일 3번 줄의 조건이 맞아서 4번 줄이 실행되었다면 phead가 가리키는 대상에 새로운 값이 저장되는 것이므로 s_head의 값이 바뀌는 것입니다.

마지막으로 이중 포인터는 포인터 배열의 자료형과 관련이 있습니다. 앞에서 포인터 배열을 했는데요, 다른 배열들에서와 마찬가지로 포인터 배열 int *a[5]에서도 배열명 a는 첫 번째 요소인 a[0]을 가리키는 주소값입니다. 그렇다면 배열명 a의 자료형은 무엇일까요? 일반 정수형 배열 int b[5]에서 b는 b[0]을 가리키는 주소이고 b[0]의 자료형이 int이므로, b는 int를 가리키는 주소여서 자료형이 int *입니다. 그런데 int *a[5]에서 a가 가리키는 첫 번째 요소 a[0]은 자료형이 이미 int *이므로 a의 자료형은 int *을 가리키는 주소의 자료형이 될 것입니다. 정수형 int를 가리키는 주소의 자료형이 int *이므로 똑같이 확장하면 int *을 가리키는 주소의 자료형은 int **이 되지 않을까요? 네, 맞습니다. 포인터 배열 int *a[5]에 대해 a의 자료형은 이중 포인터형인 int **입니다.

프로그램 23.7 함수 포인터 사용 예제

```
01: int f1(int x, int y) {
02:     ...
03: }
04:
05: int f2(int a, int b) {
06:     ...
07: }
08:
09: int main(void) {                          매개 변수가 int형 두 개이고
10:     int   (*fp)(int, int);          ------> 반환값이 int형인 함수의 주소를
11:                                       저장할 수 있는 포인터 fp 선언
12:     fp = f1;
13:     printf("%d\n", (*fp)(3, 5)); ------> f1(3,5)와 같음
14:     fp = f2;
15:     printf("%d\n", (*fp)(3, 5)); ------> f2(3,5)와 같음
16: }
```

23.5 함수 포인터

여러 번 언급했지만 배열명은 그 배열의 첫 번째 요소를 가리키는 주소로 변환됩니다. 배열명처럼 주소로 변환되는 이름이 하나 더 있습니다. 바로 함수의 이름, 함수명입니다. 조금 의외일 수도 있습니다만, 우선 이해하셔야 하는 것이 함수와 주소값도 서로 연관성이 있다는 것입니다. 함수는 프로그램의 일부이고 프로그램도 컴퓨터의 메모리에 저장되어야 합니다. 컴퓨터는 메모리에 저장된 프로그램을 하나씩 읽어 가면서 수행하는 것이지요. 그러므로 하나의 함수는 메모리의 일부 영역을 차지하며 따라서 함수가 저장된 영역의 주소를 생각할 수 있는 것입니다.

그래서 함수도 역시 주소값과 관련이 있는 것이고, 왜 필요한지는 아직 설명을 안 했습니다만 함수의 이름이 있으면 그 이름은 함수가 위치한 곳의 주소로 변환됩니다. 그리고 함수명이 주소값이면 그 값을 저장할 변수도 생각할 수 있을 것입니다. 무엇인가의 주소를 저장하니 포인터라고 할 수 있을 텐데 함수의 주소값을 저장하네요. 이런 포인터를 함수 포인터라고 부릅니다.

프로그램 23.7은 함수 포인터를 사용하는 예제를 간단히 만들어 본 것입니다. 프로그램의 윗부분에는 두 개의 함수 f1, f2가 정의되어 있습니다. 두 개 모두 매개 변수가 int형 두 개이고 반환값이 int형입니다. 그리고 main 함수를 보니 9번 줄이 좀 이상합니다. 모양은 함수를 선언하는 모양 같은데 *가 있습니다. 이게 바로 함수 포인터를 선언하는 모습입니다. 포인터나 변수를 선언할 때 중요한 것은 바로 자료형입니다. 함수 포인터를 선언할 때도 마찬가지여서 자료형을 명확히 기술해 주어야 합니다. 9번 줄은 함수 포인터 fp를 선언하는데 이 fp에 저장할 수 있는 함수의 주소는, 매개 변수가 int형 두 개이고 반환값이 int형 함수의 주소여야 한다고 기술한 것입니다. 보시면 원래 함수의 이름이 들어가 자리에 (*fp)를 넣은 형태를 아실 수 있습니다.

프로그램 23.8 함수 포인터 배열 예제

```
01: #include <stdio.h>
02: #include <math.h>
03: #define  PI 3.141592
04:
05: int main(void) {
06:    int   a, i;
07:    double (*fp[3])(double) = {sin, cos, tan};
08:
09:    printf("Select a trigonometric function(0:sin, 1:cos, 2:tan)");
10:    scanf("%d", &a);
11:
12:    for(i=0;i<=25;i++) {
13:       printf("%.2f PI: %f\n", i/100., (*fp[a])(i/100.*PI));
14:    }
15: }
```

각 함수의 주소로 변환됨

fp[0]은 sin, fp[1]은 cos, fp[2]는 tan을 가리키고 있음

이렇게 함수 포인터를 선언하면 11번 줄과 같이 함수명을 대입할 수 있습니다. 실제로는 f1 같은 함수명이 그 함수의 주소값으로 대체되어서 그 주소값이 함수 포인터 fp에 저장된 것이겠지요. 그 다음 문장을 보니 12번 줄에서 (*fp)(3, 5)가 있습니다. 여기서 fp는 함수 f1을 가리키고 있는 포인터이고 * 연산자는 포인터가 가리키는 그 대상을 구하므로 (*fp)의 결과는 함수 f1이 될 것입니다. 그리고 그 다음의 (3, 5)는 인자들이 되겠지요. 즉 (*fp)(3, 5)는 함수 f1을 호출하는데 인자로 3과 5를 주는 것입니다. 그림의 설명과 같이 f1(3, 5)와 같은 동작을 하겠지요.

다음 문장은 fp에 f2를, 즉 f2 함수의 주소를 대입하며, 이 문장을 실행하면 fp가 f2를 가리키게 될 것입니다. 그래서 14번 줄에서 (*fp)(3, 5)를 실행하면 이번에는 함수 f2를 호출할 것입니다. 즉 f2(3, 5)와 동작이 같은 것이지요.

프로그램 23.7을 보시면 크게 어렵지는 않다고 느끼실 것 같습니다. 그런데 아마 함수 포인터를 어떤 경우에 사용할지 잘 감이 오지는 않으실 것 같습니다. 함수 포인터가 유용한 예는 함수 포인터를 매개 변수로 사용할 때와 함수 포인터 배열을 사용할 때입니다.

23.5.1 함수 포인터 배열

함수 포인터도 포인터이므로 배열을 만들 생각을 할 수 있습니다. 프로그램 23.8이 한 예입니다. 보시면 7번 줄에서 double (*fp[3])(double)라고 되어 있는데, 이것은 크기가 3인 배열 fp를 선언하고 있습니다. 그런데 이 배열의 각 배열 요소들은 매개 변수가 double형 한 개이고 반환값이 double형이 함수의 포인터입니다. 그리고 그 뒤에 {sin, cos, tan}로 초기화를 하고 있습니다. 여기서 sin, cos, tan들은 math.h에 선언되어 있는 삼각함수들이고 이렇게 함수 이름만 있으면 그 함수의 주소로 변환된다고 했습니다. 그러므로 배열 fp에서 fp[0]은 sin 함수의 주소로, fp[1]은 cos 함수의 주소로, fp[2]는 tan 함수의 주소로 초기화될 것입니다.

다음으로 9, 10번 줄에서 0~2중 하나의 값을 입력받은 뒤 12번 줄의 반복문에 들어갑니다. 이 반복문에서 하는 것은 0~ $\pi/4$ 구간에서 0.01π 간격으로 sin이나 cos, tan 함수 값을 출력하는 것입니다. 그런데 sin, cos, tan 함수를 직접 호출하는 대신 배열 fp에 저장된 함수의 주소를 이용하고 있습니다. 만일 입력받은 a의 값이 0이라면 (*fp[0])을 호출하는데 fp[0]에 sin 함수의 주소가 저장되어 있으므로 결국 sin 함수를 호출하는 것입니다. 비슷하게 a의 값이 1이라면 (*fp[1])을 호출해서 cos 함수를 호출하고, a의 값이 2라면 (*fp[2])를 호출해서 tan 함수를 호출할 것입니다. 즉 a의 값으로 선택된 함수를 호출해서 그 결과를 출력합니다.

정리하면 이 프로그램은 0~2 중의 하나의 수를 입력해서 sin, cos, tan 중 하나의 함수를 고르면 그 함수에 대해 0~ $\pi/4$ 구간의 값을 출력하는 프로그램입니다. 물론, 이 프로그램을 조건문을 사용해서 작성할 수도 있으나 프로그램 23.8과 같이 함수 포인터 배열을 이용하면 프로그램이 더 간결하고 보기에도 좋으며, 조건을 비교할 필요가 없어서 성능도 더 향상됩니다.

23.5.2 함수 포인터 매개 변수

20장에서 연결 리스트에 관련된 프로그램을 다루면서 연결 리스트의 탐색이라는 것을 했습니다. 주어진 연결 리스트에서 특정한 조건을 만족하는 노드를 찾는 과정을 탐색이라 부르며 프로그램 20.7의 search 함수가 그러한 탐색을 시행하는 함수였습니다. 그런데 탐색에서 찾는 노드에 대한 조건은 다양할 수 있는데 반해 이 search 함수는 주어진 점수와 같은 노드만을 탐색할 수 있는 함수였습니다. 만일 프로그램 20.2의 9~15번 줄에서와 같이 주어진 점수 보다 더 큰 노드를 찾는 탐색을 하려면 다른 함수를 만들어야 할 것입니다. 그리고 또 다른 조건의 탐색을 하려면 그 조건에 맞는 다른 함수를 또 만들어야 합니다.

이와 같이 필요한 조건에 따라 그 조건을 이용하는 탐색 함수를 모두 따로 만드는 것은 귀찮고 불편한 일일 것입니다. 이러한 경우에 고려해볼 만한 것이 함수 포인터를 매개 변수로 받아서 실행하는 것입니다. 방법은 이렇습니다. 탐색 함수를 만들면서 탐색에 사용할 조건은 조거 함수를 따로 만들고 그 조건 함수의 반환값을 이용하도록 수정합니다. 그러한 조건 함수의 예가 프로그램 23.9의 1~4번 줄에 있는 is_equal 함수입니다. 보시면 두 개의 값을 받아서 둘을 비교한 뒤 조건이 맞으면 1을 그렇지 않으면 0을 반환합니다. 실제 탐색 함수에서는 9번 줄과 같이 이 조건 함수를 부른 뒤 그 반환값이 1인지 0인지를 보고 조건이 맞는지를 판단하는 것이지요. 그런데 여전히 프로그램 23.9의 search 함수는 주어진 점수와 같은 노드만을 탐색할 수 있습니다.

이제 이 search함수에서 함수 포인터를 매개 변수로 추가한 뒤 그 함수 포인터가 가리키는 함수를 조건 함수로 이용하도록 수정합니다. 수정된 프로그램이 프로그램 23.10입니다. 보시면 우선 조건을 비교하는 함수 is_higher가 5~8번 줄에 추가되었습니다. 그리고 11번 줄에 매개 변수가 하나 더 추가 되었는데, 이 매개 변수는 매개 변수가 int형 두 개이고 반환값이 int형인 함수 포인터입니다. 그리고 이 함수 포인터가 가리키는

프로그램 23.9 프로그램 20.7의 변형

```
01: int is_equal(int a, int b) {
02:     if(a == b) return 1;
03:     else return 0;
04: }
05:
06: struct ln *search(struct ln *cur, int value) {
07:     struct ln *pre = NULL;
08:     while(cur != NULL) {
09:         if(is_equal(cur->score, value) == 1) break;
10:         pre = cur;
11:         cur = cur->next;
12:     }
13:     return pre;
14: }
15:
16: int main(void) {
17:     ...
18:     pre = search(s_head, a);
19:     ...
20: }
```

cur->score == value 조건 대신 is_equal 함수의 반환값을 검사

함수를 14번 줄에서 호출하고 그 반환값을 검사합니다. 이렇게 하면 함수 포인터 매개 변수 fp에 어떤 함수의 주소를 주냐에 따라 실제로 검사하는 조건이 달라집니다.

예를 들어 23번 줄에서와 같이 is_equal 함수를 인자 자리에 넣으면 is_equal 함수의 주소가 전달되어서, search 함수에서는 fp가 is_equal 함수를 가리키게 될 것입니다. 그러면 14번 줄에서도 is_equal 함수가 호출되어 cur->score와 value가 서로 같을 때 14번 줄의 조건이 만족될 것입니다. 즉 이때 search 함수는 주어진 점수와 같은 점수가 저장된 노드를 찾아서 그 앞 노드의 주소를 반환해 줄 것입니다.

그런데 24번 줄에서는 is_higher 함수를 인자 자리에 넣었습니다. 그러면 이때 search 함수를 호출해서 실행할 때는 fp가 is_higher 함수를 가리킬 것이고 14번 줄에서는 is_higher 함수를 호출합니다. 14번 줄에서 실질적으로 검사하는 조건은 cur->score > value가 됩니다. 따라서 24번 줄에서 호출한 search 함수는 주어진 점수 보다 더 큰 점수가 저장된 노드를 찾아서 그 앞 노드의 주소를 반환해 줍니다.

즉 23번 줄과 24번 줄에서 둘 다 search 함수를 호출하여 탐색을 하지만 그 결과는 다른 것입니다. 인자로 준 함수에 따라 주어진 점수와 같은 점수가 저장된 노드를 찾을 수도 있고 더 큰 점수가 저장된 노드를 찾을 수도 있는 것입니다. 이것은 이용하고자 하는 기능에 따라 서로 다른 함수의 주소를 인자로 주고 매개 변수로 받음으로써 가능해진 기능입니다.

프로그램 23.10 함수 포인터를 이용한 연결 리스트 탐색 함수

```
int is_equal(int a, int b) {
   if(a == b) return 1;
   else return 0;
}
int is_higher(int a, int b) {
   if(a > b) return 1;
   else return 0;
}

struct ln *search(struct ln *cur, int value,
      int (*fp)(int, int) ) {
   struct ln *pre = NULL;
   while(cur != NULL) {
      if((*fp)(cur->score, value) == 1) break;
      pre = cur;
      cur = cur->next;
   }
   return pre;
}

int main(void) {
   ...
   pre1 = search(s_head, a, is_equal);
   pre2 = search(s_head, a, is_higher);
   ...
}
```

조건에 사용할 함수를 포인터로 받음

매개 변수로 받은 함수를 호출

pre1은 a와 같은 점수를 가진 노드의 앞 노드를 가리키게 됨

pre2는 a보다 큰 점수를 가진 노드의 앞 노드를 가리키게 됨

연습 문제

1. 포인터를 가리키는 포인터를 ____라고 부른다.
2. 임의 크기 int형 2차원 배열을 받아서 각 요소의 값을 5씩 증가시키는 함수를 작성하시오. 이 함수의 원형은 void(int *a, int rows, int cols)이며 행의 개수가 rows이고 열의 개수가 cols이 2차원 배열을 처리한다.
3. 배열 int a[3][4]에 대해 다음 각각의 자료형을 적으시오.

   a) a

   b) a+1

   c) a[1]

   d) a[1]+2

   e) a[1][2]

4. 앞 문제에서 배열 a가 1000번지부터 배치되어 있다고 가정할 때, a)~e) 중 자료형이 포인터인 것이 있으면 그 주소값을 적으시오.

5. 배열 int형 2차원 배열 b에 대해 다음 중 맞지 않는 것을 모두 고르시오.

   a) `*b = 1;`

   b) `**b = 1;`

   c) `*b[0] = 1;`

   d) `b[0][0] = 1;`

6. 아래 프로그램의 출력 결과를 적으시오.

```
#include <stdio.h>

int main(void) {
    int a = 0, b = 1, c = 2;
    int *d[3] = {&a, &b, &c};

    *d[0] = 3;
    *d[1] = 2;
    *d[2] = 1;

    printf("%d %d %d", a, b, c);
}
```

7. 아래 프로그램의 출력 결과를 적으시오.

```
#include <stdio.h>

int main(void) {
    int a[3][4];
    int *b, i;
    b = &a[0][0];
    for(i=0;i<12;i++) b[i] = i;

    printf("%d ", a[1][2]);
    printf("%d ", *(a[2]+1));
    printf("%d ", *(a[1]+6));
    printf("%d ", (*(a+1))[3]);
    printf("%d ", *(*a+2));
    printf("%d ", **(a+2));
}
```

8. 0~6 범위의 정수를 입력받아서 그에 해당하는 요일을 출력하려고 한다(0=Sunday, 1=Monday, ..., 6=Saturday). 아래 프로그램의 밑줄 친 부분에 1차원 배열 day를 선언하시오.

```
#include <stdio.h>

int main(void) {
```

```
    int a;

    scanf("%d", &a);
    printf("%s", day[a]);
}
```

9. 앞 문제에서 day를 포인터 pday에 저장하려 한다. 포인터 pday를 선언하시오.

10. 8번 문제에서 day를 2차원 배열로 선언하시오. 행의 개수는 가능한 작게 하시오.

11. 아래 프로그램의 출력 결과를 적으시오.

```
#include <stdio.h>

int main(void) {
    char *langs[] = {"Korean", "English", "Chinese",
                          "Japanese", "French", "German"};

    printf("%s\n", *langs);
    printf("%s\n", langs[1]);
    printf("%s\n", langs[3]+2);
    printf("%s\n", *(langs+5));
    printf("%s\n", &langs[4][3]);
    printf("%c\n", langs[2][5]);
}
```

12. 20장의 프로그램 20.6에 있는 함수 remove를 반환값이 없고 머리 포인터의 주소를 받아 함수 내에서 머리 포인터를 수정하도록 바꾸시오. 새로운 함수 원형은 void remove(struct ln **phead, struct ln *pre, struct ln *cur)이다.

13. 함수 원형이 int sum(int (*f)(int), int s, int e)인 함수가 있다. 이 함수를 sum(g, a, b)라고 호출하면 g(a) + g(a+1) + ... + g(b)를 계산하여 반환하도록 함수 sum을 작성하시오.

14. 다음을 구별하시오. 다음 중에서 서로 자료형이 같은 것은 어느 것인가?

    a) `int **a;`
    b) `int *b[5];`
    c) `int (*c)[5];`

15. 다음을 선언하는 문장을 기술하시오.

    a) 배열 요소가 char *형인 크기가 5인 배열 a
    b) 크기가 3인 int형 배열을 가리키는 포인터 b
    c) double형 포인터를 가리키는 포인터 c

16. 아래에서 x는 무엇인가?

    a) `int (*x[5])(float);`
    b) `int (*x(float))[5];`

17. 다음을 선언하는 문장을 작성하시오.

    a) p는 어떤 함수를 가리키는 포인터인데, 그 함수의 매개 변수는 int이며 반환값 자료형은 char *이다.
    b) f는 함수인데 이 함수의 매개 변수는 함수의 포인터 한 개와 double형 한 개이고, 반환값은 double형이다. 매개 변수에 있는 함수 포인터는 매개 변수가 double형이고 반환값이 int형인 함수를 가리킨다.
    c) a는 크기가 5인 1차원 배열인데, 각 배열 요소는 함수의 포인터이다. 이 함수의 포인터는 매개 변수가 또 다른 함수의 포인터이고 반환값은 int형인 함수를 가리킨다. 매개 변수에 있는 함수 포인터는 매개 변수도 없고 반환값도 없는 함수를 가리킨다.

실습 문제

1. 정수형 1차원 배열의 합을 구하는 함수 int sum_1d(int a[], int size)를 작성하시오. 정수형 2차원 배열 int b[3][4]를 아래와 같이 초기화한 뒤, sum_1d 함수를 이용하여 각 행의 합을 구한 뒤 출력하시오. 그리고 이 과정에서 전체합도 같이 계산한 뒤 출력하시오.

```
12  34  56  78
 9  87  65  43
13  24  57  68
```

2. 다섯 개 반 학생들의 수학 점수가 scores.dat라는 파일에 들어 있다. 각 반의 점수는 "class"로 시작하는 줄로 구별되며 이 줄에는 "class" 다음에 반 번호와 그 반의 학생들의 수가 적혀 있다. 다음은 파일 내용의 한 예이다. 이 예에서 1반에는 22명, 2반에는 27명, 3반에는 21명의 학생들이 있다.

```
class 1 22
85
29
...
100
class 2 27
20
38
..
75
class 3 21
69
...
```

정수형 1차원 배열을 내림 차순으로 정렬하는 함수 void sort(int a[], int size)를 작성하시오. 파일 scores.dat에서 학생들의 점수를 읽은 뒤 sort 함수를 이용하여 각 반 별로 정렬한 뒤 scores.dat와 같은 형식으로 sorted.dat 파일에 저장하시오. 두 개의 파일이 동시에 열려 있어서는 안 되며, 한 반에 있는 학생의 수는 미리 알 수 없다. 힌트: 크기가 5인 int *형 배열 a를 선언하고 scores.dat에서 "class"로 시작하는 줄을 읽을 때마다 학생 수를 알아내어 그만큼 동적 할당을 받고 그 주소를 배열 a의 배열 요소에 저장한다. 함수 sort를 호출할 때는 배열 a의 요소를 인자로 건넨다.

3. 양수 n을 입력받은 뒤, 길이가 20 이하인 n개의 문자열을 저장할 수 있는 공간을 동적 할당 받으시오. 길이가 20 이하인 n개의 문자열을 입력받은 뒤 차례로 출력하시오.

4. 길이가 80 이하인 10개의 문자열을 입력받아 저장한 뒤 출력하시오. 단 각 문자열은 그 길이에 딱 맞는 공간에 저장하시오. 힌트: 하나의 문자열을 입력받아 문자형 배열에 임시로 저장한다. 그리고 그 문자열의 길이를 알아낸 뒤 그만큼 동적 할당을 받고 할당받은 공간에 문자열을 복사한다. 동적 할당 받은 주소들(10개)을 저장할 포인터 배열이 필요하다.

5. 위 문제에서 입력받은 10개의 문자열을 정렬한 뒤 출력하시오.

6. 위 3번 문제에서 각 문자열이 그 길이에 딱 맞는 공간에 저장되도록 하시오. 힌트: 4번 문제와 같이 각 문자열을 입력받아 임시로 저장한 뒤 그 길이로 동적 할당을 받고 할당받은 공간에 문자열을 복사한다. 이때도 역시 동적 할당 받은 주소들(n개)을 저장해야 하는데, 이 역시 미리 배열로 선언할 수 없으므로 따로 동적 할당 받은 공간에 저장해야 한다.

7. 13장의 실습 문제 6에서는 선택 정렬 프로그램(11장의 프로그램 11.8)을 수정하여 idx에 배열 첨자가 아니라 배열 요소의 주소를 저장하였다. 하나의 int형 1차원 배열 a와 배열 요소 첨자 m, n을(m<=n) 받아 a[m]~a[n]에서 제일 작은 배열 요소의 주소를 반환하는 함수 find를 작성하시오. 이 함수의 원형은 int *find(int a[], int m, int n)이다. 이 find 함수의 반환값을 idx에 저장하여 사용하도록 선택 정렬 프로그램을 수정하시오.

8. 위 문제에서 함수 find의 반환값을 없애고 idx의 주소를 받아서 idx를 find에서 바꾸도록 수정하시오. 이 find 함수의 원형은 void find(int a[], int m, int n, int **pidx)이다.

9. 한 자리나 두 자리 정수를 입력받아서 영어로 출력하시오. 예를 들어 25를 입력받으면 twenty five라고 출력한다. 문제를 간단하게 하기 위해 10~19를 입력받으면 ten ...로 출력하고 0을 입력받으면 아무 것도 출력하지 않는다. 문자열 배열을 적절히 활용하여 프로그램을 작성하시오.

10. 11장의 실습 문제 9번 문제에서 각 카드를 입력받을 때마다 그 카드가 무엇인지 출력하도록 수정하시오. 예를 들어 2s를 입력받으면 Two of Spade라고 출력한다. 각 숫자는 2: Two, 3: Three, ..., 9: Nine, 10: Ten, J: Jack, Q: Queen, K: King으로 표시하고, 각 무늬는 스페이드: Spade, 클럽: Club, 다이아몬드: Diamond, 하트: Heart로 표시하시오. 숫자에 대한 문자열을 저장하는 문자열 배열과 무늬에 대한 문자열을 저장하는 문자열 배열을 선언한 뒤, 이 배열들을 이용하여 프로그램을 작성하시오.

11. 어떤 연속함수 $f(x)$의 $[a, b]$ 구간에서의 정적분은 다음과 같이 구할 수 있다.

$$\int_a^b f(x)dx = \lim_{N \to \infty} \sum_{n=0}^{N-1} \frac{1}{N} f(a + \frac{n}{N}(b-a))$$

주어진 함수에 대해 정적분을 구하는 함수 integrate을 작성하시오. 이 함수의 원형은 double integerate(double (*f)(double), double a, double b, int N)이며, 주어진 함수 f에 대해 $[a, b]$ 구간에서 위 식 오른쪽의 합을 구한다. 예를 들어 double square(double x) { return x*x; }라고 함수가 정의되어 있을 때, integerate(square, 1, 3, 1000)을 호출하면 아래의 식을 계산하여 결과를 반환하는 것이다.

$$\sum_{n=0}^{999} \frac{1}{1000}(1 + \frac{2n}{1000})^2$$

함수의 종류(0: x^2, 1: x^3, 2: sin, 3: cos)를 입력받은 뒤, a, b, N을 입력받아 integrate 함수를 이용하여 구한 적분 결과를 출력하시오.

CHAPTER 24

기타

이 장에서는 지금까지 설명을 하면서 중간에 넘어갔던 몇몇 사소한 문법들을 다루어 보겠습니다. 사소하다는 말이 중요하지 않다거나 하는 말은 아닙니다. 어떤 경우에는 꼭 필요한 문법도 있습니다. 다만, 이 문법들을 사용하는 경우가 그리 많지 않아서 처음부터 알아야 하는 것은 아닐 것 같아 지금까지 미루었던 것들입니다.

24.1 기타 제어문

조건문이나 반복문과 같이 프로그램의 흐름을 바꾸는 명령문들을 제어문이라고 합니다. C언어의 제어문에는 조건문인 **if**와 반복문인 **for, while, do-while** 외에 **switch**문과 **goto**문이 있습니다.

24.1.1 switch문

사실 어떤 분들은 **switch**문을 이제야 설명하는 것에 놀라실 수도 있습니다. 일반적인 C언어 교재에서는 **if**문을 설명하면서 **switch**문을 같이 설명합니다. 그러나 이 책에서는 **if**문에 좀 더 집중하기 위해 **switch**문의 설명을 미루었었는데, 달리 넣을 만한 곳이 없어서 지금에야 설명하게 되었습니다. 그리고 이렇게 미룬 데에는 C언어에서 **switch** 문은 활용도가 조금 떨어진다는 이유도 있습니다.

이 **switch**문이 많이 사용되지 않는 이유는 **if**문으로 대체가 가능하기 때문입니다. 보통 **switch** 문을 사용하는 이유는 몇몇 경우에 있어서 **if**문을 사용하는 것 보다 더 간결해 보이기 때문입니다. 우선 **switch** 문으로 작성된 예제를 하나 보겠습니다. 프로그램 24.1입니다. 오른쪽에 **if**로 작성한 프로그램도 두었으니 비교해 보십시오.

이 프로그램의 목적은 몇 월인지를 입력받아 변수 **month**에 저장한 뒤, 그 달의 일수를 **day** 변수에 저장하는 것입니다. 3번 줄에서 월을 입력받은 뒤 5번 줄에 **switch**가 있습니다. 그리고 **switch** 다음에 괄호 속에 변수를 넣고 중괄호를 한 다음 6번 줄부터 **case**라는 문장이 죽 나열되어 있습니다. 그리고 **case** 다음에는 정수 값들이 적혀 있습니다.

프로그램 24.1 switch 사용 예

```
int   month, day;

scanf("%d", &month);

switch(month) {
    case 1:  day = 31;
             break;
    case 2:  day = 28;
             break;
    case 3:  day = 31;
             break;
    case 4:  day = 30;
             break;
    case 5:  day = 31;
             break;
    case 6:  day = 30;
             break;
    case 7:  day = 31;
             break;
    case 8:  day = 31;
             break;
    case 9:  day = 30;
             break;
    case 10: day = 31;
             break;
    case 11: day = 30;
             break;
    case 12: day = 31;
             break;
    default: printf("Wrong month\n");
             break;
}
```

```
int   month, day;

scanf("%d", &month);

if(month == 1) day = 31;
else if(month == 2) day = 28;
else if(month == 3) day = 31;
else if(month == 4) day = 31;
else if(month == 5) day = 31;
else if(month == 6) day = 31;
else if(month == 7) day = 31;
else if(month == 8) day = 31;
else if(month == 9) day = 31;
else if(month == 10) day = 31;
else if(month == 11) day = 31;
else if(month == 12) day = 31;
else printf("Wrong month\n");
```

이런 switch 문에서의 동작은 이렇습니다. 컴퓨터가 진행하다 switch 문을 만나면 우선 괄호 속의 값을 계산합니다. 그리고 그 결과를 case 다음에 있는 수들과 차례차례 비교합니다. 만일 같은 값을 가진 case가 있다면 그 뒤에 적혀 있는 문장들을 실행하다가 break를 만나면 switch 밖으로 나옵니다. 반대로 같은 값을 가진 case가 없다면 default라고 적혀 있는 곳으로 가서 그 뒤의 문장을 실행한 뒤 break를 만나면 switch 밖으로 나옵니다. 만약에 default도 없는데 같은 값을 가진 case도 없다면 아무 것도 실행하지 않고 switch 밖으로 나갑니다.

그림 24.1은 3을 입력했을 때와 13을 입력했을 때 프로그램의 흐름을 그린 것입니다. 값을 입력받고 switch 문을 만나면 ③과 같이 우선 괄호 안을 계산하고 같은 값을 가지는 case를 찾습니다④. 그런 case를 찾으면 그 다음의 문장을 실행하고 그렇지 않으면

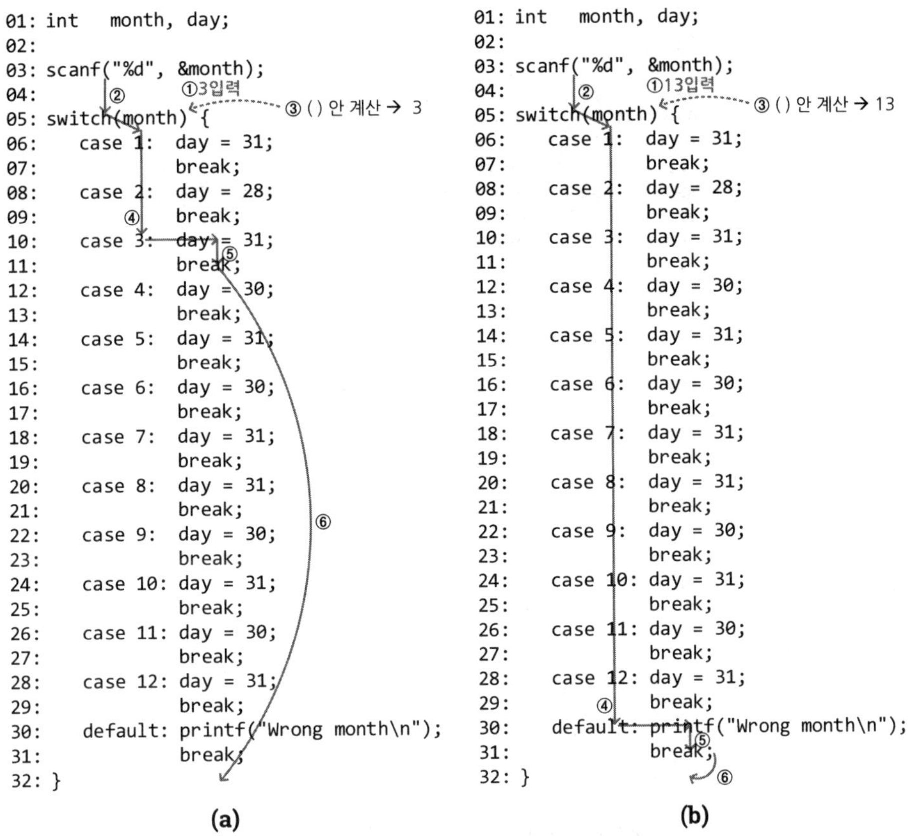

그림 24.1 switch문에서의 진행

default로 가서 실행하며, break를 만나면 switch를 벗어납니다⑥.

프로그램 24.1을 보시면 모든 case마다 break가 있습니다. 이 break를 빼트리면 컴퓨터는 break를 만날 때까지 문장들을 계속 실행합니다. 그림 24.2는 case 3에서 break를 빠트린 경우인데, case 4옆의 문장도 실행한 뒤 break를 만나서야 switch 밖으로 나오게 됩니다. 이렇게 되면 원하는 동작을 안할 수도 있으니 주의하셔야 합니다.

그런데 어떤 경우에는 오히려 break를 적절히 없애서 프로그램을 간결하게 할 수도 있습니다. 그 예가 프로그램 24.2입니다. 프로그램을 보시면 day에 같은 값을 저장하는 case들을 모아 놓고 day에 저장하는 문장은 한 개씩만 사용하고 있습니다. 만일 그림 24.3과 같이 3을 입력했다고 가정해 보겠습니다. 입력받은 뒤 switch 문을 만나서 case 3까지 간 것은 마찬가지입니다. 그 다음에는 break를 만날 때까지 문장을 실행하며 진행하는 것입니다. 다만 여기서는 실행할 문장이 13번 줄에서 처음 나타나므로 13번 줄을 실행하고 14번 줄의 break에서 switch문을 빠져 나오게 됩니다.

마지막으로 switch문과 관련된 문법적인 사항들을 몇 가지 말씀드리겠습니다. 첫 번째로 case 다음에는 상수 수식만 올 수 있습니다. 즉 변수가 오면 안 됩니다. 그리고

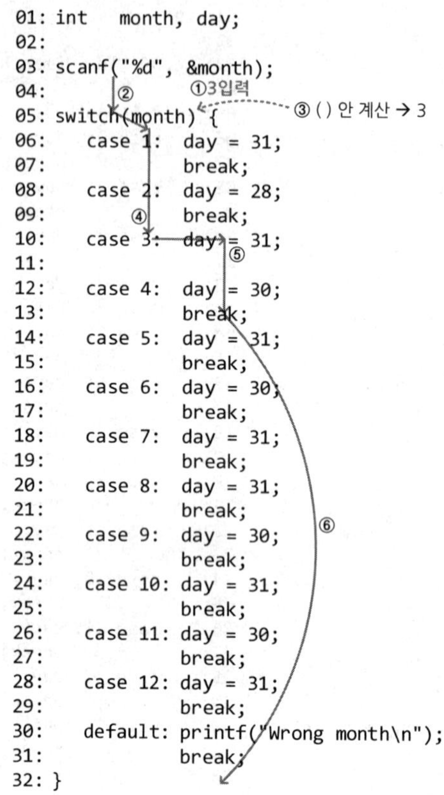

그림 **24.2** break를 빠트린 경우의 동작

switch 괄호 안과 case 다음에는 정수형 결과를 가지는 식만 올 수 있습니다. 실수형을 사용하면 안 되며, 문자형은 넓은 범위에서 정수형에 속하므로 가능합니다. 예를 들어 case 'a':나 case '+': 같은 것도 가능한 것입니다. 마지막으로 default:를 반드시 case들의 끝에 둘 필요는 없습니다만 보통 마지막에 두는 것이 관례입니다.

24.1.2 goto문

C언어에서 goto문은 거의 안 쓰는, 아니 쓰지 말 것을 권장하는 것입니다. 우선 문법과 동작을 설명 드리면 goto는 프로그램 내의 임의의 곳으로 이동하고 싶을 때 사용합니다. 레이블이라고 해서 프로그램 중간에 ABCD:와 같이 이름을 지정해 놓고 goto ABCD;라고 하면 ABCD:가 있는 곳으로 이동하는 것입니다. 프로그램 24.3이 한 예입니다. 5번 줄에서 a를 90과 비교한 뒤 조건이 맞으면 goto가 실행됩니다. 그러면 아래 LARGER:라는 레이블이 있는 곳으로 이동해서 10번 줄의 printf를 실행합니다. 만일 조건이 틀렸으면 6번 줄의 printf를 실행한 뒤 7번 줄에서 종료하겠지요.

혹시나 해서 말씀드립니다만 만일 7번 줄의 return 0;이 없는데 a에 저장된 값이 90 이하이면, 6번 줄의 printf가 실행된 뒤 내려와서 10번 줄과 11번 줄을 차례로 실행할

프로그램 24.2 의도적으로 break를 생략한 예

```
int    month, day;

scanf("%d", &month);

switch(month) {
    case 1:
    case 3:
    case 5:
    case 7:
    case 8:
    case 10:
    case 12:
             day = 31;
             break;
    case 2:  day = 28;
             break;
    case 4:
    case 6:
    case 9:
    case 11:
             day = 30;
             break;
    default: printf("Wrong month\n");
             break;
}
```

것입니다. 프로그램을 작성하실 때 헷갈리지 마시기 바랍니다.

앞에서 말하길 **goto**는 보통 쓰지 말것을 권장한다고 했습니다. 사실 초기의 프로그래밍 언어들은 **goto**에 기반하고 있었습니다. 예를 들어 조건문에서 조건이 맞을 경우 실행될 문장들을 블록 같은 것으로 감싸는 것이 아니라, 다른 위치에 적어 두고 **goto**로 갔다 오는 방식입니다. 그런데 이렇게 프로그램을 짜다 보니 프로그램의 어느 부분이 언제 실행되는지 알기가 어려워져서 사람들이 블록이라는 개념을 생각해낸 것입니다. 블록 개념을 사용하면 **goto**를 사용하지 않고도 프로그램을 작성할 수 있으며, 프로그램의 각 부분이 언제 어떻게 실행될지 더 명확하게 드러나게 됩니다. 그래서 괜히 프로그램을 이해하기 어렵게 만드는 **goto**를 사용하지 말 것을 권장하고 있으며, 어떤 프로그래밍 언어에는 아예 **goto**가 빠져 있습니다.

되도록 **goto**를 사용하지 말아야 합니다만, **goto**가 유용한 경우가 몇 개 있습니다. 그 중 하나가 여러 겹으로 중첩된 반복문을 한 번에 빠져 나올 때입니다. 물론 반복문을 중단하고 빠져 나오는 명령으로 **break**가 있습니다만, **break**는 반복문 하나만 중단하게 됩니다. 만일 여러 겹으로 된 반복문을 빠져 나오려면 여러번 조건을 검사하며 여러번 **break**를 실행해야 합니다. 이런 경우에 **goto**를 사용하면 편하게 한 번만에 빠져 나올 수 있으며 프로그램이 더 명확하게 보일 수도 있습니다. 한 예로 프로그램 **24.4**와 프로그램

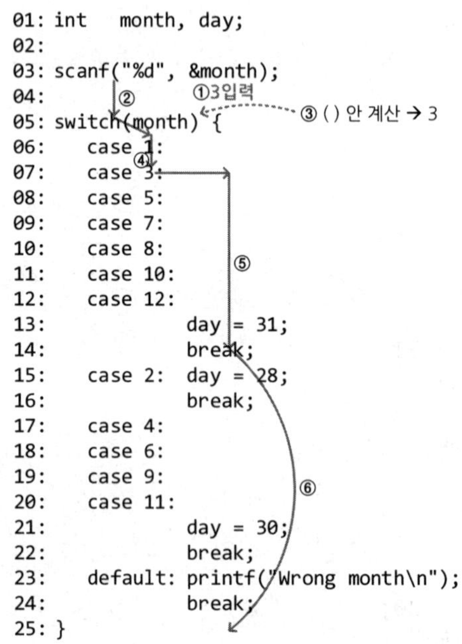

그림 **24.3** 프로그램 24.2에서의 진행

프로그램 **24.3** goto문 예제

```
int main(void) {
    int   a;
    scanf("%d", &a);

    if(a>90) goto LARGER;   ------> a가 90보다 크면 LARGER로 이동
    printf("Less than or Equal to 90.\n");
    return 0;

LARGER:
    pritnf("Larger than 90.\n");
    return 0;
}
```

프로그램 24.4 break를 이용하여 중첩 반복문 빠져 나오기

```
int main(void) {
    int   a[10][10][10];
    int   i, j, k;
    ...
    for(i=0;i<10;i++) {
        for(j=0;j<10;j++) {
            for(k=0;k<10;k++) {
                if(a[i][j][k] < 0) break;
            }
            if(a[i][j][k] < 0) break;
        }
        if(a[i][j][k] < 0) break;
    }
    ...
}
```

각 반복문마다 조건을 비교하며 break를 실행해야 함

프로그램 24.5 goto를 이용하여 중첩 반복문 빠져 나오기

```
int main(void) {
    int   a[10][10][10];
    int   i, j, k;
    ...
    for(i=0;i<10;i++) {
        for(j=0;j<10;j++) {
            for(k=0;k<10;k++) {
                if(a[i][j][k] < 0) goto NEG;
            }
        }
    }
    NEG:
    ...
}
```

한 번에 세 반복문을 빠져 나감

24.5는 3차원 배열에서 음수를 저장하는 요소를 찾는 프로그램인데, break만을 사용했을 때랑 goto를 사용했을 때를 비교해 보았습니다. 보시면 goto를 사용한 프로그램 24.5가 더 간결하고 명확함을 아실 수 있습니다.

24.2 열거형

프로그램을 작성하시다 보면 정수값 몇 개에 어떤 의미를 부여하고 사용하는 경우가 많습니다. 예를 들어 요일을 다룰 때 문자열 "Sun", "Mon", "Tue", "Wed" 등으로 각 요일을 표현하면서 프로그램을 작성할 수도 있으나, 정수 0~6을 각 요일과 짝을 지어서 이 정수를 저장하고 비교하며 프로그램을 작성할 수도 있습니다. 이렇게 정수를 사용해서 좋은 점은, 컴퓨터는 문자열 같은 것 보다 정수를 훨씬 더 잘 다루기 때문에 프로그램이

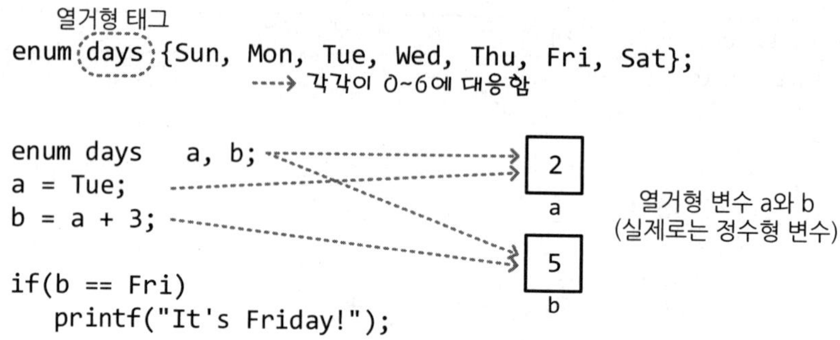

그림 24.4 열거형의 정의와 사용

효율적으로 동작합니다. 안 좋은 점은 프로그램에 정수만 보이고 그 의미는 안 보이므로 프로그램을 보는 사람이 이해하기에 쉽지 않으며 작성하는 사람도 어느 정수값인지 헷갈려서 실수할 가능성이 높다는 것입니다.

이런 경우에 유용하게 사용할 수 있는 것이 열거형입니다. 열거형의 문법은 그림 **24.4**의 위에 있는 것과 같습니다. 우선 **enum** 이라고 적은 뒤 적절한 이름을 붙이고(그림에서는 **days**) 그 다음에 **{ }** 사이에 기호 상수라 불리는 이름들을 나열합니다. 그러면 컴퓨터는 이 기호 상수들에게 **0**부터 차례대로 하나의 정수를 할당합니다. 그림에서는 **Sun**이라는 기호 상수에는 **0**을, **Mon**이라는 기호 상수에는 **1**을, **Tue**라는 기호 상수에는 **2**를, ..., **Sat**이라는 기호 상수에는 **6**을 할당합니다. 그리고 이후에 이 기호 상수들이 나올 때에는 대응되는 정수로 해석을 합니다. 참고로 그림에서 **days**는 열거형 태그라고 부르는 열거형 자체의 이름으로써 여러 개의 열거형이 있을 때 이 여러 개의 열거형들을 서로 구분짓기 위해 사용합니다.

열거형이 하나 정의되면 그 열거형을 마치 자료형인 것처럼 사용하면 됩니다. 그림에서 **enum days a, b;**라고 하면 열거형 **days**의 변수 **a**와 **b**가 생성되는 것입니다. 그럼 그 변수에 **a = Tue;**와 같이 열거형 기호 상수를 대입할 수 있습니다. 그런데 방금 전에 열거형에 있는 기호 상수들에는 정수가 할당되어 있다고 했습니다. 그래서 실제로 **a**에 저장되는 것은 **Tue**에 해당하는 정수인 **2**입니다. 실제로 저장되는 것이 정수이니 그 다음 문장인 **b = a + 3;**와 같이 정수에 적용가능한 연산은 모두 가능합니다.

어차피 내부적으로는 정수로 변환될 것이고 저장되는 형태도 정수이고 정수 연산도 가능한데, 왜 열거형을 만들었는지를 물으신다면 그림의 아래에 있는 조건문을 봐 주십시오. 변수 **b**와 **Fri**를 비교하고 있습니다. 기호 상수 **Fri**가 **5**에 해당하므로 실제로는 **if(b == 5)**와 같습니다. 그런데 **5**를 바로 적으면 다른 사람들이 보았을 때 이 **5**가 뭘 의미하는지 잘 모를 것입니다. 그런데 **Fri** 같이 사람들이 잘 이해할 수 있는 기호로 적게 되면 '아 금요일을 나타내기 위해 어떤 정수를 사용했구나'라고 이해할 수 있을 것입니다. 즉 프로그램의 이해도를 높이기 위해 열거형을 사용하는 것입니다.

이제 열거형을 전반적으로 설명했으니 세부적인 것들을 소개하겠습니다. 열거형 변수에는 정수가 저장되는 것이므로 정수형 변수로 선언해도 됩니다. 즉 그림 **24.4**에서

```
        0     2      3     4     7      8    9
enum day {Sun, Mon=2, Tue, Wed, Thu=7, Fri, Sat};
enum day a;
a = Fri;    ------> a에 8이 저장됨
```

그림 **24.5** 기호 상수의 정수 강제 배정

```
enum month {Jan=1, Feb, Mar, Apr, May, Jun} a;
                    ------> 열거형을 정의하면서 변수 a도 선언한 경우

typedef enum {Jul=7, Aug, Sep, Oct, Nov, Dec} e_mon;
            ↑
            :       ------> typedef로 열거형 이름을 새로 붙인 경우
   열거형 태그 추가 가능
enum {Morning, Noon, Afternoon, Evening, Night} b, c;
                    ------> 열거형 태그를 생략한 경우

enum month  d;
e_mon       e, f;

a = Mar;              a = 3;
e = Nov;              e = 11;
d = Sep;       ⇒      d = 9;   ---->
f = Night;            f = 4;   ----> Warning이 발생할 수도 있음
b = Evening;          b = 3;
c = Dec;              c = 12;  ---->
```

그림 **24.6** 다양한 열거형 변수의 선언과 사용

int a, b;로 해도 잘 동작한다는 것입니다. 사실 그림에서와 같이 열거형 변수로 선언해도 컴파일러는 정수형 변수로 취급합니다. 다만 변수 **a**와 **b**에 저장되는 값이 그냥 정수값이 아니라 요일을 나타내는 의미를 가지고 있음을 명확히 드러내기 위해 열거형 변수로 선언하는 것이 더 좋습니다.

각 기호 상수들에 대해 어느 정수가 할당될지를 조절할 수도 있습니다. 기호 상수 옆에 **=**을 넣고 원하는 정수를 적어 주면 됩니다. 그림 **24.5**의 첫 줄을 보시면 **Mon=2** 라고 되어 있습니다. 그러면 **Mon**에는 **2**가 짝지어집니다. 이렇게 **=**을 사용해서 명시하지 않을 경우에는, 처음에 있는 기호 상수에는 **0**이, 중간에 있는 기호 상수에는 바로 앞 기호 상수에 배정된 값에 **1**을 더한 값으로 짝지어집니다. 그림에서 **Tue**는 **Mon**에 배정된 **2**에 **1**을 더한 **3**이 배정됩니다. 그 다음에 있는 **Wed**에는 **4**가 할당되며, 그 다음에 있는 **Thu**는 **5**가 할당될 차례인데 **=7**이라고 되어 있어서 **7**이 배정됩니다. 그리고 그 뒤에 있는 **Fri**와 **Sat**는 차례대로 **8**과 **9**가 할당됩니다. 이렇게 어떤 기호 상수들에 대해서 값을 강제 배정하다 보면 같은 값이 배정되는 기호 상수가 생길 수도 있는데, 이것은 허용됩니다.

그림 **24.6**은 열거형 변수를 선언하는 여러 가지 방법들입니다. 첫 번째 줄은 **enum month**라는 열거형을 정의하면서 변수 **a**도 같이 선언하는 것이고, 두 번째 줄은 **typedef**를 이용해서 열거형에 새로운 이름 **e_mon**을 붙인 경우입니다. 그리고 세 번째 줄은 열거형 태그를 생략한 채 변수만 선언한 경우입니다. 첫 번째와 두 번째 줄과 같이 열거형

태그를 명시하거나 typedef를 이용하면 새로운 자료형이 생긴 것과 같아서, 같은 열거형의 변수를 아래에서 또 선언할 수 있습니다. 네 번째와 다섯번째 줄에서 변수 d와 e, f를 선언하는 것이 그 예입니다. 그림에서 새로운 자료형으로 이용할 수 있는 것을 밑줄과 굵은 글씨로 표시했습니다.

앞에서 기호 상수들은 정수로 변환이 된다고 했습니다. 그래서 사실은 서로 다른 열거형끼리 기호 상수를 혼용하는 것이 가능합니다. 그림 24.6의 아래에서 변수 a, e, b에는 자신의 열거형에 있는 기호 상수를 대입했으나 변수 d, f, c에는 다른 열거형에 있는 기호 상수를 대입했습니다. 이렇게 해도 괜찮으며 어차피 컴파일러는 오른쪽과 같이 정수로 변환해서 대입합니다. 다만 다른 열거형의 기호 상수를 사용하는 것은 열거형의 취지에 어긋나므로 컴파일러가 warning을 발생시키기도 합니다.

마지막으로, 계속 말씀드리듯이 열거형의 기호 상수들은 정수로 변환이 됩니다. 그래서 정수형 변수에 사용해도 되고 정수 연산이 덧셈 등을 사용해도 됩니다. 그러나 되도록이면 열거형의 원래 취지대로 사용하는 것이 좋습니다. 앞에서 말씀 드렸듯이 열거형은 정수에 어떤 의미가 있는지를 이해하기 편하게 하기 위해 고안된 것입니다. 그러한 취지에 맞도록 사용해야 프로그램의 이해를 도울 수 있습니다.

24.3 유도 자료형

이전에 배운 구조체는 C언어에서 기본적으로 제공하는 자료형들을 묶어서 새로운 자료형을 만드는 것입니다. 이렇게 프로그래머가 새로 만든 자료형을 유도 자료형이라고 부릅니다. 유도 자료형을 만드는 방법에는 구조체 말고도 공용체와 비트필드가 있습니다.

24.3.1 공용체

공용체(union)는 구조체와 거의 같습니다. 그림 24.7에 공용체를 사용한 예가 있습니다. 보시면 struct 대신 union이 적혀 있는 것을 제외하고는, 정의하고 변수 선언하고 멤버 참조하는 것이 구조체와 똑 같아 보입니다. 공용체가 구조체와 다른 점은 멤버들이 같은 공간을 공유한다는 것입니다. 그림에서 union val 변수 a가 선언되었을 때 a 안에는 멤버 i와 f가 생기는데 이 i와 f는 따로 있는 것이 아니라 같은 공간에 있는 것입니다. 실제로 a가 차지하는 것은 int와 double 중 더 큰 크기인 8 바이트의 공간이고, 멤버 f에 값을 적으면 이 8 바이트의 공간에, 멤버 i에 값을 적으면 이 공간 중 4 바이트의 공간에 값이 적히는 것입니다.

예를 들어 그림 24.8a와 같이 a.i = 3을 실행하면 a에 할당된 8 바이트 공간 중 4 바이트를 int형으로 보면서 3이 저장되고, 그림 24.8b와 같이 a.f = 2.0을 실행하면 a에 할당된 8 바이트를 double형으로 보면서 2.0이 저장되는 것입니다. 여기서 주의할 점은 공간을 공유하므로 a.f = 2.0을 할 때 이전에 저장되어 있던 3은 없어져 버린다는 것입니다. 이렇게 공간이 공유된다는 점을 제외하면 공용체는 구조체와 동일하게 사용하면 됩니다.

이 공용체를 보시면서 이걸 왜 사용하나 싶을 때도 있으실 것입니다. 사실 여러분이 프로그램을 작성하시면서 공용체를 사용하실 일은 당분간은 그리 많지 않을 것입니다.

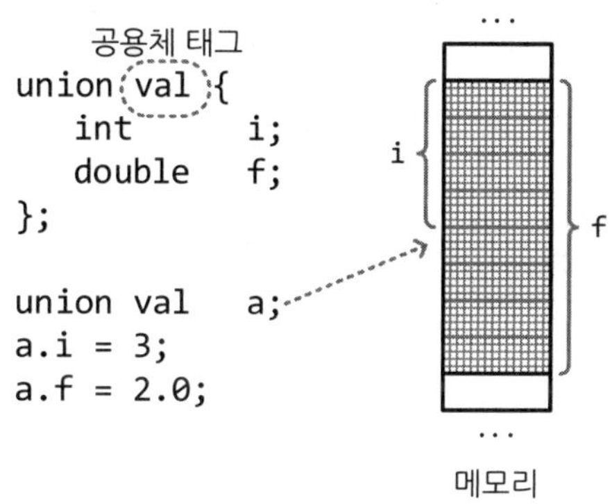

그림 24.7 공용체의 정의와 사용

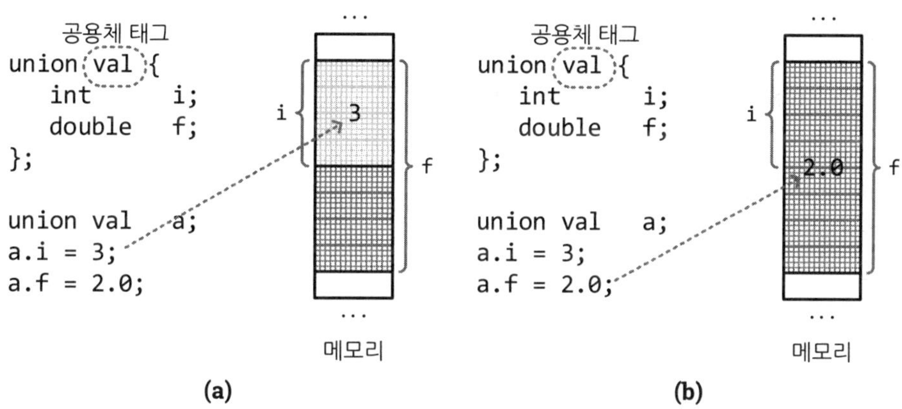

그림 24.8 공용체에서 값의 저장

그러나 프로그램이 많이 복잡해지기 시작하면 사용하고 싶은 경우가 생길 것입니다. 여기에서는 간단한 예 두 가지만 들어 보이겠습니다.

여러분이 책과 상자를 파는 한 상점의 주인이라고 생각해 보겠습니다. 파는 물건에 대한 정보를 저장하고 관리하고 싶을 때, 물건에 대한 정보를 저장할 구조체를 생각해 보겠습니다. 책에 대한 정보는 책 제목(문자열), 저자 이름(문자열), 가격(정수) 등이 있을 것입니다. 상자에 대한 정보로는 높이(정수), 폭(정수), 길이(정수), 가격(정수) 등이 있습니다. 물론 더 많은 정보가 있을 수 있겠습니다만 여기서는 생략하겠습니다.

이 정보들을 저장하는 한 가지 방법은 프로그램 24.6과 같이 이것들을 모두 구조체의 멤버로 사용하는 것입니다. 가격은 공통된 정보로써 int price 멤버에 저장하고, 상품이 책인 경우를 위해 제목을 저장할 문자 배열 char title[20]과 저자 이름을 저장할 문자 배열 char author[20]을 멤버로 넣었습니다. 다음으로 상품이 상자인 경우를 대비해서 높이, 폭, 길이를 저장할 int 형 변수 height, width, length도 멤버로 넣었습니다. 그 아래 부분은 상품 a와 b에 대해 정보를 저장하는 부분입니다. 상품 a는 책이라고 가정해서 그 책에 대해 가격과 제목, 저자 이름을 저장했고, 상품 b는 상자라고 가정해서 가격, 높이,

프로그램 24.6 공용체를 사용하지 않았을 경우 공간이 낭비되는 예

```
struct stock {
    int   price;
    
    char  title[20];
    char  author[20];
    
    int   height;
    int   width;
    int   length;
};

struct stock   a, b;

a.price = 10000;
strcpy(a.title, "C Programming");
strcpy(a.author, "H. J. Kang");

b.price = 500;
b.height = 5;
b.width = 8;
b.length = 10;
```

- price: 공통된 정보
- title, author: 책에 대한 정보
- height, width, length: 상자에 대한 정보
- a.price ~ a.author: 상품 a는 책
- b.price ~ b.length: 상품 b는 상자

폭, 길이를 저장했습니다. 여기까지 특별히 문제가 있는 것은 아닙니다만 하나 생각해 볼 것이 공간 사용의 효율성입니다. 상품 **a**의 경우에는 책이므로 **a**의 멤버 중에 **height, width, length**는 사용하지 않습니다. 즉 이 세 변수는 공간만 차지하고 있는 것입니다. 변수 **b**에 대해서도 마찬가지로, 멤버 중에 **title**과 **author**는 사용하지 않고 있습니다. 변수들이 차지하고 있는 공간 중 일부를 낭비하고 있는 것이지요.

이렇게 경우에 따라 사용하는 멤버가 다를 경우 공용체를 이용하면 공간을 효율적으로 사용할 수 있습니다. 프로그램 **24.7**이 그 예입니다. 보시면 상품이 책일 때 필요한 정보들을 구조체 하나로 묶고, 상자일 때 필요한 정보들을 다른 구조체로 묶은 다음에, 이 두 구조체를 다시 공용체의 멤버로 만들었습니다. 이렇게 하면 두 구조체는 같은 공간을 공유하게 되어서 공간의 낭비가 없어집니다.

예를 들어 상품 **a**의 경우에는 책이므로 **title**과 **author**에 정보를 저장하고 **height, width, length**는 사용하지 않습니다. 그러나 **height, width, length**가 저장될 공간은 **title, author**가 저장될 공간과 서로 공유되고 있습니다. 그러므로 **title**과 **author**를 사용하면, **height, width, length**를 사용하지 않더라도 낭비되는 공간이 없는 것입니다. 이것은 상품 **b**에 대해서도 마찬가지입니다.

프로그램 24.7에서 눈여겨보실 점은 3번 줄에 있는 열거형 멤버입니다. 공용체는 같은 공간을 서로 다른 자료형을 사용할 수 있는 기회를 제공합니다만 그 것이 어떤 자료형으로 이용되는지를 컴퓨터가 알고 있거나, 잘못 이용할 경우 경고를 하거나 하지는 않습니다. 프로그래머가 알아서 관리를 해야 합니다. 그래서 보통은 3번 줄과 같은 변수를 하나

프로그램 24.7 공용체를 사용하여 공간을 절약하는 예

```
01: struct stock {
02:     int   price;                  -------> 공통된 정보
03:     enum {Book, Box} type;        -------> 어느 종류인지 가리킴
04:
05:     union {
06:        struct {
07:           char  title[20], author[20];   } 책에 대한 정보
08:        } book;
09:        struct {
10:           int   height, width, length;   } 상자에 대한 정보
11:        } box;
12:     } item;                       } 같이 사용될 경우가 없으므로 공간을 공유
13: };
14:
15: struct stock   a, b;
16:
17: a.type = Book; -------> a에 책에 대한 정보를 넣었음을 명확히 보여주기 위해
18: a.price = 10000;
19: strcpy(a.item.book.title, "C Programming");
20: strcpy(a.item.book.author, "H. J. Kang");      } 상품 a는 책
21:
22: b.type = Box; -------> b에 상자에 대한 정보를 넣었음을 명확히 보여주기 위해
23: b.price = 500;
24: b.item.book.height = 5;
25: b.item.book.width = 8;
26: b.item.book.length = 10;                       } 상품 b는 상자
```

추가해서 어느 자료형으로 이용되고 있는지를 표시해 줍니다. 정수형 변수를 사용해도 되겠습니다만 좀 더 보기 편하게 열거형으로 만들었으며, 구조체 **stock**으로 선언된 변수가 현재 책에 대한 정보를 가지고 있는지 상자에 대한 정보를 가지고 있는지를 가리킬 수 있는 멤버가 되겠습니다.

예를 들어, 프로그램의 아래 부분에서 구조체 **stock** 변수 **a**는 책에 대한 정보를 저장하고 있습니다. 그래서 공용체 **item**에서는 **book** 쪽을 사용하고 있지요. 이를 명확히 나타내기 위해 17번 줄에서 **a**의 멤버 **type**에 **Book**을 저장해 놓는 것입니다. 물론 이렇게 하지 않고 그냥 프로그래머가 잘 기억해서 해도 괜찮습니다만, 잊어버릴 수도 있으므로 이렇게 어느 쪽을 사용하는지 저장해 놓는 것이 좋습니다.

공용체를 사용하는 예를 하나 더 들어 보겠습니다. 이번에는 10개의 수를 저장하는 배열을 만드는데 10개의 수 중 어떤 것은 정수이고 어떤 것은 실수라고 가정해 봅시다. 물론 크기가 10인 정수형 배열과 크기가 10인 실수형 배열을 선언한 뒤 경우에 따라 적절한 배열 요소를 사용해도 됩니다. 프로그램 24.8이 그러한 예입니다. 10개의 수를 입력받아 저장하는데 각각의 수마다 정수일 수도 있고 실수일 수도 있습니다. 그래서 6, 7번 줄과 같이 먼저 어떤 자료형의 수인지를 입력받은 뒤, 그 유형에 따라 8번 줄과

프로그램 24.8 서로 다른 유형의 여러 개의 값 저장하기 - 공용체를 사용하지 않는 경우

```
01: enum {Int, Real}  t[10];  --------> i번째 수가 정수인지 실수인지 저장하는 배열
02: int   a[10]; --------> i번째 수가 정수일 경우 저장하는 배열
03: float b[10]; --------> i번째 수가 실수일 경우 저장하는 배열
04:
05: for(i=0;i<10;i++) {
06:    printf("Which type will you input? (0: integer, 1: real");
07:    scanf("%d", &t[i]); --------> 어느 자료형의 값을 입력할 지 선택하여 t[i]에 저장
08:    if(t[i]==Int) scanf("%d", &a[i]);  } 정수형이면 배열 a에
09:    else scanf("%f", &b[i]);           } 실수형이면 배열 f에 저장
10: }
11:
12: for(i=0;i<10;i++) {
13:    if(t[i]==Int) printf("%d ", a[i]);  } t[i]를 보고 i번째 수가 정수이면
14:    else printf("%f ", b[i]);           } a[i]를, 실수이면 b[i]를 출력
15: }
```

같이 정수형으로 입력받아서 배열 **a[i]** 에 저장하거나 실수형으로 입력받아 배열 **b[i]** 에 저장합니다.

다음으로 12~15번 줄에서 저장된 수를 출력하는데, 출력할 때 각 i에 대해 **a[i]** 에 저장되어 있는지 **b[i]** 에 저장되어 있는지를 알고 있어야 출력이 가능할 것입니다. 그래서 어떤 유형의 수를 입력받았는지도 배열 **t[i]** 에 저장해 놓았고 13번 줄과 같이 이 **t[i]** 를 보면서 **a[i]** 를 출력할지 **b[i]** 를 출력할지 결정합니다.

이 프로그램은 비록 정상적으로 동작합니다만 **a**와 **b**의 배열 요소들 중에서 어느 하나는 안 쓰인다는 문제가 있습니다. 예를 들어 i가 5일 때 정수형을 선택하고 정수값을 입력받았다면 **a[5]** 에는 유용한 값이 들어 있으나 **b[5]** 는 안 쓰이고 낭비될 것입니다. 이를 해결하기 위해 공용체를 사용한 것이 프로그램 24.9입니다.

프로그램 24.9에서는 구조체 **number**에 두 개의 멤버가 있는데 한 멤버는 열거형 변수 **t**이고 다른 하나는 공용체 변수 **num**입니다. 공용체 변수 **num** 안에는 **int i**와 **float f**가 메모리 공간을 공유하고 있습니다. 여기서 **num**에는 정수값 혹은 실수값 중 하나가 저장되고 **t**에는 어떤 종류의 값을 저장했는지 기억해 놓습니다. 1~7번 줄에서는 이러한 구조체 **number**의 배열 **a[10]**을 선언하고 있습니다.

다음으로 9~14번 줄에서 값들을 입력받을 때는 어느 유형인지를 **a[i]** 의 멤버 **t**에 저장한 뒤, 그 값에 따라 정수형이나 실수형의 값을 입력받는데, 입력받은 값은 **num**에 저장합니다. 정수형이면 **num**의 멤버 **i**에 저장하고 실수형이면 멤버 **f**에 저장합니다. 이때 멤버 **i**와 멤버 **f**는 한 공용체 안에 있으므로 공간을 공유하고 있어서, 한 멤버를 사용한다고 다른 멤버의 공간이 낭비되거나 하지는 않는 것입니다. 16~19번 줄에서 입력받은 값들을 출력할 때도 **a[i]** 의 멤버 **t**를 보고 정수형으로 저장되어 있는지 실수형으로 저장되어 있는지를 본 뒤 정수형으로 저장되어 있으면 **a[i].num.i**를 출력하고 실수형으로 저장되어 있으면 **a[i].num.f**를 출력합니다.

프로그램 24.9 서로 다른 유형의 여러 개의 값 저장하기 - 공용체를 사용하는 경우

```
01: struct number {
02:    enum {Int, Real} t;
03:    union {
04:       int   i;      } i와 f는 메모리 공간 공유
05:       float f;      }
06:    } num;
07: } a[10];
08:
09: for(i=0;i<10;i++) {
10:    printf("Which type will you input? (0: integer, 1: real");
11:    scanf("%d", &a[i].t);    -----> 어느 자료형의 값을 입력할 지 선택하여 멤버 t에 저장
12:    if(a[i].t==Int) scanf("%d", &a[i].num.i);  } 정수형이면 공용체 멤버 i에
13:    else scanf("%f", &a[i].num.f);             } 실수형이면 공용체 멤버 f에 저장
14: }
15:
16: for(i=0;i<10;i++) {                             멤버 t를 보고
17:    if(a[i].t==Int) printf("%d ", a[i].num.i);  } 정수형이면 공용체 멤버 i를
18:    else printf("%f  ", a[i].num.f);            } 실수형이면 공용체 멤버 f를 출력
19: }
```

공용체에 대한 감이 잡히시는가요? 아직은 와 닿는 예제들이 아니어서 왜 사용해야 하는지 이해가 안 될 수도 있겠습니다만 프로그래밍 경험을 쌓으시다보면 필요성을 아시게 될 것 같습니다. 마지막으로 주의사항 두 가지만 말씀드리겠습니다. 첫 번째로 공용체를 사용할 때는 프로그램 24.9의 2번 줄에 있는 열거형 변수 t와 같이 공용체의 어느 멤버로 값을 저장했는지 표기를 해 놓는 것이 일반적입니다. 그런데 이것은 프로그래머가 적절히 잘 해야 하는 것이지 컴퓨터가 이것을 보고 어떤 동작을 취해 주지는 않습니다. 예를 들어 **a[5].num.i=5;**를 실행했다고 컴퓨터가 **a[5].t**에 자동으로 **0**을 저장해 주지는 않습니다. 만일 **a[4].t = Int;**라고 한 뒤 **a[4].num.f = 2.5;**라고 해도 컴퓨터는 아무 경고도 하지 않은 채 그냥 실행합니다. 왜냐하면 컴퓨터는 이 문장들의 의미를 알지 못하기 때문입니다. 어떤 자료형으로 저장되어 있는지 관리해야 하는 것은 프로그래머입니다.

두 번째로 공용체에서 자료형을 혼용하는 것, 즉 한 멤버로 값을 저장한 뒤 다른 자료형의 멤버로 값을 읽는 것은 되도록 하지 않는 것이 좋습니다. 예를 들어 프로그램 **24.9**에서 **a[0].num.i=3;**이라고 한 뒤 **printf("%f", a[0].num.f);**라고 하면 (**3.0**이 아니라) 이상한 값이 출력될 것입니다. 만일 여러분이 각 자료형의 값이 저장될 때 **0**과 **1**의 어떤 형태로 저장되는지를 명확히 알고 계신다면 공용체에서 서로 다른 자료형의 값을 읽거나 쓸 때 어떤 결과가 나올 지 예측할 수 있으실 것입니다. 그리고 유능한 프로그래머라면 그런 결과를 예측하고 의도적으로 혼용해서 사용하기도 합니다. 그러나 이것은 **CPU** 내부의 동작이라든지 각 자료형의 표현 방식 등을 잘 이해한 다음에야 가능한 것이니 아직은 혼용하지 마시기 바랍니다.

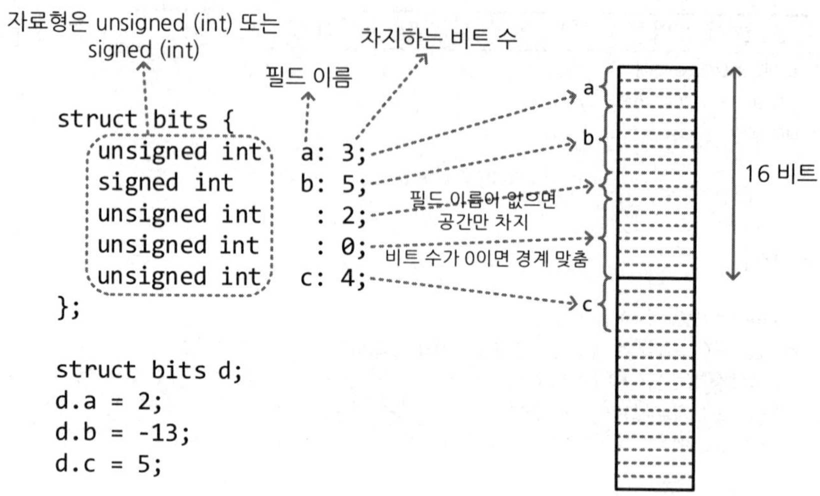

그림 **24.9** 비트 필드의 정의와 사용

24.3.2 비트 필드

비트 필드는 구조체와 같은데, 그 멤버가 **int**나 **float** 같은 자료형이 아니라 비트 단위의 크기를 가지는 정수형인 구조체입니다. 그림 24.9가 한 예입니다. 보시면 구조체 **bits**가 있는데 안에 있는 멤버들이 조금 이상하게 생겼습니다. 앞에 자료형으로 **unsigned int**나 **signed int**가 있는 것은 괜찮으나 이름 뒤에 :을 하고 숫자가 적혀 있습니다. 이렇게 되어 있는 것을 비트 필드라고 부르며 : 다음의 숫자는 몇 비트를 차지하는지를 나타냅니다. 즉 그림에서 **a**는 **unsigned int**인데 3비트만 차지합니다. 다음으로 **b**는 **signed int**인데 5비트만 차지합니다. 그래서 만일 이 비트 필드로 변수를 선언하면 그 변수 안에서는 그림 24.9의 오른쪽 그림과 같이 처음 3비트 **a**에, 그 다음 5비트는 **b**에 할당됩니다.

사용법은 구조체와 동일합니다. 그림의 아래에 있는 것과 같이 **d.a = 2;**라고 하면 비트 필드 **a**에 할당된 3비트의 공간에 2가 저장됩니다. 그 다음문장인 **d.b = -13;**이라고 하면 비트 필드 **b**에 할당된 5비트 공간에 -13이 저장되는 것입니다.

그런데 보시면 비트 필드를 정의할 때 **b**의 다음 줄을 보시면 이름을 적지 않은 것도 있습니다. 이것은 그냥 공간만 띄우고 싶을 때 사용합니다. 그리고 그 다음처럼 비트 수가 0인 경우에는 경계를 맞추어서 비트를 차지합니다. 컴퓨터는 데이터를 읽거나 저장하는 기본적인 단위가 있는데, 이 단위는 8비트나 16비트, 또는 32비트로써 컴퓨터마다 다릅니다. 비트 필드에서 비트 수를 0으로 하면 다음 비트 필드가 이 기본 단위의 경계에 맞춰지도록 비트를 차지합니다. 그림에서는 16비트 단위의 경계를 가정하고 있습니다. 그리고 그 다음을 보시면 비트 필드 **c**가 4비트를 차지하고 있습니다.

이 장에서 계속 비슷한 말을 하고 있습니다만 비트 필드도 일반적인 프로그램에서는 잘 사용되지 않습니다. 일반적으로는 그냥 **int**형이나 **float**형 같은 기본적인 자료형을 사용하는 것이 맞습니다. 그러나 만일 하드웨어 같은 것을 모델링하거나 제어하는 프로그램에서는 유용하게 이용할 수 있습니다. 하드웨어의 경우에는 비트 단위로 정보를 주고

받거나 값을 조정하는 일이 많으므로 이와 같은 비트 필드나 이전에 배운 비트 연산자 같은 것을 빈번하게 사용합니다.

24.4 다중 소스 파일

이 절의 내용을 설명하기 위해 예제로 프로그램 24.10을 만들었습니다. 19장에 있던 프로그램 부분들을 모아서 완전한 프로그램의 형태로 만든 것입니다. 프로그램은 main 외에 세 개의 함수로 이루어지며 input_scores 함수는 점수를 차례로 입력받으며 새로 생성한 노드에 점수를 저장합니다. 그리고 add_first 함수를 호출하여 새 노드를 연결 리스트에 연결합니다. 점수의 입력이 다 끝나면 main에서는 visit 함수를 호출하여 입력받은 점수들을 출력합니다. 외부 변수의 사용법도 같이 설명하기 위해 머리 포인터를 외부 변수로 정의하였으나, 이렇게 외부 변수를 사용하는 것은 좋지 않습니다. 19장에 있는 것처럼 인자와 반환값을 통해 함수와 주고 받는 것이 더 바람직합니다.

이 프로그램은 전형적인 프로그램의 구조를 따르고 있습니다. 처음에 전처리 지시자 #include나 #define을 넣고, 그 다음에 새로 정의할 자료형이 있으면 정의합니다. 다음으로 외부 변수가 필요하면 정의하고 함수들을 선언한 뒤 main 함수를 기술하고 그 아래에 함수들을 정의합니다. 물론 이 순서를 꼭 따를 필요는 없습니다. 문법적으로 따라야 하는 규칙은 함수나 외부 변수, 매크로를 사용하려면 그 전에 선언 또는 정의되어 있어야 한다는 것입니다. 이 규칙만 따르면 다른 순서는 상관없습니다. 그러나 일반적으로 보기에 편하고 실수도 없게 하기 위해 보시는 순서대로 프로그램을 작성하는 것이 일반적입니다. 참고로 말씀드리면 공간의 제약으로 프로그램에서 주석은 모두 제거하였으나 주석을 넣는 것도 필요합니다.

24.4.1 파일 분할과 헤더 파일

이제 할 것은 이 프로그램을 여러 개의 파일에 분할해서 작성하는 것입니다. 이 프로그램을 보시면 꽤 깁니다. 물론 여러분이 앞으로 작성하실 프로그램들에 비하면 정말로 작은 프로그래입니다만 이 정도 크기만 되어도 위아래가 한 눈에 들어오지 않습니다. 프로그램의 길이가 길어지면 하나의 파일로만 프로그램을 작성하는 것이 힘들어 집니다. 이런 경우에 프로그램을 여러 개의 파일로 분할해서 작성하는데, 그 방법에 대해 설명하기 위해, 비록 좀 작지만 프로그램 24.10을 사용하겠습니다.

프로그램을 여러 파일로 나누어 작성하는 것은 실습 환경마다 하는 방법이 조금 다르긴 합니다만, 간단히 말하면 그냥 여러 파일에 나누어 작성한 뒤 저장한 뒤 컴파일하면 됩니다. 프로그램 24.10을 여러 개의 파일로 나눈 것이 프로그램 24.11입니다. 그런데 보시면 파일의 개수가 생각보다 더 많다고 느끼실 것입니다. 그리고 파일의 확장자가 어떤 것은 .h이고 어떤 것은 .c입니다.

개수가 좀 많지만 이와 같이 같이 파일을 나누는 것이 일반적인 형태인데, 이렇게 나누어야 하는 것은 분할 컴파일이라는 개념 때문입니다. 분할 컴파일이란 프로그램을 여러 개의 파일로 나누어서 작성했을 경우, 파일을 C언어인 상태에서 합친 다음에 컴파일하는

프로그램 24.10 완전한 형태의 연결 리스트 프로그램

```c
#include <stdio.h>
#include <stdlib.h>

typedef struct ln {
    int   score;
    struct ln   *next;
} node;

node *s_head;

void input_scores(void);
void add_first(node *new);
void visit(node *p);

int main(void) {
    s_head = NULL;
    input_scores();
    visit(s_head);
}

void input_scores(void) {
    node *p;
    int   a;
    while(1) {
       scanf("%d", &a);
       if(a<0) break;

       p = (node *)malloc(sizeof(node));
       p->score = a;
       add_first(p);
    }
}

void add_first(node *new) {
    new->next = s_head;
    s_head = new;
}

void visit(node *p) {
    while(1) {
       if(p == NULL) return;

       printf("%d\n", p->score);
       p = p->next;
    }
}
```

전처리 지시자 #include, #define

새 자료형 정의

외부 변수 정의

함수 선언

함수 정의

프로그램 24.11 프로그램 24.10을 여러 파일로 분할한 프로그램

main.c

```
#include <stdio.h>
#include "type.h"
#include "input.h"
#include "visit.h"

node *s_head;

int main(void) {
   s_head = NULL;
   input_scores();
   visit(s_head);
}
```

type.h

```
typedef struct ln {
   int   score;
   struct ln   *next;
} node;
```

input.h

```
void input_scores(void);
void add_first(node *new);
```

input.c

```
#include <stdio.h>
#include <stdlib.h>
#include "type.h"
#include "input.h"

extern node *s_head;

void input_scores(void) {
   node *p;
   int   a;
   while(1) {
      scanf("%d", &a);
      if(a<0) break;

      p = (node *)malloc(sizeof(node));
      p->score = a;
      add_first(p);
   }
}

void add_first(node *new) {
   new->next = s_head;
   s_head = new;
}
```

visit.h
```
void visit(node *p);
```

visit.c
```
#include <stdio.h>
#include "type.h"
#include "visit.h"

void visit(node *p) {
   while(1) {
      if(p == NULL) return;

      printf("%d\n", p->score);
      p = p->next;
   }
}
```

것이 아니라, 각각의 파일을 별개로 컴파일해서 기계어로 바꾼 다음에 그 바뀐 파일을 묶어서(링크라고 불리는 과정입니다.) 하나의 실행 가능한 파일(실행 파일)로 만드는 것을 말합니다. 이 분할 컴파일에서 여러분이 고려해야 하는 것은 두 가지 입니다.

첫째는 각 파일들이 분할되어서 컴파일되므로 컴파일 과정에서는 다른 파일에 있는 내용을 볼 수 없다는 것입니다. 둘째는 변수나 함수를 사용하기 전에는 반드시 선언이나 정의되어 있어야 하고 변수나 함수의 선언은 여러 파일에 있어도 되지만 정의는 반드시 한 곳에만 있어야 한다는 것입니다. 이것을 염두에 두면서 설명을 들으시길 바랍니다.

우선 main.c 파일을 봅시다. 8번 줄에 보면 input_scores라는 함수를 호출하고 있습니다. 그런데 함수를 호출하려면 그 전에 이 함수가 정의 또는 선언되어 있어야 합니다. 문제는 이 함수가 정의된 곳이 input.c이므로 main.c를 컴파일할 때는 이 정의를 볼 수 없다는 것입니다. 그렇다고 main.c에 input_scores 함수를 다시 정의하면 정의를 두 번 하는 것이므로 역시 안 됩니다. 그러면 결국 main.c에는 input_scores의 선언을 넣어야 할 것입니다.

간단하게는 main.c에 input_scores 함수의 선언을 직접 넣는 것도 한 방법이겠습니다만, 만일 input_scores 함수를 여러 파일에서 호출한다면 그 파일들마다 함수 선언을 일일이 적어 넣는 것도 귀찮을 것입니다. 이때 많이 사용하는 방법이 바로 헤더(header) 파일이라는 것입니다. 프로그램 24.11을 보시면 input.c 라는 파일 외에 input.h라는 파일이 있습니다. 이 파일을 보시면 input_scores 함수의 선언이 들어 있습니다. 이렇게 함수의 선언을 적은 파일을 만들어 놓으면 다른 파일들에서는 이 파일을 include해서 그 선언을 가져올 수 있습니다. 프로그램 24.11의 main.c 파일에서 2번 줄을 보시면 input.h 파일을 include하는 것을 보실 수 있습니다. 이렇게 하면 input_scores 함수가 선언된 것이므로 이 함수를 호출할 수 있습니다. 비슷하게 main.c에서 visit 함수를 호출하기 위해 visit 함수의 선언이 들어 있는 visit.h 파일도 include하고 있습니다.

프로그램에서 input.h나 visit.h와 같이 함수의 선언을 넣어 놓고 다른 파일에서 include하는 파일을 헤더 파일이라고 부르며 보통 확장자를 .h를 사용합니다. 이에 반해 실제 함수가 정의되어 있는 파일은 소스(source) 파일이라고 부르며 확장자를 보통 .c로 합니다. 그런데 헤더 파일을 include하는 줄을 보니 #include "input.h"와 같이 " "를 사용했습니다. 이것은 프로그래머가 작성한 헤더 파일을 include할 때를 지칭하며, 만일 stdio.h나 stdlib.h와 같이 시스템 라이브러리 함수의 헤더 파일을 include할 때는 #include <stdio.h>와 같이 < >를 사용해야 합니다.

헤더 파일에 보통 넣는 것은 함수 선언, 구조체나 열거형 같이 새로 정의한 자료형, 외부 변수 선언, 매크로 정의 등이 있습니다. 프로그램 24.11의 type.h 파일을 보시면 node라는 새 자료형을 정의해 놓았으며 이것을 각 파일에서 include하고 있습니다. 만일 이 파일을 include하지 않으면 node라는 자료형을 사용할 수 없습니다. 현재 예제에서는 사용하지 않고 있습니다만 같은 매크로를 여러 파일에서 사용할 때도 헤더 파일에 매크로를 정의합니다.

24.4.2 외부 변수의 정의와 선언

프로그램 24.11을 보시면 외부 변수 s_head가 사용되고 있습니다. 그런데 main.c에서는 그냥 node *s_head;라고 되어 있는데 input.c와 visit.c에서는 그 앞에 extern이 붙어 있습니다. 이 차이는 외부 변수의 선언과 정의의 차이에서 옵니다.

원래 변수의 선언과 정의는 다른 의미입니다. 변수의 선언은 이런 변수가 있음을 알리는 것이고 변수의 정의는 실제로 그 변수에 대해 메모리의 공간을 할당하는 것입니다. 그래서 변수를 여러 번 선언하는 것은 가능하지만 여러 번 정의하는 것은 불가능합니다. 있다고 알리는 것이야 한 번하든 두 번하든 상관없겠으나 할당을 여러 번 받으면 곤란하겠지요.

내부 변수의 경우 변수의 선언과 정의가 함께 일어납니다. 예를 들어 내부 변수 int a;라고 하면 이 변수는 선언되면서 동시에 정의되는 것입니다. 외부 변수의 경우에도 선언과 정의가 동시에 일어납니다. 예를 들어 main.c의 6번 줄에 있는 node *s_head;를 실행하면 s_head라는 변수가 정의되면서 동시에 선언되는 것입니다.

문제는 이 외부 변수를 다른 파일에서 이용하고 싶을 때입니다. 다른 파일에서 이용하려니 그 파일에서도 선언이나 정의를 해야 합니다. 그런데 main.c에서와 같이 node *s_head;라고 하면 정의도 함께 되는 것이어서 s_head가 여러 번 정의됩니다. 변수를 여러 번 정의하면 안 된다고 했지요. 그래서 외부 변수의 경우에는 선언만 하는 방법을 제공하고 있는데 그 것이 바로 extern이라는 키워드를 붙이는 것입니다. 프로그램 24.11의 input.c 파일에서 6번 줄을 보시면 extern node *s_head;라고 되어 있습니다. 이 문장은 s_head 변수를 선언만 하는 것입니다. 즉, s_head 변수가 어딘가에는 정의되어 있으니 사용해도 된다고만 말하고 있는 것입니다. 그래서 input.c 파일을 컴파일할 때는 s_head 변수에 메모리 공간을 할당하지 않으며, main.c 파일을 컴파일할 때 할당합니다.

원래는 외부 변수의 선언도 헤더 파일에 넣는 경우가 많으나 이 예제에서는 외부 변수를 더 명확하게 보여 드리기 위해 소스 파일에 직접 넣었습니다. 그러나 이렇게 여러 소스 파일에서 이용되는 외부 변수의 선언은 헤더 파일에 넣는 것이 더 좋습니다.

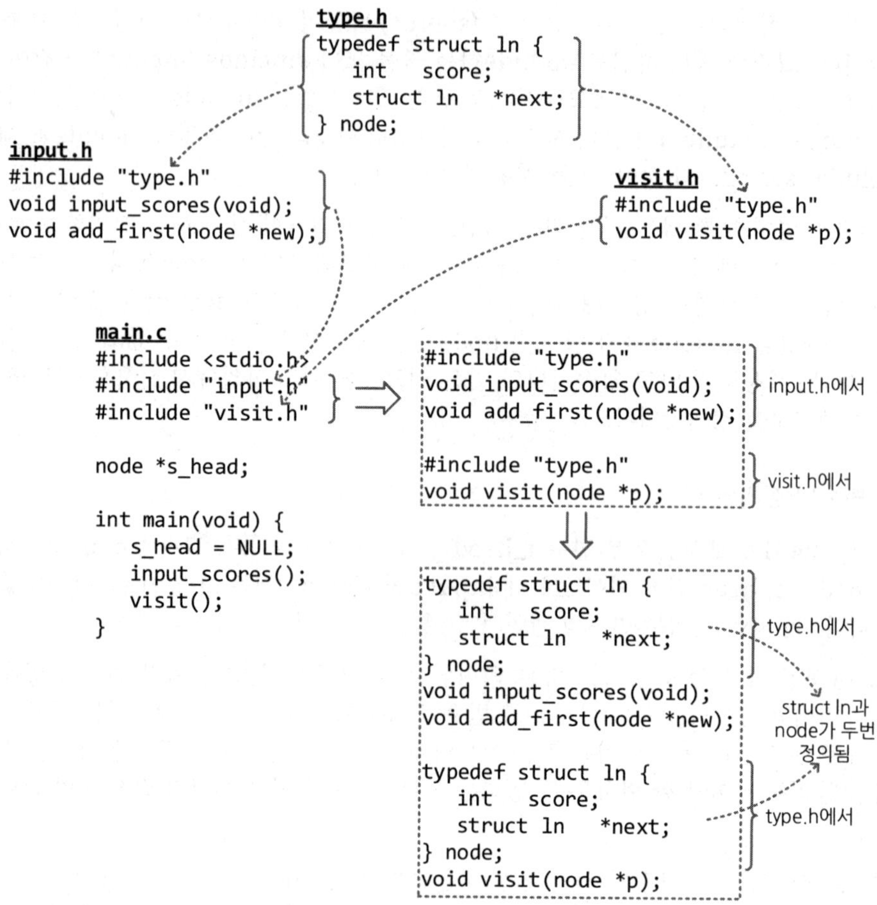

그림 24.10 자료형이 중복되어 정의되는 예

많이 사용되지는 않으나 **extern**을 이용한 외부 변수 선언을 함수같은 블록의 내부에서 할 때도 있습니다. 이때의 의미는 그 외부 변수가 다른 곳에 정의되어 있는데 그 변수를 해당 블록 안에서 이용하겠다는 의미입니다. 블록 안에서 선언한 것이므로 블록 안에서만 그 변수의 이름을 인식할 것입니다.

24.4.3 헤더 보호

헤더 파일에 넣는 것 중에 함수의 선언이나 외부 변수의 선언은 한 파일 안에서 여러 번 해도 괜찮습니다. 그러나 구조체의 선언 등을 한 파일 안에서 여러 번 하면 컴파일이 안 됩니다. 물론 여러 번하지 않으면 됩니다만, 의도치 않게 여러번 선언이나 정의를 하게 되는 경우가 발생합니다. 그림 24.10이 그 예입니다.

관련된 부분만 요약하여 그렸는데, 달라진 점은 **input.h** 파일과 **visit.h** 파일에서 **type.h**를 **include**하고 있다는 것입니다. 이것은 괜찮은 생각입니다. 왜냐하면 **input.h**에 있는 **add_first** 함수의 선언에 **node** 자료형을 사용하고 있고 따라서 **input.h**를

type.h
```
#ifndef _TYPE_H_
#define _TYPE_H_

typedef struct ln {
    int   score;
    struct ln   *next;
} node;

#endif
```

main.c
```
#include <stdio.h>
#include "input.h"
#include "visit.h"

node *s_head;

int main(void) {
    s_head = NULL;
    input_scores();
    visit();
}
```

⇒

```
#ifndef _TYPE_H_
#define _TYPE_H_
typedef struct ln {
    int   score;
    struct ln   *next;
} node;

#endif
void input_scores(void);
void add_first(node *new);

#ifndef _TYPE_H_
#define _TYPE_H_

typedef struct ln {
    int   score;
    struct ln   *next;
} node;

#endif
void visit(node *p);
```

여기서 _TYPE_H_ 가 define됨

_TYPE_H_가 define되어 있으므로 이 부분은 컴파일이 안 됨

그림 **24.11** 헤더 보호

include할 때는 항상 그 이전에 type.h를 include해야 합니다. 물론 프로그래머가 알아서 하면 되기도 하겠습니다만 잊어버릴 수도 있으니 아예 input.h를 include하면 type.h도 include되도록 해 놓는 것입니다. 헤더 파일 visit.h에 대해서도 마찬가지입니다. 좋은 생각입니다만 이렇게 하면 문제가 하나 생깁니다.

그림에서 main.c를 보시면 input.h와 visit.h를 include하고 있습니다. 이전에 말했듯이 include는 파일의 내용을 그대로 복사해와서 붙여 놓았다고 보시면 됩니다. 즉 main.c에서 #include "input.h" 자리에는 input.h 파일의 내용이, #include "visit.h" 자리에는 visit.h의 내용이 복사되어 붙여질 것입니다. 그런데 input.h와 visit.h에는 둘 다 #include "type.h"가 있습니다. 이것도 복사되어 올 것이고 그러면 main.c에서는 type.h가 두 번 include 됩니다. 현재 type.h에는 node 자료형이 정의되어 있으므로 main.c에서는 node 자료형이 두 번 정의됩니다.

물론 node 자료형이 똑같은 자료형으로 정의되므로 문제가 없어 보일 수도 있습니다만, C언어에서는 문법적으로 이를 금하고 있습니다. 그래서 그림 24.10처럼 수정해서 컴파일해 보시면 에러가 발생합니다. 이를 해결하기 위해 #include "type.h"를 input.h와 visit.h 중 어느 한 쪽에서만 해도 됩니다만 프로그램에 일관성이 떨어집니다. 그렇다고 input.h와 visit.h에 #include "type.h"를 넣는 좋은 생각을 버리기에는 아깝습니다. 이럴 때 매크로를 이용하면 해결이 가능합니다.

그림 24.11을 봐 주십시오. 여기서는 type.h에 #ifndef ~ #endif와 #define이 추

가되었습니다. 그리고 #ifndef에서 검사하는 것은 아래의 #define에서 define하는 매크로입니다. 이렇게 기술했을 때 어떤 일이 벌어지는지 봅시다. 앞에서와 마찬가지로 main.c에서 input.h와 visit.h를 include하면 오른쪽과 같이 전개됩니다. 오른쪽의 첫 줄에서 #ifndef를 검사하면 아직 _TYPE_H_가 define되어 있지 않으므로 #ifndef ~ #endif에 있는 프로그램을 컴파일합니다. 매크로 _TYPE_H_가 define되고 자료형 node가 정의되겠지요.

다음에 몇 줄 내려오니 visit.h에서 include되어 포함된 type.h 부분이 다시 나옵니다. 여기서도 #ifndef를 검사합니다. 그런데 지금은 매크로 _TYPE_H_가 define되어 있습니다. 그러므로 이번에는 #ifndef ~ #endif에 있는 프로그램이 컴파일되지 않습니다. 즉 자료형 node가 다시 정의되지 않는 것입니다. 자료형 node가 중복해서 정의되는 것을 피한 것입니다.

그림 24.11의 type.h에서와 같이 처음 include되어 컴파일될 때 특정 매크로를 define한 뒤, 다음에 include되어 컴파일될 때는 #ifndef로 컴파일을 막는 기법은 헤더 보호라고 불리며 많이 사용됩니다. 여러분도 헤더파일을 만들게 되면 중복해서 include될 일이 생기는지, 그리고 그런 때 혹시 문제가 발생하지는 않는지 생각하셔서 이런 기법을 활용하셔야 될 것입니다.

24.5 변수의 선언 심화

지금까지는 변수를 선언할 때 변수 이름 앞에 자료형을 적었었고, 정적 변수를 만들 때만 static이라는 키워드를 더했습니다. 그런데 변수를 선언할 때 자료형 외에 덧붙일 수 있는 키워드가 더 있습니다. 두 종류로 구분하는데 저장 유형 지정자(storage class specifier)로 auto, register, static, extern이 있으며 자료형 수식자(type qualifier)로 const와 volatile이 있습니다. 변수를 선언할 때 이들을 섞어 사용하면 됩니다. 예를 들어 extern const unsigned int a;와 같이 선언하시면 됩니다.

24.5.1 저장 유형 지정자

저장 유형 지정자가 지정하는 것은 크게 저장 기간(storage duration), 범위(scope), 연결(linkage)입니다.

1. 저장 기간은 크게 자동 저장 기간과 정적 저장 기간으로 나뉩니다. 자동 저장 기간(automatic storage duration)은 선언되어 있는 블록이 시작될 때 변수가 생성되고 블록이 끝날 때 소멸되는 것을 말합니다. 이에 반해 정적 저장 기간(static storage duration)은 프로그램이 시작될 때 생성되고 프로그램이 끝나야 소멸되는 것을 말합니다.

2. 범위는 프로그램의 어느 부분에서 변수가 사용될 수 있느냐는 것을 말합니다. 블록 범위(block scope)는 변수가 선언된 블록에서만 사용될 수 있는 것이고 파일 범위

(file scope)는 변수가 선언된 파일 내의 선언된 이후 부분에서 사용될 수 있는 것입니다.

3. 연결은 다른 파일에서 변수를 사용할 수 있는지를 가리킵니다. 외부 연결(external linkage)은 변수가 선언되어 있는 파일에서 뿐만 아니라 다른 파일에서도 사용될 수 있음을 의미하고 내부 연결(internal linkage)은 변수가 선언되어 있는 파일에서만 사용될 수 있음을 의미합니다. 변수의 범위가 블록 범위일 경우에는 무연결이라고 표현합니다.

이 세 가지는 기본적으로 변수가 선언되는 위치에 따라 결정됩니다. 예를 들어 블록 안에 int a;라고 선언하면 변수 a는 자동 저장 기간, 블록 범위, 무연결이 되는 것이지요. 만일 함수 밖에 float b;라고 선언한다면 변수 b는 정적 저장 기간, 파일 범위, 외부 연결이 됩니다. 저장 유형 지정자는 이렇게 기본적으로 설정되는 것을 바꿀 때 사용합니다.

auto 지정자

사실 auto 지정자는 설정을 바꾸거나 하지는 않습니다. 블록 내에서 선언되는 내부 변수에 대해 auto라고 지정하면 그 변수는 자동 저장 기간으로 설정됩니다. 그런데 원래 내부 변수는 자동 저장 기간이지요. 사실 내부 변수를 선언할 때는 auto라고 지정해 주는 것이 맞습니다. 그런데 워낙 많이 쓰이다 보니 auto를 생략해서 쓰는 것이 일반적으로 된 것입니다.

static 지정자

이 static 지정자는 내부 변수에 대해 적용될 때와 외부 변수에 대해 적용될 때 의미가 다릅니다. 우선 내부 변수에 대해 static 지정자를 사용하면 이 변수는 내부 정적 변수라고 부르며, 저장 기간이 자동 저장 기간에서 정적 저장 기간으로 바뀝니다. 이 내부 정적 변수에 대해선 10장에서 다루었으므로 넘어가겠습니다.

외부 변수에 static이라고 붙이면 연결이 바뀝니다. 원래 외부 변수는 기본적으로 외부 연결이어서 다른 소스 파일에서도 사용할 수 있습니다. 그런데 외부 변수에 static을 붙이면 외부 정적 변수라고 부르며 연결이 내부 연결로 바뀝니다. 즉 선언/정의되어 있는 그 파일 내에서만 사용할 수 있는 것입니다.

extern 지정자

앞에서 프로그램을 여러 파일로 분할해서 작성하는 법을 설명하면서 변수 선언 앞에 extern을 붙이면 외부 변수를 선언하는 것이라고 했습니다. 즉 정의는 다른 곳에 있고 사용할 수 있도록만 하는 것입니다. 예를 들어 extern int a;와 같은 선언이 함수의 외부에 있으면 외부 변수 a가 어딘가에(같은 파일 또는 다른 파일에) 정의 되어 있으니 선언된 곳 이후부터는 변수 a를 사용하겠다는 의미입니다.

그런데 extern float b;와 같은 선언을 함수 내부에 둘 수도 있습니다. 이렇게 되면 이 변수 b는 여전히 외부 변수이고 어딘가에(같은 파일 또는 다른 파일에) 정의되어 있는데,

선언된 함수 내에서만 사용하는 것입니다. 즉, 똑같이 외부 변수이고 정적 저장 기간을 가지는데 선언을 어디에 하냐에 따라 범위는 달라질 수 있는 것입니다.

register 지정자

컴퓨터 안에는 메모리 외에도 저장 공간이 몇 가지 더 있습니다. 그 중에서 레지스터라고 컴퓨터가 가장 빨리 읽고 쓸 수 있는 공간이 있습니다. 이 공간에 변수들의 값을 저장하면서 동작한다면 프로그램의 성능이 높아지겠지요. 그런데 안타깝게도 레지스터는 보통 몇 개 되지 않아서 모든 변수를 레지스터에 할당하는 것은 불가능합니다. 그래서 제일 빈번하게 사용되는 변수 몇 개를 레지스터에 할당하는 것이 좋은 방법일 것입니다. 이렇게 변수들 중 일부를 레지스터에 할당하고 싶을 때 사용하는 지정자가 register입니다.

외부 변수는 안 되고 내부 변수를 선언할 때 앞에 register를 붙이면 컴파일러는 그 변수를 되도록 레지스터에 할당하려고 노력합니다. 레지스터가 비어 있으면 할당하고 그렇지 않으면 할당하지 못합니다. 레지스터에는 자주 읽고 쓰는 변수를 할당하는 것이 좋은데요, 좋은 예로 반복문에서 반복 횟수를 세는 i 같은 변수 같은 것이 있습니다.

그런데 방금 말했지만 register를 붙인다고 꼭 레지스터에 할당되는 것은 아닙니다. 그리고 register를 붙이지 않는다고 해서 레지스터에 할당되지 않는 것도 아닙니다. 컴파일러가 봐서 레지스터 공간이 남아 있으면 빈번하게 읽고 쓰는 변수를 레지스터에 할당해 줍니다. 예전에는 컴파일러가 좋지 않아서 이런 일을 잘 못했었고 그래서 프로그래머가 지정할 수 있도록 했었는데, 요즘은 컴파일러가 많이 좋아져서 컴파일러에게만 맡겨도 잘 합니다. 이런 이유로 register는 이제 거의 사용되지 않고 있습니다.

저장 유형 지정자 정리

저장 유형 지정자를 정리하는 의미에서 프로그램 24.12의 각 변수들에 대해 저장 기간, 범위, 연결을 정리한 것이 표 24.1입니다. 표에서 변수 c와 g는 원래 정의에 따라 연결이 달라집니다. 만일 정의에서 static 지정자를 사용하지 않았다면 외부 연결이 되는 것이고, 만일 static을 사용했다면(같은 파일 내에 정의가 있어야겠지요.) 내부 연결이 될 것입니다.

24.5.2 자료형 수식작

자료형 수식자 const와 volatile은 변수에 특수한 기능을 부여합니다.

const 수식자

변수 선언 앞에 const 수식자를 붙이면 그 변수의 값은 바꾸면 안 됨을 의미합니다. 이 수식자가 붙은 변수는 초기화할 때 값을 저장하며 그 이후에 값을 대입하면 컴파일이 안 됩니다. 예를 들어 const int a = 3;이라고 하면 이 변수 a에는 3이 저장되고, 그 이후에 a = 4;와 같이 값을 대입하면 안 됩니다.

프로그램 24.12 저장 유형 지정자 예제

```
int            a;
static char    b;
extern float   c;

void fj(int d) {
    char           e;
    auto float     f;
    extern int     g;
    static char    h;
    register float i;
}
```

표 24.1 프로그램 24.12의 변수 정리

변수	저장 기간	범위	연결
a	정적	파일	외부
b	정적	파일	내부
c	정적	파일	외부 또는 내부 (정의할 때의 지정자에 따라 다름)
d	자동	블록	무
e	자동	블록	무
f	자동	블록	무
g	정적	블록	외부 또는 내부 (정의할 때의 지정자에 따라 다름)
h	정적	블록	무
i	자동	블록	무

이 수식자를 사용하는 경우는 상수값이 있는데 그 값에 어떤 이름을 주고 싶을 때입니다. 예를 들어 프로그램에서 10이라고 그냥 쓰는 것 보다 const int num_of_students = 10;이라고 한 뒤 10이 들어갈 자리에 num_of_students라고 한다면 사람들이 학생수라는 것을 좀 더 쉽게 알 수 있을 것입니다. 물론 같은 기능으로 매크로를 이용하는 것도 좋은 방법입니다. 그런데 매크로는 상수 같은 것만 정의가 되는 반면에 const 지정자는 배열이나 구조체에도 사용할 수 있는 장점이 있습니다. 예를 들어 const int scores[] = {60, 70, 80, 90};과 같이 특정 점수의 나열 같은 것을 지정할 때 사용하면 좋습니다.

volatile 수식자

설명에 앞서 컴파일러의 최적화(optimization)에 대해 먼저 설명하겠습니다. 여러분이 C언어로 작성한 프로그램을 컴파일러가 기계어로 바꾸는데요, 여러분이 작성한 프로그램을 그대로 바꾸는 것은 아닙니다. 컴파일러가 나름대로 노력을 해서 성능을 높이는 방향으로 프로그램을 바꿉니다. 예를 들어 a = 2;라고 한 다음에 중간에 a를 사용한 적 없이 다시 a = 3;이라는 문장이 있으면 앞에서 했던 a = 2;는 필요 없는 문장이겠지요. 그러면 컴파일러는 a = 2;를 지워버립니다. 문장 하나를 덜 실행하니 그만큼 실행 속도가

프로그램 24.13 volatile을 사용하지 않은 경우의 최적화 예

```
01: int   *a;
02: ...
03: while(1) {
04:    d = *a;
05:    ...
06:    if(d == 0) {
07:       ...
08:    }
09: }
```

외부에서 오는 값을 읽는다고 가정

반복문 내에 a나 *a를 변경하는 문장이 없으면 컴파일러가 이렇게 최적화

*a에서 값을 한 번만 읽게 됨

```
d = *a;
while(1) {
   ...
   if(d == 0) {
      ...
   }
}
```

조금 빨라지겠지요.

그런데 프로그램을 작성하다 보면 이런 컴파일러의 최적화 때문에 원하지 않는 결과가 나올 때가 있습니다. 바로 하드웨어를 제어할 때입니다. 컴퓨터가 하드웨어를 제어한다는 말은 컴퓨터를 이용해서 외부의 전구 같은 것을 켜거나 끄기도 하고, 외부의 스위치 같은 것이 ON인지 OFF인지 읽어서 그에 따른 동작을 하는 것을 말합니다. 이때 외부에서 어떤 값을 읽으며 동작을 해야 할 때를 생각해 봅시다. 외부에서 값을 읽으면 그 값을 변수에 저장해야 할 것입니다. 그런데 그 값은 외부에서 오는 값이니 한 번 읽고 잠시 후에 다시 읽을 때 값이 바뀌어 있을 수도 있습니다. 그런데 그런 변화는 프로그램에서는 나타나 있지 않습니다. 즉 컴파일러는 그런 변화를 알아채지 못하는 것입니다.

이런 상황이 왜 문제인지 프로그램 24.13에서 설명하겠습니다. 프로그램에서 포인터 a를 선언했는데 어떻게 잘 해서 a에 저장된 주소에서 값을 읽으면 바로 외부에서 들어오는 값을 읽게 된다고 가정해 봅시다. 그 아래의 반복문을 보시면 a가 가리키는 주소에서 값을 읽어 d에 저장한 뒤 그 d를 가지고 어떤 작업을 합니다. 그런데 a를 통해 읽는 값은 외부에서 들어오는 값이니 5~9번 줄에서 a나 *a를 수정하는 문장이 있지는 않을 것입니다. 즉 프로그램 상으로는 a나 *a가 바뀌지 않는 것입니다.

이 프로그램을 컴파일하면 어떻게 되는지 봅시다. 컴파일러가 보기에는 반복문 안에서 a나 *a가 바뀌지 않습니다. 그러면 컴파일러는 *a의 값이 계속 같다고 생각할 것입니다. 그런데 4번 문장에서 *a의 값을 d에 저장하고 있습니다. 컴파일러는 이것을 보고 같은 값을 괜히 여러 번 저장한다고 생각하고는 오른쪽 프로그램과 같이 d = *a;라는 문장을 반복문 밖으로 빼 버립니다.

물론 a나 *a의 값이 정말로 바뀌지 않는다면 이렇게 최적화하는 것이 맞습니다. 문제는 *a의 값은 외부에서 들어오는 값이어서 바뀔 수 있다는 것입니다. 원래는 *a의 값을 계속 읽으면서 그에 따라 동작을 해야 하는데 오른쪽과 같이 바꾸고 나니 한 번만 읽고는 이 한 번 읽은 값만 가지고 계속 같은 동작을 하게 되는 것입니다. 의도한 동작이 아니지요.

이러한 의도하지 않은 최적화를 막는 것이 volatile이라는 수식자입니다. 변수 선언 앞에 volatile을 붙이면 이것은 그 변수의 값이 컴파일러 모르게 바뀔 수도 있음을 의미합니다. 프로그램 24.14와 같이 포인터 선언 앞에 붙이면 그 포인터가 가리키는 대상이

프로그램 24.14 volatile 예제

```
01: volatile int   *a;
02: ...
03: while(1) {
04:     d = *a;
05:     ...
06:     if(d == 0) {
07:         ...
08:     }
09: }
```

a나 *a를 바꾸는 문장이 없어도 컴파일러는 d = *a;를 보존함

volatile이라는 의미입니다. 그러면 4번 줄에서 a가 가리키는 대상의 값을 읽는데 컴파일러는 그 값이 자신이 알지 못하는 경로를 통해서도 바뀔 수 있다고 인지하는 것입니다. 값이 바뀔 수 있음을 알고 있으니 **d = *a;** 문장을 매 반복마다 수행해야 한다고 컴파일러는 생각하겠지요. 즉 프로그램 24.13과 같은 원하지 않는 최적화는 발생하지 않는 것입니다.

사실 **volatile**은 하드웨어 제어를 하는 임베디드 프로그래밍을 하지 않는 이상은 그리 많이 쓰이는 것은 아닙니다. 그래서 처음 프로그래밍을 배우시는 분들이 책에서는 읽었으나 사용을 안하다 보니 얼마 안 있어 잊어버리시는 것들 중 하나입니다. 어쩔 수 없는 일이긴 합니다만, 혹시 임베디드 프로그래밍에 관심이 있으시다면 **volatile**이라는 것이 있다는 것 정도는 기억해 두시기 바랍니다. 나중에 임베디드 프로그래밍을 배우시다 보면 다시 등장할 것입니다.

연습 문제

1. 조건문의 하나인 **switch**문에서 () 안에 들어가는 식은 자료형이 _____ 이어야 한다.
2. **switch**문에서 일치하는 **case** 값을 찾으면 그 곳부터 _____ 까지의 문장들을 실행한다.
3. _____ 를 이용하면 서로 다른 자료형의 변수들이 동일한 저장 공간을 공유하도록 할 수 있다.
4. 열거형을 정의할 때는 열거형을 의미하는 _____ 를 앞에 적는다.
5. 내부 변수의 범위는 _____ 이고 외부 변수의 범위는 _____ 이다.
6. 어떤 변수가 한 파일 안에서만 사용이 가능하면 그 변수의 연결은 _____ 이다.
7. 내부 변수를 선언할 때 **static**을 붙이면 저장 기간이 _____ 가 된다.
8. 자동 저장 범위를 가지는 내부 변수의 선언에는 _____ 를 사용해도 되지만 일반적으로는 생략한다.
9. 아래 프로그램의 실행 결과를 적으시오.

```
#include <stdio.h>

int main(void) {
    int a;

    a = 2;
    switch(a) {
        case 1:     printf("1 ");
        case 2:     printf("2 ");
        case 3:     printf("3 ");
        case 4:     printf("4 ");
                    break;
        default:    printf("x ");
    }

    return 0;
}
```

10. 다음 switch문에서 n이 아래와 같을 때 출력 결과를 적으시오.

```
switch(n) {
    case 0: printf("0");
    case 1: printf("1"); break;
    case 2: printf("2");
    default: printf("3");
}
```

   a) n = 0

   b) n = 1

   c) n = 2

   d) n = 3

11. 다음 프로그램에서 continue문을 사용하지 않고 goto를 사용하도록 수정하시오.

```
int i;
i = 0;
while(i<9)
{
    printf("****\n");
    i += 2;
}
```

12. 반복문에서 continue문을 goto문으로 대체하는 방법에 대해 기술하시오.

13. 그림 24.6에서와 같이 변수 a, b, c, d, e, f가 선언되어 있고 변수 g는 int형 변수라고 가정하자. 아래 문장들 중 문법적으로 잘못된 것을 모두 고르시오.

a) `a = Mar;`
b) `b = Aug;`
c) `e = Sep;`
d) `a++;`
e) `b = g;`
f) `f = d;`
g) `g = e*3 + 2;`
h) `c = e + 3;`

14. 아래와 같이 열거형이 정의될 때 각 기호상수에 배정되는 정수를 적으시오.

a) `enum {EAST, WEST, SOUTH, NORTH};`
b) `enum {DESK, CHAIR=10, COMPUTER, KEYBOARD=8, MOUSE};`
c) `enum {KOREAN=5, MATH, ENGLISH, PHYSICS, CHEMISTRY=20};`

15. 체스판에서 사용하는 말은 Pawn, Knight, Bishop, Rook, Queen, King이고 말의 색은 Black 또는 White이다.

a) 체스 말의 종류를 나타내는 enum piece와 말의 색을 나타내는 enum color를 정의하시오. 체스판의 어떤 칸에 말이 없음을 나타내기 위해서 말의 종류에 Empty도 추가하시오.
b) 한 칸 위에 어떤 말이 있는지 나타내기 위해 struct square를 정의하고 이 구조체의 멤버는 enum piece형 한 개와 enum color형 한 개이다.
c) 8×8 체스판 전체에 대해 각 칸 위에 어떤 말이 있는지 저장하기 위해 struct square형의 2차원 배열 board를 선언하시오. 이때, 체스의 초기 위치에 맞게 board를 초기화하시오. 비어 있는 칸에서는, 말의 종류는 Empty로 말의 색은 White로 하시오.

16. 다음에 대해 변수 s와 u가 차지하는 공간은 각각 몇 바이트인가? 구조체에서 멤버들을 배치할 때 비는 공간없이 연속해서 배치한다고 가정하시오.

```
struct {
    int a;
    union {
        int b;
        char c[4];
        double d;
    } e;
    double f;
} s;
```

```
union {
    int a;
    struct {
        int b;
        char c[4];
        double d;
    } e;
    double f;
} u;
```

17. 다음은 평면 위의 도형들인 원, 직사각형, 직각삼각형 중 하나를 표현하는 구조체이다.

```
struct figure {
    enum {Circle, Rect, Tri} kind;
    union {
        struct {
            struct point    center;
            float           radius;
        } circle;
        struct {
            struct point    lower_left;
            struct point    upper_right;
        } rect;
        struct {
            struct point    lower_left;
            struct point    upper_right;
        } tri;
    } u;
};
```

직사각형의 각 변은 **x**축, 또는 **y**축과 평행하며 **lower_left**는 왼쪽 아래의 좌표를, **upper_right**는 오른쪽 위의 좌표를 의미한다. 직각삼각형에서 두 짧은 변은 각각 **x**축과 **y**축에 평행하고 직각은 오른쪽 아래에 있으며, 직사각형과 같이 **lower_left**는 왼쪽 아래의 좌표를, **upper_right**는 오른쪽 위의 좌표를 의미한다. 하나의 도형을 받아서 그 면적을 구하는 함수 **area**를 작성하시오.

18. 다음과 같이 구조체 변수와 포인터가 선언되어 있을 때 아래의 문장들 중 올바르지 않은 것을 모두 고르시오.

```
struct {
    int c;
    union {
        char    d;
        int     e;
    } u;
} a, *b = &a;
```

a) `b->c = 10;`

b) `b->e = 20;`

c) `b->u.d = 'a';`

d) `b->u->e = 10;`

e) `(*b).u.d = 'b';`

19. 프로그램을 여러 개의 소스 파일로 나누어서 작성할 때 헤더 파일에 놓으면 안 되는 것은 어느 것인가?

a) 함수 선언

b) 함수 정의

c) 매크로 정의

d) 자료형 정의

20. 아래의 프로그램에서 각 변수들에 대해 표를 완성하시오.

```
int a;
static char b;

void f(void) {
    auto     double  c
    static   float   d;
    register int     e;
}
```

변수	저장 기간	범위	연결
a			
b			
c			
d			
e			

21. 실수형 float에서 하나의 실수는 부호(sign), 지수(exponent), 소수부(fraction)로 나뉘어 저장된다. 표준에서는 부호 1bit, 지수 8bit, 소수부 23bit로 할당하였다. 이와 같은 구조를 가지는 비트 필드를 기술하시오.

실습 문제

1. 한 개의 문자와 두 개의 정수를 입력받아서, 문자가 +이면 두 수를 더하고, -이면 두 수를 빼고, *이면 두 수를 곱하고, /이면 두 수를 나눈 몫을 구해서 출력하시오. +, -, *, / 이 외의 다른 문자가 입력되면 "A wrong operation."라고 출력하시오. 입력 순서는 정수, 문자, 정수의 순이며 그 사이에는 공백이 있을 수도 있고 없을 수도 있다. 조건문으로 if문 대신 switch문을 이용하시오.

2. 두 수를 곱하는 매크로 함수를 별도의 헤더파일에 정의하시오. 두 개의 정수를 입력받은 뒤 그 매크로를 이용하여 두 수를 곱하여 출력하시오.

3. 11장의 프로그램 11.8을 두 개의 파일에 나누어 작성하시오. 12~18번 줄을 수행하는 함수 find와(11장의 실습문제 2 참조) 19~21번 줄을 수행하는 함수 swap을(12장의 프로그램 12.4 참조) 하나의 파일에 만들고 다른 파일에 main을 작성하고 main에서 이 두 함수를 호출하도록 한다.

APPENDIX **A**

실습 환경

실습 환경을 설명하기 전에 우선 몇 가지 개념을 소개하겠습니다. 용어 하나를 미리 구별하면, 여러분이 작성하는 프로그램과 그 프로그램을 실행하기 위해 여러분이 사용해야 하는 프로그램을 구별하기 위해, 여러분이 사용하는 (구매했거나 다운 받아서 설치한) 프로그램은 소프트웨어라고 지칭하겠습니다. 원래 프로그램과 소프트웨어는 같은 말이지만, 혼용해서 사용하면 혼란스러울까봐 잠시 동안만 구별해서 사용하겠습니다.

A.1 컴파일과 링크

이 장의 처음에 C언어는 컴퓨터가 이해할 수 있는 언어라고 했었는데, 사실 이 말은 잘못된 말입니다. 컴퓨터가 이해할 수 있는 유일한 언어는 기계어라는 0과 1로만 이루어진 언어입니다. 그런데 사람이 이렇게 0과 1만 가지고 프로그램을 작성하기란 매우 어려울 것입니다. 그래서 만들어낸 것이 C언어 같은 고급 언어들입니다. 이 고급 언어들은 사람이 사용하는 언어(주로 영어)에 기반해서 사람이 프로그램을 작성하고 읽기에 편하도록 만든 언어들입니다. 대신 컴퓨터가 직접적으로 이해할 수는 없으므로 고급 언어로 작성된 프로그램들은 반드시 기계어로 바꾸어 줘야 합니다. 이와 같이 고급 언어로 작성된 프로그램을 기계어로 바꾸는 과정을 컴파일(compile), 이 과정을 수행해 주는 소프트웨어를 컴파일러(compiler)라고 부릅니다.

그런데 하나의 (고급 언어 프로그램이 저장된)파일을 컴파일해서 기계어로 바꾸어 놓았을 때 바로 실행이 되면 좋겠습니다만, 이게 그렇지가 않습니다. 고급 언어가 발전하면서 언어의 기능들이 복잡해져서 컴퓨터가 기본적으로 제공해 주는 기능과 엮여야 프로그램이 실행될 수 있습니다. 컴퓨터가 제공해 주는 기능들은 기계어로 작성되어 파일들로 저장되어 있습니다. 그러므로 여러분이 작성해서 컴파일된 파일과 컴퓨터가 제공해 주는 파일을 같이 묶어야 합니다. 이 과정을 링크(link)라고 하고 링크를 수행하는 소프트웨어를 링커(linker)라고 부릅니다. 링크까지 하고 나서야 우리가 실행할 수 있는 상태가 되는 것이지요.

참고로 말씀드리면 프로그램이 커지면 프로그램을 하나의 파일이 아니라 여러 개의 파일로 분할해서 작성해야 할 때도 있습니다. 이 경우에도 각각의 고급 언어 프로그램

파일을 컴파일해서 기계어로 바꾼 뒤, 그 바뀐 파일들을 묶어야 합니다. 이 경우에도 링크의 과정이 필요합니다.

컴파일과 링크의 과정을 보시면 여러 가지의 파일들이 만들어지는 것을 알 수 있습니다. 우선 고급 언어로 작성된 프로그램이 저장된 파일이 있고, 이 파일을 컴파일해서 기계어로 된 파일이 있으며, 링크의 과정을 거쳐서 실행이 가능해 진 파일이 있습니다. 이들을 구별하기 위해 보통 차례대로 소스(source) 파일, 목적(object) 파일, 실행(execution) 파일이라고 부릅니다. 그리고 이런 여러 파일들을 관리하기 편하게 하기 위해 이 파일들을 (특정 회사의 실습 환경에서 부르기를) 프로젝트라는 단위로 묶어서 관리합니다.

여기서 글로는 컴파일과 링크의 과정이 그냥 되는 것처럼 써 놨습니다만 사실 이 과정이 제대로 끝나는 것도 그리 쉽지만은 않습니다. C언어의 문법에 맞게 프로그램을 작성해야 하는데, 작성하시다 보면 실수를 많이 하게 되어서 컴파일이 잘 안 될 때가 많습니다. 이럴 때 컴파일러와 링커는 어느 부분이 이상한지 메시지를 내 줍니다. 이런 메시지는 크게 두 가지로 나눌 수 있는데, 경고(Warning)와 오류(Error)입니다. 경고 메시지는 컴파일/링크는 되는데 문제가 있을 수도 있으니 주의하라는 의미이고 오류는 문제가 심각해서 컴파일/링크가 되지 않는다는 의미입니다. 다양한 경고/오류 메시지가 나올 수 있어서 여러분이 그 메시지를 직접 읽으면서 의미를 파악하고 그에 따라 프로그램을 수정하실 수 있어야 합니다. 다행인 것은 프로그램의 몇 번 줄에 문제가 있는지도 보통 같이 알려주므로 그 줄 주변을 잘 보시면 된다는 것입니다.

A.2 실습 환경

프로그램을 작성하고 실행해 보는 실습 환경에는 몇 가지 기능들이 필요합니다. 첫 번째는 편집기(editor)라는 프로그램을 작성하는 도구로써, 메모장이나 아래아 한글같은 문서 편집 소프트웨어를 생각하시면 됩니다. 두 번째는 컴파일러와 링커로써 작성된 프로그램을 실행할 수 있는 파일로 바꾸어줍니다. 마지막으로 이 책에서 다루지는 않습니다만 디버거(debugger)라고 여러분이 작성한 프로그램이 잘 동작하지 않을 때 그 이유를 찾도록 도와주는 소프트웨어가 있습니다.

이 세 가지 기능을 위해 각각 별도의 소프트웨어를 사용하실 수도 있고, 모두를 제공해 주는 하나의 소프트웨어를 사용하실 수도 있습니다. 세 가지 기능을 모두 제공해 주는 소프트웨어를 보통 통합 개발 환경(Integrated Development Environment)라고 부릅니다. 그럼, 이제 본격적으로 여러분이 이용하실 수 있는 실습 환경들을 소개하겠습니다.

A.3 Visual Studio 계열

Visual Studio는 여러분도 잘 아시는 마이크로소프트사에서 만든 통합 개발 환경입니다. 즉, 프로그램 편집기, 컴파일러와 링커, 디버거가 모두 들어 있습니다. 여러 개의 버전이 존재하며 이 책을 쓰는 시점에서 최신 버전은 Visual Studio 2013입니다. 그런데 Visual Studio는 구매를 해야 사용하실 수 있는 것이어서 여러분이 간편하게 이용하시기에는 조금 무리가 있을 것 같습니다. 다행히도 Visual Studio에서 일부 기능만 지원하는 것은 무료 버전이 있으며, 여기서는 2010년 버전에서 C언어에 관련된 기능만 있는 Visual C++ 2010 Express를 소개하겠습니다.

A.3.1 설치하기

프로그램의 다운로드는 http://www.visualstudio.com/ko-kr/downloads/download-visual-studio-vs#DownloadFamilies_4으로 가셔서 Visual C++ 2010 Express를 클릭하신 뒤 '지금 설치'를 클릭하시면 됩니다. 그럼 설치 파일을 하나 받으실 텐데 그 파일을 실행하시면 설치가 시작됩니다.

설치는 쉬워서 기본적으로 '다음'을 계속 누르시다가 '설치'를 누르시면 됩니다. 다만 중간에 '사용 약관'이 나오면 동의함을 눌러 주셔야겠지요. '설치'를 누르신 후 잠시 기다리면 설치가 완료될 것입니다.

다만 이 무료 버전은 30일 사용 버전이어서 30일이 지나서도 사용하기를 원하시면 제품 등록을 하셔야 합니다. 제품 등록도 무료여서 약간의 귀찮음만 감수하시면 계속 사용하실 수 있습니다. 제품 등록 과정은 다음과 같습니다.

1. Visual C++ 2010 Express 실행
2. 메뉴에서 도움말 → 제품 등록
3. '온라인으로 등록 키' 받기 클릭 → 마이크로소프트 홈페이지로 이동함
4. 로그인하기 (계정이 없다면 새로 만들어야 합니다.)
5. 화면에서 적절히 선택하고 동의함 클릭
6. 화면에 제품 키가 나오면 Visual C++ 2010 Express를 실행해 놓은 창으로 다시 가셔서 키를 복사해 넣기
7. '지금 등록' 클릭

A.3.2 사용하기

다음과 같은 과정을 통해 프로그램을 작성하고 실행하시면 됩니다.

1. Visual C++ 2010 Express 실행
2. 처음이면 도구 → 설정 → 전문가설정 선택
3. 시작페이지는 없애도 됨
4. 파일 → 새로 만들기 → 프로젝트
5. 왼쪽 템플릿에서 Visual C++ 선택, 가운데 창에서 Win32 콘솔 응용 프로그램 선택, 이름은 적당히 지으시고 위치에 프로젝트 저장할 위치 지정, 오른쪽에 솔루션용 디렉토리 만들기는 체크 해제, 확인 클릭

6. 다음 클릭, 추가 옵션에서 빈 프로젝트 선택, 마침 클릭
7. 왼쪽(또는 오른쪽) 솔루션 탐색기에서 자신이 만든 프로젝트 아래의 소스파일을 오른쪽 클릭, 추가 → 새 항목, 가운데 창에서 C++파일 선택, 아래에서 이름 짓기(보통 프로젝트 이름과 같게), 확장자는 .c 사용 (예: 프로젝트 이름이 ex1이었으면 파일이름은 보통 ex1.c), 추가 클릭
8. 여기까지 하면 가운데에 흰 색 창이 뜨며, 이 창에서 프로그램 작성
9. 프로그램 작성이 끝나면 빌드 → 솔루션 빌드
10. 아래 창에 성공이라고 나와야 함
11. 디버그→디버깅 하지 않고 시작
12. 창이 하나 새로 뜨면서 실행 결과가 나옴

위 과정에서 빌드가 바로 컴파일과 링크를 하는 과정입니다. 빌드의 과정이 성공적으로 끝나면 아래에 성공이라고 나오며 이때에서 프로그램 실행이 가능합니다. 그렇지 않으면 아래에 오류 메시지들이 나오는데, 잘 보이시지 않으면 아래의 조그만 창을 스크롤하셔서 보시기 바랍니다. 그 메시지들을 참고하시면서 프로그램을 수정하셔야 합니다.

처음에는 소스 파일을 하나만 추가하시고 이름도 프로젝트 이름과 같게 지으시면 되며, 프로그램이 익숙해지시면 다른 이름을 지어 보시기도 하십시오. 그리고 프로그램이 좀 복잡해지면 여러 개의 파일에 나누어 작성하셔야 할 때도 있는데 그냥 솔루션 탐색기에서 소스 파일(또는 헤더 파일)을 오른쪽 클릭 하신 뒤 추가하시면 됩니다. 그러면 나중에 빌드할 때 자동으로 각각의 소스 파일들이 컴파일되고 링크됩니다.

프로그램을 편집하는 환경을 조금 바꿀 수도 있는데, 도구 → 옵션으로 가셔서 하시면 됩니다. 기본적으로 환경 → 글꼴및색에서 글자 크기 등을 바꾸시는 것도 괜찮습니다. 그리고 다음은 처음 프로그래밍을 하시는 분들에게 추천하는 사항입니다. 이 옵션들은 프로그램을 편하게 작성하도록 도와주기는 하는데 처음에는 이런 옵션 없이 하나 하나 타이핑하는 습관을 기르시는 것이 좋습니다.

- 텍스트편집기 → C/C++ → 일반에서 '자동 중괄호 완료' 해제
- 텍스트편집기 → C/C++ → 탭에서 들여쓰기 옵션을 '없음'으로

A.4 Eclipse

Eclipse는 무료로 이용할 수 있는 공개 통합 개발 환경입니다. 특히 요즘은 JAVA 같은 언어의 개발 환경으로 많이 이용되고 있습니다.

A.4.1 설치하기

Eclipse 자체는 설치가 쉬운데, 몇 가지 요소들을 추가 설치해야 할 수도 있습니다. Eclipse는 http://www.eclipse.org/downloads/에서 "Eclipse IDE for C/C++ Developers"을 다운로드 하시면 됩니다. 압축만 푸시면 되고 별도의 설치과정은 필요 없습니다.

그런데 실행하시다 만일 JDK나 JRE를 못 찾겠다는 말이 나오면 아래와 같이 JDK나 JRE를 설치해 주셔야 합니다.

1. http://www.eclipse.org/downloads/에서 오른쪽의 Hint 아래에 보라색으로 Java runtime environment (JRE) 클릭
2. JRE/JDK Sources 아래에 Oracle JDK 클릭
3. 조금 아래에 JRE 밑에 DOWNLOAD 클릭
4. 적당한 OS에 있는 것을 다운로드해서 실행

그리고 MinGW라는 것도 설치해 주셔야 합니다.

1. http://sourceforge.net/projects/mingw/files/로 가셔서 Download mingw-get-setup.exe 클릭, 다운로드 진행됨
2. 다운로드 끝나면 실행 (설정 등을 되도록 바꾸지 말고 진행하세요.)
3. Inatallation Manager가 나타나면 다음 것들을 체크
mingw-developer-toolkit
mingw32-base
mingw32-gcc-g++
msys-base
4. Installation → Apply ,Apply 클릭
5. 진행이 끝나면 Close 클릭
6. Installation → Quit

A.4.2 사용하기

다음과 같이 사용하시면 됩니다.

1. 압축해제한 폴더에서 eclipse/eclipse.exe 실행
2. Workspace는 원하면 변경
3. 처음의 Welcome 창은 없애도 됨

4. File → New → C Project, Project name 입력 (예: ex1), 필요하면 Location 선택, Toolchains 에서 MinGW GCC 선택, Finish 클릭
5. 왼쪽에서 프로젝트 이름을 오른쪽 클릭, New → Source File 클릭, File name 지정 (예: ex1.c), Template은 None 지정 (프로그램을 처음 배울 때는 Project 이름과 저장 폴더명, 파일이름을 동일하게 하고 파일 이름의 확장자에는 반드시 .c를 사용하는 것이 좋습니다.)
6. 가운데 흰 화면이 뜨면 프로그램 작성
7. 프로그램을 다 작성하면 File → Save All로 저장
8. Project → Build Project 클릭
9. Error가 없다면 Run → Run 클릭
10. 아래의 Console에서 결과 확인

위에서 Build Project가 컴파일/링크를 하는 과정으로써 오류 메시지들이 나오지는 않는지 잘 확인하셔야 합니다. Eclipse에서는 프로그램의 실행 결과가 아래의 Console이라는 창에 나옵니다. Eclipse에서 발생하는 약간 의외일 수도 있는 현상은 printf로 출력한 후에 scanf를 실행하면, 입력이 먼저 실행되고 출력은 그 후에 실행되는 것처럼 보인다는 것입니다. 이것은 버퍼라는 것 때문에 발생하는 현상으로써 출력을 한 후에 입력을 받고 싶으시면, 변수를 선언하는 문장들 다음에 setbuf(stdout, NULL);이라고 추가하시면 됩니다. 이 문장의 의미는 21장에 설명되어 있습니다.

처음에는 소스 파일을 하나만 추가하시고 이름도 프로젝트 이름과 같게 지으시면 되며, 프로그램이 익숙해지시면 다른 이름을 지어 보시기도 하십시오. 그리고 프로그램이 좀 복잡해지면 여러 개의 파일에 나누어 작성하셔야 할 때도 있는데 그냥 소스 파일을 여러 개 만드시면 됩니다. 그러면 나중에 빌드할 때 자동으로 각각의 소스 파일들이 컴파일되고 링크됩니다.

A.5 유닉스, 리눅스, 맥의 텍스트 창 환경

유닉스나 리눅스, 맥 같은 운영체제의 텍스트 창 환경을 이용하시는 분들은 편집기와 컴파일러가 따로 있는 환경을 이용하셔도 됩니다. 프로그램의 편집은 vi나 gedit 같은 편집기를 이용하시면 되고, 컴파일러는 gcc를 사용하시면 됩니다. 컴파일러와 링커가 gcc 안에 포함되어 있으며 "gcc 소스파일명"이라고 실행하시면 컴파일/링크가 됩니다. 실행 파일명은 기본적으로 a.out이 되며 텍스트 창에서 ./a.out을 치시면 실행됩니다. 만일 실행 파일명을 바꾸고 싶으시면 gcc할 때 옵션을 "-o 실행파일명"이라고 주시면 됩니다. 프로그램이 여러 개의 소스 파일에 나누어 작성되어 있다면 gcc 다음에 그 파일들의 이름을 나열해 주시면 됩니다.

찾아보기

저자소개

강형주	한국기술교육대학교 컴퓨터공학부 조교수
이재협	한국기술교육대학교 컴퓨터공학부 교수
정구철	한국기술교육대학교 컴퓨터공학부 교수
조태훈	한국기술교육대학교 컴퓨터공학부 교수
최영규	한국기술교육대학교 컴퓨터공학부 교수

새롭게 배우는

C프로그래밍

인　　쇄 : 2014년 8월 10일
발　　행 : 2014년 8월 20일
저　　자 : 강형주 · 이재협 · 정구철 · 조태훈 · 최영규

발 행 처 : 도서출판 한산
서울시 서대문구 수색로 6길 43번지 105동 602호
TEL : (02)304-3504 FAX : (02)304-3505
발 행 인 : 김 기 영
등록번호 : 제 10-1745 호
I S B N : 978-89-89215-96-7 93560

잘못된 책은 바꾸어 드립니다.

가격 25,000원

이 책은 한국텍학회의 '공주대학교 문서작성 워크숍 2013'에서 이주호님께서 발표한 문서 형식을 사용하여 작성하였습니다.